A Conversational French Program

❈ ❈ ❈ ❈ ❈ ❈ ❈ ❈ ❈ ❈ ❈ ❈ ❈ ❈ ❈ ❈ ❈

LES GAMMAS! LES GAMMAS!

❈ ❈ ❈ ❈ ❈ ❈ ❈ ❈ ❈ ❈ ❈ ❈ ❈ ❈ ❈ ❈ ❈

Original Version by **Jean-M. Zemb, Sorbonne,** Paris

Authors of American Edition

Odette Cadart-Ricard
Carleton Carroll
Doris Maclean
Sara Malueg
all at Oregon State University

Project Director
Christian P. Stehr
Oregon State University at Corvallis

Macmillan Publishing Co., Inc.
New York
Collier Macmillan Publishers
London

Copyright © 1982, Macmillan Publishing Co., Inc.
Printed in the United States of America

All rights reserved. No part of this book may be reproduced or
transmitted in any form or by any means, electronic or mechanical,
including photocopying, recording, or any information storage and
retrieval system, without permission in writing from the Publisher.

Original edition copyright © by T.R. Verlagsunion, Munich

Macmillan Publishing Co., Inc.
866 Third Avenue, New York, New York 10022

Collier Macmillan Canada, Inc.

Library of Congress Cataloging in Publication Data
Main entry under title:

Les Gammas! Les Gammas!

  Includes index.
  1. French language—Readers. I. Zemb, Jean Marie.
II. Cadart-Ricard, Odette.
PC2117.G234   448.3'421   82-6570
ISBN 0-02-319290-9   AACR2

Printing: 1 2 3 4 5 6 7 8 Year: 2 3 4 5 6 7 8 9 0

ISBN 0-02-319290-9

Preface

Les Gammas! Les Gammas! uses a novel and entertaining format to give language learners a sound foundation in the language and culture of France.

SOURCE OF MATERIALS

This text was inspired by the educational television series *Les Gammas! Les Gammas!*, a program with a long and successful history. A coproduction of the Bavarian Broadcasting Company *Bayerischer Rundfunk* and the French television network O.R.T.F., its creation involved a highly-qualified team of linguists, pedagogical advisers, and media producers from both France and Germany. The video program has been telecast in Germany, Austria, Switzerland, Holland, Belgium, Italy, Yugoslavia, Brazil, and Japan, and the instructional materials, originally designed for students of French in German-speaking countries, have been adapted for speakers of Dutch, Italian, and Japanese. Through this text, the excellent and unique video package already being shown via the Public Broadcasting System in selected metropolitan area of the United States can be the point of departure for a complete introductory level program of French instruction geared to an English-speaking audience in the United States and Canada. The program combines the exceptional motivation of the television format and the humor and suspense of the printed scripts of the episodes with pedagogically sound instructional materials that can be used either independently of the video episodes or as a supplement to them.*

SPIRIT OF EPISODES

The characters depicted in the episodes are not intended to be realistic French people, nor do the settings portray contemporary French reality. Instead the adventures of the Gammas should be seen as a fantasy, similar to "Mork and Mindy" or "Superman." The central characters see everything as outsiders, often with a sense of wonder. For this reason the series should be presented to students with a light touch.

The story is written with a fresh approach. Three extra-terrestrial beings, human in form but possessing magical powers, land in France knowing nothing of the French language or of the way of life of the French people. They must learn French to communicate, and must become French in their appearance and behavior in order to assume roles in French society. Their adventures bring them into contact with French people from all walks of life: policemen, factory workers, merchants, corporate executives, militants, scientists, poets, farmers, and others. They learn French table manners, discover the need to earn money, and experience current concerns such as the feminist movement, the problem

*Information on the acquisition of the television program, either the complete version described here or an edited version, may be obtained by writing: Department of Foreign Languages & Literatures, Oregon State University, Corvallis, OR 97331.

of pollution, and the destruction of the wilderness. They find themselves in turn welcomed as heroes, pursued by the police, confined in a mental hospital, accused of being imposters, and praised as exceptionally talented in their roles as performing artist, business entrepreneur, and feminist. They provoke a debate that continues throughout most of the episodes: Do they exist? What are they really like? Can they stand the pressures of twentieth-century French life? Will they find happiness in love? Will they manage to return to their planet? All of this produces much humor, suspense, adventure, and controversy. Since the Gammas are presumed to have no knowledge of the French language or culture when they arrive, all is to be discovered--and the beginning student learns along with them.

ORGANIZATION OF LESSONS

The spoken language is taught from the very beginning. General features of French are presented in the preliminary section "What you need to know as you begin," which concludes with a list of IPA symbols, a diagram of the speech organs, and the vowel triangle. The latter can be referred to as the phonemes are introduced one or two at a time, in the pronunciation notes of the workbook. A "Basic Vocabulary for Conversation" provides the students with terms necessary for simple conversation even before the first lesson begins.

Each lesson in the basic text begins with the script of the video episode. Repetitions in the sound track have been cut from the printed script where they add nothing to the meaning. Words and sentences may be heard more times than they appear in written form, but all words and ideas articulated are printed in the script.

The episode vocabulary lists only those words that occur in the episode for the first time. In some cases this means a feminine noun or adjective may be listed without showing the masculine form, because the latter did not appear in the episode. Once regular adjectives have been presented in the Language Notes, only the masculine singular form is given in the episode vocabulary. If a previously listed word occurs with a different meaning in a later episode, the word is listed again with its new meaning. English equivalents of the words listed in the French-English vocabulary are followed by the number of the episode, language note, or supplementary vocabulary in which they first occur.

Following each episode vocabulary there is a supplementary vocabulary on one or more topics of everyday conversational interest. These words are always presented in a box. They have been incorporated into the exercises of the Language Notes and provide the basis for additional exercises in the workbook. The Supplementary Vocabularies are intended to round out the vocabularies of the episodes and to give the students the words they need to communicate about their own lives and interests.

The structures of the French language are introduced and drilled systematically in the Language Notes and Exercises. Important vocabulary distinctions appear as part of the Language Notes. The final lessons include recapitulations of important concepts such as pronouns, tenses, and moods.

Conversation about the episodes is encouraged by questions that appear in the workbook. Beginning with Lesson 20, there are also questions on the Cultural Notes which are written in French from that point on. The Cultural Notes add a dimension of realism and timeliness that should enable learners to relate to contemporary France and not base their expectations of French people and culture on the characters and situations of the episodes themselves.

The Appendices provide a glossary of English grammatical terms, tables of both regular and irregular verbs, a reference list of prepositional usage with infinitives, and an index to the Special Expressions, which do not appear in the end vocabulary.

SCOPE AND SEQUENCE

Within the 39 lessons this book presents the basic structures, verb tenses, and vocabulary usually included in first-year French textbooks. Because of the unique point of departure, vocabulary often associated with early lessons in a more traditional presentation may appear later, incorporated into the adventures of the Gammas in a refreshing and sometimes unconventional manner. The *passé composé* occurs often as the story unfolds, so that tense is taught earlier than in many first-year texts. The linguistic progression necessary to challenge the learner is supplied by a development and amplification of the structures found in the dialogues, and by the inclusion of the topical supplementary vocabularies and the communication exercises based on them. The cultural context is broadened by the Cultural Notes.

Instructors planning to cover this text in one academic year may wish to consider the following enrichment and review sections optional: 15.1, 16.4, 17.2, 18.5, 19.5, 22.5, 25.4, 26.3, 27.5, 29.2, 30.3, 31.4, 32.2, 32.5, 33.5, 34.1, 34.2, 34.4, 35.4, 35.5, 36.2, 36.3, 36.4, 36.5, 37.3, 37.4, 37.5, 38.1, 38.4, 38.5, 39.3, 39.4, 39.5. Section 6.4 may be integrated with sections 5.4, 6.1, 8.2, and 12.4.

ACCOMPANYING MATERIALS

The workbook contains questions on the episodes, additional exercises, pronunciation notes with drills, and cultural notes with questions. Audio tapes/cassettes for the language laboratory or for home use will be available from the publisher. The videotaped episodes are available to schools and to public broadcasting stations in both video cassette and 16mm. film format. Each videotape has been edited in two ways: an 18–22 minute tape of the episode alone, and a thirty-minute version that includes the episode and brief pronunciation or grammatical presentations that highlight sections of the Language Notes.

The rich and versatile package of teaching materials make *Les Gammas! Les Gammas!* adaptable to a variety of learners and educational situations. This is proof that instruction can be profitable as well as entertaining.

PROJECT DIRECTOR AND AUTHORS

Professor Christian P. Stehr is the director for the U.S. adaptation of the *Les Gammas*! project. He is producer and editor of the video series as well as the coordinator for the development of the present text. He is also the editor for the audio materials which supplement this text. Professor Odette Cadart-Ricard provided the exercises for each lesson, the maps, and the drawings. Professor Carleton Carroll wrote the introductory chapter on pronunciation and provided the English translation of half of the episodes. Professor Doris Maclean provided the English translation of the other half of the episodes. She also compiled the vocabulary sections for each lesson, Appendix E, the end vocabulary, and the indices. Professor Sara Ellen Malueg prepared the language notes and the appendices A–D.

ACKNOWLEDGMENTS

Les Gammas! *Les Gammas*! was developed by the Oregon Educational and Public Broadcasting System and the Department of Foreign Languages and Literatures at Oregon State University. Special thanks go to Dr. Horst G. Weise of the Bavarian Broadcasting Service (Bayrischer Rundfunk), Mr. D. K. Pfannschmidt of Telepool, Munich, and Dr. Günter Olzog of TR-Verlagsunion, Munich, for making this video program possible. We wish also to express our gratitude to Professor Kelton Knight of Oregon State University for developing and presenting the instructional components of the video series. Last, but not least, we thank June Morehart for her help in compiling the end vocabulary, Daniel Ehrlich for his help with the typing of the exercises, and particularly Dorene Barnes for her invaluable assistance in typing the manuscript.

What You Need to Know as You Begin

PRONUNCIATION

An important part of learning French is mastering the sound system. The relationship between the written forms of the language (spelling) and the spoken forms (pronunciation) is not readily apparent to the beginner—but it is considerably more consistent than the corresponding relationship in English. It is important to learn the pronunciation of words and expressions from a model—the tape recording of each episode. Do not guess at the pronunciation of a new word, for you will almost certainly be wrong. With the tape you can work at imitating a correctly-pronounced model, and have some hope of acquiring a decent accent in French.

Pay special attention to the *vowels* in French. Almost all of them are different from the vowels of English. Further, in French the vowels are given greater prominence than are the consonants. Be especially careful to make *pure* vowels, without glides or diphthongs: a French vowel is short and has the *same* sound from beginning to end. To achieve vowel purity, be careful to hold the tongue and lips in the same position for as long as the vowel lasts. This requires much more muscular tension than is needed when speaking English. Be energetic when pronouncing French: you should feel that your mouth is operating in a different way when you switch from English to French pronunciation.

There is a section on pronunciation accompanying each episode of *Les Gammas! Les Gammas!* For now, here are some very general guidelines.

SOUND-SPELLING CORRELATIONS

It is important to distinguish between letters of the alphabet, the individual symbols used in the *written* language, and sounds, the individual units of the *spoken* language. In discussing pronunciation, we use CAPITAL LETTERS to indicate letters of the alphabet. Symbols placed between slanting lines represent the sounds of French in a consistent way. The list of these symbols appears on page xiv. The spelling of a French word often involves more letters than there are sounds in the word. Some of the letters are necessary to the written word but correspond to no sound in the spoken word. With few exceptions, the final consonant of a word represents no sound:

Parle*z*-vou*s* françai*s*?

Nor does final E, if it is written without an accent mark: un*e* cravat*e*. The letter H has no sound value of its own. Words beginning with H are pronounced as if they began with the following vowel sound: ̶haut̶, pronounced /o/. The combination CH represents a single sound, similar to that of SH in English: *cherch̶é*. The combination PH represents an *f* sound, as is usual in English. The combination TH represents a pure *t* sound; there is no sound in French like the *th* of "this" or "theater" in English. Various 2- and 3-letter vowel combinations represent a single vowel sound:

AI = /ɛ/ franç*ai*s or /e/ j'*ai*

AU = /o/ ̶h*au*t̶ or /ɔ/ P*au*l

EU = /œ/ p*eu*r or /ɸ/ messi*eu*rs, monsi*eu*r, chev*eu*x̶

OU = /u/ v*ou*s̶, b*ou*ton, *ou*, bonj*ou*r

The combination OI most often represents the sound-sequence /wa/: m*oi*, v*oi*là.

PRONUNCIATION OF COGNATES

In their written form, a great many French words closely resemble, or are identical to, English words. This is both a blessing and a curse for the anglophone student. For if a written French word looks like an English word, it will NOT be pronounced in the same way. On the other hand, the meaning of the French word is often close to that of the English word it suggests. However, here, too, one must beware: the range of meanings of the two may differ, and this can lead to troublesome errors of interpretation and usage. A few examples of cognate words from Episode 1: *bouton* (button), *existent* (exist, third-person plural form), *attention!* (watch out!), *danger* (danger), *silence!* (silence! be quiet!). NONE of these French words is pronounced like its English counterpart.

DIACRITICAL MARKS

You will notice that many French words are written not only with letters of the alphabet but with various marks as well. These marks are just as important to the spelling of the word as are the letters.[1] For example, *ou* (or) is not the same word as *où* (where); *a* (has) is not the same as *à* (to, at); *tombe* means "falls", but *tombé* means "fallen" or "fell". Some of these marks indicate the pronunciation of the letter they go with, but others do not.

— Acute accent (*accent aigu*) ['] This occurs only over the letter E, and normally indicates the "closed e" sound, /e/: tombé.
— Grave accent (*accent grave*) [`] This occurs mainly over the letter E, and normally indicates the "open e" sound, /ɛ/: sphère. It also occurs over the letter A in a few words (là, voilà), and over the letter U in just one word: où.
— Circumflex accent (*accent circonflexe*) [^] This can occur over any vowel letter except Y. An E with a circumflex accent may represent either the open /ɛ/ or the closed /e/ sound: êtes (open); arrêtez (closed).

---

[1] Diacritical marks that are placed above letters are usually omitted over capital letters. Compare *Vous êtes français* and *Etes-vous français?*

— Diaeresis (*tréma*)[¨] This sign is found only over the second of two successive vowel letters and indicates that they are pronounced separately, as two distinct vowels: Noël, naïve.

— Cedilla (*cédille*) [¸] Added to the letter C when the next letter is A, O, or U, it indicates that the sound is /s/, not /k/: français, garçon, reçu.

STRESS

In English, any word of two or more syllables has one syllable that is pronounced more energetically than the others. The position of this stressed syllable is unpredictable and must be learned for each word: PHOtograph, phoTOGraphy, photoGRAPHic. There is no such problem in French, for no stress is "built into" the word. Instead, the final syllable of a *group* of related words is somewhat drawn out.

Ce sont des Gam*mas*.	(The last syllable is slightly longer.)
Les Gammas sont *là*.	(Again, the last syllable of the *group* is slightly longer than the others—but the last syllable of the word *Gammas* is not drawn out.)

Of course, most words *may* be stressed, for emphasis, but if none is desired, then all of the syllables of a word receive the *same* amount of energy. You will need to work at giving the same, even stress to all the syllables of a group, and at drawing out the last one—without giving it greater energy.

ELISION

In French, the -E[1] of a few one-syllable words, and the -A of *la* is dropped in front of a word beginning with a vowel sound. In writing, the dropped E or A is replaced by an apostrophe. In speaking, the two words are linked together as if they were one. This is called elision, and the change must be made. Thus, in *je cherche les Gammas,* the -E of *je* is kept, since the following word begins with a consonant. But in *j'ai peur,* the -E of *je* is dropped because the following word begins with a vowel. Here are two more examples:

C'est un bouton.	(*c'* before a vowel)
Ce n'est pas un bouton.	(*ce* before a consonant; *n'* before a vowel)

The words subject to elision are few. Here are some: *le, la, ce, de, je, me, ne, que, se, te.* The -I of *si* is dropped only before *il* and *ils*.

---

[1] To indicate relative position of a letter within a word, the hyphen is used as follows:
    E- means "initial E": E is the first letter of the word.
    -E- means "medial E": the letter E is somewhere within the word, neither the first letter nor the last.
    -E means "final E": E is the last letter of the word.

LIAISON

As mentioned before (Sound-Spelling Correlations, pages ix–x), the consonant that ends a word—i.e., the final letter of a word—generally represents no sound in French. But when the following word begins with a vowel sound, and the two words are related as part of the same phrase, then liaison takes place: the final consonant of the first word, which is normally silent, is pronounced in the same syllable as the inital vowel sound of the second word:

vous êtes = /vu-zɛt/   c'est un bouton = /sɛ-tœ̃-bu-tɔ̃/

c'est une cravate = /sɛ-tyn-kʀa-vat/

Before a pause or before a word beginning with a consonant sound, the pronoun *vous* is pronounced /vu/, but in *vous êtes* a z sound links the two words. The verb *est* is pronounced /ɛ/ or /e/, but when liaison occurs a *t* sound links *est* to a following vowel sound. A written -T or -N corresponds to a *t* or *n* sound in liaison, but an -S or -X represents a *z* sound in liaison, and a -D represents a *t* sound in liaison.

Liaison occurs only between words closely linked in meaning. It is required between the subject pronoun and the verb that follows it, as in *vous êtes*, and between the article and the adjective that follows it, as in *les autres gens*. But it is not usually made between a plural noun and its verb: *les Gammas existent* (no liaison) can be rewritten as *ils existent,* using the pronoun *ils*, "they," and here the liaison must be made.

The lack of "built-in" word stress (page xi) and the phenomena of elision and liaison (pages xi–xii) all combine to produce a blurring of word-boundaries in spoken French. You must get used to hearing and understanding groups or strings of words, in which the individual words do not clearly stand out as detached units.

INTONATION

There are many possible intonation patterns in French. Some of the most basic are the following:

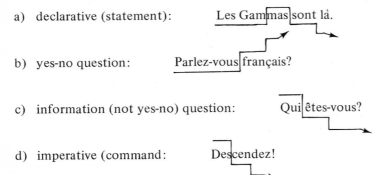

a) declarative (statement):   Les Gammas sont là.

b) yes-no question: Parlez-vous français?

c) information (not yes-no) question: Qui êtes-vous?

d) imperative (command: Descendez!

A comma in written French often corresponds to a rising intonation in speaking, on the last syllable of the word preceding the comma:

Oui, moi, je parle français.

Notice that in all cases, a given syllable is uttered on a single pitch; the changes in pitch occur *between* syllables, not within them.

DIAGRAM OF THE SPEECH ORGANS

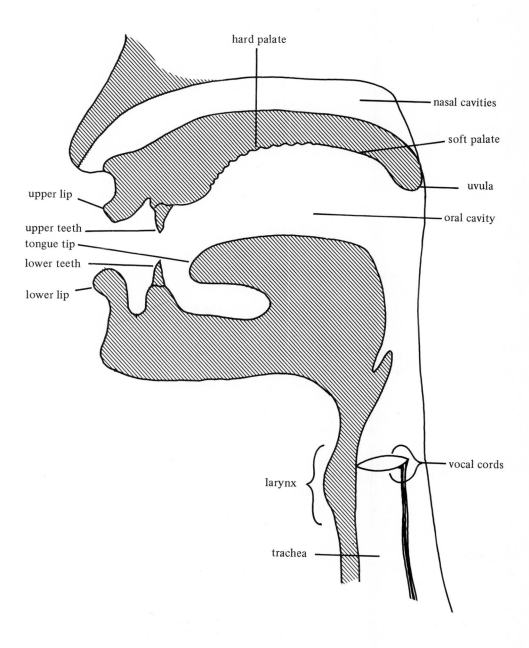

hard palate

nasal cavities

soft palate

uvula

upper lip

oral cavity

upper teeth

tongue tip

lower teeth

lower lip

vocal cords

larynx

trachea

IPA SYMBOLS FOR FRENCH

The symbols of the International Phonetic Association (IPA) are used to indicate the *sounds* of a language in a more precise and consistent way than can be done with standard spelling. The basic principle of IPA notation is that a given symbol always represents *the same sound*, and that a given sound is always represented by *the same symbol*.

	symbol	sample words[1]	discussion[2]
Vowels (V)			
oral	/a/	Gammas, cravate, là, bravo, voilà, avec	1
	/e/	parlez, des, Roger, j'ai, les, danger, descendez	7
	/ɛ/	français, mais, êtes, merci, avec	7
	/ə/	je, ce, le, monsieur, cheveux	2; 24–26
	/i/	oui, suis, qui, existent, ils, merci, petit, silence	3
	/o/	bravo, haut, morceau (5)	5
	/ɔ/	Roger, encore	5
	/ɸ/	Dieu, messieurs, monsieur, cheveux	11
	/œ/	peur, feuilles (3), cueille (5)	11
	/u/	vous, bouton, où, bonjour	12
	/y/	une, perruque, tu (2), naturels (3), vu (4)	4
nasal	/ã/	français, maman, encore, danger, descendez, silence	8
	/ɛ̃/	bien, mains, viens, vin (3)	8
	/ɔ̃/	mon, sont, bouton, non, bonjour, attention, ont, longs	9
	/œ̃/	un	9
Consonants (C)			
	/p/	parlez, parle, peur, perruque, petit	29
	/b/	bouton, bonjour, bravo, bien	
	/t/	êtes, bouton, cravate, existent, attention, petit	29
	/d/	des, Dieu, danger, descendez	
	/k/	qui, quoi, cravate, perruque	17, 29
	/g/	Gammas, existent /ɛgzist/	16
	/f/	français, fouillez (3), filmer (4)	
	/v/	vous, cravate, bravo, voilà, cheveux, viens, avec	
	/s/	français, suis, sont, merci, descendez, silence	17, 18
	/z/	vous êtes, existent /ɛgzist/, Brézolles (3)	18
	/ʃ/	cheveux, cherche	17
	/ʒ/	je, Roger, bonjour, danger	16
	/m/	moi, mais, Gammas, mon, maman, merci, mains	8, 9, 32
	/n/	non, une	8, 9, 32
	/ɲ/	champagne (4), vigne (5)	32
	/l/	parlez, parle, les, le, là, ils, voilà, longs, silence	
	/ʀ/	parlez, français, parle perruque, merci, bravo	6, 33
Semi-vowels (SV)			
	/j/	Dieu, attention, bien, viens, bouteille (4)	10, 28
	/w/	oui /wi/, moi /mwa/, voilà /vwala/	1, 14
	/ɥ/	suis, nuit (4)	15, 28

[1] The sample words are taken, whenever possible, from the script of Lesson 1. Words taken from other lessons are so identified: the number in parentheses following the sample word refers to the lesson in which the word appears. In all cases, the underlined portion of the word corresponds to the sound in question.

[2] The sound and spelling(s) associated with it are discussed in detail in the lesson(s) indicated in this column.

THE TRIANGLE OF FRENCH VOWELS

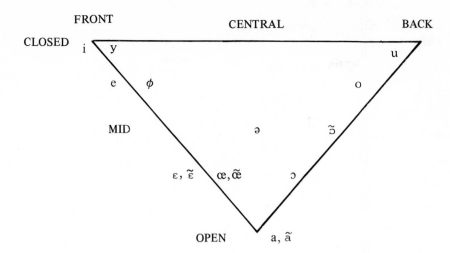

Series—tongue and lip position

front unrounded: i, e, ε, ε̃

front rounded: y, φ, œ, œ̃

central: ə , a, ã

back rounded: u, o, ɔ̃, ɔ

Series—mouth closure

very closed: i, y, u

mid-closed: e, φ, o

mid: ə, ɔ̃

mid-open: ε, ε̃, œ, œ̃, ɔ

very open: a, ã

ABBREVIATIONS AND SYMBOLS

ADJ	adjective		*COND*	conditional
ADV	adverb		*CONJ*	conjunction
C	consonant		*dem.*	demonstrative
CF	command form		*DO*	direct object

e	th/rd/st/nd (added to number to form ordinal numeral: 7e)	*PC*	passé composé = compound past tense
er/re	(added to the number 1) premier/première = 1st	*pl.*	plural
		PN	pronoun
f.	feminine	*PP*	past participle
fam.	familiar	*PPF*	pluperfect tense
FUT	future tense	*PR*	present tense
IMP	imperfect tense (imparfait)	*PREP*	preposition
impers.	impersonal	*PRP*	present participle
INDIC	indicative mood	*qqch.*	quelque chose = something
INF	infinitive	*qqn*	quelqu'un(e) = someone
interr.	interrogative	*rel.*	relative
invar.	invariable	*s.*	singular
IO	indirect object	*SBJN*	subjunctive mood
IPA	International Phonetic Alphabet	*s.o.*	someone
irr.	irregular	*sth.*	something
lit.	literally	*SUBJ*	subject
m.	masculine	*SV*	semi-vowel
N	noun	*V*	verb; vowel (pronunciation sections only)
neg.	negative		
P	past		

The sign = stands for "is equal to," "means."

The sign ≠ stands for "is not equal to," "does not mean."

The sign ↔ stands for "is the contrary of."

The sign < stands for "is derived from."

The sign > stands for "becomes."

The sign / / encloses IPA symbols that represent sounds rather than spellings. See pp. xiv for a list of the IPA symbols.

The sign # indicates a word boundary.

The sign ‿ indicates obligatory liaison.

The sign ╰_╯ indicates optional liaison.

The sign / indicates that liaison must not be made (pronunciation sections only).

BASIC VOCABULARY FOR CONVERSATION

le dessin	drawing	au commencement de	l'épisode / la scène
l'épisode (*m.*)	episode	(at the beginning of)	
l'image (*f.*)	picture		
la leçon	lesson	à la fin de	l'épisode / la scène
la personne	person	(at the end of)	
la photo	photo		
la question	question		
la scène	scene		

avant	before	dans	in, into
maintenant	now	par	by, through
après	after	pour	for, in order to
avec	with	sous	under
sans	without	sur	on, upon
derrière	behind	selon / d'après	according to
devant	in front of		

combien (de)?	how much?, how many?	un, une	one
comment?	how?	deux	two
où?	where?	trois	three
pourquoi?	why?	quatre	four
parce que	because	cinq	five
quand?	when?	six	six
que? / qu'est-ce que?	what?	sept	seven
		huit	eight
qui?	who?, whom?	neuf	nine
		dix	ten

Combien de personnes . . . ?	How many persons/people . . . ?
Comment dit-on . . . ?	How do you say . . . ?
Comment est . . . ?	How is . . . / What is . . . like?
Il y a	There is/There are
Que dit . . . ?	What is . . . (person) saying?
Il/Elle dit . . .	He/She says . . .
Que veut dire . . . ?	What does . . . mean?
Que voyez-vous?	What do you see?
Qui voyez-vous?	Whom do you see?

Contents

Attention! Danger!

[**Scene 1**: *A strange looking wooden capsule lands in a rural area of France. Hammering noises and voices are heard coming from inside. The language is not French, but different combinations of the syllables* **ga, gam, ma, mag,** *etc.*

Two men and a young woman emerge from the sphere, examine the objects they find on the ground, and put them into their pockets. The older man imitates the sound of a rooster crowing (in French, **cocorico**). *They come upon a young French couple, Roger and Lilli. Lilli looks up and screams, then runs off, leaving her purse and sweater behind. The three strangers pick up these objects and carry them back to their sphere. Roger has been watching. Fearing they are about to leave, he calls out to them.*]

ROGER: Parlez-vous français?

#   #   #   #

[**Scene 2**: *The same situation.*]

ROGER: Parlez-vous français?
ADRIEN*:   Parlez-vous français?
EMILE*:   Parlez-vous français?
ODILE*:   Parlez-vous français?
    [*The Gammas put their ladder down again.*]
ADRIEN: Parlez-vous français?
ROGER: Oui, moi, je parle français. Moi, je suis français. Mais vous? Qui êtes-vous?
LES TROIS GAMMAS, PUIS ROGER: Qui êtes-vous?
LES TROIS GAMMAS: Qui êtes-vous? Gam gam gamagam. . . Gamma.
ROGER: Gamma? Ah, vous êtes des Gammas.
    [*Roger runs to Lilli to tell her what he has discovered.*]
LILLI: Oh, mon Dieu, Roger, j'ai peur! J'ai peur!
ROGER: Ce sont des Gammas.
LILLI: Des ga. . . des ga. . . des quoi? Des Gammas? [*She falls to the ground, hysterical.*] Oh, Maman! Les Gammas! [*She faints, then revives. Seeing the Gammas, she screams and runs off.*

They chase her. She falls down, terrified. Roger hovers over her protectively as the Gammas tear off one of her buttons.]

LILLI: Mon bouton! Le bouton!
EMILE: Le bouton.
ROGER: C'est un bouton.
EMILE, ADRIEN, ODILE: C'est un bouton.
    [*Roger pulls some buttons off his shirt and gives them to the Gammas.*]
ROGER: Encore des boutons.
EMILE: [*Pointing to Roger's tie*] C'est un bouton?
ROGER: Non, c'est une cravate.
EMILE: C'est une cravate.
    [*The Gammas pull off Lilli's wig.*]
ROGER: Une perruque! C'est une perruque!
    [*Odile takes off Roger's tie.*]
ODILE: C'est une cravate. [*She leaves with the tie.*]
LILLI: Les Gammas! Où sont les Gammas?
ROGER: Qui êtes-vous?
LILLI: Roger!

#   #   #   #

*The 3 Gammas will be given the names Adrien, Emile, and Odile in later episodes.

[Scene 3: *In the woods.*]

LILLI: [*Running and shouting*] Les Gammas! Les Gammas! Les Gammas existent!

ROGER: Les Gammas! Les Gammas! Les Gammas existent!

LILLI: Les Gammas! Les Gammas! Les Gammas existent! [*She meets two hunters.*] Bonjour, Messieurs. Les Gammas sont là. Les Gammas existent. Ils sont là-bas.

1er CHASSEUR: Les Gammas existent?

LILLI: Oui, Monsieur, les Gammas existent. Ils sont là-bas.

2e CHASSEUR: Ah, les Gammas existent. [*Meanwhile, the Gammas have found a high-voltage power-line tower. Ignoring the warning signs, they begin to climb it.*]

ELECTRICIENS: Attention, danger! Non, non, attention, danger!

ROGER: Les Gammas! [*The two hunters and Lilli arrive.*]

1er CHASSEUR: Où sont les Gammas?

ROGER: Là.

1er CHASSEUR: Merci, Monsieur.

LILLI: Roger! Mon petit Roger! [*Roger is in a daze. She slaps his face to revive him. He slaps her and leaves.*] Les Gammas! [*She storms off.*]

[*The Gammas are dancing on the high-voltage power lines. The electricians watch and applaud.*]

ELECTRICIENS: Bravo! [*The wires begin to spark.*] Attention! Danger! [*The Gammas continue dancing, then disappear.*]

CHASSEURS: Descendez! [*The electricians come down.*]

1er CHASSEUR: Voilà les Gammas.

LILLI: Mais non. Les Gammas ont les cheveux longs.

2e CHASSEUR: [*Removing an electrician's hat*] Bien, voilà les Gammas!

CHASSEURS: [*Pointing a gun at the electricians*] Silence! Haut les mains!

LILLI: Roger, mon petit Roger!

ROGER: Où sont les Gammas?

LILLI: Roger, mon petit Roger, viens avec moi!

ROGER: Non!! Je cherche les Gammas.

LILLI: Roger!!

[*The Gammas, now very tiny, watch from the fender of the electricians' van and laugh gleefully.*]

VOCABULARY

avec with
bien well
bonjour hello, good morning, good day
le **bouton** button
bravo bravo, hurrah
c', ce he, she, it; they
le **chasseur** hunter
je **cherche** < **chercher** I'm looking for
les **cheveux** (*m.*) (head of) hair
la **cravate** necktie
le **danger** danger
des (*pl.*) some, any, —

descendez! < **descendre** come down! (*CF*)
Dieu (*m.*) God
l' **électricien** (*m.*) electrician
encore more, still more
c' **est** }
vous **êtes** } < **être**C13* it is; this/that is you are
ils **existent** < **exister** they exist
français (*m.*) French
le **français** French (language)
ils (*m./m. + f.*) they
j', je I

*See Appendix C, irregular verb #13.

l' (+ *vowel*) ⎫
la (*f.*)   ⎪
le (*m.*)   ⎬ the
les (*pl.*)   ⎭
là there
là-bas over there
long (*m.*) long
mais but
  mais non! oh no!
la **maman** mama
  merci thank you, thanks
les **messieurs** (*m.*) gentlemen
  moi *I*; me; to me
  mon (*m.*) my
le **monsieur** gentleman
  monsieur sir
  non no
ils **ont** < **avoir**[C1] they have

où where
oui yes
je **parle** ⎫
vous **parlez** ⎬ < **parler** I speak / you speak
la **perruque** wig
  petit (*m.*) little
    mon petit my dear
  qui who
  quoi what?
ce **sont** ⎫
    ⎬ < **être**[C13] they are; these/those are
ils **sont** ⎭ they are
je **suis** I am
  un (*m.*) ⎫
  une (*f.*) ⎬ a, an
  viens! < **venir**[C31] come! (*fam., CF*)
  voilà here is/are; there is/are
  vous you

SPECIAL EXPRESSIONS

J'ai peur. I'm afraid. I'm frightened.
Attention! Watch out!

Haut les mains! Stick 'em up! Hands up!
Silence! (Be) Quiet! Silence!

SUPPLEMENTARY VOCABULARY

clothing **les vêtements** (*m.*)			
blouse	**la blouse**	shirt	**la chemise**
button	**le bouton**	shoes	**les chaussures** (*f.*)
hat	**le chapeau**	skirt	**la jupe**
jeans	**le blue-jean**	trousers, pants	**le pantalon**
necktie	**la cravate**	tunic, caftan	**la tunique** ⌐
pocket	**la poche**		

people **les gens** (*m.*)			
boy	**le garçon**	person	**la personne**
crowd	**la foule**	professor	**le professeur**
friend	**l'ami** (*m.*) / **l'amie** (*f.*)	student	**l'étudiant** (*m.*) / **l'étudiante** (*f.*)
girl	**la fille**	woman	**la femme**
man	**l'homme** (*m.*)		

LANGUAGE NOTES AND EXERCISES

1.1 Subject pronouns

person	singular		plural	
1st	**je**	I	**nous**	we
2nd	**tu**	you (*fam.*)	**vous**	you
3rd	{ **il** { **elle**	he/it (*m.*) she/it (*f.*)	{ **ils** { **elles**	they (*m./m. + f.*) they (*f.*)

a. **je** > **j′** before a vowel sound (elision; see p. xi).
b. For a discussion of the use of **tu** and **vous**, see the cultural note for this lesson.
c. Third person plural forms—**ils, elles**
   The subject is **ils** for a group of masculine persons or things (they) or for a group including at least one masculine person or thing (they). For a group of feminine persons or things only, the subject pronoun is **elles** (they).

Les Gammas **existent.**	The Gammas exist.
Ils **existent.**	They exist.

EXERCISE

Replace the subject noun(s) in each of the following sentences by the corresponding subject pronoun. Follow the model.

   Model: **La cravate est là.** → **Elle est là.**

1. Les Gammas parlent français.
2. Roger est français.
3. Roger et Lilli sont français.
4. Odile est avec Roger.
5. Annette et Lilli parlent français.
6. L'homme est avec les électriciens.

1.2 The irregular verb *être* (to be)

être			
singular		plural	
je *suis*	I am	**nous** *sommes*	we are
tu *es*	you are	**vous** *êtes*	you are
il } *est* **elle** }	he/it } is she/it }	**ils** } *sont* **elles** }	they are

The verb **être** is very irregular. It is, moreover, one of the most frequently used and important verbs. For other forms of **être**, see Appendix C.13.

4   *Les Gammas! Les Gammas!*

EXERCISES

A. Supply the proper form of **être**.

    1. Je _____ français.

    2. Où _____ les Gammas?

    3. Qui _____ -vous?

    4. C' _____ une cravate.

    5. Ils _____ là-bas.

    6. C' _____ un bouton.

B. Substitute the words in parentheses for the underlined word(s).

    1. Roger est là-bas. (Les Gammas, Nous, Je, Vous, La maman)
    2. Les électriciens sont ici. (Vous, Tu, La cravate, Elles)

1.3 Gender and number of nouns

    a. Gender

        All nouns in French have gender, either masculine or feminine. Learning the gender of a noun is done through usage and memorization, with the noun modifier showing gender (see, for example, 1.4 and 1.5). Learn **le bouton** or **un bouton** rather than **bouton**.

    b. Number

singular		plural	
bouton	button	**boutons**	buttons

        Most nouns in French are made plural by adding s to the simpler form. This -s is almost never pronounced.

EXERCISES

A. Give the gender of the following nouns by indicating "masculine" or "feminine" after each one.

    1. maman
    2. monsieur
    3. cheveux
    4. bouton
    5. danger
    6. fille
    7. chaussure
    8. électricien
    9. cravates
    10. chasseur
    11. poche
    12. pantalon

B. Put the following words into the plural.

    1. Gamma
    2. perruque
    3. professeur
    4. jupe
    5. chaussure
    6. femme
    7. pantalon
    8. étudiant

1.4 The definite article

the			
singular		plural	
le **bouton** (*m.*) the button		*les* **boutons** (*m.*) the buttons	
la **perruque** (*f.*) the wig		*les* **perruques** (*f.*) the wigs	

a. The definite article is used to mark nouns referring to specific persons or things. As with other noun markers, it must agree with the noun it modifies in gender (masculine or feminine) and in number (singular or plural).

b. When either of the singular forms **le** or **la** precedes a word beginning with a vowel sound, elision occurs, in which case the gender of the noun is not indicated by the definite article:

   *l'*attention (*f.*), *l'*hôtel (*m.*)

c. Because the **-s** of the plural noun usually represents no sound, the article gives the plural signal to the listener. In liaison (see p. xii), the **-s** of **les** is pronounced / z /.

   les électriciens   /lezelɛ̃ktrisjɛ̃/

Otherwise, the vowel of the definite article identifies number. **Le** is pronounced /lə/; **la** is /la/; **les** is /le/.

   le bouton /ləbutɔ̃/   les boutons /lebutɔ̃/

   la cravate /lakʀavat/   les cravates /lekʀavat/

EXERCISES

A.   Supply the proper definite article.

1. Voilà _____ bouton.

2. Voilà _____ perruque.

3. Je cherche _____ Gammas.

4. Voilà _____ cravate.

5. Haut _____ mains!

6. Ils ont _____ cheveux longs.

7. _____ danger existe.

B.   Add the definite article to the following words.

1. pantalons
2. chasseur
3. professeurs
4. chemise
5. étudiant
6. boutons
7. étudiante
8. chaussures

6   *Les Gammas! Les Gammas!*

1.5 The indefinite article

<table>
<tr><td colspan="2" align="center">a, an, some, any</td></tr>
<tr><td align="center">singular</td><td align="center">plural</td></tr>
<tr><td>un bouton (m.)   a button</td><td>des boutons (m.)   (some) buttons</td></tr>
<tr><td>une perruque (f.)   a wig</td><td>des perruques (f.)   (some) wigs</td></tr>
</table>

The indefinite article is used to mark undetermined nouns. It must agree in gender and in number with the noun it modifies.

EXERCISES

A.　Replace the definite article with the appropriate form of the indefinite article.

   1. C'est le bouton.
   2. Ce sont les cravates.
   3. Voilà la perruque.
   4. Ce sont les Gammas.

B.　Supply the indefinite article.

   1. Voilà _____ boutons.

   2. Je cherche _____ cravate.

   3. C'est _____ perruque.

   4. Emile, Odile et Adrien sont _____ Gammas.

1.6 Yes/no questions formed by subject-verb inversion

Etes-*vous* **français?**	Are you French?
Parlez-*vous* **français?**	Do you speak French?
Est-*ce* **un bouton?**	Is it a button?

N.B. **Est-ce** is the inverted form of **C'est.** **Ce** > **c′** before a vowel sound.

a.　A question which would receive a yes or no answer may be formulated in French by inverting the subject and the verb. The pronoun subject is placed after the verb and attached to it by a hyphen.

b.　When the subject is a noun rather than a pronoun, the noun is retained before the verb and the corresponding subject pronoun is added after the verb to make the inversion.

　　　Adrien est-*il* français?

　　　Les Gammas sont-*ils* là-bas?

EXERCISES

A.　Transform the following sentences into questions, using the inverted word order.

   1. Vous êtes Odile.
   2. Vous parlez français.

3. Nous sommes des Gammas.
4. Ils sont avec Roger.

B. *Situation:* **L'interrogation**
You are the chief of police interrogating the Gammas. Ask the following questions in French. Supply an answer, as if you were a Gamma.

1. Who are you?
2. Are you French?
3. Do you speak French?
4. [*Pointing to their hair*] Is it a wig?
5. Are you with Roger?

Où sont les Gammas?

[**Scene 1**: *Roger is looking for the Gammas.*]

ROGER: Où sont les Gammas? [*He comes upon a gendarme, asleep in a station wagon.*] Je ne vois pas les Gammas! Ah, les Gammas!

1er GENDARME: Gammas? Vous voyez les Gammas?

ROGER: Non, je ne vois pas les Gammas.

1er GENDARME: Qui êtes-vous? Qu'est-ce que vous faites là?

ROGER: Je cherche les Gammas.

1er GENDARME: Ah, vous cherchez les Gammas? Moi aussi, je cherche les Gammas.

ROGER: Vous cherchez les Gammas?!

1er GENDARME: Oui, je cherche les Gammas. [*Roger leaves. The gendarme radios a message.*] Je ne vois pas les Gammas. [*Roger continues his search.*]

ROGER: Gammas! [*He discovers three gendarmes.*] Qu'est-ce que vous faites là?

GENDARMES: Nous cherchons les Gammas.

2e GENDARME: [*Pointing to a helicopter overhead*] Ils cherchent les Gammas.

3e GENDARME: [*Pointing to another gendarme*] Il cherche les Gammas.

4e GENDARME: Moi aussi, je cherche les Gammas.

GENDARME: Tout le monde cherche les Gammas.

ROGER: Les Gammas n'existent pas!

GENDARME: Ah, les Gammas n'existent pas!

LES DEUX AUTRES GENDARMES: Si, les Gammas existent.

GENDARME: Vous avez vu les Gammas?

LES AUTRES: Non, mais ils existent!

GENDARME: Les Gammas n'existent pas!

LES AUTRES: Les Gammas existent!

ROGER: [*Coming upon two more gendarmes*] Les Gammas n'existent pas! Partez! [*Calling*] Où êtes-vous? Gammas, où êtes-vous? [*Shots are heard.*] Gammas! Oh, mes Gammas! [*A hunter appears.*] Bonjour, Monsieur. Est-ce que vous avez vu les Gammas?

CHASSEUR: Les Gammas! Les Gammas n'existent pas, Monsieur.

ROGER: Merci, Monsieur. [*Calling*] Gammas! Où êtes-vous? Gammas! Vous êtes là? [*He discovers the sphere.*] La sphère! C'est du bois, c'est rond, c'est beau! Gammas! Où êtes-vous? Gammas!

#   #   #   #

[**Scene 2**: *The Gammas appear, speaking in their language and gathering leaves and other objects. They discover Roger asleep near the sphere.*]

ODILE: Roger, c'est Roger.

ROGER: [*Waking up*] Les Gammas! Vous êtes là!

ODILE: Oui, Roger.

ROGER: Je veux aller avec vous! [*He gets into the sphere; they push him out and he falls down.*] J'ai mal!

ODILE: Il a mal.

ADRIEN: Il a mal? Où?

ROGER: Là! Je suis tombé. Je veux entrer! [*He seizes the Gammas' mirror.*] Le miroir! C'est votre miroir.

EMILE: C'est notre miroir.

ROGER: Laissez-moi aller avec vous, et je vous donne le miroir.

EMILE: Donne le miroir!

ROGER: Laissez-moi aller avec vous, et je vous donne le miroir. Je veux entrer! Laissez-moi entrer et je vous donne le miroir. Je veux aller avec vous. [*Sounds of approaching gendarmes.*] Tout le monde cherche les Gammas.

CHASSEUR: Bonjour, Monsieur. Est-ce que vous avez vu les Gammas? Les Gammas! [*To the Gammas*] Bonjour, Messieurs. Les Gammas n'existent pas. Ils n'existent pas. Au revoir, Messieurs.

LES GAMMAS: Au revoir, Monsieur.

VOIX DE GENDARMES: Où sont les Gammas? Là! Les Gammas!

ROGER: Ils arrivent!

VOIX DE GENDARMES: Voyez-vous les Gammas? Oui, oui, les Gammas existent.

#   #   #   #

[**Scene 3**: *Near the sphere.*]

ODILE: Roger!

ROGER: Roger, je m'appelle Roger.

ODILE: Tu t'appelles Roger.

ROGER: Et toi, comment t'appelles-tu?

ODILE: Je m'appelle . . . Gamma.

ROGER: Gamma . . . Tu ne t'appelles pas Gamma! Tu t'appelles . . . Olga . . . Charlotte . . . Georgette . . . Non . . . Odile! Tu t'appelles Odile.

ODILE: Odile . . . Je m'appelle Odile.

ROGER: Odile! [*They dance, while calling each other's names.*]

ODILE: Je m'appelle Odile. [*To Emile and Adrien*] Mon nom est Odile. Je m'appelle Odile.

ROGER: Elle s'appelle Odile! Odile! Odile!

EMILE, PUIS ADRIEN: Odile . . .

ROGER: Attention! Danger! Les gendarmes arrivent! Ils arrivent! La sphère! . . . La sphère devient petite! La sphere est petite! [*Noises of approaching gendarmes. Emile puts the small sphere into his pocket.*] sphere into his pocket.*]

1er GENDARME: Les Gammas sont là!

2e GENDARME: Où sont les Gammas?

1er GENDARME: Ils sont là.

3e GENDARME: Je vois les Gammas. Je les vois!

LES GENDARMES: Oh, les Gammas!

UN GENDARME: Arrêtez-les! [*The Gammas begin to shrink.*]

UN AUTRE GENDARME: Les Gammas!

ODILE: Les Gammas sont petits.

UN GENDARME: Arrêtez les Gammas! Arrêtez-les!

UN AUTRE GENDARME: Les Gammas, où sont les Gammas? Où sont-ils?

ROGER: Les Gammas n'existent pas!

1er GENDARME: Ah, les Gammas n'existent pas!

2e GENDARME: Les Gammas existent! [*They argue, then leave the scene. The Gammas, very small, are seen cowering under the root of a tree. Roger speaks to them.*]

ROGER: Gammas. J'aime les Gammas. Vivent les Gammas! Odile! [*The Gammas disappear. Roger shouts.*] Odile! Gammas, où êtes-vous? Je veux aller avec vous! Odile!

10   *Les Gammas! Les Gammas!*

VOCABULARY

j' **aime** < **aimer** I like, love
aller[C1] to go
ils **arrivent** < **arriver** they are coming/ arrive/are arriving
s' **appeler**[B5] to be named
au revoir good-bye, see you again
aussi too, also
autre other
l' **autre** (*m./f.*) other one, other person
vous **avez** < **avoir**[C3] you have
beau (*m.*) beautiful, handsome, good-looking
le **bois** wood
du bois made of wood, wooden
ils **cherche** ⎫ he is looking for
cherchez! ⎬ look for! (*CF*)
vous **cherchez** ⎬ < **chercher** you are looking for
nous **cherchons** ⎭ we are looking for
comment how
elle **devient** < **devenir**[C31] it is getting/is becoming; it gets/becomes
donne! ⎫ < **donner** give! (*fam. CF*)
je **donne** ⎭ I give/am giving
elle she, it
entrer to enter/come in/go in
et and
vous **faites** < **faire**[C14] you are doing/do
le **gendarme** policeman
il he, it
laissez! < **laisser** let! (*CF*)
les + *verb* them
je les vois I see them

mes (*pl.*) my
le **miroir** mirror
le **monde** world
tout le monde everybody
ne . . . pas not
le **nom** name
notre (*sing.*) our
nous we
partez! < **partir**[C20] go away! leave! (*CF*)
pas
ne . . . pas not
revoir[C33] to see again
au revoir good-bye, see you again
rond round
si yes (in answer to a neg. question)
la **sphère** sphere
toi you (*fam. s.*)
tombé < **tomber** fallen
je suis tombé I fell (down)
tout (*m.*) all
tout le monde everybody
tu you (*fam. s.*)
je **veux** < **vouloir**[C34] I want
je **vois** < **voir**[C33] I see
la **voix** voice
votre (*m./f. s.*) your
vous + *verb not in* -**ez** you; to you
je vous donne I give you
vous **voyez** ⎫ < **voir**[C33] you see
vu ⎭ seen (*PP*)
vous avez vu you have seen

SPECIAL EXPRESSIONS

Il a mal. He's hurt. He has a pain.
J'ai mal. I'm hurt. I have a pain.
elle s'appelle ⎫ her name is
je m'appelle ⎬ < **s'appeler** my name is
tu t'appelles ⎭ your name is

Arrêtez-les! Stop them!
Est-ce que . . . (signals a question)
Qu'est-ce que . . . ? What . . . ?
vivent . . . ! long live . . . !

SUPPLEMENTARY VOCABULARY

greetings les salutations (*f.*)	
Hello, Good morning, Good day!	**Bonjour!**
Hello (in evening); Good evening!	**Bonsoir!**
Hi!	**Salut!**
How are you?	**Comment allez-vous?**
How are you? (*fam.*)	**Comment vas-tu?**
(very) well, thank you	**(très) bien, merci**
not bad	**pas mal**
so–so	**comme ci comme ça**
What's your name?	**Comment vous appelez-vous?**
What's your name?	**Comment t'appelles-tu?** (*fam.*)
What's his name?	**Comment s'appelle-t-il?**
What's her name?	**Comment s'appelle-t-elle?**

languages[1] **les langues** (*f.*)	
N.B. All names of languages are masculine and are not capitalized.	
Arabic	**l'arabe**
Chinese	**le chinois**
English	**l'anglais**
French	**le français**
German	**l'allemand**
Italian	**l'italien**
Japanese	**le japonais**
Russian	**le russe**
Spanish	**l'espagnol**

LANGUAGE NOTES AND EXERCISES

2.1 Negation with *ne . . . pas*

a. In French a sentence is made negative by the addition of **ne** before the verb and **pas** after the verb.

> **je *ne* vois *pas* les Gammas.**   I don't see the Gammas.

---

[1]These words are also used as adjectives of nationality (not capitalized) and as nouns of nationality (capitalized). (See 25.4.)

b. **ne** > **n'** before a vowel sound.

> **Les Gammas *n'*existent *pas*.** The Gammas don't exist.

c. When the subject and verb are inverted and linked together by the hyphen, nothing can break into this verb–subject unit. In this case, the **ne** precedes and **pas** follows the verb unit, to form the negative interrogative.

> **N'existent-ils pas?** Don't they exist?

EXERCISES

A. Restate the following sentences in the negative form.

1. Nous cherchons les Gammas.
2. Ce sont les chasseurs.
3. C'est la sphère.
4. Les gendarmes arrivent.
5. Mon nom est Jeanne.

B. *Situation:* **Le chasseur doute**[1]

The hunter does not believe that the Gammas exist. He gives the gendarmes a series of "facts" to prove his point. State in French what he says:

1. The Gammas do not exist.
2. I do not see the sphere.
3. Roger is not a Gamma.
4. Everybody is not looking for the Gammas.

2.2 Other forms of yes/no questions

In addition to subject–verb inversion (1.6), there are other ways to ask questions anticipating a yes or no answer. A declarative sentence may be made interrogative:

a. By placing **est-ce que** before the declarative sentence.
    est-ce que > **est-ce qu'** before a vowel sound

> **Vous cherchez le gendarme.** You are looking for the gendarme.
>
> **Est-ce que vous cherchez le gendarme?** Are you looking for the gendarme?
>
> **Il cherche les Gammas.** He is looking for the Gammas.
>
> **Est-ce qu'il cherche les Gammas?** Is he looking for the Gammas?

b. By adding **n'est-ce pas** to the end of the sentence. In this case, the questioner expects agreement.

> **Les Gammas existent, *n'est-ce pas*?** The Gammas exist, don't they?
>
> **Mais nous ne cherchons pas les Gammas, *n'est-ce pas*?** But we're not looking for the Gammas, are we?

---

[1]**douter:** to doubt.

C'est votre miroir, *n'est-ce pas?*	It's your mirror, isn't it?

N.B. **N'est-ce pas** (literally, "is it not [so]?") corresponds to a great many different English expressions used to make declarative sentences interrogative ("don't they," "are we," "isn't it," etc.). The expression never changes in French.

c. By rising intonation at the end of the question.

declarative: **Vous voyez les Gammas.**   You see the Gammas.

interrogative: **Vous voyez les Gammas?**   (Do) You see the Gammas?

EXERCISES

A.   *Situation:* **Toujours**[1] **des questions**!
The Gammas are learning the ways of the French people. Every time someone makes a statement, they turn it into a question by using the expression **est-ce que**. Write the Gammas' reaction to the following statements. Follow the model.

Roger	*Les Gammas*
Model: **C'est un bouton.**	**Est-ce que c'est un bouton?**

1.   C'est une cravate.

2.   Ce sont les gendarmes.

3.   C'est un miroir.

4.   Les Gammas existent.

5.   Les gendarmes arrivent.

B.   State in French using the **est-ce que** form of interrogation.

1.   Do I see the Gammas?

2.   Are the gendarmes there?

3.   Is Roger with the electricians?

4.   Are you looking for Emile?

5.   Does the danger exist?

2.3 The present indicative (*présent*) of regular *–er* verbs

The indicative is the most frequently used mood. It is used when the speaker/writer views the action of the verb as a fact or is asking a question of fact. Present indicative is the tense that indicates an action or state is occurring now rather than in the past or the future. The French present indicative corresponds to several English expressions:

$$\textit{Il cherche } \text{les Gammas.} \begin{cases} \text{He looks for the Gammas.} \\ \text{He is looking for the Gammas.} \\ \text{He does look for the Gammas.} \end{cases}$$

---

[1] **toujours:** always.

chercher to look for			
singular		**plural**	
je cherch e̸	I look for/am look- ing for/do look for	**nous cherch *ons***	we look for, etc.
tu cherch e̸s̸	you look for, etc.	**vous cherch *ez***	you look for, etc.
il **elle** } **cherch e̸**	he/it she/it } looks for, etc.	**ils** **elles** } **cherch e̸n̸t̸**	they look for, etc.

a. Verbs are given in dictionaries in the infinitive form. Infinitives are classed by ending (for example, **–er, –ir, –re**) and according to whether the verb is regular or irregular. More French verbs belong to the **–er** group than to the other two groups of regular verbs. **Aller** is an irregular verb of the **–er** group (see 5.2).

b. To form the present indicative of a regular verb whose infinitive ends in **er**, first drop the **–er** to obtain the stem and then add the ending that corresponds to the subject in person and number.

c. The endings **–e**, **–es**, and **–ent** are not pronounced, as indicated above by the slanted lines.

d. Negative (see 2.1).

> Je *ne* cherche *pas* les Gammas.   I'm not looking for the Gammas.

e. Interrogative.

singular	plural
est-ce que je cherche?	**cherchons-nous?**
do I look for?	are we looking for?
cherches-tu?	**cherchez-vous?**
are you looking for?	do you look for?
cherche-t-il?	**cherchent-ils?** } **cherchent-elles?** }
does he look for?	are they looking for?
cherche-t-elle?	
does she look for?	

(1) With the **je** form of regular verbs, the **est-ce que** form is used instead of inversion.

> *Est-ce que j'*existe?   Do I exist?

(2) To aid in pronunciation, a **– t–** is added between the third person singular verb form ending with a vowel and the subject pronoun beginning with a vowel. The **– t–** is not needed in the other inverted forms where the final consonant of the verb is pronounced in liaison.

> *Cherche-t-elle* Roger?   Is she looking for Roger?

EXERCISES

A. Substitute for the underlined word in each sentence the words given in parentheses and make all necessary agreements.

1. <u>Nous</u> cherchons des cravates. (Tu, Les gendarmes, Luc, Vous)
2. <u>Je</u> donne le chapeau à Roger. (La femme, Vous, Nous, Les chasseurs)
3. <u>Paul</u> parle avec un étudiant. (Nous, Le Gamma, Vous, Roger et Odile)

B. Following is a series of statements. Transform each according to the directions in parentheses. Follow the model.

Model: **Je parle avec Emile.** (nous, negative) → **Nous ne parlons pas avec Emile.**

1. Ils cherchent les Gammas. (tu, negative)
2. Nous aimons les gendarmes. (vous, negative)
3. Je donne le miroir à Lise. (elle, negative)
4. Vous cherchez Henri. (je, affirmative)
5. Tu parles français. (nous, negative)

C. *Situation:* **Une interview avec les Gammas**

You are preparing a series of short questions for an interview with the Gammas. Give the questions that would call for the stated answers. Vary your way of asking the questions. Follow the model.

Vous	*Les Gammas*
Model: **Parlez-vous espagnol?**	**Nous ne parlons pas espagnol.**
1.	1. Oui, j'aime la France.
2.	2. Oui, c'est la sphère Gamma.
3.	3. Non, nous ne cherchons pas Lilli.
4.	4. Ce ne sont pas des perruques.
5.	5. J'aime la cravate de Roger.

2.4 Possessive adjectives

	singular		plural
English	Before feminine nouns beginning with a consonant	Before all masculine nouns and before feminine nouns beginning with a vowel sound	Before all plural nouns
my	*ma* cravate	*mon* bouton / *mon* amie	*mes* cravates / *mes* amies
your	*ta* cravate	*ton* bouton / *ton* amie	*tes* boutons / *tes* amies
his, her, its	*sa* cravate	*son* bouton / *son* amie	*ses* cravates / *ses* amies
	Before all singular nouns		
our	*notre* bouton		*nos* boutons
your	*votre* amie		*vos* amies
their	*leur* cravate		*leurs* cravates

a. Gender and number of possessive adjectives are determined not by the possessor, as in English, but by the person or thing "possessed." For example, *my* is expressed in French by **ma, mon,** or **mes** according to the gender and number of the nouns which follows.

my sphere	*ma* sphère
my mirror	*mon* miroir
my friends	*mes* amis

Or, **sa, son,** and **ses** can mean either *his, her,* or *its.*

sa sphère	his/her/its sphere
son miroir	his/her/its mirror
ses amis	his/her/its friends

b. When a singular noun begins with a vowel sound, **mon, ton,** and **son** are used, regardless of gender. In this case, the **n** of **mon, ton, son** is pronounced in liaison and the **o** is not pronounced as a nasal sound.

mon ami ⎰	*mon* hôtel[1]	/mɔnɔtɛl/
mon amie ⎱ / mɔnami/	*mon* attention	/mɔnatãsjɔ̃/

c. The possessive adjective in French must be repeated before each noun it modifies, even when the form is exactly the same.

Mon bouton et *ma* perruque sont là-bas.	My button and wig are over there.
Sa cravate et *sa* perruque ne sont pas là.	Her tie and wig are not there.

EXERCISES

A. *Situation:* **Vraiment,[2] Albert?**

Your friend Albert is very possessive. Each time you mention an object, he replies by saying it's his. Follow the model.

Vous	*Albert*
Model: **C'est *une* sphère.**	**C'est *ma* sphère.**
1. C'est un miroir.	1.
2. Voilà des cravates.	2.
3. C'est une chemise.	3.
4. Ce sont des boutons.	4.

B. In each of the following sentences, change the underlined word as indicated.

1. Voilà <u>notre</u> sphère. (their)
2. C'est <u>ta</u> cravate. (his)
3. Ce sont <u>vos</u> boutons. (her)
4. Cherchez <u>mes</u> gendarmes! (their)
5. C'est <u>son</u> miroir. (your)

---

[1] The **h** in **hôtel** is silent.
[2] **vraiment:** really.

6. Voilà leurs noms. (our)
7. Parle avec leur amie. (my)

2.5 Conjugated verb + infinitive

Je veux aller avec vous.	I want to go with you.
Laissez-moi aller avec vous.	Let me go with you.

a. A conjugated verb may be followed by one or more verbs that are in the infinitive form. The infinitive corresponds to the English infinitive with or without "to." For a list of verbs that may be followed directly by an infinitive (i.e., without an additional preposition), see Appendix D.1.
b. To make such sentences negative, place **ne . . . pas** around the conjugated verbs.

Je ne veux pas entrer.	I don't want to get in.
Lilli n'aime pas parler avec les Gammas.	Lilli doesn't like to talk with the Gammas.

EXERCISE

Transform the following sentences as shown in the model.

Model: **Je parle français.** → **J'aime parler français.**

1. Les Gammas arrivent à Brézolles.
2. Roger ne donne pas les boutons à Odile.
3. Nous cherchons la sphère Gamma.
4. Tu ne donnes pas le miroir à Emile.
5. Roger parle avec Odile.
6. Vous donnez une cravate à Adrien.

2.6 Stem changes in verbs ending in *eler* and *eter* (model: *appeler*) (See also Appendix B.5.)

In certain French verbs, a spelling change takes place in the stem of the verb when the verb ending is silent. In this case, the final syllable of the stem is the final pronounced syllable of the verb and is consequently stressed. In **appeler** the final stem consonant l is doubled as follows:

singular	plural
j'appell*e*	nous appelons
tu appell*es*	vous appelez
il elle } appell*e*	ils elles } appell*ent*

The spelling change reflects the change in the pronunciation of the stem.

    nous appelons   /nuzaplɔ̃/

             but

    j'appelle   /ʒapɛl/

Conjugated like **appeler**:

    épeler   to spell

    jeter   to throw

EXERCISE

Combine the following words with the appropriate form of **appeler** to form a sentence. Follow the model.

Model: **Les chasseurs/les Gammas.** → **Les chasseurs appellent les Gammas.**

1. Vous/Patrick
2. Maman/le petit garçon
3. Tu/une amie
4. Nous/un gendarme
5. Ils/tout le monde
6. Tout le monde/les Gammas

Lesson 3

Vivent les Gammas!

[**Scene 1:** *The Gammas' sphere circles and lands. A crowd of people is waiting for news of the Gammas. Two gendarmes question the Gammas to determine their identity.*]

UNE FEMME: Là! Ils sont là!

1ᵉʳ GENDARME: Qui êtes-vous?

2ᵉ GENDARME: Parlez-vous français?

ODILE: [*Touching one of the gendarme's buttons*] C'est un bouton.

ADRIEN: C'est une cravate.

2ᵉ GENDARME: Oui, Monsieur, c'est une cravate.

EMILE: [*Pulling on the gendarme's hair*] C'est une perruque.

1ᵉʳ GENDARME: Non, Monsieur, ce n'est pas une perruque. Ce sont mes cheveux. Vous comprenez? Mes cheveux. Ce sont des cheveux na-tu-rels.

EMILE: Ce sont des cheveux naturels.

ODILE: Ce n'est pas une perruque.

2ᵉ GENDARME: Ils parlent français. Ils parlent très bien français.

1ᵉʳ GENDARME: Alors, ce ne sont pas les Gammas! [*He announces this to the people waiting outside.*]

UNE FEMME: Ce ne sont pas les Gammas!

LA FOULE: Oooh!

1ᵉʳ GENDARME: Qu'est-ce que c'est?

2ᵉ GENDARME: C'est un marteau.

1ᵉʳ GENDARME: Un marteau?

2ᵉ GENDARME: Oui, Chef, c'est un marteau.

EMILE: Oui, Monsieur, c'est un marteau.

1ᵉʳ GENDARME: Un marteau. Et ça, qu'est-ce que c'est?

2ᵉ GENDARME: C'est une sphère.

1ᵉʳ GENDARME: Une sphère. . .

ODILE: Une sphère? Oui, Monsieur, c'est une sphère.

1ᵉʳ GENDARME: Une sphère. Alors, c'est la sphère des Gammas. Alors, ce sont les Gammas.

2ᵉ GENDARME: [*To waiting crowd*] Ce sont les Gammas!

LA FOULE: Ce sont les Gammas! Vivent les Gammas!

2ᵉ GENDARME: Chef, la sphère est en bois.

1ᵉʳ GENDARME: En bois?

2ᵉ GENDARME: Oui, la sphère des Gammas est en bois.

1ᵉʳ GENDARME: Impossible! Ce n'est pas possible. Vraiment, c'est du bois. Alors, ce ne sont pas les Gammas!

UNE FEMME: Ce ne sont pas les Gammas.

LA FOULE: Oooh!

1ᵉʳ GENDARME: Vos papiers. Vos papiers, s'il vous plaît.

ADRIEN: Qu'est-ce que c'est, "vos papiers"?

2ᵉ GENDARME: Regardez, voilà mes papiers. Et voilà ma carte d'identité.

1ᵉʳ GENDARME: Vos papiers! Vos papiers, s'il vous plaît!

2ᵉ GENDARME: [*Pulling objects from the Gammas' pockets*] Des feuilles! Des fleurs! Des champignons!

1ᵉʳ GENDARME: Alors, ce sont les Gammas!

2ᵉ GENDARME: [*To crowd*] Ce sont les Gammas!

LA FOULE: Ce sont les Gammas! Vivent les Gammas!

2ᵉ GENDARME: Chef! Attention! Danger!

1ᵉʳ GENDARME: Je veux entrer! [*He tries to enter the sphere, but it starts to get smaller.*] Qu'est-ce que c'est?

2ᵉ GENDARME: La sphère des Gammas est petite.

20

1er GENDARME: Attrapez la sphère! Vite, attrapez-la!

2e GENDARME: Où est la sphère? Je ne vois plus la sphère.

1er GENDARME: Impossible! Ce n'est pas possible!

2e GENDARME: Pardon, Chef, c'est possible. C'est la magie des Gammas.

1er GENDARME: La magie des Gammas. . . Alors, ce sont les Gammas. Les Gammas sont à Brézolles! [*He runs outside and announces this to the crowd.*]

LA FOULE: Les Gammas sont à Brézolles! Les Gammas sont là! Vivent les Gammas! [*They form a parade to escort the Gammas to the town hall.*]

UNE FEMME: [*Shouting from a window*] Les Gammas sont à Brézolles!

MAIRE: Les Gammas sont là! Les Gammas sont à Brézolles!

HABITANTS: Les Gammas sont là! Les Gammas sont dans notre ville!

#   #   #   #

[**Scene 2:** *Inside the town hall.*]

MAIRE: Le vin ici, vite, vite! Les Gammas! Les Gammas arrivent! Vite! Vite! [*As if rehearsing a speech*] Brézolles dit: Vivent les Gammas! Les Gammas sont à Brézolles. La ville de Brézolles est heureuse. [*The three Gammas are brought in. Adrien is on a stretcher.*]

1er GENDARME: Bonjour, Monsieur le Maire. Voici les Gammas!

MAIRE: Merci, Brigadier!

2e GENDARME: Silence, s'il vous plaît.

MAIRE: Qu'est-ce qu'il a?

1er GENDARME: Il a mal, Monsieur le Maire.

ADRIEN: J'ai mal là, là, là. J'ai mal! Oh, j'ai mal!

MAIRE: Appelez le docteur! Brézolles dit: Vivent les Gammas. La ville de Brézolles est heureuse. [*To the 1st gendarme*] Ils comprennent le français?

1er GENDARME: Oui, les Gammas comprennent le français.

MAIRE: Bien sûr, les Gammas comprennent le français. [*He resumes his speech.*] La ville de Brézolles est heureuse de la visite des Gammas.

3e GENDARME: Des fleurs!

MAIRE: Qu'est-ce que c'est?

3e GENDARME: Des fleurs pour les Gammas.

MAIRE: Voilà des fleurs pour vous.

ODILE: Des fleurs.

MAIRE: Elle parle français.

ADRIEN, PUIS EMILE: Des fleurs.

MAIRE: Ils parlent français! La ville de Brézolles est heureuse de la visite des Gammas. [*The telephone rings.*] Allô. C'est le ministre!

VOIX AU TÉLÉPHONE: Qu'est-ce qu'il y a à Brézolles?

MAIRE: Bonjour, Monsieur le Ministre. Les Gammas sont à Brézolles. Les Gammas sont dans notre ville! Et ils parlent français.

VOIX AU TÉLÉPHONE: Vous êtes fou! Les Gammas n'existent pas!

MAIRE: Si, si, les Gammas existent. Je ne suis pas fou. Je vois les Gammas. Ils sont là! La ville de Brézolles. . . [*A doctor enters.*] Bonjour, Docteur.

DOCTEUR: Bonjour, Monsieur le Maire. Où sont les Gammas?

1er GENDARME: Voici les Gammas!

DOCTEUR: Les Gammas. Ils ont beaucoup de cheveux.

MAIRE: Oui, ils ont beaucoup de cheveux.

EMILE, PUIS ADRIEN ET ODILE: Cheveux!

DOCTEUR: Ils parlent français. [*He puts his stethoscope on each one.*] Il a un cœur! Il. . . Elle!! Elle a un cœur.

ODILE: J'ai un cœur! Merci, Docteur!

DOCTEUR: Ils ont un cœur. Les Gammas ont un cœur. [*The police chief comes in.*]

COMMISSAIRE: Bonjour, Monsieur le Maire.

MAIRE: Bonjour, Commissaire.

COMMISSAIRE: Qui a fait venir ces gens ici? C'est vous?

1er GENDARME: Oui, Monsieur le Commissaire.

COMMISSAIRE: Pourquoi?

2e GENDARME: Ce sont des Gammas, Monsieur le Commissaire. Leur place est ici, à la mairie.

MAIRE: C'est vrai, Monsieur le Commissaire. Quand les Gammas viennent à Brézolles, ils viennent à la mairie.

COMMISSAIRE: Ce ne sont pas des Gammas! Les Gammas n'existent pas!

3e GENDARME: Des fleurs! Des fleurs pour les Gammas!

ODILE: Oh, des fleurs!

DOCTEUR: Ils parlent français. Ils ont un cœur. Les Gammas n'ont pas de cœur. Ce ne sont pas des Gammas.

COMMISSAIRE: Voilà! [*He goes to the window and addresses the crowd through a megaphone.*] Ce ne sont pas des Gammas! Les Gammas n'existent pas! [*Loud protests from the crowd.*] Au revoir, Monsieur le Maire. [*He leaves, with the gendarmes and the three Gammas.*]

#   #   #   #

[**Scene 3:** *The police station.*]

COMMISSAIRE: Fouillez-les!

2e GENDARME: Les Gammas ont beaucoup de cheveux.

COMMISSAIRE: Ce ne sont pas des Gammas!

2e GENDARME: [*To Odile*] Vous êtes une Gamma! [*She nods.*] Regardez: un champignon. . . [*He pulls it out of a pocket. The gendarmes empty the Gammas' pockets, announcing the contents to the Chief.*]

ODILE: Un champignon. C'est un champignon.

1er GENDARME: Des feuilles.

EMILE: Des feuilles. Ce sont des feuilles.

DOCTEUR: Une branche.

ADRIEN: Une branche. C'est une branche.

1er GENDARME: Une souris!

EMILE: Une souris. C'est une souris. [*The 2nd gendarme takes some flowers out of one of Odile's pockets.*]

ODILE: Des fleurs. Ce sont des fleurs.

DOCTEUR: Ce ne sont pas des Gammas. Ce sont des hippies!

COMMISSAIRE: Ah, oui, ce sont des hippies. Plus vite! [*The Doctor takes a hammer from Adrien's pocket.*]

ADRIEN: C'est un marteau.

COMMISSAIRE: Un marteau?

ADRIEN: Oui, c'est un marteau.

DOCTEUR: Asseyez-vous! [*He tests Adrien's knee-jerk reflex, and gets kicked.*] Aïe! [*Meanwhile, the 2nd gendarme has removed a small wooden ball from Emile's pocket.*]

2e GENDARME: La sphère!!

COMMISSAIRE: Quoi? Qu'est-ce que c'est?

2e GENDARME: C'est la sphère des Gammas. El est toute petite maintenant.

COMMISSAIRE: Vous êtes fou! Les Gammas n'existent pas. La sphère n'existe pas. Ça, c'est une boule.

2e GENDARME: C'est une boule. Maintenant c'est une petite boule. Mais c'est la sphère.

COMMISSAIRE: Silence! [*On the phone.*] Allô. Ici le commissariat de Brézolles. Oui. [*To the gendarmes*] C'est le ministre! Bonjour, Monsieur le Ministre. Mais non, ce ne sont pas des Gammas, ce sont des hippies. Mais bien sûr, Monsieur le Ministre, les Gammas n'existent pas. Au revoir, Monsieur le Ministre.

2e GENDARME: Monsieur le Commissaire, ce ne sont pas des hippies. Ce sont les Gammas.

PHOTOGRAPHE: [*Bursting into the room*] Où sont-ils? Je veux photographier les Gammas pour Brézolles Presse. Voici mes papiers.

COMMISSAIRE: Pas de photos! Ce ne sont pas des Gammas! Ce sont des hippies. [*He takes the pictures anyway, then leaves.*]

PHOTOGRAPHE: Merci!

COMMISSAIRE: Photographiez les Gammas. Ce ne sont pas des Gammas. Photographiez ces gens! [*The Gammas line up to have their picture taken.*]

ADRIEN: [*Posing*] Comme ça?

2e GENDARME: Oui, comme ça.

COMMISSAIRE: Vous êtes prêt?

2e GENDARME: Je suis prêt.

ADRIEN ET EMILE: Nous sommes prêts.

COMMISSAIRE: Vous êtes prêt?

1er GENDARME: Je suis prêt.

COMMISSAIRE: Allez-y! [*First gendarme takes a picture of the Gammas.*]

1er GENDARME: [*Showing the photo to the police chief*] Monsieur le Commissaire!

COMMISSAIRE: Où sont les Gammas? euh. . . ces gens?

1er GENDARME: Ah, ils ont disparu.

COMMISSAIRE: Ils ont disparu.

2e GENDARME: Vous voyez: les Gammas existent. Les Gammas sont là, à Brézolles. [*The objects taken from the Gammas' pockets disappear as the Chief and the Doctor watch.*]

COMMISSAIRE: Oooh. . .

DOCTEUR: [*Handing him a pill*] Prenez ça! Commissaire, nous avons des hallucinations. Les Gammas n'existent pas.

COMMISSAIRE: Nous avons des hallucinations. Les Gammas n'existent pas.

DOCTEUR: [*Taking pills*] Oui, nous avons des hallucinations. Les Gammas n'existent pas.

2e GENDARME: [*Aside*] Les hallucinations n'existent pas. Les Gammas existent. [*As the scene closes, townspeople are discussing, in whispers, whether or not the Gammas really exist.*]

VOCABULARY

il/elle	**a** < avoir[C3]	he/she has
	à in, to	
	aïe! ouch!	
	allô hello	
	alors then	
	appelez! call! (*CF*)	
	asseyez-vous! < s'asseoir[C2] sit down! (*CF*)	
	attrapez! catch! (*CF*)	
	attrapez-la! catch it!	
nous	**avons** < avoir[C3] we are having/have	
	beaucoup (de) a lot (of)	
la	**boule** ball	
la	**branche** branch	
le	**brigadier** sergeant	
	ça < cela this, that	
la	**carte d'identité** identification card	
	ces these; those	
le	**champignon** mushroom	
le	**chef** chief (of police), boss	
le	**cœur** heart	

le	**commissaire** chief (of police)	
le	**commissariat** police station	
vous	**comprenez**	you understand
ils	**comprennent** } <comprendre[C24]	they understand
	dans in	
	de of, about	
	disparu < disparaître[C5] disappeared (*PP*)	
	ils ont disparu they've disappeared	
il/elle	**dit** < dire[C10] he/she says	
le	**docteur** doctor, physician	
	euh uh, er	
la	**femme** woman	
la	**feuille** leaf	
la	**fleur** flower	
	fou (*m.*) crazy	
la	**foule** crowd	

les	**gens** (*m.*) people			**ne. . .plus** not any more, no longer
l'	**habitant** (*m.*) resident			**plus vite** faster, more quickly
l'	**hallucination** (*f.*) hallucination			**possible** possible
	heureuse (*f.*) happy			**pour** for
le/la	***hippie** hippie			**pourquoi** why
	ici here; [on telephone] this is			**prenez!** < **prendre**C24 take! (*CF*)
	impossible impossible		la	**presse** press
	leur (*s.*) their			**prêt** ready
la	**magie** magic			**puis** then
	maintenant now			**quand** when
le	**maire** mayor			**regardez** < **regarder** look! (*CF*)
la	**mairie** town hall		la	**souris** mouse
le	**marteau** hammer		le	**téléphone** telephone
le	**ministre** secretary (*here*, of the Interior)			**très** very
	naturel natural		ils	**viennent** < **venir**C31 they come
	ne. . .plus not any more, no longer		la	**ville** town, city
les	**papiers** (*m.*) here, identification papers		la	**visite** visit
	pas de (+ *N*) no . . ., not any		le	**vin** wine
	petite (*f.*) small			**vite** quickly
la	**photo** photograph			**plus vite** faster, more quickly
le	**photographe** photographer			**voici** here is/are
	photographier to photograph			**voilà!** that's it!
la	**place** place			**vos** (*pl.*) your
	plus more			**vrai** true
				vraiment really, truly

SPECIAL EXPRESSIONS

a fait venir brought, had (them) come	**Qu'est-ce que c'est?** What is it? What's this/that?
Allez-y! Go ahead! Get going!	**Qu'est-ce qu'il a?** What's the matter with him?
bien sûr of course, surely	
comme ça like this/that	**Qu'est-ce qu'il y a?** What's going on?
en bois made of wood	**s'il vous plaît** please
Fouillez-les! Search them!	**toute petite** very tiny
Pardon! Excuse me! Pardon me!	

*An asterisk indicates consonantal *H* (see Pronunciation, Lesson 27).

SUPPLEMENTARY VOCABULARY

the town	la ville
church	l'église (*f.*)
hotel	l'hôtel (*m.*)
house	la maison
market place	le marché
movie theater	le cinéma
police station	le commissariat
post office	la poste
public square	la place
restaurant	le restaurant
store	le magasin
town hall	la mairie
train or bus station	la gare

other verbs	autres verbes (*m.*)
to bring	apporter
to examine	examiner
to find	trouver
to show	montrer
to wear/carry	porter

déjà vu[1]

to arrive	arriver
to call	appeler
to catch	attraper
to enter/go in/ come in	entrer
to exist	exister
to fall	tomber
to give	donner
to leave	laisser
to like/love	aimer
to look (at)	regarder
to look (for)	chercher
to photograph	photographier
to search	fouiller
to speak	parler
to stop/arrest	arrêter

[1]This expression, which we also use in English, literally means "already seen." We will use it to re-introduce items already presented in the current lesson or in earlier ones.

LANGUAGE NOTES AND EXERCISES

3.1 Qu'est-ce que c'est?

To ask for a definition or explanation, the French use

Qu'est-ce que c'est? $\left\{\begin{array}{l} \text{What's that?} \\ \text{What is it?} \\ \text{What are those?} \end{array}\right.$

The usual response begins with **c'est** or **ce sont**, **ce n'est pas** or **ce ne sont pas**.

> *C'est* **un bouton.**
>
> *Ce sont* **des fleurs pour les Gammas.**
>
> *Ce n'est pas* **une cravate.**
>
> *Ce ne sont pas* **des chasseurs.**

EXERCISE

Situation: **Avec le Commissaire**

When the gendarme asks a question, the chief of police always fires an answer back to him. Act out the scene.

Le gendarme	*Le commissaire*

1. Ça, _____ ?   _____ une souris.

2. La sphère, _____? _____ une sphère, _____une boule de bois.

3. Et ça, _____ ?   _____ des fleurs pour Odile.

4. Et ces gens, _____? _____ des Gammas, _____des hippies.

5. Ça, _____ ?   _____ un champignon.

3.2 Contraction of *à* and *de* with the definite article

a. When **à** or **de** precedes the definite articles **le** and **les**, contraction must take place.

	singular	plural
contraction	à + le > au de + le > du	à + les > aux de + les > des
no contraction	à la de la à l' de l'	

Donne la veste *au* professeur.

Donne les robes *aux* femmes.

but

Donne les jeans *à* l'étudiant.

Donne la robe *à la* femme.

Je parle *du* garçon.

Elle parle *des* chaussures.

but

Vous parlez *de la* veste.

Ils parlent *de l'* électricien.

b. The verb **parler** (to speak, to talk) can be constructed with the prepositions à or **de**. It then has the following meanings:

   parler à: to speak of *and* **parler de:** to talk about/of.

Remember that when à or de is followed by **le** or **les**, contraction occurs. Contrast the following examples and then do the exercises.

Je parle à Pierre.
   (I'm talking to Pierre.)

Je parle à la femme.
   (I'm talking to the woman.)

Je parle aux femmes.
   (I'm talking to the women.)

Je parle de Pierre.
   (I'm talking about Pierre.)

Je parle de la femme.
   (I'm talking about the woman.)

Je parle des femmes.
   (I'm talking about the women.)

EXERCISES

A. Substitution exercise

   Transform the following sentence by substituting each noun given in parentheses for the corresponding underlined nouns in the sentence.

   Tu parles aux <u>Gammas</u> mais moi je parle des <u>Gammas</u>. (gendarme, étudiante, hommes, électricien, foule)

B. *Situation:* **Les Gammas visitent Brézolles.**

   Imagine that you are the mayor's secretary in Brézolles, preparing a list of places for the Gammas to see while they are in town. Complete the following sentence to suggest where they should go.

   Quand les Gammas viennent à Brézolles, ils viennent à la mairie,_____poste,

   _____ église, _____ marché,_____ gare, _____

   commissariat et_____ restaurant.

   Later on, you tell the mayor what the Gammas are talking about.

   Après la visite de Brézolles, les Gammas parlent de la mairie, _____ église,

   _____ marché,_____poste, _____commissariat,

   _____ gare et_____restaurant.

3.3 Possession (*de* + noun possessor)

Possession which is expressed in English by 's (apostrophe s) is expressed in French by a prepositional phrase introduced by **de** (**de** + possessor).

le bouton *de* **Lilli**	Lilli's button
les cheveux *d'*Emile	Emile's hair
les chaussures *du* chasseur	the hunter's shoes
la jupe *de la* femme	the woman's skirt
la cravate *de l'*électricien	the electrician's tie
les chemises *des* garçons	the boys' shirts

N.B. **de** > **d'** before a vowel sound.

EXERCISE

Situation: **les photos**

You're the photographer. You are identifying a series of photos you've taken at the police station. Follow the model.

Model: Photo n° 1. **Ce sont les papiers du *gendarme*.** **(commissaire)**

                Photo n° 2. **Ce sont les papiers du commissaire.**

(Continue)   Photo n° 2. Ce sont les **papiers** du commissaire. (cravate)

                Photo n° 3._____ cravate du **commissaire.** (Roger)

                Photo n° 4._____ **cravate** _____ Roger. (boutons)

                Photo n° 5._____ boutons_____ **Roger.** (maire)

                Photo n° 6._____ **boutons** _____ maire. (téléphone)

                Photo n° 7._____ téléphone _____ maire.

3.4 *à* or *de* + names of cities

a. The preposition **à** is used with the names of cities to express both location (in) and destination (to)

Quand les Gammas viennent *à* **Brézolles, ils viennent** ***à* la mairie.**	When the Gammas come to Brézolles, they come to the town hall.
L'homme est *à* Paris.	The man is in Paris.

b. The preposition **de** is used with the names of cities to express origin.

Je viens *de* Paris.	I come from Paris.
Le maire est *de* Brézolles.	The mayor is from Brézolles.

EXERCISES

A. *Situation:* **Où est la personne?**
   Say where the person named is. Follow the model.

   Model: **(Michèle, Lille) Michèle est à Lille. Les Gammas viennent à Lille.**

   1. (Joseph, Brest) Joseph _____.

      Les Gammas_____ .

   2. (Victor, Strasbourg) Victor_____.

      Les Gammas_____ .

   3. (Jeanne, Orléans) Jeanne_____.

      Les Gammas_____ .

   4. (Elise, Nice) Elise_____ .

      Les Gammas_____ .

   5. (Robert, Bordeaux) Robert_____ .

      Les Gammas_____ .

   6. (Marcel, Toulouse) Marcel _____ .

      Les Gammas_____ .

B. The following sentences contrast the use of **à** and **de** with names of cities. Complete the sentences after checking carefully for meaning.

   1. Marinette est_____Bordeaux. (in)

   2. L'artiste arrive_____Tours. (from)

   3. Nous sommes_____ Limoges mais nous arrivons
         Poitiers. (in, from)

   4. Les journalistes viennent _____Paris. (from)

   5. Moi, je veux aller_____Philadelphie. (to)

3.5 The irregular verb *avoir* (to have); the impersonal expression *il y a* (there is/are)

avoir			
singular		plural	
j'ai	I have/am having/do have	nous avons	we have, etc.
tu as	you have, etc.	vous avez	you have, etc.
il } elle } a	he/it } she/it } has, etc.	ils } elles } ont	they have, etc.

   a. The verb **avoir** is very irregular. Like **être**, it is one of the most frequently used and important of French verbs. For other forms of **avoir**, see Appendix C.3. For idiomatic uses, see 14.2.

b. Negative (see 2.1)

Les Gammas *n*'ont *pas* peur.   The Gammas aren't afraid.

c. Interrogative
A question with the verb **avoir** may be formulated by using one of the patterns presented in 1.6 or 2.2.

Avez-vous une boule?   Do you have a ball?

The first person singular inverted form of **avoir (ai-je?)**, **être (suis-je?)**, and some other short, common verbs is used occasionally but much less frequently than the **est-ce que** form.

Est-ce que j'ai tes papiers?   Do I have your papers?

When the subject pronoun and third person singular verb are inverted, **-t-** must be added to facilitate pronunciation (**a-t-il?**, **a-t-elle?**), as in the case of regular **-er** verbs.

A-t-il des champignons?   Does he have any mushrooms?

d. **Avoir** is commonly used in the impersonal expression **il y a**.

(1) **Il y a** corresponds to English "there is" or "there are" when the intent is to mention the existence of something or someone and not to point to a person or thing.

Il y a des fleurs dans la ville de Brézolles.

(There are some flowers somewhere in the town but the speaker is not pointing to them.)

Contrast: *Voilà* les Gammas.

(The hunters, speaking to Lilli, point to the electricians to indicate that they are the Gammas, i.e., *there* are the Gammas.)

(2) Negative: **il n'y a pas** (there is not/are not)

Il n'y a pas dix Gammas à   There aren't ten Gammas in
    Brézolles.   Brézolles.

(3) Interrogative

Y a-t-il une photographe ici?   Is there a photographer here?

(4) Idiomatic use

Qu'est-ce qu'il y a?   What's going on?

EXERCISES

A. Practice the forms of the verb **avoir** by completing the sentences.

1. Les Gammas_____des cheveux très longs.

2. _____-nous des papiers?

3. Vous n'_____pas la magie Gamma.

4. _____-elle des fleurs?

5. Tu_____la boule de bois.

6. Je n'_____pas le champignon d'Odile.

B. *Situation:* **Non! Non!**
Your friend Louis makes a game of changing everything you say to the negative.

Vous	*Louis*
1. J'ai beaucoup de feuilles.	Non, tu _____.
2. Tu as la sphère des Gammas.	Non, je _____.
3. Nous avons la souris d'Emile.	Non, nous_____.
4. Il a les papiers du gendarme.	Non, il_____.
5. Les gens ont la photo d'Adrien.	Non, ils_____.

C. Transform the following sentences by substituting the words in parentheses for the subject, and change the verb accordingly.

1. Avez-**vous** une branche? (tu, ils, elle, nous, je)

2. Y a-t-il **un Français** dans la classe? (un Espagnol, des Japonais, trois Italiens, des Anglais).

3. **Le chasseur** n'a pas peur. (Tu, Je, Les Gammas, Vous)

D. *Situation:* **Vous parlez de vous.**
Answer the following personal questions, then ask your neighbor the same things.

1. Avez-vous beaucoup de cheveux?

2. Avez-vous la photo des Gammas?

3. Avez-vous la perruque de Lilli?

4. Est-ce que vous avez la magie Gamma?

5. Est-ce que vous avez la cravate de Roger?

E. Ask the question that will elicit each of the following answers. Follow the model.

Model: **Je n'ai pas les cheveux longs. → As-tu les cheveux longs?**

1. J'ai la boule de bois.

2. Vous avez des papiers.

3. Nous n'avons pas la perruque de Lilli.

4. Tu n'as pas la sphère.

5. Ils ont les photos.

6. Il y a des fleurs ici.

On dit que . . .

[Scene 1: *Rumors are circulating in Brézolles.*]

RUMEURS: [*Off-camera*] Ce ne sont pas des Gammas. Les Gammas existent. Ce sont des Gammas. Les Gammas sont là. Les Gammas n'existent pas. Ce ne sont pas des Gammas. Ce sont des Gammas. Les Gammas sont là. Ils sont à Brézolles. Les Gammas n'existent pas. Les Gammas existent.

1er HOMME: Les Gammas existent.

2e HOMME: Et vous avez vu les Gammas? Vous les avez vus vraiment?

1er HOMME: Non. Mais la radio, la télévision...

2e HOMME: Mais vous, vous, vous avez vu les Gammas?

1er HOMME: Euh. . . non.

2e HOMME: Voilà! Les Gammas n'existent pas! Il n'y a pas de Gammas!

1er HOMME: Mais si, il y a des Gammas.

2e HOMME: Mais non!

[*The terrace of a café. Two men are seated at a table. A journalist arrives.*]

JOURNALISTE: Bonsoir, Messieurs! Je viens de Paris! Je suis journaliste.

1er CLIENT: Ah, vous êtes de Paris!? Vous êtes journaliste!?

JOURNALISTE: Mais oui, Messieurs, je suis journaliste.

LES 2 CLIENTS: Chut!

JOURNALISTE: Je viens de Paris. J'ai ma carte de presse.

2^e CLIENT: De Paris?

JOURNALISTE: Oui, de Paris.

2e CLIENT: Et vous cherchez les Gammas.

JOURNALISTE: Oui, je cherche les Gammas.

1er CLIENT: Chut!

JOURNALISTE: Où sont-ils?

2e CLIENT: Je ne sais pas. . . où sont les Gammas.

JOURNALISTE: Et vous, Monsieur?

1er CLIENT: Moi non plus, je ne sais pas où sont les Gammas. Mais ils sont à Brézolles.

GARÇON DE CAFÉ: Non, les Gammas ne sont pas ici! Ils ne sont pas à Brézolles! Les Gammas n'existent pas!

JOURNALISTE: [*To the waiter*] Merci, Monsieur. [*He leaves.*]

1er CLIENT: Les Gammas existent.

2e CLIENT: Ils sont à Brézolles, dans notre ville.

GARÇON DE CAFÉ: Non! Ils ne sont pas à Brézolles!

[*A TV-reporter arrives at the café.*]

1er CLIENT: Vous êtes de Paris?

REPORTER-TV: Oui.

2e CLIENT: Et vous cherchez les Gammas?

REPORTER-TV: Oui. Je suis de la télévision. J'ai ma carte. Je veux filmer les Gammas. Je veux les filmer.

GARÇON DE CAFÉ: Vous ne pouvez pas les filmer, Monsieur. Non, vous ne pouvez pas les filmer.

REPORTER-TV: Pourquoi, Monsieur?

GARÇON DE CAFÉ: Parce qu'ils n'existent pas, Monsieur. Il n'y a pas de Gammas!

REPORTER-TV: [*To the waiter*] Merci, Monsieur.

[*In the street, a man and two women are talking. The journalist arrives.*]

JOURNALISTE: Bonsoir, Messieurs-Dames.

1re FEMME: Bonsoir, Monsieur!

JOURNALISTE: Je suis journaliste; je suis de Paris. On dit à Paris que des Gammas sont à Brézolles.

L'HOMME: Ici, on dit: les Gammas existent.

1re FEMME: On dit aussi que les Gammas n'existent pas.

JOURNALISTE: Mais vous! Qu'est-ce que vous dites, vous?

L'HOMME: Moi, je dis que les Gammas existent!

1re FEMME: Et moi, je dis que les Gammas n'existent pas!

2e FEMME: Et moi, je pense que les Gammas existent!
[*The journalist runs off.*]

RUMEURS: Les Gammas existent. J'ai vu les Gammas. Ils sont là. Je les ai vus. Les Gammas n'existent pas. Ils sont à Brézolles. Ils existent.
[*In a small street, the second woman writes on a wall.*]

2e FEMME: [*Reading aloud*] Les Gammas existent.
[*The Gammas arrive.*]

EMILE: [*Reading*] Ga... Gammas!
[*The Gammas laugh and hide nearby.*]

1re FEMME: [*Reading aloud*] "Les Gammas existent"?! [*She changes the sentence on the wall to make a negative statement.*] Les Gammas n'existent pas!
[*The Gammas leave a pot of paint at the foot of the wall.*]

JOURNALISTE: [*Reading*] "Les Gammas n'existent pas." [*He changes the text.*] Les Gammas existent-ils?

REPORTER-TV: [*Reading*] "Les Gammas existent-ils?" [*He changes the text.*] Les Gammas sont-ils à Brézolles?

EMILE: [*Painting out the message*] Les Gammas n'existent pas!
[*The three Gammas laugh heartily.*]

# # # #

[**Scene 2:** *The Gammas are standing by a wall. A woman passes by. Adrien frightens her.*]

EMILE: [*To Adrien*] Les Gammas n'existent pas!
[*The first two women come by.*]

2e FEMME: Mais vous êtes les Gammas!

EMILE: Nous ne sommes pas les Gammas.

2e FEMME: Vous n'êtes pas les Gammas?

ADRIEN: Non, nous ne sommes pas les Gammas.

2e FEMME: Mais vous avez les mêmes cheveux que les Gammas.

1re FEMME: Ce sont les Gammas! Les cheveux!
[*Emile scares them away.*]

ODILE: Les cheveux!

ADRIEN: Oui, les Gammas ont beaucoup de cheveux.

EMILE: Les Gammas ont beaucoup de cheveux!
[*The Gammas find a hat shop and have a discussion in Gamma language. Soon the hats are on the Gammas' heads. The journalist meets the Gammas.*]

JOURNALISTE: Non! Vous n'êtes pas les Gammas.

EMILE: Les Gammas n'existent pas.

JOURNALISTE: Non, les Gammas n'existent pas!
[*The Gammas appear in ordinary clothes. The TV-reporter meets them.*]

REPORTER-TV: Pardon, Mesdames. . . Messieurs. . . Madame. Non, non, vous n'êtes pas les Gammas.

# # # #

[**Scene 3:** *The café. The sign is being changed to "Café des Gammas" — "Café of the Gammas."*]

JOURNALISTE: Oui, Madame. Nous sommes de Paris. Nous sommes des journalistes parisiens. La presse parisienne parle des Gammas. Avec nous, Brézolles devient la première ville de France. C'est à Brézolles que les Gammas sont venus.

GARÇON DE CAFÉ: Les Gammas n'existent pas!

LES PRO-GAMMAS: [*Pointing to the new sign*] Et ça?!

GARÇON DE CAFÉ: Ça? Ça c'est du commerce! Du commerce, de l'argent! Vous comprenez? Mais les Gammas n'existent pas!

LES PRO-GAMMAS: Les Gammas existent!

LES ANTI-GAMMAS: Les Gammas n'existent pas!

LES PRO-GAMMAS: A Brézolles, il y a des Gammas!

LES ANTI-GAMMAS: Il n'y a pas de Gammas!

LES PRO-GAMMAS: Les Gammas existent!

LES ANTI-GAMMAS: Les Gammas n'existent pas!

[*The three Gammas arrive at the café.*]

ODILE: Bonsoir!

[*The journalist gives them a chair.*]

EMILE: Merci!

EMILE ET ADRIEN: Bonsoir!

GARÇON DE CAFÉ: [*To himself*] Est-ce que ce sont des Gammas? Est-ce que ce ne sont pas des Gammas? [*To the Gammas*] Bonsoir, Mesdames. . . Messieurs. . . Qu'est-ce que vous prenez? Qu'est-ce que vous buvez?

JOURNALISTE: J'invite! Du champagne, garçon!

GARÇON DE CAFÉ: Une bouteille de champagne!

JOURNALISTE: Belle nuit, n'est-ce pas? La nuit est belle!

ODILE: La nuit est très belle!

2e FEMME: Belle nuit! Une nuit pour les Gammas!

EMILE: Qu'est-ce que c'est, "les Gammas"?

TOUS ENSEMBLE: Les cheveux! Les Gammas ont beaucoup de cheveux.

LES GAMMAS: Cheveux?

EMILE: C'est tout?

2e FEMME: Des cheveux. . . oui, ils ont de très longs cheveux. C'est tout. Ah, non! Ils viennent du ciel!

ADRIEN: Ah, ils viennent du ciel?

EMILE: Du ciel? Les Gammas n'existent pas!!

SIX CLIENTS: [*Repeating in turn*] Les Gammas n'existent pas.

JOURNALISTE: [*Toasting the Gammas*] A votre santé!

ODILE: A votre santé!

EMILE ET ADRIEN: A votre santé!

[*The Gammas do not know what is expected of them. The waiter mimics a gesture of drinking, but they misinterpret. They empty their glasses onto their hats, then get up and run off.*]

GARÇON DE CAFÉ: Ce ne sont pas des Gammas, ce sont des Américains.

[*The café customers echo the waiter's words. Meanwhile the Gammas are running down a street.*]

EMILE: Les Gammas n'existent pas!

[*The Gammas disappear, one by one. The sphere rises and fades away.*]

VOCABULARY

j' **ai vu** I've seen
l' **Américain** (*m.*) American (person)
l' **argent** (*m.*) money
belle (*f.*) beautiful
bonsoir good evening
la **bouteille** bottle
vous **buvez** < **boire**^{C4} you drink, you're drinking
le **café** cafe
la **carte** card
carte de presse press card
le **champagne** champagne
chut! shhh!
le **ciel** sky

le **client** customer
le **commerce** business
la **dame** lady
de from; (after a superlative) in
je **dis** < **dire**^{C10} I say
du < **de + le** from the, of the
ensemble together
filmer to film
le **garçon de café** waiter
l' **homme** (*m.*) man
le **journaliste** journalist
ma (*f.*) my
madame Madame, Ma'am
même same

	mesdames ladies		que that; _____; as
	nous (after a *PREP*) us	la	radio radio
la	nuit night	le	reporter reporter
	on people	la	rumeur rumor, whispering voice
	parce que because	je	sais < savoir[C27] I know
	parisien (*m.*),	la	santé health
	parisienne (*f.*) Parisian	la	télévision television, TV network
	penser to think		tous (*m., pl.*) everybody
vous	pouvez < pouvoir[C23] you can		venu < venir[C31] come (*PP*)
le	premier ⎫		ils sont venus they came, have come
la	première ⎭ first	je	viens < venir[C31] I come, am coming
vous	prenez < prendre[C24] here: you are		vu < voir[C33] seen (*PP*)
	drinking		j'ai vu I have seen

SPECIAL EXPRESSIONS

A votre santé! To your health! (used as a toast)

il y a there is/are
  il n'y a pas de (+ *N*) there isn't/aren't any (+ *N*)

J'invite! It's my treat!

Messieurs-Dames Ladies and Gentlemen

moi non plus I don't either, neither do I

on dit people are saying, they say, one says

Voilà! There (you are)!

SUPPLEMENTARY VOCABULARY

professions and trades	les professions (*f.*) et les métiers (*m.*)		
artist	l'artiste (*m./f.*)	secretary	le/la secrétaire
boss	le patron, la patronne	waitress	la serveuse
dentist	le dentiste	(factory) worker	l'ouvrier (*m.*), l'ouvrière (*f.*)
employee	l'employé (*m.*), l'employée (*f.*)		
		déjà vu	
chief of police	le commissaire	mayor	le maire
doctor	le docteur	photographer	le/la photographe
electrician	l'électricien	reporter	le reporter
gendarme, policeman	le gendarme	Secretary (of the Interior, etc.)	le ministre
hunter	le chasseur	waiter	le garçon de café
journalist	le/la journaliste		

beverage list	les consommations (f.)		
to bring	**apporter**	to order	**commander**
beer	**la bière**	orange soda/pop	**l'orangeade** (f.)
champagne	**le champagne**	orangeade (fresh)	**l'orange pressée**
Coca-Cola	**le Coca-Cola**	tea	**le thé**
coffee	**le café**	iced tea	**thé glacé**
coffee with cream	**café crème**	water	**l'eau** (f.)
black coffee	**café noir**	mineral water	**eau minérale**
fruit juice	**le jus de fruit**	tap water	**eau nature**
lemon soda/pop	**la limonade**	wine	**le vin**
lemonade (fresh)	**le citron pressé**	white wine	**vin blanc**
		rose wine	**vin rosé**
		red wine	**vin rouge**

LANGUAGE NOTES AND EXERCISES

4.1 The indefinite pronoun *on*

a. **On** is used as the subject pronoun to refer to indefinite or unspecified persons, in which case it corresponds to English "one," "someone," "people," "they," "you."

On dit que. . .	People say that. . .
On ne parle pas russe à Brézolles.	You/they/people don't speak Russian in Brézolles.

b. In conversational French, **on** is often used instead of **nous**.

Mais oui, *on* a des boutons!	Oh, yes, we do have buttons!

c. **On** is always used with the third person *singular* verb form.

On cherche les Gammas.	People are looking for the Gammas.

EXERCISE

Replace the underlined words by the indefinite pronoun *on*. Remember to make the appropriate change in the verb whenever needed.

1. <u>Les gens</u> pensent que les Gammas existent.
2. <u>La femme</u> dit qu'Odile a beaucoup de cheveux.
3. <u>Ils</u> parlent espagnol à la mairie.
4. <u>Ils</u> examinent les papiers au commissariat.
5. <u>Nous</u> n'avons pas peur.
6. <u>Vous</u> parlez arabe ici.

4.2 Omission of the indefinite article

The indefinite article is omitted when unmodified names of professions follow the personal subject + **être** construction.

Vous êtes journaliste?	You're *a* journalist?
Jacqueline est secrétaire.	Jacqueline is *a* secretary.

However, in the case of modified nouns of profession, an indefinite article must precede the noun.

Jacqueline est *une* belle secrétaire.	Jacqueline is *a* beautiful secretary.

EXERCISES

A. *Situation:* **La profession des clients**

You are a waiter at a café answering a journalist's questions regarding people in Brézolles. When the journalist points to a customer, you tell him the customer's profession. Follow the model.

Le journaliste	*Vous*
Model: **L'homme, là-bas? (dentiste)**	**Il est dentiste.**

1. L'homme, là-bas? (docteur)
2. L'autre homme, là-bas? (électricien)
3. Les femmes, là-bas? (secrétaires)
4. Le garçon et la fille, là-bas? (étudiants)
5. La petite femme, là-bas? (photographe)
6. Et vous? (garçon de café)

B. Complete the following sentences, either by adding the proper indefinite article or by leaving the space blank, according to the rule.

1. Il est_____chasseur.
2. Nous sommes_____journalistes parisiens.
3. Madame Lafayette est _____ secrétaire.
4. Etes-vous_____dentiste français?
5. Nous sommes_____étudiants.

4.3 Questions with interrogative words

Many questions begin with an interrogative word such as "where" (**où**), "when" (**quand**), "how" (**comment**), or "why" (**pourquoi**). Such questions follow either of these patterns:

a. Interrogative word + inverted statement (see 1.6)

Comment t'appelles-tu?

Où est la sphère?

Pourquoi le journaliste est-il à Brézolles?

Quand partez-vous?

b. Interrogative word + est-ce que + statement

Pourquoi **est-ce que** vous cherchez les Gammas?

Où **est-ce qu'**il cherche les feuilles?

Quand **est-ce qu'**ils attrapent la sphère?

Comment **est-ce que** Roger arrive à Brézolles?

EXERCISE

Situation: **L'interrogation!**

Imagine you are the chief of police, interrogating the Gammas. You have prepared a series of questions. Pretent you are now asking them. Add the necessary words to make a complete sentence. Follow the model.

Model: **pourquoi/vous/être/Brézolles**

    Pourquoi êtes-vous à Brézolles?

1. où/sphère/être/maintenant
2. pourquoi/vous/avoir/marteau
3. quand/vous/entrer[1]/sphère
4. comment/vous/trouver/gens/Brézolles

4.4 The definite article used in a general sense

a. In 1.4 the definite article was seen to correspond to English "the" and was used to modify nouns referring to specific persons and things. The definite article also modifies nouns which are used in a general sense.

Definite or Specific Sense	*General Sense*
Où sont *les* fleurs?	**J'aime *les* fleurs.**
Where are *the* flowers?	I like flowers (in general).

b. Names of languages are most often used in a general sense.

Ils comprennent *le* français.	They understand French (in general).

N.B. Exception: When the name of a language follows the verb **parler**, no article is used.

EXERCISE

Situation: **Aimes-tu. . . ou détestes-tu[2] . . .?**

Ask someone about his/her likes and dislikes. Start your question with "**Aimes-tu**" or "**Détestes-tu**" and select, for the rest of your sentence, one of the words from the beverage list on p. 36. Follow the model.

---

[1] The verb **entrer** cannot have a direct object. Thus "I enter the town" is expressed in French by **J'entre** *dans* la ville, and "He enters the town hall" by **Il entre** *dans* la mairie. **Entrer** *dans* corresponds to "to go/come into."

[2] détester: to detest, dislike.

Models: **Aimes-tu le café noir?**   **Détestes-tu la bière?**

Vary your answers, using affirmative and negative forms.

4.5 The partitive article

French has a partitive construction which, as its name implies, is used to indicate that only part of a whole is being referred to. The noun modifier in this construction is called the partitive article. The partitive article ordinarily consists of **de** + the definite article.

a. Forms

partitive article		
	singular	plural
m.	du	
f.	de la	des
m. & *f.* before a vowel sound	de l'	

Le garçon de café cherche *de l'*argent.
The waiter is looking for (some) money. (quantity not specified but certainly a part of all that exists)

Vous buvez *du* champagne.
You're drinking (some) champagne. (part of what is available)

b. While the partitive article is often omitted in English, it is *always* expressed in French.

Il commande *du* café.   He is ordering coffee.

C'est *du* commerce.   That's business.

c. The partitive article must be distinguished from the definite article used in a general sense, especially where no article is used in English.

You like Coca-Cola.   **Vous aimez *le* Coca-Cola.** (in general)

You drink Coca-Cola.   **Vous buvez *du* Coca-Cola.** (quantity not specified but part of all that exists)

d. When the partitive article follows a negative verb other than **être, devenir, rester,** and a few others, **de** alone (**d'** before a vowel sound) is used.

Affirmative	*Negative*
Je veux *du* vin.	**Je ne veux pas *de* vin.**
	but
C'est *du* commerce.	**Ce n'est pas *du* commerce.**

e. **De/d'** is also used instead of the indefinite articles **un, une,** and **des** after a negative verb other than **être, devenir, rester,** and a few others.

Affirmative	*Negative*
Elle a *un* cœur.	Elle n'a pas *de* cœur.
Nous cherchons *des* ouvriers.	Nous ne cherchons pas *d'*ouvriers.
	but
Nous restons *des* Gammas.	Nous ne restons pas *des* Gammas.

EXERCISES

A. Complete the following sentences with the correct form of the partitive article.

  1. Cherchez-vous_____champignons?

  2. Le commissaire ne donne pas_____ fleurs à Odile.

  3. Vous buvez_____ vin rosé.

  4. Je donne_____argent à Emile.

  5. Vous ne prenez pas_____bière.

  6. Prenez-vous_____ orangeade?

B. *Situation:* **Les filles contrariantes[1]**

Emilie and Julie are siblings who do not get along well with each other. Whenever Emilie asks her sister something, Julie answers negatively. Play the part of Julie.

Emilie	*Julie*
1. As-tu des fleurs?	Non,_____
2. Donnes-tu du café à Maman?	Non,_____
3. Commandes-tu de l'eau minérale?	Non,_____
4. Cherches-tu une blouse?	Non,_____
5. Montres-tu des photos?	Non,_____
6. Apportes-tu de la limonade?	Non, _____
7. As-tu un chapeau?	Non, _____

C. Supply the appropriate article. Note that some nouns require a definite article while others require a partitive article. Follow the model.

Model: **Odile commande *du* thé parce qu'elle aime *le* thé.**

  1. On donne_____ fleurs à Odile parce qu'elle aime_____fleurs.

  2. La serveuse apporte_____ champagne. _____champagne est un vin français.

---

[1] **contrariant (e):** contrary, prone to contradict or to oppose someone.

3. Aimez-vous_____ japonais et _____ chinois? Ce sont _____ langues[1] orientales.

4. Les journalistes composent_____ articles pour_____ presse parisienne.

5. Il y a_____ rumeurs sur les Gammas dans _____ville de Brézolles.

6. Ces gens ne sont pas_____ Arabes.

[1] la langue: tongue, language.

Lesson 5

A votre santé!

[**Scene 1:** *The Gammas have left Brézolles, and are flying over the French countryside.*

ADRIEN: Gamagaga?

ODILE: Parlons français!

ADRIEN: Où allons-nous?

EMILE: Je ne sais pas.

ADRIEN: Tu ne sais pas où nous allons?

ODILE: Moi, je sais où nous allons.

EMILE, PUIS ADRIEN: Tu sais où nous allons?

ODILE: [*Calling softly*] Roger! [*In a vineyard, Roger hears Odile's voice.*]

EMILE: Bonjour, Roger!

ROGER: Oui? Oui? Qui m'appelle?

EMILE: Les Gammas t'appellent.

ROGER: Les Gammas? Où êtes-vous?

LES GAMMAS: Dans le ciel!

ODILE: Ohé, Roger! Nous arrivons!

ROGER: Oui, oui! Venez! [*The Gammas land in the midst of the vineyard, and get out of their sphere.*]

EMILE, PUIS ADRIEN: Qu'est-ce que c'est?

ROGER: Une vigne. Ma vigne. Du raisin!

ODILE: Du raisin.

EMILE: C'est du raisin.

ADRIEN: Ah, du raisin.

ODILE: Qu'est-ce que tu fais?

ROGER: Je cueille le raisin!

ODILE: [*Imitating Roger*] Je cueille le raisin. [*Roger takes the Gammas to his house, where his family is pressing the grapes.*]

ROGER: Ma maison. Ma famille!

LES GAMMAS: Bonjour!

ROGER: [*To his family*] Des amis. Mes amis!

MAMAN: Ils ne sont pas d'ici?

ROGER: Non. Ils ne sont pas d'ici. Ils ne sont pas français.

LA FAMILLE: Ah!

ROGER: [*Making introductions*] Ma mère, maman! Mon père, papa! Ma sœur, Mathurine! Ma grand-mère, grand-maman!

GRAND-MAMAN, PUIS PAPA: Bonjour. [*Everybody says "Hello" and shakes hands.*]

TOUS: Bonjour.

PAPA: [*To Emile*] Bonjour! Quel est votre nom?

EMILE: [*Who hasn't yet received a French name*] Mon nom?

ROGER: Son nom est Emile. N'est-ce pas, Emile? Tu t'appelles Emile?!

EMILE: Emile! Je m'appelle Emile!

PAPA: Bonjour, Emile.

EMILE: Bonjour, Papa!

ROGER: Et lui, son nom est Adrien.

MATHURINE: Il s'appelle Adrien!

ODILE: Et moi, je m'appelle Odile!

LA FAMILLE: Ah, Odile!

GRAND-MAMAN: [*Pointing to Emile*] Lui, c'est... Adrien.

PAPA: Non, lui, c'est Emile! Adrien, c'est lui!

GRAND-MAMAN: Il a de beaux cheveux, Emile. Odile! Roger, tes amis ont de très beaux cheveux! Ils ne sont pas français.

# # # #

[**Scene** 2: *In the dining room of Roger's family's house.*]

MATHURINE: Il faut manger avec nous. A table!

PAPA, MATHURINE: Asseyez-vous!

ROGER: Asseyez-vous! Mangez avec nous!

ODILE: [*To Roger*] Tu ne manges pas? Pourquoi?

ROGER: J'ai déjà mangé, merci.

PAPA: Bon appétit!

MAMAN ET GRAND-MAMAN: Bon appétit!

ROGER: [*Prompting Odile*] "Merci!"

ODILE: Merci!

EMILE: [*To Adrien*] Bon appétit!

ADRIEN: Merci!

MAMAN: Pas la fourchette, pas le couteau pour la soupe. La cuillère!

ODILE: Pas la fourchette, pas le couteau, la cuillère.

PAPA: Elle est bonne, la soupe?

EMILE: Elle est bonne, la soupe!

ROGER: Prenez du vin!

PAPA: A la santé d'Emile!

LA FAMILLE: A la santé d'Emile!

EMILE: A la santé d'Emile! Hmm! Le vin est bon!

ADRIEN: Le vin est bon.

GRAND-MAMAN, PUIS LES AUTRES: A la santé d'Adrien qui a de beaux cheveux!

ADRIEN: A ma santé!

ROGER: La viande! [*Emile reaches for the whole roast.*] Non!!

EMILE: Non?!

ROGER, PUIS LES GAMMAS: Il faut couper le morceau de viande en trois.

ROGER: Une fourchette. . . un couteau. . . je coupe. . . Un morceau de viande pour Odile, un morceau pour Emile, un morceau pour Adrien.

EMILE: La viande. . .

ADRIEN: Une fourchette. . . un couteau. . .

EMILE: Je coupe. . .

ROGER: C'est bon, Emile?

EMILE: Emile? Ah, Emile. . . C'est bon! C'est très bon!

ROGER: [*Pointing to a picture of two animals on the wall*] La viande, c'était ça!

ODILE: La viande, c'était ça?!

EMILE: Qu'est-ce que c'est?

ROGER: C'est un bœuf.

EMILE: Un bœuf? Nous avons mangé du bœuf?!

GRAND-MAMAN: Le dessert!

ADRIEN: Qu'est-ce que c'est le dessert?

GRAND-MAMAN: On mange le dessert à la fin du repas. C'est bon, Adrien, c'est très, très bon! [*She takes the cover off the pot. A cat comes out.*]

ODILE: Manger ça?!

ROGER: Oui. Il faut le manger.

PAPA: En Bourgogne, on mange toujours un chat au dessert.

#   #   #   #

[**Scene** 3: *Later, still at the table, Emile passes his wine glass.*]

EMILE: Encore! S'il vous plaît, encore. C'est bon! C'est très bon!

ODILE: C'est bon!

EMILE: Deux Roger. . . Un Roger. . . Deux Roger. . . Un Roger. . .

ODILE: Qu'est-ce que tu vois, Adrien?

EMILE: Adrien, montre-nous ce que tu vois! C'est le vin!

ODILE: C'est le vin! [*She touches Roger's mouth.*] Qu'est-ce que c'est?

ROGER: Ma bouche.

ODILE: Ta bouche. Et ça, qu'est-ce que c'est?

ROGER: Mon nez.

ODILE: Ton nez.

GRAND-MAMAN: Non, il ne faut pas boire trop de vin. [*She starts to take away the bottle. Adrien goes over to her and tries to take it away from her.*]

ADRIEN: Donnez-moi la bouteille, Stéphanie.*

GRAND-MAMAN: Il ne faut pas trop boire.

ADRIEN: Donnez du vin à Adrien. . . qui est un Gamma.

GRAND-MAMAN: Un Gamma? Vous êtes un Gamma? Ah, bien sûr, avec ces cheveux. [*To Papa*] C'est un Gamma.

LES AUTRES: Ce sont des Gammas!

GRAND-MAMAN: Adrien est un Gamma, Emile est un Gamma, Odile est une Gamma!

ROGER: Oui, ce sont des Gammas.

VOCABULARY

nous **allons** < **aller**[C1] we are going, go

l' **ami** (*m.*) friend

appeler[B5] to call

il **appelle**
Qui m'appelle? } < **appeler**[B5]
ils **appellent**
he calls, is calling
Who's calling me?
they are calling

l' **appétit** (*m.*) appetite
Bon appétit Enjoy your meal!

arriver to come, arrive

avoir[C3] to have

beaux (*m.*; *pl.* of beau) beautiful

le **bœuf** beef cattle, beef

boire[C4] to drink

bon (*m.*), **bonne** (f.) good

la **bouche** mouth

la **Bourgogne** Burgundy (province in eastern France)

ce que what, that which

le **chat** cat

couper to cut

le **couteau** knife

je **cueille** < **cueillir**[C8] I am harvesting/ picking

la **cuillère** spoon

déjà already

le **dessert** dessert

deux two

donnez! give! (*CF*)

en in

c' **était** < **être**[C13] it was, use to be (*IMP*)

faire[C14] to do/make

tu **fais** < **faire**[C14] you are doing

la **famille** family

il **faut** (*impers.*) + *INF* < **falloir**[C15] it is necessary; you/we/etc. must/have to + *INF*

la **fin** end
à la fin at the end

la **fourchette** fork

la **grand-maman** grandma

la **grand-mère** grandmother

le (+ *V*) it

lui he; to him

m' < **me** me

la **maison** house

manger to eat
mangé eaten (*PP*)
j'ai mangé I've eaten
nous avons mangé we've eaten

la **mère** mother

(V-) **moi** me; to me

montrer to show
montre-nous! show us! (*fam. CF*)

le **morceau** piece

le **nez** nose

ohé! hey!

le **papa** papa
parlons! let's speak! (*CF*)

le **père** father
quel? what? which?

le **raisin** grapes

le **repas** meal

tu **sais** < **savoir**[C27] you know

la **sœur** sister

son (*m.*) his, her

la **soupe** soup

t' < **te** you (*fam.*)

ta (*f.*) your (*fam.*)

*In the interval, Adrien has learned that the grandmother's name is Stéphanie.

la **table** table
    à table! Come to the table! The
      meal is ready! Dinner's served!
      "Soup's on!"
  tes (*pl.*) your (*fam.*)
  ton (*m.*) your (*fam.*)
  toujours always
  trois three
    en trois into three pieces

trop de too much/many
un (*m.*), **une** (*f.*) one
venez! < **venir**[C31] come! (*CF*)
la **viande** meat
la **vigne** grape vine
  voir[C33] to see
tu **vois** < **voir**[C33] you see

SPECIAL EXPRESSION

n'est-ce pas? isn't it? isn't that so?

SUPPLEMENTARY VOCABULARY

the family	la famille	numbers 11–20	les nombres (*m.*) 11–20
aunt	la tante	to count	compter
brother	le frère	eleven	onze
child	l'enfant (*m./f.*)	twelve	douze
cousin	le cousin, la cousine	thirteen	treize
daughter	la fille	fourteen	quatorze
father	le père	fifteen	quinze
grandfather	le grand-père	sixteen	seize
grandmother	la grand-mère	seventeen	dix-sept
husband	le mari	eighteen	dix-huit
mother	la mère	nineteen	dix-neuf
nephew	le neveu	twenty	vingt
niece	la nièce		
parents, relatives	les parents (*m.*)		
sister	la sœur		
son	le fils /fis/		
uncle	l'oncle (*m.*)		
wife	la femme		

table setting	le couvert
bowl	le bol
course	le plat
meat course	plat de viande
cup	la tasse
fork	la fourchette
glass	le verre
knife	le couteau
napkin	la serviette
plate	l'assiette (*f.*)
platter, dish (of food)	le plat
spoon	la cuillère
tablecloth	la nappe

LANGUAGE NOTES AND EXERCISES

5.1 Command forms (imperative mood)

  a. Use

The command forms of a verb are used to give orders and to make suggestions. Such verb forms are in the imperative mood.

Donne le miroir!	Give (me) the mirror!
Parlons français!	Let's speak French!
Attrapez la sphère!	Catch the sphere!

  b. Formation

Most command forms are identical to the present indicative **tu**, **nous**, and **vous** forms, without the subject pronoun. However, the final **s** is dropped from the **tu** form of **-er** verbs, except before the pronouns **y** and **en** (25.3 and 26.4).

present indicative		imperative mood	
tu parles	you speak	**parle!**	speak
nous parlons	we speak	**parlons!**	let's speak!
vous parlez	you speak	**parlez!**	speak!

Imperative forms of irregular verbs will be given when they differ from the present indicative.

EXERCISES

A. *Situation:* **Les bons conseils**[1]

Imagine you are Roger's mother (or father). At the dinner table, you are telling Roger and the Gammas what to do. Remember that when addressing "your son," you must use the familiar form of the command. Follow the model.

Model: [à Roger] (parler) *Parle* **à Odile!**

1. [à Emile] (couper)_____le morceau de viande en trois!

2. [à Roger] (donner) Ne_____pas la bouteille à Adrien!

3. [aux Gammas] (parler)_____ français en France!

4. [aux Gammas] (manger) Ne_____pas le chat!

5. [à Roger] (montrer)_____ la vigne à Odile!

B. Combine the following words to form a sentence in the imperative mood. Add the necessary words (such as articles, possessive adjectives) to make a logical sentence. Follow the models.

Models: a. [to your friend] montrer/chats/à/grand-mère

   Montre les chats à ta grand-mère!

   b. [to all of us] donner/champagne/à/amis

   Donnons du champagne à nos amis!

1. [to your friend] donner/café/à/soeur

2. [to all of us] parler/français/avec/professeur

3. [to all of us] montrer/papiers/à/gendarmes

4. [to your friends] apporter/photos/à/magasin

5. [to your friend] entrer/dans/mairie/avec/employés

5.2 The verb *venir* (to come)

a. Present indicative
   (1) Forms

venir					
	singular			plural	
je	*vien s*	I come/am coming/ do come	nous	*ven ons*	we come, etc.
tu	*vien s*	you come, etc.	vous	*ven ez*	you come, etc.

[1]**les bons conseils:** good advice; **le conseil:** (piece of) advice.

venir		
singular		plural
il ⎫ elle ⎬ *vien t* on ⎭ he/it ⎫ she/it ⎬ comes, etc. one ⎭		ils ⎫ ⎬ *vienn ent* they come, etc. elles ⎭

Je *viens* de Paris.	I come from Paris.
Ils *viennent* à la mairie.	They are coming to the town hall.

Conjugated like **venir**: **devenir** (to become), **revenir** (to come back)

(2) Pronunciation

    (a) Singular present indicative and command forms all sound alike: /vjɛ̃/.
        (Compare the pronunciation of **bien** /bjɛ̃/.)
    (b) In plural forms of the present indicative and imperative with pronounced
        endings, the e of the first syllable **ve-** is pronounced /ə/.
    (c) In the third person plural present tense form, the stem ends with an open
        e + n sound: /vjɛn/.

  b. Imperative

    Formation of the imperative is regular.

Viens **ici, Odile!**	Come here, Odile!

For other forms of **venir**, see Appendix C.31.

EXERCISE

Substitute the words in parentheses for the underlined word(s).

1. Nous venons de la poste. (Louise et André, La jeune femme, Vous, Je, Tu)

2. Le gendarme ne vient pas ici. (Ton père, Mes amis, Vous, Tu)

3. Venez-vous à Bordeaux? (elle, tu, ils, nous)

5.3 **Spelling changes in verbs ending in** *ger* **and** *cer* **(models:** *manger* **and** *commercer***)**
     (See also Appendix B.1 and 2.)

Verbs whose infinitive ends in **ger**, or **cer**, such as **manger** and **commencer**, are conjugated like regular **-er** verbs with one exception. When the stem precedes a vowel other than i or e, a spelling change takes place in order to show that the pronunciation of the stem does not change. Thus, an e is added to the stem of **-ger** verbs and a cedilla is added to the final c of the stem of **-cer** verbs.

ils mang ent	**nous mang*e* ons**
tu commenc es	**nous commen*ç* ons**

Conjugated like **manger**:

arranger	to arrange	**neiger**	to snow
changer	to change	**voyager**	to travel
nager	to swim		

48   *Les Gammas! Les Gammas!*

Conjugated like **commencer**:

placer	to place	**renoncer**	to renounce
remplacer	to replace		

EXERCISE

Change each subject pronoun to its corresponding plural form and make all other necessary changes.

Model: **Tu commences l'interview.** → **Vous commencez l'interview.**

1. Tu manges avec tes parents. →

2. Je commence le repas. →

3. Tu annonces la visite de ta grand-mère. →

4. Je voyage avec ma tante. →

5. Je change les assiettes. →

6. Je remplace le journaliste. →

7. Tu obliges les Gammas à aller à la mairie. →

8. J'avance dans la direction de la gare. →

5.4 The direct object pronouns *le, la, les*

a. Forms and meaning
The third person forms of the direct object pronouns correspond in number and gender to the noun they replace.

		singular	plural
m.	**le**	him, it	
f.	**la**	her, it	**les** them

b. Remarks
(1) **le** and **la** > **l'** before a vowel sound.

   Nous *l'*arrêtons.   We are stopping her (or him; the meaning would be clear in context).

(2) There is never contraction of **à** or **de** with the direct object pronouns **le** and **les**.

   La ville de Brézolles est   The city of Brézolles is
   heureuse *de les* voir.   happy to see them.

c. Position
(1) The direct object pronoun ordinarily precedes the verb it completes.

   Je *les* vois.   I see them.

(2) When the verb it completes is in the infinitive form, it precedes the infinitive.

Il faut *le* manger.   You have to eat it.

(3) It also precedes **voici** and **voilà**.

La voici. $\begin{cases} \text{Here it is.} \\ \text{Here she is.} \end{cases}$

(4) When the verb is negative, the **ne. . .pas** is placed around the whole verb unit, i.e., direct object pronoun + verb.

Je ne *les* vois pas.   I don't see them.

(5) When the verb precedes the subject, as in subject-verb inversion, the direct object pronoun still precedes the verb.

Les fouillez-vous?   Are you searching them?

d. The direct object pronoun **le** is also used as a neuter direct object to represent an adjective, a whole clause, or an idea.

Les cheveux des Gammas sont longs! --Oui, ils *le* sont.	The Gammas' hair is long. Yes, it is (it, i.e., long).
Roger comprend-il que les Gammas ont disparu? --Oui, il *le* comprend.	Does Roger understand that the Gammas disappeared? Yes, he understands that.

EXERCISES

A. In each of the following sentences, replace the underlined direct object noun by the direct object pronoun.

1. Je donne mes papiers au commissaire.

2. Les gendarmes n'attrapent pas la sphère.

3. Roger regarde toujours Odile.

4. Vous ne fouillez pas Emile.

5. Le photographe ne filme pas le maire.

6. Je n'ai pas la sphère.

B. *Situation:* **Le reporter parle à la radio.**
Imagine you are giving a live report on the Gammas' arrival in France for your home-town radio station. As you are getting excited over the scene, you repeat each sentence, but the second time, you replace the noun object by its corresponding pronoun. Follow the models.

	You (first time)	*You* (second time)
Models: a.	**Voilà *le gendarme*!**	**Le voilà!**
b.	**Le gendarme demande *les papiers des Gammas*.**	**Le gendarme les demande.**

50   *Les Gammas! Les Gammas!*

1. Voici *la femme Gamma*!

2. L'autre gendarme fouille *Emile*.

3. Le gendarme trouve *les champignons*.

4. Le gendarme n'attrape pas *la sphère*.

5. Voilà *le maire de Brézolles*!

6. Le gendarme donne *les fleurs* à Odile.

7. Le docteur et le maire comprennent *qu'Odile a un coeur*.

8. Le docteur examine *Adrien*.

9. Le journaliste dit *que les champignons sont beaux*.

10. Le commissaire regarde *la photo*.

11. Le commissaire n'aime pas *les Gammas*.

C. *Situation:* **Thomas doute toujours.**
While conversing with your friend Thomas, who is not easily convinced, you make a series of statements. Thomas turns each statement into a question. Follow the model.

Vous	*Thomas*
Model: **J'aime le café noir.**	**L'aimes-tu vraiment?**

1. J'aime le thé glacé.

2. Je donne le vin à mon père.

3. Nous appelons les serveuses.

4. Je photographie mon oncle.

5. Je montre ma sœur à Paul.

6. J'aime ma cousine Bette.

5.5 Regular adjectives

a. Agreement
An adjective must agree in number and gender with the noun or pronoun it modifies.

> **Mon *petit* Roger!** (*m. s.*)
>
> **La sphère est *petite*.** (*f. s.*)
>
> **Les Gammas sont *petits*.** (*m. + f. pl.*)

singular	plural
Il est **prêt**. (*m.*) Elle est **prête**. (*f.*)	Nous sommes **prêts**. (*m./m. + f.*) Elles sont **prêtes**. (*f.*)

(1) Gender
  (a) The feminine singular adjective is formed by adding -e to the masculine singular form. In many regular adjectives the masculine singular form ends in a silent consonant; this consonant is pronounced in the feminine form. This permits differentiation between the feminine and masculine forms.

  français /fʀᾶsɛ/   française /fʀᾶsɛz/

  (b) When the masculine singular adjective ends in a vowel other than unaccented e, an e must still be added to form the feminine adjective.

  une orange press*ée*

  une consommation glac*ée*

  (c) If the masculine singular form already ends in unaccented e, the feminine singular form is identical.

  un repas **impossible**   une solution **impossible**

(2) Number
  (a) The plural adjective is formed by adding -s to the appropriate singular.

  les miroirs **ronds**

  les sphères **rondes**

  les thés **glacés**

  des repas **impossibles**

  des solutions **impossibles**

  (b) If the singular form already ends in s, no change is necessary.

  Roger est **français**.   Les Gammas ne sont pas **français**.

                                           but

  Lilli est **française**.   Lilli et Olga sont **françaises**.

  Reminder: adjectives of nationality are not capitalized.

b. Position

Most adjectives follow the noun they modify or a form of the verb **être** whose subject they modify.

  Voici des vins **rouges**.

  Elle commande une orange **pressée**.

  C'est un garçon **français**.

  Les gendarmes sont **prêts**.

See 6.2 for a discussion of adjectives which do not follow this pattern.

EXERCISES

A. In the following sentences, add the adjective given in parentheses.

1. Nous aimons les blue-jeans. (américain)

2. Les journalistes commandent trois citrons. (pressé)

3. Les deux femmes arrivent en France. (japonais)

4. Aimez-vous la limonade? (glacé)

5. Mes cousins ont une automobile. (rouge)

6. Ton ami a des chaussures. (noir)

B. Construct sentences with the given words. Remember that the verb must agree with its subject, and the adjective with the noun it modifies. Also, nouns need a noun marker. Follow the model.

Model: Sophie / être / femme / français.

Sophie est une femme française.

1. Mes parents / commander / bière / allemand.

2. Garçon / ne pas apporter / vins / rosé.

3. Nous / examiner / veste / anglais.

4. Gammas / ne pas aimer / vêtements / français.

5. Pourquoi / vous / apporter / cinq / thé / glacé?

Je t'aime

[**Scene 1**: *Early morning, outside Roger's family's house.*]

COQ: [*Off-camera*] Cocorico!

ROGER: Le soleil! Oh, le soleil!

ODILE: Le soleil! [*In an orchard.*]

ROGER: La lune.

ODILE: La lune. [*She sighs.*]

ROGER: Tu soupires?

ODILE: Je soupire?

ROGER: Oui. [*He demonstrates.*] Tu soupires.

ODILE: Oui, je soupire.

ROGER: Pourquoi?

ODILE: Parce que. . . Emile, Adrien et moi, nous partons bientôt. [*Shutters open at two windows of the house.*]

ADRIEN: Bonjour, Mathurine!

MATHURINE: Bonjour, Adrien! Le soleil!

ADRIEN: Le soleil! [*They run out of the house. Back at the house, Emile sees Stéphanie.*]

EMILE: Bonjour, Stéphanie!

STEPHANIE: Bonjour, Emile!

EMILE: Venez!

STEPHANIE: Non, je suis trop vieille.

EMILE: Vous? Vieille? Mais non! Venez! [*She comes outside, to join Emile.*]

STEPHANIE: Mais je suis une vieille femme. Je suis vieille. Mon visage n'est plus jeune.

EMILE: Mais non! [*He leads her to their sphere, and has her look at herself in the mirror.*] Vous n'êtes pas vieille, Stéphanie.

STEPHANIE: Oh, que je suis belle en ce miroir! [*In the orchard, Mathurine and Adrien run into view.*]

MATHURINE: Adrien, je t'aime. [*She kisses him, and runs off, laughing; he goes after her. Roger and Odile are walking nearby.*]

ROGER: Ta main, ta petite main!

ODILE: Ta main. . .!

VOIX D'EMILE: Adrien! Odile!

ODILE: Je ne veux pas partir! [*She embraces Roger.*]

EMILE: [*To Stéphanie, Armandine*, and Gustave**]: Nous partons.

STEPHANIE: Revenez.

EMILE: Merci. [*To Armandine*] A bientôt.

ARMANDINE*: A bientôt.

EMILE: [*To Gustave*] A bientôt.

GUSTAVE*: A bientôt. [*Odile and Roger, Mathurine and Adrien arrive on the scene.*]

EMILE: Vite! Nous partons!

ODILE: Je ne veux pas partir!

EMILE: Quoi, tu ne veux pas partir?!

ODILE: Non!

ADRIEN: [*To Odile*] Mais nous devons partir.

ODILE: Pourquoi?

EMILE: Nous devons partir, parce que. . .

ADRIEN: . . . parce que nous devons partir!

ODILE: Non!

EMILE: Si!

ODILE: Non!

EMILE: Si, nous devons partir!

ODILE: Non, non, non! [*The sphere, in the background, shrinks and disappears.*]

GUSTAVE: Votre sphère!

*Armandine and Gustave are the names of Roger's mother and father.

[*A hen eats the sphere, now the size of a kernel of corn. Emile tries to catch the hen, and misses.*]

EMILE: Nous ne pouvons pas partir! Nous ne pouvons plus partir!

ODILE: [*To Roger*] Nous ne pouvons plus partir!

GUSTAVE: Mais si, la sphère n'est pas perdue. Elle va revenir.

EMILE: Quand? Comment?

GUSTAVE: Bientôt. Il faut. . . il faut attendre.

#   #   #   #

[**Scene 2**: *Later, inside the house. The family and the Gammas are all together in the dining room. Emile is holding the hen on the table.*]

EMILE: Poule, petite poule. Ma petite poule. [*Imitating the hen's sound*] Cot cot cot. . . Petite poule, donne-moi la sphère!

ADRIEN: [*To the hen*] Il faut la sphère, parce qu'il faut partir!
[*Stéphanie has been stirring something in a bowl. She gives Emile a little to taste.*]

EMILE: Mm, c'est bon! Mm, que c'est bon!
[*Odile cries out faintly and falls to the floor. Everyone gathers around her.*]

ROGER: Odile, qu'est que tu as?!

MATHURINE: Elle est évanouie!

ARMANDINE: Elle est évanouie?! Oh!

GUSTAVE: Pauvre Odile!

ARMANDINE: Elle est évanouie! Pauvre Odile!

STEPHANIE: Ecartez-vous! Un coussin! Vite, un coussin!

ARMANDINE: Le coussin!

STEPHANIE: Elle est évanouie. Il faut appeler le docteur!
[*Later: Odile is in bed, with Roger and Stéphanie nearby. The rest of the family and Emile and Adrien look on.*]

STEPHANIE: Une bouillotte bien chaude... et un autre coussin. . . Elle est toujours évanouie!

GUSTAVE: Il faut peut-être. . .

MATHURINE: Oui, il faut. . .

STEPHANIE: Chut! [*To Roger*] Le docteur. . . Tu as appelé le docteur?!

ROGER: Oui, bien sûr!

STEPHANIE: Qu'est-ce qu'il a dit?

ROGER: Le docteur a dit qu'il vient tout de suite.
[*The Doctor arrives.*]

DOCTEUR: Me voici.

STEPHANIE: Ah, docteur, on vous attendait!

DOCTEUR: Bonjour, Stéphanie! Mais qu'est-ce qu'elle a?

STEPHANIE: Docteur, je ne le sais pas. C'est pourquoi on vous appelle!

DOCTEUR: Ça, c'est vrai, Stéphanie.
[*Odile opens her eyes, looks around, sees Roger, smiles, sighs, and closes her eyes again.*]

STEPHANIE: C'est grave, Docteur?

DOCTEUR: C'est grave.

STEPHANIE: C'est grave, Docteur?

DOCTEUR: C'est très, très grave, ma chère Stéphanie. Déshabille-toi, Roger!

ROGER: Moi?!

DOCTEUR: Oui, toi! Mets-toi dans le lit, Roger!

ROGER: Moi?!

DOCTEUR: Oui, toi!

ROGER: [*Pointing to the bed where Odile is*] Là?!

DOCTEUR: Oui, là!
[*The Doctor picks up his bag and his hat.*]

STEPHANIE: Mais. . . vous partez. Docteur?

DOCTEUR: Oui, Stéphanie, je pars.

STEPHANIE: Et. . . pas de médicament?!

DOCTEUR: [*Pointing to Roger*] Le médicament, c'est lui!
[*Everyone leaves the room.*]

#   #   #   #

[Scene 3: *Later, outside the house. Roger's family, Adrien and Emile are seated around a table. The hen is eating on the table. Odile and Roger come out of the house.*]

MATHURINE: Odile! Ça va mieux, Odile?

ODILE: Oui, ça va mieux.

GUSTAVE, PUIS ARMANDINE: La malade va mieux.

GUSTAVE: Tant mieux!

ADRIEN: A la santé de la malade!

MATHURINE, PUIS LES AUTRES: A la santé d'Odile!

STEPHANIE: A la santé de nos enfants!

ROGER: [*To Odile*] Tu ne bois pas?

ODILE: Non, je ne bois pas.

ROGER: Pourquoi?

STEPHANIE: Un morceau de gâteau pour Odile, un morceau pour Roger . . .

ROGER, PUIS LES AUTRES: A la santé d'Odile.

ADRIEN: [*To Odile*] Tu ne bois pas?

ODILE: Non.

[*The hen clucks, and lays. . . the sphere.*]

FAMILLE: La voilà, la sphère. C'est la sphère. Voilà la sphère.

EMILE: Nous pouvons partir tout de suite. [*He places the sphere on the ground, and goes through the ritual gestures. The sphere remains unchanged.*] Elle ne veut pas grandir! [*He points to his chest.*] C'est là! Je ne peux plus faire grandir la sphère! [*Adrien tries, in turn.*]

ADRIEN: Je ne peux plus rien! La sphère ne fait plus ce que je veux! Je ne suis plus un Gamma!

ODILE: [*To the sphere*] Tu dois grandir, grandir!

EMILE: [*To Odile*] Encore!

ODILE: Non!

[*Emile tries again to make the sphere get bigger.*]

EMILE: [*To Odile*] Qu'est-ce qu'il y a?!

ODILE: Vous avez bu trop de vin! Vous ne pouvez plus faire grandir la sphère! Moi, je n'ai pas bu de vin! La sphère fait ce que je veux.

[*She repeats the gesture, and the sphere grows to basketball size.*]

EMILE: [*To Odile*] La sphère fait ce que tu veux. Dis-lui de grandir encore un peu!

ADRIEN: Nous voulons partir!

ODILE: Non!

EMILE: Pourquoi?

ODILE: Parce que je veux rester avec Roger.

EMILE: [*To Roger*] Elle veut rester avec toi. Tu veux rester avec elle?

ROGER: Oui.

EMILE: Tu veux venir avec nous?

ROGER: Oh, oui!

EMILE: Roger vient avec nous!

[*Odile smiles, and repeats the ritual gestures.*]

ODILE: Tu dois grandir. . . grandir!

[*The sphere grows to full size. Roger jumps in. Odile follows him. Emile and Roger's family say good-bye.*]

EMILE: Merci. A bientôt!

STEPHANIE: Revenez!

ADRIEN: A bientôt, Mathurine.

MATHURINE: A bientôt, Adrien!

ARMANDINE: Gustave, j'ai peur pour Roger!

GUSTAVE: Roger ne risque rien. La sphère est solide.

ROGER: A bientôt, Maman! A bientôt, Papa!

GUSTAVE: A bientôt!

ROGER: Ohé, Mathurine! Au revoir, grand-mère!

FAMILLE: Au revoir! A bientôt!

[*The sphere rises, and fades into the distance.*]

	appelé called (*PP*)		le	gâteau (*pl.* gâteaux) cake
	tu as appelé you (have) called			grandir to get bigger/grow (up/tall)
on	attendait < attendre we were waiting (for) (*IMP*)			grave serious
				jeune young
	attendre to wait (for)		le	lit bed
	bien + *ADJ* very + *ADJ*		la	lune moon
	bientôt soon		la	main hand

je bois ⎫
      ⎬ < boire^{C4} I drink/am drinking
tu bois ⎭ you (fam.) drink/are drinking

la bouillotte hot water-bottle
bu < boire^{C4} drunk (*PP*)
  j'ai bu I drank/have drunk
  vous avez bu you drank/have drunk
ce (*m.*) this, that
chaud hot
cher (*m.*), chère (f.) dear
cocorico cock-a-doodle-doo

le coq rooster
cot, cot, cot cluck, cluck, cluck
le coussin cushion, pillow
déshabille-toi! < se déshabiller get undressed! (*CF*)

nous devons < devoir^{C9} we must/have to
dis-lui! ⎫ tell it/him/her!
      ⎬ < dire^{C10} (*CF*)
dit ⎭ said (*PP*)
  il a dit he (has) said

tu dois < devoir^{C9} you must/have to
écartez-vous! < s'écarter move aside! (*CF*)
encore still

l' enfant (*m./f.*) child, young person
évanouie (f.) fainted, passed out, unconscious
faire^{C14} + *INF* to make (something) happen/cause an action
  faire grandir la sphère to make the sphere get bigger

il fait < faire^{C14} he makes/does
il faut + *N* < falloir^{C15} we need + *N*

le/la malade patient
le médicament medicine
mets-toi! < se mettre^{C17} put yourself (*CF*)
mieux better (*ADV*)
ne...rien nothing
nos (pl) our

je pars < partir^{C20} I'm leaving
partir^{C20} to leave/go away
nous partons < partir^{C20} we're leaving
pauvre poor
perdue (f.) lost
un peu a little
peut-être maybe
je peux < pouvoir^{C24} I can/am able
la poule hen
nous pouvons < pouvoir^{C24} we can/are able
rester to stay
revenez! < revenir^{C31} come back (again) (*CF*)
revenir^{C31} to come back (again)
rien, ne...rien nothing
risquer to risk
le soleil sun
solide solid
soupirer to sigh
toujours still
trop + *ADJ* too + *ADJ*
venir^{C31} to come

elle veut ⎫
      ⎬ < vouloir^{C34} she wants
tu veux ⎭ you want

vieille (f.) old
il vient < venir^{C31} he's coming/comes
le visage face
nous voulons < vouloir^{C34} we want

SPECIAL EXPRESSIONS

à bientôt see you soon
Ça va mieux? Are you feeling better?

Ça va mieux. I'm feeling better.
Il ne risque rien. He's not in any danger.

Je ne peux plus rien. I can't do anything any more.
Mets-toi dans le lit. Get into the bed.
Que c'est bon! How good it is!

Que je suis belle! How beautiful I am!
Tant mieux! That's good! So much the better!
tout de suite right away

SUPPLEMENTARY VOCABULARY

feelings **les sentiments** (*m.*)			
camaraderie, comradeship, good fellowship	**la camaraderie**	to be fond of, care for, enjoy	**aimer bien**
		to hate, detest	**détester**
friendship	**l'amitié** (*f.*)	to like, love	**aimer**
love	**l'amour** (*m.*)	to like better, prefer	**aimer mieux**
		to prefer	**préférer**

other descriptive adjectives **d'autres adjectifs** (*m.*) **descriptifs**			

A. adjectives that usually come before the noun:

bad	**mauvais**	old	**vieux (vieil), vieille**
good	**bon, bonne**		
handsome, beautiful	**beau (bel), belle**	pleasant, likeable, amiable, nice	**gentil, gentille**
large, big, tall	**grand**		
new	**nouveau (nouvel), nouvelle**	pretty	**joli**
		small, little	**petit**
		young	**jeune**

B. adjectives that usually follow the noun:

African	**africain**	intelligent	**intelligent**
Algerian	**algérien**	irresistible	**irrésistible**
amusing, funny	**amusant**	joyful	**joyeux, joyeuse**
boring	**ennuyeux, ennuyeuse**	from Martinique	**martiniquais**
		modest, unassuming	**modeste**
Camerounian	**camerounais**	reserved	**réservé**
charming	**charmant**	stupid	**stupide**
dynamic	**dynamique**	sweet, gentle, soft	**doux, douce**
energetic	**énergique**	tired	**fatigué**
idiotic, stupid	**idiot**	unhappy	**malheureux, malheureuse**
impatient	**impatient**		

LANGUAGE NOTES AND EXERCISES

6.1 The direct object pronouns *me, te, nous, vous*

   a. Forms and meanings

singular		plural	
me	me	**nous**	us
te	you	**vous**	you

Vous *me* **voyez.**   You see me.

Elles *te* **comprennent.**   They understand you.

Il *nous* **arrête.**   He is stopping us.

Je *vous* **vois.**   I see you.

   b. **me** > **m'** and **te** > **t'** before a vowel sound.

Qui *m***'appelle?**   Who is calling me?

Je *t***'aime.**   I love you.

   c. The position of these direct object pronouns is the same as that of the direct object pronouns **le, la, les** presented in 5.4.

EXERCISES

A. Supply the appropriate form of the direct object pronoun as indicated in parentheses.

    1. Monsieur, je ne _____ filme pas! (you)

    2. Le commissaire _____ examine avec attention. (us)

    3. Les gendarmes _____ laissent photographier les Gammas. (me)

    4. Odile, je _____ trouve très gentille! (you, fam.)

    5. Il _____ aime, c'est certain! (me)

    6. La famille de Roger _____ invite à déjeuner. (us)

B. *Situation:* **L'amour à tous les âges**
Couples of various ages are telling each other their feelings. Give the woman's answer, using a direct object pronoun.

    1. Roger, Odile

       a. Roger--Est-ce que tu m'aimes, Odile? Odile—Oui, Roger, _____ .

       b. Roger--Est-ce que tu me détestes, Odile? Odile—Oh, non! _____ .

    2. Un monsieur et une dame d'âge moyen[1]

[1] **d'âge moyen:** middle-aged.

a. Monsieur--M'aimes-tu beaucoup? Dame—Non, _____ .

b. Monsieur--Me détestes-tu un peu? Dame—Oui, _____ .

3. Un vieux couple (they are using *vous* with each other)

a. Monsieur--M'aimez-vous, ma chère? Dame—Oui, très cher, _____ .

b. Monsieur--Me détestez-vous, ma chère? Dame—Non, très cher, _____ .

C. *Situation:* **L'équation du bonheur**[2]

A young woman assesses her boyfriend's feelings toward her while he is doing the same in reference to her. Complete each list. Follow the model.

	La jeune fille pense. . .	*Le jeune homme pense. . .*
Model: trouver sympathique	**Il me trouve sympathique.**	**Je la trouve sympathique.**
1. regarder beaucoup	Il _____	Je _____
2. appeler souvent au téléphone	Il _____	Je _____
3. photographier toujours	Il _____	Je _____
4. aimer	Alors, il _____	Alors, je _____

6.2 Irregular adjectives

An irregular adjective, like a regular one, must agree in number and gender with the noun or pronoun it modifies.

a. Formation

Irregular adjectives do not follow the usual patterns to differentiate between masculine and feminine or singular and plural, although there are groups of irregular adjectives which follow a similar pattern.

(1) Irregular feminine

(a) Certain adjectives double the final consonant before adding -e to form the feminine.

le sentiment *naturel*	l'émotion *naturelle*
un *gentil* garçon	une *gentille* fille
un *bon* docteur	une *bonne* étudiante
un garçon *parisien*	une fille *parisienne*

In the adjectives ending in -on and -en, the doubling of the consonant represents a difference in pronunciation. The masculine form ends in a nasal vowel sound; the feminine form ends in a nasal consonant sound.

parisien /parizjɛ̃ /	**parisienne** (parizjen /
bon / bɔ̃ /	**bonne** / bɔn /

(b) Adjectives which end in -er or -ier add a grave accent to the e preceding final r when -e is added for the feminine form.

[2]le bonheur; happiness.

mon **cher** ami	ma **chère amie**
leur **premier** fils	leur **première** fille

In such adjectives with silent **-r** in the masculine form, the accent represents the shift from closed **e** to open **e** in the feminine form.

premier /prəmje/   **première** /prəmjɛr/

(c) Adjectives ending in **-eux** change the **x** to **s** when **-e** is added for the feminine form.

un père **heureux**   une mère **heureuse**

(d) Adjectives ending in **-if** change the **f** to **v** when **-e** is added for the feminine form.

son cousin **sportif**   sa cousine **sportive**

(e) Others

un **beau** chapeau	une **belle** robe	beautiful, handsome
un **long** silence	une **longue** absence	long
un bouton **blanc**	une cravate **blanche**	white
un vin **doux**	une fille **douce**	soft, gentle, sweet
un oncle **fou**	une tante **folle**	crazy, mad
un vin **frais**	une limonade **fraîche**	cool, fresh
un chapeau **neuf**	une blouse **neuve**	new
un **vieux** reporter	une **vieille** journaliste	old

(2) Irregular plural

Most adjectives which end in **-eau** or **-al** have **-eaux** or **-aux** respectively as the masculine plural ending. The feminine plural of these adjectives is regular.

le **beau** verre	les **beaux** verres	les **belles** tasses
le système **minéral**	les systèmes **minéraux**	les eaux **minérales**
le **nouveau** café	les **nouveaux** cafés	les **nouvelles** chaussures

(3) Alternate masculine singular

A few adjectives have an alternate masculine singular form that is used with the adjective directly precedes a noun beginning with a vowel sound.

beau (bel)	un **beau** garçon	un **bel** homme
nouveau (nouvel)	un **nouveau** ministre	un **nouvel** ami
vieux (vieil)	un **vieux** café	un **vieil** homme

b. Position

While most descriptive adjectives follow the noun they modify, there are some which usually precede the noun.

Mon *petit* **Roger.**   My dear (little) Roger.

Les *autres* gendarmes.	The other gendarmes.
Bon appétit!	Enjoy your meal!
Vous avez les *mêmes* cheveux.	You have the same hair.
Il a de *beaux* cheveux.	He's got beautiful hair.

N.B. Usage varies: before a plural adjective preceding a noun, some speakers use the complete partitive article **des** whereas others use only **de (d')**.

For the position of two adjectives modifying the same noun, see 10.1.

Short common descriptive adjectives which usually precede the noun.

autre	other
beau (bel), belle	beautiful, handsome
bon, bonne	good
brave	fine
cher, chère	dear
gentil, gentille	nice
grand	large, big
gros, grosse	heavy, massive
jeune	young
joli	pretty
long, longue	long
mauvais	bad
même	same
nouveau (nouvel), nouvelle	new
pauvre	poor, unfortunate
petit	small, little
vieux (vieil), vieille	old

EXERCISES

A. Restate each sentence, changing the subject noun as indicated, and making all the necessary changes in the verb and adjectives. Follow the model.

Model: **Le champagne frais est bon. (eau) → L'eau fraîche est bonne.**

1. Le petit garçon est gentil. (filles)   →

2. Le vieux chapeau n'est pas cher. (chaussures)   →

3. Mon cousin italien est ennuyeux. (cousine)   →

4. Le premier amour est toujours beau. (amitié)   →

5. L'étudiant actif est heureux. (étudiantes)   →

6. Votre exercice oral est mauvais. (questions)   →

B. In the following sentences, add the adjective given in parentheses. Do not forget to make the adjective agree with the noun it modifies.

1. Tu cherches ton oncle. (vieux)

2. Jeannette a une amie. (nouveau)

3. Ma sœur aime la blouse. (blanc)

4. Est-ce que ce sont des garçons de café? (japonais)

5. Odile examine la robe. (long)

6. Aimez-vous la musique? (doux)

C. Combine the following words to make logical sentences. Noun modifiers must be added, and verbs and adjectives must follow rules for agreement. Follow the model.

Model: Je / aimer / tunique / beau

J'aime ta belle tunique.

1. vous / ne pas / aimer / enfants / mauvais

2. Amalia / être / fille / joli / africain

3. où / aller / homme / beau / là-bas

4. qui / être / dame / gros / avec / jupe / blanc

5. vous / aimer / chercher / ami / nouveau

6. journalistes / photographier / trois / étudiante / parisien

D. Answer the following personal questions.

1. Est-ce que votre père est vieux?

2. Est-ce que vous avez une cousine ennuyeuse?

3. Cherchez-vous des jeunes amies sportives?

4. Y a-t-il une petite étudiante réservée dans votre classe de français?

5. Y a-t-il des étudiants italiens dans votre classe?

6. As-tu une gentille grand-mère?

7. As-tu une jolie tante?

8. Portes-tu des nouvelles chaussures italiennes?

9. Portes-tu des larges vêtements arabes?

10. Aimes-tu les belles blouses blanches?

6.3 The verb *aller* (to go); special uses

a. Present indicative

aller						
singular				**plural**		
je	**vais**	I go/am going/do go		**nous**	**allons**	we go, etc.
tu	**vas**	you go, etc.		**vous**	**allez**	you go, etc.
il		he/it		**ils**		
elle	**va**	she/it } goes, etc.		**elles**	**vont**	they go, etc.
on		one				

Elle *va* à Brézolles.	She is going to Brézolles.
Je sais où nous *allons*.	I know where we're going.

For other forms of **aller**, see Appendix C.1. This irregular verb should be thoroughly memorized because it is used frequently, both literally and idiomatically.

b. Imperative mood
Forms of the imperative are regular, except for the second person singular form.

Va à la maison de Roger!   Go to Roger's house!

c. Idiomatic use of **aller** — Comment allez-vous?
One of the most frequent uses of the verb **aller** is in idiomatic expressions of health, state, or condition.

Question:	**Comment *allez*-vous?** (formal)	How are you?
Answer:	**Je *vais* bien, merci.**	I'm fine, thanks.
Question:	**Ça *va*?** (informal)	Is everything fine?
Answer:	**Ça *va*, merci.**	Yes, everything's fine, thanks.
Question:	**Ça *va* mieux?**	Are you feeling better? or Is she feeling better?
Answer:	**Ça *va* mieux.**	I'm feeling better.
or	**La malade *va* mieux.**	The patient is better.

d. The immediate future: **aller** + infinitive
The verb **aller** + infinitive is used to express an action which is to take place in the near future. This construction is usually called the immediate future.

Nous *allons partir* bientôt.	We're going to leave soon.
Elle (la sphère) *va grandir* maintenant.	It is going to be bigger now.

Object pronouns (5.4 and 6.1) are placed before the infinitive in constructions where **aller** is used to express the immediate future.

Je vais *les* chercher.	I'm going to get them.
Vous allez *nous* filmer?	You're going to film us?

EXERCISES

A. Substitute the words given in parentheses for the underlined word.

1. Vous n'allez pas au magasin. (Ma cousine, Nous, Je, Leurs amis, Tu)

2. Vas-tu à table maintenant? (elle, nous, ils, vous, on)

3. Paul va manger de la viande. (Tes oncles, Nous, Tu, Vous, Je)

B. *Situation:* "Comment allez-vous?" ou "Comment vas-tu?"
In the following short conversations, determine which form of the standard question "How are you?" should be used (formal or informal). Then complete all sentences in the appropriate manner, following the script.

1. La maman et sa petite fille.

   -- Bonjour, ma petite Julie! Comment_____?

   -- Ça_____ très bien, Maman!

2. Le professeur Machin et son étudiant, Jacques Leroux.

   -- Bonjour, Monsieur le professeur. Comment _____?

   -- Je_____assez bien, merci. Et vous, Jacques?

   -- Oh! Je_____bien aussi, merci, Monsieur.

3. Jacques et son camarade André.

   -- Salut, André! Comment _____?

   -- Je_____ mieux; encore un peu fatigué[1]. Et toi, Jacques?

   -- Moi, ça_____magnifiquement[2]!

C. *Situation:* **Salut, les copains![3]**
Jojo (short for Joseph) meets his school pal Bébert (short for Albert or Robert) on his way to school. They exchange greetings and news of their respective families. Follow the script.

[1]**fatigué:** tired.
[2]**magnifiquement:** splendidly.
[3]**les copains:** pals, friends, buddies. **Salut, les copains!** is a popular French magazine for teen-agers.

Jojo	*Bébert*

1. Salut, Bébert._____?   -- Ça_____, Jojo.
             (How's everything?)   (everything's fine)

2. Comment_____ta sœur?   -- Elle_____. Et tes parents,
           (is feeling)   (is doing fine)

                                                      _____ ?
                                                   (how are they?)

3. Comme ci, comme ça! Mon père
    _____, mais ma
   (is not well)

   mère _____ . Et ta
         (is feeling better)

   famille,_____?   -- Tout le monde_____!
      (how is it doing?)   (is doing well)

D. Transform each sentence according to the model.

    Model: **Nous dînons à Saint-Tropez.** → **Nous allons dîner à Saint-Tropez.**

    1. Les Gammas cherchent la mairie.

    2. Je commande une orangeade.

    3. Le reporter ne filme pas le maire.

    4. Tu ne fouilles pas ton camarade.

    5. Vous visitez la ville.

    6. Nous commençons la leçon.

E. Replace the underlined direct object with the appropriate pronoun. Follow the model.

    Model: Odile va manger la viande. → Elle va la manger.

    1. Le docteur va donner les médicaments à Odile.

    2. Emile et Adrien vont boire le vin.

    3. Nous n'allons pas regarder la sphère.

    4. Tu vas appeler tes bons amis.

    5. Stéphanie va donner le coussin à la malade.

    6. Je ne vais pas couper ma viande avec une fourchette.

6.4 Verbal constructions differing from English

    a. Some verbs that are used with a preposition in English are completed by a direct object in French.

I am looking *for* the Gammas.	**Je cherche__les Gammas.**
Look *at* my papers.	**Regardez__mes papiers.**
We must wait *for* the doctor.	**Il faut attendre__le docteur.**

Three other verbs that appear in later lessons also have no prepositions in French, although they do in English: **écouter** (to listen to), **payer** (to pay for), and **demander** (to ask/ask for).

b. Some verbs that do not take a preposition in English must be completed by a prepositional phrase or indirect object construction in French.

Les Gammas entrent *dans* la mairie.	The Gammas enter__the town hall.
Roger téléphone *au* docteur.	Roger is telephoning__the doctor.
Mathurine ressemble *à* sa mère.	Mathurine resembles__her mother.

EXERCISES

A. In the following sentences, indicate whether the underlined noun is a direct object (DO) or an indirect object (IO).

Model: **Je téléphone à *Odile*.**   **IO** (introduced by **à**)

1. Elise attend sa mère.
2. Roger ne ressemble pas aux Gammas.
3. Cherchez-vous Emile?
4. Moi, je regarde les champignons.
5. Téléphonons-nous à la secrétaire du Ministre?
6. Les enfants ressemblent à leurs parents.

B. Translate the following sentences into French.

1. Adrien looks at the flowers.
2. The doctor gives the medicine to my brother.
3. Simone resembles her beautiful aunt.
4. You (fam.) show the spoon to Odile.
5. The mayor phones the chief of police.
6. I'm waiting for the waitress.

6.5 Expressions of quantity

Il ne faut pas boire **trop de** vin.

Less Gammas ont **beaucoup de** cheveux.

Garçon, **une bouteille de** champagne!

a. The indefinite and partitive articles are omitted after expressions of quantity, and *de* is an integral part of each expression of quantity.

b. Here are some of the most common expressions of quantity.

adverbs of quantity	
beaucoup de photos	*beaucoup d'*argent
a lot of/many photos	much money
trop de vin	*trop d'*enfants
too much wine	too many children
assez de champagne	*assez d'*amis
enough champagne	enough friends
peu de gendarmes	*peu d'*argent
few gendarmes	little money
moins de gens	*moins d'*eau
fewer people	less water
plus de cartes	*plus d'*attention
more cards	more attention
tant de journalistes	*tant d'*argent
so many journalists	so much money
un peu de soupe	*un peu d'*orangeade
a little soup	a little orange soda
Combien de bouteilles. . .?	*Combien d'*argent. . .?
How many bottles. . .?	How much money. . .?

N.B. **de** > **d'** before a vowel sound.

expressions of measurement	
une bouteille de vin	a bottle of wine
un morceau de viande	a piece of meat
un verre de vin	a glass of wine
une tasse de thé	a cup of tea
un bol de soupe	a bowl of soup
un kilo de raisin	a kilo(gram) of grapes

c. To the extent that the partitive construction **pas de** (see 4.5) expresses a zero quantity, its use parallels that of other expressions of quantity.

    Je n'ai *pas de* **vin.**   I have no wine.

d. When two or more nouns follow an expression of quantity, only the **de** need be repeated before each noun.

examples: **Combien *de* gendarmes et *de*   How many gendarmes and journalists
          journalistes voyez-vous?**   do you see?

          **Donne-nous beaucoup *de* vin   Give us a lot of wine and meat!
          et *de* viande!**

EXERCISES

A. Supply the appropriate form of the expression of quantity indicated in parentheses.

  1. Les Gammas ont _____ cheveux. (a lot of)

  2. Adrien veut _____ viande et _____ vin. (too much)

  3. Il y a _____ journalistes à la mairie. (few)

  4. En Bourgogne, on a toujours _____ vin sur la table. (a bottle of)

  5. Je n'ai _____ soupe dans mon assiette. (no)

  6. _____ tasses de café voulons-nous? (How many)

  7. Le père de Marcel commande _____ eau minérale. (more)

B. *Situation:* **Emile a bon appétit!**
    Imagine Emile is at the restaurant ordering a meal. You are a journalist and you are
    making a list of all he is ordering. The items for your list are suggested by the drawings.
    Your list is as follows:

    Emile commande

    _____ vin rosé.

    _____ eau minérale.

    _____ pain[1] français.

    _____ soupe à l'oignon.[2]

    _____ viande.

    _____ café.

C. *Situation:* **L'Etiquette**
    Imagine that Adrien is telling you his preferences for the types of food he is discovering
    in France. You are trying to teach him some of the table manners he must acquire to
    fit into French society. Follow the model and the script.

[1]le pain: bread.
[2]l'oignon (*m.*): onion; la soupe à l'oignon: onion soup.

Adrien		*Vous*
Model: **J'aime le vin.**	(a little wine)	**Il faut boire** *un peu de vin*.
1. J'aime la viande	(too much. . .)	Il ne faut pas manger _____
2. J'aime les frites[3].	(enough. . .)	Il faut manger_____
3. Je n'aime pas la soupe.	(more. . .)	Il faut manger_____
4. J'aime le gâteau.	(less. . .)	Il faut manger_____
5. J'aime l'eau minérale.	(a lot of. . .)	Il faut boire _____
6. Je n'aime pas la limonade.	(a little. . .)	Il faut boire _____

[3]**les frites** (*f.*): French fries.

Où est la mer?

[**Scene 1:** *Inside the sphere.*]

ROGER: Où allez-vous?

EMILE: Où allons-nous?

ADRIEN: Je ne sais pas.

ODILE: [*To Roger*] Où veux-tu aller?

ROGER: A la mer.

ODILE: La mer?

EMILE: Qu'est-ce que c'est, la mer?

ROGER: Je vais vous la montrer. [*The sphere begins to shake.*] Qu'est-ce qu'il y a?

EMILE: Je ne sais pas.

ROGER: Qu'est-ce qu'il y a?! Mais qu'est-ce qu'il y a donc?!

EMILE: Silence!

ODILE: Qu'est-ce qu'il y a?

EMILE: [*Pointing to Roger*] Lui!

ODILE: Quoi, lui?

EMILE: Il est trop lourd pour la sphère. C'est dangereux. Roger est trop lourd.

ODILE: Roger n'est pas trop lourd. [*She gestures to their various souvenirs.*] Ça, c'est trop lourd! [*She picks up a bottle and throws it out.*]

EMILE: La bouteille! La bouteille de Gustave!

[*Down below, a peasant and his wife are working in a field near a pile of hay. The bottle lands in the hay, and the peasant picks it up.*]

PAYSAN: Une bouteille de vin!

EMILE: Roger doit partir. C'est dangereux à cause de Roger.

ODILE: A cause de lui?! Mais non, c'est dangereux à cause de tout ça!

[*The scene changes back and forth between the sphere and the field.*]

PAYSANNE: Oh, Jules! C'est un avion?

PAYSAN: Je ne sais pas. Non, non, ce n'est pas un avion.

ODILE: C'est la mer, Roger?

ROGER: Non, c'est la montagne.

ODILE: Ah, c'est la montagne. Ce n'est pas encore la mer. . .

[*Odile throws the hammer and several other things out of the sphere.*]

EMILE: Notre marteau!

ADRIEN: Odile! Le marteau!

[*Below, each falling object lands in the hay.*]

PAYSAN: Un marteau!

[*He scans the sky, then picks up his rifle, aims, and fires a shot.*]

PAYSANNE: Qu'est-ce que tu fais?

PAYSAN: Je tire.

[*Looking up, he sees the sphere, which is moving very erratically. He picks up the bottle of wine and drinks it all at once.*]

PAYSANNE: Oh Jules! Tu vas être malade!

ROGER: C'est trop dangereux ici. Je ne reste pas. On se revoit à Saint-Tropez. Saint-Tropez! A la mer! A bientôt! Au revoir!

[*He picks up an umbrella, opens it, and bails out. The Gammas lean out of the sphere and watch as he floats to earth.*]

ODILE: Au revoir, Roger! On se revoit à Saint-Tropez, à la mer! Roger, où est la mer?

ROGER: [*Pointing*] Là!

[*The sphere is now shaking violently.*]

ADRIEN: Où est la mer?

ODILE: Là!

EMILE: D'abord, il faut réparer la sphère.

[Scene 2: *Three white-coated scientists are discussing the Gammas. On the front wall is a large chart showing front and side views of "A Gamma."*]

1er SAVANT: [*Pointing to the chart*] Oui. Oui, Messieurs, voilà un Gamma, avec trois pieds. Un, deux, trois. Les Gammas ont trois pieds. . . [*They hear the noise of the sphere outside the window.*]

2e SAVANT: Ce bruit. . . Je ferme la fenêtre.

3e SAVANT: Les Gammas, comment est-ce qu'ils marchent avec trois pieds?

1er SAVANT: Eh bien, ça fonctionne comme ça, [*Picking up a cane to use as a third foot*] un, deux et trois. Un, deux, trois. C'est très pratique.

2e SAVANT: C'est exactement ça.

3e SAVANT: Je crois que le troisième pied a un autre rôle. Voyez! Un, deux, trois.

1er SAVANT: Ah, oui, oui, ça fonctionne comme ça.

2e SAVANT: Bien sûr. C'est exactement ça. [*Emile enters the room, unnoticed.*] J'ai une autre hypothèse. [*Emile clears his throat to attract their attention.*]

1er SAVANT: [*To Emile*] Taisez-vous!

2e SAVANT: Voyez: je pense que le troisième pied est une sorte de moteur.

EMILE: Est-ce que je peux avoir un marteau? [*No one hears him.*]

3e SAVANT: C'est un problème.

2e SAVANT: Oui, c'est un problème.

1er SAVANT: C'est un problème. Les Gammas n'ont pas de nez!

2e SAVANT: Pourquoi?

1er SAVANT: Parce qu'il n'y a pas d'atmosphère sur Gamma.

2e SAVANT: Aha.

EMILE: Est-ce que je peux avoir un marteau?

1er SAVANT: Un marteau. . . Les Gammas ont de grandes oreilles, de très grandes oreilles.

EMILE: Est-ce que je peux avoir un marteau?

1er SAVANT: Un marteau? Pourquoi?

EMILE: Pour réparer ma sphère!

1er SAVANT: Ah, bon. [*He absent-mindedly hands a hammer to Emile.*] Et les Gammas ont une énorme trompe. . .

EMILE: Mais non! Les Gammas n'ont pas de trompe! Non et non!

1er SAVANT: Si, ils ont une trompe. [*Emile leaves. The scientist brings in a basin and a long hose.*] Voyez! Ils boivent avec la trompe. Comme ça. Un, deux et trois. Comme ça. Ils boivent comme ça. C'est très pratique.

3e SAVANT: Et comment viennent-ils en France?

1er SAVANT: Ils ont une sorte de sphère, un véhicule très silencieux. . [*The sphere, now visible through the window, is making a deafening noise.*]

3e SAVANT: Quoi?!

1er SAVANT: Ils ont une sorte de sphère, un véhicule très silencieux, vraiment très silencieux.

2e SAVANT: Ah bon, ils ont une sphère. [*The sphere lands just outside their window. Emile leans out.*]

EMILE: La mer? Où est la mer?

1er SAVANT: La mer? C'est par là!

EMILE: Merci, Monsieur!

2e SAVANT: Fermez la fenêtre, enfin!

1er SAVANT: Et les oreilles sont des radars.

[Scene 3: *In Saint-Tropez, Roger is looking frantically in the direction of the sea for the Gammas. He stops a passing hitchhiker.*]

ROGER: Vous n'avez pas vu deux hommes et une femme avec des cheveux longs?

JEUNE HOMME: Avec des cheveux longs? Tout le monde ici a des cheveux longs! [*The sphere arrives and lands in the sea. Roger calls out to his friends.*]

ROGER: Les Gammas! Ils arrivent! Ils ont trouvé la mer! Odile! O d i l e ! Je suis là! [*Odile leans out of the sphere.*]

ODILE: Roger! C'est ça, la mer?

ROGER: Oui, Odile. C'est ça, la mer!

ODILE: Roger! Nous sommes là! [*The sphere sinks and disappears into the water with all on board.*]

ROGER: Odile! Les Gammas! Les Gammas se sont noyés! Odile s'est noyée! Odile! Oh, Odile! Odile s'est noyée! Oh, Odile. [*As Roger kneels and sobs, the young man comes over to him.*]

JEUNE HOMME: Qui est Odile?

ROGER: Odile est une jeune fille Gamma. Elle s'est noyée, là, devant moi! Oh, Odile!

JEUNE HOMME: Vous croyez? Mais les Gammas ne se noient pas si vite.

ROGER: Vous croyez?

JEUNE HOMME: Bien sûr! Cherchez bien et vous allez trouver votre Odile.

ROGER: Odile! [*Roger leaves.*]

JEUNE HOMME: [*Sobbing*] Odile! [*In an open-air fish market, Roger asks for news of his friends.*]

ROGER: Monsieur, avez-vous vu les Gammas?

PÊCHEUR: J'ai travaillé toute la nuit; je n'ai pas vu vos Gammas!

POISSONNIÈRE: Gammas!

UNE VOIX: Roger! Nous sommes là!

ROGER: Dites-moi, Madame, je cherche les Gammas. Une fille avec de longs cheveux et deux garçons avec de longs cheveux. Des Gammas. . . Vous ne les avez pas vus?

VIEILLE FEMME: Les Gammas sont à St. Trop? Non, Monsieur, je ne les ai pas vus. Personne ne les a vus.

UNE VOIX: Roger! Nous sommes là!

POISSONNIÈRE: Vous entendez?

LA VOIX: Roger!

CUISINIER: Je n'entends rien.

POISSONNIÈRE: Le poisson parle.

CUISINIER: Vos poissons parlent? Alors donnez-moi dix poissons!

POISSONNIÈRE: J'entends parler le poisson maintenant! Hi hi hi, j'entends parler le poisson. [*Inside a restaurant. Roger, depressed, is sitting alone. The cook who bought the fish at the market comes over to his table.*]

CUISINIER: Bonjour, Monsieur.

ROGER: Bonjour.

CUISINIER: Vous êtes triste?

ROGER: Oui, je suis triste.

CUISINIER: Pourquoi?

ROGER: Je suis triste parce que je cherche les Gammas. Ils sont tombés dans la mer. Dans la mer, Monsieur. Oh, oh, Odile! Ma petite Odile!

CUISINIER: Mangez quelque chose. Mangez un bon poisson. Mangez un poisson qui parle!

ROGER: Oui. Donnez-moi du poisson. Avec une carafe de vin. La mer! Oh, oh, Odile, ma petite Odile!

CUISINIER: [*Bringing in a whole fish on a platter*] Voilà le poisson. . . qui parle.

LA VOIX: Roger! Je suis là!

TROIS VOIX: Roger! Nous sommes là! Roger, je suis là, Odile! C'est moi, Odile. [*Roger begins to cut the fish.*] Attention, Roger!

ODILE: Oh, Roger!

ROGER: Odile?!   [*A miniature Odile walks out of the fish's mouth.*]

ODILE: Oh, Roger! Enfin! [*She lies down, exhausted, on the rim of the platter.*]

ROGER: Odile, tu es là, si petite. Oh, Odile! [*Adrien, then Emile, come out of the fish's mouth.*]

ADRIEN: Roger, quelle aventure! Ah, Saint-Tropez!

EMILE: Il fait chaud à St. Trop!

VOCABULARY

d' **abord**   first (in a series)
à cause de   because of
l' **atmosphère** (*f.*)   atmosphere
l' **aventure** (*f.*)   adventure
l' **avion** (*m.*)   airplane
ils **boivent** < **boire**[C4]   they drink
le **bruit**   noise
la **carafe**   carafe
à cause de   because of
je **crois** ⎫
⎬ < **croire**[C7]   I think
vous **croyez** ⎭   you think (so)
le **cuisinier**   cook
d'abord   first (in a series)
dangereux, -euse   dangerous
devant   in front of
dites < **dire**[C10]   tell! (*CF*)
il **doit** < **devoir**[C9]   he must/has to
donc   therefore (*here*: used for emphasis only, not to be translated)
donner   to give
encore   yet
ne...pas encore   not yet
enfin   at last; will you?!
énorme   enormous
vous **entendez** ⎫
⎬ < **entendre**   you hear
j' **entends** ⎭   I hear
exactement   exactly
fermer   to close
la **fenêtre**   window
la **fille** ⎫
⎬ girl
jeune fille ⎭
fonctionner   to work
le **garçon**   boy, fellow
grand   big, large
l' **hypothèse** (*f.*)   hypothesis
lourd   heavy
malade   sick
marcher   to walk
la **mer**   sea
à la mer   by the sea
la **montagne**   mountain
le **moteur**   motor
ne...pas encore   not yet
ne...personne   nobody
ils se **noient** < **se noyer**   they drown/are drowning

noyé(e)(s)   drowned (*PP*)
elle s'est noyée   she (has) drowned
ils se sont noyés   they (have) drowned
l' **oreille** (*f.*)   ear
le **paysan**   peasant
la **paysanne**   peasant woman
le **pêcheur**   fisherman
personne ⎫   nobody, no one, not
ne...personne ⎭   anyone
le **pied**   foot
le **poisson**   fish
la **poissonnière**   fish monger
pratique   practical
le **problème**   problem
quelle (*f.*) + *N!*   what (a/an) + *N!*
quelque chose   something
le **radar**   radar receiver
réparer   to repair
on se **revoit** < **se revoir**[C33]   (*here*) we'll meet again
le **rôle**   role
le **savant**   scientist
si + *ADJ/ADV*   so + *ADJ/ADV*
si petite   so small
si vite   so fast
silencieux, -euse   quiet
la **sorte**   kind, sort
sur   on
taisez-vous! < **se taire**   shut up! (*CF*)
tirer   to shoot
tombé(e)(s) < **tomber**   fallen (*PP*)
ils sont tombés   they fell
travaillé < **travailler**   worked (*PP*)
j'ai travaillé   I (have) worked
triste   sad
troisième   third
la **trompe**   trunk
trouvé < **trouver**   found (*PP*)
ils ont trouvé   they (have) found
trouver   to find
le **véhicule**   vehicle
voyez! < **voir**[C33]   look!, see! (*CF*)

SPECIAL EXPRESSIONS

eh bien   well
il fait chaud   it's hot (the weather)

par là   that way
toute la nuit   all night (long)

SUPPLEMENTARY VOCABULARY

means of transportation	**les moyens (*m.*) de transport (*m.*)**		
on foot	**à pied**	to walk/go on foot	**aller à pied**
on horseback	**à cheval**	to ride horseback	**aller à cheval**
airplane	**l'avion** (*m.*)	by plane	**en avion**
automobile, car	**l'automobile** (*f.*), **l'auto, la voiture**	by car	**en auto, en voiture**
bicycle	**la bicyclette**	by bicycle	**à bicyclette**
bike	**le vélo**	by bike	**en vélo**
boat	**le bateau**	by boat	**en bateau**
bus (between towns)	**l'autocar (le car)**	by bus	**en autocar**
city bus	**l'autobus (le bus)**		**en autobus**
motorbike	**le vélomoteur**	by motorbike	**en vélomoteur**
motorcycle	**la moto(cyclette)**	by motorcycle	**en moto**
subway	**le métro**	by subway	**par le métro**
train	**le train**	by train	**par/dans le train**
to get off	**descendre de (l'autobus, etc.)**		
to get on, into	**monter dans (le train, etc.)**		
to go for a (car) ride	**faire une promenade en voiture**		
to go for a walk	**faire une promenade (à pied)**		
to travel	**voyager**		

vacation	**les vacances** (*f.*)		
beach	**la plage**	mountain climbing	**l'alpinisme** (*m.*)
camping	**le camping**	picnic	**le pique-nique**
country(side)	**la campagne**	sea	**la mer**
holiday, vacation	**le congé**	at the seashore	**au bord de la mer**
mountain	**la montagne**	trip, voyage	**le voyage**

LANGUAGE NOTES AND EXERCISES

7.1 Cardinal numbers 0–69

a. 0–10

		In counting	Before a vowel sound	Before a consonant sound
0	zéro	/zeʀo/	/zeʀo/	/zeʀo/
1	un, une	/œ̃/, /yn/	/œ̃n/, /yn/	/œ̃/, /yn/
2	deux	/dø/	/døz/	/dø/
3	trois	/tʀwa/	/tʀwaz/	/tʀwa/
4	quatre	/katʀ/ or /kat/	/katʀ/	/katʀ/ or /kat/
5	cinq	/sɛ̃k/	/sɛ̃k/	/sɛ̃/, /sɛ̃k/
6	six	/sis/	/siz/	/si/
7	sept	/sɛt/	/sɛt/	/sɛt/
8	huit	/ɥit/	/ɥit/	/ɥi/
9	neuf	/nœf/	/nœf/, /nœv/	/nœf/
10	dix	/dis/	/diz/	/di/

(1) Gender
  Of the cardinal numbers, only **un** has both a masculine and a feminine form.

  un **paysan**   *une* **paysanne**

(2) Pronunciation
  (a) When **quatre** is used in counting or before a consonant sound, it is either
    pronounced carefully in two syllables /ka tʀ ə/ or informally in one syl-
    lable with a dropping of /ʀ/ as well as /ə/.

    quatre familles   /katʀ famij/ or /katfamij/

  (b) The **-f** of **neuf** is pronounced /f/ except before the words **ans** (years) and
    heures (hours).

    neuf desserts   /nœfdesɛʀ/

    neuf enfants   /nœfɑ̃fɑ̃/

          but

    neuf ans   /nœvɑ̃/

    neuf heures   /nœvœʀ/

  (c) Other final consonants

      in **deux** and **trois** — pronounced only in liaison, /z/

      in **cinq**   — pronounced in counting, before a vowel sound,
                                and often before a consonant sound, /k/

in **sept**	— pronounced always, /t/
in **huit**	— pronounced in counting and before a vowel sound, /t/
in **six** and **dix**	— pronounced as /s/ in counting and as /z/ in liaison; not pronounced before a consonant sound

deux̮ enfants /z/   deux̸ familles

trois̮ enfants /z/   trois̸ familles

cinq enfants   cinq̸/ cinq familles

six̮ enfants /z/   six̸ familles

sept enfants   sept familles

huit enfants   huit̸ familles

dix̮ enfants /z/   dix̸ familles

b. 11–69

11	**onze**	/ɔ̃z/	20	**vingt**	/vɛ̃/ or /vɛ̃t/
12	**douze**	/duz/	21	**vingt et un (une)**	/vɛ̃ te œ̃ (yn)/
13	**treize**	/tʀɛz/	22	**vingt-deux**	/vɛ̃t dø/
14	**quatorze**	/ka tɔʀz/	30	**trente**	/tʀɑ̃t/
15	**quinze**	/kɛ̃z/	31	**trente et un (une)**	/tʀɑ̃ te œ̃ (yn)/
16	**seize**	/sɛz/	32	**trente-deux**	/tʀɑ̃t dø/
17	**dix-sept**	/dis sɛt/	40	**quarante**	/ka ʀɑ̃t/
18	**dix-huit**	/di zɥit/	50	**cinquante**	/sɛ kɑ̃t/
19	**dix-neuf**	/diz nœf/	60	**soixante**	/swa sɑ̃t/

(1) Pronunciation

    (a) The **-t** of **vingt** is not pronounced before a noun beginning with a consonant sound.

        vingt cravates   /vɛ̃ kʀa vat/

    (b) The **-t** of **vingt** is pronounced before a vowel sound, in all of the numbers from 21 to 29, and by some people in counting.

        vingt enfants   /vɛ̃ tɑ̃ fɑ̃/

        vingt-cinq avions   /vɛ̃t sɛ̃ ka vjɔ̃/

(c) Note that the **-x-** of **dix-sept** is pronounced /s/, of **dix-huit** and **dix-neuf** is pronounced as /z/, and of **soixante** is pronounced /s/.

(2) Punctuation

The names of the tens and digits are linked by a hyphen when not connected by **et**.

    41   **quarante et un (une)**

    42   **quarante-deux**

EXERCISES

A. *Situation:* **Quel est ton numéro[1] de téléphone?**

In France, outside of Paris, telephone numbers have 6 digits which are read by groups of two. The area code is also a group of 2 digits. Thus a number for the town of Poitiers (area code 49) would be read as forty-nine, sixty-one, twelve, zero-four (49-61-12-04) by someone calling from Paris, while in the region of Poitiers the 49 would be omitted. Imagine people are giving their phone numbers and write the short conversation. Follow the models.

Models: a. **Quel est *ton* numéro de téléphone, *Louise*?**
        C'est le 36-27-11. (trente-six, vingt-sept, onze)

      b. **Quel est *votre* numéro de téléphone, *M. Vincent*?**
        C'est le 41-52-60. (quarante et un, cinquante-deux, soixante)

      1. Ginette, 25-19-43)

      2. (Mme Leblanc, 39-64-18)

      3. (Jean-Louis, 12-51-46)

      4. (M. Harcaut, 67-13-32)

      5. (Josie, 11-48-24)

B. *Situation:* **Combien de poissons voulez-vous?**

You're at the market and Mme Ferrand asks you how many of a certain item you want. The conversation moves swiftly; see if you can answer quickly. Follow the model. Note that the noun in the question must be repeated in the answer.

Mme Ferrand	*Vous*
Model: **Combien de poissons voulez-vous?**	(5) **Je veux cinq poissons.**
1. Combien de citrons voulez-vous?	(8) _____
2. Combien de salades[2] voulez-vous?	(3) _____
3. Combien de tomates[3] voulez-vous?	(1) _____
4. Combien d'oranges voulez-vous?	(6) _____

[1] **le numéro:** number; **le téléphone:** phone.
[2] **la salade:** the salad greens (usually lettuce).
[3] **la tomate:** tomato.

5. Combien de champignons voulez-vous? (9) _____

6. Combien d'abricots¹ voulez-vous? (10) _____

7.2 Expressions of negation

a. In addition to negation with **ne...pas** (see 2.1), there are other common negative expressions.

adverbs	
ne...plus	not any more, no longer
ne...pas encore	not yet
ne...jamais	not ever, never
ne...guère	scarcely, hardly, barely
pronouns	
ne...rien	not anything, nothing
ne...personne	not anyone, not anybody, no one, nobody

b. The first four negative expressions above are placed around the conjugated verb as is **ne...pas.**

Je *ne* vois *plus* la sphère.	I don't see the sphere any more.
Ils *ne* sont *pas encore* à la mer.	They aren't by the sea yet.
Vous *n'*allez *jamais* à la mer!	You never go to the sea!
Elle *ne* parle *guère* français.	She barely speaks French.

c. When the partitive article follows an adverb of negation used with verbs other than **être, devenir, rester,** and a few others, **de** alone (**d'** before a vowel sound) is used.

Affirmative	*Negative*
Il cherche *des* champignons	Il ne cherche jamais *de* champignons.
Marc et Matie boivent *du* café.	Marc et Marie ne boivent guère *de* café.
Nous voulons *de l'*orangeade.	Nous ne voulons plus *d'*orangeade.

but

C'est *du* poisson.	Ce n'est pas *du* poisson.

d. Because **personne** and **rien** are negative pronouns, their position is not fixed but is determined by their grammatical function. In any case, the **ne** accompanying **personne** and **rien** always precedes the conjugated verb.

¹l'abricot (*m.*): apricot.

(subject)	*Personne ne* vient.	No one is coming.
	Rien ne fonctionne comme ça!	Nothing works like that!

(direct object of the conjugated verb)

	Il *ne* cherche *personne*.	He isn't looking for anyone.
	Roger *ne* risque *rien*.	Roger isn't in any danger (literally: Roger risks nothing).

For **personne** or **rien** as object of a preposition, see 36.2.

e. Omission of **ne**

Plus, jamais, rien, and **personne** may be used alone in answer to questions. In this case the **ne** is omitted because there is no expressed verb.

Qu'est-ce que c'est?	What is it?
Rien.	Nothing.
Qui arrive?	Who's coming?
Personne.	No one.

f. Compound negatives

Two or more negatives may be used together; if used with a verb, **ne** is expressed only once. The most common combinations find **plus** or **jamais** used with **personne** or **rien**, in that order.

Je *ne* peux *plus rien*.	I can't do anything any more.
Tu *ne* vois *plus jamais personne*.	You never see anyone any more.

EXERCISES

A. In the following sentences, add the negative expression given in parentheses:

1. Mon père parle russe. (ne...pas)

2. Emile mange au restaurant chinois. (ne...jamais)

3. Tes parents vont à la mer. (ne...plus)

4. J'aime le vieux savant. (ne...guère)

5. Le cuisinier mange avec Sylvie. (ne...rien)

6. L'autobus est devant le café. (ne...pas encore)

7. Vous buvez du vin blanc. (ne...plus)

B. Answer the questions with a complete sentence, using the negative expression given in parentheses.

1. Qui est dans la sphère? (Personne)

2. Que voulez-vous maintenant? (Rien)

3. Est-ce que quelque chose est dans votre poche? (Rien)

4. Qui cherchez-vous dans la caravane? (Personne)

5. Qui voyage avec M. Legrand dans le train? (Personne)

C. Answer the following personal questions using the negative expressions suggested in parentheses. You may also use other ones, as appropriate.

1. Parlez-vous bien français? (not yet)

2. Voyagez-vous à cheval? (never)

3. Cherchez-vous un vélomoteur? (not)

4. Ecoutez-vous la radio maintenant? (no longer)

5. Mangez-vous beaucoup de poisson frais? (hardly)

6. Photographiez-vous votre professeur? (nobody)

7. Donnez-vous votre photo aux journalistes? (nothing)

7.3 Common adverbs

beaucoup	a lot
bien	well; + *ADJ* very
bientôt	soon
d'abord	first
déjà	already
encore	still; yet
là	there
maintenant	now
mal	badly, poorly, not well
mieux	better
peu	little, not much
si	+ *ADJ* so
souvent	often
toujours	still; always
tout de suite	right away
très	very
trop	too much; + *ADJ* too
un peu	a little
vite	quickly

a. Adverbs are parts of speech which modify verbs, adjectives, and other adverbs.

verb:	**On mange *toujours* un chat.**	We always eat a cat.
adjective:	**Je suis *trop* vieille.**	I'm too old.
	C'est *très* pratique.	It's very practical.
adverbs:	**Les Gammas ne se noient pas *si* vite.**	Gammas don't drown so fast.
	Ils parlent *très* bien français.	They speak French very well.

b. Adverbs answer questions such as "how," "when," "where," "to what extent," or they express opinions.

how?	**Ça va *mieux*.**	I'm feeling better.
when?	**J'ai *déjà* mangé.**	I've already eaten.
	Ce n'est *pas encore* la mer.	It isn't the sea yet.
where?	**Les Gammas sont *là*.**	The Gammas are there.
to what extent?	**Il ne faut pas *trop* boire.**	You mustn't drink too much.
opinion	**Il faut *peut-être*. . .**	Maybe we should. . .

c. Position

(1) Short, common adverbs follow the verb they modify. They are placed after **pas** and other expressions of negation.

Nous partons *bientôt*.	We're leaving soon.
Ils parlent *très bien* français.	They speak French very well.
Les Gammas ne se noient pas *si vite*.	Gammas don't drown so fast.

(2) Adverbs precede the adjectives and other adverbs they modify.

Elle est *toujours* évanouie.	She's still out.
***Plus* vite!**	Faster!

EXERCISE

In the following sentences, add the adverb given in parentheses.

1. J'aime les poissons de Provence. (beaucoup)_____

2. Votre amie est gentille. (toujours)_____

3. C'est vraiment stupide. (si) _____

4. Adrien boit avec ses amis. (trop) _____

5. La sphère fonctionne mal. (très)_____

6. Emile aime le vin français. (mieux)_____

7. Votre grand-mère n'est pas vieille. (trop)_____

8. Le journaliste arrive au café. (tout de suite)_____

7.4 The irregular verbs *vouloir* (to wish/want) and *pouvoir* (can, to be able)

a. Present indicative

vouloir			
singular		plural	
je *veu x* I want/am wanting/ do want		nous *voul ons* we want, etc.	
tu *veu x* you want, etc.		vous *voul ez* you want, etc.	
il	he/it	ils	
elle } *veu t* she/it } wants, etc.		elles } *veul ent* they want, etc.	
on	one		

pouvoir			
singular		plural	
je *peu x* I can/am able		nous *pouv ons* we can, etc.	
tu *peu x* you can, etc.		vous *pouv ez* you can, etc.	
il	he/it	ils	
elle } *peu t* she/it } can, etc.		elles } *peuv ent* they can, etc.	
on	one		

An alternate form of **je peux** is sometimes used: **je puis, puis-je?** Other forms of these irregular verbs are presented in Appendix C.23 and 34.

b. The verb **pouvoir** is usually followed directly by an infinitive and is used to express both physical ability (can, to be able to) and permission (can, may, to be allowed to).

> *Je peux* **faire grandir la sphère.**   I can (have the ability to) make the sphere bigger.

> *Vous pouvez* **entrer.**   You may (have the permission to) get in.

c. The verb **vouloir** may be followed by either a noun phrase or an infinitive. The present tense often implies a strong expression of will and is not as polite as the conditional (see 31.2).

Je veux du vin.	I want some wine.
Je veux entrer.	I want to get in.

    d. **Vouloir** combined with **dire** corresponds to English "to mean."

Qu'est-ce que ça *veut dire*?	What *does* that *mean*?

EXERCISES

A. Substitute the words in parentheses for the underlined word(s).

    1. <u>Tu</u> peux boire du thé. (Nos amis, Nous, Le savant, Je, Vous)

    2. <u>On</u> ne peut pas filmer les Gammas. (Vous, Le reporter, Nous, Je, Les gens)

    3. Voulez-<u>vous</u> de la limonade? (elle, nous, tu, on, ils)

    4. <u>Le pêcheur</u> ne veut pas partir. (Josette, Nous, Les paysans, Vous, Tu)

B. Ask the questions which elicit the following answers. Follow the model.

    Model: **Je veux du thé glacé.**   **Voulez-vous du thé glacé?**

    1. Nous voulons des vêtements français.

    2. Elle veut une jolie robe.

    3. Vous pouvez apporter le vin.

    4. Elles veulent des amies amusantes.

    5. **Roger** peut donner le miroir à Emile.

    6. Tu peux parler au maire.

C. Answer the following personal questions.

    1. Veux-tu aller à Philadelphie?

    2. Ton frère veut-il aller à Paris?

    3. Peux-tu boire beaucoup de café?

    4. Est-ce que ton père peut voyager en hélicoptère?

    5. Veux-tu faire une promenade en voiture avec ton ami(e)?

    6. Veux-tu manger un gâteau français?

    7. Peux-tu parler à ta mère quand tu veux?

7.5 The present indicative of regular *-re* and *-ir* verbs

    a. Regular **-re** verbs are conjugated as follows:

entendre				
singular			**plural**	
j' entend ~~s~~ I hear/am hearing/ do hear			**nous** entend *ons* we hear, etc.	
tu entend ~~s~~ you hear, etc.			**vous** entend *ez* you hear, etc.	
il ⎫ **elle** ⎬ entend he/it ⎫ she/it ⎬ hears, etc. **on** ⎭ one ⎭			**ils** ⎫ **elles** ⎬ entend ~~ent~~ they hear, etc.	

(1) To obtain the stem, drop **-re** from the infinitive.

(2) When the stem of an **-re** verb ends in **d** or **t**, no additional ending is added to the third person singular form. When the stem of an **-re** verb does not end in **d** or **t**, add **t** as the ending.

       rompre (to break)   **il romp*t*** (he breaks)

(3) The interrogative and negative forms of **-re** verbs follow the same rules as **-er** verbs (see 2.3.f).

(4) Common **-re** verbs

attendre	to wait (for)
correspondre	to correspond
descendre	to descend, go down; to get off, get out of
perdre	to lose
rendre	to give back
répondre (à + *N*)	to answer
vendre	to sell

EXERCISE

Substitute the words in parentheses for the underlined word and change the possessive adjective as needed:

1. <u>Vous</u> attendez l'autobus n° 5. (Je, Les ouvriers, Ma sœur, Tu, Nous)

2. <u>Tu</u> ne réponds pas à ton professeur. (Vous, Julie, Je, Nous, Les étudiants)

3. <u>Pierre</u> vend-il sa bicyclette? (Ta cousine, René et Paul, vous, tu, nous)

b. Regular **-ir** verbs are conjugated as follows:

grandir			
singular		**plural**	
je **grand** i**s̶** I grow up/am growing up/ do grow up		**nous** **grand iss** *ons* we grow up, etc.	
tu **grand** i**s̶** you grow up, etc.		**vous** **grand iss** *ez* you grow up, etc.
il he/it **elle** **grand** i**t̶** she/it grows up, etc. **on** one		**ils** **grand iss** e̶n̶t̶ they grow up, etc. **elles**	

(1) **-iss-** is added as part of the stem of all plural, present indicative forms.
(2) The interrogative and negative forms of **-ir** verbs follow the same rules as **-er** verbs (see 2.3.f).
(3) Common **-ir** verbs

agir	to act
choisir	to choose
finir	to finish
obéir (à + *N*)	to obey
réagir	to react
réunir	to unite, to reunite
réussir (à + *INF*)	to succeed (in doing something)
unir	to unite

EXERCISES

A. Substitute the words in parentheses for the underlined word and change the possessive adjective as needed.

1. <u>On</u> choisit des fleurs pour une amie. (Tu, Nous, Je, Jacqueline, Les garçons)

2. Finissez-<u>vous</u> toujours votre dîner? (tu, ils, nous, elle)

3. <u>Je</u> ne réagis pas très vite. (Les Gammas, Votre neveu, Nous, Tu, Vous)

B. Supply the appropriate form of the verb given in parentheses.

1. Les Gammas ne_____pas avec leur famille Gamma. (correspondre)

2. Nous_____des fruits à Adrien. (vendre)

3. ___._____-vous une jolie robe? (choisir)

4. Jeanne_____l'autobus pour Orléans. (attendre)

5. Tu n'_____pas à tes parents. (obéir)

6. Ne_____-nous pas un bon repas? (finir)

7. Les gendarmes_____mal à l'arrivée des Gammas. (réagir)

8. Je_____ à toutes vos questions. (répondre)

Lesson 8

Quel chic!

[**Scene 1:** *A square in Saint-Tropez. The Gammas and Roger join a group of strollers.*]

FLANEURS: Les cheveux! Ah, ces che-veux! Oh, les cheveux! Ces cheveux! Oh, les vêtements! Ces vêtements! etc. . . .

LA FEMME: Mon Dieu! Quel chic, Ma-dame! Quel chic! Où avez-vous acheté ça? Madame, dites-moi où vous avez acheté ça! Quel chic, Madame, quel chic!

FLANEURS: Quel chic, Madame, quel chic!

ODILE: Laissez ma robe, Madame!

LA FEMME: Dites-moi où vous avez acheté cette robe!

ODILE: Acheté? Roger!

ROGER: Viens, Odile, viens! [*He takes her away.*] Je vais vous acheter des vêtements.

EMILE: Acheter des vêtements? Pour-quoi? Nous avons des vêtements.

ROGER: Oui, mais il faut acheter des vêtements français.

ADRIEN: Oui, il faut acheter des vête-ments français.
[*He starts to remove some clothes from a display.*]

ROGER: Ce n'est pas ça, acheter!
[*A saleswoman takes the clothes from Adrien.*]

VENDEUSE: Prendre des vêtements et partir, c'est voler! Ah, ah, ah! Messieurs-dame, entrez! Qu'est-ce que vous voulez acheter?

EMILE: Je veux acheter ça.

VENDEUSE: La blouse! Très beau! Très chic! Tout nouveau!

ROGER: C'est cher?

VENDEUSE: Sept cents francs.

ROGER: C'est très cher.

[*Emile starts to take off his clothes.*]

VENDEUSE: Non, Monsieur, non! Pas ici! Voilà une cabine, venez!

ODILE: Je veux acheter ça.

VENDEUSE: Très beau, très chic!

ADRIEN: Et moi, je veux acheter ça.

VENDEUSE: Superbe! Venez, s'il vous plaît. [*Adrien starts to go into the same dressing room as Odile.*] Non, non, ici pour vous. [*She shows him to another dressing room. Emile emerges in his new finery.*] Superbe, Mon-sieur, très beau! Ça vous plaît?

EMILE: Ça me plaît beaucoup.

VENDEUSE: Alors, vous achetez cette blouse?

EMILE: Oui, je l'achète.
[*Odile emerges from the dressing room.*]

VENDEUSE: Oh, Madame, c'est ravissant! C'est très beau! Ça vous plaît?

ODILE: Oui, ça me plaît beaucoup.

VENDEUSE: Vous l'achetez?

ODILE: Oui, je l'achète.
[*Roger looks ill at ease. Adrien emerges, transformed in turn.*]

VENDEUSE: Et, Monsieur, ravissant! C'est ravissant! [*She rearranges Adrien's hat, which he has on back-wards.*] Mais comme ça. Ça vous plaît?

ADRIEN: Ça me plaît.

VENDEUSE: Naturellement vous achetez?

ADRIEN: Oui, je l'achète.

VENDEUSE: Très bien. Caisse! Merci, Madame. Merci, Messieurs.

[*The Gammas are about to leave the store. Roger stops them at the door.*]

ROGER: Il faut aller à la caisse. Il faut payer.

ODILE: Payer? Mais nous avons acheté.

ROGER: On a acheté seulement quand on a payé.

VENDEUSE: Comme c'est bien dit: on a acheté seulement quand on a payé. Caisse!

CAISSIERE: Bonjour, Messieurs-dame. Une blouse, 700 francs. Un ensemble, 500 francs. Un costume, 600 francs. Une casquette, 100 francs. Nous avons donc 700 plus 600 plus 500 plus 100 francs, cela nous fait mille neuf cents francs. [*To Roger*] C'est vous qui payez, Monsieur?

ROGER: Oui, je paie!

CAISSIERE: Ça fait mille neuf cents francs.

ODILE: [*To Roger, pointing to his money*] C'est quoi?

ROGER: De l'argent.

ODILE: Pour quoi faire?

ROGER: Pour payer.

[*Odile takes a couple of bills and passes them to Adrien, who passes them to Emile.*]

EMILE: C'est du papier.

[*Adrien picks up some wrapping paper, tears it up into small pieces, and gives it to the sales clerk.*]

ADRIEN: Nous avons acheté, nous voulons payer.

CAISSIERE: Mais c'est du papier. Ce n'est pas de l'argent. [*To Roger*] Donnez-moi l'argent!

ODILE: Je ne veux pas acheter ça!

EMILE: Nous n'achetons pas.

CAISSIERE: Qui est-ce? Ce sont vos amis?

ROGER: Mes amis? Oh non. [*He runs to the changing booths.*] Dépêchez-vous! [*To the saleswoman*] C'est trop cher pour nous.

VENDEUSE: C'est qui? Est-ce que ce sont vos amis?

ROGER: Mes amis?? Oh non!!

[*The saleswoman discovers that the changing booths are all empty.*]

VENDEUSE: Ils ne sont plus là! Ils sont partis! [*Roger runs off.*] Au voleur!

CAISSIERE: Ils sont partis! Au voleur! [*Back on the square, the strollers are still strolling. A woman appears wearing a Gamma costume and Gamma-style hair.*]

FLANEURS: Les cheveux! Ah, ces cheveux! Oh, les cheveux! etc. Quel chic! Oh, quel chic!

#   #   #   #

[**Scene 2:** *The beach. Roger and the Gammas are seated in beach chairs, near some sunbathers.*]

ROGER: [*Pointing to one of the sunbathers*] Il est bronzé.

[*The sunbather in question turns over.*]

EMILE: Il n'est pas bronzé. Son dos, il n'est pas bronzé!

ROGER: Pas du tout. [*The other sunbathers get up and go to the water. They test it with their toes. Roger comments to Odile.*] Ils n'aiment pas l'eau. Ils ont froid.

[*The sunbathers return to their towels. Emile gets up and goes off. He comes to a woman selling swimsuits from a pushcart.*]

EMILE: Bonjour, Madame.

MARCHANDE: Bonjour, Monsieur. [*She cries her wares.*] Achetez mes maillots de bain!

[*Emile walks around the pushcart, then stops. One of the swimsuits disappears.*]

EMILE: Bonjour, Madame.

MARCHANDE: Bonjour, Monsieur. Achetez mes maillots de bain!

[*Emile walks around the pushcart a second time. Another swimsuit disappears.*]

EMILE: Bonjour, Madame.

MARCHANDE: Bonjour, Monsieur.

[*A third time around. More swimsuits disappear.*]

EMILE: Au revoir, Madame.

MARCHANDE: Vous ne voulez pas un maillot de bain?

EMILE: Oh non, merci, Madame. Au revoir, Madame.

MARCHANDE: Au revoir, Monsieur.

[*Emile returns to his friends.*]

EMILE: [*Dropping a swimsuit into Roger's lap*] Un maillot de bain pour toi, [*to Adrien*] un maillot de bain pour toi, [*to Odile*] et deux morceaux pour toi.

ROGER: [*To Emile*] Où as-tu trouvé ces maillots de bain?

EMILE: Là-bas.

ROGER: Tu les as achetés?

EMILE: Mais non, je n'ai pas d'argent.

ROGER: Alors, tu les as. . .

EMILE: Oui, oui, oui. . .

ROGER: Volés! Tu les as volés!

EMILE: Mais oui, je les ai volés. Et alors?

[*Roger gives up. Scene: a row of booths for changing clothes. The Gammas and Roger go in, then emerge in swimsuits. Emile watches a woman enter a cabin, then suddenly disappears. We hear a female scream, and a slap. The woman comes out, holding the door shut behind her.*]

JEUNE FEMME: Il y a un homme dans ma cabine!

[*Roger, Odile and Adrien arrive.*]

ROGER: Quel homme? Où?

JEUNE FEMME: Là. Il y avait un homme, là. Avec des cheveux. . . oh, des cheveux!

[*Roger pulls her aside and opens the door. The cabin is empty.*]

ROGER: Il n'y a personne.

JEUNE FEMME: Personne?!

[*Roger, Odile and Adrien go back to their chairs. Emile's is empty at first, then he materializes in it. He has red marks on his cheek.*]

ROGER: [*To Emile*] Où étais-tu? Tu n'étais pas dans la cabine?

[*Emile shrugs and acts nonchalant. He takes the sphere out of his bag and begins to play with it, making it grow, then shrink. The sunbathers have been watching.*]

TOURISTES: Merveilleux! Extraordinaire! Fantastique! [*They put money into his cap.*]

EMILE: De l'argent?! Ils m'ont donné de l'argent?! Pourquoi?

ROGER: Parce que tu as joué avec la sphère.

EMILE: Parce que j'ai joué avec la sphère? De l'argent. . .

# # # #

[**Scene 3:** *Several couples, dressed in Gamma-style clothes and with long Gamma wigs, are dancing the tango in elegant surroundings. Roger and the Gammas arrive.*]

HOTESSE: [*To Emile*] Oh, les beaux cheveux! Oh, qu'ils sont beaux! Ce sont des perruques? Non, ce ne sont pas des perruques.

EMILE: [*Taking hold of the hostess's hair*] C'est une perruque? Oui, c'est une perruque. [*He passes it to Adrien.*]

ADRIEN: [*Passing the wig to Roger*] Une très belle perruque.

ROGER: [*Taking the wig and putting it on*] Elle me va! Je la garde.

HOTESSE: Qu'est-ce que vous buvez?

ODILE: De l'eau!

HOTESSE: De l'eau? Non, non, non, vous prendrez du champagne.

[*She leaves, and returns with the champagne. The Gammas are laughing.*]

HOTESSE: Pourquoi riez-vous?

ADRIEN: A cause des costumes.

HOTESSE: C'est la mode ici.

ADRIEN: Depuis quand?

HOTESSE: Depuis ce matin.

ROGER: Ça va vite, la mode à St. Trop. [*Odile stops Emile and Adrien from drinking their champagne.*]

EMILE: [*To Roger*] C'est bon?

ROGER: C'est très bon.

EMILE: [*To one of the guests*] Quel chic, Madame! [*He takes hold of her dress.*] Où avez-vous acheté ça?

LA FEMME: Laissez ma robe, Monsieur!

EMILE: [*To another guest*] Voulez-vous danser?

JEUNE FEMME: Avec plaisir. . . Mais, je vous connais.

EMILE: Non, non, vous ne me connaissez pas. [*Emile leads her in the cheek-to-cheek tango position.*]

JEUNE FEMME: Il ne faut pas danser comme ça.

EMILE: Je veux danser comme ça.

JEUNE FEMME: [*Pointing to a group of dancers*] Il faut danser comme eux. [*She demonstrates.*] C'est comme ça qu'il faut danser. [*Emile complies. The music stops.*] Merci. [*Emile picks up his cap with the money in it, takes out three bills and places them before the young woman.*]

EMILE: Fantastique! Extraordinaire! Merveilleux!

JEUNE FEMME: Monsieur!!! [*She remembers where she has seen him before.*] Oh! Les cheveux. . . La cabine. . . L'homme qui était dans ma cabine! C'est vous! [*She screams, and slaps him.*] [*Roger and the Gammas are about to leave. The hostess stops them at the door.*]

HOTESSE: Où allez-vous?

EMILE: On part.

HOTESSE: Mais vous n'avez pas payé!

EMILE: Payer! Toujours payer! [*Emile empties the contents of his cap onto the floor, and the three Gammas leave. Roger stays behind, to help the hostess pick up the money.*]

HOTESSE: Oh, Monsieur! Qui est-ce? Est-ce que ce sont vos amis?

ROGER: Mes amis? Oh non. Ce ne sont pas mes amis.

ODILE: [*Returning*] Roger! Est-ce que nous ne sommes pas tes amis?

ROGER: Odile!

ODILE: Roger! [*They leave together.*]

VOCABULARY

j'	achète	I'm buying
	< acheter	
	acheté	bought (*PP*)
	nous avons acheté	we (have) bought
	on a acheté	one (has) bought
	vous avez acheté	you('ve) bought
	tu les as achetés	you bought them
	acheter to buy	
	aller[C1] + *INF*	to be going to + *INF*
	je vais vous acheter	I'm going to buy (for) you
	alors so, therefore	

il y	avait < il y a	there was/were (*IMP*)
la	blouse caftan, blouse	
	bronzé suntanned	
la	cabine dressing room	
la	caisse cashier; cash register	
la	caissière cashier	
la	casquette cap	
	cent (one) hundred	
	cette (*f.*) this, that	
	cher, chère expensive	
	chic (invar. *ADJ*) chic, stylish	
le	chic chic, elegance	

comme like

je connais | I know
, < connaître[C5]
vous connaissez you know
le costume suit, costume /
danser to dance
dépêchez-vous! < se dépêcher
hurry up! (CF)
depuis since
donné < donner given (PP)
le dos back
l' eau (f.) water
l' ensemble (m.) outfit
tu étais | you were '
} < être ' (IMP)
il était he was
eux (m./m. + f.) them
extraordinaire extraordinary
ça/cela fait < faire[C14] that makes
fantastique fantastic
le flâneur stroller (person)
le franc franc (the French monetary
unit)
le froid cold
avoir froid to be cold
garder to keep
l' hôtesse (f.) hostess
joué < jouer played (PP)
laisser to let go (of)
le maillot de bain bathing suit, swimsuit
la marchande merchant, saleswoman
le matin morning
merveilleux, -euse marvelous
Messieurs-dame Gentlemen and
Madam

la mille (a) thousand
mode style
naturellement naturally
neuf nine
nouveau (nouvel), nouvelle new
le papier paper
on part | we're leaving
} < partir[C20]
parti | left (PP)
ils sont partis they('ve) left
payé < payer paid (PP)
on a payé one (has) paid
payer to pay (for)
le plaisir pleasure
plus plus
pour + INF to
prendre[C24] to take/have (food or
drink)
vous prendrez < prendre you'll have
(FUT)
quel (m.) + N! what (a/an) + N!
ravissant gorgeous
vous riez < rire[C26] you're laughing
la robe dress
sept seven
seulement only
superbe superb
le/la touriste tourist
tout + ADJ very
tout nouveau brand new
la vendeuse saleslady
les vêtements (m.) clothes
voler to steal
volé(s) stolen (PP)
il y avait < il y a there was, there
were (IMP)

SPECIAL EXPRESSIONS

Au voleur! Stop! Thief!
Ça me plaît. I like it.
Ça va vite, la mode. Styles change quickly.
Ça vous plaît? Do you like it?
Comme c'est bien dit! How very true!

elle (la perruque) me va it suits me/ is
becoming to me
Et alors? So what?
pas du tout not at all
Pour quoi faire? What for?

SUPPLEMENTARY VOCABULARY

shops	les magasins (*m.*)		merchants	les marchands (*m.*)
bakery	(à)	la boulangerie	(chez)	le boulanger, la boulangère
beauty shop		le salon de beauté		le coiffeur, la coiffeuse
butcher shop, meat market		la boucherie		le boucher, la bouchère
dairy store		la crémerie		le crémier, la crémière
delicatessen		la charcuterie		le charcutier, la charcutière
department store		le grand magasin		le vendeur, la vendeuse (sales person, clerk)
fish market		la poissonnerie		le poissonnier, la poissonnière
florist shop		chez le/la fleuriste		le/la fleuriste
grocery store		l'épicerie (*f.*)		l'épicier, l'épicière
pharmacy		la pharmacie		le pharmacien, la pharmacienne
supermarket, one-stop shopping center, similar to K-Mart		le supermarché, l'hypermarché (*m.*)		
tobacco shop		le bureau de tabac		

useful verbs:

to buy	acheter
to go shopping	faire des courses
to pay (for)	payer
to sell	vendre
to spend	dépenser

LANGUAGE NOTES AND EXERCISES

8.1 The adjective *quel* (what, which)

a. Formation

The adjective **quel** has four forms. The feminine forms double the final l before the ending **-e/-es**.

	singular				plural		
quel homme?	what which	} man?		**quels hommes?**	what which	} men?	
quelle femme?	what which	} woman?		**quelles femmes?**	what which	} women?	

b. Uses

(1) Interrogative

When **quel** is used to ask a question, it means "what?" or "which?" and is always followed by a noun or by a third-person form of the verb **être** plus the noun modified by **quel**.

Quel vin choisit-il?   Which wine is he choosing?

Quelle est votre opinion?   What's your opinion?

Note that the adjective must agree with the noun it modifies, even when the noun is separated from it by a form of the verb.

(2) Exclamation

When used in an exclamation, **quel** corresponds to English "what" or "what a/an."

Quel **chic!**   What chic!

Quelle **aventure!**   What an adventure!

Quels **vêtements!**   What clothes!

Quelles **perruques!**   What wigs!

EXERCISES

A. Supply the proper form of **quel**:

1. _____ belle perruque, Madame!

2. _____ est le costume que vous voulez acheter?

3. _____ robes aimes-tu, Odile?

4. _____ repas excellent, Stéphanie!

5. _____ sont vos sports préférés[1] ?

6. _____ vêtements élégants!

---

[1] **préféré:** favorite, preferred.

B. *Situation:* **Julie est curieuse.**[1]

Whenever Marcel makes a statement, his friend Julie needs more information; she has a frustrating way of asking "What . . .?" Record a "conversation" between the two. Follow the model.

Marcel	*Julie*
Model: **Il y a trois** *journalistes* **à la boulangerie.**	Quels journalistes?

1. Nous aimons les *chaussures espagnoles.* _____?
2. Je veux payer la *casquette.* _____?
3. Moi, j'ai beaucoup *d'argent.* _____?
4. Je n'achète pas ces *vêtements.* _____?
5. Est-ce que tu veux aller au *magasin?* _____?

8.2 The indirect object pronouns

a. Forms and meaning

singular			plural	
me	to/for me		**nous**	to/for us
te	to/for you		**vous**	to/for you
lui	to/for { him her it }		**leur**	to/for them

The first and second person indirect object pronouns have the same forms as the direct object pronouns (6.1) whereas the third person forms (5.4) differ.

| **Elle** *lui* **donne du vin.** | She gives him (or her) some wine./She gives some wine to him (or her). |
| **Nous** *leur* **montrons la sphère.** | We're showing them the sphere./We're showing the sphere to them. |

b. **me** > **m'** and **te** > **t'** before a vowel sound

| **Il** *m'***achète une casquette.** | He is buying me a cap./He is buying a cap for me. |
| **Je** *t'***achète une blouse.** | I'm buying you a caftan./I'm buying a caftan for you. |

c. Identifying the indirect object pronoun

In English the preposition "to" (and sometimes "for") is not always expressed before an indirect object pronoun. It may, therefore, be necessary for you to

[1] curieux: inquisitive.

94   *Les Gammas! Les Gammas!*

reword a sentence in English, as is done in all of the examples in this section, to test whether an indirect or a direct object pronoun is called for in French.

Roger shows Odile the moon.

    reworded to:

Roger shows the moon to Odile.   → Roger shows it to her.

Emile tells Adrien hello.

    reworded to:

Emile says hello to Adrien.   → Emile says it to him.

d. Position

  (1) The indirect object pronoun ordinarily precedes the verb it completes.

    Je *vous* donne ie ıniroir.   I('ll) give you the mirror./I('ll) give the mirror to you.

  (2) When the verb it completes is in the infinitive form, the indirect object pronoun precedes the infinitive.

    Je vais *vous* montrer la mer.   I'm going to show you the sea./I'm going to show the sea to you.

  (3) When the verb is negative, **ne...pas** is placed around the whole verb unit (direct object pronoun + verb).

    Il ne *me* donne pas de poisson.   He isn't giving me any fish./He isn't giving any fish to me.

  (4) When the verb precedes the subject, as in subject-verb inversion, the indirect object pronoun still precedes the verb.

    ***Te* donne-t-elle la fourchette?**   Is she giving you the fork? /Is she giving the fork to you?

e. Constructions which require an indirect object in French

The following verbs take an indirect object in French:

demander (qqch.) à qqn	to ask someone (sth./for sth.)
demander à qqn (de faire qqch.)	to ask s.o. (to do sth.)
***dire (qqch.) à qqn**	to say (sth.) to s.o.
dire à qqn (de faire qqch.)	to tell s.o. (to do sth.)
***écrire à qqn**	to write (to) s.o.
montrer (qqch.) à qqn	to show s.o. (sth.)
obéir à qqn	to obey s.o.
parler (de qqch.) à qqn	to speak (about sth.) to s.o.
répondre à qqn	to answer s.o.
téléphoner à qqn	to telephone s.o./call s.o.

*For forms of these irregular verbs, see Appendix C.10 and 11.

La femme demande *à Odile* où elle a acheté cette robe. Elle *lui* demande où elle l'a achetée.	The woman asks Odile where she bought that dress. She asks her where she bought it.
Roger répond à *la vendeuse* et *à la caissière*. Il *leur* répond.	Roger answers the saleswoman and the cashier. He answers them.

EXERCISES

A. In each of the following sentences, replace the indirect object noun by the appropriate pronoun. Follow the model.

Model: **Roger donne le miroir à Emile.** → **Roger lui donne le miroir.**

1. Les Gammas ne montrent pas la sphère au maire.

2. Roger parle français aux Gammas.

3. Le gendarme donne des fleurs à Emile.

4. Donnez-vous du poisson à Roger?

5. Ne montres-tu pas ta bicyclette à tes parents?

6. Le maire téléphone-t-il au ministre?

B. Give the appropriate answer to each question. Follow the appropriate model.

Models: a. Est-ce que je vous montre la robe? (Oui)   **Oui, vous me montrez la robe.**

b. Est-ce que tu nous donnes du vin? (Non)   **Non, je ne vous donne pas de vin.**

1. Est-ce que vous nous téléphonez? (Oui)

2. Est-ce que Josette vous demande la perruque? (Non)

3. Est-ce que nous vous donnons des fleurs? (Non)

4. Est-ce que je vous réponds en français? (Oui)

5. Est-ce que je t'obéis? (Non)

C. Transform the following sentences by adding the verb **aller** and replacing the underlined words by the appropriate pronoun. Follow the model.

Model: **Je parle à ma mère.** → **Je vais lui parler.**

1. Je montre la mer aux Gammas.

2. Je donne les papiers au gendarme.

3. Nous montrons nos vélos à notre oncle.

4. Tu téléphones à ton amie.

8.3 The compound past indicative (*passé composé*) of regular verbs conjugated with the auxiliary *avoir*

The compound past indicative, as its name implies, is a compound tense, that is, a tense consisting of an auxiliary (helping) verb and a past participle. This section deals with verbs conjugated with the auxiliary verb **avoir**, the greatest number of French verbs, including all transitive verbs. The compound past indicative has already appeared in preceding episodes.

J'*ai* déjà *mangé*, merci.	I've already eaten, thank you.
Tu *as acheté* ces maillots de bain?	You bought these swimsuits?
Nous *avons mangé* du bœuf?	We ate beef?
Ils *ont trouvé* la mer?	They've found the sea.

a. Formation

chercher					
singular			**plural**		
j'	*ai* cherché	I looked for/have looked for/did look for	nous	*avons* cherché	we looked for, etc.
tu	*as* cherché	you looked for, etc.	vous	*avez* cherché	you looked for, etc.
il elle on	*a* cherché	he/it she/it one } looked for, etc.	ils elles	*ont* cherché	they looked for, etc.

(1) The auxiliary verb in the compound past indicative is in the present tense.

    Vous avez acheté un ensemble.   You bought an outfit.

(2) Past participle of regular verbs.

To form the past participle of regular verbs, drop the infinitive ending, **-er**, **-ir**, **-re**, and add the past participle ending, **-é**, **-i**, **-u**.

infinitive	past participle	example	
chercher	> **cherché**	**elle a cherché**	she looked for
grandir	> **grandi**	**elle a grandi**	she grew up
entendre	> **entendu**	**elle a entendu**	she heard

b. Negative

(1) When a verb in the compound past is negated, the negative adverbs (**ne...pas**, etc.; see 7.2) and the negative pronoun **ne...rien** as a direct object are placed around the auxiliary verb.

Je *n'*ai *pas* vendu de vin.	I didn't sell any wine.
Tu *n'*as *pas encore* vendu de vin.	You haven't sold any wine yet.
Il *n'*a *jamais* vendu de vin.	He has never sold wine.
Nous *n'*avons *guère* vendu de vin.	We have hardly sold any wine.
Il *n'*ont *rien* vendu.	They haven't sold anything.

(2) The negative pronoun **ne...personne** as a direct object is placed around the full verb (auxiliary + past participle).

Vous *n'*avez choisi *personne.*	You didn't choose anyone.

c. Interrogative

Questions in the compound past may be expressed with **est-ce que, n'est-ce pas,** intonation, and subject-verb inversion.

est-ce-que: *Est-ce qu'*ils ont **trouvé la mer?**	Did they find the sea?
n'est-ce pas: **Ils ont trouvé la mer,** *n'est-ce pas?*	They found the sea, didn't they?
intonation: **Ils ont trouvé ⌐la mer?**	Did they find the sea?/They found the sea?
inversion: *Ont-ils trouvé* **la mer?**	Did they find the sea?
Les Gammas *ont-ils* trouvé la mer?	Did the Gammas find the sea?

For inversion, the pronoun subject and auxiliary verb are inverted and then followed by the past participle.

d. Negative interrogative

When the inverted form is negative, the negative expressions are placed as explained above in 8.3.b.

*N'*ont-ils *pas* trouvé la mer?	Didn't they find the sea?
*N'*ont-ils trouvé *personne?*	Didn't they find anyone?

e. Use

The compound past indicative is used to express actions which were completed in the past. It corresponds to several English ways of expressing past actions.

J'ai cherché Roger.	I looked for Roger. (simple past)

J'ai déjà *cherché* Saint-Trop.	I have already looked for Saint-Trop. (present perfect)
Je n'*ai* pas *cherché* Odile.	I didn't look for Odile. (emphatic past)

EXERCISES

A. Put the following sentences into the past by changing each verb to the **passé composé**.

1. Tu manges de la soupe à l'oignon.
2. Nous cherchons le miroir d'Adrien.
3. Les gens n'entendent pas le bruit de la sphère.
4. Les Gammas mangent-ils du poisson?
5. Je ne choisis rien pour le dessert.
6. Ne répondez-vous pas à cette question?
7. La sphère ne grandit pas pour Emile.
8. Le garçon de café parle au maire.

B. In each sentence, add the negative expression given in parentheses.

1. Nous avons payé la boulangère hier. (ne...pas)
2. Vous avez parlé avec mon pharmacien. (ne...jamais)
3. Les gens ont donné de l'argent à Emile. (ne...pas encore)
4. Le commissaire a regardé les photos. (ne...guère)
5. Avez-vous mangé au restaurant? (ne...rien)
6. Tu as regardé... (ne...personne)

C. Restate the sentences in the interrogative form, using the subject-verb inversion.

1. Vous avez répondu au ministre.
2. Les gendarmes ont cherché la sphère.
3. Emile n'a rien volé.
4. Tu as acheté des fruits au supermarché.
5. Nous avons donné de l'argent au boucher.

8.4 The irregular verb *voir* (to see)

a. Present indicative

voir					
singular			plural		
je	*voi s*	I see/am seeing/do see	nous	*voy ons*	we see, etc.
tu	*voi s*	you see, etc.	vous	*voy ez*	you see, etc.
il elle on	*voi t*	he/it she/it one } sees, etc.	ils elles	*voi ent*	they see, etc.

Conjugated like **voir**: **revoir** (to see again).
Voir belongs to a group of verbs that have two present indicative stems, one for all the

singular forms and the third person plural form, and another for the first and second person plural forms. Note that the stem of **voir** ends in **i** when the ending is not pronounced and in **y** when the ending is pronounced.

je voi ~~s~~   vous voy ez

b. Imperative mood
The imperative mood of **voir** is regular in formation.

Voyez **qui est là!**   See who's there!

c. Compound past indicative (see 9.2)

For other forms of **voir**, see Appendix C.33.

EXERCISE

Transform each of the following sentences by substituting a new subject as indicated (don't forget that the verb must agree with the subject).

1. *Tu* vois deux bouteilles de vin. (Adrien, Les Gammas, Je, Nous)

2. Voyez-*vous* la mer à Saint Tropez?   (ils, Mme Lesage, nous, tu)

3. *Je* ne vois pas les enfants à l'église. (Mes parents, Jacqueline, Vous, Elles)

8.5 Stem changes in verbs ending in *e* + consonant + *er* (model: *acheter*) (See also Appendix B.3.)

Certain **-er** verbs such as **acheter** add a grave accent to the final **e** of the stem when the verb ending is silent. In this case the final syllable of the stem is the final pronounced syllable of the verb and is stressed.

	acheter	
singular		plural
j'achèt~~e~~		nous *achetons*
tu *achèt~~es~~*		vous *achetez*
il		ils
elle } *achèt~~e~~*		elles } *achèt~~ent~~*
on		

The additional accent reflects the change in pronunciation of the stem.

nous achetons   /nuzaʃtɔ̃/

                          but

j'achète   /ʒaʃɛt/

Other common verbs have the same stem change:

lever   to raise, lift up

mener	to lead
promener	to walk
peser	to weigh

EXERCISE

Substitute the words given in parentheses for the underlined word(s) in each sentence.

1. <u>Tu</u> n'achètes pas de fleurs au marché. (L'hôtesse, Je, Nous, Les épiciers)

2. <u>Votre frère</u> pèse-t-il les poissons?   (Les marchands, vous, tu, nous)

3. <u>Vous</u> menez Louise à la poste. (Je, La grand-mère, Nous, Tu)

Lesson 9

Allô, Police!

[**Scene 1**: *Night in Saint-Tropez. Roger and the Gammas, very tired by now, are walking through the streets looking for a hotel.*]

ROGER: Bonsoir. Nous cherchons deux ou trois chambres. Avez-vous quelque chose pour nous?

PORTIER: Non. Rien! C'est complet.
      [*They try another hotel.*]

ODILE: Bonsoir. Nous cherchons deux ou trois chambres. Avez-vous quelque chose pour nous?

PORTIER: Non. C'est complet.

ROGER, PUIS EMILE: Plus une chambre à St. Tropez.
      [*They find a house with the front door open. The Gammas go inside.*]

ROGER: Ce n'est pas un hôtel.
      [*Roger follows them inside. Adrien sees a couch and two love seats.*]

ADRIEN: Ce n'est pas un hôtel, mais il y y a des lits.

ROGER: Ce ne sont pas des lits, ce sont des canapés.

EMILE: On peut dormir sur un canapé?

ROGER: Oui . . . [*Emile lies down.*] mais, ce n'est pas un hôtel!
      [*Adrien and Odile lie down on the love seats. Roger, too tired to argue, tries to settle in a chair. An elegantly dressed man enters. He holds up some diamond jewelry to admire it. Seeing the others, he hastily stuffs the jewelry into his pocket. He goes to the sofa and tries to awaken Emile.*]

PHILIPPE: Qu'est-ce que vous faites là?

EMILE: Je dors.

PHILIPPE: Il ronfle.
      [*Philippe leaves, going into a drawing room where a party is in progress. He returns with the hostess, Olga, and*]

another man. Olga taps Emile with her long cigarette holder.

OLGA: Monsieur! Réveillez-vous! Que faites-vous ici?

EMILE: Je dors.

OLGA: Monsieur, c'est ma maison ici! Ce n'est pas un hôtel!

EMILE: Bien sûr! Mais ça, c'est un lit, Madame.

OLGA: Non, ce n'est pas un lit, c'est un canapé.

EMILE: Mais on dort bien sur un canapé.
      [*Music starts in the drawing room. Emile gets up, grabs Olga, and starts to dance.*] Voulez-vous danser?
      [*He leads her into the drawing room, where they join the other couples in a very energetic tango.*]

OLGA: Vous dansez bien. [*She extends her hand.*] Olga . . . de Crach.

EMILE: Emile . . . de Gamma.

OLGA: Les Gammas? Ah oui, les Gammas! Mais non! Les Gammas n'existent pas!
      [*Staggering slightly, she goes into the living room and taps Adrien, Odile, and Roger.*] Réveillez-vous! Mais qu'est-ce que vous faites ici? Vous n'êtes pas invités. Vous n'êtes pas mes amis. Partez!
      [*She points to the door, angrily. As the music starts again, Emile grabs her extended arm and leads her in a wild tango.*]

ROGER: [*Awakening*] Nous devons partir. Ils vont appeler la police.

ODILE: Pourquoi la police?

ROGER: Parce que nous ne sommes pas invités.

ODILE: Mais moi, je ne veux pas être invitée. Je veux dormir! [*She falls asleep again. Roger slumps back into his chair. Olga dances with Emile, then with Adrien. Odile wakes up again and goes over to Emile.*] Nous devons partir. Ils vont appeler la police.

EMILE: Pourquoi la police?

ODILE: Parce que nous ne sommes pas invités.

EMILE: Mais, je ne veux pas être invité. Je veux dormir!

[*Emile and Odile lie down again. Adrien and Olga dance back into the room.*]

OLGA: Vous dansez bien. Olga . . . de Crach.

ADRIEN: Adrien . . . de Gamma.

OLGA: Les Gammas, ah oui, les Gammas. Mais non, les Gammas n'existent pas. [*She points angrily to the door.*] Partez!
[*Emile, seeing her extended arm, jumps up and dances with her, then he passes her to Roger, who dances until he falls down, exhausted.*]

#   #   #   #

[**Scene 2:** *Olga contemplates the sleeping intruders. A male guest bursts into the room.*]

INVITE: Olga, venez! Olga, venez au salon, s'il vous plaît!

OLGA: Ces gens doivent partir!

INVITE: Vous voulez qu'ils partent?

OLGA: Oui, je veux qu'ils partent! Ils ne sont pas invités!

INVITE: [*Poking Emile*] Monsieur! Vous n'êtes pas invité! [*He points to the door.*] Partez!
[*Emile, seeing his outstretched arm, gets up and dances with him, then with Olga. The perplexed guest awakens Adrien, who thinks he wants to dance.*]

ADRIEN: Vous dansez?
[*They dance briefly, then Adrien collapses on the sofa. The guest picks up the phone.*]

INVITE: Allô, Police . . . 4, rue de Marseille. Venez!

ROGER: [*To Adrien and Odile*] Partons! La police va arriver! [*Emile and Olga dance into the room.*]

ODILE: Emile! Emile, partons! La police va arriver.

EMILE: La police . . .

OLGA: La police! La police? Qui a appelé la police?

ROGER: [*Pointing to the guest*] C'est lui!

OLGA: Il a peur . . . il a peur de vous.

ROGER: La police!

OLGA: [*Pointing to Roger*] Il a peur!

ROGER: Je n'ai pas peur.

ODILE: [*Going over to Roger*] Roger n'a pas peur.
[*Two policemen come in. The guest points to Adrien, Emile, Roger and Odile.*]

INVITE: Arrêtez ces gens!

1er AGENT: Pourquoi?

OLGA: Ils ne sont pas invités!

INVITE: Et ils ne veulent pas partir!

1er AGENT: Vous ne connaissez pas ces gens?

OLGA: Non, je ne connais pas ces gens.

1er AGENT: Et vous voulez qu'ils partent?

OLGA: Oui, je veux qu'ils partent.

1er AGENT: Partez!
[*The two policemen point to the door. Odile goes up to one of them.*]

ODILE: Vous dansez?

ADRIEN: [*To the other policeman*] Vous dansez?
[*They dance into the drawing room.*]

ROGER: [*To the guest*] Vous dansez?
[*The guest goes into the drawing room. Olga invites Emile to dance with her. The three Gammas and their partners dance back into the room.*]

1er AGENT: [*To Olga*] C'est vrai? Vous ne connaissez pas ces gens?

OLGA: Non, je ne les connais pas. Ils disent qu'ils sont des Gammas. Mais, les Gammas n'existent pas.

1er AGENT: Non, les Gammas n'existent pas. [*He suddenly remembers why he*

# # # #

[**Scene 3**: *The same situation.*]

1er AGENT: Montrez vos papiers!
ROGER: Voilà mes papiers.
1er AGENT: Merci, Monsieur.
2e AGENT: Papiers!
EMILE: Je n'ai pas de papiers.
ADRIEN: Nous n'avons pas de papiers.
1er AGENT: Pourquoi est-ce que vous n'avez pas de papiers?
EMILE: Nous n'avons pas de papiers parce que nous sommes des Gammas.
1er AGENT: Les Gammas n'existent pas. Venez avec nous!
[*He takes out a pair of handcuffs.*]
ROGER: Les menottes . . .
OLGA: Des menottes. Pas chez moi. [*To her guests in the drawing room*] Sortez! Sortez tous! Allez! Sortez!
[*The police stop the guests as they try to leave through the other room.*]
1er AGENT: Vos papiers.
INVITE: Mes papiers? Je n'ai pas mes papiers. J'ai laissé mes papiers chez moi. [*The policeman puts handcuffs on him.*]
1er AGENT: Vos papiers!
OLGA: [*On the verge of collapse*] Mon Dieu!
[*Philippe comes over to Olga as the policemen continue to check the guests' papers.*]
1er AGENT: Vos papiers!
PHILIPPE: Que faire, Olga? Qu'est-ce que nous pouvons faire maintenant? [*Olga leads Philippe behind a chair, pushes him down to hide him from the police, then collapses into one of the chairs.*]
1er AGENT: Vos papiers!
[*The policeman holds out the handcuffs to Odile and Adrien, in turn; each one*

was called, as the music stops.] Vos papiers!

laughs and disappears. The policeman puts the handcuffs on Emile.]
EMILE: Qu'est-ce que c'est?
1er AGENT: Ce sont des menottes.
EMILE: Ah, des menottes.
[*Emile, too, disappears, and the handcuffs fall to the floor. The policeman picks them up and is about to put them on Roger when his hat, then his partner's, begins to sail around the room.*]
1er AGENT: Mon képi! Nos képis!
OLGA: Regardez, les képis volent! Les Gammas existent!
ROGER: Odile, où es-tu?
ODILE: Je suis ici.
ROGER: Odile!
OLGA: Gammas!
EMILE: Emile de Gamma, Madame.
[*The musicians, carrying their instruments, run through the room and out the front door. The policemen go after them.*]
1er AGENT: Vos papiers!
OLGA: [*Closing the front door*] Enfin seuls.
ROGER: Odile!
OLGA: Gammas! La police est partie!
[*The three Gammas reappear. Emile and Odile are wearing the policemen's caps.*]
ROGER: Odile.
OLGA: Vous pouvez dormir ici. [*The four lie down.*] Vous êtes mes invités. Vous êtes mes amis!
PHILIPPE: [*From his hiding place underneath Emile's sofa*] Olga!
EMILE: Ce n'est pas un hôtel, mais on dort bien ici.
PHILIPPE: Ah oui!

VOCABULARY

l' **agent** (*m.*) policeman
arrêter to arrest/stop
le **canapé** sofa
la **chambre** (bed)room
complet full (for a hotel, etc.)
ils **disent** < **dire**[C10] they say
ils **doivent** < **devoir**[C9] they have to
dormir to sleep
je **dors** }
on **dort** } < **dormir**[C20] I'm sleeping
one sleeps
l' **hôtel** (*m.*) hotel
invité invited (PP)
l' **invité** guest
le **képi** kepi (uniform cap)
laisser to leave (behind)

les **menottes** (*f.*) handcuffs
ils **partent** }
partons! } < **partir**[C20] they're leaving
let's leave! (*CF*)
la **peur** fear
avoir peur to be afraid
la **police** police
réveillez-vous! wake up! (*CF*)
ronfler to snore
la **rue** street
le **salon** drawing room, living room
seul alone
le **soir** evening
sortez! < **sortir**[C20] go out! (*CF*)
sortir[C20] to go out
voler to fly

SPECIAL EXPRESSIONS

chez moi in my house, at home
plus un(e)... not one ... left
Que faire? What can we do?

SUPPLEMENTARY VOCABULARY

parts of the body	les parties (*f.*) du corps (*m.*)		
arm	**le bras**	hand	**la main**
back	**le dos**	head	**la tête**
ear	**l'oreille** (*f.*)	leg	**la jambe**
eye, eyes	**l'œil** (*m.*), **les yeux**	mouth	**la bouche**
finger	**le doigt**	neck	**le cou**
foot	**le pied**	nose	**le nez**
(head of) hair	**les cheveux** (*m.*)		

to hurt, have a pain	avoir mal
I have a headache.	**J'ai mal à la tête.**
My back hurts.	**J'ai mal au dos.**
My ear aches.	**J'ai mal à l'oreille!**
My feet are sore.	**J'ai mal aux pieds.**

colors	les couleurs (*f.*)
beige	**beige**
blue	**bleu**
chestnut brown	**marron** (invar.)
green	**vert**
orange	**orange** (invar.)
pink	**rose**
purple	**violet, violette**
red	**rouge**
white	**blanc, blanche**
yellow	**jaune**

What color are his/her/its { eyes? / hair? }   **De quelle couleur sont** { **ses yeux?** / **ses cheveux?** }

He has blue eyes.   **Il a les yeux bleus.**

She has { black / blond / brown / grey / light brown / red / white } hair.   **Elle a les cheveux** { **noirs.** / **blonds.** / **bruns.** / **gris.** / **châtains.** / **roux.** / **blancs.** }

LANGUAGE NOTES AND EXERCISES

9.1 The stressed (disjunctive) pronouns

    a. Forms

The forms of the personal pronouns which have been presented so far in the language notes (subject pronouns 1.1, direct object pronouns 5.5 and 6.1, indirect object pronouns 7.5) can only be used with a verb. There is also a set of personal pronouns that have a special use—the disjunctive or stressed pronouns.

Venez avec *nous*.	Come with us.
***Moi* non plus.**	I don't either/Neither do I.
Mais *moi*, je ne veux pas être invitée.	But *I* don't want to be invited.

subject pronouns	stressed pronouns singular	subject pronouns	stressed pronouns plural
je	moi	nous	nous
tu	toi	vous	vous
il	lui	ils	eux
elle	elle	elles	elles
on	soi		

b. Uses

(1) Without a verb.

Qui boit trop?—*Lui.* Who drinks too much?—He (does).

Je ne sais pas où sont les Gammas. I don't know where the Gammas are.

Et *vous*, Monsieur?—*Moi non plus.* And you, Sir?—I don't either.

Il faut danser comme *eux.* You must dance like them./You must dance as they do.

(2) After *c'est* or *ce sont*

Qui sont les Gammas?—Ce sont *eux.* Who are the Gammas?—*They* are.

Adrien, c'est *lui.* *He*'s Adrien.

(3) After a preposition

Un maillot de bain pour *toi.* A swimsuit for you.

Pas chez *moi.* Not in my house.

Il a peur de *vous.* He's afraid of you.

N.B. *Chez* must always be followed by a pronoun (or noun) indicating one or more PERSONS and not by a locational name.

person: Les GAMMAS ne vont pas *chez lui. (chez le bijoutier)* The Gammas aren't going to his store. (to the jeweler's store)

location: Ils ne vont pas *là. (à la bijouterie)* The Gammas aren't going there. (to the jewelry store)

(4) To emphasize the subject or a personal word following

Mais *moi,* je ne veux pas être invitée. But *I* don't want to be invited.

Lui, c'est Adrien. *He*'s Adrien.

Et *lui,* son nom est Adrien. And *his* name is Adrien.

Et *toi,* comment t'appelles-tu? And *you,* what's your name?

(5) As part of a compound subject

Olga et *lui* dansent bien. Olga and he dance well.

Elle et *lui* dansent bien. She and he dance well.

Lui et *moi* (nous) dansons bien.	He and I dance well.
Elle et *vous* dansez bien.	You and she dance well.

N.B. the last two examples. If the compound subject includes a first person pronoun, the verb must be in the first person plural (**nous** form). If the compound subject includes a second person pronoun, the verb must be in the second person plural (**vous** form).

EXERCISES

A. In the following sentences, supply the missing pronoun as indicated in parentheses.

1. Nous n'avons pas parlé de _____ . (him)

2. _____ et nous allons acheter des croissants. (You, fam.)

3. _____ , je n'ai pas mal à la tête. (I)

4. Aimes-tu danser avec _____ ? (her)

5. Et _____ , est-ce qu'ils ont les yeux bleus? (they)

6. Est-ce que vous voulez partir sans _____ ? (us)

7. Qui a les cheveux blonds? C'est _____ . (you)

8. Qui a des petites oreilles?– _____ . (He)

B. *Situation:* **Allons faire des courses!**

Odile needs to do some shopping and Roger is helping her get acquainted with French customs. Follow the models, remembering that the construction with **chez** can be used only in certain cases.

	Odile	*Roger*
Models:	a. **Je veux acheter des gâteaux.**	**Allons chez le pâtissier!**
	b. **Je veux voir l'heure[1] des trains.**	**Allons à la gare!**

1. Je veux acheter des croissants. Allons _____ ! (to the baker's)

2. Je veux parler au maire. Allons _____ ! (to City Hall)

3. Je veux acheter de l'aspirine. Allons _____ ! (to the druggist's)

4. Je veux acheter des timbres.[2] Allons _____ ! (to the post office)

5. Je veux acheter de la viande. Allons _____ ! (to the butcher's)

6. Je veux acheter des fruits. Allons _____ ! (to the market)

9.2 The compound past indicative of irregular verbs conjugated with *avoir*

The compound past indicative of irregular verbs follows the same rules as those for regular verbs (see 8.3) except that many irregular verbs have an irregular past participle.

---

[1]**l'heure** (*f.*): hour, time.
[2]**le timbre**: postage stamp.

Following is a list of past participles of irregular verbs that have already appeared and that are conjugated with the auxiliary **avoir.** These past participles should be memorized.

infinitive	part participle	example	
avoir	**eu** /y/	**il a eu**	he had
boire	**bu**	**il a bu**	he drank
connaître	**connu**	**il a connu**	he met/made the acquaintance of
croire	**cru**	**il a cru**	he believed
cueillir	**cueilli**	**il a cueilli**	he harvested/picked
devoir + *INF*	**dû**	**il a dû** + *INF*	he had to + *INF*
dire	**dit**	**il a dit**	he said
disparaître	**disparu**	**il a disparu**	he disappeared
être	**été**	**il a été**	he was
faire	**fait**	**il a fait**	he did/made
falloir	**fallu**	**il a fallu**	it was necessary
mettre	**mis**	**il a mis**	he put
plaire	**plu**	**cela lui a plu**	that pleased him/her, he/she liked that
pouvoir	**pu**	**il a pu**	he could/was able
prendre	**pris**	**il a pris**	he took
comprendre	**compris**	**il a compris**	he understood
rire	**ri**	**il a ri**	he laughed
savoir	**su**	**il a su**	he learned/found out
voir	**vu**	**il a vu**	he saw
revoir	**revu**	**il a revu**	he saw again
vouloir	**voulu**	**il a voulu**	he wanted

Past participles of other irregular verbs will be presented when these verbs are introduced in the language notes.

Ils *ont vu* **Saint-Trop.**	They saw Saint-Trop.
N'*as*-**tu pas** *compris* **la question?**	Didn't you understand the question?

EXERCISES

A. Restate the following sentences in the **passé composé**, starting each sentence with **hier** (yesterday). Follow the model.

Model: **Je ne bois pas de Coca-Cola.** → **Hier, je n'ai pas bu de Coca-Cola.**

1. Le garçon de café dit bonjour au maire.

2. Nous faisons une phrase au passé composé.

3. Vos sœurs veulent-elles acheter des blouses jaunes?

4. Tu n'as pas mal au doigt.

5. Vous voyez une fille aux yeux noirs.

6. Je suis heureuse de danser avec lui.

7. Son frère ne peut-il pas avoir les cheveux longs?

B. *Situation:* **Les journalistes et leurs projets**

Two journalists are discussing their work over a glass of wine at a sidewalk café. While one is making all kinds of plans, it seems that someone has already beaten him to them. Complete their conversation. Follow the model.

Un journaliste	*L'autre journaliste*
Model: **Je veux voir les Gammas. (Moi)**	**Moi, j'ai vu les Gammas hier.**

1. Je veux faire un reportage[1] sur les Gammas. (Moi)

2. Je veux boire un café avec Odile. (Ernest Laplace)

3. Je veux avoir une interview avec Emile. (Moi)

4. Je veux voir la sphère Gamma. (Maurice Petit)

5. Je veux être au restaurant avec Adrien. (Moi)

6. Je veux avoir des renseignements[2] sur la planète Gamma. (Les gendarmes)

Zut[3]! Je vais changer de métier!

9.3 Position of pronouns and adverbs with verbs in the compound past; agreement of the past participle of verbs conjugated with *avoir*

a. Position of pronouns and adverbs with verbs in the compound past

(1) Position of pronouns
Direct and indirect object pronouns used with verbs in a compound tense are placed before the auxiliary **avoir** or **être**.

Il *leur* a montré la mer.	He showed them the sea./He showed the sea to them.
***Lui* a-t-elle donné du vin?**	Did she give him/her some wine?/Did she give some wine to him/her?
Le maire? Il *l'*a vu hier.	The mayor? He saw him yesterday.

[1]**le reportage:** feature story.
[2]**le renseignement:** (piece of) information.
[3]**Zut!:** shucks!, darn!

(2) Position of adverbs

Many short, common adverbs are placed between the auxiliary verb and the past participle.

Ils ont *déjà* trouve' la mer.	They have already found the sea.
Vous avez *beaucoup* acheté.	You bought a lot.

b. Agreement of the past participle of verbs conjugated with **avoir**

(1) The past participle of a verb conjugated with **avoir** must agree in number and gender with a preceding direct object.

Tu *les* as achetés?	You bought them? (**les maillots de bain**)
Tu *les* as volés!	You stole them!
Vous avez vu les Gammas?	You've seen the Gammas?
Vous *les* avez vu*s* vraiment?	You've really seen them?

(2) The past participle agrees in the same way that regular adjectives agree, that is, by adding to the past participle **-e** for feminine singular, **-s** for masculine plural, and **-es** for feminine plural. Nothing need be added when the preceding direct object is masculine singular.

Quelle *femme* ont-ils vu*e*?	Which woman did they see?
Tu *les* as cherchés?	You looked for them? (**les Gammas**)

For past participle agreement in relative clauses introduced by **que**, see 17.4.b(5).

(3) If there is no preceding direct object, the past participle is invariable.

no direct object:

On a acheté seulement quand on a payé.	Something is bought only when it's paid for.

direct object follows verb:

Ils ont trouvé la mer.	They've found the sea.

EXERCISES

A. In each of the following sentences, supply the past participle of the verb given in parentheses. Remember that the past participle must agree with a *preceding direct object*.

1. La mer? Ils l'ont _____ à Saint-Trop. (trouver)

2. Ces vêtements, les avez-vous _____ ? (voler)

3. Quels épisodes des Gammas avez-vous _____ ? (aimer)

4. On dit que les gendarmes ont _____ les Gammas. (fouiller)

5. Odile? Le commissaire ne l'a pas _____ . (voir)

6. Quelles chaussures est-ce que tu as _____ ? (acheter)

B. Restate the following sentences, adding the pronouns or adverbs given in parentheses.

1. La sphère des Gammas a grandi. (beaucoup)

2. Vous avez donné le chapeau vert. (leur)

3. J'ai mis le miroir dans ma poche. (ne . . . jamais)

4. Tu a bu le thé glacé. (déjà)

5. Les gens ont dit merci. (nous)

6. Nous avons vu l'épicier au marché. (souvent)

7. Roger a parlé trop vite. (te)

8. Les gens ont-ils eu peur des voleurs? (toujours)

C. *Situation:* **Maman aime la propreté[1]**
Irène's mother wants to make sure her daughter is clean. Record the conversation between the two. Follow the script and the model.

Maman	*Irène*
Model: **Tes mains, les as-tu lavées[2]?**	**Mais oui, Maman, je les ai lavées.**
1. Tes cheveux, _____ ?	Mais oui, _____ .
2. Ton cou, _____ ?	Mais oui, _____ .
3. Tes bras, _____ ?	Mais oui, _____ .
4. Tes oreilles, _____ ?	Mais oui, _____ .
5. Ta bouche, _____ ?	Mais oui, _____ .
6. Tes pieds, _____ ?	Assez, Maman! Je suis tres propre[1].

9.4 The irregular verb *faire* **(to do/make)**

a. Present indicative

The verb **faire** is highly irregular in the present indicative.

faire			
singular		plural	
je *fai s* I do/am doing/do do		nous *fais ons* we do, etc.	
tu *fai s* you do, etc.		vous *faites* you do, etc.	
il } he/it } elle } *fai t* she/it } does, etc. on } one }		ils } elles } *font* they do, etc.	

Qu'est-ce que tu *fais*?   What are you doing?

b. Imperative mood

The imperative mood of **faire** is regular in formation (see 5.1).

Ne *faisons* pas cela.   Let's not do that.

[1]**la propreté:** cleanliness; **propre:** clean.
[2]**laver:** to wash.

c. Compound past indicative

The compound past indicative (8.3) of **faire** is formed with the auxiliary verb **avoir** and the irregular past participle **fait**.

> **Qu'est-ce qu'il *a fait* à Saint-Trop?**   What did he do in Saint-Trop?

For other forms of **faire**, see Appendix C.14.

d. Use

Faire is one of the most common French verbs because of its literal meaning and also because it is used in many idiomatic expressions. Its use in weather expressions will be presented in 13.2.

EXERCISES

A. Substitute the words in parentheses for the underlined word(s).

1. Fais-<u>tu</u> des courses? (vous, Lucienne, Les vieilles femmes, nous)

2. <u>Agnès</u> ne fait jamais de mauvaise soupe. (Je, Vous, Ma tante, Nous, Les paysans)

3. <u>Les gendarmes</u> ont-ils fait du bruit? (Le savant, tu, vous, nous)

B. Restate the following sentences in the past, starting each with **hier**.

1. Qu'est-ce que les Gammas font à Brézolles?

2. Odile, faites-vous grandir le nez du maire?

3. Nous ne faisons pas de promenade à pied.

4. Tu fais un voyage en bateau.

5. La sphère ne fait pas beaucoup de bruit.

C. *Situation:* **Parlez de vous!**

Answer the following personal questions.

1. Faites-vous des courses avec vos amis?

2. Faites-vous toujours vos devoirs[1] de français?

3. Aimez-vous faire une promenade en voiture?

4. Avez-vous fait vos devoirs hier?

5. Avez-vous fait une tasse de thé et des gâteaux pour votre mère?

6. Faites-vous les exercises de prononciation?

7. Avez-vous fait un bon gâteau pour l'anniversaire[2] de votre ami(e)?

9.5 Irregular -ir verbs such as *partir* (to leave)

Six common French verbs ending in **ir** do not follow the regular present indicative pattern for **–ir** verbs but do follow a conjugation pattern of their own. The six verbs in this special group are:

---

[1]**les devoirs** (*m.*): homework.
[2]**l'anniversaire** (*m.*): birthday, anniversary.

dormir	to sleep
mentir	to lie
partir	to leave
sentir	to feel
servir	to serve
sortir	to go out

a. Present indicative

partir					
singular			**plural**		
je	*par s*	I leave/am leaving/ do leave	nous	*part ons*	we leave, etc.
tu	*par s*	you leave, etc.	vous	*part ez*	you leave, etc.
il elle on	*par t*	he/it she/it one } leaves, etc.	ils elles	*part ent*	they leave, etc.

(1) **Partir** is a two-stem verb in the present indicative. The plural stem is formed by dropping the infinitive ending **–ir**. The singular stem is formed by dropping **–ir** and the consonant preceding **–ir**.

   partir   nous *part* ons   je *par* s

(2) The endings of this group of *-ir* verbs are the same as those for regular *-re* verbs: **–s, –s, –t, –ons, –ez, –ent.**

b. Imperative mood

The imperative mood of **partir** and the other verbs of this group is regular in formation.

   Ne *pars* pas avec elle! Don't leave with her.

c. Compound past indicative

The past participle of each verb in this group is formed like the past participle of other **–ir** verbs, by dropping the infinitive ending **–ir** and adding the past participle ending **–i.** Four of the verbs are conjugated with the auxiliary **avoir: dormis, mentir, sentir,** and **servir.**

   Roger *a servi* le repas. Roger served the meal.

   Ils n'*ont* pas *menti.* They didn't lie.

The other two verbs (**partir, sortir**) are conjugated with **être** (see 10.5). For other forms of **partir**, see Appendix C.20.

EXERCISES

A.   Substitute the words given in parentheses for the underlined word(s).

1. Quand partez-<u>vous</u> en avion? (votre famille, les étudiants, tu, nous)

2. <u>Tu</u> n'as pas assez dormi hier. (Olga, Les Gammas, Vous, Je)

3. Le <u>petit garçon</u> ment toujours. (Nous, Je, Les Voleurs, Tu)

4. <u>Le père</u> a-t-il servi le repas? (Tes parents, nous, tu, vous)

B.   *Situation:* **Parlez de vous!**

Answer the following personal questions.

1. Pars-tu bientôt à la plage?

2. Sors-tu souvent avec ton ami(e)?

3. As-tu déjà menti à tes parents?

4. Ta mère sert-elle du vin aux repas?

5. Dors-tu dans la classe de français?

6. Ta famille et toi, partez-vous à la montagne pour le week-end?

Au secours!

[**Scene 1**: *Olga's drawing room. The Gammas and Roger are asleep.*]

OLGA: [*Observing Emile, asleep*] Il ronfle. Il ronfle terriblement. Emile de Gamma ronfle terriblement! [*She checks on Odile and Adrien.*] Ils dorment tous. Philippe!

PHILIPPE: [*Getting out from under the couch*] J'étouffe.

OLGA: Il est lourd, n'est-ce pas?

PHILIPPE: Ah, oui. Ouf! Ouf, qu'il est lourd! Il est très, très lourd!

OLGA: Mais chéri! C'est un Gamma! Chéri [*feeling something in his jacket pocket*], qu'est-ce que c'est?

PHILIPPE: C'est un cadeau!

OLGA: Un cadeau? Pour moi?

PHILIPPE: Un cadeau, oui, pour ma petite Olga chérie!

OLGA: Oh, c'est vrai? Montre, Philippe... [*He holds up a ring.*] Oh! [*He puts it on her finger. They embrace, and she takes a bracelet from his pocket.*] Oh! Un bracelet! Qu'il est beau! [*He holds up a necklace.*] Un collier! Mais c'est le collier de la Princesse! Philippe, ce n'est pas bien de voler le collier de la Princesse... Oh, Philippe! Qu'il est beau, le collier de la Princesse! Il est très beau! Et nous avons les Gammas!

PHILIPPE: Nous avons qui? Les Gammas?

OLGA: Mais Philippe... Les Gammas! Ils peuvent tout faire!

PHILIPPE: Oui, les Gammas, bien sûr. Ils sont amusants, bien sûr.

OLGA: Mais Philippe, les Gammas peuvent travailler pour nous. Philippe! Les Gammas peuvent disparaître! Disparaître!

PHILIPPE: Disparaître? Oui, c'est amusant, bien sûr.

OLGA: Philippe, tu es bête! Les Gammas disparaissent. Ils entrent dans une banque. Ils prennent les billets... et personne ne les voit.

PHILIPPE: Mais oui, les Gammas peuvent disparaître!

OLGA: [*Referring to Emile*] Il dort. Attention! Laisse-le dormir!

PHILIPPE: Il faut réveiller tous les Gammas!

OLGA: Les réveiller? Pourquoi?

PHILIPPE: Les Gammas doivent travailler tout de suite. Les banques ouvrent à huit heures!

OLGA: Tu as raison. Tout de suite. Les banques ouvrent à huit heures. [*Philippe tries to awaken Emile, then goes toward Roger.*] Non, pas lui! Ce n'est pas un Gamma!

PHILIPPE: [*Shaking Odile*] Réveillez-vous!

ODILE: Qu'est-ce qu'il y a? [*She goes back to sleep.*]

OLGA: Réveillez-vous, Adrien de Gamma!

ADRIEN: Je dors! Qu'est-ce que c'est?

OLGA: C'est un collier! [*Adrien, spellbound, gets up and walks toward Olga. Odile and Emile do the same.*]

PHILIPPE: Ils aiment les bijoux. Les Gammas aiment beaucoup les bijoux. Il ne faut pas aller dans une banque. Il faut aller dans une bijouterie. Ils aiment les bijoux.

# # # #

[Scene 2: *The Gammas are still enchanted by Olga's necklace. When Philippe and Olga cover it up, the Gammas collapse.*]

EMILE: Dormir!

OLGA: [*Dangling the necklace before Emile's eyes*] Debout!

EMILE: Qu'est-ce que c'est?

OLGA, PUIS EMILE: Des bijoux!

OLGA: [*To Adrien*] Vous aimez les bijoux?

ADRIEN: Oh, oui!

ODILE: J'aime les bijoux!

OLGA: A toi, Philippe! [*She passes him the necklace.*]

PHILIPPE: Vous voulez des bijoux?

EMILE: Ah oui, je veux des bijoux!

PHILIPPE: Vous pouvez avoir des bijoux, beaucoup de bijoux!

ADRIEN: Beaucoup de bijoux?!

EMILE: Je veux des bijoux!

PHILLIPE: [*Placing the jewelry in drawers*] Les bijoux sont là! La broche [*placing it at the base of a bust*] est là!

OLGA: Philippe, tu es merveilleux!

PHILIPPE: Je suis un Gamma. [*He drapes a shawl over one arm and shoulder.*] Je suis un Gamma invisible. J'ouvre le tiroir. . . je prends le bijou. . . je mets le bijou dans ma poche. . .je ferme le tiroir sans bruit. Je prends la broche... je mets la broche dans ma poche. Tu as compris?

[*Later. Olga is pacing in her drawing room. A clock strikes.*]

OLGA: Huit heures!

ROGER: [*Waking up*] Où sont les Gammas?

OLGA: Ils sont partis.

ROGER: Partis?! Où?

OLGA: Je ne sais pas.

ROGER: [*Running out the door*] Odile!

OLGA: Idiot!

# # # #

[Scene 3: *A jewelry store.*]

MME GERMAINE: [*Arranging some jewelry*] Oh, c'est une belle broche. [*The door opens, then closes—apparently by itself.*] Qu'est-ce qu'il y a, Monsieur de Floc?

M. DE FLOC: La porte. . . La porte s'est ouverte. . . et puis elle s'est fermée. . .

MME GERMAINE: La porte ferme mal, Monsieur de Floc. [*She recloses the door.*] Voilà, maintenant la porte est bien fermée! [*She returns to the display she was arranging.*]

M. DE FLOC: Qu'est-ce qu'il y a, Madame Germaine?

MME GERMAINE: Je cherche la broche!

M. DE FLOC: Vous cherchez quoi?

MME GERMAINE: Je cherche la broche! Elle était là!

M. DE FLOC: Où, là?

MME GERMAINE: [*Pointing*] Ici! La broche était ici!

M. DE FLOC: Elle n'est pas dans votre poche?

MME GERMAINE: Dans ma poche? Ah, non! [*M. de Floc goes to another part of the store and opens a drawer.*]

M. DE FLOC: Madame Germaine!

MME GERMAINE: Qu'est-ce qu'il y a, Monsieur de Floc?

M. DE FLOC: Regardez! Le tiroir est vide! Il n'y a plus rien!

MME GERMAINE: Oh! Vide! Plus rien! [*Pieces of jewelry disappear from the various displays.*

M. DE FLOC: Les bijoux!

MME.GERMAINE: Les bijoux! [*She runs toward one of the displays and trips over an invisible obstacle.*] Oh!

VOIX D'ODILE: Oh, pardon! Excusez-moi!

MME GERMAINE: Les bijoux!

VOIX D'ADRIEN: J'ouvre le tiroir... je prends le bijou... je mets le bijou dans ma poche...

MME GERMAINE: Des fantômes!

Lesson 10   **117**

[*M. de Floc runs toward the chest of drawers and bumps into an invisible obstacle.*]

VOIX D'ADRIEN: Oh, pardon! Excusez-moi!

MME GERMAINE: Des fantômes!

M. DE FLOC: [*Looking into one of the drawers*] Vide!

VOIX D'EMILE: J'ouvre le tiroir. . . je prends le bijou. . . je mets le bijou dans ma poche. . . je ferme le tiroir sans bruit. [*Mme Germaine's own necklace rises into the air.*]

MME GERMAINE: Aaah! On me prend mon bijou!
[*Philippe looks in through the door.*]

ROGER: [*Calling*] Odile? [*Philippe gestures to Roger to make less noise.*] Où es-tu? Odile! Philippe, où est Odile? [*Philippe runs off.*] Odile!

VOIX D'ODILE: Roger! Je suis ici!
[*She materializes inside the store, covered with jewels. Roger goes in.*]

ROGER: Qu'est-ce que tu fais ici?

ODILE: Je cherche des bijoux!
[*Adrien and Emile materialize, covered with jewels.*]

ADRIEN: Nous cherchons des bijoux, Roger!

ROGER: Vous volez des bijoux?

M. DE FLOC, MME GERMAINE: Au voleur!
[*A police siren is heard, approaching. The Gammas disappear.*]

ROGER: Odile, tu dois apparaître. [*She does so.*] Vous aussi, Emile, Adrien! [*They do so.*]

M. DE FLOC: Mes bijoux!

MME GERMAINE: La broche!
[*The Gammas begin to return the jewels. The police chief, Oscar, enters, gun drawn, followed by a uniformed policeman.*]

OSCAR: Haut les mains!

ROGER: [*To the Gammas*] Faites comme moi! Levez les mains!

OSCAR: Monsieur de Floc, qu'est-ce qui se passe chez vous?

M. DE FLOC: Ces gens ont volé mes bijoux.

MME GERMAINE: Ce sont des voleurs.

EMILE: Non, nous ne sommes pas des voleurs. Philippe nous a dit de prendre les bijoux.

OSCAR: Philippe? Quel Philippe?

ADRIEN: Philippe... Il était là.

OSCAR: [*To the policeman*] Allez arrêter ce Philippe!

M. DE FLOC: [*To Oscar*] Ces gens étaient invisibles.

OSCAR: Invisibles?

MME GERMAINE: Oui. Invisibles.

OSCAR: Vous êtes fous. . . tous les deux!

ROGER: Ils ne sont pas fous. Ce sont des Gammas!

OSCAR: Des Gammas! Des voleurs, Monsieur!

M. DE FLOC: Je ne sais pas, je ne suis pas sûr, Monsieur le Commissaire. Ils étaient invisibles. Ce sont peut-être des Gammas!

MME GERMAINE: Des Gammas? Oh, des Gammas ici, dans notre bijouterie?

OSCAR: Des Gammas? Ce sont des voleurs, Madame! Il n'y a pas de Gammas.

ROGER: [*To M. de Floc and Mme Germaine*] Excusez les Gammas. Ils ne savent pas ce qu'ils font.

M. DE FLOC: Ils sont tout excusés. Bien sûr. Ah, ces Gammas!

OSCAR: [*To Roger and the Gammas*] Allez! Au commissariat!
[*Roger and the Gammas leave with Oscar.*]

VOCABULARY

amusant amusing
apparaître[C5] to appear
la **banque** bank
bête stupid
le **bijou** jewel, (piece of) jewelry
   pl. **bijoux** jewels, jewelry

la **bijouterie** jewelry store
le **billet** bill (money, folding/paper money)
le **bracelet** bracelet
la **broche** brooch
le **cadeau** gift, present

le **chéri** darling
chéri darling
le **collier** necklace
compris < comprendre[C24] understood
(*PP*)
debout! stand up!
disparaître[C5] to disappear
ils disparaissent they disappear
ils **étaient < être**[C13] they were (*IMP*)
étouffer to suffocate
excuser to excuse
le **fantôme** ghost
fermé(e) closed (*PP*)
elle s'est fermée it closed
l' **heure** (*f.*) hour; with a number: o'clock
(à) huit heures (at) eight o'clock
l' **idiot** (*m.*) idiot
invisible invisible
lever to raise
mal badly, poorly
je **mets < mettre**[C17] I put/am putting

ouf! oof!
ouvert (e) < ouvrir[C19] open(ed) (*PP*)
elle (la porte) s'est ouverte it (the door) opened
ouvrir[C19] to open
pardon! sorry! excuse me!
la **poche** pocket
la **porte** door
la **princesse** princess
la **raison** reason
avoir raison to be right
se **réveiller** to wake up
sans without
ils **savent < savoir**[C27] they know
sûr sure, certain
terriblement terribly
le **tiroir** drawer
vide empty
il **voit < voir**[C33] he sees
le **voleur** thief

SPECIAL EXPRESSIONS

A toi! (It's) Your turn!
Au secours! Help!
Ce n'est pas bien. It's not right.

chez vous here: in your store
(il n'y a) plus rien (there's) nothing left (in it)
tous (les) deux both

SUPPLEMENTARY VOCABULARY

time expressions		les expressions (*f.*) de temps (*m.*)	
now	**maintenant**	later	**plus tard**
right now, at this moment	**en ce moment**	in a { minute / short time, just a minute ago	**tout à l'heure**
yesterday	**hier**	the day before yesterday	**avant-hier**
today	**aujourd'hui**	the day after tomorrow	**après-demain**
tomorrow	**demain**	the next day	**le lendemain**
soon	**bientôt**	never	**jamais**
still	**encore**	always	**toujours**
early	**tôt, de bonne heure**	on time	**à l'heure**

time expressions		les expressions (*f.*) de temps (*m.*)	
late	**tard**	early (for an appointment)	**en avance**
sooner or later	**tôt ou tard**	late (for an appointment)	**en retard**
morning	**le matin**	a long time	**longtemps**
noon	**midi**		
afternoon	**l'après-midi** (*m./f.*)	before	**avant**
evening	**le soir**	during	**pendant**
night	**la nuit**	after(wards)	**après**
midnight	**minuit**		

LANGUAGE NOTES AND EXERCISES

10.1 Multiple descriptive adjectives modifying the same noun

a. When two adjectives modify the same noun, one which usually precedes and one which usually follows, they are placed in their normal position.

de *beaux* cheveux *naturels*	beautiful, natural hair
la *première* ville *française*	the first French city
une *bonne* soupe *chaude*	a good, hot soup

b. When two or more adjectives which ordinarily precede a noun (6.2.b) are used to modify the same noun, **même** and **autre** usually come first. Two or more such adjectives, other than **même** and **autre**, are sometimes placed before the noun. Other times they are placed after the noun and linked by **et**.

le *même vieux* café	the same, old cafe
une *bonne petite* poule	a good, little hen
un ami *jeune* et *gentil*	a nice, young friend

c. When two adjectives which ordinarily follow a noun are used to modify the same noun, they may be joined by **et** when similar or by **mais** when contrasting.

une jeune fille *charmante* et *dynamique*	a charming, dynamic girl
le garçon *sportif* mais *fatigué*	the sportive but tired boy

EXERCISE

In each of the following sentences, add the adjectives indicated in parentheses to modify the underlined noun. Remember to make all necessary agreements.

1. Les Gammas ont trouvé un magasin. (charmant, petit)

2. La petite Cosette est une enfant. (malheureux, réservé)

3. Avant-hier, nous avons visité une ville. (intéressant, joli)

4. J'apprécie les <u>films</u>. (amusant, intelligent)

5. Pauline a deux <u>sœurs</u>. (autre, grand)

6. Renoir a aimé les matins avec beaucoup de <u>couleurs</u>. (beau, doux)

10.2 The irregular verb *prendre* (to take)

a. Present indicative

prendre					
singular			plural		
je *prend s*	I take/am taking/ do take		nous *pren ons*	we take, etc.	
tu *prend s*	you take, etc.		vous *pren ez*	you take, etc.	
il elle *prend* on	he/it she/it one	takes, etc.	ils elles *prenn ent*	they take, etc.	

Conjugated like **prendre**: **apprendre** (to learn), **comprendre** (to understand)

b. Imperative mood

The imperative mood of **prendre** is regular in formation.

> *Prenez* **cette broche!**   Take that brooch!

c. Compound past indicative

The compound past indicative of **prendre, comprendre,** and **apprendre** is formed with the auxiliary verb **avoir** and the irregular past participle **pris, compris,** and **appris**, respectively. Reminder: the past participle agrees with a preceding direct object.

Tu *as compris* la question?	You understood the question?
Oui, je l'*ai comprise*.	Yes, I understood it.
Est-ce qu'elle *a pris* les bijoux?	Did she take the jewels?
Oui, elle les *a pris*.	Yes, she took them.

For other forms of **prendre**, see Appendix C.24.

d. In addition to the basic meaning "to take," **prendre** can also mean "to have (food or drink)."

Qu'est-ce que vous prenez?	What are you having?/What would you like to eat or drink?
Vous prenez du champagne?	You're having champagne?

EXERCISES

A. Substitute the words in parentheses for the underlined word(s).

1. <u>Je</u> ne comprends pas le chinois. (Vous, Tu, La petite fille, Mes parents)

2. Prenez-<u>vous</u> de la limonade? (tu, nous, Stéphanie, Leur oncle)

3. <u>Nous</u> avons appris l'adresse des Leduc. (Mon cousin, Vous, Je, Paul et Charles)

B. Restate each sentence in the **passé composé**.

1. Les broches? Vous les prenez dans le tiroir.

2. Moi, je n'apprends pas le chinois.

3. La coiffeuse comprend mes questions.

4. Qu'est-ce que les Gammas prennent?

5. Nous apprenons que le voleur n'est pas Roger.

6. Comprends-tu la mode italienne?

10.3 Telling time (*l'heure*)

a. Model sentences

Quelle heure est-il?	What time is it?
Il est une heure.	It is one o'clock.
Il est huit heures.	It is eight o'clock.
Il est une heure cinq.	It is five past one.
Il est une heure et quart.	It is a quarter past one.
Il est une heure et demie.	It is a half past one.
Il est huit heures vingt.	It is twenty past eight.
Il est huit heures et quart.	It is a quarter past eight.
Il est huit heures et demie.	It is half past eight.
Il est une heure moins le quart.	It is twelve forty-five./It is a quarter to one.
Il est une heure moins dix.	It is ten to one./It is 12:50.
Il est midi/minuit.	It is noon/midnight.
Il est midi/minuit et quart.	It is a quarter past twelve.
Il est midi/minuit et demi.	It is half past twelve.
Il est midi/minuit moins le quart.	It is a quarter to twelve./It is 11:45.

b. Observations (for examples, see above)

(1) When telling time in French, the word **heure/heures** must always be expressed, except with **midi** and **minuit**.

(2) To tell the number of minutes **past** an hour, add the number to the hour without the word "minutes." It is becoming more common to use this system even for expressing times past the half-hour.

(3) To tell the number of minutes **before** an hour, subtract the number of minutes from that hour by using **moins** (less) and the number without the word "minutes."

(4) The quarter-hour is expressed by **et quart** after the hour and **moins le quart** before the hour.

(5) The half-hour is expressed by **et demie** except after the masculine forms **midi** and **minuit**, where **et demi** is used.

(6) a.m. and p.m. are expressed as follows:

between midnight and noon: **du matin**

Il est six heures *du matin*.   It is 6:00 a.m. (six in the morning)

from noon until about 6:00 p.m.: **de l'après-midi**

Il est quatre heures *de l'après-midi*.   It is 4:00 p.m. (four in the afternoon).

from about 6:00 p.m. until midnight: **du soir**

Il est neuf heures *du soir*.   It is 9:00 p.m. (nine in the evening).

c. To express "at what time. . .?" and "at. . . (a clock time)," use **à quelle heure** and
à. . . In French the use of **à** is obligatory in these expressions.

A quelle heure **allez-vous à la gare?**   (At) What time are you going to the
station?

A **six heures?**   (At) Six o'clock.

EXERCISES

A. Tell the time shown by the clocks. Start your answers by the statement (in French):
"It is..."
Quelle heure est-il?

1.
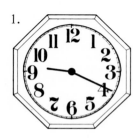

2.
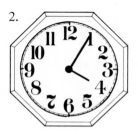

3.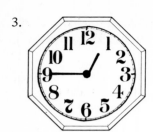

4.

5.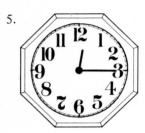

6.

B. *Situation:* **L'heure, c'est l'heure!**

Michèle is very precise when she talks about time. Write out in full the answers she gives to her friend Julien. Follow the models.

Julien	*Michèle*
Models: a. Quelle heure est-il?	(4 p.m.) --Il est quatre heures de l'après-midi.
b. A quelle heure vas-tu en classe?	(9 a.m.) -- A neuf heures du matin.
1. Quelle heure est-il à ta montre[1]?	(5 min. to 8 a.m.)_____.
2. Quelle heure est-il à l'horloge[2]?	(2 past 8 a.m.)_____.
3. A quelle heure vas-tu à la boulangerie?	(a quarter to noon)_____.
4. A quelle heure vas-tu au bureau de tabac?	(7:30 p.m.)_____.
5. A quelle heure vas-tu chez la coiffeuse?	(3:15 p.m.)_____.
6. A quelle heure vas-tu à la librairie?	(a quarter to 2)_____.

10.4 The demonstrative adjective *ce* (this, that)

a. The demonstrative adjective is used to point out persons or things.

Oh, que je suis belle en *ce* miroir!	Oh, how beautiful I am in this mirror!
Dites-moi où vous avez acheté *cette* robe!	Tell me where you bought that dress!
***Ces* vêtements!**	Those clothes!

[1]**la montre:** watch.
[2]**l'horloge (f.):** clock.

b. Forms

	singular		plural	
(*m.*)	ce (cet)	this, that	)	
			} ces	these, those
(*f.*)	cette	this, that	)	

Note that the demonstrative adjective, like the adjectives **beau, nouveau,** and **vieux** [see 6.2.a (3)], has an alternate masculine singular form which is used when the adjective directly precedes a word beginning with a vowel sound.

cet homme	this (that) man
cet enfant	this (that) child
cet autre costume	this (that) other suit
but	
ce vieil homme	this (that) old man
ce jeune enfant	this (that) young child
ce costume	this (that) suit

c. Position

The demonstrative adjective precedes the noun it modifies.

Alors, vous achetez *cette* blouse?	So, you're buying this caftan?

d. The demonstrative adjective must be repeated before each noun it modifies, even when the form is exactly the same.

Vous achetez *cette* robe et *cette* blouse?	You're buying this (that) dress and this (that) caftan?
Non, j'achète *ce* costume et *cette* blouse.	No, I'm buying this (that) suit and this (that) caftan.

e. To distinguish between *this* and *that*, *these* and *those*, -ci may be added to the noun to indicate proximity and -là may be added to indicate distance.

J'achète *cette* robe-*ci* mais je n'achète pas *cette* robe-*là*.	I'm buying this dress but I'm not buying that dress.

In conversation -ci and -là are used most often when the speaker wishes to contrast objects or persons; if no contrast is involved, the element of relative distance is usually not specified.

EXERCISES

A. In the following sentences, replace the underlined articles by the appropriate demonstrative adjectives.

1. Avez-vous vu _les_ photographes?

2. Regardez _l'_homme qui parle.

3. Que mangez-vous avec _la_ viande?

4. Le docteur donne _un_ médicament.

5. Odile n'aime pas _les_ garçons bronzés.

6. Vous achetez _le_ costume et _la_ jupe, Lucie?

7. _La_ blouse est vraiment ravissante.

B. _Situation:_ **Un choix[1] difficile[2]**

Odile and Roger are shopping. Roger is trying to help Odile make up her mind. Record his suggestions. Follow the model.

Odile	_Roger_
Model: **Je veux acheter des bijoux.**	**Ces bijoux-ci ou ces bijoux-là?**

1. Je veux acheter une broche.

2. Je veux acheter un bracelet.

3. Je veux acheter des colliers.

4. Je veux acheter un cadeau pour Adrien.

10.5 The compound past indicative with auxiliary _être_

A few French verbs, when conjugated in compound tenses, use **être** rather than **avoir** as their auxiliary verb. These verbs express either movement from one place to another or change of state or condition.

Je _suis tombé_.	I fell down.
C'est à Brézolles que les Gammas _sont venus_.	It's to Brézolles that the Gammas have come.
Ils _sont partis_!	They've gone!

a. Formation

partir			
singular		**plural**	
je suis parti(e)	I left/have left/ did leave	nous sommes parti(e)(s)	we left, etc.
tu es parti(e)	you left, etc.	vous êtes parti(e)(s)	you left, etc.
il est parti	he/it	ils sont partis	
elle est partie	she/it } left, etc.	elles sont	they left, etc.
on est parti	one	parties	

---

[1] le choix: choice.
[2] difficile: difficult.

(1) The auxiliary verb in the compound past indicative is in the present indicative.

Nous *sommes* venus.   We came.

(2) The past participle of regular verbs is formed as explained in 8.3. The following **être** verbs have regular past participles:

infinitive	past participle	example	
-er verbs:			
aller	allé	il est allé	he came
arriver	arrivé	il est arrivé	he arrived
entrer	entré	il est entré	he entered
monter	monté	il est monté	he went up
rentrer	rentré	il est rentré	he went back home
rester	resté	il est resté	he stayed
retourner	retourné	il est retourné	he returned
tomber	tombé	il est tombé	he fell
-ir verbs:			
partir	parti	il est parti	he left
sortir	sorti	il est sorti	he went out
-re verb:			
descendre	descendu	il est descendu	he went down

(3) The following **être** verbs have irregular past participles:

infinitive	past participle	example	
mourir	mort	il est mort	he died
naître	né	il est né	he was born
venir	venu	il est venu	he came
revenir	revenu	il est revenu	he came back
devenir	devenu	il est devenu	he became

b. The past participle of a verb conjugated with **être** must agree in number and gender with the SUBJECT of the verb.

Ils sont tombé*s* dans la mer.	They fell into the sea.
Elle est allé*e* à la plage.	She went to the beach.
Nous sommes revenu*s* à huit heures.	We came back at eight o'clock.

When the subject is masculine singular, there is no change in the past participle.

Il est entré_dans l'église.	He entered the church/He went into the church.

c. The compound past indicative with **être** follows the same patterns as those for **avoir** verbs (see 8.3).

Elle n'est pas allée à la plage.	She didn't go to the beach.
Est-il entré dans l'église?	Did he go into the church?
Ne sont-ils pas tombés dans la mer?	Didn't they fall into the sea?
Vous êtes vite parti.	You left quickly.
Tu l'es devenu. (français)	You became so.

d. Remember that the compound past indicative is used to express actions that were completed in the past. See the verb chart above for English equivalents.

EXERCISES

A. Restate each sentence, using the **passé composé**.

1. Emile et Odile ne tombent pas de la sphère.
2. Les femmes entrent dans le commissariat.
3. Thérèse, tu montes dans l'autobus.
4. Partons-**nous** tout de suite? [**nous** = a mixed group]
5. Les gendarmes viennent-ils en moto?
6. Moi, **je** vais à la poissonnerie. [**je** = woman speaking]
7. Mes amis, vous arrivez vraiment très tard.

B. *Situation:* **Les Gammas à Saint-Tropez!**

Gilbert Dupré is a reporter from the well-known evening newspaper *France-Soir*. He is now composing a story on the Gammas' visit to the Saint-Tropez City Hall. He writes from his notes. Write the finished story (it will be in the past tense).

Les notes de Gilbert Dupré

Les Gammas arrivent en voiture à la mairie. Ils descendent de voiture et entrent dans la mairie. Ils montent au premier étage[2] où ils rencontrent[3] le maire et des gens de la ville.

Le maire prononce[4] un petit discours[5] de bienvenue[6]. Il donne du vin et tout le monde fête[7] l'arrivée des Gammas. Une petite fille apporte des fleurs à Odile. Après la cérémonie, les Gammas sortent de la mairie et partent en voiture.

Le reportage[1] pour *France-Soir*

[1] le reportage: news story.
[2] l'étage (m.): floor, story (in a building).
   le premier étage: 2nd floor (the French have a special name for the ground floor; étage is used only for floors above the ground floor).
[3] rencontrer: to meet, to encounter.
[4] prononcer: to pronounce, to deliver (a speech).
[5] le discours: speech.
[6] la bienvenue: welcome.
[7] fêter: to celebrate.

Il est mort!

[**Scene 1**: *In the Saint-Tropez police station, Oscar is questioning the Gammas and Roger.*]

OSCAR: Des Gammas! Des Gammas, ça! Ah non! Vous n'êtes pas des Gammas! Vous êtes des voleurs. [*Pulling Odile's hair*] Et ça, ce ne sont pas vos cheveux. C'est une perruque!

ODILE: Aïe, vous me faites mal!

ROGER: Ce sont ses cheveux, Monsieur le Commissaire!

OSCAR: Ah, ce sont vos cheveux naturels? Exusez-moi, Mademoiselle! Mademoiselle...?

ODILE: Odile.

OSCAR: Mon nom est Oscar. [*The two gendarmes enter.*] Alors? Vous avez trouvé ce Philippe?

1er GENDARME: Non!

OSCAR: Naturellement! Philippe n'existe pas!

EMILE: Si, Philippe existe.

ROGER: Oui, Monsieur le Commissaire, Philippe existe. C'est un ami de Madame Olga.

OSCAR: Taisez-vous! [*To one of the gendarmes*] Vous, allez chercher ce Philippe! [*The gendarme leaves.*] Je suis sûr que ce Philippe n'existe pas! [*To Roger*] Et vous, taisez-vous! [*To the other gendarme*] Vous, asseyez-vous là! Ecrivez! "Le vol dans la bijouterie..." [*To Emile*] Vous fumez?

EMILE: Non, merci, je ne fume pas.

ODILE: Les Gammas ne fument jamais.

OSCAR: Vous n'êtes pas des Gammas! Les Gammas ne volent jamais. Ils sont gentils. Ils sont très intelligents. Je ne crois pas que les Gammas existent.

1er GENDARME: [*Reading*] "Les Gammas ne volent jamais. Ils sont gentils..."

OSCAR: Qu'est-ce que vous écrivez?

1er GENDARME: J'écris ce que vous dites...

OSCAR: Non, pas ça! Prenez une autre feuille! Ecrivez: "Le vol dans la bijouterie."

1er GENDARME: "Le vol dans la bi-jou-te-rie..."

OSCAR: Qui est le chef?

ADRIEN: Le "chef"?

OSCAR: Oui, le chef, vous ne comprenez pas?

EMILE: Non.

ROGER: Chez les Gammas il n'y a pas de chef!

OSCAR: Alors, écrivez: "Quatre voleurs..." Le premier voleur: votre nom!

EMILE: Emile, mais je ne suis pas un voleur.

OSCAR: Taisez-vous! "Quatre voleurs: le premier appelé Emile." Le deuxième... Votre nom!

ADRIEN: Adrien. J'aime les bijoux, mais je ne vole pas.

OSCAR: "Quatre voleurs: le premier appelé Emile, le deuxième appelé Adrien, le troisième voleur est une femme, appelée Odile," et le quatrième?!

ROGER: Roger! Mais je ne suis pas un voleur!

OSCAR: "Et le quatrième appelé Roger."

1er GENDARME: "Quatre voleurs: le premier appelé Emile, le deuxième appelé Adrien, le troisième voleur est une femme, appelée Odile, et le quatrième appelé Roger."

LES GAMMAS: Nous ne sommes pas des voleurs! Nous sommes des Gammas! [*The gendarme suddenly falls forward until his head hits the desk.*]

OSCAR: Qu'est-ce qu'il y a? [*He lifts the gendarme's head.*] Mort! Il est mort!

130

ROGER: [*To the Gammas*] Vous avez tué le gendarme!

ODILE: Qu'est-ce que c'est, "tuer"?

ROGER: Tuer, c'est faire mourir! Il est mort!

EMILE: Nous n'avons pas tué le gendarme.

ADRIEN: Les Gammas ne tuent jamais.

ODILE: Jamais.

ROGER: [*To Oscar*] Les Gammas ne tuent pas.

# # # #

[**Scene 2:** *Oscar traces the trajectory of a bullet from the typewriter desk to the window.*]

OSCAR: Un trou dans la fenêtre...

EMILE: Oui, il y a un trou dans la fenêtre.

OSCAR: Quelqu'un a tiré... Alors... il y a quelqu'un dehors!

ROGER: Alors, ce ne sont les Gammas!

OSCAR: Ce n'est pas vous! [*He picks up the phone and tries to dial.*] Le téléphone ne marche pas.

ROGER: Qui voulez-vous appeler, Monsieur le Commissaire?

OSCAR: Des collègues!

ROGER: [*Rushing toward the door*] Je vais les chercher!

OSCAR: Non! Vous, vous restez ici! [*He looks out the window.*] Les fils sont coupés! Alors... quelqu'un a coupé les fils du téléphone.

ROGER: [*Starting toward the door*] Je vais chercher vos collègues!

OSCAR: Non, je vais les chercher moi-même! [*He starts to leave, then returns and puts handcuffs on the four "thieves."*] Comme ça, vous ne pouvez pas partir.

ODILE: Nous sommes des Gammas. Nous pouvons partir quand nous voulons.

OSCAR: Les Gammas peut-être, mais vous, vous n'êtes pas des Gammas! [*Oscar leaves. A few seconds later he staggers back in, sits down at the desk, and falls forward. Odile goes over to him.*]

ODILE: Mort!
[*The Gammas lift their arms and their handcuffs fall off.*]

EMILE: Il est mort!

ROGER: On a tué Oscar!

EMILE: Qui, "on"?

ROGER: Quelqu'un, dehors.

EMILE: Quelqu'un! Dehors!

ROGER: Où vas-tu, Emile?

EMILE: Dehors; je veux voir ce "quelqu'un"!
[*Emile steps outside, then staggers back in, exactly as Oscar had done.*]

ODILE: Emile! Il est mort!

ADRIEN: On a tué Emile.
[*Emile lifts his head and opens his eyes. From between his teeth he pulls out a bullet.*]

EMILE: Je n'aime pas ça!

ODILE: Emile!!! [*She kisses him and he shakes her hand.*] Que faire?

EMILE: Disparaître!
[*The Gammas disappear, leaving Roger behind.*]

ROGER: Je ne veux pas rester seul!

VOIX D'ODILE: A bientôt, Roger!
[*The door opens and the Gammas stumble down the stairs.*]

EMILE: On a voulu nous tuer!

ADRIEN: Quelqu'un veut nous tuer!

ODILE: Mais qui?

ROGER: Oui, qui? Qui?

VOIX D'OLGA: Les Gammas! Ohé, les Gammas!

EMILE: Olga de Crach!
[*Olga enters, carrying a tray full of glasses.*]

OLGA: Bonjour, je vous apporte à boire. Il faut boire!

EMILE: Vous savez qui a tiré?

OLGA: Tiré? On a tiré?! Sur qui?

ROGER: Sur nous!

ODILE: [*Gesturing toward the bodies*] Et sur eux!

OLGA: Ils sont morts?

EMILE: Vous ne savez rien?

OLGA: Non, rien! Je le jure! Ils sont morts. C'est affreux!

ROGER: Comment savez-vous que nous sommes ici?

OLGA: Oh, cher Roger! Tout le monde

à Saint-Tropez sait que les Gammas sont au commissariat!

[*She passes the tray again. Everyone takes a glass, but Emile does not drink.*]

ODILE, PUIS EMILE: J'ai soif.

ROGER: C'est bon!

EMILE: [*To Olga*]   Vous ne buvez pas?

OLGA: Je n'ai pas soif.

EMILE: [*Handing Olga a glass*]   Vous devez boire avec nous...

[*Roger, Adrien, and Odile fall to the floor. Olga drops her glass.*]

OLGA: Oh, j'ai cassé le verre. [*Emile pours out the contents and holds up his empty glass.*]   Vous avez bu, Emile?

EMILE: Oui.

ROGER: Nous allons mourir!

EMILE: Je vais mourir!

OLGA: Mais non, vous n'allez pas mourir, vous allez dormir. Tout simplement dor-mir! Do-do, do-do! Compris?

EMILE: Mais eux... Ils sont morts.

OLGA: Emile, vous êtes bête! [*She wipes the blood from the bullet wounds of the two men on the floor.*]   Le commissaire n'est pas mort. Il dort. Et le gendarme dort aussi. Eux aussi, ils dorment. Et vous aussi, vous allez dormir, Emile!

EMILE: Je vais dormir. Je dors.

OLGA: C'est ça! Dormez!

[*A car is heard approaching. As Emile watches, Olga goes up the steps and signals to the driver.*]

#   #   #   #

[**Scene 3**: *Philippe follows Olga into the police station.*]

PHILIPPE: Ils dorment.

OLGA: Vite! Ils vont se réveiller dans cinq minutes! [*Philippe tries to pick up the police chief.*]   Philippe! Tu es bête! Pas le commissaire! Le commissaire reste ici! [*He starts to pick up the gendarme.*]   Philippe, idiot! Pas le gendarme. Le commissaire et le gendarme restent ici.

PHILIPPE: Le commissaire et le gendarme restent ici?

OLGA: Bien sûr! Nous devons prendre seulement Roger et les Gammas!

PHILIPPE: Pourquoi?

OLGA: A cause de toi, Philippe. Tu comprends?

PHILIPPE: Non, je ne comprends pas.

OLGA: Philippe, qui a dit aux Gammas de voler les bijoux?

PHILIPPE: Moi?

OLGA: Qui a envoyé les Gammas dans la bijouterie?

PHILIPPE: Toi!

[*Olga slaps him.*]

OLGA: Aide-moi! [*They carry Roger up the steps and put him into the car, then return.*]   Vite, vite! Nous avons encore une minute. [*She touches Emile.*]   Il dort?

PHILIPPE: Mais oui, il dort.

[*Philippe picks up a glass from the tray and begins to drink. Olga knocks the glass out of his hand.*]

OLGA: Idiot!

PHILIPPE: J'ai soif.

OLGA: Tu vas dormir, Philippe, dormir, dormir!

PHILIPPE: Comment? Dormir?

OLGA: Vite!

[*They carry Odile and Adrien to the car, then return for Emile.*]

PHILIPPE: Je vais dormir. Je dors.

[*Philippe, no longer able to drag Emile, puts him down. With Olga's help, he staggers out. Meanwhile Emile moves back to where he had been.*]

OLGA: Mais, Emile était là-bas! Il n'était pas ici. Oh, qu'il est lourd! [*She tries to drag him by herself.*]   Il est lourd, Emile. [*Emile smiles.*]   Emile, vous ne dormez pas!

EMILE: Non, je ne dors pas.

[*The two "corpses" are starting to come to.*]

OLGA: Oh, Emile, aidez-moi!

EMILE: Pourquoi, chère Olga de Crach?

OLGA: Nous allons partir très loin.

EMILE: Pourquoi, chère Olga de Crach?

OLGA: Le commissaire ne doit pas savoir que vous êtes des Gammas!

EMILE: Pourquoi, chère Olga de Crach?

OLGA: Parce que vous pouvez être invisibles. Parce que Philippe vous a dit de voler.

EMILE: Oui, c'est Philippe le voleur. Pas les Gammas. Les Gammas ne volent pas.

OLGA: Vite, Emile! Venez avec moi!

EMILE: Je viens. Le commissaire ne doit pas savoir que nous sommes des Gammas. [*Emile and Olga leave. The gendarme and Oscar run out to catch them.*]

OLGA, PUIS EMILE: On part.

OSCAR: Halte! Arrêtez-vous! Halte! [*He pokes his head into the car.*] Alors, vous êtes vraiment les Gammas! Bienvenue en France!

VOCABULARY

affreux, -euse frightful
aider to help
apporter to bring
s'arrêter to stop
   arrêtez-vous! stop (*CF*)
la bienvenue welcome
casser to break
le chef leader
chez (les Gammas) among (the Gammas)
cinq five
le collègue colleague
je crois < croire[C7] I believe
dehors outside
deuxième second
vous devez < devoir[C9] you must/have to
vous dites < dire[C10] you say/tell
dodo (baby talk) sleep
j'écris
vous écrivez $\Big\}$ < écrire[C11] I'm writing / you are writing
envoyer to send
faire mal à to hurt/harm
la feuille sheet (of paper)
le fil wire
fumer to smoke
gentil, -le nice
halte! halt!
intelligent intelligent
jamais ever
   ne...jamais never
jurer to swear

loin far (away)
le mal harm, pain
   faire mal à to hurt
marcher to work (when the subject is a mechanical device)
la minute minute
moi-même myself
mort dead
mourir to die
ne...jamais never
ohé! yoo-hoo!
pouvoir[C23] + *INF* to be able to + *INF*
quatre four
quatrième fourth
quelqu'un someone
sait < savoir[C27] knows
savoir[C27] to know (a fact)
   tout le monde sait everybody knows
   vous savez you know
simplement simply
la soif thirst
tirer sur to fire a shot at
le trou hole
le tuer to kill
le verre glass
le vol robbery
il veut
nous voulons $\Big\}$ < vouloir[C34] he wants to / we want to
voulu < vouloir[C34] tried to (*PP*)

SPECIAL EXPRESSIONS

J'ai soif. I'm thirsty.

Vous me faites mal! You're hurting me!

SUPPLEMENTARY VOCABULARY

learning tools	le matériel scolaire		
book	le livre	paper (the material)	le papier
chalk	la craie	a sheet of paper	une feuille de papier
dictionary	le dictionnaire		
encyclopedia	l'encyclopédie (*f.*)	pen	le stylo
eraser (rubber)	la gomme	pencil	le crayon
ink	l'encre (*f.*)	rule, ruler	la règle
notebook, workbook	le cahier	typewriter	la machine à écrire

in the classroom	dans la salle de classe		
blackboard	le tableau noir	map	la carte
chair	la chaise	table	la table
desk; office	le bureau	wastebasket	la corbeille
class	la classe	professor, teacher	le professeur
course	le cours		
to take a course	suivre[C28] un cours		
to read	lire[C 16]	to write	écrire[C11]
to study	étudier		
assignment	le devoir	(term) paper	le rapport
homework	les devoirs	translation (into a foreign language)	le thème
oral report	l'exposé (*m.*)	translation (into the mother tongue)	la version

LANGUAGE NOTES AND EXERCISES

11.1 Reflexive verbs (*verbes pronominaux*)

   a. Many verbs in French can be used reflexively, i.e., the action of the verb reflects directly or indirectly onto the subject of the verb.

| Je m'appelle Roger. | My name is Roger. |
| Tu t'appelles Emile? | You're called Emile? |

non-reflexive forms		reflexive forms	
appeler	to call	**s'appeler**	to call oneself/ be called/ named
asseoir	to seat	**s'asseoir**	to seat oneself/sit down
(seldom used)		**se dépêcher**	to hurry
déshabiller	to undress	**se déshabiller**	to undress oneself/get undressed
mettre	to put	**se mettre**	to put onself/get (some-where, e.g., into bed)
réveiller	to wake up s.o.	**se réveiller**	to wake up/awaken

b. Some other, common verbs used reflexively are the following:

s'amuser	to have a good time
s'arrêter	to stop (oneself)
se coucher	to go to bed
se couper	to cut oneself
s'habiller	to get dressed
se laver	to wash (oneself)
se marier (avec)	to get married (to)/marry
se peigner	to comb one's hair
se poser (une question)	to ask oneself (a question)
se promener	to take a walk/go for a walk
se raser	to shave
se reposer	to rest

c. Reflexive verbs are called pronominal verbs in French because they are always accompanied by a reflexive pronoun functioning as the direct or indirect object. The reflexive pronoun must be in the same person and number as the subject. Infinitives of pronominal verbs are listed with the reflexive pronoun **se**.

se dépêcher			
je *me* dépêche	I hurry/am hurrying/ do hurry	nous *nous* dépêchons	we hurry, etc.
tu *te* dépêches	you hurry, etc.	vous *vous* dépêchez	you hurry, etc.
il elle } *se* dépêche on	he/it she/it } hurries, etc. one	ils elles } *se* dépêchent	they hurry, etc.

me > m'
te > t' } before a vowel sound   Il *s'*appelle Adrien.
se > s'

d. When a conjugated verb is followed by the infinitive of a pronominal verb, the reflexive pronoun must agree with the subject of the conjugated verb.

Je vais *me* coucher à dix heures.   I'm going to go to bed at ten o'clock.

e. The reflexive pronoun is placed before the verb in all cases except the affirmative command (see 12.4).

Tu *t'*amuses toujours chez eux.   You always have a good time at their place.

f. As with other direct and indirect object pronouns, the reflexive pronouns are a part of the verb unit and are placed inside negative expressions such as **ne...pas.**

Il ne *s'*appelle pas Hubert.   His name is not Hubert.

g. To ask a question using subject-verb inversion, the reflexive pronoun remains before the verb while the subject pronoun is placed after the verb to which it is connected by a hyphen.

***Vous* réveillez-vous à huit heures?**   Do you wake up at eight o'clock?

Ne *s'*appelle-t-elle pas Odile?   Isn't her name Odile?

See 12.4 for the imperative with an object pronoun and 16.1 for the compound past indicative of verbs used reflexively.

EXERCISES

A. Substitute the words in parentheses for the underlined word. Make all necessary changes in the sentences.

1. Tu ne t'appelles pas Gaston. (Nous, Ton frère, Vous, Je)

2. Vous amusez-vous beaucoup en vacances? (Vos parents, Gisèle, nous, tu)

3. Pourquoi Pierre se dépêche-t-il? (ta mère, les enfants, vous, nous, tu)

B. Supply the appropriate present indicative form of the verb in parentheses.

1. Nous _____ avec nos amis dans le parc. (se promener)[1]

2. Gisèle _____ avant d'aller au cinéma. (se peigner)

3. Les boulangers _____ tôt pour faire le pain. (se lever)[1]

4. Vous ne _____ pas à huit heures du soir. (se raser)

5. _____-tu Emile? (s'appeler)[2]

6. Moi, je ne _____ pas à minuit. (se coucher)

7. Mes amis et moi, nous _____ beaucoup ensemble. (s'amuser)

8. On _____ quand on est fatigué. (se reposer)

C. Give the question which would elicit the answers given here. Follow the model.

Model: **Jean-Paul se rase vite.**   **Comment[3] J.-P. se rase-t-il?**

1. Je me lève à sept heures.

2. Raymond se marie à l'église.

3. Tu te dépêches parce que tu veux voir le film.

4. Nous nous réveillons tard.

5. Olga de Crach s'habille avec élégance.

D. *Situation:* **C'est bien évident!**
Raoul is doing a bit of self-study: he's putting two and two together and notes the results. Finish establishing his list. Follow the model. Note that you have some flexibility in your choice of answers.

Model: Si je suis très fatigué, alors. . . je me couche à dix heures.

1. Si je me couche tard, alors. . . (se lever. . ./être fatigué)

2. Si je me réveille tard, alors. . . (être en retard/s'habiller mal)

3. Si je me rase vite, alors. . . (se couper/se faire mal)

4. Si je suis en retard, alors. . . (se dépêcher)

5. Si je suis toujours en retard, alors. . . (ne pas s'amuser)

11.2 Adverbs in *-ment*

a. Many adverbs of manner, i.e., adverbs which answer the question "how?," are formed by adding **-ment** to the feminine singular form of the adjective. Note that **-ment** corresponds to **-ly** in English.

---

[1] See 8.5 to review spelling changes in verbs of this type.
[2] See 2.6 to review spelling changes in **appeler**.
[3] See 4.3 to review interrogative words.

examples from Episodes 1–11		other examples	
exactement	exactly	**heureusement**	fortunately
naturellement	naturally	**silencieusement**	silently
seulement	only	**grandement**	greatly
terriblement	terribly	**lentement**	slowly
simplement	simply		

b. When the masculine singular form of the adjective ends in a vowel, the **-ment** is added to that form rather than to the feminine form.

vraiment	really, truly
poliment	politely
absolument	absolutely

c. Spelling irregularities

(1) Adjectives of more than one syllable ending in **-ent** or **-ant** replace the **-ent** or **ant** with **-em-** or **-am-** respectively before adding **-ment**.

évident	évidemment	obviously
patient	patiemment	patiently
récent	récemment	recently
bruyant	bruyamment	noisily
élégant	élégamment	elegantly

(2) A few adjectives add an acute accent to the feminine *e* ending when the adverbial **-ment** is added.

énorme	énormément	enormously
précise	précisément	precisely

(3) **Gentil** > **gentiment**

EXERCISE

Transform the following sentences as shown in the model.

Model: **Jules fait des phrases correctes.   Il parle correctement.**

1. La mère de Roger fait un repas simple. Elle cuisine[1] _____ .

2. Adrien ne parle pas toujours d'une façon[2] claire. Il ne parle pas _____ .

3. Ma mère est gentille. Elle parle toujours _____ .

4. Lilli porte des vêtements élégants. Elle s'habille _____ .

5. Le gendarme a parlé d'une façon[2] polie. Il a parlé _____ .

6. Emile danse d'une manière[2] joyeuse. Il danse _____ .

7. Le professeur utilise des mots précis. Il parle _____ .

11.3 Position of adverbs

The position of an adverb may vary according to the type of adverb, its length, its grammatical function within the sentence, and the emphasis being placed on it.

a. An adverb modifying an adjective, adverb, or preposition immediately precedes the word it modifies.

ADV + ADJ	C'est *très, très* bon!	It's very, very good!
	Je suis *trop* vieille.	I'm to old.
	Un bouillotte *bien* chaude...	A good hot water bottle...
ADV + ADV	Nous allons partir *très* loin.	We're going to go very far away.
	Plus vite! *Plus* vite!	Faster! Faster!
	Les Gammas ne se noient pas *si* vite.	The Gammas don't drown so fast.
ADV + PREP	Ils arrivent *bien* avant Odile.	They arrive long before Odile.

b. An adverb modifying a verb in a single tense usually follows that verb directly.

Emile était *là-bas*! Il n'était pas *ici*.	Emile was over there! He wasn't here.
Ils parlent très *bien français.*	They speak French very well.
On dit *aussi* que les Gammas n'existent pas.	People are also saying that the Gammas don't exist.

c. A number of common, one- or two-syllable adverbs modifying a verb in a compound tense generally follow the auxiliary verb, thus coming between the auxiliary verb and the past participle (9.3). These are some of the common adverbs of this type: **assez, aussi, beaucoup, bien, bientôt, déjà, souvent, toujours, trop.**

---

[1] **cuisiner:** to cook; **la cuisine:** cooking.
[2] **la façon, la manière:** fashion, manner, way.

Ils ont *assez* bu.	They have had enough to drink.
J'ai *déjà* mangé, merci.	I've already eaten, thank you.
Emile a *souvent* dansé avec Olga.	Emile often danced with Olga.

   d. An adverb of time or place modifying a verb in a compound tense usually comes *after* the past participle.

| Qu'est-ce que vous avez fait *là-bas*? | What did you do over there? |
| On est allé *d'abord* chez Roger. | First they went to Roger's house. |

   e. For reasons of emphasis, an adverb of time or place may be located at the beginning of the sentence rather than after the verb, especially the adverbs **aujourd'hui** (today), **demain** (tomorrow), and **hier** (yesterday).

| *Hier*, Roger était avec les Gammas. | Yesterday Roger was with the Gammas. |
| *Demain*, vous n'allez pas voler de bijoux. | Tomorrow you aren't going to steal any jewels. |

   f. An adverb ending in **ment** (11.2) may be placed at the beginning or end of a sentence, before or after the past participle, before the word it modifies, or in a position to receive stress.

C'est *exactement* ça.	It's exactly (like) that.
On a acheté *seulement* quand on a payé.	Something is bought only when it's paid for.
Il ronfle *terriblement*.	He snores terribly.
Ordinairement, on ne dort pas sur un canapé.	People don't usually sleep on sofas.
Il a *récemment* vu le maire.	He recently saw the mayor.

EXERCISES

A. Transform the following sentences by adding to each sentence one of the suggested adverbs: **trop, très, souvent, si, assez, peu, beaucoup, plus, aussi.** Make sure that each sentence remains meaningful.

   1. Emile a dansé.

   2. Adrien mange rapidement.

   3. Les gendarmes sont arrivés.

   4. Je n'ai pas parlé à mon amie Cécile.

   5. La sphère va vite.

B. Add to each sentence the indicated adverb of time or place.

   1. Vous n'avez pas dîné avec moi. (hier)

   2. Nous allons danser chez Olga. (souvent)

   3. Mes parents sont arrivés. (déjà)

4. Vas-tu dormir? (ici)

5. La secrétaire travaille au bureau. (aujourd'hui)

C. Talk about yourself, describing what you do through the use of adverbs. Use as many adverbs as possible.

Model: a. Je désire parler français correctement, alors, je parle lentement.

b. Mon ami Robert mange beaucoup, mais moi, je mange peu.

Suggested activities: se laver, s'habiller, manger, étudier, marcher, travailler, aller au laboratoire (en ville, au cinéma), dîner, danser.

D. Restate the following sentences in the **passé composé**. Be careful about correctly placing the adverbs. Start your sentences with **hier**.

1. Le professeur parle lentement à ses étudiants.

2. Sylvie et Henri n'étudient pas assez.

3. Les étudiants préparent[1] bien leurs leçons.

4. Mon professeur explique[2] patiemment les règles.

5. Les bons étudiants comprennent très vite.

6. Beaucoup de mes professeurs commencent d'abord la leçon au tableau noir.

E. *Situation:* **Parlez de vous!**

Ask the person next to you to answer the following questions, or answer them yourself. Use a variety of adverbs to describe what you do.

1. Comment étudies-tu en général?

2. Hier, comment as-tu étudié?

3. Comment as-tu préparé la leçon pour aujourd'hui?

4. Quand tu arrives au campus (au bureau), commences-tu tout de suite à travailler?

5. Comment aimes-tu ton cours de français?

6. Aimes-tu aussi tes autres cours?

7. Comment ton professeur de français parle-t-il?

8. Comment travailles-tu en classe?

11.4 Interrogative pronouns

Interrogative pronouns are used to ask for information. They correspond to English "who?," "whom?," and "what?". The choice of pronoun form is determined both by grammatical function in the question and by meaning, i.e., whether the information sought concerns a person or a thing.

[1] **préparer:** to prepare.
[2] **expliquer:** to explain.

a. Subject interrogative pronouns

person	**qui** + verb without subject? **qui** + form of **être**?	who? who?
thing	**qu'est-ce qui** + verb?	what?

Qui **vient?**	Who's coming?
Qui êtes-vous?	Who are you
Qu'est-ce qui est dans la sphère?	What's in the sphere?
Qu'est-ce qui fonctionne bien?	What works well.

There is an alternate long form of **qui** which is **qui est-ce qui?** . This can be used instead of **qui?** except when the question is composed of a form of **être** with a subject pronoun.

Qui est-ce qui **vient?**	Who's coming?
Qui est-ce qui **est le chef?**	Who is the leader?
but	
Qui êtes-vous?	Who are you?

b. Direct object interrogative pronouns

person	**qui** + subject-verb inversion? **qui est-ce que** + subject-verb?	whom? whom?
thing	**que** + subject-verb inversion? **qu'est-ce que** + subject-verb?	what? what?

Qui **voulez-vous appeler?**	Whom do you want to call?
Qui est-ce que vous avez réveillé?	Whom did you awaken?
Que **prenez-vous?**	What are you having (to eat or drink)?
Qu'est-ce que vous écrivez?	What are you writing?
*Qu'est-ce qu'*il y a?	What's the matter?

(1) **que** > qu'

                                    } before a vowel sound

    qu'est-ce que > qu'est-ce qu'

(2) The difference between the short form of the direct object interrogative pronouns (**qui?** , **que?**) and the long form (**qui EST-CE QUE?** , **qu'EST-CE QUE?**) is the addition of **EST-CE QUE** which calls for normal subject-verb word order, whereas the short form calls for inverted word order (see examples above).

(3) In Episodes 9 and 11, the expression **Que faire?** (What can we do?, What to do?) appears. This is not an exception to the above chart as much as a shortened form of, for example, **Que [pouvons-nous] faire?** — What [are we able] to do?

c. Object of a preposition

person	preposition + **qui?**	whom?
thing	preposition + **quoi?**	what?

A *qui* **écrivez-vous?**	To whom are you writing?
Avec *qui* **allez-vous à la mer?**	With whom are you going to the sea?
Avec *quoi* **managez-vous?**	What are you eating with?
Sur *quoi* **tire-t-il?**	What is he shooting at?

(1) When an interrogative pronoun object of a preposition is used in a complete sentence, either subject-verb inversion or **est-ce que** follows it (see above and following).

A qui *est-ce que* **vous écrivez?**	To whom are you writing?
Avec quoi *est-ce que* **vous mangez?**	What are you eating with?

(2) Interrogative pronouns are also used in utterances consisting of only the prepositional phase.

—**Je travaille avec eux.**	I work with them.
—**Avec** *qui* ?	With whom?
—**Ils ont peur des médicaments.**	They are afraid of medicine.
—**De** *quoi*?	Of what?

(3) The form **quoi?** has occurred in several episodes in rather special uses.

Ep. 1 **Ce sont des Gammas.** — **Des** *quoi*?	They are Gammas. — What?
Ep. 8 **C'est** *quoi*? —**De l'argent.**	What that? — Money.
Pour *quoi* **faire?** — **Pour payer.**	What for? — To pay (with).

Another common expression containing *quoi* is often heard in conversation. *Quoi* de neuf? (What's new?)

(4) **Quoi?** is also used in one-word questions, as is **comment?**, to ask someone to repeat an utterance. In all cases it means "what?" and never "who/whom?"

Entrez dans la sphère. —*Quoi*?	Get into the sphere. What?

EXERCISES

A. In the following sentences, replace the short form of each interrogative pronoun by its long form. Follow the model.

Model: **Qui avez-vous arrêté, Monsieur Javert?** → **Qui est-ce que vous avez arrêté, Monsieur Javert?**

1. Qui a tué Oscar?
2. Que commandes-tu au garçon?
3. Qui est mort?
4. De qui le commissaire parle-t-il?
5. Qui écoutez-vous[1] attentivement?
6. Avec quoi coupez-vous la viande?
7. Qui voulez-vous appeler?
8. Sur qui a-t-on tiré?

B. Ask the questions which will elicit the following answers, using the short form of the interrogative pronoun. Follow the models.

Models: a. **Quelqu'un** a coupé les fils du téléphone. → Qui a coupé les fils du téléphone?

b. Je parle **au ministre**. → A qui parlez-vous?

1. **Olga** a cassé le verre.
2. Philippe aide **Olga**.
3. **Un Gamma** ne tue jamais.
4. Elle a cassé **le verre**.
5. Je parle **du vol**.
6. Nous avons volé **les bijoux**.
7. Je place la gomme **sur la table**.

C. Now do the same as in B above, using the long form of the interrogative pronoun. Use the same sentences.

Models: a. **Quelqu'un** a coupé les fils du téléphone. → Qui est-ce qui a coupé les fils du téléphone?

b. Je parle **au ministre**. → A qui est-ce que vous parlez?

D. *Situation:* **Parlons ensemble!**

Ask the person next to you to answer the following questions, or answer them yourself.

1. Qui êtes-vous?
2. Qu'est-ce que vous faites maintenant?
3. Avec qui allez-vous au laboratoire de langues?
4. Sur quoi avez-vous mis vos livres?

---

[1] écouter: to listen (to); takes a direct object in French.

144   *Les Gammas! Les Gammas!*

5. Qu'est-ce qui est devant votre bureau?

6. Qu'est-ce qui est derrière le professeur?

7. A qui allez-vous téléphoner ce soir?

E. *Situation:* **Je dis "tu" à mes amis.**

Now restate each of the questions in "D" above using the familiar form **tu.**

11.5 The irregular verb *savoir* (to know)

a. Present indicative

The verb **savoir** is irregular in the present indicative in that it has one stem **sai-** for singular forms and a different stem **sav-** for plural forms.

savoir					
singular			plural		
je	*sai s*	I know/am knowing/ do know	nous	*sav ons*	we know, etc.
tu	*sai s*	you know, etc.	vous	*sav ez*	you know, etc.
il elle on	*sai t*	he/it she/it one } knows, etc.	ils elles	*sav ent*	they know, etc.

Je *sais* **où nous allons.**	I know where we're going.
Vous *savez* **qui a tiré?**	Do you know who fired a shot?

b. Imperative mood

The imperative mood of **savoir** is irregular in formation. See 17.1.

c. Compound past indicative

The compound past indicative of **savoir** is formed with the auxiliary verb **avoir** and the irregular past participle **su**. The compound past corresponds to "found out" rather than "knew" which is usually rendered by the imperfect indicative (24.1).

Il *a su* **où nous sommes allés.**	He found out where we went.
Ils *ont su* **comment elle est partie.**	They found out how she left.

For other forms of **savoir**, see Appendix C.27.

d. When **savoir** is followed by an infinitive, it corresponds to English "to know how to."

Vous *savez* **tirer?**	Do you know how to shoot?
Les Gammas *savent* **jouer avec la sphère.**	The Gammas know how to play with with the sphere.

Roger *sait* trouver la mer.	Roger knows how to find the sea.

e. When **savoir** is followed by a noun, it means "to know a fact," for example, a date, a name, an address, etc.

Savez-vous la date?	Do you know the date?
Oui, je *sais* son nom.	Yes, I know her name.

f. **Savoir** meaning "to know a fact" can also be followed by a clause beginning with a question word such as **où** (where), **quand** (when), or **qui** (who), or a conjunction such as **que** (that).

Je *sais* où sont les Gammas.	I know where the Gammas are.
Ils *savent* que tu es un Gamma.	They know that you are a Gamma.

EXERCISES

A. Substitute the words in parentheses for the underlined word(s).

Make all necessary changes in the sentences.

1. Sais-<u>tu</u> où sont tes cousins? (nous, Ton ami André, La petite Juliette, vous)
2. <u>Jocelyne</u> n'a pas su la bonne réponse. (Je, Les mauvais étudiants, Tu, Vous)
3. <u>La femme</u> sait pourquoi son frère est parti. (Nous, Leurs amis, Vous, Je)

B. Supply the appropriate form of the present indicative of **savoir**.

1. Moi, je ne _____ pas pourquoi les Gammas sont à Saint-Tropez.
2. Emile _____ -il bien parler français?
3. Vos amis et vous ne _____ pas où est le maire.
4. Mais oui, nous _____ le nom de ce monsieur.
5. Comment _____ -tu que j'ai faim?
6. Tous les gens ne _____ pas que les Gammas sont arrivés.

C. *Situation:* **Parlons ensemble!**

Ask the person next to you to answer the following questions, or answer them yourself.

1. Savez-vous où est votre père/mère maintenant?
2. Savez-vous où est le stylo du professeur?
3. Est-ce que vos parents savent que vous étudiez le français?
4. Votre mère sait-elle que vous allez au cinéma avec vos amis?
5. Les étudiants savent-ils où trouver un bon dictionnaire?
6. Savez-vous où est la carte de France dans votre salle de classe?

Ils sont tous fous ici!

[**Scene** 1: *A scientist is pacing back and forth outside a research institute.*]

OSCAR: Venez! Vite! Le savant nous attend. Mes enfants, mes chers Gammas, voilà l'institut. Les savants vont vous examiner.

EMILE: Examiner . . . ?

OSCAR: Oui, ils vont vous regarder de très près. Après, ils vont dire que vous êtes des Gammas! Maintenant, Roger, tu dois retourner chez toi, en Bourgogne. D'accord?

ROGER: Je retourne chez moi. A bientôt, Odile. A bientôt.

[*Odile and Roger embrace. Odile weeps.*]

OSCAR: Les Gammas pleurent . . . ?

EMILE: A bientôt, Roger. Au revoir!

ADRIEN: A bientôt!

[*Roger leaves.*]

OSCAR: Elle aime Roger?

EMILE: Oui, elle aime Roger.

OSCAR: Ça alors! Une femme Gamma aime un Français!

SAVANT: Venez!

OSCAR: On vient!

SAVANT: Je vous attends depuis deux heures!

OSCAR: Il y avait beaucoup de voitures sur l'autoroute.

SAVANT: [*Shaking hands*] Bonjour. [*Scene: inside the institute.*]

SAVANT: [*To the director*] Voilà les Gammas.

CHEF: Ils déclarent qu'ils sont des Gammas!

OSCAR: Les autorités, le ministre et le préfet veulent savoir si ces gens sont des Gammas ou non. Il faut un rapport, un rapport très précis.

CHEF: Je sais, je sais. Adieu.

OSCAR: Au revoir, Emile. Au revoir, Adrien. Au revoir, Odile. Et vivent les Gammas. Les Gammas, c'est vous!

CHEF: Ce ne sont pas des Gammas.

SAVANT: Ce ne sont pas des Gammas? Pourquoi?

CHEF: Regardez leurs cheveux. Ils ont les mêmes cheveux que vous et moi, seulement plus longs. Je vous les laisse. Examinez-les. Faites un rapport. Mais ce ne sont pas des Gammas!

SAVANT: [*Shouting*] Ouaaah! Les Gammas entendent. [*Examining Emile*] Il a des oreilles. [*Examining Adrien*] Lui aussi a des oreilles. Donc ils ont des oreilles.

ADRIEN: Et pourquoi pas?

ODILE: Moi aussi, j'ai des oreilles, j'ai deux oreilles.

SAVANT: [*Sticking a bottle under the nose of each Gamma*] Les Gammas peuvent sentir avec leur nez. [*He jumps on their bare feet, then sprinkles them with water.*] Ils ont un système nerveux normal. [*Emile, seated at a small table, knocks down the structure he has built with toy blocks.*] Ils ne sont pas intelligents! Vous n'êtes pas intelligents! [*He points to a wall chart.*] Voilà un Gamma! Vous n'êtes pas des Gammas! Vous êtes . . . vous êtes des charlatans!

[Scene 2: *Later. The Gammas are stretched out on beds.*]

SAVANT: Parlez-moi de vous.

EMILE: Parler . . . de qui?

SAVANT: De vous.

EMILE: Mon nom est Emile . . .

SAVANT: Oui . . . et alors?

EMILE: Alors? . . . . Un bouton! J'ai un bouton. Est-ce que vous avez un bouton? Non, je n'ai pas de bouton. Un bouton, mon bouton, ton bouton, son bouton.

SAVANT: Mon bouton, ton bouton, son bouton? Quel bouton? Qu'est-ce que ça veut dire?

EMILE: Rien!

SAVANT: Taisez-vous! [*To Adrien*] Qu'est-ce que vous aimez?

ADRIEN: J'aime les fleurs . . . J'aime, oh, j'aime les fleurs. J'aime beaucoup les fleurs, les fleurs. J'aime . . . j'aime toutes les fleurs. Est-ce que vous aimez les fleurs? Tu aimes, il aime les fleurs, nous aimons les fleurs.

SAVANT: Vous êtes fou! Taisez-vous! Vous n'êtes pas un Gamma!

ODILE: J'aime les fleurs, mais j'aime surtout Roger. J'aime Roger le matin, à midi et le soir. J'aime tout le temps Roger. Roger m'aime. Nous nous aimons.

SAVANT: Vous n'êtes pas des Gammas, car vous n'êtes pas intelligents! [*Pointing to the chart*] Voilà un vrai Gamma! [*The Gammas disappear. The director returns.*]

CHEF: Qu'est-ce qu'il y a?

SAVANT: Ce ne sont pas des Gammas.

CHEF: Je le savais. Je vous l'ai dit.

SAVANT: Ce ne sont pas des Gammas car ils ne sont pas intelligents. [*The director sees only three empty beds.*]

CHEF: Qu'est-ce que vous dites?

SAVANT: Je dis que ça, ne sont pas des Gammas, c'est . . .

CHEF: Un lit . . .

SAVANT: Un lit? Qu'est-ce que vous voyez là?

CHEF: Un lit.

SAVANT: Moi, je vois trois personnes, très petites, et qui dansent. Oh, ils dansent. Ils sont tout petits. Et ils dansent.

CHEF: Couchez-vous! Dormez! Et mettez-vous bien ça dans la tête . . . Les Gammas n'existent pas. Si, les Gammas existent. [*Pointing to the chart*] Mais ils ont cette forme. [*The Gammas reappear.*]

EMILE: Qu'est-ce que vous aimez?

ADRIEN: Parlez-moi de vous.

ODILE: Répétez: Roger est en Bourgogne.

SAVANT: Roger est en Bourgogne.

ODILE, PUIS SAVANT: Les Gammas visitent la France.

EMILE, PUIS SAVANT: Ils n'ont pas de trompe.

ADRIEN, PUIS SAVANT: Ils ont un nez.

ODILE, PUIS SAVANT: Ils ont des oreilles normales.

EMILE, PUIS SAVANT: Les Gammas sont très intelligents. [*They subject the scientist to the same "experiments" he had performed on them.*]

ADRIEN: Il entend.

EMILE: Les Français ont des oreilles.

ADRIEN: Ils peuvent sentir avec le nez.

ODILE: Les Français ont un système nerveux normal.

#   #   #   #

[Scene 3: *A press conference at the institute.*]

CHEF: Messieurs! Madame! Ce ne sont pas des Gammas! Ceux-là ne sont pas des Gammas. Ce sont des . . . des . . . vous voyez ce que je veux dire. [*Pointing *to the chart*] Ça, c'est un vrai Gamma! Le Gamma a une trompe. Avec cette trompe il suce l'eau . . . comme ça. Il a trois pieds. Il marche comme ça: un, deux, trois, un, deux, trois. Il a des cheveux.

SAVANT: Messieurs, je ne suis pas d'accord avec mon chef. Les Gammas n'ont pas de trompe. Ils n'ont pas trois pieds. Ils ont un nez comme vous et moi. Ils ont beaucoup de cheveux, ça c'est vrai . . .

LA JOURNALISTE: Montrez-les, Monsieur.

SAVANT: Les voici.

LES JOURNALISTES: Les Gammas! Ce sont des Gammas!

CHEF: Excusez mon collègue. Il est fou!

OSCAR: Bonjour, Emile! Salut, Adrien! Bonjour, Odile! Comment ça va?

LES GAMMAS: Ça va bien.

ODILE: Ils sont tous fous ici.

CHEF: Mon collègue est ventriloque. Il parle avec le ventre. Moi aussi, je peux parler comme ça. Tenez: ils sont tous fous ici.

LA JOURNALISTE: Bonjour, les Gammas.

LES GAMMAS: Bonjour!

CHEF: Ça suffit!

SAVANT: Oh, mais ce n'est pas moi qui parle. Regardez, là-bas! Ce sont les Gammas qui parlent!

LES GAMMAS: Bonjour!

CHEF: Charlatan! Arrêtez de faire le ventriloque.

LA JOURNALISTE: Je proteste. Est-ce que nous sommes au cirque ou dans un institut scientifique?

CHEF: Donc, le seul Gamma qui existe est le Gamma à trompe.

LA JOURNALISTE: [*Writing down the director's words.*] Le seul Gamma qui existe est le Gamma à trompe, le Gamma sans nez, avec trois pieds . . .

EMILE: Vous avez raison, Monsieur. Un Gamma qui n'a pas de trompe n'est pas un Gamma.

CHEF: Très juste, Monsieur, tout à fait exact. Et pourquoi, Monsieur, un Gamma sans trompe n'est-il pas un Gamma?

EMILE: Un Gamma sans trompe ne peut pas boire!

CHEF: Voila! Un Gamma sans trompe n'est pas un Gamma parce qu'il ne peut pas boire!

LA JOURNALISTE: Les Gammas sans trompe ne sont pas des Gammas!

OSCAR: Donc, vous êtes sûr, les gens que vous avez examinés ne sont pas des Gammas?

CHEF: Non, ce ne sont pas des Gammas et je vais le dire au ministre.

OSCAR: Monsieur le Savant, vous n'êtes pas un savant! [*He telephones from the hallway of the institute.*] Monsieur le Ministre . . . oui, ce sont des Gammas, mais le savant ne veut pas le croire.

VOIX DU MINISTRE: Le savant a raison, Oscar. Un savant a toujours raison. Vos Gammas n'existent pas. [*The Secretary hangs up.*]

OSCAR: Mes Gammas existent!! [*He hangs up, then dials again.*] Allô. Passez-moi le ministre.

VOIX DU MINISTRE: Qu'est-ce qu'il y a, Oscar?

OSCAR: Monsieur le Ministre, je vous donne ma démission.

VOIX DU MINISTRE: Oh, vous démissionnez, Oscar?

OSCAR: Oui, Monsieur le Ministre. Je démissionne.

VOIX DU MINISTRE: Et pourquoi, Oscar?

OSCAR: Parce que mes Gammas existent.

VOIX DU MINISTRE: Vos Gammas n'existent pas.

OSCAR: Si, ils existent, Monsieur le Ministre. Et je vais vous le démontrer.

VOIX DU MINISTRE: Comment allez-vous le démontrer, Oscar?

OSCAR: Maintenant je suis détective. Oscar, le détective, va demontrer que les Gammas existent.

SAVANT: [*To Oscar, outside the institute*] Monsieur! Les Ga . . . les Ga . . . les Gammas sont partis.

OSCAR: Les Gammas sont partis?

SAVANT: Oui, avec la sphère, dans le ciel.

OSCAR: Ils sont partis. [*He takes out a map.*]

SAVANT: Qu'est-ce que vous faites,
          Monsieur le Commissaire?
OSCAR: Monsieur le Détective . . .
          maintenant je suis détective.
SAVANT: Qu'est-ce que vous faites,
          Monsieur le Détective?

OSCAR: Moi? Je cherche les Gammas.
          Et je vais les retrouver. Je vais
          démontrer au ministre que ce sont
          des Gammas. Adieu!
SAVANT: Adieu. Bonne chance, Mon-
          sieur! Les Gammas sont très intelligents!

VOCABULARY

à (trompe)   with (a trunk)
d' accord   all right, agreed, O.K.
    être d'accord avec   to agree with
    adieu   good-bye
s' aimer   to love each other
    après   after(wards)
    arrêter (de + INF)   to stop (. . . ing)
l' autorité (f.)   authority
l' autoroute (f.)   freeway
    ceux-là (m.)   those (dem. PN)
la chance   luck
    bonne chance!   good luck!
le charlatan   charlatan
le cirque   circus
se coucher   to lie down/go to bed
d' accord   all right, agreed, O.K.
    être d'accord avec   to agree with
    déclarer   to say/declare
la démission   resignation
    démissionner   to resign
    démontrer   to prove/demonstrate
    depuis (deux heures)   for (two hours)
le détective   detective
    exact   accurate, exact
    examiner   to examine
la forme   form
l' institut (m.)   institute
    juste   right, true
le midi   noon
    nerveux, -euse   nervous

normal   normal
passer   to get (s.o. on the line/phone)
la personne   person (pl. people)
    pleurer   to weep
    précis   prefect
le préfet   perfect
    près   close
    de très près   very closely
    protester   to protest
le rapport   report
    répéter   to repeat
    retourner   to go back/return
    retrouver   to find (again)
je savais < savoir C 27   I knew (IMP)
    scientifique   scientific
    sentir C20   to smell
    sucer   to suck (up)/sip
    surtout   especially
le système   system
la tête   head
    tous (m., pl.)   all
le ventre   stomach, belly
    parler avec le ventre   to throw one's
      voice
le ventriloque   ventriloquist
    faire le ventriloque   to play the
      ventriloquist
    visiter   to visit (a place)
    vouloir dire   to mean
    Qu'est-ce que ça veut dire?   What
      does that mean?

SPECIAL EXPRESSIONS

Ça, alors!   How about that?!
Ça suffit!   That's enough!
(Comment) Ça va?   How's everything?
      How are things going?

Mettez-vous bien ça dans la
    tête!   Get this into your
    head!
tout à fait   completely,
    entirely

SUPPLEMENTARY VOCABULARY

illnesses and care		les maladies (f.) et les soins (m.)	
aspirin	l'aspirine (f.)	prescription	l'ordonnance (f.)
doctor	{ le médecin	to catch a cold	attraper un rhume
	{ le docteur	to feel fine/sick	aller bien/mal
health	la santé	to have a fever	avoir de la fièvre
healthy	en bonne santé	to have the flu	avoir la grippe
hospital	l'hôpital (m.)	to have a pain in	avoir mal à +
ill	malade	+ body part	body part
illness	la maladie	to rest	se reposer
medecine	le médicament	to stay in bed	rester au lit
nurse	{ l'infirmiére (f.)		
	{ l'infirmier (m.)		

LANGUAGE NOTES AND EXERCISES

12.1 The irregular verb *devoir* (must, to have to; to owe)

a. Present indicative

The verb **devoir** has three different stems in the present indicative: **doi-** for the singular forms, **dev-** for the first and second person plural, and **doiv-** for the third person plural.

devoir					
singular			plural		
je	*dois*	I must	**nous**	*dev ons*	we must
tu	*dois*	you must	**vous**	*dev ez*	you must
il		he/it	**ils**		
elle	*dois t*	she/it } must	**elles**	*doiv ent*	they must
on		one			

Roger *doit* partir.	Roger has to leave.
Vous *devez* boire avec nous.	You must drink with us.

b. Imperative mood

The imperative mood of **devoir** is regular in formation. It is used only with the meaning "to owe."

Ne *dois* jamais d'argent à tes amis.	Never owe money to your friends.

c. Compound past indicative

The compound past indicative of **devoir** is formed with the auxiliary verb **avoir** and the irregular past participle **dû.**

Il *a dû* démissionner.	He had to resign.
Elles *ont dû* se coucher à huit heures.	They had to go to bed at eight o'clock.

The circumflex accent on the past participle is used only in the masculine singular form.

For other forms of **devoir**, see Appendix C.9.

d. Meanings

(1) The verb **devoir** is most often used with an infinitive (as in all of the preceding examples). When an infinitive follows **devoir** in the present or compound past indicative, it can mean one of two things:

(a) obligation or necessity

Tout le monde *doit* se reposer.	Everybody must rest.
Ils *ont dû* examiner l'autoroute.	They had to examine the freeway.

(b) probability

Tu *dois* être perdu.	You must be (probably are) lost.
Elle *a dû* avoir soif.	She must have been thirsty./She was probably thirsty.

(2) When an infinitive follows **devoir** in the present indicative, it can also express intention.

Roger *doit* aller à Saint-Tropez avec les Gammas.	Roger is (supposed) to go to Saint-Tropez with the Gammas.

(3) When a noun follows **devoir** in the present indicative, the verb means "to owe."

Ils me *doivent* cinq dollars.	They owe me five dollars.
Nous lui *devons* un dîner.	We owe him/her a dinner.

EXERCISES

A. Substitute the words in parentheses for the underlined word(s).

1. Tu ne dois pas boire trop de café. (Michèle, Les gens, Nous, Je, Vous)

2. L'étudiant a-t-il dû aller à l'hôpital? (Ses cousins, vous, nous, tu)

3. Rose doit dix francs au pharmacien. (Je, Nous, Tu, Les Leduc)

B. Supply the appropriate forms of **devoir.**

1. Les Gammas _____ parler français.

2. Vous ne _____ pas manger du poisson tous les jours.

3. Moi, je _____ toujours faire la cuisine.

4. Hier, mon oncle et moi, nous _____ aller au commissariat.

5. Pierre, tu _____ attendre l'arrivée de l'avion avant-hier.

6. Le gendarme _____ écrire un rapport hier matin.

C. Transform the following sentences according to the model.

Model: Emile **mange** trop.   Emile **ne doit pas manger** trop.

1. Simon se couche tard.

2. Estelle et Véronique quittent leur travail.

3. Oscar cherche les Gammas à Paris.

4. Ils se regardent souvent dans le miroir.

5. Tu demandes vingt francs à ta mère.

6. Nous tirons sur le voleur.

D. *Situation:* **Le matin, je dois . . .**

You are talking about your and your mother's early morning activities. You say all you *must* do before coming to breakfast and all she *must* do. Select from the following activities: to get up, to get washed, to get dressed, to do the cooking, to study, to prepare a meal, to prepare a lesson.

Vous	*Votre mère*
1. Moi, je dois . . .	1. Ma mère . . .
2. Je . . .	2. Elle . . .
3. Je . . .	3. Elle . . .
4. Et je . . .	4. Et elle . . .

12.2 Idiomatic use of the present indicative with *depuis* **(for, since),** *il y a . . . que* **(for), and** *voilà . . . que* **(for)**

a. To express an action or state that began in the past and is still going on at the present time, the present indicative of the verb is used with either **depuis** + a point in time or **depuis** + a length of time.

| **Ils sont là *depuis* huit heures du matin.** | They have been there since eight a.m. (They are there since 8:00 a.m.) |
| **J'écris cette lettre *depuis* vingt minutes.** | I've been writing this letter for twenty minutes. (I'm writing this letter for a period of twenty minutes.) |

b. Instead of **depuis**, placed after the verb, **il y a . . . que** or **voilà . . . que** may be used with a length of time. The latter two constructions are always placed at the beginning of the sentence.

Elle parle avec Roger depuis une heure.

Il y a une heure qu'elle parle avec Roger.   } She has been talking to Roger for one hour.

Voilà une heure qu'elle parle avec Roger.

While the sentence with **depuis** might also be the equivalent of "She has been talking to Roger since one o'clock," the meaning of the sentence should be clear in context. **Il y a . . . que** and **voilà . . . que** never correspond to "since."

c. The present tense verb in **depuis** idioms, as well as **il y a . . . que** and **voilà . . . que** idioms, differs from English equivalents of other tenses studied to date.

	French	English
present indicative	**Vous buvez du café.**	You drink coffee. You do drink coffee. You are drinking coffee.
compound past indicative	**Vous avez bu du café.**	You drank coffee. You have drunk coffee. You did drink coffee.
present indicative + **depuis** (since)	**Vous buvez du café depuis midi.**	You have been drinking coffee since noon.
present indicative + **depuis,** **il y a . . . que,** **voilà . . . que**	**Vous buvez du café depuis cinq ans.** **Il y a cinq ans que vous buvez du café.** **Voilà cinq ans que vous buvez du café.**	You have been drinking coffee for five years.

d. Question forms

Depuis + a point in time (i.e., a specific year, day, hour, etc.) answers questions with **depuis quand?** (since when?). **Depuis, il y a . . . que,** or **voilà . . . que** + a length of time answers questions with **depuis combien de temps?** (since how much time/what amount of time?).

Depuis quand attendent-ils?	Since when (i.e., since what point in time) have they been waiting?
Ils attendent **depuis** six heures et demie.	They have been waiting since six-thirty.
Depuis combien de temps travaille-t-elle dans un restaurant?	(For) How long has she been working in a restaurant?
Elle travaille dans un restaurant **depuis** trois soirs. **Il y a** trois soirs **qu'**elle travaille dans un restaurant. **Voilà** trois soirs **qu'**elle travaille dans un restaurant.	She has been working in a restaurant (for) three evenings.

EXERCISES

A. In the following sentences, replace **depuis** wherever possible by **il y a . . . que** or **voilà . . . que**. Make all other necessary changes in the word order.

1. Arthur est malade **depuis** huit jours.

2. Notre boulanger est à l'hôpital **depuis** hier.

3. Avez-vous vraiment la grippe **depuis** deux jours?

4. Cette gentille infirmière travaille ici **depuis** trois ans.

5. J'ai de la fièvre **depuis** ce matin, docteur.

B. *Situation:* **Le train est en retard**

You arrived at the station at 8:00 a.m. It is now 8:45. The train has not arrived yet and you are confused. A porter notices that you are an American and asks you some questions. Answer these in a meaningful way.

Le porteur[1]	*Vous*
1. Depuis combien de temps attendez-vous?	1. _____
2. Depuis quand êtes-vous en France?	2. _____
3. Depuis combien de temps étudiez-vous le français?	3. _____
4. Depuis quand voyagez-vous par le train?	4. _____

C. *Situation:* **Faisons connaissance**[2] !

You and the person seated next to you are going to exchange some basic personal information. Ask him/her the following questions in French and he/she will provide the appropriate answer.

1. (For) How long have you been studying French?

2. Since when have you been living (use **habiter**) in this town?

3. (For) How long have you been at the university?

12.3 The regular comparative of adverbs and adjectives

The regular comparative of adverbs and adjectives follows this pattern:

$$\left.\begin{array}{l} \textbf{plus} \quad (more) \\ \textbf{moins} \quad (less) \\ \textbf{aussi} \quad (as) \end{array}\right\} + ADJ/ADV + \textbf{que} \ (than, as) + N/PN$$

a. Adverbs

Emile travaille **plus vite qu**'Odile.

Emile works more quickly/faster than Odile.

Adrien travaille **moins vite** qu'Emile.

Adrien works less quickly/less fast than Emile.

---

[1]**le porteur:** porter.
[2]**faire connaissance:** to get acquainted.

Odile travaille **aussi vite qu'**Adrien.	Odile works as quickly/as fast as Adrien.

b. Adjectives

Les Gammas ont les cheveux **plus longs que** vous et moi.	The Gammas have hair longer than you or I (have)./The Gammas' hair is longer than yours or mine.
Nous avons les cheveux **moins longs que** les Gammas.	We have hair less long than the Gammas (have)./Our hair is less long than the Gammas'.
J'ai les cheveux **aussi longs que** vous.	I have hair as long as you (have)./My hair is as long as yours.

When the adjective precedes the noun, the **que** element of the comparison is placed after the noun.

following the noun:

J'aime mieux une auto **plus rapide que** ça.	I prefer a car faster than that.

separated from the noun:

Odile est **plus belle que** Lilli.	Odile is more beautiful than Lilli.

but

preceding the noun:

C'est un **plus vieux** café **que** le Café de la Paix.	It's an older café than the Café de la Paix.

c. The second part of the comparison, i.e., **que** and following, may be omitted without affecting the rest of the comparison.

Cette limonade est **moins fraîche.**	This lemon soda is less fresh.
La gare est **plus loin.**	The station is farther (on).
Parlez **plus vite**!	Talk faster!

EXERCISES

A. *Situation:* **Au magasin**

You are comparing different items of clothing before buying them. You are thus using expressions such as: more . . . than, less . . . than, as . . . as. Complete the sentences so they are meaningful. Follow the model.

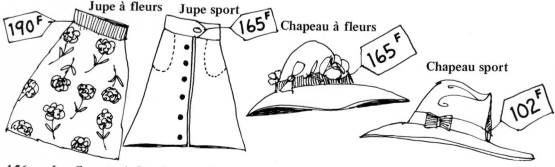

Jupe à fleurs   Jupe sport   190ᶠ   165ᶠ   Chapeau à fleurs   165ᶠ   Chapeau sport   102ᶠ

Model: (cher) La jupe à fleurs est plus chère que la jupe sport.

1. (élégant) La jupe sport est _____ _____ _____ la jupe à fleurs.

2. (cher) La jupe sport est _____ _____ _____ le chapeau à fleurs.

3. (élégant) Le chapeau à fleurs est _____ _____ _____ le chapeau sport.

4. (cher) La jupe à fleurs est _____ _____ _____ le chapeau à fleurs.

B. In each sentence, replace the underlined adjective with the one given in parentheses. Do not forget that adjectives must follow the rules for agreement and placement.

1. Pauline a une auto plus économique[1] que l'auto de Julie. (beau)

2. Vous avez une respiration aussi rapide que ma respiration. (bon)

3. La grippe est une plus mauvaise maladie que le rhume. (sérieux)

4. Le docteur Sabin est un aussi grand médecin que le docteur Salk. (célèbre[2])

C. Complete the sentences by adding the adverb form indicated in parentheses.

1. Pierre parle vite. Il parle _____ _____ _____ son frère Jean. (faster than)

2. Simone a mal à la main; elle ne peut pas écrire _____ _____ _____ son amie Charlotte. (as fast as)

3. Roger a mal aux pieds; il ne peut pas aller _____ _____ . (farther)

4. Ma tante a mal à la tête; elle va _____ _____ _____ moi. (less well than)

12.4 The imperative with an object pronoun

a. Ordinarily, direct and indirect object pronouns precede the verb they complete (5.4, 6.1, and 8.2). However, when a direct or indirect object pronoun completes an affirmative command (i.e., a command which is not negative), it follows the verb and is linked to it by a hyphen. Reflexive pronouns are treated the same as the other direct and indirect object pronouns.

Prenez-*la*!	Take it!
Arrêtez-*les*!	Stop them!
Montre-*nous* ce que tu vois!	Show us what you see!
Dis-*lui* de grandir encore un peu!	Tell it to get a little bit bigger!
Arrêtez-*vous*!	Stop!
Amusons-*nous*!	Let's have a good time!

The pronouns **le** and **la** never elide in final position in the verb unit.

Achetez-*le* à Paris.	Buy it in Paris.

b. When **me** or **te** is the last element of the verb unit (i.e., the last element linked to the verb by a hyphen), the stressed form **moi** or **toi** is used instead.

Donnez-*moi* la bouteille, Stéphanie.	Give me the bottle, Stephanie.
Parlez-*moi* de vous.	Tell me about yourself.
Déshabille-*toi*, Roger!	Get undressed, Roger!

[1]économique: economical.
[2]célèbre: famous.

c. When the command is negative, regular pronoun word order is used, i.e., the pronouns precede the verb.

Ne *les* examinez pas!	Don't examine them!
Ne *me* donnez pas l'argent.	Don't give me the money.
Ne *vous* arrêtez pas!	Don't stop!
Ne *te* déshabille pas, Roger!	Don't get undressed, Roger.

EXERCISES

A. Replace the underlined words with the appropriate direct object or indirect object pronoun:

1. Ecrivez ce rapport très clairement[1].
2. Docteur, donnez une ordonnance à ma mère!
3. Appelez tout de suite les infirmières!
4. Prenez vos médicaments avant les repas.
5. Dites à Oscar et aux gendarmes d'arrêter les voleurs!

B. *Situation:* **A l'hôpital**

Imagine a quick dialogue between a nurse and the doctor visiting his patients. Follow the model.

L'infirmière	*Le docteur*
Model: **Vous n'avez pas vos lunettes[2].**	**Donnez-moi mes lunettes!**
1. Vous n'avez pas votre stéthoscope[3].	1. _____!
2. Mme Petit n'a pas de médicaments.	2. _____!
3. M. Dupont n'a pas d'aspirine.	3. _____!
4. Les infirmiers n'ont pas de thermomètres[4].	4. _____!

C. React to each sentence by giving a negative command. Follow the model.

Model: **Je vais appeler le ministre.**	**Ne l'appelez pas!**
1. Je vais parler au préfet.	1. _____ !
2. Nous allons répondre aux savants.	2. _____ !
3. Je vais écouter le ventriloque.	3. _____ !
4. Nous allons examiner les Gammas.	4. _____ !
5. Nous allons vous téléphoner.	5. _____ !

[1] From **clair:** clear, legible.
[2] **les lunettes (f.):** eye glasses.
[3] **le stéthoscope:** stethoscope.
[4] **le thermomètre:** thermometer.

12.5 Reciprocal and pronominal verbs

In addition to reflexive verbs (11.1), there are other types of pronominal verbs, i.e., verbs conjugated with a reflexive pronoun. (See following and also 16.5.)

a. Reciprocal verbs

These are verbs which express reciprocal action, i.e., the action is done by one or more of the subjects to one or more of the others. The subject of verbs of this type is always plural in concept. The reflexive pronoun often corresponds to an English expression including "each other."

Roger et Odile *s'***aiment.**	Roger and Odile are in love./Roger and Odile love *each other.*
Ils *se* **parlent.**	They are talking *to each other.*
Nous *nous* **regardons.**	We are looking at *each other.*
On *se* **revoit à Saint-Tropez.**	We'll meet again in Saint-Tropez./We'll see *each other* again in Saint-Tropez.

Many common non-reflexive verbs can be used reciprocally by adding the reflexive pronoun to the verb. A few of the most common of these are:

s'aimer	to love each other
se chercher	to look for each other
se parler	to talk to each other
se poser (une question)	to ask each other (a question)
se regarder	to look at each other
se rencontrer	to meet each other
se retrouver	to meet each other again
se téléphoner	to telephone each other
se voir	to see each other

b. Exclusively pronominal verbs

Exclusively pronominal verbs are neither reflexive nor reciprocal and yet require the reflexive pronoun. With these verbs, the reflexive pronoun is an integral part of the verb, is not translated separately, and does not serve to complete the verb as a direct or indirect object. A few of the most common verbs of this type are:

s'absenter (de + N**)**	to stay away (from + N)
s'écrier	to cry (out)/shout (out)
s'évanouir	to faint
s'exclamer	to exclaim
se méfier (de + N**)**	to distrust/mistrust (N)
se moquer de (N)	to make fun of (N)

se soucier de (*N/INF*)	to concern oneself about (*N*/-ing)
se souvenir[1] (de + *N/INF*)	to remember (*N/INF*)
se suicider	to commit suicide

Emile *se méfie d'*Olga.	Emile distrusts Olga.
Odile *s'évanouit* chez Roger.	Odile faints at Roger's house.
Oscar *s'exclame:* "Alors, vous êtes vraiment les Gammas!"	Oscar exclaims, "So, you're really the Gammas!"

c. Idiomatic pronominal use of verbs

Certain verbs are used pronominally with a meaning that differs from that of the same verb used without the reflexive pronoun.

non-pronominal		pronominal	
agir	to act	**il s'agit de** (impersonal)	it is a question of, it concerns
aller	to go	**s'en aller**	to go away
connaître	to know	**s'y connaître** (en + *N*)	to be knowledgeable (about + *N*)
douter (de)	to doubt	**se douter de** (+ *N*)	to suspect (+ *N*)
passer	to spend	**se passer**	to happen
rendre	to give back	**se rendre à** (+ *N*)	to go to (a place)
taire (+ *N*)	to keep hidden	**se taire**	to be quiet/become quiet
trouver	to find	**se trouver**	to be located

Il *s'agit des* Gammas.	It concerns the Gammas.
Qu'est-ce qui *se passe*?	What's happening?
Elles *se rendent au* magasin à huit heures.	They go to the store at eight o'clock.

EXERCISES

A. *Situation:* **Quelle logique[2]!**

Two journalists are talking about recent events and draw some "interesting" conclusions.

Premier journaliste	*Deuxième journaliste*
Model: **Roger aime Odile et elle aime Roger.**	1. **Mais oui, ils s'aiment.**
1. Le gendarme pose une question au commissaire et le commissaire lui pose une question aussi.	1. Mais . . .

---

[1] Conjugated like **venir,** Appendix C.31.
[2] **la logique:** logic.

2. Odile parle au maire et le maire
   lui parle.

3. Les Gammas rencontrent Abélard
   et Abélard les rencontre.

4. Moi, je téléphone à mon chef et il
   me téléphone.

5. Moi, je te donne mon adresse et
   tu me donnes ton adresse.

2. Mais . . .

3. Mais . . .

4. Mais . . .

5. Mais . . .

B. Complete the following sentences with the appropriate form of the verb indicated in parentheses.

1. Nous ne _____ pas souvent. (s'évanouir)

2. Monsieur, vous ne devez pas _____ des gendarmes: ils font leur travail. (se moquer)

3. Est-ce que vous _____ du nom de la petite amie de Roger? (se souvenir)

4. Tout est calme aujourd'hui; rien ne _____ . (se passer)

5. Est-ce que les marchands _____ des voleurs? (se méfier)

6. Paul, tu _____ trop souvent du cours. (s'absenter)

7. Quand les professeurs _____ à l'université? (se rendre)

8. Où _____ la ville de Brézolles? (se trouver)

C. Complete the following sentences with the correct verb. Note that you must choose between a non-pronominal and a pronominal verb.

1. Dans ce livre, _____ d'un bon médecin qui donne des soins à des Martiniquais. (agir/s'agir)

2. Le Dr. Duranton _____ deux heures par jour à l'hôpital. (passer/se passer)

3. Paris _____ sur la Seine. (trouver/se trouver)

4. Madame Lefranc, _____ tout de suite chez le docteur Prévert! (rendre/ se rendre)

Vivre comme les Français

[**Scene 1**: *In the woods.*]

ABELARD: Ma clairière! Ici je suis seul! Tout seul! Brrr! Il fait froid, très froid. [*The Gammas' sphere lands in the clearing. At his cabin, Abélard starts a fire.*] Le feu! Le café! Mon café! [*He notices something strange.*] Qu'est-ce que c'est?

ADRIEN: C'est beau ici.

ODILE: Il n'y a personne.

ADRIEN: Oui. Nous sommes seuls.

EMILE: C'est merveilleux. Pas de gendarmes. Pas de journalistes. Pas de savants.

ODILE: Restons ici!

ABELARD: Je veux être seul ici!

ODILE: Emile, Adrien, je veux être comme une Française.

EMILE: Tes cheveux sont trop longs pour une Française.

ADRIEN: Beaucoup trop longs, Odile. Et tes vêtements!

ODILE: Vous aussi, vous avez des cheveux trop longs et des vêtements Gamma.

ABELARD: [*Comparing what he sees with the newspaper's description of the Gammas*] Ils n'ont pas de trompe! Ils n'ont pas trois pieds! Ils ont un nez. Mais ce sont les Gammas! [*To the Gammas*] Qu'est-ce que vous faites ici?

EMILE: Nous voulons être seuls!

ABELARD: Vous n'êtes pas seuls! Ici c'est chez moi. Je veux rester seul! Partez! [*He leaves.*]

EMILE: Il veut rester seul!

ODILE: Il a raison!

ADRIEN: Nous aussi, nous voulons être seuls!

EMILE: Je veux rester ici! Il n'y a pas de journalistes, il n'y a pas de savants, il n'y a pas de commissaire!

ADRIEN: Il faut lui dire que nous sommes les Gammas.

ODILE: Oui, il faut le lui dire.

ABELARD: [*Returning to the sphere*] Vous êtes encore là?

EMILE: Monsieur, nous sommes les Gammas.

ABELARD: Je le sais, mais il faut partir! [*He returns to his cabin.*]

ADRIEN: Il faut le laisser seul.

EMILE: Partons!

ABELARD: [*Observing from a distance*] Ils partent! Ohé! Les Gammas!

EMILE: Qu'est-ce qu'il y a?

ABELARD: Vous partez?

EMILE: Oui, nous partons!

ABELARD: Avant de partir, il faut manger quelque chose. Des œufs? Du café?

EMILE: Oui, du café!

ABELARD: Je m'appelle Abélard!

EMILE: Emile.

ODILE: Odile.

ADRIEN: Adrien.

# # # #

[**Scene 2**: *Later, after their meal with Abélard.*]

EMILE: Vous êtes toujours ici?

ABELARD: Toujours.

ODILE: Vous êtes toujours seul?

ABELARD: Je ne suis pas seul. Il y a la forêt. Il y a les oiseaux.

ADRIEN: [*Looking at what Abélard is doing*] Qu'est-ce que vous faites?

ABELARD: Je tricote.

ADRIEN: Vous tricotez?

ABELARD: Oui, je tricote.

ADRIEN: C'est beau!

ABELARD: Beau?

ADRIEN: C'est très beau! Qu'est-ce que c'est?

ABELARD: Rien!

ADRIEN: Rien. . .?

ABELARD: C'est pour les gens de la ville. Vous le voulez? Je vous le donne!

ADRIEN: Vous me le donnez?

ABELARD: Oui, je vous le donne. Prenez-le.

ADRIEN: Je vais mettre ça dans la sphère.

EMILE: C'est pour les gens de la ville?

ABELARD: Oui, ils aiment ces tricots!

EMILE: Vous les vendez?

ABELARD: Oui. [*He gestures toward the sphere.*] Qu'est-ce que c'est?

EMILE: La sphère.

ABELARD: La sphère des Gammas!

EMILE: Elle est belle?

ABELARD: Je ne la trouve pas belle.

EMILE: Pas belle, la sphère?

ADRIEN: Abélard! Regardez! Je disparais! Je réapparais! Je deviens petit! Je deviens grand! Je suis très grand! Vous n'aimez pas quand je disparais? Quand je deviens petit? Quand je deviens grand?

ABELARD: Non!

EMILE: Pourquoi?!

ABELARD: Parce que c'est de la magie.

ODILE: Vous n'aimez pas la magie?!

ABELARD: Je n'aime pas votre magie. Grand! Petit! Apparaître! Disparaître! Moi, j'aime la magie de la forêt, avec les animaux, les oiseaux. Vous voulez connaître la France?

ODILE ET EMILE: Oui.

ABELARD: Ce n'est pas possible.

ADRIEN: Pourquoi?

ABELARD: Grand! Petit! Pour connaître la France et les Français, il faut vivre avec eux, il faut vivre comme eux. Il faut travailler en France. Mais sans magie Gamma!

EMILE: Abélard a raison! Plus de magie Gamma! Je veux être comme un Français.

ODILE: Et tes cheveux?

EMILE: Quoi? Mes cheveux?

ODILE: Ils sont trop longs pour un Français.

EMILE: Oui, c'est vrai.

ABELARD: Il faut couper vos cheveux!

EMILE: Quoi? Couper? Couper quoi?

ADRIEN: Couper quoi?

ABELARD: Vos cheveux!

ADRIEN: Nos cheveux?!

ABELARD: Si vous voulez être français, il faut couper vos cheveux.

ADRIEN: Odile! Emile! Je ne veux pas couper mes cheveux. Je pars!

#   #   #   #

[**Scene 3**: *The same situation. No appreciable time has passed.*]

EMILE: Où est-ce qu'il faut couper les cheveux?

ABELARD: Il faut les couper ici!

ODILE: Adrien! Le miroir!

ABELARD: Emile! Voulez-vous que je vous coupe les cheveux, oui ou non?

EMILE: Oui. Coupez, là!

ADRIEN: Odile, tu es folle! Emile est fou! [*He sees what has happened to Emile.*] Oh!!!

EMILE: A toi, Odile!

ODILE: Oui, coupez, là!

ADRIEN: Odile, tu es folle! Emile, tu es fou! Vous êtes tous fous! C'est court! C'est beaucoup trop court! [*His own hair gets cut.*] Maintenant je suis comme un Français!

ABELARD: Non, pas encore. Pas avec ces vêtements. Je vais vous donner des vêtements français. Voilà des vêtements. [*The Gammas return to the sphere, wearing the clothes Abélard has given them.*] Non, je ne la trouve pas belle, la sphère. [*They make the sphere get smaller. Emile picks up the tiny sphere.*] Laissez-moi la sphère!

EMILE: Vous voulez notre sphère?!

ABELARD: Voulez-vous vivre comme les Français? Alors, laissez-moi votre sphère. [*The Gammas confer.*]

ODILE: Oui, prenez la sphère.

EMILE: Odile, c'est impossible!

ABELARD: Comme vous voulez.

EMILE: Abélard! Nous devons vivre comme les Français, sans magie Gamma. Nous devons vous laisser la sphère. Au revoir, Abélard. A bientôt.

ABELARD: Au revoir, Emile. Au revoir, Adrien. Au revoir, Odile. Je ne la trouve pas belle, la sphère.

EMILE: Où est la ville?

ABELARD: Par là.

ADRIEN: Que faire pour connaître les Français?

ABELARD: Travailler.

ADRIEN, EMILE, ODILE: Travailler!

ABELARD: Oui, il faut travailler.

ODILE: Il faut travailler.

EMILE: Travailler!
[*The Gammas leave.*]

ABELARD: Les Gammas... Ils sont sympathiques. [*Oscar approaches.*] Ça, ce n'est pas un Gamma! Qu'est-ce que vous faites là?!

OSCAR: Je cherche des amis!

ABELARD: Des amis! Quels amis?!

OSCAR: Les Gammas!

ABELARD: Connais pas!

OSCAR: Vous ne connaissez pas les Gammas?!

ABELARD: Non.

OSCAR: [*Holding up a lock of Odile's hair*] Vous ne connaissez vraiment pas les Gammas?!

ABELARD: NON!!!
[*Oscar runs away.*]

VOCABULARY

l' **animal** (*m.*; *pl.* **animaux**) animal
avant de + *INF* before. . . ing
le **café** coffee
la **clairière** clearing
connaître[C5] to get to know
court short
devenir[C31] to become
le **feu** fire
folle (*f.* of **fou**) crazy
la **forêt** forest
le **Français** Frenchman
le **froid** cold
Il fait froid. It (the weather) is cold.

l' **œuf** (*m.*, /œf/, *pl.* /φ/) egg
l' **oiseau** (*m.*; *pl.* **oiseaux**) bird
pour + *INF* to, in order to + *INF*
réapparaître[C5] to reappear
sympathique likeable
travailler to work
le **tricot** knitted { thing / article / garment }
tricoter to knit
vendre to sell
vivre[C32] to live

SPECIAL EXPRESSIONS

Connais pas! Never heard of { it! / them! }

SUPPLEMENTARY VOCABULARY

the calendar	le calendrier

seasons **les saisons** (*f.*)		months **les mois** (*m.*)	
(N.B. All are masculine.)		(N.B. All are masculine.)	
winter	**l'hiver**	January	**janvier**
in (the) winter	**en hiver**	February	**février**
spring	**le printemps**	March	**mars**
in (the) spring	**au printemps**	April	**avril**
summer	**l'été**	May	**mai**
in (the) summer	**en été**	June	**juin**
fall, autumn	**l'automne**	July	**juillet**
in (the) fall/autumn	**en automne**	August	**août**
		September	**septembre**
		October	**octobre**
		November	**novembre**
		December	**décembre**

days of the week	les jours de la semaine

(N.B. All are masculine.)

Monday	Tuesday	Wednesday	Thursday	Friday	Saturday	Sunday
lundi	**mardi**	**mercredi**	**jeudi**	**vendredi**	**samedi**	**dimanche**

week	**la semaine**	last	{	**dernier, dernière**
month	**le mois**		{	**passé**
year	**l'année**	next	{	**prochain**

What's the weather like?	**Quel temps fait-il?**

(What's the weather report?)	**Qu'est-ce qu'on annonce à la météo?**
The weather is { pleasant. cloudy. stormy.	**Le temps est** { **agréable.** **nuageux.** **orageux.**

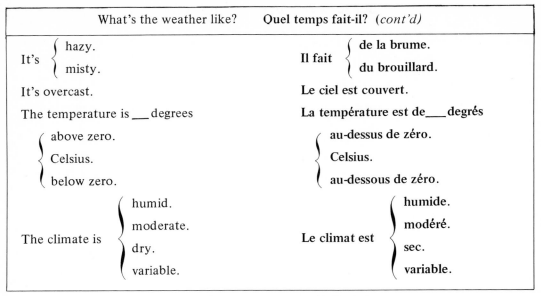

What's the weather like?	Quel temps fait-il? (cont'd)
It's { hazy. / misty.	Il fait { de la brume. / du brouillard.
It's overcast.	Le ciel est couvert.
The temperature is ___ degrees	La température est de___ degrés
{ above zero. / Celsius. / below zero.	{ au-dessus de zéro. / Celsius. / au-dessous de zéro.
The climate is { humid. / moderate. / dry. / variable.	Le climat est { humide. / modéré. / sec. / variable.

LANGUAGE NOTES AND EXERCISES

13.1 Stem changes in verbs ending in *é* + consonant + *er* (model: *répéter*)
(See also Appendix B.4.)

In French verbs of two or more syllables where the stem ends in é + consonant, a change takes place in the stem of the verb when the verb ending is silent. In this case, the final syllable of the stem is the final pronounced syllable of the verb and is consequently stressed. In verbs like **répéter**, the final vowel of the stem changes from é to è as follows:

répéter	
singular	plural
je répète	nous répétons
tu répètes	vous répétez
il / elle / on } répète	ils / elles } répètent

The change of accent reflects the change in pronunciation of the stem.

   nous répétons   /nuʀepetɔ̃/

           but

   je répète   /ʒəʀepɛt/

Conjugated like **répéter**:

compléter	to complete	**préférer**	to prefer
espérer	to hope	**protéger**	to protect
posséder	to possess		

EXERCISE

Supply the appropriate form of the indicated verb.

1. Julie et moi, nous_____être dans la forêt. (préférer)

2. Abélard_____ que la sphère n'est pas belle. (répéter)

3. _____-tu les animaux de la forêt? (protéger)

4. Les Gammas_____vivre comme les Français. (espérer)

5. Je ne_____ pas la clairière d'Abélard. (posséder)

6. Odile_____ t-elle que ses cheveux sont trop longs? (répéter)

7. Vous_____trouver du travail dans notre ville. (espérer)

13.2 Weather expressions

a. In French, descriptions of weather are usually expressed with the verb **faire** and the impersonal subject pronoun **il** (it).

Il fait chaud à St. Trop!	It's hot in St. Trop!
Brrr! *Il fait* froid, très froid!	Brrr! It's cold, very cold!
Il a fait beau hier.	It was nice (weather) yesterday.

b. Some of the most common weather expressions with **faire** are the following:

Quel temps *fait-il*?	What's the weather like?
Il fait beau.	It is nice.
Il fait chaud.	It is hot.
Il fait frais.	It is cool.
Il fait froid.	It is cold.
Il fait mauvais.	It is bad.
Il fait du soleil.	It is sunny.
Il fait du vent.	It is windy.

c. Two other common weather conditions are expressed with specific weather verbs and the impersonal subject pronoun **il**.

present indicative: **Il neige.** (< **neiger** – to snow)   It is snowing.

Il pleut. (< **pleuvoir** – to rain)   It is raining.

compound past indicative: **Il a neigé.**   It snowed.

Il a plu.   It rained.

d. Note the verb used to express each of the following:

English		*French*
It *is* cold.	(weather)	**Il** *fait* froid.

English		French
The coffee *is* cold.	(inanimate objects)	**Le café** *est* **froid.**
The room *is* cold.		**La salle** *est* **froide.**
Emile *is* cold.	(person)	**Emile** *a* **froid.**

EXERCISES

A. Answer the following questions.

1. Quel temps fait-il maintenant?

2. Quel temps a-t-il fait hier?

3. Est-ce qu'il fait très froid dans votre ville en hiver?

4. Est-ce qu'il neige en été?

5. Quel temps fait-il chez toi en automne?

6. Pleut-il souvent dans ta région au printemps?

7. Fait-il du vent en ce moment?

8. Quelle saison préfères-tu?

B. *Situation:* **Les cartes postales**[1]
Four children away on vacation have written postcards home during different seasons, making statements about the weather. Using Simone's postcard as a model, complete the other three.

Simone (au printemps)	Léon (en été)	Pierre (en automne)	Sophie (en hiver)
Aujourd'hui, il fait du soleil mais il ne fait pas encore très chaud. Il ne fait pas de vent. Le ciel est clair. Mais il pleut assez souvent.			

[1]la carte postale: postcard.

13.3 Double object pronouns with verbs other than commands

The forms, meaning, and position of the direct and indirect object pronouns were presented in 5.4, 6.1, and 8.2. Following is the word order of double object pronouns, i.e., one direct object pronoun and one indirect object pronoun, used together as objects of a verb:

$$
\begin{Bmatrix} \text{me} \\ \text{te} \\ \text{se} \\ \text{nous} \\ \text{vous} \end{Bmatrix}
\begin{Bmatrix} \text{le} \\ \text{la} \\ \text{les} \end{Bmatrix}
\begin{Bmatrix} \text{lui} \\ \text{leur} \end{Bmatrix}
\quad \text{conjugated verb}
$$

a. preceding a conjugated verb

Je *vous les* laisse.	I leave them (the Gammas) with you.
Je *vous l'*ai dit.	I told you so.
Vous *le* voulez? Je *vous le* donne.	You want it? It's yours.
Vous *me le* donnez?	You're giving it to me?
Je *vous les* ai apportés.	I brought them (the clothes) to you.
Je *me les* lave.	I am washing them (my hands).

b. completing a negative verb

Remember that **ne...pas** is placed around the whole verb unit, including the object pronouns

word order:

$$
\text{ne}
\begin{Bmatrix} \text{me} \\ \text{te} \\ \text{se} \\ \text{nous} \\ \text{vous} \end{Bmatrix}
\begin{Bmatrix} \text{le} \\ \text{la} \\ \text{les} \end{Bmatrix}
\begin{Bmatrix} \text{lui} \\ \text{leur} \end{Bmatrix}
\quad \text{conjugated verb} \quad \text{pas}
$$

Je ne *vous les* laisse pas.	I am not leaving them with you.
Je ne *vous l'*ai pas dit.	I didn't tell you so (it).

c. preceding a subject-verb inversion

Nous les laissez-vous?	Are you leaving them with us?
Le lui achetez-vous?	Are you buying it for her?
*Te l'*a-t-il donnée?	Did he give it (the sphere) to you?

d. preceding an infinitive

Je vais *vous les* retrouver.	I'm going to find them for you.

Il faut *le lui* dire.   We must tell him so.

Nous devons *vous la* laisser.   We must leave it (the sphere) with you.

EXERCISES

A. In each of the following sentences, substitute the appropriate pronouns for the under-lined words. Follow the model.

Model: **Abélard coupe les cheveux aux Gammas.** → **Abélard les leur coupe.**

1. Il vend les tricots aux Français.
2. Emile laisse la sphère à Abélard.
3. Abélard donne-t-il les vêtements à Odile?
4. Vous n'apportez pas le miroir à Adrien.

B. Restate in the **passé composé** the four sentences you have made for exercise A. Follow the model. Reminder: the past participle must agree with the preceding direct object.

Model: Abélard les leur a coupés.

C. Provide a meaningful answer to the following questions. Follow the model.

Model: **M'avez-vous apporté les œufs?**   **Non, je ne vous les ai pas apportés.**

1. Est-ce que je vous ai donné la sphère?   1. Non. . .
2. M'ont-ils montré la magie Gamma?   2. Non. . .
3. M'as-tu acheté les tricots?   3. Non. . .
4. Nous a-t-il laissé les rapports?   4. Non. . .
5. Marie se lave-t-elle les cheveux?   5. Non. . .

D. Transform each sentence by adding the verb indicated in parentheses. Follow the model.

Model: **Il ne me les donne pas. (vouloir)** → **Il ne veut pas me les donner.**

1. Je ne vous la laisse pas. (devoir)
2. Tu les leur vends. (pouvoir)
3. Nous ne la lui rendons pas. (vouloir)
4. Me les montrez-vous? (aller)
5. Oscar et les gendarmes nous les apportent. (désirer)

E. Restate the following sentences in the interrogative form. Follow the model.

Model: **Tu me les donnes.** → **Me les donnes-tu?**

1. Nous la leur laissons.

2. Elles se les montrent.

3. Il te les a rendus.

4. Vous pouvez me la lire.

5. Tu ne le lui vends pas.

13.4 The irregular verb *connaître* (to be acquainted with/know)

a. Present indicative

The verb **connaître** is irregular in the present indicative in that it has one stem **connai-** for singular forms and a different stem **connaiss-** for plural forms.

connaître						
singular			plural			
je	*connai s*	I know/do know	**nous**	*connaiss ons*	we know, etc.	
tu	*connai s*	you know, etc.	**vous**	*connaiss ez*	you know, etc.	
il		he/it	**ils**			
elle	*connaî t*	she/it } knows, etc.	**elles**	*connaiss ent*	they know, etc.	
on		one				

N.B. The circumflex accent is placed over the **i** of the stem of this verb only before **t**: **elle connaît.**

Je vous connais.	I know you.
Vous ne me connaissez pas.	You don't know me.

Conjugated like **connaître**: **reconnaître** (to recognize), **paraître** (to seem), **apparaître** (to appear), **disparaître** (to disappear), and **réapparaître** (to reappear).

b. Imperative mood
The imperative mood of the six verbs listed above is regular in formation.

Ne réapparaissons pas!   Let's not reappear!

c. Compound past indicative
(1) The compound past of the above verbs is formed with the auxiliary verb **avoir** and the irregular past participle of each.

infinitive	past participle
connaître	connu
reconnaître	reconnu
paraître	paru
apparaître	apparu
disparaître	disparu
réapparaître	réapparu

Reminder: the past participle agrees with a preceding direct object.

Elle *a disparu*. She disappeared.

Vous *avez reconnu* les Gammas? Did you recognize the Gammas?

Oui, nous les *avons reconnus*. Yes, we recognized them (the Gammas).

(2) The compound past of **connaître** usually corresponds to English "met" or "made the acquaintance of" rather than "was acquainted with" which is ordinarily expressed by the imperfect indicative (24.1).

Oscar *a connu* les Gammas au commissariat. Oscar made the acquaintance of the Gammas at the police station.

For other forms of **connaître**, see Appendix C.5.

EXERCISES

A. Substitute the words in parentheses for the underlined word(s).

1. Connais-<u>tu</u> une région avec un climat sec? (vous, Le professeur, Les touristes, nous)

2. <u>Le soleil</u> a disparu. (Les voleurs, Mon livre, Nous, Tu, Je)

3. <u>Je</u> ne reconnais pas la clairière. (Nous, Leur ami Patrick, Vous, Tu, Les gendarmes)

B. Complete the sentences with the proper form of the verb indicated in parentheses.

1. Les Gammas ne_____ pas la France. (connaître)

2. Hier, vous m'_____être malade. (paraître)

3. La sphère Gamma_____ dans le ciel. (apparaître)

4. Nous ne_____ pas bien la ville de Brézolles. (connaître)

5. Monsieur le Commissaire, les Gammas_____! (disparaître, passé composé)

6. La semaine passée, elle_____ mon frère dans la rue. (reconnaître, passé composé)

7. Le soleil _____ à midi. (disparaître)

8. Les journalistes? Roger les _____ au café. (reconnaître, passé composé)

13.5 Vocabulary distinction: *connaître* vs. *savoir*

The various meanings of the verb **savoir** were presented in 11.5. **Savoir** and **connaître**, while each having as one of its meanings "to know," differ enough in usage that they are not to be confused with each other.

a. **Savoir** means "to know" in the sense of possessing a piece of information. Remember that **savoir** used in this sense is followed by a noun indicating a date, name, or address, or by a clause beginning with a conjunction, adverb, or pronoun (see 11.5.d and e).

Oui, je sais *son nom*.	Yes, I know her name.
Je sais *où sont les Gammas*.	I know where the Gammas are.
Ils ne savent pas *ce qu'ils font*.	They don't know what they are doing.

b. **Connaître** means "to know" in the sense of "to be acquainted with." It always has a direct object, which is ordinarily a personal pronoun or the name of a person, a geographical location, or a work of art or literature.

Vous ne *me* **connaissez pas.**	You don't know me.
Odile connaît *Roger*.	Odile knows Roger.
Les Gammas ne connaissent pas *Paris*.	The Gammas are not acquainted with Paris.
Connaissez-vous *la Joconde*?	Are you familiar with the Mona Lisa?

Note in the above examples that it is not a matter of knowing a fact (as with **savoir**) but rather of being acquainted with someone or something or some place.

c. Contrast the use of **savoir** and **connaître** in the following exchange.

Qui sont ces gens? -- Je ne *sais* **pas; je ne les** *connais* **pas.**	Who are these people? -- I don't know (i.e., I haven't acquired that information); I don't know them (i.e., I have not made their acquaintance.)

EXERCISE

Situation: **Le commissaire est un génie**[1]
The chief of police and his assistant are discussing what they need to know about the Gammas. Each time the assistant mentions something or someone, the chief says he knows it/him/her. Follow the model, using **savoir** or **connaître** as appropriate.

L'assistant	*Le commissaire*
Model: **Il faut trouver le nom de la femme Gamma.**	**Moi, je le sais.**

[1] le génie: genius.

1. Il faut trouver l'adresse des Gammas.   1. Moi, . . .

2. Il faut retrouver les Gammas.   2. Moi, . . .

3. Il faut trouver le jeune Français,   3. Moi, . . .
   ami des Gammas.

4. Il faut retrouver la date de   4. Moi, . . .
   l'arrivée des Gammas en France.

5. Il faut chercher l'amie d'Olga.   5. Moi, . . .

C'est ça, travailler?

[**Scene 1**: *The Gammas are walking along a road in the country. It is windy and cold.*]

ODILE: Parle français!

ADRIEN: J'ai froid! Avec mes cheveux longs je n'avais pas froid!

ODILE: Oui, mais maintenant ils sont courts.

ADRIEN: Oui, à cause de toi. Et maintenant j'ai froid. Emile, qu'est-ce qu'on va faire?

EMILE: On va travailler.

ODILE: Travailler pour devenir des Français. [*They arrive in front of a house.*] Une maison!

ADRIEN: Qu'est-ce qu'on fait?

EMILE: Je ne sais pas.

[*It starts snowing.*]

ODILE: Qu'est-ce que c'est?

EMILE: Je ne sais pas!

ADRIEN: [*Eating snow*] Ça se mange!

ODILE: Ça se mange?

[*They all start catching snowflakes and eating them. A woman, Augusta, is watching them from the house.*]

AUGUSTA: Ils sont fous!

ODILE: C'est bon!

EMILE: C'est bon, mais c'est tout petit.

ODILE: Qu'est-ce que tu fais, Emile?

EMILE: Je m'assois pour manger.

[*Augusta comes outside to sweep the snow.*]

ODILE: Bonjour, Madame.

AUGUSTA: Bonjour.

ODILE: Qu'est-ce que vous faites?

AUGUSTA: Vous ne voyez pas? Je balaie la neige.

EMILE: Vous balayez?

AUGUSTA: Oui, je balaie.

EMILE: Vous balayez quoi?

AUGUSTA: Je balaie la neige.

ODILE: C'est de la neige?

AUGUSTA: Oui, de la neige! Vous n'avez jamais vu de neige?

ODILE: Non, jamais!

AUGUSTA: Alors, vous n'êtes pas français!

ODILE: Si!

ADRIEN: Si! Nous sommes français!

AUGUSTA: Ah bon! Il ne neige pas chez vous?

EMILE: Non, chez nous il ne neige jamais.

AUGUSTA: Ah bon! Qu'est-ce que vous faites?

ODILE: Nous mangeons.

[*Augusta tastes some snowflakes.*]

EMILE: C'est bon?

AUGUSTA: Vous mangez la neige? Eh bien moi, la neige, je la balaie. Vous n'avez pas froid?

ODILE: Si, j'ai froid.

ADRIEN: Moi, j'ai froid depuis ce matin.

EMILE: J'ai un peu froid.

AUGUSTA: Alors, qu'est-ce que vous faites sur la route?

EMILE: Nous cherchons du travail.

AUGUSTA: Quoi?

ADRIEN: En France il faut travailler.

AUGUSTA: Ah ça, c'est bien vrai! Vous cherchez du travail?

EMILE: Oui, Madame.

AUGUSTA: Là, sur la route? Ici vous ne pouvez rien trouver. Vous avez faim?

ADRIEN: Oui, moi j'ai encore faim.

AUGUSTA: [*To Odile*] Et vous, vous avez froid?

ODILE: Oui, j'ai froid.

AUGUSTA: Alors, venez! Entrez!

#   #   #   #

[**Scene 2**: *Later, the Gammas and Augusta are walking along a road.*]

ODILE: Augusta, c'est encore loin, le travail?

AUGUSTA: Non, ma petite Odile! C'est tout près maintenant. C'est là! [*They arrive in front of a textile factory.*]

ODILE: Le travail! Enfin!

ADRIEN: Oh! Je veux travailler! Je vais travailler!

EMILE: Nous allons travailler, nous allons être français!

AUGUSTA: [*Calling*] Barnabé!

BARNABE: Qu'est-ce qu'il y a?

AUGUSTA: C'est moi, Augusta! Je veux te parler, Barnabé! [*To the Gammas*] C'est le contremaître.

ODILE: Le contremaître? Je ne comprends pas.

AUGUSTA: Le chef. Il a peut-être du travail pour vous.

BARNABE: Bonjour, Augusta. Qu'est-ce que tu veux?

AUGUSTA: As-tu du travail pour ces trois-là?

BARNABE: C'est difficile, Augusta. Qu'est-ce qu'ils savent faire?

AUGUSTA: Tout.

BARNABE: Tout, quoi, tout?

AUGUSTA: Ils savent tout faire.

EMILE: Moi, je sais tout faire.

ODILE, PUIS ADRIEN: Moi aussi.

BARNABE: Ah, vous savez tout faire?

EMILE: Oui!

AUGUSTA: [*Pointing to Emile*] Il est fort!

BARNABE: Bien! Suivez-moi! [*They all go inside the factory. Later, they are in the cafeteria.*]

AUGUSTA: Alors, Barnabé?

BARNABE: Tous les trois, c'est impossible!

AUGUSTA: Il faut qu'ils restent ici. Il fait froid!

BARNABE: J'ai du travail pour une personne et pour un jour seulement!

ODILE ET ADRIEN: Et nous?!

BARNABE: Excusez-moi, je n'ai rien pour vous!

EMILE: Moi, j'ai du travail, pas vous!

BARNABE: [*To Emile*] Comment t'appelles-tu?

EMILE: Emile.

BARNABE: Emile, au travail! Viens avec moi!

EMILE: Moi, je vais travailler. Merci, Augusta! [*Emile and Barnabé leave together.*]

AUGUSTA: A tout à l'heure, Emile. Tu es triste, Odile?

ODILE: Oui!

AUGUSTA: Je dois partir maintenant! A tout à l'heure!

ODILE ET ADRIEN: A tout à l'heure, Augusta. [*A little later, Odile and Adrien are at a table in the cafeteria.*]

ADRIEN: Emile a du travail!

ODILE: Oui, Emile travaille. [*Through a window, Emile can be seen carrying large crates on his back.*] Emile!

ADRIEN: Emile! Qu'est-ce que tu fais?

EMILE: Je travaille.

ADRIEN: Ah, c'est ça, travailler?!

EMILE: Oui!

ADRIEN: [*To Odile*] C'est ça, travailler! Emile! Qu'est-ce que tu fais?

EMILE: Je porte une caisse!

ADRIEN: Ah, tu ne travailles plus?

EMILE: Mais si, je travaille. Mon travail, c'est porter des caisses.

ODILE: C'est ça, le travail?! Pauvre Emile!

ADRIEN, PUIS ODILE: Pauvre Emile!

ODILE: Emile a mal! C'est le travail!

ADRIEN: Ah, pauvre Emile! Moi, je ne veux pas travailler! [*Emile comes to the cafeteria, bushed.*]

ODILE: [*To Emile*] Maintenant tu es français!

\#   \#   \#   \#

[Scene 3: *That evening. The Gammas and Augusta are in front of a hotel called "chez Louise."*]

AUGUSTA: Tu es fatigué, n'est-ce pas, Emile?

EMILE: Oui, je suis fatigué.

AUGUSTA: Le travail, c'est fatigant.

EMILE: Oui, c'est fatigant, le travail. Je suis fatigué, mais je suis français.

AUGUSTA: Fatigué et français. Voilà! Chez Louise! Au revoir, et bonne chance!

LES GAMMAS: Au revoir, Augusta! Au revoir et merci!

EMILE: J'ai gagné trente francs pour mon travail.

ADRIEN: Trente francs pour être français?

ODILE: Français et fatigué!

EMILE: J'ai travaillé, j'ai gagné trente francs, et maintenant j'ai faim!

ADRIEN: Moi, je n'ai pas travaillé, mais j'ai faim aussi!

ODILE: Moi aussi, j'ai faim!
[*They walk into the hotel dining room.*]

LOUISE: Bonsoir, les amis.

EMILE: Bonsoir, Louise! [*To a worker seated at the next table*] Bonsoir!

UN OUVRIER: Bonsoir! Salut! [*To his friends*] Je le connais, c'est Emile. Il porte des caisses. Salut, Emile!

EMILE: Salut!
[*The Gammas sit down at a table.*]

LOUISE: Voilà le menu!

EMILE: Ça fait combien pour nous trois?

LOUISE: Trois menus à douze francs, ça fait trente-six francs.

EMILE: Trente-six francs... J'ai trente francs. Voilà!

LOUISE: Il manque six francs!

EMILE: Un menu, c'est douze francs?

LOUISE: Oui, douze!

EMILE: Eh bien, un menu, Louise!

LOUISE: Un seul menu... Et eux?

EMILE: Il n'ont pas travaillé. Ils ne sont pas fatigués, donc ils ne mangent pas.

LOUISE: Bien, Emile!

ADRIEN: Emile!

LOUISE: [*Serving*] Les hors-d'œuvre, Emile: du pâté et des radis.

EMILE: Du pâté. Des radis. [*He eats some pâté.*] Le pâté est bon. [*To Odile and Adrien*] Vous voulez des radis?

ADRIEN: Oh oui!
[*Adrien and Odile eat the radishes.*]

EMILE: Je n'aime pas les radis!

LOUISE: Voilà la viande et les frites.
[*Emile eats some meat, drinks some wine, but doesn't sample the fries.*]

ADRIEN: Tu n'aimes pas les frites?

EMILE: Si, beaucoup!

ODILE: Emile, je peux avoir une frite, une seule? [*Emile hands her the dish. Odile and Adrien quickly finish them off.*]

EMILE: Où sont les frites?

ADRIEN: Nous les avons mangées!

EMILE: Vous les avez mangées?!

LOUISE: Le fromage.

EMILE: Merci, Louise! Le fromage.

ODILE: Tu vas manger tout ce fromage, Emile?

EMILE: Bien sûr! Quand on travaille, il faut manger.

ODILE: [*To Adrien*] Il est méchant! Le travail rend méchant!

LOUISE: Le dessert. [*To Odile and Adrien*] Et deux desserts pour vous.

EMILE: Ils n'ont pas de menu.

LOUISE: [*To Odile and Adrien*] Je vous invite!

ODILE, PUIS ADRIEN: Merci, Louise!

EMILE: [*To Louise*] Voilà trente francs.

LOUISE: Ça ne fait que douze francs.

EMILE: Oui, mais je veux trois lits pour la nuit.

LOUISE: J'ai une seule chambre à un lit.

EMILE: Nous la prenons. Ça fait combien?

LOUISE: Je vous la laisse à dix francs. Douze francs pour le menu et dix francs pour la chambre, ça fait vingt-deux francs. Je vous rends huit francs.

EMILE: Merci, Louise!

LOUISE: C'est la chambre cinq, par là. Bonne nuit, Emile!

EMILE: Bonne nuit, Louise!

ADRIEN, LOUISE ET ODILE: Bonne nuit!
[*Later that night.*]

EMILE: [*Talking in his sleep*] Les caisses! Je travaille! Je suis français!

je	m'assois < s'asseoir[C2]	I'm sitting down
	balayer	to sweep
la	caisse	crate
	combien (de + *N*)	how much, how many (+ *N*)
	Ça fait combien?	How much is that (does that make)?
le	contremaître	foreman
	dix	ten
	douze	twelve
la	faim	hunger
	avoir faim	to be hungry
	fatigant	tiring
	fatigué	tired
	fort	strong
les	frites (*f. pl.*)	(French) fries
le	fromage	cheese
	gagner	to earn
les	*hors d'œuvre	hors d'œuvres, appetizers
	*huit	eight
il	manque + *N*	(*N*) is/are lacking (impers. *V*)
	méchant	mean
le	menu	"special," fixed-price meal; menu

	ne. . .que	only
la	neige	snow
	neiger	to snow
l'	ouvrier (*m.*), ouvrière (*f.*)	worker, laborer
le	pâté	pâté (such as pâté de foie gras/goose liver paste)
	porter	to carry
	que	
	ne...que	only
	quoi?	what (do you mean)?
le	radis	radish
	rendre + *N*	to give back + *N*
	rendre qqn + *ADJ*	to make s.o. + *ADJ*
	le travail le rend malade	work makes him sick
la	route	road
	salut!	hi!
	savoir[C28] + *INF*	to know how to + *INF*
un(e)	seul(e)	only one
	suivre[C27]	to follow
le	travail (*pl.* travaux)	work
	trente	thirty
	vingt	twenty

SPECIAL EXPRESSIONS

à 12 francs at (a price of) 12 francs
A tout à l'heure! See you later!
à un lit with one bed
Ça se mange. It can be eaten.

J'avais froid < avoir froid I was cold. (*IMP*)
Je vous la laisse à 10 francs. I'll let you have it for 10 francs.
Voilà! There you are!

SUPPLEMENTARY VOCABULARY

food	la nourriture	
	at home	**a la maison**
to go shopping		**faire des achats** (*m.*)
to buy groceries		**faire les provisions**
oil		**l'huile** (*f.*)

food	la nourriture (*cont'd.*)
pepper	le poivre
salt	le sel
sugar	le sucre
bread	le pain
long, thin loaf	la baguette
long, very thin loaf	la flûte
rolls	les petits pains
dairy products	les produits (*m.*) laitiers
butter	le beurre
cheese	le fromage
cream	la crème
milk	le lait
frozen goods	les produits congelés
pots and pans	les casseroles (*f.*)
to do the cooking/cook	faire la cuisine
to prepare a meal	préparer un repas
to set the table	mettre la table
to clear the table	débarrasser la table
to do the dishes	faire la vaisselle
to eat/have breakfast	prendre le petit déjeuner
to eat/have lunch	déjeuner/prendre le déjeuner
to eat/have dinner	dîner/prendre le dîner

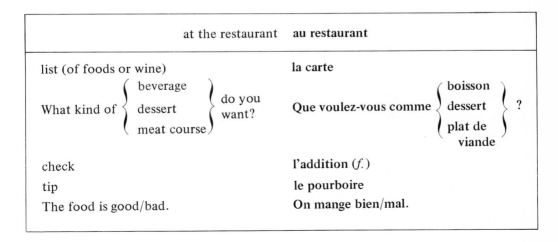

at the restaurant   **au restaurant**

list (of foods or wine)   **la carte**

What kind of { beverage / dessert / meat course } do you want?   **Que voulez-vous comme** { **boisson** / **dessert** / **plat de viande** } **?**

check	**l'addition** (*f.*)
tip	**le pourboire**
The food is good/bad.	**On mange bien/mal.**

LANGUAGE NOTES AND EXERCISES

14.1 Double object pronouns with commands

a. With negative commands, the word order of double object pronouns is the same as that used with negative, non-command verb forms.

$$
\text{ne}
\left\{
\begin{array}{l}
\text{me}\\
\text{te}\\
\text{se}\\
\text{nous}\\
\text{vous}
\end{array}
\right\}
\left\{
\begin{array}{l}
\text{le}\\
\text{la}\\
\text{les}
\end{array}
\right\}
\left\{
\begin{array}{l}
\text{lui}\\
\text{leur}
\end{array}
\right\}
\quad \text{conjugated verb} \quad \text{pas}
$$

Ne *les lui* montrons pas!	Let's not show them to him/her!
Ne *me le* donnez pas!	Don't give it to me!
Ne *vous les* lavez pas!	Don't wash them (your hands)!
Ne *te la* pose pas!	Don't ask yourself that (it)!

b. With affirmative commands, the word order of double object pronouns is as follows:

$$
\text{command}
\left\{
\begin{array}{l}
\text{le}\\
\text{la}\\
\text{les}
\end{array}
\right\}
\left\{
\begin{array}{l}
\text{moi}\\
\text{toi}\\
\text{nous}\\
\text{vous}\\
\text{lui}\\
\text{leur}
\end{array}
\right\}
$$

Reminder: object pronouns are linked to the affirmative command by a hyphen. **Me** > **moi** and **te** > **toi** as the last element of the verb unit (see 12.4.b).

Montrons-*les-lui* !	Let's show them to him/her!
Donnez-*le-moi*!	Give it to me!
Lavez-*les-vous*!	Wash them!
Pose-*la-toi*!	Ask yourself that!

EXERCISES

A. *Situation:* **Il faut être prudent!**

You want to do something but your friend tells you not to do so. Record his/her commands. Follow the model.

Vous	*Votre ami(e)*
Model: **Je désire donner les fruits à Jean-Paul.**	**Ne les lui donne pas!**
1. Je désire te montrer ma photo.	1.

2. Je désire apporter les vêtements à   2.
   ma tante.

3. Je désire poser la question à mon   3.
   professeur.

4. Je désire te donner mes livres.   4.

B. Using the same example as above, give the same commands in the affirmative. Follow
   the model.

   Model: **Donne-les-lui!**

14.2 Idiomatic uses of *avoir—avoir mal, froid*, **etc.**

a. **Avoir** is used in a number of expressions occurring so frequently that they should be
   learned thoroughly.

   Lilli: **J'ai peur!**   I'm afraid!

   Roger: **J'ai mal!**   I'm hurt!

b. In **avoir** idioms, the verb is used with a noun or an adjective functioning as a noun.
   (See 3.5 and Appendix C.3 for forms of **avoir**.) Following is a list of common
   avoir idioms:

avoir idioms	
avoir beau + *INF*	to do (the action of the infinitive) in vain
avoir besoin de + *N* or *INF*	to need (to do) something
avoir de la chance	to be lucky
avoir envie de + *N* or *Inf*	to feel like (having or doing something)
avoir faim	to be hungry
avoir l'air + *ADJ*	to seem + ADJ
avoir l'habitude de + *INF*	to be in the habit of (doing something)
avoir lieu	to take place
avoir mal à + part of the body	to have a pain in (part of the body)
avoir raison	to be right
avoir soif	to be thirsty
avoir sommeil	to be sleepy
avoir tort	to be wrong
avoir chaud	to be warm ⎫ used to describe people,
avoir froid	to be cold ⎭ not inanimate objects
avoir un an, deux ans, etc.	to be one (year old), two, etc.
Quel âge avez-vous?	How old are you?

Elle *a besoin de* répondre à la lettre.	She needs to answer the letter.
Nous *avons envie d'*aller à la mer.	We feel like going to the sea.
Il *a beau* chercher les Gammas. . .	He is looking for the Gammas in vain. . .
Ça *a l'air* dangereux.	That seems dangerous.
Paul *a froid* mais la maison n'est pas froide.	Paul is cold but the house isn't.
Quel âge a Roger? *A-t-il* vingt ans?	How old is Roger? Is he twenty?

c. When the expressions **avoir besoin de** and **avoir envie de** are followed by a noun, the partitive article is omitted.

Je veux *de l'*argent.	I want *some* money.
but	
J'ai envie *d'*argent.	I feel like having *some* money.
Elles ont *des* papiers.	They have *some* papers.
but	
Elles ont besoin *de* papiers.	They need *some* papers.

When these expressions are followed by a noun used in a specific sense, the definite article is not omitted but does contract with **de** where applicable.

Elles ont besoin *de* papiers.	They need *some* papers.
but	
Elles ont besoin *des* papiers.	They need *the* papers.
J'ai envie *de* soupe.	I feel like having *some* soup.
but	
J'ai envie *de la* soupe de ma mère.	I feel like having (some of) my mother's soup.

EXERCISES

A. Supply the appropriate form of the verb as indicated in parentheses.

1. Nous_____ quand nous sommes à Miami. (are warm)

2. Ma petite fille_____ . (is 3 years old)

3. _____ dans ta grande maison? (Are you [fam.] cold)

4. Roger_____ ; alors, il ne mange pas. (is not hungry)

5. Le pâtissier_____très gentil. (seems)

6. Les Gammas _____. (are not always right)

7. Je crois que vous_____. (are lucky)

8. Je _____ maintenant: je regarde la télévision. (am not sleepy)

9. Les Gammas_____d'acheter des vêtements français. (need)

10. Moi, j'_____de manger des croissants.[1] (feel like)

B. Put the following sentences into the interrogative form, using inverted word order.

1. Ma mère a envie d'une blouse blanche.

2. Nous avons besoin d'argent pour acheter des fruits.

3. Elle n'a pas mal.

4. Ce petit garçon a sept ans.

5. Vous avez toujours soif.

C. Translate into French.

1. My aunt is 32 years old.

2. You (fam.) are wrong: I am not hungry now.

3. The Gammas need to speak French.

4. The baker is warm in his store.

14.3 Stem changes in verbs ending in *yer*
(See Appendix B.6.)

a. Optional changes

A verb ending in **ayer** may change the **y** of the stem to **i** before a mute **e**, or it may retain the **y**. Before a pronounced vowel, the **y** of the stem must be retained.

Je *balaie/balaye* la neige.	I'm sweeping the snow.
Vous la *balayez*?	You're sweeping it?
C'est vous qui *payez*, Monsieur?	You're the one who's paying, Sir?
Oui, je *paie/paye*!	Yes, I'm paying!
Mais vous n'avez pas *payé*!	But you haven't paid!

The pronunciation of the alternate forms is different.

balaie	/balɛ/
balaye	balɛj/

Following are some common verbs ending in **ayer**:

balayer	to sweep	je balaie/balaye	nous balayons
essayer	to try	j'essaie/essaye	nous essayons
payer	to pay	je paie/paye	nous payons
rayer	to cross out	je raie/raye	nous rayons

b. Obligatory changes

In verbs ending in **oyer** or **uyer**, the **y** of the stem MUST change to **i** before a mute **e**.

Mais les Gammas ne *se noient* pas si vite.	But the Gammas don't drown so fast.

---

[1]**le croissant:** crescent roll (see Cultural Notes, Lesson 5).

Odile *s'ennuie* chez Olga.		Odile is bored at Olga's.	

Following are some common verbs ending in **oyer** and **uyer**.

s'appuyer (sur)	to lean (on, against)	je m'appuie	nous nous appuyons
employer	to use/employ	j'emploie	nous employons
ennuyer	to bore	j'ennuie	nous ennuyons
s'ennuyer	to be bored	je m'ennuie	nous nous ennuyons
envoyer	to send	j'envoie	nous envoyons
essuyer	to wipe/dry	j'essuie	nous essuyons
nettoyer	to clean	je nettoie	nous nettoyons
se noyer	to drown	je me noie	nous nous noyons
renvoyer	to send back	je renvoie	nous renvoyons
tutoyer	to address (with the "tu" form)	je tutoie	nous tutoyons

c. The past participle of **-ayer**, **-oyer**, and **-uyer** verbs is regular in formation: **balayé, employé, ennuyé.**

Mais vous n'*avez* pas *payé*!	But you haven't paid!
Qui *a envoyé* les Gammas à la bijouterie?	Who sent the Gammas into the jewelry store?

EXERCISE

Complete the following sentences with the appropriate form of the verb indicated in parentheses.

1. Ce film nous_____ beaucoup. (ennuyer)
2. Hier, la femme_____ la neige. (balayer)
3. Les Gammas n'_____plus la magie Gamma. (employer)
4. Vous ne_____pas sur la caisse. (s'appuyer)
5. Le contremaître_____ Emile pour son travail. (payer)
6. Nous_____de trouver du travail dans une usine. (essayer)
7. Votre mère _____ -elle votre chambre? (nettoyer)
8. Ces caisses? Je les_____hier au directeur de l'hôpital. (envoyer)
9. Vous_____ dimanche dernier au concert. (s'ennuyer)

14.4 *Etre* + adjective before an infinitive

a. In sentences with **être** + adjective before an infinitive, a preposition must be added between the adjective and infinitive. The choice of preposition is based on whether or not the infinitive is completed by a direct object or by a **que** clause functioning as a direct object (DO).

(1) être + *ADJ* + de + *INF* + DO

The **de** of this construction has no English equivalent.

Roger est heureux *de* **retrouver les Gammas.**	Roger is happy to find the Gammas again.
Il est amusant *de* **parler français.**	It's fun to speak French.
Il est possible *de* **voir que les Gammas ne sont pas français.**	It's possible to see that the Gammas are not French.

(2) être + *ADJ* + à + *INF* (without DO)

The **à** of this construction has no English equivalent.

Les Gammas sont intéressants *à* **observer.**	The Gammas are interesting to observe.
Va-t-elle venir? C'est difficile *à* **dire.**	Is she going to come? It's hard to say (whether she will come or not).
Les Gammas existent? C'est impossible *à* **croire.**	The Gammas exist? It's impossible to believe (that the Gammas exist).

b. In statements of the above type, the choice of subject, impersonal **il** or **ce**, usually depends on whether the infinitive is completed by a direct object (**il** is used) or not completed by a direct object (**ce** is used).

(1) Contrast:

il + être + *ADJ* + de + *INF* + DO	Ce + être + *ADJ* + à + *INF* (without DO)
Commissaire: *Il* **est difficile de croire que les Gammas existent.**	Oscar: **Oui, c'est difficile à croire.**
(It's difficult to believe that the Gammas exist.)	(Yes, that's/it's hard to believe.)

In the Chief's statement, **il** is used because the infinitive has a direct object. In Oscar's statement, **ce** is used because the infinitive has no direct object.

(2) In informal speech **ce** is sometimes heard instead of **il**, even when a direct object follows the infinitive.

Ce **n'est pas bien de voler le collier de la Princesse. . .**	It's not right to steal the Princess's necklace. . .

(Note that in this example **bien**, normally an adverb, functions as an adjective.)

EXERCISES

A. Supply the preposition **à** or **de**.

1. Odile et Adrien sont contents_____ manger les frites.

2. C'est une chose difficile_____ comprendre.

3. Emile est fatigué_____ travailler comme un Français.

4. Il est intéressant_____ voir que les Gammas aiment la France.

5. Cette leçon est facile_____apprendre.

B. Supply **Il est** or **C'est**.

1. Le tricot?_____ amusant à faire!

2. _____ possible d'avoir une chambre à l'hôtel.

3. _____ souvent difficile de trouver un bon travail.

4. Les caisses?_____lourd à porter.

5. _____ triste d'être sans argent et sans travail.

14.5 The irregular verb *dire* (to say/tell)

a. Present indicative

The verb **dire** is irregular in the present indicative in that it has two stems: **di-** for singular forms and **dis-** for the first and third person plural forms. The second person plural form is irregular and must be memorized.

dire			
singular		**plural**	
je *di s* I say/am saying/do say		**nous** *dis ons* we say, etc.	
tu *di s* you say, etc.		**vous** *dites* you say, etc.	
il **elle** *di t* he/it she/it says, etc. **on** one		**ils** *dis ent* they say, etc. **elles**	

Ils *disent* qu'ils sont des Gammas.   They say they're Gammas.

J'écris ce que vous *dites*.   I'm writing what you say.

Conjugated like **dire**: **redire** (to say again/repeat)

b. Imperative mood

The imperative mood of **dire** is regular in formation.

Ne *dis* pas que les Gammas existent!   Don't say that the Gammas exist!

c. Compound past indicative

The compound past indicative of **dire** and **redire** is formed with the auxiliary verb **avoir** and the irregular past participles **dit** and **redit**, respectively.

Le docteur *a dit* qu'il vient tout de suite.   The doctor said he's coming right away.

For other forms of **dire**, see Appendix C.10.

d. Vocabulary distinction: **dire, parler, raconter**

　　(1) **dire qqch. (à qqn)** = to say/tell sth. (to s.o.)

　　　　L'enfant *dit*-il toujours la vérité[1]?　　Does the child always tell the truth?

　　(2) **parler (de)** = to speak/talk (of/about)

　　　　Ils *parlent* des produits laitiers.　　They're talking about the dairy products.

　　(3) *raconter (une histoire)* = to tell (a story)

　　　　Raconte-moi une histoire, Papa!　　Tell me a story, Daddy!

EXERCISES

A. Substitute the words in parentheses for the underlined words.

　　1. Le commissaire dit que la sphère est en bois. (Je, Nous, Les gendarmes, Vous)

　　2. Ils n'ont pas dit bonjour à l'ouvrier. (Tu, Vous, La vendeuse, Nous, Je)

　　3. Dis-tu toujours la vérite? (Tes petits frères, vous, Votre patron, nous)

B. Supply the appropriate form of **dire**.

　　1. Nous＿＿＿＿＿＿que le repas est bon.

　　2. Emile＿＿＿＿＿＿bonjour à Anne. (use **passé composé**)

　　3. On＿＿＿＿＿＿ que les Gammas n'existent pas.

　　4. Que ＿＿＿＿＿＿ -vous, Monsieur le Ministre?

　　5. Les enfants ne ＿＿＿＿＿＿ pas toujours merci.

　　6. Est-ce que je vous ＿＿＿＿＿＿ l'heure de départ de l'autobus? (use **passé composé**)

　　7. ＿＿＿＿＿＿-tu que tu aimes le cidre de Bretagne[2]?

C. Restate each of the following sentences in the compound past.

　　1. Je dis toujours bonjour à mes professeurs.

　　2. Les Gammas disent à la sphère de grandir.

　　3. Nous disons merci à nos parents.

　　4. Adrien dit: "Je ne suis pas un voleur."

D. Complete the following sentences with the appropriate form of the verb. Choose either **dire, parler,** or **raconter**.

　　1. Hier, Grand-père nous ＿＿＿＿＿＿ l'histoire de l'éléphant Babar.

　　2. Je ne peux pas te ＿＿＿＿＿＿ quelle surprise je vais faire à ma tante.

　　3. Monsieur Hector, ＿＿＿＿＿＿ -nous de vos aventures à Paris.

　　4. Les gens de Brézolles ＿＿＿＿＿＿ "Vivent les Gammas!" quand les Gammas sont arrivés dans leur ville.

　　5. Madame Michu, ＿＿＿＿＿＿ -moi où vous avez acheté cet excellent fromage.

[1]**la vérité:** truth.
[2]**La Bretagne:** French Brittany.

Félicitations!

[**Scene 1**: *The 3 Gammas are in a chemical factory. J.-J., the foreman, is giving them instructions.*]

MONSIEUR J.-J.:   Donc, il faut faire attention, très attention!

EMILE, PUIS ADRIEN: Oui, Monsieur l'Ingénieur.

J.-J.:   Ne m'appelez pas Monsieur l'Ingénieur! Appelez-moi Monsieur J.-J.

EMILE: J.-J.?

J.-J.   J.-J., c'est Jean-Jacques. Je m'appelle Jean-Jacques. Je n'aime pas "Monsieur l'Ingénieur."

ADRIEN: Bien, Monsieur Jean-Jacques.

J.-J., PUIS EMILE: Bien, Monsieur J.-J.

J.-J.:   Donc, il faut faire très attention! [*To Odile*] Qu'est-ce que vous avez?

ODILE: Ça ne me va pas. Les manches sont trop longues.

J.-J.:   Vous ne faites pas attention. Ecoutez! Donc, il faut faire très attention.

EMILE: Très attention, Monsieur J.-J.!

J.-J.:   Oui! Emile, prenez ce bac avec la poudre! Non! L'autre! Venez ici, Emile! Vous voyez cette poudre?

EMILE: De la poudre!

J.-J.:   Attention, Emile! C'est dangereux!

EMILE: Dangereux?

J.-J.:   Oui. Mettez ces gants, Emile.

EMILE: Je mets les gants!

J.-J.:   Bien. Donc, quand cette lampe s'allume . . .

EMILE: S'allume?

J.-J: Oui, regardez. La lampe est allumée . . . éteinte . . . Donc, quand la lampe s'allume, vous versez la poudre. Quand la lampe s'éteint, vous arrêtez. Vous avez compris?

EMILE: Alors, je verse la poudre quand la lampe s'allume et j'arrête quand la lampe s'éteint.

J.-J.:   Bien. Emile, vous êtes intelligent!

EMILE: Merci. Monsieur J.-J.?

J.-J.:   Oui?

EMILE: Qui allume la lampe?

J.-J.:   Pas vous! C'est automatique! Il ne faut pas toucher ce bouton! Jamais! C'est dangereux!

EMILE: J'ai compris. Il ne faut pas toucher ce bouton!

J.-J., PUIS EMILE: Bien!

J.-J.:   Adrien!

ADRIEN: Oui, Monsieur J.-J.!

J.-J.:   Prenez ce verre! Quand cette lampe s'allume, vous versez lentement, ici.

ADRIEN: Quand cette lampe s'allume, je verse ici lentement. Tout ça?

J.-J.:   Oui. Regardez! Et vous ne touchez pas ce bouton! C'est automatique.

ADRIEN: C'est automatique. Je ne touche pas ce bouton.

J.-J.:   Bien. Adrien, vous êtes intelligent. Odile, qu'est-ce que vous faites?!

ODILE: Je coupe mes manches. Elles sont trop longues.

J.-J.:   Ah, vous alors, et vos manches! Et venez ici! Et prenez un seau!

ODILE: C'est lourd!

J.-J.:   Vous voulez travailler, oui ou non?!

ODILE: Oui, je veux travailler!

J.-J.:   Donc, vous prenez un seau! Quand la lampe s'allume, vous versez ce seau.

ODILE: Là-haut?

J.-J.:   Oui.

ODILE: C'est trop haut.

J.-J.:   Non! Mettez-vous sur la pointe des pieds. Comme ça! Sur la pointe des pieds! Compris?

ODILE: Compris!

EMILE: Monsieur J.-J.!

J.-J.: Oui, Emile?

EMILE: Est-ce que je peux faire le travail d'Odile et Odile peut faire *mon* travail?

J.-J.: Non! Pour faire votre travail, il faut être intelligent. Odile n'est pas assez intelligente. Bon courage! Adieu!

ODILE: Il n'est pas très sympathique, Monsieur J.-J.

EMILE: La lampe s'allume, je verse la poudre. La lampe s'éteint, j'arrête de verser. J'aime ce travail. C'est facile.

# # # #

[**Scene 2:** *The Gammas at work. Emile, refilling his can, doesn't notice his light come on.*]

ODILE: Emile! C'est à toi! [*Emile starts pouring.*] Arrête! La lampe est éteinte. [*Odile has trouble emptying her bucket.*]

EMILE: Allons aider Odile! [*Adrien's light comes on.*]

ADRIEN: A moi! Lentement.

EMILE: Ma lampe! Prends le seau, Odile!

ODILE: Le seau est tombé! C'est lourd! J'étouffe!

EMILE: Moi aussi, j'étouffe.

ADRIEN: Nous étouffons!

ODILE: A moi! [*Emile and Adrien help her, but their lights come on, and they rush back to their stations.*] C'est trop lourd! [*Odile makes the bucket lift itself.*] Ça va mieux comme ça!

EMILE: Odile, pas de magie Gamma! Reste française!

ODILE: C'est trop lourd!

EMILE: [*Pointing to his station*] Va là-bas! Je reste ici!

ODILE: Merci, Emile! [*The lights come on faster and faster. Emile's bucket is so heavy he can hardly keep up with the signal.*] Emile est fatigué! [*Emile pushes a button to stop the machine.*]

ADRIEN: Il ne faut pas toucher ce bouton, Emile!

EMILE: Je suis fatigué! Ah, ah, ah! . . . Ah, merde!

J.-J.: [*Coming in*] Qu'est-ce qui se passe?

EMILE: Rien.

J.-J.: Qu'est-ce que vous faites ici? Ce n'est pas votre place. C'est la place d'Odile!

EMILE: Les seaux sont trop lourds pour Odile. [*Emile continues emptying Odile's bucket.*]

J.-J.: Ah, bon. Restez ici!

EMILE: Vite! Aidez-moi! [*A loud noise comes from his machine. The others go to help him, but their lights come on, in turn.*]

ODILE: Ah! Ma lampe! Mon travail! Ta lampe, Adrien! Ton travail!

ADRIEN: Je ne peux pas!

ODILE: Je le fais pour toi!

ADRIEN: [*To Emile*]: Je reste avec toi!

EMILE: Merci!

ODILE: Ah! Ma lampe! Là, la poudre. [*Hearing a loud noise, she throws the can into the machine. Soon all three are dumping the contents of their containers into the machines in total confusion.*]

# # # #

[**Scene 3:** *The same situation continues.*]

ODILE: Quel travail! Devenir français, c'est dur!

EMILE: Oui, très dur.

ADRIEN: Ça ne finit jamais!

EMILE: Jamais! [*He throws the bucket into the machine.*] Ah! Ah! Ah!

[*Odile and Adrien mix the products together and pour the mixture into the three machines. The machines stop.*]

EMILE: C'est facile comme ça!

ODILE: C'est plus facile comme ça!

ADRIEN: Ah! C'est beaucoup plus facile comme ça!

J.-J.: [*Coming in again*] Venez avec moi!

EMILE: Pourquoi? Le travail est fini?

J.-J.: Venez!

EMILE: Bien, Monsieur J.-J.

[*They follow J.-J. into an office. J.-J. brings in a secretary, Loulou. The director is examining some small capsules.*]

J.-J.: Les voilà, Monsieur le Directeur.

DIRECTEUR: Félicitations! [*He gets into a portable bathtub.*] Loulou!

LOULOU: Oui, Monsieur le Directeur.

DIRECTEUR: Aidez-moi! Le visage . . . les bras . . . et les jambes! [*She rubs a black substance on him.*] Et maintenant, le produit! Votre produit, chers amis! [*Loulou shows them the capsules.*]

EMILE: Qu'est-ce que c'est?

DIRECTEUR: Le produit que vous avez fabriqué. C'est un produit pour le bain. Il est remarquable. Félicitations! [*He sits down in the bathtub. Loulou puts in a capsule; it makes a lot of foam.*]

EMILE: Qu'est-ce que c'est?

DIRECTEUR, PUIS LES AUTRES: De la mousse! De la mousse!

DIRECTEUR: Magique! C'est magique! Vraiment magique! C'est le meilleur produit pour le bain et c'est vous qui l'avez fabriqué, ce produit magique! [*To Loulou*] Une serviette, s'il vous plaît.

LOULOU: Voilà une serviette, Monsieur le Directeur.

DIRECTEUR: Je vous félicite. Votre invention est remarquable.

EMILE: Invention?

DIRECTEUR: Oui. Avant, ce produit lavait mal. Maintenant il lave bien. C'est une invention. Vous êtes très intelligents! Qui est l'inventeur? C'est vous, vous ou vous?

ODILE: C'est Emile!

DIRECTEUR: C'est vous?

EMILE: Oui, c'est moi!

DIRECTEUR: Vous êtes très intelligent. Vous êtes ingénieur?

EMILE: Non, je ne suis pas ingénieur.

J.-J.: Mais il est très intelligent.

ODILE: Oui, Emile est très intelligent.

ADRIEN: Oh, c'est vrai; Emile est très intelligent!

DIRECTEUR: Bravo, Emile! Vous permettez que je vous appelle Emile?

EMILE: Appelez-moi Emile, Monsieur le Directeur!

DIRECTEUR: Emile, maintenant vous êtes ingénieur!

J.-J.: Euh?

EMILE: Merci, Monsieur le Directeur! Et eux?

DIRECTEUR: Eux, ils vont travailler comme aujourd'hui.

ODILE: Comme aujourd'hui?

EMILE: Oui, mais moi, je suis ingénieur!

ODILE: Est-ce qu'un ingénieur travaille?

DIRECTEUR: Oui, il travaille. Avec la tête.

ODILE: Et nous, nous travaillons avec les mains.

DIRECTEUR: Exactement!

EMILE: Nous sommes des Français qui travaillons. Vous avec les mains et moi avec la tête.

VOCABULARY

allumé (turned) on, lighted
allumer to turn on (e.g., a light)
s' **allumer** to come/go on (said of a lamp)
assez + *ADJ* *ADJ* + enough
aujourd'hui today

automatique automatic
avant + *N* before + *N*
le **bac** can
le **bain** bath
le **bras** arm

compris < comprendre[C24]   got it (*PP*)

le **directeur**   director

dur   hard

écouter   to listen (to)

éteint   (turned) off (e.g., a light)

étouffer   to choke

fabriquer   to make/manufacture

facile   easy

félicitations!   congratulations!

féliciter   to congratulate

fini < **finir**   finished (*PP*)

le **gant**   glove

haut   high

l' **ingénieur** (*m.*)   engineer

l' **inventeur** (*m.*)   inventor

l' **invention** (*f.*)   invention

la **jambe**   leg

là-haut   up there

la **lampe**   light

il **lavait** < **laver**   it used to wash (*IMP*)

lentement   slowly

magique   magic, magical

la **manche**   sleeve

la **meilleur**   the best

merde!   damn!

mettre   to put on (+ article of clothing)

la **mousse**   foam

se **passer**   to happen

permettre[C17]   to permit/let

il
elle } **peut** < **pouvoir**[C23]   he/she/it can
on

la **place**   (work) station

prendre[C24]   to pick up

le **produit**   product

remarquable   remarkable

le **seau**   bucket

la **serviette**   towel

sympathique   nice

toucher   to touch

va! < **aller**[C1]   go! (*fam. CF*)

verser   to pour (in, out)/empty

vous **voulez** < **vouloir**[C34]   you want

SPECIAL EXPRESSIONS

à moi my turn

Bon courage! Work hard! (expression of encouragement)

Ça ne me va pas. This (uniform) doesn't fit me.

comme ça this way

faire (très) attention to pay (close) attention

Mettez-vous sur la pointe des pieds! Stand on tiptoe!

Qu'est-ce que vous avez? What's the matter?

Qu'est-ce qui . . .? What . . .?

SUPPLEMENTARY VOCABULARY

list of foods	la carte
first course	**entrées** (*f.*)
assorted appetizers	**hors-d'œuvre variés**
fancy cold cuts	**la charcuterie**
plate of relishes	**assiette** (*f.*) **de crudités** (*f.*)
fish	**poissons** (*m.*)
broiled salmon	**le saumon grillé**
meat and poultry	**viandes** (*f.*) **et volailles** (*f.*)
chicken	**le poulet**
ham	**le jambon**

list of foods	la carte (*cont'd*)
lamb	l'agneau (*m.*)
pork	le porc
veal	le veau
a roast of . . .	un rôti de . . .
a . . . chop	une côtelette de . . .
vegetables	légumes (*m.*)
carrots	les carottes (*f.*)
green beans	les *haricots (*m.*) verts
green peas	les petits pois (*m.*)
onions	les oignons (*m.*) /ɔɲɔ̃/
potatoes	les pommes (*f.*) (de terre)
mashed potatoes	la purée
rice	le riz
spinach	les épinards (*m.*)
tomatoes	les tomates (*f.*)
desserts	desserts (*m.*)
(chocolate) cake	le gâteau (au chocolat)
fruit	les fruits (*m.*)
ice cream	la glace
pastries	les pâtisseries (*f.*)
(cherry) pie	la tarte (aux cerises, *f.*)

LANGUAGE NOTES AND EXERCISES

15.1 Idiomatic use of *aller* — *Ça ne me va pas*

When **aller** is used idiomatically with an article of clothing as subject and an expressed indirect object, it conveys the meaning of "to suit," "to be becoming," "to fit," "to look good."

Elle (la perruque) *me* va!	It (the wig) suits me!/It is becoming to me!
Ça ne me *va* pas.	This (uniform) doesn't fit me.
Les vêtements Gamma ne leur *vont* pas.	Gamma clothes don't look good on them.

EXERCISE

Situation: **Moi, je n'aime pas!**

You are shopping for new clothes, accompanied by your best friend. The salesgirl tells you that everything looks excellent on you. Your friend agrees, but you disagree with both.

La vendeuse	*Votre ami(e)**	*Vous*
1. Cette robe vous va magnifiquement!	Oh oui! Elle te va bien.	Mais non, ça . . .
2. La jupe vous va très bien!	Mais oui! . . .	Mais non, . . .
3. Le pantalon . . .	C'est sûr, . . .	Mais non, . . .
4. Les chaussures . . .	Oh oui! . . .	Non, . . .
5. Ces jolis bijoux . . .	Mais oui! . . .	Non! Non! . . .

*Use familiar form.

15.2 Uses of the definite article

Specific and general uses of the definite article have already been noted in 1.4 and 4.4.

specific:	**Donnez-moi *le* pain qui est sur la table.**	Give me the bread that is on the table.
general:	**L'été en Bourgogne est agréable.**	Summer in Burgundy is pleasant.

The definite article is also used in the following ways, which do not always follow English usage:

a. before each noun in a series, even when there is no change of form

Les Gammas ont vu *le* maire, *le* commissaire, *les* gendarmes et *le* secrétaire.	The Gammas saw the mayor, the chief of police, the policemen, and the secretary.

b. with languages (except as noted in 15.3.c)

Reminder: all languages are masculine and singular.

Elle étudie *le* français, *l'*espagnol et *le* russe.	She is studying French, Spanish, and Russian.

c. with some cities whose name includes the definite article

Le Havre	Le Havre
La Nouvelle-Orléans	New Orleans
La Rochelle	La Rochelle

***Le* Havre est un port français; elle est allée *au* Havre.**	Le Havre is a French port; she went to Le Havre.
***La* Nouvelle-Orléans est une ville américaine; je veux aller à *la* Nouvelle-Orléans.**	New Orleans is an American city; I want to go to New Orleans.

d. with titles

Bonjour, Monsieur *le Commissaire*.	Hello, Chief.
***Le docteur* Dupré est venu voir Odile.**	Doctor Dupré came to see Odile.

Ils parlent *du professeur* Picard.	They are talking about Professor Picard.

e. with days of the week and periods of the day, to express regular occurrence

Il la voit *le* samedi et *le* dimanche.	He sees her Saturdays and Sundays (every Saturday and Sunday).
Elle boit du café *le* matin et du lait *le* soir.	She drinks coffee in the morning (every morning) and milk in the evening (every evening).

f. instead of a possessive adjective before a part of the body when it is clear whose body is referred to

J'ai mal à *la* tête et *aux* jambes.	*My* head and legs hurt./I have a head-ache and aching legs.
Haut *les* mains!	Up with *your* hands!/Stick 'em up!

This usage is particularly common with pronominal verbs.

Elle se coupe *les* cheveux.	She's cutting *her* hair.
Lavez-vous *les* mains et *le* visage tout de suite!	Wash *your* hands and face right away!

When the identity of the possessor is not clear, or when the possessor is being stressed, a possessive adjective is used rather than a definite article.

1er gendarme: Non, Monsieur, ce n'est pas une perruque. Ce sont *mes* cheveux.	No, Sir, it's not a wig. It's *my* hair.

For additional uses of the definite article, see 22.3, 25.4, 25.5, and 32.2.

EXERCISES

A.   Supply the appropriate article.

1. Quand vous visitez _____ Rochelle _____ jeudi, il faut voir _____ port, _____ église et _____ mairie.

2. Le directeur parle à _____ secrétaire et _____ Gammas _____ après-midi.

3. Le commissaire téléphone _____ ministre et il lui dit: "Bonjour, Monsieur _____ Ministre."

4. Vous ne connaissez pas _____ général Mac-Mahon, mais vous savez qui est _____ capitaine Dreyfus.

5. Etudions-nous _____ japonais et _____ arabe?

B.   *Situation:* Un accident

Odile has fallen down and hurt herself. Roger is comforting her. Complete their dialogue.

Roger	Odile
1. Ma petite Odile, où as-tu mal?	-J' _____ tête et _____ main.
2. Est-ce que tu _____ doigts?	-Oui, et aussi j' _____ bras.
3. Est-ce que tu _____ jambes?	-Non, je n' _____ jambes mais j' _____ pied gauche.
4. Peux-tu bouger[1] _____ pied?	-Non, je ne peux pas. Je pense que j'ai _____ pied cassé.
5. J'appelle tout de suite le docteur.	

C. Talk about your morning activities. Select the proper column and use verbs such as:
se laver, s'essuyer, se peigner, se brosser, se raser, se couper. Refer to supplementary
vocabulary for Lesson 9 for parts of the body and Lesson 11 for pronominal verbs.

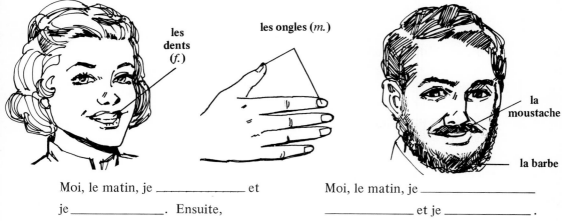

Moi, le matin, je _____ et

je _____. Ensuite,

je _____, etc. . . .

Moi, le matin, je _____

_____ et je _____.

Ensuite, je _____, etc. . . .

15.3 Omission of the definite article

The definite article is omitted in the following cases:

a. with names of persons or cities except when they are modified (This does not apply
in the case of cities with a definite article as part of their name; see 15.2.c.)

Paul est intelligent.	Paul is intelligent.
New York est moderne.	New York is modern.
but	
Le jeune **Paul est intelligent.**	Young Paul is intelligent.
Le vieux **New York n'est pas moderne, mail il est pittoresque.**	Old New York is not modern, but it is picturesque.

[1]**bouger:** to move.

b. in headings and addresses

Acte I	**3, rue de Rivoli**
Chapitre 10	**place de la Concorde**
Elle habite 69, avenue Marceau.	

c. with names of languages directly after **parler** even when negated

Roger parle *français.*	Roger speaks French.
Les Gammas ne parlent pas *chinois.*	The Gammas do not speak Chinese.

d. after the prepositions **avec, sans,** and **en**

avec impatience	with impatience, impatiently
sans peur	without fear
en classe	in or to class
en hiver	in (the) winter
en français	in French

e. with materials that things are made of

une sphère { **de bois** / **en bois** }   a wooden sphere

une robe { **en coton** / **de coton** }   a cotton dress

f. with days of the week

Lundi, **elle est allée voir Roger.**	Monday, she went to see Roger.
Nous allons acheter des maillots de bain *samedi.*	We're going to buy swimming suits Saturday.

See 15.2.e for an exception to this rule.

g. with months of the year

Il pleut *en avril.*	It rains in April.
Elle est allée à l'université au mois *de septembre.*	She went to the university in the month of September.

For additional cases of omission of the definite article, see 22.3, 25.4, 25.5, and 32.2.

EXERCISES

A. Complete the following sentences by adding the definite article whenever it is required.

1. _____ Sylvie est jolie et _____ petite Margot est très gentille.

2. Le journaliste parle _____ italien, mais il parle très mal _____ allemand.

3. Nous nous promenons avec _____ plaisir sur _____ boulevard Saint-Michel. Ma tante habite 18, _____ rue Sufflot; c'est tout près[1]!

4. Est-ce que la sphère des Gammas est en _____ métal? —Mais non, elle est en _____ bois. _____ bois est très vieux.

5. _____ dimanche, les Farnoux vont aller à l'hôtel Sans _____ Souci[2], 4, _____ place du Marché dans _____ vieux Poitiers.

6. Aimes-tu _____ Paris en _____ hiver? —Non, je préfère _____ Rochelle et en _____ décembre, je vais à _____ Nice.

7. Ton ami et toi, vous dînez toujours au restaurant _____ mercredi; _____ samedi, vous allez au cinéma.

B. *Situation:* **Parlez de vous!**

Talk briefly about what you do each day (I go to class, to the library, to work, to the store, etc.). Contrast it with something different that you did or will do on a specific day. Follow the model.

Model: **Le lundi, je vais en classe, mais lundi dernier, je suis allé(e) en ville (mais lundi prochain, je vais aller en ville).**

15.4 Possession expressed with *être à* + possessor

In addition to the use of possessive adjectives (2.4) and **de** + noun possessor (3.3), possession may be expressed by using **être à** + possessor (noun or stressed pronoun). Note that in this case the subject of the verb **être** is the object possessed.

Cette serviette *est au* directeur.	This towel is the director's./This towel belongs to the director.
Les gants ne *sont* pas à Odile; ils *sont à* lui (Emile).	The gloves are not Odile's; they are his (Emile's)./The gloves do not belong to Odile; they belong to him.

In one common use of **être à**, the noun subject is often not expressed specifically but is understood by any French-speaking person, namely, the noun "*turn.*"

C'*est à* toi!	It's yours (your turn)!/It (the turn) is yours!
(C'*est*) *A* moi!	(It's) My turn!

EXERCISE

Situation: **Mais oui, nous sommes d'accord!**

Imagine you are at Louise's restaurant, talking with the waiter, while the Gammas are eating there. You are identifying various items and the waiter agrees with you. Follow the model.

[1] **tout près:** very close, nearby.
[2] **le souci:** worry, care.

Vous	*Le garçon*
Model: C'est le menu de Louise.	Mais oui, ce menu est à elle.
1. Ce sont les tables de Louise.	Mais oui, . . .
2. C'est la nappe de Louise.	Oui, . . .
3. Ce sont les frites d'Emile.	Mais oui, . . .
4. Ce sont les desserts des trois Gammas.	Oui, . . .
5. C'est l'addition d'Emile.	Oui, . . .

15.5 Additional interrogative pronoun expressions

In addition to the interrogative pronouns presented in 11.4 (**qui, que, quoi,** etc.), there are two other interrogative expressions.

a. **Qu'est-ce que c'est?** (what is it?) is a complete question requesting information about an object or situation previously mentioned or made clear by the context.

> Directeur:
>
> **Votre produit, chers amis!**   Your product, dear friends.
>
> Emile [who does not recognize the capsules LouLou is holding]:
>
> **Qu'est-ce que c'est?**   What is it?
>
> Directeur [giving information about the product]:
>
> **Le produit que vous avez**   The product you made. It's a
> **fabriqué. C'est un**   product for the bath.
> **produit pour le bain.**

b. **Qu'est-ce que c'est (+ que)** + noun/pronoun? (what is + noun/pronoun?) asks for a definition or explanation of a name, term, word, or concept.

> *Qu'est-ce que c'est* qu' un Gamma?   What is a Gamma?

To answer such questions, use **ce** + **être.**

> *Qu'est-ce que c'est,* le travail?   What is work?
>
> *C'est* ce qu'on fait pour gagner   It's what people do to earn money.
> de l'argent.

c. It is important to differentiate between two question patterns, both of which begin with "what" in English:

> *Qu'est-ce que c'est que* le   What is work? (in general; what does
> travail?   it mean to work)
>
> *Quel* est le travail d'Emile?   What is Emile's work (job)?/What
>   kind of work does Emile do?/
>   Which job (of all possible jobs) is
>   Emile's?

A question constructed with a form of the interrogative adjective **quel** (8.1) + **être** + noun does not ask for a definition of the noun but rather asks which specific member(s) of the noun class is/are meant.

EXERCISE

Situation: **Abélard et les animaux**

Abélard is describing the animals he has seen in the forest to his new friends, the Gammas. They do not know what these animals are and are asking for clarification. Complete the dialogue, using the form **qu'est-ce que c'est, . . . ?** or **qu'est-ce que c'est que . . . ?**

Abélard	*Les Gammas*
1. J'ai vu un chien[1] dans la forêt.	_____ un chien?
2. J'ai vu aussi un serpent.	_____ ?
3. J'ai vu des papillons[2] dans la forêt.	_____ ?
4. J'ai vu beaucoup d'oiseaux.	_____ ?
5. J'ai même vu une vache[3] !	_____ ?

[1] **le chien:** dog.
[2] **le papillon:** butterfly.
[3] **la vache:** cow.

Lesson 16

Un beau travail

[Scene 1: *At the chemical factory. In the lab, there are great quantities of foam.*]

EMILE: La mousse! Je suis intelligent. Je travaille avec la tête. J'ai assez travaillé. J'ai beaucoup travaillé aujourd'hui. Moi, je travaille avec la tête.

DIRECTEUR: Bonjour, Emile!

EMILE: Bonjour, Monsieur le Directeur!

DIRECTEUR: Monsieur l'Ingénieur, vous n'êtes pas bien habillé.

EMILE: Je ne suis pas bien habillé, Monsieur le Directeur?

DIRECTEUR: Non. Vous êtes mal habillé. Venez, s'il vous plaît! Un ingénieur porte toujours une chemise et une cravate.

EMILE: Quand on travaille avec la tête, il faut une cravate et une chemise?

DIRECTEUR: Exactement.

EMILE: Quand on travaille avec les mains?

DIRECTEUR: Il ne faut ni chemise ni cravate.

EMILE: Pourquoi?

DIRECTEUR: Parce que, cher Emile, travailler avec la tête c'est faire le beau travail. Mais travailler avec les mains, ce n'est pas le beau travail.

EMILE: Ah, le travail est beau ou il n'est pas beau.

DIRECTEUR: Exactement!

EMILE: Qui fait le beau travail?

DIRECTEUR: Celui qui est intelligent fait le beau travail. Donc, il porte une chemise et une cravate.

EMILE: Merci, Monsieur le Directeur Général!

DIRECTEUR: Au revoir, Emile.

EMILE: Au revoir, Monsieur le Directeur Général.

DIRECTEUR: Au revoir, Monsieur l'Ingénieur-Chimiste!

EMILE: [*To himself*] Odile et Adrien ne sont pas intelligents. Ils travaillent avec les mains! Ma cravate!
[*Back in the room with the three machines.*]

ADRIEN: Nous sommes intelligents.

ODILE: Oui, la magie Gamma est excellente.

ADRIEN: Mais Emile?

ODILE: Oui, Emile! Mais Emile n'a pas un travail fatigant!

ADRIEN: C'est vrai, Emile n'a pas un travail fatigant!

EMILE: [*Entering*] Il ne faut pas travailler avec la magie Gamma!

ODILE: Ah, tu es là!

EMILE: Oui, je suis là! Vous n'avez pas le droit de travailler avec la magie Gamma!

ODILE: Notre travail est fatigant.

EMILE: Vous voulez être français, oui ou non?

ODILE ET ADRIEN: Oui.

EMILE: Alors, il faut travailler sans magie Gamma!

ODILE: Toi, tu travailles sans magie Gamma?

EMILE: Bien sûr, je travaille sans magie Gamma! Je travaille avec la tête! Travailler avec la tête, c'est un beau travail! Et je porte une chemise et une cravate!

ODILE: Et pourquoi portes-tu une chemise et une cravate?

EMILE: Parce que je suis intelligent!

ODILE: Et nous?

ADRIEN: Nous ne sommes pas intelligents?

EMILE: Non, vous ne travaillez pas avec la tête et vous ne portez ni chemise ni cravate! [*Emile leaves.*]

ODILE: Nous n'avons pas un beau travail. Emile, il a un beau travail.

ADRIEN: Il a un beau travail, parce qu'il est intelligent.

ODILE: Il est intelligent, parce qu'il porte...

ADRIEN: ...une chemise et une cravate!

ODILE: Je veux une cravate!

ADRIEN: Moi aussi!

# # # #

[**Scene 2**: *In the director's office.*]

DIRECTEUR: Vous cherchez les Gammas ici? Chez moi?

OSCAR: Oui. Les Gammas. Je crois qu'ils sont chez vous.

DIRECTEUR: Et pourquoi croyez-vous qu'ils sont chez moi?

OSCAR: Mon nez, Monsieur le Directeur, mon nez! Je suis détective.

DIRECTEUR: Ah, vous êtes détective! Les Gammas ont une trompe et ils ont trois pieds, n'est-ce pas? Chez moi les gens n'ont ni trompe ni trois pieds.

OSCAR: Monsieur le Directeur, les Gammas n'ont ni trompe ni trois pieds. Ils sont comme vous et moi.

DIRECTEUR: Comme vous et moi? Trois personnes travaillent chez moi depuis trois jours.

OSCAR: Vous dites: trois personnes?

DIRECTEUR: Oui, trois. Une femme et deux hommes.

OSCAR: Monsieur le Directeur, ce sont les Gammas!

DIRECTEUR: Vous croyez que ce sont eux?

OSCAR: Mais oui, c'est sûr!

DIRECTEUR: Venez, je vais vous les montrer.

OSCAR: [*Pointing to the purple door*] Ils sont là?

DIRECTEUR: Ils sont là!
[*He opens the door. Smoke billows out.*]

OSCAR: Fermez vite la porte. Quelle fumée! Non, ce ne sont pas les Gammas.

DIRECTEUR: Ce ne sont pas les Gammas? Et pourquoi?

OSCAR: Un Gamma ne travaille pas avec les mains!

DIRECTEUR: Ah!

OSCAR: Il travaille avec la magie Gamma!
[*Outside the orange door.*]

DIRECTEUR: Vous voulez le voir?

OSCAR: Si vous voulez.

DIRECTEUR: On peut entrer, Emile?

EMILE: Non. N'entrez pas. Je travaille.

DIRECTEUR: Il travaille. Avec la tête!

OSCAR: Un Gamma ne travaille ni avec les mains ni avec la tête. Il travaille avec la magie Gamma. C'est sûr, ce ne sont pas les Gammas.
[*Back in the room with the three machines.*]

ADRIEN: Oh, je suis fatigué! Je ne veux plus travailler!

ODILE: Il faut travailler, Adrien!

ADRIEN: Je ne peux plus!

ODILE: Un peu de magie Gamma?

ADRIEN: Oui. Un tout petit peu.

EMILE: [*Discovering them*] Non! Non, non et non! Pour devenir français il faut travailler. Et travailler comme eux! [*Adrien starts to tear off his work clothes.*] Qu'est-ce que tu fais?

ADRIEN: Moi, je pars! Je veux travailler avec la tête!

ODILE: Oui, nous partons tous les deux!

EMILE: Où allez-vous?

ODILE: Nous allons travailler avec une cravate!

EMILE: Odile, il faut rester ensemble!

ADRIEN: Au revoir, Monsieur l'Ingénieur!

ODILE: A bientôt!
[*Odile and Adrien leave.*]

EMILE: Je suis un idiot! Ils sont partis! Les Gammas n'existent plus!
[*He hits the three red buttons, then tears off his tie and tramples on it.*] Je suis un idiot!

# # # #

[**Scene 3**: *Odile and Adrien are walking along a street.*]

ODILE: Il faut chercher du travail.

ADRIEN: Pas aujourd'hui. Nous avons assez d'argent. [*To a man passing by*] Vous me donnez votre cravate! Je veux l'acheter.

GASTON: Vous voulez acheter ma cravate? Excellente idée! C'est vingt francs.

ADRIEN: Vingt francs. Bien. Les voilà.

GASTON: Merci, jeune homme. Ça alors!

ODILE: Excellente idée! Maintenant nous avons une cravate!

ADRIEN: Nous avons une cravate; demain nous aurons du travail.

ODILE: Oui, Adrien, un travail avec la tête! [*Emile, in the lab, is visibly upset. He goes out into the hall.*]

OSCAR: Emile!

EMILE: Magagam!

OSCAR: Emile! Bonjour, Emile!

EMILE: Bonjour, Oscar.

OSCAR: Emile, tu dois venir avec moi chez le ministre. Tu dois lui montrer que les Gammas existent.

EMILE: [*Pointing to a door*] Entrons là.

OSCAR: Merci, Emile. [*Emile closes the door behind Oscar.*] Emile! Qu'est-ce qu'il y a? Il faut aller chez le ministre! Il faut lui montrer que les Gammas existent!

EMILE: Les Gammas n'existent pas! Les Gammas n'existent plus! [*He goes out to the street.*] Qu'est-ce que je vais faire? Où est Odile? Où est Adrien?

GASTON: Vous non plus, vous ne travaillez pas?

EMILE: Non. Pourquoi?

GASTON: Parce que vous n'avez pas de cravate.

EMILE: Je n'ai plus de cravate.

GASTON: On va boire un coup?

EMILE: D'accord, allons boire un coup. [*The Director, in his office, is trying to find the proper mixture.*]

DIRECTEUR: Eh merde! [*Knock at the door.*] Entrez! [*Odile and Adrien enter.*] Que je suis heureux de vous voir! Entrez!

ADRIEN: Nous venons voir Emile.

DIRECTEUR: Emile...

ODILE: Où est-il?

DIRECTEUR: Mais je ne sais pas. Il est parti... depuis trois jours.

ADRIEN: Emile n'est plus là?

DIRECTEUR: Non. Il n'est pas avec vous?

ADRIEN: Non. Il était resté ici.

DIRECTEUR: Il est parti le même jour que vous. Je ne l'ai pas vu depuis trois jours.

ODILE: Il est parti le même jour que nous?

ADRIEN: Il y a trois jours? Mais où est-il allé?

DIRECTEUR: Je ne sais pas. [*Odile and Adrien leave. The Director goes to the phone.*] Oscar? Oscar! Les Gammas sont revenus. Ils sont là! Deux! Emile n'est pas avec eux. Oui, oui, oui...! [*In the hallway of the factory.*]

ODILE: Qu'est-ce qu'on fait?

ADRIEN: Il faut chercher du travail. Nous n'avons plus d'argent.

ODILE: Et Emile?

ADRIEN: Emile est intelligent!

DIRECTEUR: Mademoiselle Odile! Monsieur Adrien! [*They run off.*] Mademoiselle! Monsieur!
[*In a bar.*]

EMILE: Pas de cravate. Je n'ai plus de cravate depuis trois jours, Gaston.

GASTON: Emile! Mon cher Emile! Moi non plus, je n'ai plus de cravate depuis trois jours.

EMILE, PUIS GASTON: Pas de cravate! Pas de travail! Pas d'argent!

BARMAN: Trois jours! Depuis trois jours ils parlent de cravates, de cravates...

VOCABULARY

assez (de + *N*) enough (+ *N*)

nous **aurons** < **avoir**[C3] we will have (*FUT*)

beau distinguished

celui (*m.*) the one

la	**chemise** shirt		l'	**idée** (*f.*) idea	

la **chemise** shirt

je **crois** ⎫
⎬ < **croire**^C7   I believe
vous **croyez** ⎭   you believe

demain tomorrow

depuis (3 jours) + present tense *V*
for (3 days)

depuis (3 jours) + past tense *V*
(3 days) ago

le **droit** right

excellent excellent

la **fumée** smoke

général general

habillé dressed

heureux, -euse happy

l' **idée** (*f.*) idea

l' **ingénieur-chimiste** (*m.*) chemical
engineer

là here

ni. . .ni ⎫
⎬ not. . . or, neither. . .
ne. . .ni. . .ni ⎭ nor

peu little

un peu de + *N* a little (bit of) + *N*

porter to wear

il **était resté** he (had) stayed (*PPF*)

revenu < **revenir**^C31 (come) back,
returned (*PP*)

la **tête** brains

le **travail** (*pl.* **travaux**) job

SPECIAL EXPRESSIONS

boire un coup to have a drink
moi aussi so do I

un tout petit peu a tiny bit

SUPPLEMENTARY VOCABULARY

professions **les professions** (*f.*) **libérales**	
architect	**l'architecte** (*m.*)
dentist	**le dentiste**
to pull (a tooth)	**arracher**
government or state employee, civil servant	**le fonctionnaire**
law	**le droit**
judge	**le juge**
lawyer	**l'avocat** (*m.*)
medical profession	**la médecine**
pharmacist	**le pharmacien**
physician	**le médecin**
surgeon	**le chirurgien**
to treat	**soigner**
science	**les sciences** (*f.*)
to do research	**faire des recherches** (*f.*)
research scientist	**le chercheur**
scientist	**le scientifique**

professions les professions (f.) libérales (cont'd)	
teaching	l'enseignement (m.)
grade school teacher	{ l'instituteur (m.) { l'institutrice (f.)
high school teacher, professor	le professeur

LANGUAGE NOTES AND EXERCISES

16.1 The compound past indicative of pronominal verbs

a. The compound past indicative of pronominal verbs is formed with the auxiliary verb être and the past participle.

s'arrêter							
singular				**plural**			
je	*me suis*	**arrêté(e)**	I stopped/did stop/have stopped	nous *nous sommes*	**arrêté(e)s**		we stopped, etc.
tu	*t' es*	**arrêté(e)**	you stopped, etc.	vous *vous êtes*	**arrêté(e)(s)**		you stopped, etc.
il elle } *s'est* on		{ **arrêté** { **arrêtée** { **arrêté**	he/it } she/it } stopped, one } etc.	ils } elles } *se sont*	{ **arrêtés** { **arrêtées**	} they stopped, } etc.

> **Elles se *sont* arrêtées là.**   They stopped there.

Reminder: the auxiliary verb in the compound past indicative is in the present indicative.

b. The negative and interrogative constructions of pronominal verbs in the compound past indicative parallel the compound past indicative forms of verbs conjugated with être (10.5). The reflexive pronoun precedes the auxiliary verb. If there is another object pronoun, such as **le**, **la**, **les**, the reflexive pronoun also precedes it.

negative: **Il ne *s'est* pas *arrêté*.**   He didn't stop.

Elles ne *se* le *sont* pas dit.   They didn't say that to each other.

inverted interrogative: ***Vous êtes*-vous *arrêté(e)(s)*?**   Did you stop?

negative interrogative: **Ne *se sont*-elles pas *arrêtées*?**   Didn't they stop?

c. The past participle of verbs used REFLEXIVELY or RECIPROCALLY must agree in number and gender with the preceding direct object. The rule for past participle agreement is, thus, the same as for **avoir** verbs, even though the auxiliary verb is **être**.

Il s'est réveillé_à six heures;   He awakened at six o'clock;
elle s'est réveillée à   she awakened at eight o'clock.
huit heures.

Elles se sont assises à la table.   They sat down at the table.

Nous nous sommes promené(e)s   We walked for two hours.
pendant deux heures.

In the above examples, the reflexive pronoun is the direct object.

d. When a direct object noun follows a reflexive or reciprocal verb, there is no agreement of the past participle. In such a case, the reflexive pronoun is an indirect object.

direct object: **Elle s'est lavée.**   She washed (herself).
                            but
indirect object: **Elle s'est lavé les mains.**   She washed her hands (her own).

Be sure to distinguish the non-reflexive use of verbs from the reflexive use.

Elle lui a lavé les mains.   She washed his/her hands (the child's).

e. With EXCLUSIVELY PRONOMINAL verbs in the compound past indicative, the past participle agrees with the subject.

Nous nous sommes absenté(e)s.   We stayed away.

Elle s'est évanouie.   She fainted.

**Ils se sont souvenus de leur   They remembered their sphere.
sphère.**

f. There are a few pronominal verbs whose past participle remains invariable.

Il s'est agi_de votre affaire.   It was a question of your business.

**Nous nous sommes douté_de   We suspected that.
cela.**

EXERCISES

A. Restate the following sentences in the **passé composé**.

1. Les Gammas ne se lavent pas avec le nouveau produit.

2. La sphère s'arrête près de la mer.

3. Odile ne s'évanouit pas souvent.

4. Ces deux femmes se téléphonent à midi.

5. Jacqueline, te couches-tu à dix heures?

6. Nous nous doutons des actions d'Olga.

B. Answer each question, giving information which relates to you personally.

1. A quelle heure vous êtes-vous levé(e) ce matin?

2. A quelle heure vous êtes-vous couché(e) hier soir?

3. Vous êtes-vous habillé(e) avant de déjeuner?

4. Vous êtes-vous lavé(e) avant de vous habiller?

5. Vous êtes-vous lavé les mains avant de manger?

6. Vous êtes-vous brossé les cheveux?

16.2 The negative expressions *ne. . .ni. . .ni* **(neither. . .nor) and** *ne. . .aucun (e)* **(no, none, not any)**

a. ne. . .ni. . .ni

(1) When the negative expression **ne. . .ni. . .ni** is used, **ne** precedes the verb while **ni** precedes each of two or more choices.

Elle *n*'est *ni* grande *ni* petite. She is neither tall nor short.

Un Gamma *ne* travaille *ni*   Gammas don't work with their hands
avec les mains *ni* avec la tête.   or with their heads.

(2) When **ne. . .ni. . .ni** modifies a subject, the expression is **ni. . .ni. . .ne** and the verb is plural.

Ni Emile *ni* Adrien *ne* sont   Neither Emile nor Adrien is French.
français.

Ni mon père *ni* ma mère *ne*   Neither my father nor my mother came.
sont venus.

(3) When a noun used in the partitive sense follows **ni**, no partitive article is used before the noun (cf. 7.2.c).

Il a *des* chemises.   He has (some) shirts.

            but

Il n'a ni_chemises ni_   He has neither shirts nor ties
_cravates ni_gants.   nor gloves.

(4) When the noun is modified by a definite article, possessive adjective, or number, the modifier is not affected by **ni**.

Il n'a ni *leurs* bijoux ni *leurs*   He has neither their jewels nor their
broches.   brooches.

Il ne cherche ni *la* serviette   He is looking for neither the towel
ni *le* seau.   nor the bucket.

Chez moi les gens n'ont ni   In my factory, people have neither
trompe ni *trois* pieds.   trunks nor three feet.

b. ne. . .aucun(e)

(1) The adjective **ne. . .aucun(e)** (no, not any)

When **ne. . .aucun(e)** is used as an adjective, **ne** precedes the verb and **aucun(e)** precedes the noun it modifies. The form **aucun(e)** must agree in gender with the noun it modifies. The plural is rarely used.

Nous *n*'avons *aucune* idée!   We don't have any idea!

Elle *n*'a trouvé *aucun*   She found no work.
travail.

206   *Les Gammas! Les Gammas!*

(2) The pronoun **ne. . .aucun(e)** (none, not one/any)

When **ne. . .aucun** is used as a pronoun, **ne** precedes the verb; the position of **aucun(e)** depends on its grammatical function. The form **aucun(e)** must agree in gender with the noun it replaces. The plural is rarely used.

subject:	*Aucun n*'est venu. **(homme)**	Not one came.
direct object:	**Vous** *n*'**avez acheté** *aucune* **de ces boules?**	You bought none of those balls?
object of a preposition:	**Je** *ne* **parle** d'*aucun* **de ses livres.**	I'm not talking about any of his/her books.

EXERCISES

A. Restate the following sentences in the negative, using **ne. . .ni. . .ni. . .** Follow the model.

Model: **Mon cousin veut être** *chirurgien ou médecin.* → **Mon cousin** *ne* **veut être** *ni chirurgien ni médecin.*

1. Cet architecte veut présenter **ses maquettes et ses plans.**
2. Cette école prépare **des ingénieurs et des pharmaciens.**
3. L'avocat a regardé **le dossier et les papiers de son client.**
4. **Ma mère et mon frère** ont vu le film de Bresson.
5. Le vieux professeur comprend **le japonais et le chinois.**
6. **Les étudiants et les professeurs** aiment les examens difficiles.

B. Restate the following sentences in the negative, using **ne. . .aucun(e).** Follow the model.

Model: **J'ai acheté** *du* **fromage français.** → **Je** *n*'**ai acheté** *aucun* **fromage français.**

1. Simone a **un** frère dentiste.
2. Joseph, tu vas mettre **une** de ces cravates.
3. **Une** institutrice est venue parler avec moi.
4. Le juge parle à **un** avocat.
5. Les étudiants de ma classe vont choisir **une** des professions libérales.

16.3 *Ce* or *il/elle/*etc. with *être*

The use of **ce** or **il/elle**/etc. with **être** + an adjective before an infinitive is explained in 14.4. There are other situations in which a choice between **ce** or **il/elle/ils/elles** with **être** is necessary.

a. **Ce** with a form of **être** can mean "it/this/that is" or "he is" or "she is" or "they/these/those are." **Ce** is always used as the subject of **être** in the following cases:

(1) **ce + etre + proper noun**

Qui est-ce? —*C*'est **Roger.**	Who is it/that?—It's/That's Roger. Who is he?—He's Roger.
Qui vient? —*C*'est **M. Leblanc.**	Who is coming?—It's Mr. Leblanc.

Quelle ville est-ce? —*C'est* Paris.	What city is it?—It's Paris.		

(2) **ce + être** + modified noun (i.e., a noun preceded by an article, adjective or other modifier)

Qui téléphone? —*C'est le* ministre.	Who's calling?—It's the Secretary.
Qui est Roger? —*C'est un* jeune Français.	Who is Roger?—He's a young Frenchman.
Qu'est-ce qui est sur la table? — *C'est ma grande bouteille* de vin.	What's on the table?—It's my big bottle of wine.
Qui est-ce ? —*Ce sont trois* Gammas.	Who is it?—It's three Gammas./They're three Gammas.

(3) **ce + être** + stressed pronoun

C'est moi.	It's I/me.	**C'est nous.**	It's we/us.
C'est toi.	It's you.	**C'est vous.**	It's you.
C'est lui.	It's he/him.	**C'est/Ce sont eux.**	It's they/them.
C'est elle.	It's she/her.	**C'est/Ce sont elles.**	It's they/them.

Note that the plural form of the verb **ce sont** is used only with **eux** and **elles**. In conversation **c'est** is more frequently used than **ce sont**. The above phases can be a part of a longer sentence (see also 17.5).

C'est vous qui payez, Monsieur?

EXERCISE

Answer the following questions, starting each sentence with **ce** plus a form of **être** and using the answer suggested in parentheses. Follow the model.

Model: **Qui est cet homme?** (Martiniquais) → **C'est un Martiniquais.**

1. Qu'est-ce que tu as dans ta poche? (souris blanche)
2. Qui est-ce? (Algérienne)
3. Qui sont ces gens? (journalistes parisiens)
4. Qui n'a pas compris? (lui)
5. Qui est tombé dans la mer? (deux jeunes touristes)

b. **Il, elle, ils,** or **elles** is used as subject of **être** in the following cases:

(1) **il,** etc. + **être** + unmodified noun

Que fait votre père? —*Il est* charcutier.	What does your father do?—He's a (pork) butcher.

Et votre mère? *—Elle* est   And your mother? —She's a journalist.

When the unmodified noun following **être** is a noun of profession, there are two ways to express the same idea, one without a modifier and the other by adding an indifinite article and using **c'est** or **ce sont.**

Il est charcutier. = *C'est* un   He's a (pork) butcher.
charcutier.

Elles sont journalistes. = *Ce*   They're journalists.
sont des journalistes.

(2) **il, etc. + être** + adjective of nationality or religion

Et votre cousine? *—Elle* est   And your cousin?—She's a Buddhist.
bouddhiste.

As is the case in (1) above, there are two ways to express the same idea, one with an adjective and the other by using an indefinite article and the noun of nationality or religion after **c'est** or **ce sont.**

Elle est bouddhiste. = *C'est*   She's Buddhist./She's a Buddhist.
une Bouddhiste.

Il est français. = *C'est* un   He's French./He's a Frenchman.
Français.

Words of nationality and religion are not capitalized when used as adjectives as, for example, after **il est,** or **elle est,** etc.

(3) **il, etc. + être** + adjective/adverb/prepositional phrase

adjective:	(Adrien)	*Il* est blond.	He's blond.
	(Le travail)	*Il* est très dur.	It's very hard.
	(Stéphanie)	*Elle* n'est pas trop vieille.	She's not too old.
	(La sphère)	*Elle* est toute petite.	It's very small.
adverb:	(La mer)	*Elle* est là-bas.	It's over there.
	(Les Gammas)	*Ils* ne sont plus là.	They're not there any more.
	(Le produit)	*Il* est ici.	It's here.
preposition:	(Odile)	*Elle* est dans le lit.	She's in the bed.
	(La mer)	*Elle* est par là.	It's that way.
	(Emile et Adrien)	*Ils* sont derrière Roger.	They're behind Roger.
	(Le journa-liste)	*Il* est de Paris.	He's from Paris.

EXERCISE

Answer the following questions, starting each sentence with **il** and a form of **être** or **ce** and a form of **être,** as the case may be. Don't forget that in some cases you must add an article before the noun. Be especially careful with capitalized and non-capitalized words. Some questions may be answered in two different ways. Follow the model.

Model: **De quelle religion est votre oncle?** (protestant) —**Il est protestant.**

1. De quelle nationalité est Jean-Claude Killy? (français)

2. De quelle religion est cette femme? (Protestante)

3. Que fait son cousin? (médecin)

4. De quelle nationalité sont ces étudiantes? (Japonaises)

5. Que fait votre ami Pierre Legrand? (professeur)

6. Où dort Emile? (sur le canapé)

c. In principle, the choice of **il, elle,** etc. with **être** + $\begin{cases} \text{adjective} \\ \text{adverb} \\ \text{prepositional phrase} \end{cases}$
rather than **ce** is determined by the fact that the subject refers back to a specific person or thing, as in all the sentences in b. 2. However, in practice, especially in informal speech, **ce** is often used rather than **il, elle, ils,** or **elles** when the subject refers to an object or place, but not when it refers to a person.

(La sphère) *C*'est du bois, *c*'est rond, *c*'est beau.	It's wooden, it's round, it's beautiful.
(Le vin) *C*'est très bon!	It's very good.
Où est la mer? —*C*'est par là.	Where is the sea?—It's that way.
(La blouse) *C*'est très cher.	It's very expensive.
(La sphère) *C*'est là.	It's there.

Ce is also used as subject of **être** + adjective when the subject refers to a whole idea or thought, that is, to something without number or gender.

Ce n'*est* pas **possible.**	It's not possible (that the Gamma sphere is made of wood).
C'est **possible.**	It's possible (that the sphere isn't there any more).
C'est très **pratique.**	It's very practical (that the Gammas' third foot works like this).

EXERCISES

A. Complete each sentence by adding **c'est, il est, ce sont, ils sont,** etc.

1. Qui a fait ce produit?_____les Gammas!

2. Qui travaille avec la tête?_____Emile.

3. Je ne comprends pas Emile._____impatient maintenant qu'il est ingénieur.

4. Qui est-ce?_____la secrétaire. _____avec le directeur.

5. Qui n'a pas compris la leçon?_____moi.

6. Allez-vous habiter à Paris pendant votre stage? Non!_____impossible.

7. Qui arrache les dents?_____ les dentistes.

8. Que fait Monsieur Durand?_____ avocat. _____ un très bon avocat.

B. *Situation:* **Le portrait de mon ami(e)**
Describe your friend by means of brief sentences, starting with **il/elle est** or **c'est**
and using descriptive adjectives, nouns of profession or of nationality. Follow the
model.

      Model: **Qui est-ce?**   **Qui est-ce?**

C'est Jean-Claude.   _____

C'est mon ami. Il est sénégalais[1].   _____

Il est étudiant. C'est un bon étudiant. _____

Il est très actif et vraiment sympathique. _____

C'est un très bon ami.   _____

16.4 Verbs ending in *aindre* or *eindre*

Verbs ending in **aindre** or **eindre** are irregular in the present indicative and have an
irregular past participle. Some common verbs of this type are:

infinitive		past participle
atteindre	to attain/reach	**atteint**
craindre	to fear/be afraid of	**craint**
éteindre	to turn off/put out	**éteint**
s'éteindre	to go out	
peindre	to paint	**peint**
plaindre	to pity	**plaint**
se plaindre	to complain (about)	

a. Present indicative

These verbs have two stems for the present indicative. Final **dre** of the infinitive
is dropped to obtain the singular stem. For the plural stem, **-dre** is dropped and the
final **n** of the stem becomes **gn**.

---

[1] **sénégalais:** Senegalese

éteindre			
singular		plural	
j'*étein s* I turn off/am turning off/ do turn off		nous *éteign ons* we turn off, etc.	
tu *étein s* you turn off, etc.		vous *éteign ez* you turn off, etc.	
il elle } *étein t* he/it she/it } turns off, etc. on one		ils elles } *éteign ent* they turn off, etc.	

Emile *éteint* la lampe. Emile turns off the light.

Craignez-vous le commissaire ? Are you afraid of the (police) chief?

Pronunciation of the final syllable of the stem differs in the singular and the plural forms of **-aindre** and **-eindre** verbs.

compare: **il craint** /ilkʀɛ/ and **ils craignent** /ilkʀɛɲ/

b. Imperative mood

The imperative mood of **-aindre** and **-eindre** verbs is regular in formation.

Peignons la maison! Let's paint the house!

Plains cette pauvre Odile! Pity that poor Odile!

c. Compound past indicative

The compound past indicative of the non-pronominal verbs **atteindre, craindre, éteindre, peindre,** and **plaindre** is formed with **avoir** as the auxiliary verb and the irregular past participles listed above.

Odile, *as-tu éteint* la lampe? —Non, Odile, did you turn off the light?—No,
Emile l'*a éteinte.* Emile turned it off.

Avez-vous peint la maison? —Oui, Did you paint the house?—Yes, I painted
je l'*ai peinte.* it.

Remember that the past participle of verbs conjugated with **avoir** agrees with a preceding direct object.

The compound past of the pronominal verbs **se plaindre (de)** and **s'éteindre** is formed like that of other pronominal verbs (16.1). The auxiliary verb is **être.** The past participle of each agrees with a preceding direct object.

Quand la lampe *s'est éteinte,* **ils** When the lamp went out, they stopped.
se sont arrêtés.

Ils *se sont plaints du* **temps.** They complained about the weather.

EXERCISES

A. In each of the following sentences, do the substitutions as indicated.

1. **Nous** craignons les hivers froids. (Les pauvres gens, Vous, Je, Ma petite cousine)
2. **Mon oncle** a repeint son auto. (Je, Les Leblanc, Nous, Tu)
3. **Les gens** se plaignent-ils des fonctionnaires? (Le chercheur, tu, vous, nous)

B. Complete the sentences with the appropriate form of the verb indicated in parentheses.

1. La lampe de la machine＿＿＿＿＿＿＿＿. (s'éteindre)
2. Je ne＿＿＿＿＿＿＿pas ma bicyclette en bleu. (peindre)
3. Les malades＿＿＿＿＿＿＿d'un mauvais docteur. (se plaindre)
4. La sph**è**re＿＿＿＿＿＿＿la mer **à** Saint-Tropez. (atteindre)
5. ＿＿＿＿＿＿＿-vous la pluie ou la neige? (craindre)
6. Nous＿＿＿＿＿＿＿les petits enfants sans parents. (plaindre)

C. Restate the above sentences in the **passé composé**.

16.5 Passive voice

a. General remarks

Most of the time verbs are used in the active voice, which means that the subject does the action expressed by the verb. When the action of the verb is being done TO the grammatical subject rather than BY the grammatical subject, passive voice is used. In passive constructions the agent, that is, the doer of the action, may be expressed or merely understood.

active voice: Emile *opened* the door.	Grammatical subject *Emile* performs the action.
passive voice: The door *was opened* (by Emile).	Grammatical subject *door* receives the action.

b. Formation

(1) **être** + past participle

In English the passive voice is expressed by a form of the verb "to be" plus the past participle of the action verb. French has a parallel passive voice, **être** plus past participle, where the past participle agrees in gender and number with the subject.

L'ensemble *est acheté* par Odile.	The outfit is bought by Odile.
Les maillots de bain *sont volés* par Emile.	The bathing suits are stolen by Emile.
Odile n'*a* pas *été invitée* chez Olga?	Odile wasn't invited to Olga's.
Il ne veut pas *être invité*.	He doesn't want to be invited.

This form of the passive voice is used much less frequently in French than in English.

(2) Pronominal verb

In French the passive voice is commonly expressed by a pronominal verb.

La lampe *s'allume.* . . **la lampe** *s'éteint.*	The light comes on (it is being turned on automatically by the machine). . .the light goes out.
Ça *se mange*!	It (snow) can be eaten (is eaten by people)!
La porte *s'est ouverte.* . .**et puis elle** *s'est fermée.*	The door opened. . .and then closed (was opened, closed by someone).

(3) **On** + active verb

A passive idea is also commonly expressed by **on** with an active verb. This construction can only be used when the agent, or doer of the action, is not named. Reminder: **on** is always used with the third person singular verb form.

On allume **la lampe.**	The light comes on (i.e., someone turns on the light).
On mange **ça!**	That is eaten (i.e., people eat that)!
On a ouvert **la porte.** . .**et puis** *on a fermé* **la porte.**	The door opened. . .and then it closed (i.e., someone opened the door. . .and then closed the door).

c. Use: expressing an agent

Of the three possible ways to express a passive idea in French, the constructions with a pronominal verb and with **on** plus an active verb are used more frequently than the true passive (**être** plus past participle). The **on** construction can only be used when the agent is not expressed. To express an agent, either the verb must be made active with the agent as subject or the true passive is used with an agent preceded by **par** (if the doer is performing an action) or **de** (if a state is described).

La porte est ouverte *par* **Emile.** (action)

Le bijou est aimé *d'***Adrien.** (state)

d. Contrast

A passive construction where action is being done to the subject must not be confused with the description of a state of being where no action is expressed:

passive voice:	The door *is opened* (PP) by Emile.	(action: verb "to open")
	La porte *est ouverte par* **Emile.**	= **Emile ouvre la porte.**
state of being:	The door *is open* (ADJ).	(description: verb "to be")
	La porte *est ouverte.*	= **La porte n'est pas fermée.**
passive voice:	This tunic *is sold* (PP) in elegant stores.	(action: verb "to sell")
	Cette blouse *se vend* **dans les magasins chics.**	= **Les magasins chics vendent cette blouse.**
state of being:	This tunic *is sold* (ADJ).	(description: verb "to be")
	Cette blouse *est vendue.*	= **On ne peut pas acheter cette blouse.**

EXERCISES

A. Restate the following sentences in the passive voice. Follow the model.

   Model: **Les Gammas fabriquent un nouveau produit. Un nouveau produit est fabriqué par les Gammas.**

   1. Le directeur félicite les Gammas.
   2. Emile verse la poudre.
   3. Emile porte les caisses.
   4. Augusta balaie la neige.

B. Restate the following sentences in the **passé composé**. Follow the model.

   Model: **Les bijoux sont volés par les Gammas. Les bijoux ont été volés par les Gammas.**

   1. Le repas est préparé par Stéphanie.
   2. La lampe est allumée par ma grand'mère.
   3. Les Gammas sont appelés par le directeur.
   4. Odile est réprimandée par Monsieur J. -J.

C. Replace the passive voice by one of the substitute ways preferred by the French.

   1. Le français est parlé ici.
   2. Cette viande est mangée froide.
   3. Les bons vêtements sont vendus vite.
   4. Le nouveau film a été bien accepté.

Lesson 17

Vive la poésie!

[**Scene 1**: *A city street. Lucie pauses outside a pastry shop.*]

LUCIE: Le ciel! Ce ciel toujours d'hiver. O floc!

[*Adrien emerges from a doorway nearby.*]

ADRIEN: Brrr! Il fait froid. [*He goes back inside.*] Odile! Réveille-toi!

ODILE: Il fait froid!

ADRIEN: Qu'est-ce qu'on fait?

ODILE: On cherche du travail.

ADRIEN: Nous cherchons du travail depuis dix jours.

[*They stop outside the pastry shop.*]

ODILE: Il y a beaucoup de gâteaux.

ADRIEN: Beaucoup de gâteaux.

ODILE: J'ai faim!

ADRIEN: Je n'ai plus d'argent.

ODILE: Il faut retrouver Emile!

ADRIEN: Oh non, il faut d'abord manger. Et après, il faut trouver du travail.

[*Lucie comes out of the pastry shop, carrying her purchases.*]

LUCIE: Le ciel! Ce ciel toujours d'hiver. O floc! [*To Odile and Adrien*] C'est un poème.

ODILE: Un poème. . . Qu'est-ce que c'est, un poème?

LUCIE: Vous ne savez pas ce que c'est, un poème? Mais un poème, c'est . . . la beauté! La jeunesse! La vie! O beau jour des trésors du temps. Et floc!

ODILE: Un poème, c'est du travail?

LUCIE: Un poème?! Du travail?! Mais, pourquoi?

ODILE: Parce que nous cherchons du travail.

LUCIE: Mais il ne faut pas travailler. Il faut vivre. Vivre la poésie!

ODILE: Moi, je veux travailler. Je veux manger. J'ai faim.

LUCIE: Vous avez faim?! Ils ont faim! Faim. La faim de toujours. Et floc!

[*She gives them the pastries from one package.*] Deux tartelettes. Deux choux à la crème. Deux brioches.

ADRIEN: Merci, Madame.

LUCIE: Oh, cette cravate. Comme c'est drôle!

ADRIEN: Ma cravate! Je travaille avec la tête.

LUCIE: "Je travaille avec la tête! Ma cravate! Je travaille avec la tête!" Mais c'est un poème! C'est une cravate de poète! Votre nom, jeune homme?

ADRIEN: Adrien, Madame!

LUCIE: Adrien! Encore un poème! Ma cravate! Je travaille avec la tête. Adrien! Et floc! [*She leaves.*]

ODILE: Elle est folle!

ADRIEN: Non. Elle nous a donné à manger. Elle n'est pas folle. Viens!

ODILE: Qu'est-ce que tu veux faire?

ADRIEN: Je veux savoir où elle habite.

ODILE: Pourquoi? [*They follow Lucie to her house.*]

[*Inside Lucie's house.*]

ARMAND: Le ciel! Ce ciel toujours d'hiver. O floc!

LUCIE: Ma cravate. Je travaille avec la tête.

ARMAND: Qu'est-ce que c'est?

LUCIE: Ça, c'est un poème.

ARMAND: De qui?

LUCIE: Son nom est Adrien, Adrien le poète.

GRAVAILLE-BUSSAGE: Qui est cet Adrien?

LUCIE: Un poète. "Ma cravate. Je travaille avec ma tête." C'est de lui! [*The doorbell rings.*] Allez ouvrir, cher Armand!

GRAVAILLE-BUSSAGE: Qui est-ce?

LUCIE: Je ne sais pas. Peut-être la poésie, cher Gravaille-Bussage.

GRAVAILLE-BUSSAGE: Vous voyez la poésie partout, chère Lucie.

LUCIE: Mais elle est partout, mon cher mari! [*Adrien and Odile enter.*] Voilà la poésie! Voilà le poète, Adrien!

ADRIEN: Mon nom est Adrien. J'ai une cravate. Monsieur a une cravate. Madame n'a pas de cravate. Mais elle a un bouton. Madame a plusieurs boutons. Les boutons de Madame sur la robe de Madame. Les boutons. Le bouton de la porte sur la porte. Le bouton.

LUCIE: Adrien! Vous restez ici. Vous travaillerez avec la tête chez moi. Où allez-vous, Armand?

ARMAND: Je pars, Lucie!

LUCIE: Pourquoi?

ARMAND: Je ne suis plus votre poète. Vous préférez Adrien.

LUCIE: C'est vrai, Armand, je préfère Adrien.

LUCIE ET ADRIEN: Le bouton.

\#   \#   \#   \#

[**Scene 2**: *Later. Lucie is playing a piece on the piano.*]

ADRIEN: [*Pointing*] Qu'est-ce que c'est?

LUCIE: Qu'est-ce que c'est? Un piano.

ADRIEN: Un piano. Qu'est-ce que c'est? [*They continue to echo each other.*]

LUCIE: Un vase.

ADRIEN: Qu'est-ce que c'est?

LUCIE: Un fauteuil.

ADRIEN: Qu'est-ce que c'est?

LUCIE: Une pendule.

ADRIEN: Qu'est-ce que c'est?

LUCIE: Un tapis.

ADRIEN: Qu'est-ce que c'est?

LUCIE: Un rideau.

ADRIEN: Qu'est-ce que c'est?

LUCIE: Une glace.

ADRIEN: Une glace! Un piano. Un vase. Un fauteuil. Une pendule. Un tapis. Un rideau. Une glace. Un bouton!

LUCIE: Adrien, le poète! Le plus grand poète! Un grand, grand poète!

ADRIEN: [*Pointing*] Qu'est-ce que c'est?

LUCIE: Une nature morte. Des fruits. Des fleurs.

ADRIEN: C'est une nature morte. Des fruits. Des fleurs. Qu'est-ce que c'est?

LUCIE: Ce tableau est un nu. La femme est nue.

ADRIEN: Elle est nue . . . toute nue.

LUCIE: Adrien, dites-moi, d'où venez-vous?

ADRIEN: De là-haut!

LUCIE: Du ciel! Mais oui! Tous les poètes viennent du ciel. Et vous êtes poète.

ADRIEN: Je suis poète.

LUCIE: Mais, Odile?

ADRIEN: Quoi, Odile?

LUCIE: Qui est Odile . . . pour vous?

ADRIEN: Pour moi?

LUCIE: Oui, pour vous.

ADRIEN: Odile . . . Odile cherche du travail.

LUCIE: Elle ne travaille pas avec la tête. Elle mange toujours.

ADRIEN: Elle mange toujours?

LUCIE: Elle n'est pas une femme pour vous! Vous êtes poète! Odile doit partir!

ADRIEN: Odile doit partir?

LUCIE: Oui!

ADRIEN: Non!

LUCIE: Si!

ADRIEN: Oh!

LUCIE, PUIS ADRIEN: [*Lucie playing the piano and singing*] Odile doit partir. Elle ne travaille pas avec la tête. Elle mange toujours. Odile doit partir.

\#   \#   \#   \#

LUCIE: [*To Gravaille-Bussage, who is reading his newspaper*] Monsieur Gravaille-Bussage, mon mari!

GRAVAILLE-BUSSAGE: Oui, chère amie, qu'est-ce qu'il y a?

LUCIE: Arrêtez de lire. Soyez poli!

GRAVAILLE-BUSSAGE: Je suis poli.

LUCIE: Merci. [*Adrien enters, dramatically.*] Notre poète!

ADRIEN: Bonjour!

AMIES DES MUSES: Bonjour!

LUCIE: Poète! O poète! Qu'est-ce que vous allez nous déclamer, ô poète?

ADRIEN: Je vais vous déclamer . . . Qu'est-ce que c'est?

LUCIE: Qu'est-ce que c'est? Un piano. [*Again, they echo each other.*]

ADRIEN: Qu'est-ce que c'est?

LUCIE: Un vase.

ADRIEN: Qu'est-ce que c'est?

LUCIE: Un fauteuil.

ADRIEN: Qu'est-ce que c'est?

LUCIE: Une pendule.

ADRIEN: Qu'est-ce que c'est?

LUCIE: Un tapis.

ADRIEN: Qu'est-ce que c'est?

GRAVAILLE-BUSSAGE: Un rideau.

ADRIEN: Qu'est-ce que c'est?

LUCIE: Une glace.

ADRIEN: Une glace! Un piano! Un vase! Un fauteuil! Une pendule! Un tapis! Un rideau! Une glace! Un bouton! [*The "Friends of the Muses" cluster adoringly around Adrien.*]

LUCIE: Mesdames! Poète! Qu'est-ce que vous allez nous déclamer, ô poète?

ADRIEN: Je vais vous déclamer . . . [*Odile enters.*]

LUCIE: Qu'est-ce qu'elle fait là?

ODILE: Bonjour, Lucie. Moi aussi, je travaille. Moi aussi, je suis un poète. Je parle, je parle . . .

LUCIE: Taisez-vous! Laissez parler Adrien!

ADRIEN: Bouton! Un bouton. Un bouton ici. Un bouton là-bas. Un bouton toujours. Bouton . . . Des boutons . . .

AMIES ET ADRIEN: Bou . . . ton . . .

ADRIEN: Cravate! Un bouton ici. Un bouton là-bas. Un bouton partout . . . Des boutons!

AMIES DES MUSES: Boutons!

ODILE: Mesdames! Moi aussi, je suis un poète! La chambre. La chambre est petite. Petite, petite, petite . . . Le lit. Le lit est grand. Grand, grand, grand . . .

GRAVAILLE-BUSSAGE: Le lit est grand, gra . . . and. [*He applauds.*]

LUCIE: [*To Odile*] Mademoiselle, partez! Partez tout de suite!

ODILE: J'ai parlé comme Adrien. J'ai parlé comme un poète.

LUCIE: Vous n'êtes pas un poète! Partez!

ODILE: Tu viens, Adrien?

ADRIEN: Non, je reste ici.

ODILE: Tu me laisses partir seule?

ADRIEN: Oui. Moi, je suis un poète. J'ai du travail.

ODILE: Et Emile?

ADRIEN: Emile nous retrouvera. [*Odile leaves.*]

LUCIE: Enfin! Mesdames! [*Gravaille-Bussage leaves, following Odile.*] Adrien! Poète! Dites-nous un poème!

ADRIEN: Bouton . . .

AMIES DES MUSES: Boutons . . . [*Odile walks along the street outside Lucie's house. It is raining.*]

VOCABULARY

la **beauté** beauty
le **bouton de (la) porte** doorknob
la **brioche** brioche
le **chou** (*pl.* **choux**) puff pastry
    choux à la crème cream puffs

la **crème** cream
    déclamer to recite
    drôle funny
    encore un(e) another
le **fauteuil** armchair

floc! (nonsense word used in "poem")
    floc!
le **fruit** fruit
le **gâteau** (*pl.* **gâteaux**) cake
la **glace** mirror
  grand great
    le plus grand the greatest
  habiter to live
l' **hiver** (*m.*) winter
la **jeunesse** youth
le **jour** day
  lire C16 to read
  Madame Milady
le **mari** husband
  Monsieur Milord
la **muse** muse (here: of poetry)
la **nature morte** still-life painting
le **nu** nude (painting)
  nu naked
  partout everywhere
la **pendule** clock

le **piano** piano
  plusieurs several
le **poème** poem
la **poésie** poetry
le **poète** poet
  poli polite
  préférer to prefer
il **retrouvera** < **retrouver** he will find
    again (*FUT*)
le **rideau** curtain
  soyez! < **être** be! (*CF*)
le **tableau** (*pl.* **tableaux**) painting
le **tapis** carpet
la **tartelette** little tart
le **temps** time (general sense)
vous **travaillerez** < **travailler** you will
    work (*FUT*)
le **trésor** treasure
le **vase** vase
la **vie** life

SPECIAL EXPRESSIONS

de toujours eternal(ly)
donner à manger à qqn to give s.o. sth. to eat
vive! hurrah for!

SUPPLEMENTARY VOCABULARY

work	**le travail**
coffee break	**la pause-café**
factory	**l'usine** (*f.*)
job, position	**le poste**
leave, time off	**le congé**
manager	**le gérant, la gérante**
monthly	**mensuel, mensuelle**
salary	**le salaire**
strike	**la grève**
union	**le syndicat**
unionized	**syndiqué** (e)
working conditions	**les conditions** (*f.*) **de travail**

work	le travail (*cont'd*)	
to demonstrate	**manifester**	
to earn ____ francs a month	**gagner** ____ **francs par mois**	
to go on strike	**faire grève**	
to retire	**prendre la retraite**	
to work { on the assembly line half time full time	**travailler** { **à la chaîne** **à mi-temps** **à plein temps**	

LANGUAGE NOTES AND EXERCISES

17.1 Irregular command forms

There are only a few verbs which have irregular imperatives, that is, commands which are not derived from the **tu, nous,** and **vous** forms of the present indicative, as are regular verbs (5.1).

a.   Three of these, **avoir, être,** and **savoir,** have the following forms:

	avoir		être		savoir	
(tu)	**aie!**	have!	**sois!**	be!	**sache!**	know!
(nous)	**ayons!**	let's have!	**soyons!**	let's be!	**sachons!**	let's know!
(vous)	**ayez!**	have!	**soyez!**	be!	**sachez!**	know!

Soyez poli! — Be polite!

Sache que ses examens sont toujours difficiles! — Be informed that his/her exams are always hard!

Ayons un peu de courage! — Let's have a little courage!

The irregular imperatives follow the same patterns as other commands when used with object pronouns (12.4 and 14.1).

Les trains sont à l'heure en France. *Sachez-le* bien! — Trains are on time in France. Know it well!

Ayez vos devoirs prêts demain! *Ayez-les* prêts! — Have your homework ready tomorrow! Have it ready!

b.   In the case of a fourth verb, **vouloir,** the irregular forms often correspond to English "please/be so kind as to" followed by another verb.

vouloir		
(tu)	**veuille**	please/be so kind as to
(nous)	**veuillons** (rare)	let us be so kind as to
(vous)	**veuillez**	please/be so kind as to

Veuillez me croire!   Please believe me!

Veuille lui dire qu'elle est là!   Please tell her/him she is here!

EXERCISES

A. Transform the following sentences by giving the corresponding command to the contrary. Follow the models.

Models: a. **Vous n'êtes pas heureux.** → **Soyez heureux!**
           b. **Nous avons peur.** → **N'ayons pas peur!**

1. Vous n'êtes pas à l'heure.
2. Nous ne sommes pas poètes.
3. Tu n'es pas aimable avec les Amies des Muses.
4. Vous ne savez pas qu'Adrien est poète.
5. Tu n'as pas de cravate.
6. Nous sommes des ouvriers syndiqués.
7. Vous avez trop de grèves dans votre usine.
8. Albert, tu ne sais pas bien réciter le poème.
9. Vous ne voulez pas parler au gérant.
10. Nous n'avons pas le temps de manger quelque chose.

B. Replace the underlined words by the corresponding object pronoun. Follow the models.

Models: a. **Ayez vos outils prêts!** → **Ayez-les prêts!**
           b. **N'ayons pas l'examen demain!** → **Ne l'ayons pas demain!**

1. Ayons les poèmes écrits simplement!
2. Sachez qu'il fait toujours beau ici!
3. Ayez la nouvelle nappe sur la table!
4. N'aie pas toujours tes livres sur ton lit!
5. Sachons bien que Lucie n'est pas folle!
6. N'ayez pas toujours vos coudes[1] sur la table!
7. Veuillez déclamer ces poèmes!

17.2 Non-possessive use of *de* + person

De is used with nouns referring to persons and with stressed pronouns to express authorship or origin, to identify the creator or artist, etc. In these cases the **de** usually corresponds to English "by" or "from."

Lucie: **C'est un poème.**   It's a poem.

Gravaille-Bussage: *De qui?*   By whom?

---

[1]**le coude:** elbow.

Lucie:	**C'est** *de* **cet Adrien! C'est** *de* **lui!**	It's by that Adrien! It's by him!
	La statue *David* **est** *de* **Michel-Ange**[1] **et** *la Joconde* **est** *de* **Léonard de Vinci.**	The statue *David* is by Michelangelo and the Mona Lisa is by Leonardo da Vinci.
	C'est une lettre *de* **Michèle.**	It's a letter from Michèle.

EXERCISE

Transform the following sentences to indicate origin or authorship by using a construction with **de**. Follow the models.

Models: a. **Victor Hugo a écrit ce beau poème.** → **C'est un beau poème de Victor Hugo.**

b. **On a fait ces bijoux à Paris.** → **Ce sont des bijoux de Paris.**

1. Monet a peint ces fleurs.

2. Chopin a composé ce "Prélude."

3. On a fait cette jolie robe à Londres.

4. Jacques Prévert a inventé ces poèmes amusants.

5. Catherine a envoyé ce télégramme.

17.3 *Tout*

a. Adjective

	singular	plural
m.	tout	tous
f.	toute	toutes

tout **le monde**	everybody (literally, all the world)
toute **la nuit**	all night (long), the whole night
tous **les Gammas**	all the Gammas
toutes **les filles**	all the girls, every girl

b. Adverb

(1) **Tout** is often used to strengthen the meaning of an adjective and is, in this case, the equivalent of "very."

La sphère? Elle est *toute* **petite maintenant.**	The sphere? It's very tiny now.
La blouse! Très beau! *Tout* **nouveau!**	The caftan! Very beautiful! Brand (very) new!

___
[2]**Michel-Ange** is pronounced / mikɛ/ã ʒ /.

(2) The adverb is always invariable (**tout**) before masculine adjectives and feminine adjectives beginning with a vowel or mute **h**, but it must agree with feminine adjectives beginning with a consonant or an aspirate **h**.

Les enfants sont *tout* **petits.**	The children are very small.
Elle est *tout* **heureuse.**	She is very happy.
Elles sont *tout* **impatientes.**	They are very impatient.

but

(Roger, to Odile) **Tu es** *toute* **petite maintenant!**	You're very tiny now!
Elles sont *toutes* **joyeuses.**	They are very joyful.

c. Pronoun

The pronoun forms are the same as the adjective forms presented above; however, the meanings differ:

singular: everything, all (of a quantity)
plural: everyone, all (of them)

C'est *tout*?	That's all?
Tous **ensemble.**	Everyone together (in unison).

N.B. **Tous** as a pronoun is always pronounced /tus/.

d. Special expressions

Special expressions containing **tout** often cannot be translated literally, and their English equivalents must be learned.

tout de suite	right away
pas du tout	not at all
tout à l'heure	in a little while, a little while ago
tout à fait	entirely, completely, quite
tous (les) deux/ **toutes (les) deux**	both of them

EXERCISES

A. Complete each sentence by adding the most appropriate expression. Make your choice from the following list: **tout à fait, tout à l'heure, tout de suite, toutes/tous les deux, pas du tout.**

1. Odile veut parler à Roger _____ .

2. Le ministre pense que les Gammas n'existent _____ .

3. Le maire est _____ heureux de la visite des Gammas.

4. Les Gammas ne sont pas là, mais ils vont arriver _____ .

5. Roger et Lilli sont _____ français.

6. Voici Jacqueline et Suzanne: elles vont _____ en voiture à Bordeaux.

B. Fill in with a form of **tout.**

1. Mes cousines sont _____ à Saint-Tropez.

2. Les Gammas ne sont pas _____ morts.

3. La viande est _____ sur la table.

4. Selon Lucie, _____ est beau dans les poèmes d'Adrien.

5. Messieurs les gendarmes, vous parlez _____ trop vite.

6. Ce n'est pas _____ : il faut écrire le rapport maintenant.

C. Transform the following sentences according to the model.

Model: **Les examens ne sont pas** *inutiles.* → **Les examens ne sont pas** *tout inutiles.*

1. Vos amis sont **heureux** de vous voir.

2. Cette femme est **vieille.**

3. Madame, ces robes sont **nouvelles.**

4. Les Gammas sont **étonnés**[1] d'être des voleurs.

5. La nuit noire est souvent **affreuse** pour les enfants.

17.4 The relative pronouns *qui, que,* **and** *dont; où* **as a relative pronoun**

a. A relative pronoun is so named because it connects two parts of a sentence that are closely related:

(1) the first part or main clause that contains the noun(s)/pronoun(s), called the antecedent, to which the relative pronoun refers; and

(2) the second part, or relative clause, introduced by a relative pronoun that serves as subject, direct object, etc. of the relative clause. The relative pronoun refers BACK to its antecedent (ordinarily the preceding word) and points FORWARD to the relative clause, in which it has a grammatical function.

Because of its dual nature, the relative pronoun must be chosen with both relationships in mind:

(a) whether the relative pronoun refers back to a person or a thing, and

(b) what the function of the relative pronoun is in the relative clause. ·

Study the following chart and examples.

[1]**étonné:** astonished.

function in relative clause	reference to			
	person		thing	
subject	**qui**	{ who / that	**qui**	{ which / that
direct object	**que**	{ whom / that	**que**	{ which / that
special form **de** + relative pronoun	**dont**	{ of, by, / with whom	**dont**	{ of, by, / with which
object of preposition other than **de**	**qui**	whom	see 35.2	

N.B. **que** > **qu'** before a vowel sound.

person, subject: (noun)	**Donnez du vin à Adrien** *qui* **est un Gamma.**	Give some wine to Adrien who is a Gamma.
person, subject: (pronoun)	**Oh, mais ce n'est moi** *qui* **parle.**	Oh, but I'm not the one who's speaking.
thing, subject:	**Donnez-moi le couteau** *qui* **est sur la table.**	Give me the knife that is on the table.
person, direct object:	**Donc, les gens** *que* **vous avez examinés ne sont pas des Gammas.**	Therefore, the people (whom) you have examined are not Gammas.
thing, direct object:	**Montrez-moi la pendule** *que* **vous avez achetée.**	Show me the clock (that) you bought.
person, object of **de**:	**Je ne connais pas le professeur** *dont* **il parle.**	I don't know the professor he's talking about (about whom he's talking).
thing, object of **de**:	**Emile gagne l'argent** *dont* **il a besoin.**	Emile earns the money (that) he needs (i.e., the money of which he has need).
person, object of preposition other than *de*:	**Ce n'est pas nous à** *qui* **il parle.**	We're not the ones he's speaking to./It's not us to whom he's speaking.

b. The above French examples with their English equivalents illustrate several aspects of relative pronouns that should be kept in mind.

(1) Often, the relative pronoun is not expressed in English, whereas it *must always* be expressed in French (see above).

(2) English word order sometimes differs from the French, especially in sentences with a preposition plus relative pronoun. In English the preposition can be separated from the relative pronoun and can even come after the relative pronoun; in French the preposition *must directly precede* the relative pronoun or, in the case of **dont**, combine with the relative pronoun. Therefore, it is necessary at times to rephrase an English sentence before rendering it into French.

Voilà l'étudiant à *qui* j'ai téléphoné hier soir.	There's the student (to whom) I telephoned last night.

(3) There are idiomatic constructions in French that must be set up with a preposition where no preposition is used in English. When the preposition is **de**, the special form **dont** (**de** + relative pronoun) is usually used. For prepositions other than **de**, see 35.2.

avoir besoin *de*:	to need
Abélard a les vêtements *dont* les Gammas ont besoin.	Abélard has the clothes (that) the Gammas need.
parler *de*:	to talk about
Aimes-tu le poème *dont* elle parle?	Do you like the poem she's talking about (about which she's talking)?

(4) In a relative clause introduced by the subject relative pronoun **qui**, the verb must agree with the antecedent of the relative pronoun.

examples:	**C'est vous qui *payez,* Monsieur?**	You're the one who's paying, Sir?
	Oui, Monsieur, c'est moi qui *suis* la vendeuse.	Yes, Sir, I'm the one who's the saleslady.
	Ce sont les Gammas qui *viennent* à Saint-Tropez.	It's the Gammas who are coming to Saint-Tropez.

(5) When the verb in a relative clause introduced by **que** is in a compound tense, the past participle agrees with the antecedent of **que**.

Les jeunes filles *que* vous avez vu*es* sont mes sœurs.	The girls you saw are my sisters.
Lucie leur donne les pâtisseries *qu*'elle s'est achet*ées.*	Lucie gives them the pastries (that) she bought for herself.

c. The adverb **où** occasionally serves as a relative pronoun, meaning "where" or "when."

Allons à la maison *où* ils habitent.	Let's go to the house where (in which) they live.

| Vous souvenez-vous du jour *où* nous avons vu ce monument? | Do you remember the day (when) we saw that monument? |

EXERCISES

A. Complete each sentence by adding **qui, que,** or **dont,** as appropriate.

1. C'est Lucie _____ aime la poésie.

2. Le tableau _____ Adrien regarde est un nu.

3. Voici les gâteaux _____ Lucie a donnés à Odile et à Adrien.

4. L'homme _____ nous parlons est le mari de Lucie.

5. Les Amies des Muses sont des femmes _____ aiment réciter des poèmes.

6. La femme à _____ Emile parle est la gérante du café.

7. Donnez à l'ouvrier l'outil _____ il a besoin.

8. Nous préférons les amis avec _____ nous allons au café.

B. Restate each set of two sentences as one sentence by connecting them with the proper relative pronoun or the adverb **où.** Follow the model.

Model: **Je mange les brioches. Ma mère m'a donné les brioches. → Je mange les brioches que ma mère m'a données.**

1. C'est un fauteuil. Le fauteuil a coûté 400 francs.

2. Lucie préfère les poèmes. Adrien a déclamé les poèmes.

3. Voici la pendule. Lucie a parlé de la pendule.

4. Les ouvriers aiment le poste. Ils sont bien payés dans ce poste.

5. Odile prend la tartelette. Lucie lui donne la tartelette.

6. Connaissez-vous l'ingénieur? Emile a téléphoné à l'ingénieur.

7. Nous aimons ces gens. Nous avons de la sympathie pour ces gens.

8. Nous avons visité hier le village. Nous avons passé nos vacances dans ce village.

9. Je ne connais pas l'usine. Elle parle de cette usine.

C. *Situation:* **J'aime . . . Je n'aime pas . . .**

Talk about your likes and dislikes, combining a person or thing from column A with a verbal expression from column B. Supply the appropriate relative pronoun and any necessary prepositions.

Follow the model.

	A		B
Models: { **J'aime**	les films	qui	sont amusants.
Je n'aime pas	les films	que	je ne comprends pas.
	les cours		sont amusant(e)s
	les villes		coûtent cher
	les livres		sont intéressant(e)s

les films	sont dangereux[1]
les sports	je ne comprends pas
les vêtements	je ne connais pas
les gens	parlent clairement
les amis	je peux parler français
les professeurs	aiment voyager
les femmes	je n'ai pas besoin
les hommes	sont dynamiques
	sont élégant(e)s
	aiment étudier
	je connais bien
	je parle souvent

D. *Situation:* **L'enquête[2] de la police**

A policeman is checking with Olga on the circumstances of the disturbance at her home. Imagine the conversation. Follow the model.

Le gendarme	*Olga*
Model: **Qui a appelé la police?**	C'est mon invité qui a appelé la police.
1. Qui est dans votre maison?	Ce sont ces gens qui _____ .
2. Qui dort sur votre canapé?	C'est cette femme qui _____ .
3. Qui a peur de la police?	C'est Roger qui _____ .
4. Qui a dansé avec Emile?	C'est moi qui _____ .
5. Qui n'a pas de papiers?	Ce sont ces gens qui _____ .
6. Qui a des papiers?	C'est Philippe et moi qui _____ .

17.5 The irregular verb *mettre* (to put)/*se mettre* (to put oneself)

a. Present indicative

The verb **mettre** has two stems for the present indicative—a regular stem for plural forms, **mett-**, and an irregular stem for singular forms, **met-**. The endings are the same as for regular **-re** verbs.

mettre					
singular			plural		
je	*met s*	I put/am putting/do put	nous	*mett ons*	we put, etc.
tu	*met s*	you put, etc.	vous	*mett ez*	you put, etc.
il elle on	*met*	he/it she/it one } puts, etc.	ils elles	*mett ent*	they put, etc.

[1] Adjective with an irregular feminine.
[2] l'enquête (*f.*): investigation.

b. Meanings

The various meanings of **mettre** are usually clear from context.

to put, place	**Je *mets* le bijou dans ma poche.**	I put the jewel into my pocket.
to put on (with clothing)	**Les Gammas *mettent* les gants.**	The Gammas are putting *on* the gloves.
to set (the table)	**Mathurine *met* la table.**	Mathurine is setting the table.

c. Conjugated like **mettre**:

permettre à qqn de + *INF*	to permit s.o. to + *INF*
promettre à qqn de + *INF*	to promise s.o. to + *INF*
remettre qqch. à qqn	to give sth. (back) to s.o.; to put sth. (back); to hand in (homework)
transmettre	to transmit
Elle *remet* le bijou dans le tiroir.	She is putting the jewel back into the drawer.
Vous *permettez* à Roger de partir.	You are permitting Roger to leave.

d. The imperative forms parallel the present indicative forms.

***Mettons* les gants.**	Let's put on the gloves.
***Mets* la broche dans ta poche.**	Put the brooch into your pocket.

e. Compound past indicative

The compound past indicative of **mettre** and its derivatives is formed with **avoir**. The past participle of **mettre** is **mis**; the past participles of its derivatives end in **mis: permis, promis, remis, transmis.**

Les Gammas *ont remis* les gants.	The Gammas put/have put the gloves back on.
Mathurine *a mis* la table.	Mathurine set/has set the table.
Roger *a promis* à sa mère de revenir.	Roger promised/has promised his mother that he would come back.

For other forms of **mettre**, see Appendix C.17.

f. **se mettre**

(1) The present indicative and imperative forms of **se mettre** follow the pattern of **mettre**. The meaning varies according to context.

***Mets-toi* dans le lit, Roger!**	Get into the bed, Roger.
Oui, Docteur, je *me mets* dans le lit.	Yes, Doctor, I'm getting into the bed.
***Mettez-vous* bien ça dans la tête.**	Get this into your head.
***Mettez-vous* sur la pointe des pieds.**	Stand on your tiptoes.

Idiomatic uses of **se mettre** include:

se mettre à + *INF*	to begin to + *INF*
se mettre en route	to set out (for + place)
se mettre en colère (contre)	to get angry (at)
Ils *se mettent* **à danser le tango.**	They begin to dance the tango.
Nous *nous mettons* **en route.**	We are setting out.
Elle *se met* **en colère contre la machine.**	She gets angry at the machine.

(2) The compound past indicative of **se mettre** is formed with **être.** As a reflexive verb, **se mettre** calls for past participle agreement with a preceding direct object.

Elle *s'est mise* **à balayer.**	She began to sweep.
Nous *nous sommes mis(es)* **en route à midi.**	We set out at noon.
Elles *se sont mises* **en colère contre les Gammas.**	They got angry at the Gammas.

EXERCISES

A. Substitute the words in parentheses for the underlined word(s). Make all other appropriate changes where necessary.

1. Christiane s'est mise en route très tard. (Je, Nous, Mes cousines, Vous et vos amis).

2. Mets-tu tes beaux vêtements pour aller danser? (vous, nous, La gérante du café, Les employés)

3. Les ouvriers syndiqués se mettent en grève ce matin. (Nous, Je, Elle, Vous, Tu)

4. Votre fils n'a pas mis la table. (Je, Leurs enfants, Tu, Nous)

B. In each sentence, add the appropriate form of the verb given in parentheses.

1. Nous _____ les bijoux à leur place. (remettre)

2. Est-ce que je _____ à mes cousins d'ouvrir mes lettres? (permettre)

3. Ne _____ pas le collier dans votre sac! (mettre)

4. Lundi dernier, mon père _____ d'aller au restaurant avec ma mère. (promettre)

5. Les filles_____-elles toujours la table chez vous? (mettre)

6. Mais non, hier je n'_____mon costume brun. (mettre)

7. Vos employés_____-ils au travail à huit heures?

8. La semaine dernière, est-ce que tu_____en colère contre ton grand frère?

C. *Situation:* **Un bon petit diable**[1]

Help complete the following story about Gilbert, a naughty boy who gets into mischief. Use the appropriate forms of **mettre, se mettre à,** or **promettre.**

Gilbert est un petit garçon impatient. Il n'aime pas _____ des vête-ments propres. Quand sa mère insiste, il _____ en colère. Alors, sa mère lui dit de _____ au lit: "_____ ton pyjama et _____ au lit tout de suite!" Alors, Gilbert _____ pleurer et il _____ à sa mère d'être un bon petit garçon.

D. Retell part B above to fit an event in the life of Gilbert which took place *last night.* Check carefully the meaning of each sentence before deciding whibh form of the verb to use (there are three different forms: command form, infinitive and **passé composé**).

Gilbert est un petit garçon impatient. Il n'aime pas _____ des vête-ments propres. Hier soir, sa mère a insisté et Gilbert _____ en colère. Alors, sa mère lui a dit de _____ au lit: "_____ ton pyjama et _____ au lit tout de suite!" Alors, Gilbert _____ pleurer et il _____ à sa mère d'être un bon petit garçon.

[1] **le diable:** devil; here naughty child or rambunctious child.

Lesson 18

A vos souhaits!

[*Scene 1:* *In the street, outside the Gravaille-Bussage house. It is raining.*]

GRAVAILLE-BUSSAGE: Mademoiselle!
Votre poème était très beau.

ODILE: Je voulais travailler.

G.-B.: Vous cherchez du travail?

ODILE: Oui, un travail avec la tête. Le travail avec les mains est trop fatigant.

G.-B.: Je vais vous trouver du travail, Mademoiselle.

ODILE: Quand?

G.-B.: Demain! Après-demain!

ODILE: Il me faut du travail tout de suite. Je n'ai pas d'argent.

G.-B.: Vous n'avez pas d'argent? Vous ne savez pas où dormir?

ODILE: Non, je ne sais pas où dormir.

G.-B.: Vous permettez que je vous appelle Odile?

ODILE: Si vous voulez.

G.-B. Je vais vous trouver un endroit où dormir! [*Odile shivers.*] Vous avez froid, ma chère Odile!

ODILE: Oui, j'ai froid.

G.-B. Mettez ce manteau! Oh, mais c'est charmant, Odile, c'est charmant! Suivez-moi!
[*They enter a hotel. Gravaille-Bussage sneezes.*]

HOTELIER: A vos souhaits!

G.-B.: Merci. Bonjour, Monsieur.

HOTELIER: [*Recognizing G.-B.*] Monsieur Gravaille-Bussage?!

G.-B.: Je voudrais une chambre.

HOTELIER: Une chambre pour deux personnes... Oui, bien sûr. Ou deux chambres, si vous voulez.

G.-B.: Non, une chambre pour Mademoiselle. C'est moi qui paie.

HOTELIER: Mais oui, Monsieur G.-B. Je comprends. Naturellement. Chambre trois!

G.-B.: Euh... Monsieur. J'ai une idée. J'ai trouvé... [*He sneezes.*] Excusez-moi.
[*G.-B. and Odile start to leave.*]

HOTELIER: A vos souhaits, Monsieur G.-B.!

G.-B.: Merci.

HOTELIER: Monsieur G.-B.! Oh oh oh! Pauvre Lucie!
[*In the street. G.-B. sneezes.*]

ODILE: A vos souhaits!

G.-B.: Merci.
[*Mademoiselle Lamoindre's apartment. The doorbell rings, and she opens the door.*]

MLLE LAMOINDRE: Monsieur G.-B.!

G.-B.: Mademoiselle Odile... Mademoiselle Lamoindre, ma secrétaire.

LAMOINDRE: Entrez! [*They do so. G.-B. sneezes.*]

ODILE: A vos souhaits!

G.-B.: Merci. Voilà, Mademoiselle... Mademoiselle Lamoindre. Cette jeune personne ne sait où dormir. Alors, j'ai pensé que... oui, j'ai pensé que...

LAMOINDRE: Vous avez pensé qu'elle peut dormir ici?

G.-B.: C'est ça!

ODILE: Je veux travailler.

LAMOINDRE: Ici?! Les petites amies de mon patron ne dorment pas chez moi!

G.-B.: Mais, Mademoiselle Lamoindre, Mademoiselle Odile...

LAMOINDRE: Odile est peut-être très bien. Mais vous, Monsieur G.-B., vous, vous êtes un homme. Et les hommes sont tous les mêmes. Je regrette, Mademoiselle!

ODILE: [*To G.-B.*] A vos souhaits!

G.-B.: Merci.

[*G.-B. and Odile leave and go into the street.*]

ODILE: Où allons-nous? Je ne peux pas dormir chez vous?

G.-B.: Chez moi? Mais il y a Lucie!

ODILE: Ah oui, il y a Lucie.

G.-B.: Chez moi... Mais oui! Naturellement! Très bonne idée! [*He sneezes.*]

ODILE: A vos souhaits!

G.-B.: Merci. Suivez-moi!

# # # #

[**Scene 2:** *G.-B.'s office.*]

G.-B.: Mon bureau!

ODILE: Votre bureau.

G.-B.: Oui, mon bureau. Vous pouvez dormir ici, dans mon bureau! Non. Vous dormirez ici, dans le bureau de ma secrétaire, Mademoiselle Lamoindre.

ODILE: Je vais dormir ici?

G.-B.: Vous dormirez dans ce fauteuil.

ODILE: [*Trying it out*] Ce fauteuil est dur!

G.-B.: C'est pour une seule nuit. Après je vais trouver un vrai lit, mon enfant.

ODILE: Un vrai lit?

G.-B.: Oui, ma chère enfant. Demain je vais trouver un vrai lit. [*He starts to sneeze.*]

ODILE: A vos...

G.-B.: Récitez-moi votre poème de la chambre, Odile.

ODILE: Mon poème de la chambre?

G.-B.: Oui, oh, oui, récitez-le!

ODILE: Alors, c'est ça mon travail? Réciter des poèmes pour vous?

G.-B.: Oui, oui, Odile. Réciter des poèmes pour moi, oui, oh, oui.

ODILE: Alors, je récite un poème et vous me donnez de l'argent?

G.-B.: Ah oui. Voilà, de l'argent.

ODILE: Merci. Donnez-moi votre cravate!

G.-B.: Ma cravate?! Vous voulez ma cravate, mon enfant?! [*He starts to sneeze.*]

ODILE: A vos...

G.-B.: La voici! Vous mettez ma cravate, mon enfant?

ODILE: Mais oui! Réciter un poème, c'est un travail avec la tête. Et ceux qui travaillent avec la tête portent toujours une cravate. La chambre. La chambre est petite. Petite, petite, petite...

G.-B.: Le lit. Le lit est grand. Grand, grand, grand... le lit est grand.

ODILE: Vous êtes malade, Monsieur G.-B.?

G.-B.: Oui, oui, malade, malade de poésie! [*He falls to his knees. She draws back, sitting on the desk.*] Oui, oui, comme ça! Dites un poème comme ça!

ODILE: La chambre.

G.-B.: [*Begging her*] Comme ça!

ODILE: Vous êtes très malade, Monsieur G.-B. Au revoir, Monsieur G.-B. A demain.

G.-B.: Au revoir, Odile! A demain!

# # # #

[**Scene 3:** *Mlle Lamoindre's office, the next morning.*]

LAMOINDRE: [*Discovering Odile asleep*] G.-B. a fait dormir la petite ici! Ici, dans mon bureau! [*She finds the money.*] De l'argent! Il lui a donné de l'argent! La cravate! Il lui a donné sa cravate! Les hommes sont tous les mêmes!

[*Mlle Lamoindre goes to the phone and dials. Two men come into the office, wheeling a big brass bed.*]

VOIX DE LUCIE: *[On phone]* Allô. Qu'est-ce qu'il y a? Qui me demande? Allô. Répondez!

LAMOINDRE: C'est Mademoiselle Lamoindre.

VOIX DE LUCIE: Bonjour, Mademoiselle Lamoindre. Comment allez-vous?

LAMOINDRE: Mal.

VOIX DE LUCIE: Comment?

LAMOINDRE: Je vais mal!

VOIX DE LUCIE: Allô, Mademoiselle Lamoindre? Allô. Répondez!

ODILE: *[Waking up]* Un lit!

VOIX DE LUCIE: Mademoiselle Lamoindre? Allô, Mademoiselle!

LAMOINDRE: On vient d'apporter un lit.

VOIX DE LUCIE: Un lit?

LAMOINDRE: Un lit, oui! Dans mon bureau!

VOIX DE LUCIE: J'arrive!

LAMOINDRE: Les hommes! Ils sont tous les mêmes! *[To Odile]* Monsieur G.-B. vous a donné de l'argent?

ODILE: Oui, Monsieur G.-B. m'a donné de l'argent.

LAMOINDRE: Il vous a donné sa cravate?

ODILE: Oui, il m'a donné sa cravate.

LAMOINDRE: Et pourquoi?

ODILE: Pour mon travail.

LUCIE: *[Arriving]* Qu'est-ce qu'il y a?

LAMOINDRE: Monsieur G.-B. lui a donné sa cravate!

LUCIE: Sa cravate?! Il lui a donné sa cravate?!

LAMOINDRE: *[Demonstrating]* Un lit! De l'argent!

LUCIE: Oh! Il lui a donné sa cravate, un lit, de l'argent! Oh, ça alors, il va me le payer!
[Lucie and Mlle Lamoindre hear G.-B. arriving, and hide in his office.]

G.-B.: Bonjour, Odile!

ODILE: Bonjour, Monsieur G.-B.!

G.-B.: *[Giving her a bouquet of roses]* Qu'est-ce qu'il y a, mon enfant? On ne sourit pas? On ne sourit pas, mais on va sourire. Regardez, Odile, ce que je vous apporte!

ODILE: Un manteau!

G.-B.: Oui, un manteau de fourrure pour ma petite Odile.

ODILE: Un manteau de fourrure!

G.-B.: Un manteau de fourrure pour la petite Odile.
[Lucie and Mlle Lamoindre enter, behind G.-B.'s back.]

LUCIE: Un manteau de fourrure pour la petite Odile!

G.-B.: Oui, ma petite Odile. *[He notices Lucie, and falls to his knees.]* Pardon, Lucie! Pardon!

LUCIE: Vous lui avez donné de l'argent?

G.-B.: C'est elle qui a demandé de l'argent.

LUCIE: Vous lui avez donné votre cravate.

G.-B.: C'est elle qui a demandé ma cravate.

LUCIE: Vous lui avez donné un lit.

G.-B.: Mais c'est elle qui a demandé un lit.

LUCIE: Vous lui avez apporté un manteau de fourrure.

G.-B.: C'est elle qui a demandé...

LUCIE: Menteur! Et ces fleurs, c'est elle aussi qui les a demandées? Des roses! Menteur, menteur!

G.-B.: Pardon, Lucie! Lucie, pardon!

LUCIE: Vous avez été méchant avec cette pauvre enfant.

G.-B.: Pardon, Odile!

LAMOINDRE: Il est méchant! Tous les hommes sont méchants!

LUCIE: Oh, oui, ils sont tous méchants.

ODILE: Oh, un bouton!

LAMOINDRE: M. C. H. "Mouvement Contre les Hommes."
[In the street. G.-B. sneezes.]

PASSANT: A vos souhaits!

G.-B.: Merci!

VOCABULARY

après-demain the day after tomorrow
bien fine

être très bien to be (a) very fine (person)

le **bureau** (*pl.* **bureaux**) office
ceux (*m.*) those (*dem. PN*)
charmant charming
contre against
demander to ask (for)
vous **dormirez** < **dormir**[C20] you will sleep
   (*FUT*)
l' **endroit** (*m.*) place
exactement! That's it!
la **fourrure** fur
l' **hôtelier** (*m.*) hotel keeper
mademoiselle young lady
le **manteau** (*pl.* **manteaux**) coat
   manteau de fourrure fur coat
le **menteur** liar
le **mouvement** movement
pardon! forgive me!
le **passant** passer-by
le **patron** boss
la **petite** girl

la **petite amie** girlfriend
réciter to recite
regretter to be sorry
répondre to answer
la **rose** rose
le/la **secrétaire** secretary
sourire[C26] to smile
   on sourit we're smiling
suivez-moi! < **suivre**[C28] follow me!
   (*CF*)
la **tête** intellect
   un travail avec la tête intellectual
   work
venir de + *INF* to have just + *PP*
   on vient d'apporter un lit they('ve)
   just brought in a bed
je **voudrais** ⎫ I would like
   ⎬ < **vouloir**[C34] to (*COND*)
je **voulais** ⎭ I wanted to
   (*IMP*)

SPECIAL EXPRESSIONS

A vos souhaits! Gesundheit! Bless you!
Ça, alors! That's too much!
Comment allez-vous? How are you?
Il a fait dormir la petite ici. He had the
   girl sleep here.
Il y a Lucie. Lucie is there.

J'arrive! I'm on my way!
Je ne sais pas où dormir. I don't have a
   place to sleep.
Je vais mal. I'm sick.
Vous permettez? May I?

SUPPLEMENTARY VOCABULARY

lodging for travelers	**le logement pour les voyageurs** (*m.*)
air-conditioned	**climatisé**
bill (hotel)	**la note**
board (meals)	**la pension**
elevator	**l'ascenseur** (*m.*)
guest	**le client, la cliente**
heating (central)	**le chauffage (central)**
inn	**l'auberge** (*f.*)
key	**la clé/clef**
luggage	**les bagages** (*m.*)

lodging for travelers	le logement pour les voyageurs (*m.*) (*cont'd*)
maid	la femme de chambre
owner	le/la propriétaire
room, bedroom	la chambre
single room	à un lit/pour une personne
with bath	avec salle (*f.*) de bains (*m.*)
with shower	avec douche (*f.*)
rooming house	la pension
service charge	le service
service charge included	service compris
suitcases	les valises (*f.*)
youth hostel	l'auberge de jeunesse
to reserve	réserver
to shelter and feed	héberger
to stay at the hotel	descendre à l'hôtel
to take/bring the luggage up/down	monter/descendre les valises
on the first (ground) floor	au rez-de-chaussée
on the second floor	au premier étage

LANGUAGE NOTES AND EXERCISES

18.1 The future indicative (*futur*) of regular verbs

a. Use

The future indicative is used to express an action or state that will take place at some time in the future.

> Today I am writing letters.   Tomorrow I will read the book.

b. Formation

In English, the future indicative is formed with the auxiliary verb "shall" (no longer common) or "will" plus the main verb. In French, the future indicative is a simple tense, that is, a single verb form composed of a future stem plus future endings. The future stem of regular verbs is the whole infinitive for -**er** and -**ir** verbs and the infinitive minus final **e** for -**re** verbs.

infinitive	future stem
chercher	chercher-
grandir	grandir-
entendre	entendr-

Future endings are derived from the present indicative of the verb **avoir**.

future indicative					
je	chercher *ai*	I will look for	nous	attendr *ons*	we will wait
tu	grandir *as*	you will grow up	vous	parler *ez*	you will speak
il		he/it	ils		
elle	} entendr *a*	she/it } will hear		} choisir *ont*	they will choose
on		one	elles		

Reminder: **aller** (in the present indicative) + infinitive is used to express the immediate future (see 6.3.c).

Reminder: A -**t**- must be inserted in the third person singular interrogative form before the subject pronoun.

> **Pleurera-*t*-il à la nouvelle?**   Will he cry at the news?

c. Pronunciation

The **e** of the infinitive ending -**er** is unstable when the infinitive is used as a future stem. The unstable **e** is pronounced only when two or more consonant sounds directly precede it.

compare: **déclamer** /deklame/   **il déclamera** /ildeklamʀá/

                but

          montrer /mɔ̃tʀe/   **ils montreront** /ilmɔ̃tʀəʀɔ̃/

There is no change in pronunciation in -**ir** and -**re** infinitives used as future stems.

It is helpful to note that an **r** sound always precedes the future endings.

d. Stem-changing verbs presented in 2.6, 8.5, and 14.3 have the same spelling change in the future stem that they have in the stem of forms of the present indicative that have a silent verb ending. The change takes place in all persons of the future because the **e** of the **er** infinitive ending is mute.

infinitive		present indicative		future	
appeler	/apɸle/	**j'appelle** /ʒapɛl/		**j'appellerai** /ʒapɛlʀe/	
		nous appelons	but	**nous appellerons**	
		/nuzaplɔ̃/		/nuzapɛlʀɔ̃/	
acheter	/aʃɸte/	**il achète** /ilaʃɛt/		**il achètera** /ilaʃɛtʀa/	
		vous achetez	but	**vous achèterez**	
		/vuzaʃte/		/vuzaʃɛtʀe/	
balayer	/balɛje/	elle { **balaie** /ɛlbalɛ/		elle { **balaiera** /ɛlbalɛʀa/	
		{ **balaye** /ɛlbalɛj/		{ **balayera** /ɛlbalɛjʀa/	

infinitive	present indicative	future
se noyer /sənwaje/	**ils se noient** /ilsənwa/	**ils se noieront** /ilsənwaʀɔ̃/
	nous nous noyons /nununwajɔ̃/	but	**nous nous noierons** /nununwaʀɔ̃/
appuyer /apɥije/	**tu appuies** /tyapɥi/	**tu appuieras** /tyapɥiʀa/
	vous appuyez /vuzapɥije/	but	**vous appuierez** /vuzapɥiʀe/

e. Stem-changing verbs presented in 13.1 retain the same spelling as the infinitive; however, the pronunciation changes.

répéter /ʀepete/   **on répète** /ɔ̃ʀepɛt/   **on répétera** /ɔ̃ʀepɛtʀa/

EXERCISES

A. Make the indicated substitutions:

  1. **Odile** demandera un lit. (Nous, Tu, Les Gammas, Je)

  2. Achèteras-**tu** un manteau de fourrure? (Les femmes, vous, nous, Mlle Lamoindre)

  3. **Je** ne balaierai pas la neige. (Adrien, Nous, Vous, Les gendarmes)

  4. **Vous** choisirez une chambre climatisée. (Tu, Je, Nous, Les voyageurs)

  5. **Nous** vendrons beaucoup de cravates. (Je, Le marchand, Vous, Tu, Les vendeuses)

B. Restate each sentence in the future:

  1. Je ne descends pas mes valises.

  2. Monsieur Gravaille-Bussage cherche une chambre pour Odile.

  3. Mademoiselle Lamoindre appelle Lucie au téléphone.

  4. Répétons-nous les poèmes?

  5. Les femmes de chambre nettoient le premier étage de l'hôtel.

  6. Monsieur Gravaille-Bussage paie Odile pour réciter des poèmes.

C. *Situation:* **Emile est toujours sûr!**
  Every time a statement is made, Emile, always optimistic, confirms it. Play Emile's part. Follow the model.

                                                    Emile

  Model: **Vous allez retourner sur Gamma.**   **Mais oui, je retournerai sur Gamma!**

  1. La sphère va grandir.   1._____!

  2. Nous allons vendre des cravates.   2._____!

3. Les Gammas vont porter des vêtements
   français.

3. _____ !

4. Odile va se réveiller à sept heures.

4. _____ !

5. Vous allez travailler comme les
   Français.

5. _____ !

18.2 Use of the future indicative after certain conjunctions such as *quand*, *lorsque*, etc.

In clauses introduced by **quand** or **lorsque** (when), **aussitôt que** or **dès que** (as soon as), and **tant que** (as long as), future indicative is used whenever future time is implied. The verb in the main clause of the sentence is either in the future or the imperative, and the action or state expressed by the verb in the subordinate clause will take place in the future. Special note must be made of this type of construction because it differs from English. Study the following examples carefully.

Quand/Lorsque M. Gravaille-Bussage *arrivera* **au bureau, il donnera le manteau de fourrure à Odile.**	When Mr. Gravaille-Bussage *arrives* at the office, he will give the fur coat to Odile.
Ils nous féliciteront tant que nous *travaillerons* **beaucoup.**	They will congratulate us as long as we *work* hard.
Dès que/Aussitôt que vous vous *lèverez*, **téléphonez à notre ami.**	As soon as you *get up*, telephone our friend.

EXERCISES

A. Complete each sentence by adding the appropriate form of the verb indicated in parentheses.

1. Quand Lucie_____ au bureau, elle parlera à Mlle Lamoindre. (téléphoner)

2. La semaine prochaine, je ne demanderai pas une chambre à deux lits lorsque je _____ à l'hôtel. (descendre)

3. Quand il_____ , tu n'es pas sortie. (neiger)

4. Les clients paieront leur note tant qu'ils _____ leurs vacances ici. (aimer)

5. Aussitôt que vous_____ à Paris, promenez-vous sur les grands boulevards! (arriver)

6. Quand tu _____ à ma lettre, tu m'expliqueras pourquoi tu travailles à mi-temps. (répondre)

B. *Situation:* **Les projets[1] de vacances**
Imagine you have won a free ticket for a vacation in Paris. Answer the following questions regarding your plans.

1. Quelle chambre réserveras-tu quand tu te prépareras pour les vacances?

2. Quelles villes visiteras-tu lorsque tu voyageras en France?

3. Que demanderas-tu à ta mère quand tu lui téléphoneras?

[1]le projet: plan.

4. A quel hôtel descendras-tu dès que tu arriveras à Paris?

5. Regarderas-tu la Seine quand tu te promèneras dans la ville?

18.3 Vocabulary distinction: *en* and *dans* with time expressions

The prepositions **en** and **dans** both correspond to English "in." Their use with time expressions can be distinguished as follows:

a. **Dans** is used with an indication of time to mean "after" or "at the end of." A time expression with **dans** often occurs with a verb expressing future time to indicate WHEN (**dans combien de temps... ?/quand... ?**) something will happen rather than how long it takes.

Quand **arriveront-ils?**	When will they arrive?
—**Ils arriveront** *dans* **un moment.**	They'll arrive in a moment (at the end of a moment).
Dans combien de temps **rentrera-t-elle de Paris?**	When will she return from Paris?
—**Elle rentrera** *dans* **trois semaines.**	She'll come home in three weeks (after three weeks).
Venez me voir *dans* **deux jours.**	Come to see me in two days (at the end of two days).

b. **En** on the other hand usually means "in" in the sense of "within a time period" and answers the question of HOW LONG (**combien de temps... ?/en combien de temps... ?**) it takes or has taken for something to happen.

Combien de temps **a-t-il mis pour le faire?**	How long did he take to do it?
—**Il l'a fait** *en* **cinq minutes.**	He did it in five minutes (within a period of five minutes).
En combien de temps **visiterez-vous toutes les villes importantes?**	How long will it take you to visit all the important cities?
—**Nous les visiterons** *en* **deux mois.**	We'll visit them in (within a time period of) two months.

EXERCISES

A. *Situation:* **Rosalie est une perle**[1] **!**
The hotel manager is asking Rosalie, one of the maids, how long she takes to clean the rooms. Complete their conversation. Follow the model.

Le gérant	*Rosalie*
Model: **Combien de temps mettez-vous pour nettoyer une salle de bains?**	**Je la nettoie en quinze minutes.**

[1]**la perle:** pearl; here: gem.

240   *Les Gammas! Les Gammas!*

1. Combien de temps mettez-vous pour faire un lit?

1. _____ cinq minutes.

2. Et pour ranger[1] une petite chambre?

2. _____ vingt minutes.

3. Et pour nettoyer l'ascenseur?

3. _____ dix minutes.

Rosalie, vous êtes une perle!

B. *Situation:* **Parlez de vous!**
Answer the following questions concerning yourself. Use the same format as in A above to give your answer.

Combien de temps mettez-vous...

1. pour préparer un repas simple?

1. _____ .

2. pour faire la vaisselle?

2. _____ .

3. pour faire votre lit?

3. _____ .

4. pour prendre un bain?

4. _____ .

5. pour vous habiller le matin?

5. _____ .

6. pour faire vos devoirs de français?

6. _____ .

C. Answer the following sentences in the manner shown by the model.

Model: **Dans combien de temps allez-vous terminer votre rapport?**
—**Je vais terminer mon rapport dans une semaine.**

1. Dans combien de temps allez-vous partir pour votre travail? (trente minutes)

2. Dans combien de temps Odile va-t-elle trouver du travail? (trois jours)

3. Dans combien de temps Adrien récitera-t-il ses poèmes? (une heure)

4. Dans combien de temps Monsieur Gravaille-Bussage apportera-t-il un manteau chaud à Odile? (deux heures)

18.4 The impersonal verbs *falloir* (to be necessary), *valoir* (to be worth), and *pleuvoir* (to rain)

a. The verbs **falloir**, **valoir**, and **pleuvoir** are impersonal verbs used only in the third person singular form with the impersonal subject **il**.

---

[1]**ranger:** to put in order; to tidy up.

	falloir	valoir	pleuvoir
present	*il* faut + *INF* { one must/has to + *V* { it is necessary + *INF* *il* ne faut pas + *INF* one must not + *V*	*il* vaut it is worth	*il* pleut it is raining
compound past	*il* a fallu { it was necessary { one had to	*il* a valu it was worth	*il* a plu it rained

b.   **Falloir** is followed directly by an infinitive construction.

Il *faut* travailler pour avoir de l'argent.	It is necessary to work to have money./ One must work to have money.
Il *a fallu* couper la viande en trois.	You had to cut the meat into three pieces.
Il *ne faut pas* trop boire.	You mustn't drink too much.

Pronouns used as direct or indirect objects of the infinitive following **falloir** are placed directly before the infinitive.

Oui, il *faut* le lui dire.	Yes, we must/have to tell him (it/that).

When the person who must do the action of the infinitive is to be expressed by a pronoun, the indirect object form is used and is placed before **falloir**.

Il *me* faut le manger.	*I* must eat it.
Il *te* faut le manger.	*You* must eat it.
Il *lui* faut le manger.	*He* *She* } must eat it. *One*
Il *nous* faut le manger.	*We* must eat it.
Il *vous* faut le manger.	*You* must eat it.
Il *leur* faut le manger.	*They* must eat it.

For the use of **falloir** when a personal subject is expressed, see 20.3.

c.   **Valoir** is often used idiomatically with **mieux** to express the idea "to be better" (lit., to be worth more). Pronouns used as direct or indirect objects of an infinitive following **valoir** are placed directly before the infinitive.

Il *vaut mieux* se coucher tôt.	It is better to go to bed early. (speaking in general)

Il *vaut mieux* vous coucher tôt.	It's better for you to go to bed early./ You'd better go to bed early. (referring to specific individuals)
Il *a mieux valu* le payer.	It was better to pay for that.

d. The irregular past participle of **pleuvoir (plu)** is the same as that of **plaire (plu)**; however, only the third person singular conjugated forms are held in common and their meaning will usually be clear from context.

L'air est humide parce qu'*il a* beaucoup *plu* hier.	The air is damp because it rained a lot yesterday.

but

Elles ont vu la Bourgogne. *Elle* leur *a* beaucoup *plu*.	They saw Burgundy. They liked it a lot (lit., it was very pleasing to them).

EXERCISES

A. Supply the appropriate form of the verb given in parentheses. Study each sentence carefully to determine the correct tense.

1. Mardi passé, il _____ beaucoup. (pleuvoir)

2. Il _____ parler à vos parents tout de suite. (valoir mieux)

3. Il ne _____ pas donner ce manteau à Odile. (falloir)

4. Quand les conditions de travail ont été mauvaises, il _____ faire grève. (falloir)

5. Il _____ appeler le médecin hier quand Paul est tombé. (valoir mieux)

6. Quand il fait très chaud, il _____ climatiser les chambres de l'hôtel. (valoir mieux)

7. Il ne _____ pas toujours en octobre. (pleuvoir)

B. *Situation:* **Nous nous préparons pour les vacances.**
    M. and Mme Dupont are getting ready for their summer vacation. They're going over their list of things to do. Complete their list of decisions. Follow the model.

Décisions

Model: *Je n'ai pas assez d'argent pour le voyage.*   **Il *me* faut aller à la banque.**

1. **Je** dois trouver un bon hôtel à Saint-Tropez.

1. _____ téléphoner à nos amis là-bas.

2. **Nous** avons besoin d'une chambre confortable.

2. _____ réserver une chambre confortable.

3. **Nous** voulons une chambre avec salle de bains.

3. _____ demander cela au gérant de l'hôtel.

4. *Tu* dois préparer nos valises.

4. _____ les préparer.

5. **Les enfants** doivent avoir une visite médicale.

5. _____ aller chez le médecin.

C. In the following sentences, replace the underlined words by the appropriate object pronouns.

1. Il faut payer la note ce soir.

2. Il vaut mieux donner cette chambre aux touristes anglais.

3. Il n'a pas fallu parler à la femme de chambre.

4. Il a mieux valu donner les roses à la secrétaire.

18.5 Special uses of *falloir*

When **falloir** is followed by a noun phrase, rather than an infinitive (18.4.b) or clause (20.3), it has special meanings.

a. **falloir** + expression of time = to take/need + expression of time

Il me *faut* encore quinze minutes pour finir mon travail.	I still need fifteen minutes to finish my work./It will still take me fifteen minutes to finish my work.
Il leur *a fallu* deux heures pour aller à Paris.	It took them two hours to go to Paris.

b. **falloir** + noun (other than time) = to need + noun expression

Il me *faut* du travail.	I need work.
Il leur *a fallu* des vêtements français.	They needed/had to have French clothes.

EXERCISES

A. Complete each sentence as indicated in parentheses.

1. Paul a un examen difficile: _____ beaucoup de temps pour étudier. (he needs)

2. Les Gammas ont faim: _____ de l'argent pour aller au restaurant. (they need)

3. Les Gammas ont voulu rester en France: _____ du travail pour vivre. (they needed)

4. Tu n'aimes pas être seul: _____ des amis sincères. (you need)

B. *Situation:* **Parlez de vous!**
Say how much time you need to do the usual daily activities of your life. Use the verbal expressions suggested in the second column or others that are appropriate. Start your sentences with a time indicator from the first column. Follow the models.

Models: a. **Le soir, il me faut une heure pour dîner.**

b. **Hier soir, il m'a fallu une heure pour dîner.**

le matin	me laver
le soir	me coiffer
à midi	m'habiller
l'après-midi	déjeuner
hier matin	préparer un repas
hier soir	aller au campus
hier midi	aller au bureau
le samedi	étudier le français
	faire mes devoirs
	faire la vaisselle
	faire des courses
	laver mon auto
	nettoyer ma chambre
	dîner

Lesson 19

C'est charmant!

[**Scene 1**: *A meeting of the M.C.H.*]

LAMOINDRE: Tous les hommes sont méchants! Tous, sans exception! Vous tricotez, Mademoiselle Lutin! Vous tricotez ici! Enfin, le tricot n'est pas un travail de femme! C'est un travail d'esclave! A bas le tricot!

LUTIN, PUIS FEMMES: A bas le tricot!

LAMOINDRE: Alors, maintenant je vais présenter une femme avec qui les hommes ont été très méchants. Odile! Les hommes ont été très méchants avec Odile. D'abord un homme qui s'appelle Emile. Après Emile, un homme qui s'appelle Adrien. Après ces deux méchants, un homme qui s'appelle Monsieur Gravaille-Bussage. Monsieur G.-B., mon patron, a tyrannisé Odile. C'est un tyran!

ODILE: Oui, Monsieur G.-B. m'a tyrannisée.

FEMMES: A bas les hommes!

LAMOINDRE: Je propose de prendre Odile comme Secrétaire du Mouvement Contre les Hommes! Etes-vous d'accord?

FEMMES: D'accord! Bravo Odile!

OSCAR: [*Who has been listening*] Je veux parler!

LAMOINDRE: Un homme!

ODILE: Oscar!

OSCAR: Oui, c'est moi! Bonjour, Odile!

LAMOINDRE: Un homme! Sortez!

OSCAR: Odile! Je veux vous parler!

LAMOINDRE: N'aie pas peur, Odile! Je suis avec toi. Nous sommes toutes avec toi!

OSCAR: Odile! Nous devons aller chez le ministre!

ODILE: Je ne veux pas aller chez le ministre!

LAMOINDRE: Le ministre est un homme! A bas les hommes!

FEMMES: A bas les hommes!
[*Shouting, they attack Oscar and drag him from the room.*]

LAMOINDRE, PUIS FEMMES: A bas les hommes!

LUTIN: Dehors les hommes!

LAMOINDRE, PUIS FEMMES: A bas les hommes!
Il faut venger Odile!
A bas G.-B.!

ODILE: G.-B. est méchant! Il m'a tyrannisée!

LAMOINDRE: Allons chez G.-B.

FEMMES: A bas G.-B.!

CHANT DES FEMMES: Mais les hommes! Nous les femmes! Les hommes, les hommes! Nous les punirons! Punirons!

# # # #

[**Scene 2**: *In the street.*]

PASSANT: Les femmes!

FEMMES: A bas les hommes!

EUGENE PATOUL: Oh mon Dieu! Les femmes! Oh, Mademoiselle Lutin! Oh là là!

LUCIE: Oh, c'est charmant! Qu'est-ce qu'elles disent?

EUGENE: Elles crient: "A bas les hommes!" et aussi "A bas G.-B.!"

LUCIE: Oh, mais c'est charmant! C'est tout à fait charmant! G.-B., c'est mon mari. A bas mon mari!

LUTIN: Eugène Patoul!

LUCIE: Oh, c'est charmant!

LAMOINDRE: Odile, montez sur cette chaise! C'est l'heure du tribunal! Du tribunal des femmes!

LUCIE: C'est charmant! "Le tribunal des femmes!"

LUTIN: Eugène Patoul!

ODILE: Bonjour, Eugène Patoul!

EUGENE: Bonjour, Mademoiselle.

ODILE: Il est méchant?

LUTIN: Oui, il est méchant.

ODILE: Pourquoi Eugène Patoul est-il méchant? Dites-le-moi, Mademoiselle Lutin!

LUTIN: Il... il ne veut pas être mon mari.

LUCIE: Il ne veut pas être son mari. Oh, c'est charmant!

ODILE: Eugène Patoul ne veut pas être votre mari?

LUTIN: Non. Il ne veut pas m'épouser.

ODILE: Pourquoi?

LUTIN: Demandez-le-lui!

ODILE: Eugène Patoul! Pourquoi ne voulez-vous pas épouser Mademoiselle Lutin?

EUGENE: Elle ne veut pas faire la soupe!

LUTIN: Non, je n'aime pas faire la soupe.

ODILE: Eugène Patoul, est-ce que vous savez faire la soupe?

EUGENE: Oui, bien sûr!

ODILE: Alors, épousez Mademoiselle Lutin. C'est vous qui ferez la soupe. Vous êtes d'accord?

EUGENE: Non!

ODILE: Eugène, il ne faut pas être méchant.

EUGENE: Je ne suis pas méchant!

ODILE: Alors, vous épousez Mademoiselle Lutin?

EUGENE: Non!

LUTIN: [*Grabbing Eugène Patoul and holding him by the ear*] Oui, il épouse Mademoiselle Lutin.

EUGENE: Oui... je l'épouse.

LAMOINDRE: [*Coaching Odile*] Au nom du M.C.H., je vous déclare mari et femme.

ODILE: Au nom du M.C.H. je vous déclare mari et femme.

FEMMES: Vive la mariée!

LAMOINDRE: En avant, en avant chez G.-B.!

FEMMES: En avant! [*They sing the women's song.*]

LUCIE: Félicitations, Monsieur Patoul!

EUGENE: Merci, Madame.

LUCIE: Mais G.-B., qu'est-ce qu'il va dire?

EUGENE: Il va faire comme moi... Il va dire "oui."

LUCIE: Oh, mais c'est charmant! Oh, c'est charmant!

# # # #

[**Scene 3**: *The women' song is heard again.*]

PASSANT: Les femmes!

LAMOINDRE, PUIS FEMMES: A bas G.-B.!

PASSANT: Pauvre G.-B.!

G.-B.: [*Alone in his office*] Odile! Ma petite Odile! Ma chère petite Odile! Je te demande pardon.

LAMOINDRE, PUIS FEMMES: A bas G.-B.!

ODILE: Monsieur G.-B. m'a tyrannisée!

FEMMES: Houhouhouhou! Un discours!

ODILE: Qu'est-ce qu'elles veulent?

LAMOINDRE: Un discours, Odile! Faites un discours!

ODILE: Un poème?

LAMOINDRE: Non! Pas un poème!

ODILE: Alors quoi?

LAMOINDRE: Par exemple: "Les hommes sont méchants! Ce sont tous des tyrans!"

ODILE: Les hommes sont méchants!

FEMMES: Houhouhouhou!

ODILE: Les hommes tyrannisent les femmes!

FEMMES: Houhouhouhou!

LAMOINDRE: Très bien, Odile! Très bien! Continuez!

ODILE, PUIS FEMMES: Les hommes ne veulent pas faire la soupe! Les hommes ne savent pas faire un lit!

ODILE: Le lit. Le lit est grand.

FEMMES: Grand, grand, grand.

ODILE: Le lit est grand.

FEMMES: Grand, grand, grand!

G.-B.:   Le lit, le lit est grand, grand... Tiens, voilà mon Odile. [*He looks out the window.*] Oh, mon Dieu! Les femmes!

LAMOINDRE, PUIS FEMMES: A bas les hommes! A bas G.-B.!

G.-B.:   Qu'est-ce que j'ai fait, ma petite Odile?

ODILE: Monsieur G.-B. m'a tyrannisée!

FEMMES: Houhouhouhou!

G.-B.:   Pardon, Odile! Pardon, ma petite Odile! [*He appears at the window, waving a towel.*]

FEMMES: Houhouhouhou!

G.-B.:   [*Disguising his voice*] Qu'est-ce que vous voulez?

FEMMES: G.-B.!

G.-B.:   Monsieur G.-B. n'est pas là.

UNE FEMME: Où est-il?

G.-B.:   Il est parti. Il est parti à la fabrique.

LAMOINDRE: [*Entering through another door*] Monsieur!

G.-B.:   Les femmes! Odile! Qu'est-ce que vous allez faire?

LAMOINDRE: Vous juger!

G.-B.:   Elle va me juger?

LAMOINDRE: Oui, elle va vous juger.

ODILE: C'est le tribunal des femmes ici. Et moi, je suis juge.

G.-B.:   Qu'est-ce que j'ai fait?

LAMOINDRE: Vous avez tyrannisé Odile!

G.-B.:   Oui.

ODILE: Vous avouez?

G.-B.:   Oui.

ODILE: Voici la décision du tribunal: Monsieur G.-B. doit avouer son crime en public et demander pardon en public.

G.-B.:   J'avoue que j'ai tyrannisé Odile...

LAMOINDRE: Devant la fenêtre! Et plus fort!

G.-B.:   J'avoue que j'ai tyrannisé Odile...

LAMOINDRE: Plus fort!

G.-B.:   J'avoue que j'ai tyrannisé Odile et je lui demande pardon.

LAMOINDRE: Encore une fois!

G.-B.:   J'avoue que j'ai tyrannisé Odile et je lui demande pardon. [*He sneezes.*]

LAMOINDRE: A vos souhaits!

LUCIE: C'est charmant! C'est tout à fait charmant! C'est mon mari, Etienne. Etienne, mon mari.

G.-B.:   Lucie!

PASSANTS: [*Mimicking G.-B. and Lucie*] Etienne... Lucie!

VOCABULARY

avouer to confess
le **chant** song
continuer to continue
crier to shout
le **crime** crime
la **décision** decision
déclarer to pronounce
le **discours** speech
enfin really

épouser to marry
l' **esclave** (*m./f.*) slave
l' **exemple** example
   par exemple for example
l' **exception** (*f.*) exception
la **fabrique** factory
fait < **faire**[C14] done (*PP*)
   j'ai fait I have done
fort loud

l'	**plus fort** louder		**public** public
l'	**heure** (*f.*) time	le	**punir** to punish
	houhouhouhou! boo!		**toutes** (*f. pl.*) all
le	**juge** judge	le	**tribunal** (*pl.* **tribunaux**) court
	juger to judge	le	**tricot** knitting
la	**mariée** bride	le	**tyran** tyrant
le	**méchant** mean man		**tyranniser** to tyrannize
	monter to get up		**venger** to avenge
	oh là là! oh dear!	ils	
le	**pardon** forgiveness		**veulent** < **vouloir**[C34] they want
	présenter to introduce	elles	

SPECIAL EXPRESSIONS

à bas + *N* down with + *N*
en avant! forward!
être méchant avec to be mean to
faire la soupe to do the cooking
N'aie pas peur! Don't be afraid!

prendre Odile comme secrétaire to make Odile secretary
tout à fait charmant really, quite charming

SUPPLEMENTARY VOCABULARY

housework	**les travaux** (*m.*) **ménagers**
to clean	**nettoyer**
to do the cooking	**faire la cuisine**
to do the housework	**faire le ménage**
to dust	**épousseter**
to make the bed	**faire le lit**
to tidy up/put things away	**ranger**
to vacuum	**passer l'aspirateur**

household appliances	**les appareils** (*m.*) **ménagers**		
dishwasher	**le lave-vaisselle**	sink	**l'évier** (*m.*)
dryer	**le séchoir**	stove	**la cuisinière**
freezer	**le congélateur**	electric	**électrique**
oven	**le four**	gas	**à gaz**
refrigerator	**le réfrigérateur**	vacuum cleaner	**l'aspirateur** (*m.*)
		washing machine	**la machine à laver**

LANGUAGE NOTES AND EXERCISES

19.1 The future indicative of irregular verbs

a. Some of the irregular verbs presented prior to Lesson 19 have a regular future stem.

infinitive	future stem	example	
connaître	connaîtr-	Elles **connaîtront** toutes Saint-Tropez.	They'll all know Saint-Tropez.
dire	dir-	Elle **dira** "Bonjour."	She'll say, "Hello."
craindre, etc.	craindr-	**Craindrez**-vous de parler français?	Will you be afraid to speak French?
éteindre, etc.	éteindr-	La lampe s'**éteindra**.	The light will go out.
mettre (se)	mettr-	Je **mettrai** le maillot.	I'll put on the bathing suit.
partir, etc.	partir-	Tu **partiras** à une heure?	You'll leave at one o'clock?
prendre	prendr-	Vous **prendrez** du champagne.	You'll have champagne.

b. Other irregular verbs have an irregular future stem, which should be memorized.

infinitive	future stem	example	
aller	ir-	J'**irai** les voir.	I'll go to see them.
avoir	aur-	**Aurez**-vous assez d'argent?	Will you have enough money?
devoir	devr-	Je **devrai** rentrer.	I'll have to go home.
envoyer	enverr-	Je lui **enverrai** un télégramme.	I'll send him a telegram.
être	ser-	Ils **seront** en classe demain.	They'll be in class tomorrow.
faire	fer-	C'est vous qui **ferez** la soupe.	*You* will do the cooking.
falloir	faudr-	Il **faudra** faire les devoirs.	It will be necessary to do the homework.
pleuvoir	pleuvr-	**Pleuvra**-t-il demain?	Will it rain tomorrow?
pouvoir	pourr-	Nous **pourrons** leur parler.	We'll be able to talk to them.

(cont'd)

infinitive	future stem	example	
savoir	**saur-**	**Saurez**-vous parler chinois?	Will you know how to speak Chinese?
valoir	**vaudr-**	Il **vaudra** mieux le payer.	It will be better to pay for that.
venir	**viendr-**	**Viendras**-tu avec moi?	Will you come with me?
voir	**verr-**	Il **verra** sa mère.	He'll see his mother.
vouloir	**voudr-**	**Voudra**-t-elle dire "Au revoir"?	Will she want to say "Good-bye"?

c. From this point on, the future stem of other irregular verbs will be presented at the time the verb is introduced.

EXERCISES

A. Restate the following sentences, doing the substitutions indicated in parentheses.

1. **Tu** diras ton nom au commissaire. (Emile, Nos cousins, Je, Nous)

2. **Nous** ne serons pas au tribunal demain. (Vous, La femme, Je, Les savants)

3. Devrez-**vous** faire la vaisselle? (elle, nous, tu, Les maris)

4. **Je** n'irai pas à Saint-Tropez. (Ma tante, Tu, Vous, Les Janson)

B. Restate the following sentences in the future tense.

1. Je n'ai pas le temps de passer l'aspirateur.

2. Louis met la table tous les soirs.

3. Odile craint le froid.

4. Faites-vous les courses le dimanche?

5. Claudine, il faut ranger ta chambre.

6. Nous ne pouvons pas faire la cuisine ensemble.

19.2 The immediate past: *venir de* + infinitive

The verb **venir** (5.2) is used idiomatically to express the immediate past, that is, an action which has just occurred. The construction is as follows:

French		*English*	
present indicative + **de** + infinitive of **venir**	=	have has	just + past participle of action verb
	expressing action just completed		

Ils *viennent d'apporter* un lit.   They've just brought (in) a bed.

Il *vient de* lui (à Odile) *donner* des fleurs.	He has just given her (Odile) some flowers.
Nous *venons de* les *voir*. (les = les femmes du M.C.H.)	We have just seen them. (them = the women of the M.A.M.)

Note that there is NO contraction of the preposition **de** with the direct object pronoun **le** or **les** (see last example above), as there is with **de** + the definite article **le** or **les**.

EXERCISE

Restate the following sentences to indicate that the action expressed by the underlined verb has *just* taken place.

1. La femme déclare que son mari est méchant.

2. Vous dites que Monsieur Gravaille-Bussage a payé Odile pour ses poèmes.

3. Les Lenoir font leurs courses au supermarché.

4. Nous donnons un pourboire à la serveuse.

5. Cette vaisselle? Je la lave dans l'évier.

19.3 Irregular feminine and plural forms of nouns

a. For some nouns referring to people, an **-e** is added to the masculine form to obtain the feminine form: **ami, amie**. Other nouns do not follow this pattern.

(1) Nouns ending in **ier** add a grave accent to the **e** before **r** when feminine **-e** is added.

l'ouvrier	l'ouvrière
le poissonnier	la poissonnière

(2) Nouns ending in **n** double the **n** when the feminine **-e** is added.

le patron	la patronne
le paysan	la paysanne
le pharmacien	la pharmacienne

(3) Many nouns ending in **eur** change the **r** to **s** when feminine **-e** is added.

le coiffeur	la coiffeuse
le vendeur	la vendeuse

Most nouns ending in **teur** change the **-teur** to **-trice** to form the feminine.

l'acteur	l'actrice
le directeur	la directrice
l'instituteur	l'institutrice

Exceptions:

le docteur	la doctoresse
le menteur	la menteuse

(4)   A few nouns ending in **e** add **-sse** to form the feminine.

l'hôte	l'hôtesse
le poète	la poétesse
le prince	la princesse

b.   While most nouns in French are made plural by adding **-s** to the singular form (1.3), there are some nouns which do not follow this pattern.

(1)   Nouns ending in **s, x,** or **z** in the singular do not change form in the plural.

le nez	les nez
le temps	les temps
la voix	les voix

(2)   Most nouns ending in **eau** or **eu** add **-x** to the singular to form the plural. There is no change in pronunciation of the noun.

le jeu	les jeux
l'oiseau	les oiseaux

(3)   While most nouns ending in **ou** add **-s** to form the plural (**le cou** → **les cous**), there are seven exceptions which add **-x** rather than **-s**. There is no change in pronunciation. The most common of the seven are:

le bijou	les bijoux
le chou	les choux
le genou	les genoux

(4)   Most nouns ending in **al** form the plural by changing **-al** to **-aux**. There is a change in pronunciation.

l'animal	/lanimal/	les animaux	/lezanimo/
le mal	/ləmal/	les maux	/lemo/

(5)   To pluralize proper names designating part or all of a family, only the article is made plural.

Les **Dupont_sont venus dîner hier soir.**	The Duponts came to have dinner last night.

(6)   Irregular plurals:

le ciel	/ləsjɛl/	les cieux	/lesjɸ/
le travail	/lətʀavaj/	les travaux	/letʀavo/
l'œil	/lœj/	les yeux	/lezjɸ/

(7)   The following nouns have regular plural spellings but differentiate between pronunciation of the singular and plural forms.

le bœuf	/l bœf/	les bœufs	/lebɸ/
l'œuf	/lœf/	les œufs	/lezɸ/
l'os	(lɔs/	les os	/lezo/ or /lezɔs/

EXERCISES

A. Restate the following sentences, giving the feminine form of the underlined noun in each. Make other changes required by agreement rules.

1. Les menteurs ne sont pas aimés.

2. Nous avons un bon docteur.

3. Le premier épicier dans cette rue est vraiment gentil.

4. Connaissez-vous mon pharmacien?

5. Son coiffeur n'est pas sympathique.

6. Cet instituteur vient de punir deux mauvais enfants.

7. Le prince est tout à fait charmant.

8. Nous avons vu beaucoup de paysans en Bourgogne.

B. Complete the following list:

un neveu	sept _____	un chapeau	six _____
un animal	trois _____	un chou	quatre _____
un dos	des _____	un cou	dix _____
un nez	deux _____	un seau	vingt _____
un Japonais	cent _____	un corps	trois _____
un radis	dix _____	un Anglais	mille _____
un œil	deux _____	un œuf	douze _____

19.4 Irregular comparatives of adverbs and adjectives

a. A few common adverbs and adjectives have irregular comparative forms that should be memorized. (See 12.3 for the regular comparative forms of adverbs and adjectives.)

adjectives			
bon	good	**meilleur**	better
mauvais	bad	{ plus mauvais } { pire }	worse
adverbs			
bien	well	**mieux**	better
mal	badly	{ plus mal } { pis (rare) }	worse
beaucoup	much	**plus**	more
peu	little	**moins**	less

Gisèle est une *bonne* vendeuse. C'est une *meilleure* vendeuse que Jacqueline.	Gisèle is a good salesgirl. She's a better salesgirl than Jacqueline.
Roger parle *bien* français. Il parle *mieux* qu'Emile.	Roger speaks French well. He speaks better than Emile.
Philippe danse *mal*. Il danse *plus mal* qu'Olga.	Philippe dances poorly. He dances worse than Olga.
Aujourd'hui il neige *beaucoup*. Hier il a neigé *plus*.	Today it is snowing a lot. Yesterday it snowed more.
Il sait *peu* mais ils savent *moins*.	He knows little but they know less.

b.   Care must be taken to distinguish between the two French equivalents of "better" and "worse." Remember that the adjectives "better" and "worse" are used to modify a noun or pronoun, whereas the adverbs "better" and worse" are used to describe a verb.

ADJ	
Oscar est un *meilleur* détective que le ministre.	Oscar is a better detective than the Secretary.

ADV	
Est-ce que Lucie récite *mieux* qu'Adrien?	Does Lucie recite better than Adrien?

ADJ	
Le temps est *pire/plus mauvais* en hiver qu'en été.	The weather is worse in winter than in summer.

ADV	
Aujourd'hui, elle va *plus mal* (*pis*) qu'hier.	Today she feels worse than yesterday.

EXERCISE

Complete each sentence by adding the comparative form of the underlined adjective or adverb. Follow the model.

Model: **Emile mange *beaucoup*: il mange *plus* qu'Adrien.**

1. Votre cuisine est <u>bonne</u>: elle est _____ que la cuisine d'Angèle.

2. Odile a <u>bien</u> parlé: elle a _____ parlé que Mlle Lamoindre.

3. La santé de cet homme est <u>mauvaise</u>: elle est _____ que la santé de son frère.

4. Mme Perron mange <u>peu</u>: elle mange _____ que son mari.

5. Mon aspirateur nettoie <u>mal</u>: il nettoie _____ que votre nouvel aspirateur.

19.5 Emphatic structures

In French a word or phrase is often stressed by changing its location. The word or phrase is placed after **ce + être** and a relative pronoun is added after the word or phrase, **qui** for words used as subject and **que** for non-subject words.

unstressed:	**Vous ferez la soupe.**	You will do the cooking.
stressed:	***C'est vous qui* ferez la soupe.**	*You* will do the cooking.
unstressed:	**Les ouvriers ont demandé de l'argent.**	The workers asked for money.
stressed:	***Ce sont les ouvriers qui* ont demandé de l'argent.**	*The workers* asked for money.
unstressed:	**Les Gammas sont venus à Brézolles.**	The Gammas have come to Brézolles.
stressed:	***C'est à Brézolles que* les Gammas sont venus.**	The Gammas have come *to Brézolles*.

Reminder: In a relative clause introduced by the subject relative pronoun **qui**, the verb must agree with the antecedent of the relative pronoun, as in **vous qui ferez** and **les ouvriers qui ont demandé**. (See 17.4.)

EXERCISES

A. Restate the following sentences using the emphatic construction to stress the underlined word or phrase. Follow the models.

Models: a. **Nous sommes arrivés *en Bourgogne*.** → **C'est en Bourgogne que nous sommes arrivés.**

b. ***Les Gammas* sont arrivés en Bourgogne.** → **Ce sont les Gammas qui sont arrivés en Bourgogne.**

1. Tu n'as pas mis la table.

2. Il a mal parlé au juge.

3. Les gendarmes ont arrêté les Gammas.

4. Olga a dansé avec Emile.

5. Nous ne voulons pas tricoter.

6. Monsieur Gravaille-Bussage a tyrannisé Odile.

B. *Situation:* **L'interview de la journaliste**
A woman reporter is interviewing Mlle Lutin on the stormy M.A.M. meeting. Imagine the conversation. Follow the model:

La journaliste	*Mlle Lutin*
Model: **Qui a dit "A bas mon mari"?** (**Lucie**)	**C'est Lucie qui a dit "A bas mon mari."**

1. Qui est le juge du tribunal des femmes? (Odile)

2. Qui a crié "A bas les hommes"?
   (les femmes)

3. Qui a dit que Patoul est méchant?
   (moi)

4. Qui n'aime pas faire la soupe?   (moi)

5. Qui sait faire la soupe?   (Patoul)

6. Qui tyrannise les femmes?
   (les hommes)

Lesson 20

Un grand succès

[*Scene 1*: *Emile and his new friend Gaston are still in the café and still without neckties. Anne, the owner, is serving them.*]

GASTON: Qu'est-ce que tu commandes, Emile?

EMILE: Je commande deux verres de cidre.

GASTON: Bon!

EMILE: Non, trois. Trois verres. Deux pour nous et un pour la patronne.

ANNE: Merci, Emile.

EMILE, PUIS GASTON: A la vôtre!

ANNE: A la vôtre! N'est-ce pas qu'il est bon, mon cidre?

EMILE: Excellent!

ANNE: Il est fait avec les meilleures pommes.

EMILE: Le cidre est fait avec des pommes?!

GASTON: Mais oui! On fait le cidre avec des pommes.

ANNE: Et le vin avec du raisin!

EMILE: Naturellement avec du raisin! Trois verres de cidre!

GASTON: C'est mon tour! Anne, encore trois verres de cidre, et du bon.

ANNE: Bien sûr! [*Emile and Gaston take their ties out of their pockets.*] Ça y est! Ils recommencent avec leurs cravates.

GASTON: A la santé de la cravate, chère Anne!

EMILE: A la santé de la cravate!

ANNE: A la santé de la cravate! Vous travaillez dans la cravate?

EMILE: On ne travaille pas. Mais dites, qu'est-ce que ça veut dire: travailler dans la cravate?

ANNE: Travailler dans quelque chose, c'est vendre quelque chose.

EMILE: Je ne vends pas de cravates. Je porte une cravate!

GASTON: Ma chère Anne, nous ne travaillons pas. Nous cherchons du travail.

ANNE: Il faut vendre des cravates!

EMILE: Vendre des cravates?

ANNE: Vous ne parlez que de cravates. Alors?

GASTON: C'est vrai! C'est une bonne idée! Emile, il faut vendre des cravates!

EMILE: C'est vite dit, vendre des cravates. Mais comment?

GASTON: Je vais te le montrer. Il faut le parapluie.

EMILE: Le parapluie?

ANNE: Il ne sait vraiment rien, votre ami.

GASTON: C'est un ingénieur!

ANNE: Ah, il travaille avec la tête.

EMILE: Oui. Vendre des cravates, c'est un travail avec la tête?

ANNE: Non, c'est un travail avec la bouche.

EMILE: Avec la bouche?
[*Gaston has opened his umbrella on top of a table. He pretends to be selling ties, and Emile imitates him.*]

GASTON, PUIS EMILE: Achetez ma cravate!
[*Gaston and Emile are standing in the street. They are trying to sell ties to passers-by. They are displaying the ties in an open umbrella.*]

GASTON: Achetez mes cravates! De belles cravates! Des cravates rouges, vertes, noires! Achetez une cravate!

EMILE: Ah, les belles cravates! Achetez une cravate! [*A man in uniform walks by, but doesn't stop.*] Tiens! Il ne s'arrête pas. Pourquoi?

GASTON: C'est un marin.

EMILE: Un marin, qu'est-ce que c'est?

GASTON: Mon cher ingénieur, un marin travaille sur la mer.

EMILE: Sur la mer avec la tête?

GASTON: Non, avec les mains. Il pêche du poisson.

EMILE: Ah, il pêche du poisson.

GASTON: Achetez une cravate, Messieurs.

EMILE: Regardez nos belles cravates!! [*Again the people walk by without stopping.*] Ils n'achètent pas. Pourquoi?

GASTON: Ce sont des étudiants.

EMILE: Des étudiants... et alors?

GASTON: Ils étudient. Ils travaillent avec la tête.

EMILE: Alors?

GASTON: Mais sans cravate. Après, quand ils ont le diplôme, ils portent la cravate.

EMILE: Travailler avec la tête sans cravate!! [*He goes back to his selling.*] Nos cravates! Nos belles cravates. Pour travailler avec la tête! [*Another man walks by.*] Il n'a pas acheté de cravate, pourquoi?

GASTON: C'est un marchand.

EMILE: Un marchand? Qu'est-ce que c'est?

GASTON: C'est quelqu'un comme nous. Il vend quelque chose. [*He sees the man walk into a shop.*] Ah, il vend des cravates!

EMILE: Il vend des cravates!

GASTON: Mais lui, il a un magasin.

EMILE: Un magasin?!

GASTON: Mon cher ingénieur, voilà notre magasin. Le parapluie est notre magasin.

EMILE: Je veux un magasin de cravates!

GASTON: Un magasin, c'est très cher. Il faut beaucoup d'argent. [*He goes back to his selling.*] Achetez mes cravates!

EMILE: Achetez nos belles cravates! Achetez une cravate! Merde!! Comment vendre des cravates? [*He runs off enraged.*]

GASTON: Emile! Où vas-tu? Attends-moi, Emile!
[*He catches up with Emile, who is looking at posters of a "Gamma singer."*]

EMILE: Adrien!

GASTON: Emile! Où vas-tu? Emile! Attends-moi!

# # # #

[**Scene 2:** *Inside a tavern. Gaston and Emile are sitting at a table.*]

GASTON: Qu'est-ce qu'il y a, Emile? Pourquoi est-ce que tu ris?

EMILE: Je connais ce Gamma!

GASTON: Tu connais ce Gamma?

EMILE: Oui, il s'appelle Adrien!

GASTON: Tu connais un Gamma qui s'appelle Adrien? Qu'est-ce que tu as, Emile?

EMILE: J'ai dit à Adrien qu'il ne doit plus être un Gamma. Cet Adrien! [*The singer comes on stage.*] Ce n'est pas Adrien!

GASTON: Ce n'est pas le Gamma qui s'appelle Adrien?

EMILE: Non.

CHANTEUR: Je suis un Gamma... Mes cheveux sont Gamma...

EMILE: Ce n'est pas Adrien! Et ce n'est pas un Gamma!

CHANTEUR: Mes longs cheveux... Je suis un Gamma...

EMILE: Non, tu n'es pas un Gamma! Menteur! [*He stands up and starts to walk threateningly toward the singer, but Gaston restrains him.*]

CHANTEUR: Je suis... oui, je suis un Gamma... de Gamma...

PUBLIC: Bravo!

GASTON: C'est un succès!

EMILE: Un succès? Qu'est-ce que c'est?

GASTON: Quand ça va bien, quand ça marche bien, quand tout le monde est content...

EMILE: Quand tout le monde est content?

GASTON: Le succès, quand on vend des cravates, c'est vendre toutes les cravates.

EMILE: Maintenant, je comprends. Le succès, cela veut dire beaucoup d'argent?

GASTON: Tu as très bien compris.

EMILE: Succès ou pas succès, ce n'est pas un Gamma. C'est un menteur!

GASTON: Ça ne fait rien, Emile. Il a du succès.

EMILE: Mais c'est un menteur! [*He goes through the door to the dressing room area.*]

CHANTEUR: [*Looking into mirror*] Je suis un Gamma. J'ai du succès! [*Emile's face appears in the mirror.*]

EMILE: Tu n'es pas un Gamma. Tu es un menteur.

CHANTEUR: Non, je ne suis pas un menteur! Je ne suis pas un Gamma, je suis un chanteur!

EMILE: [*Pulling off the singer's wig*] Et ça, c'est une perruque!

CHANTEUR: Naturellement c'est une perruque. Je suis un chanteur!

EMILE: Alors, pourquoi faire comme un Gamma?

CHANTEUR: En Gamma, on a beaucoup de succès!

EMILE: Beaucoup de succès et beaucoup d'argent?!

CHANTEUR: Oui, beaucoup de succès et beaucoup d'argent! C'est la mode. Les Gammas sont à la mode!

EMILE: C'est la mode Gamma? C'est la mode... Ça alors! [*He leaves the singer and returns to Gaston.*]

GASTON: Qu'est-ce que tu as, Emile?

EMILE: J'ai une idée!

GASTON: Tu as une idée?

#   #   #   #

[**Scene 3**: *Some time later. Emile has created some unusual ties. Gaston pretends to be his first customer.*]

EMILE: Ils n'ont pas de cravates! Achetez mes cravates Gamma! Ici les cravates Gamma! Pour ceux qui ne travaillent pas avec la tête! Si vous ne travaillez pas avec la tête, achetez ma cravate Gamma!

GASTON: Bonjour, Monsieur. Vous vendez des cravates.

EMILE: Non, Monsieur. Les cravates, c'est pour ceux qui travaillent avec la tête. Moi, je vends des cravates Gamma. Pour les autres!

GASTON: Ah, ce sont des cravates Gamma! Mais cette cravate est déformée.

EMILE: Cette cravate n'est pas déformée. C'est une cravate Gamma! Les Gammas portent ces cravates.

GASTON: Ah oui, la mode Gamma!

EMILE: Oui, Monsieur. La mode Gamma. [*A small crowd gathers, listening intently.*] Les cravates Gamma, c'est pour ceux qui ne travaillent pas avec la tête!

GASTON: Qui ne travaillent pas avec la tête?

EMILE: Parfaitement, Monsieur! Ceux qui travaillent avec la tête ne trouvent pas de cravates chez moi. Moi, je vends des cravates Gamma pour tous ceux qui ne portent jamais de cravate.

GASTON: Et qui ne porte jamais de cravate, Monsieur?

EMILE: Mais, Monsieur, tous ceux qui ne travaillent pas avec la tête: Les marins, les paysans, les ouvriers...

GASTON: Et les étudiants?

EMILE: Ils travaillent avec la tête, mais ils ne portent pas de cravate. Achetez les cravates Gamma! Pour les sans-cravates! Pour tous ceux qui ne travaillent pas avec la tête! Achetez les cravates Gamma! Pour payer, jetez l'argent dans le parapluie.

GASTON: C'est combien une cravate, Monsieur?

EMILE: Pour une cravate Gamma on donne ce que l'on veut. Achetez mes cravates Gamma!
[*Anne arrives and finds Emile and Gaston gleefully counting their money.*]

ANNE: Bonjour, Emile!

EMILE: Bonjour, Anne!

ANNE: Moi aussi, je veux une cravate Gamma.

EMILE: Toi aussi, tu veux une cravate Gamma?

ANNE: Bien sûr! Je ne travaille pas avec la tête.

EMILE: C'est vrai, Anne. Toi, tu travailles avec le cœur.

ANNE: Ça marche bien, ton affaire de cravates!

EMILE: Oui, ça marche! Ils ne veulent plus de cravates. Ils veulent des cravates qui ne soient pas des cravates!

ANNE: Les cravates Gamma ont du succès! A bientôt, Emile!

EMILE: Au revoir, mon cœur!
[*A businessman has been observing the mad rush to buy Emile's ties.*]

COMMERÇANT: Non, non, non.

GASTON: Quoi? Non, non, non?

COMMERÇANT: C'est une très bonne idée, cette cravate Gamma. Une trés bonne idée. Mais il faut la commercialiser.

EMILE: Il faut la commercialiser? Commercialiser, qu'est-ce que c'est?

COMMERÇANT: Ne pas vendre dans un parapluie, mais dans un magasin!

GASTON: Vous croyez?

COMMERÇANT: Bien sûr! Quel succès! Garanti!

GASTON: Un succès garanti?

COMMERÇANT: Parfaitement! L'idée est géniale!

EMILE: L'idée est géniale?

COMMERÇANT: Mais oui, géniale! "Les cravates Gamma pour ceux qui ne travaillent pas avec la tête!"

GASTON: Il est très intelligent, Emile!

COMMERÇANT: Je vous achète l'idée!

EMILE: Vous achetez l'idée "cravates Gamma"?

GASTON: Mais oui, Emile, Monsieur achète ton idée.

EMILE: Et après?

GASTON: Après c'est lui qui va vendre les cravates Gamma!

COMMERÇANT: Alors, vous vendez?

EMILE: D'accord, je vends!

GASTON: Oh, tu es très intelligent, Emile! Tu vas avoir d'autres idées!
[*Emile leaves.*] Emile est très intelligent. Il va avoir d'autres idées! Emile, attends-moi! Emile!

VOCABULARY

l'	**affaire** (*f.*) business	
	bravo! bravo!	
le	**chanteur** singer	
le	**cidre** cider	
mon	**cœur** sweetheart	
	commander to order	
le	**commerçant** businessman	
	commercialiser to commercialize	
	déformé misshapen	
le	**diplôme** diploma	
l'	**étudiant** (*m.*) student	

	fait < **faire**[C14] made (*PP*)	
	garanti guaranteed	
	génial brilliant, ingenious	
	jeter[B5] to throw	
le	**magasin** shop	
le	**marchand** merchant	
le	**marin** sailor	
les	**meilleures** (*f. pl.*) the best	
la	**mode** fad, craze	
	à la mode in fashion	
	ne...que nothing but	

	noir black		**rouge** red
le	**parapluie** umbrella	le	**sans-cravate** non-tie-wearer
	parfaitement exactly	ils	**soient** < **être**[C13] they are (*SBJN*)
la	**patronne** owner	le	**succès** success
	pêcher to fish		**avoir du succès** to be successful
	pêcher du poisson to catch fish		**tiens!** well!
la	**pomme** apple	le	**tour** turn
	recommencer to start again		**vert** green
tu	**ris** < **rire**[C26] you're laughing/laugh		**vite** here: easily

SPECIAL EXPRESSIONS

A la vôtre! To your health! To yours!
Ça marche (bien). Things are going well.
  It's doing well.
Ca ne fait rien. That doesn't matter.
du bon good stuff

en Gamma as a Gamma
faire comme un Gamma to act like a
  Gamma
Qu'est-ce que tu as? What's the matter
  with you?

SUPPLEMENTARY VOCABULARY

studies **les études**	
course { optional / required	le cours { **facultatif** / **obligatoire**
curriculum	**le programme d'études** (*f.*)
free (of charge)	**gratuit**
instruction	**l'enseignement** (*m.*)
scholarship, stipend	**la bourse**
subjects	**les matières** (*f.*)
tuition, fees	**les frais** (*m.*) **scolaires**
to be a graduate, to have graduated	**être diplômé**
to be a { law / medical } student	**être étudiant en** { **droit** (*m.*) / **médecine** (*f.*) }
to (be) major(ing) in { chemistry / history	**se spécialiser en** { **chimie** (*f.*) / **histoire** (*f.*) }
to take / to pass / to fail } a test, an exam	**passer** / **réussir à** / **échouer à** } **un examen**

20.1 Ordinal numbers

a. Forms

Ordinal numbers are those that express position in relation to a series of numbers (first, second, third, etc.).

Oscar: **"Quatre voleurs: le** *premier* **(voleur), appelé Emile, le** *deuxième* **appelé Adrien, le** *troisième* **voleur est une femme, appelée Odile," et le** *quatrième*?	"Four thieves: the first (thief) named Emile, the second named Adrien, the third thief is a woman, named Odile," and the fourth?

Premier is the only exception to the regular formation of ordinal numbers and also the only ordinal number that has a feminine form—**première**. Most ordinal numbers are formed by adding **-ième** to the cardinal number. Sometimes, there is a minor spelling change in the cardinal number before **-ième** is added (indicated by an asterisk).

un, une	premier, première	(1er, 1re)
deux	deuxième	(2e)
trois	troisième	(3e)
*quatre	quatrième	(4e)
*cinq	cinquième	(5e)
six	sixième	(6e)
sept	septième	(7e)
huit	huitième	(8e)
*neuf	neuvième	(9e)
dix	dixième	(10e)
*onze	onzième	(11e)
*douze	douzième	(12e)
*treize	treizième	(13e)
*quatorze	quatorzième	(14e)
*quinze	quinzième	(15e)
*seize	seizième	(16e)
dix-sept	dix-septième	(17e)
dix-huit	dix-huitième	(18e)
*dix-neuf	dix-neuvième	(19e)
vingt	vingtième	(20e)
vingt et un/une	vingt et unième	(21e)
vingt-deux	vingt-deuxième	(22e)
*trente	trentième	(30e)
trente et un/une	trente et unième	(31e)

An alternate form exists for "second"—**second/seconde** ($2^d/2^{de}$). This form is never used in compound numbers such as **vingt-deuxième**, **trente-deuxième**, etc.

b. Position
An ordinal number precedes the noun it modifies. It is often used with only the noun marker when the noun is understood, in which case both the noun marker and the number must agree with the unexpressed noun.

Brézolles est la *première* ville de France.	Brézolles is the first city in France.
Le *deuxième* livre d'Oscar est intéressant, mais *son troisième* ne l'est pas.	Oscar's second book is interesting, but his third is not.

When both a cardinal and an ordinal number are used to modify a noun, the cardinal number precedes the ordinal.

Les *deux premières* cravates sont à la mode.	The *first two* ties are fashionable.

EXERCICE

Complétez les phrases[1] suivantes[2] par le nombre ordinal indiqué entre parenthèses.

1. J'ai preparé vingt pages d'exercices. Je commence la_____page. (21st)

2. Il y a onze chapitres intéressants dans ce livre mais le_____est ennuyeux. (12th)

3. Dans votre famille, le_____ enfant est une fille. (2nd)

4. Si vous achetez huit parapluies, on vous donne le_____. (9th)

5. La _____ cravate est toujours difficile à vendre. (1st)

6. L'étudiant a refait la_____page de son rapport. (49th)

7. Aimez-vous les_____Valses[3] de Chopin? (first three)

20.2 The subjunctive mood—introduction; formation of the present subjunctive (*subjonctif présent*) of regular verbs

a. Introduction
The subjunctive mood is used to express an action or state which does not belong to the realm of facts as much as to the realm of thought (intention, attitude, etc.). This mood thus differs from the indicative mood, which expresses actions considered to be facts, and from the imperative, which presents actions in the form of a command or plea.

[1]**la phrase:** sentence.
[2]**suivant:** following.
[3]**la valse:** waltz.

mood	use	example
indicative	to state facts (past, present, or future)	I know that he $\left\{\begin{array}{l} \text{has gone} \\ \text{is going} \\ \text{will go} \end{array}\right.$ away.
imperative	to give commands or pleas	Go away!
subjunctive	to express ideas in mind but not proven or perceived to be facts (past, present, or future)	I wish that he *were going* away (but I don't know whether or not he is).

b.   General observations

    (1)   The subjunctive mood occurs much more frequently in French than in English.

    (2)   The subjunctive mood is used in a subordinate clause.

    (3)   The use of the subjunctive depends not upon the content of the subordinate clause but upon an attitude expressed in the main clause or by the connecting element (conjunction), implying that the idea in the subordinate clause is not a proven fact. For various types of expressions after which the subjunctive is used, see 20.3, 21.2, 22.1, 23.2, and 23.3.

    (4)   The subject in the main clause is usually different from the subject in the subordinate clause.

    (5)   The subordinate claused is introduced by:

        (a)   **que**,

        (b)   one of a number of compound conjunctions whose final element is **que** (23.3),

        or

        (c)   a relative pronoun, in certain situations (21.2).

    (6)   There are two tenses of the subjunctive in current use: the present and the past.

        (a)   The present subjunctive is used to express actions or states taking place either at the same time as, or at a time future to, the action or state in the main clause.

Il veut que je *finisse* les devoirs.   He wants me to finish the homework (He wants that I finish the homework).

Elles souhaitent que nous *arrivions* à onze heures.   They wish us to arrive at eleven o'clock (They wish that we will arrive at eleven o'clock).

        (b)   The past subjunctive is used to express actions or states that are completed prior to the action or state in the main clause. (See 23.1.)

c. The present subjunctive of regular verbs

The stem of the present subjunctive of a regular verb is found by dropping **-ent** from the third person plural form of the present indicative: **cherchent — ent = cherch-; grandissent — ent = grandiss-; entendent — ent = entend-.** The present subjunctive endings for all verbs except **avoir** and **être** are **e, es, e, ions, iez, ent.** Following are examples of the present subjunctive of the three regular verb groups:

	-er	-ir	-re	English		
que je	**cherch e**	grandiss e	entend e	(that)	I (may)	look for / grow up / hear
que tu	**cherch es**	grandiss es	entend es	(that)	you (may)	look for / grow up / hear
qu'il qu'elle qu'on	**cherch e**	grandiss e	entend e	(that)	he/it she/it one	looks (may look) for / grows (may grow) up / hears (may hear)
que nous	cherch ions	grandiss ions	entend ions	(that)	we (may)	look for / grow up / hear
que vous	cherch iez	grandiss iez	entend iez	(that)	you (may)	look for / grow up / hear
qu'ils qu'elles	**cherch ent**	**grandiss ent**	**entend ent**	(that)	they (may)	look for / grow up / hear

Boldface verb forms have the same spelling and pronunciation as their corresponding present indicative forms. The other forms can be readily identified, both as differing from present indicative and as being subjunctive, by spelling and pronunciation.

indicative:	**nous cherchons**	/nuʃɛRʃɔ̃/
subjunctive:	**que nous cherchions**	/kənuʃɛRʃjɔ̃/
indicative	**elle grandit**	/ɛlgRɑ̃di/
subjunctive	**qu'elle grandisse**	/kɛlgRɑ̃dis/

indicative	**tu entends**	/tyɑ̃tɑ̃/
subjunctive	**que tu entendes**	/kətyɑ̃tɑ̃d/

EXERCICE

Dans les phrases suivants, faites les substitutions indiquèes entre parenthèses.

1. Il veut que **tu** donnes la pomme à Isaac.   (nous, je, les savants, Maribelle)

2. Il faut qu'**ils** répondent au marin.   (Gaston, vous, je, nous)

3. Nous souhaitons que **ce menteur** ne réussisse pas.   (je, vous, tu, les voleurs)

4. Il est nécessaire que **j'**arrive à trois heures.   (nous, tu, les étudiants, vous)

5. Je ne veux pas que **vous** finissiez les devoirs en retard.   (la nouvelle étudiante, nous, tu, les frères Lambin)

6. Il faut que **nous** attendions la fin du cours.   (je, Madeleine, vous, tu, tous les étudiants)

20.3 Use of the subjunctive after expressions of volition, desire, necessity, and judgment

a. The subjunctive is used in subordinate clauses following expressions of volition, desire, necessity, and judgment. In these cases, the subjunctive is used because an action or state is being willed or desired and is not yet an accomplished fact.

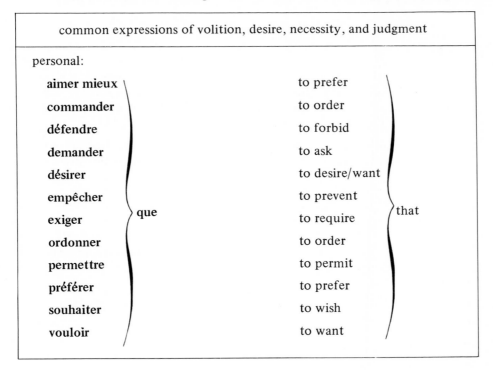

common expressions of volition, desire, necessity, and judgment		
personal:		
aimer mieux		to prefer
commander		to order
défendre		to forbid
demander		to ask
désirer		to desire/want
empêcher		to prevent
exiger	que	to require
ordonner		to order
permettre		to permit
préférer		to prefer
souhaiter		to wish
vouloir		to want

that

common expressions of volition, desire, necessity, and judgment	

impersonal:

(il) falloir que	to be necessary that
(il) valoir mieux que	to be better that

| **(il) être** | bon
essentiel
important
juste
nécessaire
préférable
temps | que | to be | good
essential
important
proper, right
necessary
preferable
time | that |

Il veut que nous *parlions* français.	He wants us to speak French.
Il faut qu'il *descende* maintenant.	It is necessary for him to come/get down now.
Nous demandons qu'ils *donnent* le miroir à Jeanne.	We ask that they give the mirror to Jeanne./We ask them to give the mirror to Jeanne.

b. As can be seen in the first two examples above, the English does not parallel the French exactly. After many expressions of volition, desire, necessity, and judgment, English uses an infinitive construction where French uses a subordinate clause introduced by **que** when the subject of the main clause differs from the subject of the second verb. But French also uses an infinitive construction when the subject of both verbs is the same. (See 27.1.)

***Il* aime mieux que *nous* lui présentions notre ami.**	He prefers that we introduce our friend to him. ("He" prefers, but "we" introduce.)

but

***J'*aime mieux présenter mon ami.**	I prefer to introduce by friend. ("I" is the subject of both "prefer" and "introduce.")

EXERCICES

A. Dans les phrases suivantes, décidez s'il faut employer le subjonctif (SBJN) ou l'indicatif (IND) après **que**...

1. Nos parents désirent que nous... + _____

2. Jeanne, il est temps que tu... + _____

3. Mon médecin ordonne que je... + _____

4. Nous comprenons que vous... + _____

5. Les journalistes préfèrent que nous... +_____

6. On veut que les enfants... +_____

7. Je vois que Sylvie... +_____

8. Vos professeurs demandent que vous... +_____

9. Il est nécessaire/Il faut que... +_____

10. Mon père défend que je... +_____

11. Il sait que... +_____

12. Le général a commandé que... +_____

B. Complétez les phrases suivantes par la forme appropriée du verbe indiqué entre parenthèses. Considérez bien chaque[1] phrase et décidez s'il faut employer le subjonctif ou
l'indicatif.

1. Nous voulons que tu _____en français. (répondre)

2. Les Gammas désirent que la sphère_____. (grandir)

3. Le commerçant déclare que nous_____son magasin. (aimer)

4. Monsieur Léotard défend que nous _____ anglais en classe. (parler)

5. Je comprends que vous_____vendre tous vos produits. (désirer)

6. Il vaut mieux que ces étudiants_____bien pour leurs examens.
   (se préparer)

7. Emile désire que les ouvriers et les paysans_____ses cravates. (acheter)

8. Elle voit que tu_____toujours dans tes études. (réussir)

C. *Situation:* **C'est la vie!**
   Jules dit à son directeur Joseph toutes les choses qu'il aime faire mais qu'il ne doit pas
   faire. Complétez leur conversation. Imitez le modèle.

Jules	*Joseph*
Modèle: **J'aime fumer.**	**Mais votre mère défend que vous fumiez.**
1. J'aime manger beaucoup de pâtisseries.	1. Mais votre femme empêche_____ _____ .
2. J'aime gouter[2] toutes les liqueurs.	2. Mais votre médecin défend _____ _____ .
3. J'aime souvent dîner au restaurant.	3. Mais votre médecin ordonne _____chez vous.
4. J'aime danser toute la nuit.	4. Mais votre femme défend_____ _____ .
5. Qu'est-ce que je peux faire alors?	5. Il faut que vous_____ à votre santé! (penser)

[1]chaque: each.
[2]goûter: to taste.

20.4 Negating infinitives

a. The full negative construction is placed before the infinitive or before the object pronouns preceding the infinitive:

> ne guère
>
> ne jamais
>
> ne pas
>
> ne pas encore
>
> ne plus
>
> ne rien

Commercialiser, qu'est-ce que c'est?—*Ne pas vendre* dans un parapluie mais dans un magasin!

What does that mean, "commercialize"? Not to sell from an umbrella, but in a shop!

Le bouton? Il leur dit de *ne jamais* le *toucher*.

The button? He tells them never to touch it.

b. When the negative construction is **ne...ni...ni**, **ne** is located in its regular position preceding the conjugated verb while **ni** is placed before each infinitive or the object pronoun(s) preceding the infinitive.

Emile *ne* veut *ni* le boire *ni* les manger.

Emile wants neither to drink it nor to eat them.

c. The negative construction **ne...personne** and the restrictive expression **ne...que** do not follow the rules presented in this section.

EXERCICES

A. Transformez les phrases de la manière suivante: commencez chaque phrase par "Il lui dit..." Imitez le modèle.

Modèle: **Ne vendez pas vos cravates dans la rue!**

→ **Il lui dit de ne pas les vendre dans la rue.**

1. Ne donnez pas le parapluie à la patronne!

2. Ne regardez jamais ces films ennuyeux!

3. Ne parlez plus à ce méchant homme!

4. N'écoutez plus ce mauvais chanteur!

B. Dans les phrases suivantes, ajoutez[1] l'expression négative indiquée entre parenthèses pour modifier l'infinitif. Imitez le modèle.

---

[1]ajouter: to add.

Modèle: **Il préfère sortir le soir. (ne pas)**

  → **Il préfère ne pas sortir le soir.**

1. Les étudiants français demandent d'aller à l'école le samedi. (ne plus)

2. Les ouvriers déclarent avoir besoin de diplômes. (ne guère)

3. Emile dit qu'un intellectuel désire travailler avec les mains. (ne jamais)

4. Gaston est certain que les étudiants préfèrent porter une cravate. (ne pas)

5. Je préfère partir pour la France. (ne pas encore)

C.   Dans les phrases suivantes, ajoutez **ne...ni...ni** selon le modèle.

  Modèle: Mon oncle aime chasser[1] et pêcher. Mais moi, je **n'**aime **ni** chasser **ni** pêcher.

  1. Victor aime beaucoup boire et manger. Mais son frère_____.

  2. Mme Duraton adore chanter et danser. Mais son mari_____.

  3. Nous désirons regarder la télévision et aller au cinéma. Mais nos amis les Vannier _____.

20.5 The irregular verb *ouvrir* (to open)

  a.   Present indicative
  The verb **ouvrir** has one stem for the present indicative, **ouvr-**. The endings are the same as for regular **-er** verbs.

ouvrir			
singular		plural	
j' *ouvr e*	I open/am opening/ do open	**nous** *ouvr ons*	we open, etc.
tu *ouvr es*	you open, etc.	**vous** *ouvr ez*	you open, etc.
il **elle** *ouvr e* **on**	he/it she/it opens, etc. one	**ils** **elles** *ouvr ent*	they open, etc.

  J'*ouvre* le tiroir.   I open the drawer.

  Les banques *ouvrent* **à huit**   The banks open a eight o'clock.
  heures.

  b.   Imperative mood
  The imperative mood of **ouvrir** is regular in formation. (See 5.1.)

  ***Ouvre* la porte, Adrien!**   Open the door, Adrien!

---

[1]**chasser**: to hunt.

c. Future
The future stem of **ouvrir**, like that of regular **-ir** verbs, is the complete infinitive.

infinitive	future stem	example	
ouvrir	**ouvrir-**	Est-ce qu'elle *ouvrira* la porte?	Will she open the door?

d. Compound past indicative
The compound past indicative of **ouvrir** is formed with the auxiliary **avoir** and the irregular past participle **ouvert**.

Il *a ouvert* **les portes?**	He opened the doors?
—Mais oui, il les *a ouvertes*.	Yes, he opened them.

For other forms of **ouvrir**, see Appendix C.19.

e. Conjugated like **ouvrir**:

infinitive	meaning	past participle
couvrir	to cover	**couvert**
découvrir	to discover, to uncover	**découvert**
offrir	to offer	**offert**
souffrir	to suffer	**souffert**

Couvre-**toi la tête, chère petite!**	Cover your head, dear little one!
Je suis sûr que vous ne *souffrirez* **pas.**	I'm sure you won't suffer.
Elle *a découvert* **leur secret.**	She discovered their secret.

EXERCICES

A. Faites les substitutions comme il est indiqué entre parenthèses.

1. Pourquoi ouvrez-**vous** la fenêtre? (tu, l'institutrice, ce gens, nous)

2. **Tu** n'offriras pas de café pendant le repas. (Je, Nous, L'hôtesse, Vous, Les Lambert)

3. **Ce savant** n'a pas découvert la lune. (Tu, Vous, Les astronautes, Je, Nous)

B. Donnez la forme appropriée du verbe indiqué entre parenthèses.

1. Philippe_____un collier à sa femme. (offers)

2. Les policiers_____le voleur. (have not discovered)

3. Nous_____ quand nous avons mal aux dents. (suffer)

4. Tu _____ton livre pendant l'examen. (will not open)

5. Les bonnes cuisinières_____le poisson avec une sauce au beurre.
   (cover)

6. Regardez ces fleurs. Je les_____à ma mère. (have offered)

7. _____une bonne école pour vos enfants?   (Have you discovered)

8. Les bourses_____ les portes des universités aux étudiants pauvres.
   (will open)

9. As-tu mal à l'oreille? Tu_____beaucoup. (suffer)

10. Odile_____que les parents de Roger sont gentils. (will discover)

La mode Gamma

[**Scene 1**: *Emile and Gaston are standing in front of the tie shop with its owner, M. Plében. All the men who walk by are wearing the new Gamma ties. M. Plében can no longer sell his ties.*]

PLEBEN: D'accord, je vous loue mon magasin! Entrez!

EMILE: Mon magasin, Gaston!

GASTON: Et moi?

EMILE: Notre magasin!

[*Gaston and Emile are admiring the new sign they have hung above the door.*]

EMILE: C'est fini, Gaston?

GASTON: C'est fini!

EMILE: [*Reading*] "Emile Mode Gamma."

GASTON: [*Reading*] "Direction: Gaston." Qu'est-ce que tu vas faire comme mode Gamma, Emile? Tu as une idée?

EMILE: Non, pas encore.

GASTON: Tu es très intelligent, Emile. Tu vas trouver une idée.

[*They go inside.*]

EMILE: Ça y est, voilà!

GASTON: Voilà. C'est l'idée?

EMILE: Non, pas encore.

GASTON: Dépêche-toi, Emile; il n'y a plus d'argent! Qu'est-ce que tu fais, Emile?

EMILE: Je cherche une idée.

[*Emile concentrates so hard that he falls asleep in his chair. A wedding store owner, wearing a Gamma tie, comes in with a couple in wedding attire.*]

CONFECTIONNEUR: Bonjour, Messieurs.

GASTON: Chut! Parlez plus bas! Il réfléchit. Il cherche une idée.

CONFECTIONNEUR: C'est lui qui a inventé les cravates Gamma?

GASTON: C'est lui.

CONFECTIONNEUR: C'est une idée extraordinaire.

GASTON: Un grand succès. Beaucoup d'argent. Asseyez-vous, s'il vous plaît. Tu as trouvé une idée, Emile?

EMILE: Non, j'ai dormi! Qu'est-ce que vous voulez?

CONFECTIONNEUR: Voilà! J'ai un grand magasin, un très grand magasin: "Tout pour le Mariage", et je veux lancer la mode Mariage Gamma.

EMILE: Sur Gamma, on ne se marie pas!

CONFECTIONNEUR: Ah, on ne se marie pas sur Gamma! Vous connaissez Gamma?

EMILE: Non, non! Je ne connais pas Gamma. Mais je sais que sur Gamma on ne se marie pas.

CONFECTIONNEUR: Qu'on se marie ou qu'on ne se marie pas sur Gamma, il me faut à moi un marié Gamma et une mariée Gamma! Seulement je n'ai pas d'idée.

GASTON: Allez, Emile, une idée!

EMILE: Qu'est-ce que c'est?

CONFECTIONNEUR: Le bouquet de la mariée.

EMILE: Le bouquet... Vous avez de l'argent?

CONFECTIONNEUR: Bien sûr, Monsieur Emile.

[*He keeps putting money into Emile's outstretched hand until Emile decides he has enough.*]

EMILE: Au travail!

GASTON: Tu as une idée, Emile?

EMILE: Bien sûr, j'ai une idée. Suivez-moi.
[*He takes the bridal couple into the back room.*]

GASTON: Il travaille.

CONFECTIONNEUR: Je vais changer le nom de mon magasin. Je vais ajouter "Gamma": "Tout pour le Mariage Gamma".

EMILE: Voilà la mariée Gamma!
[*The bride enters, dressed in the groom's tail coat. Her new bouquet consists of a few bare twigs.*]

CONFECTIONNEUR: Vive la mariée! C'est très, très bien! C'est beau! Tout à fait Gamma! Un succès garanti! Et le bouquet, une idée de génie!

EMILE: Le marié!
[*The groom enters, wearing the wedding gown.*]

CONFECTIONNEUR: Un succès, ce tout pour le mariage Gamma! Merci, Emile!

GASTON: Tu es très intelligent, Emile!

#   #   #   #

[**Scene 2:** *Later, Emile and Gaston return to the shop to find several customers waiting to buy their ideas. The first is M. Plében, who has gone into a new business.*

EMILE: Bonjour, Monsieur Plében. Vous venez me voir?

PLEBEN: Voilà, j'ai ouvert un nouveau magasin.

EMILE: Qu'est-ce que vous vendez?

PLEBEN: De la vaisselle: des bols, des assiettes...

EMILE: Et ça marche?

PLEBEN: Pas du tout.

EMILE: Mon pauvre Monsieur Plében! Pourquoi n'avez-vous pas de succès?

PLEBEN: Les clients veulent des bols Gamma, des assiettes Gamma, de la vaisselle Gamma.

GASTON: C'est la mode Gamma en ce moment, Monsieur Plében! Il faut aller avec la mode.

PLEBEN: Je veux bien! Mais pour faire des bols Gamma, des assiettes Gamma, il faut une idée. Et je n'ai pas d'idée! Vous, Emile, vous n'avez pas une petite idée?

EMILE: Une assiette... un bol... Je vais faire quelque chose pour vous.

PLEBEN: Oh, merci, Emile. [*He takes out his billfold.*] C'est... C'est combien?

EMILE: Pour vous ce n'est rien, Monsieur Plében. Non, non, non, non, rien du tout. Mais surtout, ne le dites à personne!

PLEBEN: C'est juré!

[*Emile takes the dishes into the back room and returns a few minutes later with a bottomless bowl and a plate with only a rim.*]

EMILE: Une assiette... Un bol...

PLEBEN: Mais, Monsieur Emile, on ne peut plus manger dans cette assiette. On ne peut plus boire dans ce bol. Il est impossible de vendre ça!

EMILE: Vous allez voir: c'est une excellente idée Gamma!

PLEBEN: Ah bon! Au revoir, Monsieur Emile, et merci!
[*Plében leaves. The others vie with each other to be next.*]

MARCHAND DE COUVERTS: Je veux une fourchette Gamma, un couteau Gamma, une cuillère Gamma!

MARCHAND DE TELEPHONES: Mais, Monsieur, c'est mon tour!

MARCHAND DE COUVERTS: Monsieur, je n'ai pas le temps! Mes clients sont pressés. Ils veulent des fourchettes Gamma, des couteaux Gamma, des cuillères Gamma, aujourd'hui. Je vous en prie, laissez-moi passer le premier.

EMILE: Qu'est que vous voulez?

MARCHAND DE COUVERTS: Couteau, fourchette, cuillère! Le tout à la mode Gamma!

EMILE: Allez payer! [*Gaston collects the money.*] Vous avez payé?

GASTON: Il a payé!
[*Emile takes the flatware into the back room and transforms it.*]
EMILE: Voilà une cuillère Gamma! Une fourchette Gamma! Un couteau Gamma!
MARCHAND DE COUVERTS: Merci!
MARCHAND DE TELEPHONES: C'est à moi, maintenant! Moi, je veux un télé-phone Gamma. C'est combien?
GASTON: Plus!
MARCHAND DE TELPHONES: C'est cher!
GASTON: Les idées Gamma, c'est très cher! Les idées d'Emile sont très bonnes. Alors, elles sont chères!
[*The customer keeps counting out money until Gaston is finally satisfied. Emile returns with the receiver cut in two.*]

MARCHAND DE TELEPHONES: Mais on ne peut pas parler, seulement écouter! Mais je veux parler!
EMILE: Vous pouvez parler! [*He hangs the two halves of the receiver on two opposite walls.*] Vous écoutez là et vous parlez là!
MARCHAND DE TELEPHONES: C'est génial! C'est une très bonne idée Gamma! Merci, merci! Vive la téléphone Gamma!

# # # #

[**Scene 3:** *A large meeting room. The merchants who bought Emile's ideas are carrying in a table and some Gamma chairs, without seats.*]

HOTE: En place pour la fête Gamma!
[*The guests sit down, then walk to the table, carrying the chair frames on their derrières. The new style table-ware is passed out.*]
CONFECTIONNEUR: C'est une très bonne idée!
MARCHAND DE TELEPHONES: C'est une ex-cellente idée Gamma! Oh! On va manger.
CONFECTIONNEUR: C'est très intelligent!
MARCHAND DE TELEPHONES: Quelle bonne idée Gamma!
HOTE: Servez-vous. [*The guest puts his fork through the open center of the Gamma plate and stabs the host's hand.*] Aïe!
MARCHAND DE COUVERTS: Je vous ai fait mal?
HOTE: Non, non! Ça fait partie de l'idée Gamma!
CONFECTIONNEUR: Moi, je crois que c'est comme ça la mode Gamma!
[*They all kneel and eat from their plates that have been placed on the floor. The Gamma phone rings.*]

VOIX D'EMILE: Bonjour! C'est Emile. Est-ce que je peux venir à la fête Gamma avec Gaston?
HOTE: Bien sûr, Emile, vous pouvez venir. Vous êtes le bienvenu.
VOIX D'EMILE: Allô, allô! Je peux venir à fête Gamma avec Gaston?
HOTE: Emile! Je suis là. Vous pouvez venir, Emile. Et Gaston peut venir aussi.
VOIX D'EMILE: Vous êtes là? Je viens.
HOTE: Ah, le téléphone Gamma, c'est une bonne idée! La soirée est réussie. On va danser! Un disque Gamma!
[*The record turns but is silent.*]
MARCHAND DE COUVERTS: C'est merveil-leux!
MARCHAND DE TELEPHONES: C'est une très belle musique Gamma!
UNE INVITEE: Je veux danser.
CONFECTIONNEUR: Comment? Comme ça?
[*They dance with their chairs on their derrières.*]
HOTE: La danse est finie!
L'INVITEE: Pourquoi?

HOTE: Le disque ne tourne plus.
[*Emile and Gaston arrive.*]
TOUS: Vive Emile!
EMILE: Ils ont des chaises et une table Gamma!
GASTON: Oui, ils sont à la mode Gamma.
HOTE: Vous mangez quelque chose, Emile?
EMILE: Je veux bien.
HOTE: Prenez place!
[*Emile and Gaston try the new Gamma chairs, but get up immediately.*]
EMILE: Non, je ne peux pas m'asseoir là-dessus! Va chercher deux chaises qui ne soient pas à la mode Gamma!
MARCHAND DE TELEPHONES: Comment? Des chaises normales?!
EMILE: Ah, ce sont de bonnes chaises!
GASTON: Oui, mais elles ne sont pas en Gamma.
EMILE: Gamma ou pas Gamma, ce sont de vraies chaises: on peut s'asseoir dessus.
HOTE: Vous ne vous asseyez pas sur des chaises Gamma?
EMILE: Non. Je les trouve trop modernes.

HOTE: Oui, elles sont modernes!
[*He hands Emile a Gamma plate.*]
EMILE: Vous n'avez pas une autre assiette?
HOTE: Vous ne voulez pas d'assiette Gamma?
EMILE: Oh, moi, vous savez... la mode Gamma!
HOTE: Vous avez entendu Emile? Il ne veut pas être à la mode Gamma!
TOUS: Houhouhouhou!
EMILE: Et vous? Vous n'êtes pas à la mode Gamma!!
HOTE: Pourquoi pas, Monsieur Emile?
EMILE: Parce que la vraie mode Gamma, Monsieur, c'est ça! [*Emile makes himself invisible. Only his head and hands can be seen as he moves around the room. Gaston is the first to faint. Soon everyone has passed out.*] L'homme Gamma! Viens, Gaston! On est seuls! Viens! Oh, j'ai faim. Mais pour manger il faut avoir un corps. [*He makes himself visible again.*] Oh, cette fête Gamma! Moi, j'ai faim! Je vais manger au restaurant.

VOCABULARY

allez! < **aller**[C1] come on! (*CF*)
l' **assiette** (*f.*) plate
bas softly
bienvenu welcome
le **bol** bowl
le **bouquet** bouquet
la **chaise** chair
changer to change
le **confectionneur** wedding store owner
le **corps** body
le **couvert** flatware, table setting
la **danse** dance
dessus on (them)
la **direction** management
le **disque** record (phonograph)
la **fête** party
fini < **finir** over (*PP*)
le **génie** genius
de génie ingenious

l' **hote** (*m.*) host
inventer to invent
l' **invitée** (*f.*) guest
là-dessus on that
lancer (une mode) to introduce (a new style)
louer to rent
le **mariage** marriage
le **marié** groom
se **marier** to get married
moderne modern
la **musique** music
la **place** seat
prenez place! < **prendre**[C24] have/take a seat! (*CF*)
pressé in a hurry
réfléchir to think
réussi successful

servez-vous! < **se servir**[C20] help yourself! (*CF*)
la **soirée** evening (party)
surtout above all

tourner to turn
trouver (une idée) to get (an idea)
la **vaisselle** dishes

SPECIAL EXPRESSIONS

boire/manger dans to drink/eat from
ça fait partie de that's part of
c'est juré I promise
en ce moment right now
en place! take your places!
je veux bien I'd really like to, gladly
Je vous en prie. I beg you.

La soirée est réussie. The evening (party)
   is a success.
qu'on se marie ou qu'on ne se marie pas
   whether or not people get married
Vous êtes le bienvenu. You're welcome.
   (used in greeting a guest)

SUPPLEMENTARY VOCABULARY

elegance	**l'élégance** (*f.*)		
to be { well / badly } { dressed / coiffed (hairdo) }		**être** { **bien** / **mal** } { **habillé(e)** / **coiffé(e)** }	
to be (un)becoming to s.o./(not) suit s.o.		**aller** { **bien** / **mal** } **à qqn**	
to put on		**mettre**	
to take off		**enlever, ôter**	
to wear		**porter**	
chic, stylish	**chic** (identical in *m.* and *f.*)		
elegant	**élégant**		
coiffure, hair style	**la coiffure**	(of) cotton	**(en) coton**
dinner-jacket, tuxedo	**le smoking**	lamé	**lamé**
evening gown	**la robe du soir**	leather	**cuir**
gloves	**les gants** (*m.*)	satin	**satin**
handbag	**le sac (à main)**	silk	**soie**
perfume	**le parfum**	taffeta	**taffetas**
scarf	**le foulard**	wool	**laine**
bracelet	**le bracelet**	diamond	**le diamant**
earring	**la boucle d'oreille**	emerald	**l'émeraude** (*f.*)
necklace	**le collier**	gold	**l'or** (*m.*)

	elegance	l'élégance (f.) (cont'd)		
ring	**la bague**		pearl	**la perle**
			ruby	**le rubis**
			silver	**l'argent** (m.)

LANGUAGE NOTES AND EXERCISES

21.1 The present subjunctive of irregular and stem-changing verbs

a. Some irregular verbs form the present subjunctive regularly, using the stem obtained by dropping **-ent** from the third person plural present indicative form and adding the present subjunctive endings presented in 20.2.

infinitive	third person plural present indicative	present subjunctive
commencer	ils commencent	que je commence/que nous commencions
connaître	ils connaissent	que je connaisse
dire	ils disent	que je dise
manger	ils mangent	que je mange/que nous mangions
mettre	ils mettent	que je mette
ouvrir	ils ouvrent	que j'ouvre
paraître	ils paraissent	que je paraisse
partir and similar verbs	ils partent	que je parte
verbs in **-ayer** when spelled with "y" throughout		
ex. balayer	ils balayent	que je balaye
verbs in **-aindre** and **-eindre**		
ex. craindre	ils craignent	que je craigne

Il est nécessaire que nous *ouvrions* **la porte.**   It is necessary for us to/ We must open the door.

Elle exige qu'il *éteigne* **la lampe.**   She requires him to turn off the light.

b. Some irregular verbs with two stems in the present indicative also have two stems in the present subjunctive. One stem, used for first and second person plural present subjunctive, is found by dropping **-ons** from the first person plural present indicative form. The other stem, used for all singular forms and for the third person plural form, is found by dropping **-ent** from the third person plural present indicative. The present subjunctive endings presented in 20.2 are used with these stems.

infinitive	present indicative	present subjunctive	
		stem + unpronounced ending	stem + pronounced ending
devoir	ils doivent	que je **doiv** e	
	nous devons		que nous **dev** ions
prendre	ils prennent	que je **prenn** e	
	nous prenons		que nous **pren** ions
venir	ils viennent	que je **vienn** e	
	nous venons		que nous **ven** ions
voir	ils voient	que je **voi** e	
	nous voyons		que nous **voy** ions
verbs in **-eler**	ils appellent	que j'**appell** e	
	nous appelons		que nous **appel** ions
verbs in **-eter**	ils achètent	que j'**achèt** e	
	nous achetons		que nous **achet** ions
verbs in **é** + consonant + **-er**	ils répètent	que je **répèt** e	
	nous répétons		que nous **répét** ions
verbs in **-ayer** when spelled with "i" (see 14.3)	ils balaient	que je **balai** e	
	nous balayons		que nous **balay** ions
verbs in **-oyer**	ils emploient	que j'**emploi** e	
	nous employons		que nous **employ** ions
verbs in **uyer**	ils ennuient	que j'**ennui** e	
	nous ennuyons		que nous **ennuy** ions

Il est juste qu'elle *vienne* chez eux.

It is proper that she come to their house.

Nous ordonnons que vous *employiez* les Gammas.

We order you to employ the Gammas.

c. A few verbs that are highly irregular in the present indicative follow the pattern for two-stem verbs. The stem used for the singular and the third person plural present subjunctive must be memorized. The stem used in the first and second person plural present subjunctive is derived from the first person plural present indicative.

infinitive	stem + unpronounced ending	stem + pronounced ending
aller	que j'**aill** e	que nous **all ions**
vouloir	que je **veuill** e	que nous **voul ions**

Tu permets que j'*aille* avec lui.   You permit me to go with him.

**Il est important qu'il *veuille*   It is important that he want to go
aller aussi à la gare.**   to the station, too.

d.   The highly irregular verbs **avoir** and **être** have two present subjunctive stems, and
their endings are also irregular.

avoir		être	
que j'	**ai e**	que je	**soi s**
que tu	**ai es**	que tu	**soi s**
qu' { il / elle / on }	**ai t**	qu' { il / elle / on }	**soi t**
que nous	**ay ons**	que nous	**soy ons**
que vous	**ay ez**	que vous	**soy ez**
qu' { ils / elles }	**ai ent**	qu' { ils / elles }	**soi ent**

**Il est essentiel que tu *sois*   You must be his/her friend.
son ami(e).**

**Il désire que nous *ayons*   He wants us to be patient.
de la patience.**

e.   Three irregular verbs have a single irregular present subjunctive stem which should
be memorized. The usual present subjunctive endings are added to the stem.

infinitive	present subjunctive	example
faire	que je fasse, etc.	Il faut que tu **fasses** tes devoirs. (It is necessary for you to do your homework.)
pouvoir	que je puisse, etc.	Il souhaite que nous **puissions** faire cela. (He wishes that we were able to do that.)
savoir	que je sache, etc.	Vous aimez mieux qu'ils **sachent** l'adresse. (You prefer that they know the address.)

f. The present subjunctive forms of the impersonal verbs already having appeared in the text are as follows:

infinitive	present indicative	present subjunctive
falloir	il faut	qu'il faille
pleuvoir	il pleut	qu'il pleuve
valoir	il vaut	qu'il vaille

Il est temps qu'il *pleuve*.   It's time it rained.

The present subjunctive of other irregular verbs will be given as they are presented.

EXERCICE

Faites les substitutions indiquées.

1. Il faut que **je** dise merci au maire. (nous, les Gammas, vous, mon frère)

2. Gaston veut qu'**Emile** soit intelligent. (tu, les clients, nous, vous)

3. Monsieur J.-J. exige que **vous** alliez travailler. (je, Adrien et Odile, nous, tu)

4. Il ne faut pas **tu** aies peur. (nous, vos enfants, Roger, vous)

5. Les professeurs demandent que **je** fasse bien mes devoirs. (vous, les étudiants, tu, nous)

6. Il est nécessaire que **nous** venions à une heure. (je, le gendarme, vous, les marchandes).

21.2 Use of the subjunctive in relative clauses

a. The subjunctive is used in relative clauses describing persons or things wanted or sought but not yet found. The verb in the main clause expresses the idea of wanting or seeking.

Ils veulent des cravates qui ne *soient* pas des cravates!   They want ties that aren't ties! (Perhaps such ties are available; perhaps not.)

Nous cherchons quelqu'un qui *connaisse* le jardinage.   We're looking for someone who knows gardening. (We're not sure we'll find such a person.)

But: when the person or object wanted or sought has been found or identified, the indicative is used rather than the subjunctive.

Ils veulent *les cravates* qu'il *a achetées* en France.   They want *the* ties he bought in France. (the specific ties)

C'est *M. Dupont* qui *connaît* le jardinage.   It's Mr. Dupont who knows gardening. (The specific person is known to the speaker.)

b. When the antecedent of the relative clause is a superlative (see 22.4) or a similar expression (one modified by such words as **le seul, le dernier, le premier**, etc.), the verb of the relative clause is in the subjunctive when an opinion, a judgment, or a personal perception is expressed.

Odile est *la plus jolie* Gamma que Roger *connaisse*.	Odile is the prettiest Gamma Roger knows. (in my opinion)
C'est *le seul tableau* de Picasso que nous *aimions*.	It's the only painting by Picasso that we like. (Our opinion may change.)

But: the indicative is used instead of the subjunctive to express a known fact rather than a judgment.

Lucie est *la dernière personne* qu'Odile *voit* au bureau.	Lucie is the last person Odile sees in the office. (The speaker is expressing certainty about this fact.)

EXERCICES

A. Substituez aux mots[1] soulignés[2] les mots indiqués entre parenthèses.

1. <u>Je</u> cherche des vêtements que je puisse mettre en été. (La femme du ministre, Nous, Tu, Vous)

2. C'est la seule bague que <u>nous</u> aimions. (je, vous, les jeunes mariés, Suzanne)

3. Ce sont <u>les premières</u> clientes élégantes que vous ayez. (les seules, les meilleures, les plus jolies, les plus généreuses)

B. Complétez les phrases suivantes en ajoutant[3] le verbe indiqué entre parenthèses.

1. Je pense que c'est le livre le plus intéressant que nous_____. (avoir)

2. Emile est le premier Gamma qui _____des affaires[4]. (faire)

3. Les Gammas cherchent un travail qu'ils_____faire ensemble. (pouvoir)

4. Votre père a trouvé la personne qui_____l'aider à nettoyer. (pouvoir)

5. Connaissez-vous un marchand qui _____ plaire[5] à tout le monde? (savoir)

6. Je voudrais acheter une robe qui_____vraiment de France. (venir)

C. *Situation:* **Cherchez la femme!**
Adrien est interviewé par une journaliste sur ses préférences féminines. Donnez ses réponses. Imitez le modèle.

La journaliste	*Adrien*
Modèle: **Quelle femme cherchez-vous?**	Je cherche... (a woman who is beautiful) *une femme qui soit belle.*

[1]**le mot:** word.
[2]**souligné:** underlined.
[3]**en ajoutant:** by adding.
[4]**faire des affaires** (*f.*): to do business.
[5]**plaire:** to please.

1. Quoi d'autre[1] ?

2. Et quoi d'autre?

3. Et quoi d'autre?

4. Et après?

5. Et aussi?

6. Et finalement?

7. Alors, vous cherchez la femme idéale,
   Monsieur Adrien!

1. (a woman who is intelligent)

   _____

2. (a woman who has some charm[2])

   _____

3. (a woman who understands me)

   _____

4. (a woman who is nice)

   _____

5. (a woman who knows many things)

   _____

6. (a woman who loves me, naturally)

   _____

7. Mais oui! Pourquoi pas?

21.3 Numbers 69 and above

cardinal number	ordinal number	
69 soixante-neuf	soixante-neuvième	69^e
70 soixante-dix	soixante-dixième	70^e
71 soixante et onze	soixante et onzième	71^e
79 soixante-dix-neuf	soixante-dix-neuvième	79^e
80 quatre-vingts	quatre-vingtième	80^e
81 quatre-vingt-un/une	quatre-vingt-unième	81^e
89 quatre-vingt-neuf	quatre-vingt-neuvième	89^e
90 quatre-vingt-dix	quatre-vingt-dixième	90^e
91 quatre-vingt-onze	quatre-vingt-onzième	91^e
99 quatre-vingt-dix-neuf	quatre-vingt-dix-neuvième	99^e
100 cent	centième	100^e
101 cent un/une	cent unième	101^e
109 cent neuf	cent neuvième	109^e
200 deux cents	deux centième	200^e

[1]**Quoi d'autre?**: What else?
[2]charm: **le charme**.

cardinal number		ordinal number	
201	deux cent un	deux cent unième	201^e
1.000	mille	millième	1 000^e
1.001	mille un	mille unième	1 001^e
1.101	mille cent un/onze cent un		
2.000	deux mille		
10.000	dix mille		
100.000	cent mille		
1.000.000	un million (de + N)	millionième	1 000 000^e
2.000.000	deux millions (de + N)		
1.000.000.000	un milliard (de + N)	milliardième	1 000 000 000^e
2.000.000.000	deux millards (de + N)		

a. **Un/une** must agree in gender with the noun or pronoun modified, even when part of the compound number.

> **quatre-vingt-une étudiantes**   eight-one students

b. The numbers 70 and 90 are expressed as part of a group of twenty beginning with 60 and 80, respectively, rather than by a special number and as part of a group of 10.

c. Notes on written forms
   (1) A hyphen is used between the sections of a compound number below one hundred. No hyphen is used where **et** connects the sections of a compound number.

> **quatre-vingt-seize marins**   ninety-six sailors
>
> **soixante et onze pommes**   seventy-one apples

   (2) The **-s** of **quatre-vingts** is not used when another number completes it.

> **quatre-vingts marchands**   eighty merchants
>
>   but
>
> **quatre-vingt-cinq magasins**   eight-five stores

   (3) Final **s** of multiples of **cent** is not used before another number.

> **deux cents disques**   two hundred records
>
>   but
>
> **trois cent dix-huit cravates**   three hundred eighteen ties

   (4) **Mille** is invariable; it never takes **-s**.

> **mille habitants,**   one thousand inhabitants,
>
> **deux mille habitants,**   two thousand inhabitants,
>
>   etc.   etc.

(5) Punctuation of numbers is the reverse of the system in English: a period is used to separate number groups (thousands, millions, etc.), and a comma is used to mark the decimal. Sometimes the period is omitted, and a space is left.

    1.234,56

        or   (French)   =   1,234.56 (English)

    1 234,56

d. Notes on pronunciation
    (1) The -t of **vingt** is not pronounced in the numbers 80–99.

        vingt-six enfants   twenty-six children
          /vɛ̃tsizɑ̃fɑ̃/

            but

        quatre-vingt-six enfants   eighty-six children
          /katʀəvɛ̃sizɑ̃fɑ̃/

    (2) The -s of **quatre-vingts** is pronounced only in liaison.

        quatre-vingts enfants   eighty children

            but

        quatre-vingts commerçants   eighty businessmen

    (3) The -t of **cent** is pronounced in liaison but is not pronounced when followed by another number.

        cent enfants   /sɑ̃tɑ̃fɑ̃/   one hundred children

            but

        cent un enfants /sɑ̃œ̃nɑ̃fɑ̃/   one hundred and one children

e. **Un** is not used before **cent** or **mille** but is used before **million** and **milliard**. **Million** and **milliard** take **de** only when followed directly by the noun modified.

        cent chaises   one hundred chairs

        mille dollars   one thousand dollars

        un million de francs   one million francs

        un milliard d'habitants   one billion inhabitants

            but

        un million deux cent   one million two hundred thousand
          mille francs   francs

f. Multiples of hundreds up to 1999 are expressed most often with eleven to nineteen rather than by one thousand one hundred, etc.

                    spoken form

    1187   **onze cent quatre-vingt-sept**

                        eleven hundred eighty-seven

EXERCICES

A. Exprimez[1] oralement puis écrivez en toutes lettres[2] les quantités suivantes.

1. 2,300 oranges

2. 478 pencils

3. the year 1980

4. 181 books

5. 3,693 inhabitants

6. 5 billion dollars

B. Complétez les phrases suivantes oralement puis par écrit[3] comme il est indiqué, les nombres en toutes lettres.

1. Combien coûte cette assiette? — _____ , Madame. (25.50 francs)

2. C'est la_____ fois que le savant refait cette expérience. (121st)

3. L'étudiant n'a pas compris les_____ pages du livre. (first seventy-one)

4. Douze couteaux à_____ , cela fait_____. (15.35 francs, 184.20 francs)

5. Mes amis, admirez la_____automobile fabriquée dans notre usine! (100,000th)

6. Christophe Colomb a découvert l'Amérique en_____. (1492)

21.4 The irregular verb *boire* (to drink)

a. Present indicative
Boire is an irregular verb with three different stems in the present indicative:
boi-, **buv-**, and **boiv-**.

boire			
singular		plural	
je *bois*	I drink/am drinking/ do drink	**nous** *buv ons*	we drink, etc.
tu *bois*	you drink, etc.	**vous** *buv ez*	you drink, etc.
il **elle** **on** *boit*	he/it she/it one } drinks, etc.	**ils** **elles** *boiv ent*	they drink, etc.

[1]exprimer: to express.
[2]en toutes lettres: in words, in full.
[3]par écrit: in writing.

Lesson 21   287

Q'est-ce que vous *buvez*?   What are you drinking?

poivent trop vite.   They're drinking too fast.

b. Com~~and~~ past indicative
The ~~npound~~ past indicative is formed with **avoir** + the irregular past participle
bu

~~o~~us n'*avez* pas *bu* trop de vin!   You haven't drunk too much wine!

~~l~~a bière que j'*ai bue* était   The beer I drank was excellent.
excellente.

~~futu~~re indicative, imperative, present subjunctive
~~The~~ future indicative, imperative, and present subjunctive are regular in
~~formatio~~n.

~~Fut~~ure: **Tu *boiras* du lait!**   You'll drink milk!

~~Im~~perative: **Ne *bois* pas trop de vin!**   Don't drink too much wine!

Buvons du chocolat!   Let's drink cocoa!

~~S~~ubjunctive: **Qu'est-ce que tu veux que   What do you want me to drink?
je *boive*?**

For other forms of **boire**, see Appendix C.4.

~~EXERCI~~CES

Faites les substitutions comme il est indiqué entre parenthèses.

1. Veux-tu que **nous** buvions du cidre?   (je, les enfants, ton grand-père, elles)

2. **On** ne boit pas d'alcool ici.   (Nous, Tu, Les gens, La vieille femme, Vous)

3. **Tu** boiras du thé à Hong-Kong.   (Je, Hélène, Vous, Les touristes, Nous)

4. **L'homme** a-t-il bu une bière?   (Les journalistes, tu, nous, Maria, vous)

B.   Complétez les phrases suivantes par la forme correcte du verbe **boire**.

1. _____-vous de l'orangeade aux repas?

2. Il ne faut pas que tu _____dans une tasse Gamma.

3. Est-ce que les Gammas_____ vraiment avec une trompe?

4. Hier soir, ce sont les vins blancs que nous_____les premiers au dîner.

5. Votre cousine_____ du thé chinois.

6. Ma chère, je ne_____ jamais plus de ce café! Il est trop mauvais.

7. Nos parents ne veulent pas que nous_____de l'alcool.

8. "Josette, ne_____ pas si vite!", dit la maman à sa petite fille.

21.5 Exclamations

There are several exclamatory constructions in French.

a. The first type, an exclamation consisting of a complete sentence, is formed by adding either **que** (How) or **comme** (How) to the beginning of the sentence. Before a vowel sound, **que > qu'**.

Que c'est bon!	How good it is!
Que je suis belle!	How beautiful I am!
*Qu'*il est lourd!	How heavy he is!
Comme c'est bien dit!	How very true! (lit., How well said it is!)

b. A second type of exclamation consists of a form of the adjective **quel** + noun. The adjective **quel** must agree in number and gender with the noun it modifies.

Quel chic!	What chic!
Quelle adventure!	What an adventure!
Quels véhicules!	What vehicles!
Quelles filles!	What girls!

Note that the forms of **quel** correspond to either "what . . . !" or "what a/an . . . !". These are the same forms as those of the interrogative adjective (see 8.1).

c. A third type of exclamation consists of **que de** + noun. In such constructions **que de** corresponds to "how much/many . . . !" or "what a lot of . . . !".

Que de pommes!	How many apples!
*Que d'*exemples!	What a lot of examples!

EXERCICES

A. Complétez par une forme ou expression exclamative.

1. _____ homme, cet Emile!

2. _____ c'est nouveau, la mode Gamma!

3. _____ vous avez un joli bouquet!

4. _____ idées vous avez, Monsieur!   (how many)

5. _____ chaises extraordinaires, les chaises Gamma!

6. _____ ce café est délicieux!

7. _____ magie Gamma, cher Emile!   (how much)

B. *Situation:* **Quelle élégance!**
Vous allez avec des amis à un concert. Tout le monde est habillé avec élégance. Vos amis et vous parlez de cela. Complétez la conversation. Imitez les modèles. Variez vos réponses.

	Vos amis	*Vous*
Modèles: a.	Les femmes ont de belles robes.	Oh, quelles belles robes!/ Comme les robes sont belles!
b.	Il y a beaucoup de gens.	Mais oui, que de gens!/Comme il y a beaucoup de gens!

1. Madame Legris a un collier splendide.

2. Et Ginette porte une perruque chic.

3. Nous voyons beaucoup de reporters de la télévision.

4. Le ministre est là! Il a mis un costume élégant.

5. Regarde cette femme! Sa robe du soir est extraordinaire.

6. Mais nous pensons qu'il y a trop de bruit.

C'est révolutionnaire!

[**Scene 1**: *Emile is being followed. He ducks around corners, then goes into his shop.*]

EMILE: Quelqu'un me suit, Gaston, mais je ne veux pas le voir.

GASTON: Tu ne veux pas voir celui qui te suit?! C'est qui?

EMILE: Je ne peux pas t'expliquer maintenant.

GASTON: Qu'est-ce que je lui dis?

EMILE: Tu lui dis que je ne suis pas là.

GASTON: Mais . . .

[*Emile goes into the back room just as Oscar comes in.*]

OSCAR: Je veux voir Emile!

GASTON: Emile n'est pas ici.

OSCAR: J'ai suivi Emile. Emile est entré ici. Emile est ici!

GASTON: Oui, mais. . . Emile ne peut pas vous recevoir. Il travaille.

OSCAR: Il travaille? Emile travaille?

GASTON: Mais oui, Emile travaille. Il cherche des idées.

OSCAR: Emile doit me recevoir. Nous devons aller chez le ministre.

GASTON: Chez le ministre? Le ministre veut une idée Gamma?

OSCAR: Une idée Gamma? Mais non, le ministre veut voir Emile, parce qu'Emile est un Gamma!

GASTON: [*To himself*] Emile, un Gamma?!

OSCAR: Emile!

GASTON: Emile un Gamma?! Impossible!

OSCAR: Pourquoi riez-vous?

GASTON: Je ris parce que vous dites qu'Emile est un Gamma. Emile n'est pas un Gamma. Emile invente la mode Gamma, oui! Mais il n'est pas un Gamma!

OSCAR: Si! Emile est un Gamma!

GASTON: Mon cher Monsieur, les Gammas n'existent pas! La mode Gamma existe, oui, et elle a beaucoup de succès. Mais les Gammas n'existent pas!

OSCAR: Emile existe! Et Emile est un Gamma. Je veux voir Emile pour le montrer au ministre!

GASTON: Vous voulez voir Emile? Il faut payer!

OSCAR: Quoi? Il faut payer? Pourquoi?

GASTON: Il faut payer parce qu'Emile, qui n'est pas un Gamma, naturellement, vend des idées Gamma!

OSCAR: Je veux acheter une idée Gamma à Emile.

GASTON: Bon. [*He unrolls a large screen on which is written the price schedule for Emile's ideas.*] Quelle idée Gamma? Une bonne idée Gamma vaut 100 francs, une très bonne idée Gamma vaut 500 francs, et une idée Gamma géniale, c'est mille francs. Qu'est-ce que vous voulez?

OSCAR: Moi? Une idée Gamma géniale. Voilà mille francs.

GASTON: [*Counting the money*] Mille francs! Merci.

OSCAR: Emile ne va pas garder ces mille francs! Il va me les rendre. C'est un très bon ami. Tous les Gammas sont mes amis!

GASTON: Vous vous trompez, Monsieur, hélas! Emile n'est pas un Gamma. Emile vend des idées Gamma, mais ce n'est pas la même chose. Allez là-bas! Emile est là-bas! Emile, voilà un client pour une idée géniale!

OSCAR: Emile! C'est moi, ton ami Oscar!

[*Oscar goes into the back room. Soon, there is a loud noise, and Oscar comes out—flat on his back!*]

GASTON: Une idée géniale! Excellente! Emile, tu es très intelligent. . . et très fort!

OSCAR: Emile. . . Emile ne veut pas aller chez le ministre.

GASTON: [*Picking up Oscar and pushing him out the door*] Au revoir, Monsieur, et merci pour votre visite! [*A short time later, Oscar is in the woods with the Secretary, who is hunting.*]

MINISTRE: Vous n'êtes pas un bon détective, Oscar. Et Emile?

OSCAR: Emile, je l'ai retrouvé! Il ne veut pas vous voir.

MINISTRE: Il ne veut pas me voir! Emile a peur de moi, parce qu'Emile n'est pas un Gamma.

OSCAR: Si, si, Monsieur le Ministre, les Gammas existent!

MINISTRE: Oscar, vous êtes fou! [*The Secretary and his gun-carrier go off into the woods.*]

OSCAR: Monsieur le Ministre, je vais prouver que les Gammas existent! Je vais le démontrer! L'ermite! Voilà! L'ermite sait que les Gammas existent. Je vais aller chez l'ermite!

# # # #

[**Scene 2**: *Abélard's cabin. Abélard is examining his latest knitted creation. His happy mood changes quickly when he sees Oscar approaching.*]

ABELARD: Merde!

OSCAR: Est-ce que je peux vous parler?

ABELARD: Je n'ai rien à vous dire! Partez!

OSCAR: Seulement deux minutes!

ABELARD: Deux minutes, pas plus! [*He sets a large alarm clock, then goes back to his knitting.*] Dans deux minutes vous partez!

OSCAR: Dans deux minutes, je pars. C'est juré!

ABELARD: Qu'est-ce que vous voulez?

OSCAR: Voilà, je suis détective. . .

ABELARD: Vous êtes détective. . .

OSCAR: . . .et je cherche les Gammas.

ABELARD: . . .et vous cherchez les Gammas.

OSCAR: Oui.

ABELARD: Les Gammas n'existent pas!

OSCAR: Si, ils existent. Mais ils ne font plus de magie Gamma!

ABELARD: Ah! Ils ne font plus de magie Gamma parce qu'ils ne sont pas des Gammas. Ce sont des Français comme vous et moi!

OSCAR: Vous savez bien qu'Odile, Emile et Adrien sont des Gammas. Ils étaient ici.

ABELARD: Ils étaient ici? Je ne m'en souviens pas. Vous savez, je suis vieux. Ma mémoire. . . ma mémoire. . .

OSCAR: Il faut m'aider!

ABELARD: Je dois vous aider? Vous voulez que je vous aide? Comment?

OSCAR: Vous devez venir chez le ministre avec moi et dire que les Gammas existent!

ABELARD: Quoi?? Aller chez le ministre, moi?! Je ne sors jamais de la forêt. Demandez donc à Emile ou à Odile ou à Adrien, si vous les avez vus, d'aller chez le ministre.

OSCAR: Ils ne veulent pas aller chez le ministre. Ils m'ont frappé. [*He touches his bandaged chin.*] Aïe!

ABELARD: Ils vous ont frappé?

OSCAR: Oui! Et je ne comprends plus rien! Je ne comprends vraiment pas les Gammas. Ils ne veulent plus être des Gammas.

ABELARD: Ils ne veulent plus être des Gammas, parce qu'ils ne sont pas des Gammas. Moi, je ne crois pas aux Gammas.

OSCAR: Vous ne croyez pas aux Gammas! Seulement, vous avez vu les Gammas! Vous les avez vus! Ils étaient ici! [*The alarm rings.*]

ABÉLARD: Les deux minutes sont passées. Partez! [*Reluctantly, Oscar leaves. Then, suddenly, he has an idea.*]

OSCAR: Au secours! A l'aide! J'ai mal!

ABÉLARD: Qu'est-ce qu'il y a?

OSCAR: J'ai mal! Je suis tombé! Au secours!

ABÉLARD: Je viens!

OSCAR: Au secours!

ABÉLARD: Je viens! [*As Abélard runs, he falls into the trap Oscar has made by covering a deep hole with some branches.*] Au secours! [*Laughing at Abélard's plight, Oscar goes back to search the hermit's cabin.*]

OSCAR: Il me faut une preuve! Une preuve! Les Gammas étaient ici!

Rien. . . [*He finds the evidence he's looking for.*] La sphère! La sphère des Gammas! Voilà une preuve de l'existence des Gammas. La sphère! J'ai la sphère! Maintenant le ministre ne dira plus que les Gammas n'existent pas. Il dira: "Les Gammas existent. Oscar a raison. Merci, Oscar, merci!" J'ai la sphère! La preuve! La preuve de l'existence des Gammas! [*He begins to dictate into a tape recorder.*] "L'amour chez les Gammas," premier chapitre du livre *Les Gammas en France* d'Oscar. "Les Gammas sont arrivés en France, il y a quatre mois. Et ils sont venus du ciel, dans une sphère. Oui! Ils sont venus du ciel! Et moi, j'ai vu les Gammas! Leurs noms sont Odile, Emile, Adrien!"

#   #   #   #

[**Scene 3**: *Oscar, with two scientists, is now a featured guest on the TV program Science for All—a panel discussion, hosted by a journalist.*]

OSCAR: La sphère des Gammas! Oui, chers téléspectateurs, c'est la sphère des Gammas!!

JOURNALISTE: La sphère des Gammas? Monsieur Oscar, mais c'est révolutionnaire! Chers téléspectateurs, je suis très ému de tenir la sphère. Très ému de vous la présenter. La sphère des Gammas en France! Mais, c'est plus révolutionnaire que les Américains sur la lune!

OSCAR: Ça, oui!

1er SAVANT: Mais la sphère est en bois!

2e SAVANT: En bois? C'est exact!

1er SAVANT: C'est une boule en bois. Ce n'est pas la sphère des Gammas.

JOURNALISTE: Vous dites?

1er SAVANT: Je dis que c'est une boule en bois.

OSCAR: Et bien, la sphère des Gammas est en bois.

2e SAVANT: Mais c'est impossible! Et puis, elle est trop petite.

OSCAR: Elle est petite maintenant. Mais elle peut grandir, devenir énorme!

JOURNALISTE: Monsieur Oscar, faites donc grandir la sphère!

OSCAR: Il faut dire que. . . Hem. . . Je crois. . . C'est-à-dire. . . Non, bref. . . seuls les Gammas peuvent faire grandir leur sphère.

JOURNALISTE: Seuls les Gammas?

OSCAR: Seuls les Gammas!

JOURNALISTE: Et où sont vos Gammas?

OSCAR: Les Gammas. . . ils ne sont pas là maintenant. Mais ils existent. C'est sûr.

2e SAVANT: Vous avez raison, Monsieur Oscar. Mais ça. . . ça, ce n'est pas la sphère des Gammas.

OSCAR: Donnez-moi la sphère!

2e SAVANT: Avec plaisir! [*He tosses the sphere to Oscar. His colleague gets up and walks over to a screen on which a slide of a large, multi-layered space vehicle is projected.*]

1er SAVANT: Voilà la véritable sphère des Gammas!

OSCAR: Mais non, ce n'est pas la sphère Gamma. La véritable sphère Gamma, c'est celle-là.

1er SAVANT: C'est du bois! Du bois!

OSCAR: Ne touchez pas à la sphère! N'y touchez pas!

JOURNALISTE: Messieurs! Je vous en prie. . . Du calme!

1er SAVANT: Ce monsieur est un menteur. Cette boule n'est pas une sphère Gamma!

2e SAVANT: Elle est en bois, elle est toute petite, toute petite!

1er SAVANT: Et ce monsieur n'a jamais vu de Gamma! Jamais!

OSCAR: Quoi? Moi, je n'ai jamais vu de Gammas?!

1er SAVANT: Non! Jamais!

JOURNALISTE: Messieurs!

OSCAR: Monsieur. . .

CHEF DE PLATEAU: Messieurs! Du calme, s'il vous plaît! L'émission n'est pas terminée!

2e SAVANT: Et comment sont-ils, vos Gammas?

OSCAR: Les Gammas? Ils sont gentils. Ils aiment la France. Ils ont coupé leurs cheveux. Ils peuvent disparaître, apparaître. . .

1er SAVANT: Où est leur trompe?

OSCAR: Leur trompe? Quelle trompe?

1er SAVANT: Pour boire, ils ont une trompe.

OSCAR: Mais non, ils n'ont pas de trompe. [*The slide changes to the chart we saw earlier, depicting the scientists' concept of a Gamma.*] Les Gammas sont comme vous et moi.

JOURNALISTE: [*Pointing to the chart*] Un Gamma! Un vrai Gamma!

OSCAR: Ceci n'est pas un Gamma! Un Gamma ne ressemble pas à ça! Les Gammas sont comme vous et moi! [*The camera crew is wild with excitement. The set director rushes over to Oscar.*]

CHEF DE PLATEAU: Silence, s'il vous plaît! L'émission n'est pas terminée! Monsieur! Du calme, s'il vous plaît! L'émission n'est pas terminée.

JOURNALISTE: Asseyez-vous. Et taisez-vous! Ecoutez le savant. Chers téléspectateurs, je donne la parole au savant René Henni.

1er SAVANT: Bon! Le véritable Gamma a de grandes oreilles. Il a de longs cheveux. C'est pour cacher les grandes oreilles. Et puis, le véritable Gamma n'a pas de nez. Et pourquoi n'a-t-il pas de nez? Parce qu'il a une trompe. Et pourquoi a-t-il une trompe? Pour boire, parce que l'eau sur Gamma se trouve dans des trous. Le véritable Gamma a trois jambes.

OSCAR: Non, non, et non!

CHEF DE PLATEAU: Monsieur! Du calme, s'il vous plaît! L'émission n'est pas terminée!

JOURNALISTE: Chers téléspectateurs, vous avez vu le vrai Gamma. C'est plus révolutionnaire que le premier homme sur la lune.

OSCAR: Chers téléspectateurs, je connais les véritables Gammas. Ils sont venus du ciel. Dans cette boule. Leurs noms sont Odile, Emile et Adrien.

CHEF DE PLATEAU: Monsieur, taisez-vous, s'il vous plaît!

OSCAR: Ils n'ont pas de trompe. Ils sont comme vous et moi. Oh non! Ils sont gentils. J'ai écrit un livre sur eux: *Les Gammas en France*; premier chapitre: "Les Gammas et l'amour". [*The camera crew bursts out laughing.*]

CHEF DE PLATEAU: Silence!

JOURNALISTE: Silence, s'il vous plaît! Je vous donne la parole à vous, Monsieur.

1er SAVANT: [*Pointing to the slides, in succession*] Le véritable. . . Le véritable Gamma et sa trompe! La véritable sphère Gamma!

JOURNALISTE: Chers téléspectateurs, naturellement le véritable Gamma a une trompe!

CAMERAMAN: Une véritable trompe Gamma!

CHEF DE PLATEAU: Bien sûr! Naturellement! Le véritable Gamma a une trompe!

REALISATEUR: Silence, s'il vous plaît, silence!

JOURNALISTE: Chers téléspectateurs, notre émission "Les Gammas existent-ils?" est maintenant terminée. *Sciences pour Tous* vous

donne rendez-vous la semaine prochaine à la même heure. Je vous
remercie de votre attention. Au revoir et
bonne nuit!

VOCABULARY

l' **amour** (*m.*) love
bref in short
cacher to hide
le **calme** calmness
ceci this
celle-là (*f.*) this one
le **chapitre** chapter
l' **émission** (*f.*) program
ému moved (emotionally)
l' **ermite** (*m.*) hermit
exact right
expliquer to explain
l' **existence** (*f.*) existence
frapper to hit
gentil, gentille kind
hélas alas
hem hm
le **livre** book
la **mémoire** memory

présenter to present
la **preuve** proof
prochain next
prouver to prove
recevoir[C25] *qqn* to see s.o.
remercier to thank
ressembler à to look like
révolutionnaire revolutionary
je **ris** < **rire**[C26] I'm laughing
la **science** science
suivi < **suivre**[C28] followed (*PP*)
le **téléspectateur** television viewer
terminé over
se **tromper** to be mistaken
il **vaut** < **valoir**[C30] it costs/is worth
véritable real, genuine
vieux (vieil), vieille old
voilà it's like this
y it

SPECIAL EXPRESSIONS

À l'aide! Help (me)!
C'est juré! I swear it!
il y a quatre mois four months ago
Je donne la parole à René. René has
the floor.
Je ne m'en souviens pas. I don't
remember it.

Les deux minutes sont passées. The two
minutes are up.
Sciences pour Tous vous donne rendez-
vous. . . *Science for All* invites you. . .

SUPPLEMENTARY VOCABULARY

radio and television	**la radio et la télévision**
channel	**la chaîne**
commercials	**la publicité**
network	**le réseau**
program	**l'émission** (*f.*)
game show	**les jeux** (*m.*)
news	**les actualités** (*f.*)
serials, "soap operas"	**les feuilletons** (*m.*)

radio and television	la radio et la télévision (*cont'd*)
radio	**le poste (récepteur) de radio**
TV set	**le téléviseur**
color set	**la télé couleur**
black and white set	**la télé noir et blanc**

the movies	le cinéma
director	**le metteur en scène**
film producer	**le cinéaste/réalisateur**
scenario writer	**le scénariste**
star	**la vedette/star**
movie theater	**le cinéma**
usher	**l'ouvreuse** (*f.*)
film (for a camera)	**la pellicule**
frame (of a movie)	**l'image** (*f.*)
movie	**le film**
feature-length film	**le long métrage**
short subject	**le court métrage**
movie camera	**la caméra**
showing	**la séance**

LANGUAGE NOTES AND EXERCISES

22.1 Use of the subjunctive after expressions of emotion

The subjunctive mood is used in subordinate clauses following expressions of emotion because emotion reflects the attitude of the speaker. The subjunctive mood expresses the speaker's reaction to a fact and not the fact itself.

common expressions of emotion	
personal:	
être content que	to be { happy / pleased / contented } that
être désolé que	to be sorry that
être étonné que	to be { astonished / surprised } that
être fâché que	to be angry that

common expressions of emotion (*cont'd*)	
être heureux que	to be happy that
être malheureux que	to be unhappy that
être surpris que	to be surprised that
être triste que	to be sad that
avoir peur[1] que **craindre[1] que**	to $\left\{\begin{array}{l}\text{fear} \\ \text{be afraid}\end{array}\right\}$ that
regretter que	to $\left\{\begin{array}{l}\text{regret} \\ \text{be sorry}\end{array}\right\}$ that
impersonal:	
$\left.\begin{array}{l}\text{ce} \\ \text{il}\end{array}\right\}$ **+ être dommage que**	(It) to be $\left\{\begin{array}{l}\text{a shame/pity} \\ \text{too bad}\end{array}\right\}$ that
$\left.\begin{array}{l}\text{ce} \\ \text{il}\end{array}\right\}$ **+ être malheureux que**	(it) to be $\left\{\begin{array}{l}\text{a pity} \\ \text{unfortunate}\end{array}\right\}$ that

Oscar est heureux qu'Emile lui *vende* une idée Gamma.	Oscar is happy that Emile sells him a Gamma idea.
Emile regrette qu'Oscar *soit* là.	Emile regrets that Oscar is there.
C'est dommage qu'Emile ne *veuille* pas aller chez le ministre.	It's too bad that Emile doesn't want to go to the Secretary's office.

Reminder: When the subject of the first verb differs from the subject of the second verb, two separate clauses must be used, as in the examples above. When the subject of both verbs is the same, an infinitive construction ordinarily replaces the subordinate clause.

> **Emile regrette d'*être* là.**   Emile regrets being there.

Ways to avoid use of the subjunctive are discussed in 27.1.

EXERCICES:

A.   Complétez les phrases suivantes comme il est indiqué entre parenthèses.
  1.   Emile n'est pas content qu'Oscar _____ dans le magasin.   (is)
  2.   Roger est triste qu'Odile _____ partir.   (must)
  3.   Regrettez-vous que vos amis _____ à Paris avec vous?   (will not go)

---

[1]Ne may be used before the verb of a subordinate clause following expressions of fear. This **ne** has no negative meaning. If a negative meaning is desired, **ne. . .pas** must be used.

Il craint qu'elle (*ne*) vienne.	He is afraid that she will come.
Il craint qu'elle *ne* vienne *pas.*	He is afraid that she will not come.

4. Jeannette, tu es heureuse que nous _____ la télévision avec ta mère. (watch)
5. C'est dommage que les Gammas _____ aller chez le ministre. (do not want)
6. Je crains que les émissions à la radio demain _____ intéressantes. (will not be)
7. Les gendarmes sont surpris que les Gammas _____ le français. (understand)
8. Les sportifs ont peur qu'il _____ froid demain. (will be; see 13.2)

B. *Situation:* **Grand-mère ne pense pas toujours comme nous!**
Line et Pierre parlent avec leur grand-mère des programmes de télévision qu'ils regardent. Grand-mère donne ses réactions personnelles. Indiquez ses réponses. Imitez le modèle.

Line et Pierre	*Grand-mère*
Modèle: **Nous aimons les films d'aventure.**	(contente) **Je suis contente que vous aimiez les films d'aventure.**
1. Nous regardons les reportages sportifs.	1. (contente) _____ _____
2. Nous adorons les films policiers.	2. (surprise) _____ _____
3. Nous ne regardons pas les pièces de théâtre.	3. (désolée) _____ _____
4. Nous écoutons les émissions musicales.	4. (heureuse) _____ _____

C. *Situation:* **Les opinions de mes parents**
Parlez de votre vie, de vos projets et des opinions de vos parents sur cela. Combinez les expressions de la première colonne (les opinions de vos parents) avec des expressions de la deuxième colonne (vos actions, vos projets) pour former des phrases qui imitent les modèles. Faites tous les accords[1] et changements nécessaires. Notez que les verbes peuvent être à la forme affirmative ou négative.

	Vos parents	*Vos projets/actions*
Modèle:	a. Mes parents sont contents que	j'aille à l'université.
	b. Mes parents n'aiment pas que	je sorte seul(e) le soir.

être content	aller en vacances
être heureux	faire du sport
être triste	apprendre le français
être étonné	avoir un travail
être surpris	apprendre un métier
être fâché	aller souvent au cinéma
être désolé	faire la cuisine
aimer	avoir de(s) bonnes notes[2]
avoir peur	réussir aux examens
regretter	aimer les cours

[1] l'accord (*m.*): agreement, accord.
[2] la note: grade (i.e., on a test).

aller en France
regarder souvent la télévision
aller à la discothèque
perdre du temps
étudier peu/beaucoup

22.2 The irregular verb *écrire* (to write)

a. Present indicative

The verb **écrire** is irregular in the present tense in that it has one stem **écri-** for singular forms and a different stem **écriv-** for plural forms.

écrire					
singular			plural		
j'	*écri s*	I write/am writing/ do write	**nous**	*écriv ons*	we write, etc.
tu	*écri s*	you write, etc.	**vous**	*écriv ez*	you write, etc.
il **elle** **on**	*écri t*	he/it she/it writes, etc. one	**ils** **elles**	*écriv ent*	they write, etc.

Conjugated like **écrire**: **décrire** (to describe) and **récrire** (to rewrite)

b. Compound past indicative

The compound past indicative of **écrire**, **décrire**, and **récrire** is formed with the auxiliary verb **avoir** and the irregular past participles **écrit**, **décrit**, and **récrit**, respectively.

Vous *avez écrit* sur la feuille?	You wrote on the sheet of paper?
Regardez la lettre que j'*ai écrite*.	Look at the letter (that) I wrote.
Ils *ont décrit* la scène?	They described the scene?
——Oui, ils *l'ont décrite*.	Yes, they described it.

c. Future indicative; imperative; present subjunctive

The future, imperative, and present subjunctive of **écrire** are regular in formation.

future:	**Nous *écrirons* des lettres ce weekend.**	We will write letters this weekend.
imperative:	***Décrivez* la scène que vous avez vue!**	Describe the scene that you saw!
present subjunctive:	**Il faut que tu *écrives* ce que je dis.**	You must write what I say.

For other forms of **écrire**, see Appendix C.11.

EXERCICES

A. Faites les substitutions comme il est indiqué entre parenthèses.
    1. **Vous** n'avez pas encore décrit la troisième scène. (Le scénariste, Nous, Les vedettes, Tu, Je)
    2. Quelle lettre faut-il que **tu** écrives? (le maire, vous, je, nous, les cinéastes)
    3. **Oscar** décrira un Gamma pour les téléspectateurs. (Nous, Les savants, Tu, Je, Vous)
    4. **L'étudiant** écrit-il souvent à ses parents? (tu, nous, Vos cousins, vous)

B. Complétez les phrases suivantes comme il est indiqué entre parenthèses.
    1. _____ la semaine dernière à nos parents. (We did not write)
    2. _____-tu toujours rapidement un joli tableau? (Do [you] describe)
    3. Le professeur dit qu'il faut que _____ un poème élégant. (I write)
    4. _____ sur les tables! (Do not write!)
    5. Les étudiants _____ une scène de la pièce qu'ils vont voir ce soir. (will describe)
    6. Vous _____ le programme que vous avez vu à la télévision. (are describing)
    7. C'est la lettre qu'Abélard _____ à ses amis. (wrote)
    8. Vous savez que _____ dès que je serai à Rome. (I will write to you)

22.3 Dates

question: **Quelle est la date aujourd'hui?** $\Big\}$ What's the date
           Quelle date $\Big\}$ **sommes-nous aujourd'hui?** $\Big\}$ today/today's date?
           Quel jour

answer: **C'est aujourd'hui** $\begin{cases} \textbf{le 11 février.} \\ \textbf{le onze février.} \end{cases}$ $\Big\}$ Today is February 11.

Nous sommes aujourd'hui $\begin{cases} \textbf{le premier avril.} \\ \textbf{le 1}^{\textbf{er}} \textbf{ avril.} \end{cases}$ $\Big\}$ It's the first of April today.

Reminder: days of the week and months of the year are not capitalized in French. Note that there is no elision before **onze**.

a. To express a date in French, use the following pattern:

    le (invariable) + cardinal number (except **premier**) + month (+ year)

    le seize août   August 16

    le premier mai   May 1st

b. When the date is in apposition to the day of the week, the definite article is used before the day of the week rather than before the date.

    Ils sont arrivés *le* **mercredi** *vingt*   They arrived Wednesday, June 21.
    et un **juin.**

c. There are two ways to express years between 1100 and 1900: either with multiples of hundreds or with **mille** (sometimes **mil**) and hundreds.

    1492 $\begin{cases} \textbf{quatorze cent} \\ \textbf{mille quatre cent} \end{cases}$ **quatre-vingt-douze**

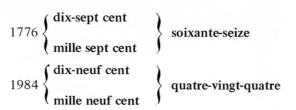

$$1776 \begin{cases} \text{dix-sept cent} \\ \text{mille sept cent} \end{cases} \Big\} \text{ soixante-seize}$$

$$1984 \begin{cases} \text{dix-neuf cent} \\ \text{mille neuf cent} \end{cases} \Big\} \text{ quatre-vingt-quatre}$$

d. No punctuation is used in dates.

La date de la déclaration de l'Indépendance américaine est *le 4 juillet 1776.*	The date of the American Declaration of Independence is July 4, 1776.

EXERCICES

A. Exprimez en français les dates suivantes.
1. February 1, 1892
2. July 14, 1789
3. December 25, 1981
4. Today is August 10, 1974.
5. The date of the Armistice[1] is November 11, 1918.
6. We begin Monday, January 5.

B. *Situation:* **Parlez de vous!**
Répondez aux questions suivantes; donnez des dates complètes.
1. Quelle est la date de votre anniversaire?
2. Quelle est la date de l'anniversaire de votre père?
3. A quelle date commencent vos vacances de printemps?
4. A quelle date commence l'année scolaire dans votre université?
5. A quelle date allez-vous partir en vacances cette année?
6. A quelle date avez-vous eu votre diplôme du lycée?

22.4 The superlative of adjectives and adverbs

a. Adverbs
The superlative form of regular adverbs follows this pattern:
le (invariable) + comparative form of *ADV* [+ **de** (of) + *N/PRON*] (see 12.3 and 19.4)

Odile travaille *le moins vite.*	Odile works the least quickly.
Emile travaille *le plus vite* **de tous les Gammas.**	Emile works the fastest (most quickly) of all the Gammas.

b. Adjectives
(1) The superlative form of regular adjectives follows this pattern:

$$\left. \begin{matrix} \text{le} \\ \text{la} \\ \text{les} \end{matrix} \right\} + \text{comparative form of } ADJ \text{ [+ de (in, of) + } N/PRON] \text{ (see 12.3 and 19.4)}$$

Ce téléspectateur est *le plus gentil de* **tous.**	This television viewer is the nicest of all.

[1] Armistice: l'Armistice (*m.*).

| | Paris est *la plus grande* ville de France. | Paris is the largest city in France. |

(2) A possessive adjective may replace the definite article in a superlative adjective construction.

| | Voilà *mon plus long* livre. | Here's my longest book. |

(3) The definite article must be expressed, even repeated, when the superlative adjective follows the noun.

| | Ils ont vu l'émission *la plus géniale* à la télévision. | They saw the most ingenious program on television. |
| | C'est son livre *le moins révolutionnaire*. | It's his least revolutionary book. |

c. Irregular superlative forms

comparative			superlative		
adjectives:					
bon	**meilleur**	better	**le meilleur**	the best	
mauvais	**plus mauvais** **pire**	worse	**le plus mauvais** **le/la pire**	the worst	
adverbs:					
bien	**mieux**	better	**le mieux**	the best	
mal	**plus mal** **pis** (rare)	worse	**le plus mal** **le pis**	the worst	
beaucoup	**plus**	more	**le plus**	the most	
peu	**moins**	less	**le moins**	the least	

ADJ

| **Oscar est *le meilleur* détective de France.** | Oscar is the best detective in France. |
| **Emile a *les meilleures* idées Gamma.** | Emile has the best Gamma ideas. |

ADV

| **Lucie récite *le mieux* de toutes les Amies des Muses.** | Lucie recites (poetry) the best of all the Friends of the Muses. |

N.B. The same care must be taken to distinguish between the French equivalents of English "the best" and "the worst" (see examples above) as between the French equivalents of "better" and "worse" (see 19.4).

EXERCICES

A. Complétez comme il est indiqué entre parenthèses.
1. Qui parle _____ à la radio? (the best)
2. San Francisco n'est pas _____ Etats-Unis. (the largest city in)
3. Les pièces de théâtre sont _____ émissions culturelles. (our longest)
4. Est-ce que les reportages sont _____ à la télévision? (the most interesting programs)
5. Quel est le commentateur qui parle _____? (the most clearly)
6. Je ne sais pas quelle est _____ émission de la radio française. (the best)
7. Joseph a la voix _____ de tous les commentateurs que nous connaissions. (the least pleasant)
8. Quelle auto est allée _____ au Rallye du Mans? (the fastest)
9. Montrez-moi _____ vêtements d'hiver de votre magasin. (the best)
10. Docteur, quelle est _____ maladie selon vous? (the worst)

B. *Situation:* **Donnez votre opinion!**
1. Quel a été votre meilleur jour cette semaine?
2. Quel est le cours que vous aimez le mieux?
3. Quel est le cours que vous aimez le moins?
4. Quel est le livre le plus intéressant que vous connaissez?
5. Selon vous, quel est le meilleur film américain?
6. Quel est le film français que vous aimez le mieux?
7. Quelle est l'émission de télévision que vous regardez le plus souvent?
8. Quel est le feuilleton télévisé que vous trouvez le plus sensationnel?

22.5 Vocabulary distinction: *rendre* (to give back), *rendre/se rendre* (to make), and *se rendre compte* (to realize)

a. **rendre + quelque chose + à + quelqu'un** = to give something back to someone

Louise *rend* huit francs à Emile.	Louis is giving eight francs back to Emile.
Nous les lui *avons rendus*.	We gave them back to her/him.

b. **rendre** + $\left\{ \begin{array}{l} \textbf{quelque chose} \\ \textbf{quelqu'un} \end{array} \right\}$ + *ADJ* = to make $\left\{ \begin{array}{l} \text{something} \\ \text{someone} \end{array} \right\}$ + *ADJ*

or

se rendre + *ADJ* = to make oneself + *ADJ*

Le travail *rend* (les gens) méchant(s).	Work makes (people) mean.
Le poisson *rend* Paul malade.	Fish makes Paul sick.
Ils *se rendent* ridicules.	They make themselves ridiculous.
Les amis *rendent* l'existence plus agréable.	Friends make life more pleasant.

Note that the reflexive verb **se rendre** + *ADJ* has agreement of the past participle with the preceding direct object (the reflexive pronoun).

Elle *s'est rendue* malade quand elle a trop mangé.	She made herself sick when she ate too much.

c. **Rendre** is also used in the reflexive expression **se rendre compte**

$$\left\{ \begin{array}{l} \textbf{de} + N \\ \textbf{que} + SUBJ + V \end{array} \right\}$$ which means "to realize" (literally: to render an account of something to oneself). Because **compte** is the literal direct object of **se rendre** in this special use, there is never agreement of the past participle in compound tenses of **se rendre compte de/que**.

Mme Germaine *se rend compte* **du vol du collier.**	Mme. Germaine realizes the theft of the necklace.
Emile *se rend compte* **que le travail est fatigant.**	Emile realizes that work is tiring.
Odile et Adrien *se sont rendu compte* **que le travail rend méchant.**	Odile and Adrien realized that work makes (people) mean.

EXERCICES

A. Complétez le texte suivant par la forme appropriée du verbe. Les verbes qu'il faut employer sont: rendre, se rendre, se rendre compte de.

Monsieur Saladin travaille trop; il _____ malade parce qu'il ne se repose pas assez. Quand il ne peut pas travailler, cela le _____ triste. Est-ce qu'il _____son problème? Mais non: il va continuer à _____ sa vie difficile.

B. Imaginez que vous êtes Madame Saladin et que vous dites à votre mari qu'il travaille trop, etc. Récrivez le texte utilisé pour l'exercice A; utilisez la forme familière. Imitez le **modèle.**

Modèle: Mon cher mari, tu travailles trop; tu. . .

C. *Situation:* **Rendez à César. . .**
Raymond et Juliette, le frère et la sœur, essaient de faire un accord entre eux: ils vont se rendre leurs possessions personnelles. Imaginez la conversation; imitez le modèle.

Juliette	*Raymond*
Modèle: **Tu as pris ma flûte. Rends-la a-moi!**	**Je vais te la rendre.**
1. Tu as pris mon ours[1]. _____ !	1. Je vais _____ .
2. Tu as pris mes disques préférés. _____ !	2. Non! Je ne vais pas _____ . Ce sont mes disques. Mais tu as pris ma raquette de tennis. (Give it back to me!) _____ !
3. Si tu _____ mes disques, je vais _____ ta raquette.	3. Bon! D'accord!

[1]l'ours (*m.*): bear; here: teddy bear.

Chercher la sphére

[**Scene 1**: *Gaston is sitting in Emile's apartment, watching the beginning of the TV program in which Oscar and the reporter are marveling at the Gammas' sphere.*]

OSCAR: Oui, chers téléspectateurs, c'est la sphère des Gammas!!

JOURNALISTE: La sphère des Gammas? Monsieur Oscar, mais c'est révolutionnaire! Chers téléspectateurs, je suis très ému de tenir la sphère. Très ému de vous la présenter. La sphère des Gammas en France! Mais, c'est plus révolutionnaire que les Américains sur la lune!

OSCAR: Oui, en effet.

GASTON: Quelle idée pour la mode Gamma! La sphère Gamma, une boule en bois. [*He shouts.*] Emile! Viens, Emile! Emile, une très bonne idée pour la mode Gamma! Une sphère en bois, la sphère Gamma!

EMILE: [*Coming into the room*] Quoi? !

GASTON: Une sphère en bois, "la sphère Gamma"; quelle idée pour la mode Gamma! Quelle idée merveilleuse!

EMILE: [*Seeing the program*] Mais c'est Oscar. La sphère Gamma! C'est la sphère Gamma! [*Emile stands petrified.*]

GASTON: Emile, tu es malade?

EMILE: Oscar! Il a volé la sphère Gamma! Comment retrouver la sphère, comment la retrouver? !

GASTON: Emile, tu es malade!

EMILE: Je veux retourner sur Gamma! Sans la sphère, je dois rester ici!

GASTON: Emile, tu es fou!

EMILE: Non, je ne suis pas fou!

GASTON: Mais si, Emile, tu es fou! Qu'est-ce que tu as dit?

EMILE: Qu'est-ce que j'ai dit? ! J'ai dit: "Sans la sphère Gamma, je dois rester ici." Je dois rester en France.

GASTON: Mais, Emile, tu es malade.

EMILE: Pourquoi, malade? !

GASTON: Parce que tu veux aller sur Gamma. Mais Emile, tu n'es pas un Gamma. Emile, tu es français!

EMILE: Gaston, je dois te dire quelque chose: je suis un Gamma.

GASTON: Tu es un Gamma? Mais non, Emile: le véritable Gamma a une trompe.

EMILE: Non, Gaston. Les véritables Gammas sont comme toi. . . comme moi. [*Gaston goes to the phone.*] Qu'est-ce que tu veux faire?

GASTON: Emile, tu n'es pas un Gamma, tu es malade. . . très malade.

EMILE: Non, je ne suis pas malade! Je suis un Gamma! Le véritable Gamma peut devenir grand. . . et petit. [*Reverting to Gamma magic, he suits the action to the words. Gaston, overwhelmed, screams and falls to the floor.*] Pauvre Gaston. Il est malade! Il faut retrouver la sphère. Il faut la retrouver. Il faut retrouver Adrien et Odile. Adrien! Odile! Où êtes-vous? [*He disappears into the bathroom, then returns, dressing to go out. Gaston is coming to.*] Gaston, je ne sais pas où ils sont! Adrien! Odile!

GASTON: Adrien? Odile?

EMILE: Mais oui! Adrien! Odile! Ce sont mes amis Gamma! Et Oscar a volé notre sphère.

GASTON: Adrien. . . Odile. . . Oscar. . . Adrien et Odile sont tes amis Gamma? Et Oscar? Qui est Oscar?

EMILE: Tu l'as vu à la télévision. Oscar est détective. Il a volé la sphère. Il a montré la sphère à la télé. Et sans la sphère, je dois rester en France!

GASTON: Il faut aller chez Adrien et Odile.

EMILE: Mais je ne sais pas où ils sont! Adrien? Odile? Où êtes-vous?

GASTON: [*To himself*] Emile est fou. Emile est peut-être un Gamma. Mais c'est un Gamma fou.

EMILE: Adrien, où es-tu? Odile, où es-tu?

GASTON: Comment s'appelle le détective?

EMILE: Qui?

GASTON: Le détective, celui qui a montré la sphère à la télévision.

EMILE: Oscar. Il s'appelle Oscar. Qu'est-ce que tu fais?

GASTON: Je téléphone à Oscar. [*He picks up the phone and dials.*]

VOIX DE FEMME: O.r.t.f.

GASTON: Allô? C'est la télévision française?

VOIX: Oui, Monsieur.

GASTON: Bonjour, Mademoiselle. Je voudrais parler à Oscar.

VOIX: A qui?

GASTON: A Oscar, le détective, celui qui a montré la sphère Gamma à la télévision.

VOIX: Ah oui, je comprends. Ne quittez pas, hein?

GASTON: Merci, Mademoiselle. [*Pause*]

Allô? Monsieur Oscar? Bonjour, Monsieur. Est-ce que vous savez où se trouvent Odile et Adrien?

VOIX D'OSCAR: A Saint-Claude! Mais. . . Qui êtes-vous?

GASTON: Un "ami", Monsieur Oscar. Un "ami". Voleur! Vous êtes un voleur! [*To Emile*] Mon cher Emile, Odile et Adrien sont à Saint-Claude.

EMILE: A Saint-Claude! Où est Saint-Claude?

GASTON: Loin, très loin, près de Besançon.

EMILE: Saint-Claude, près de Besançon. Adieu, Gaston!

GASTON: Attends, Emile, attends! [*He brings out three suitcases.*] Tu ne peux pas partir sans ça!

EMILE: Qu'est-ce que c'est?

GASTON: [*Opening the small suitcase, which is filled to the brim*] C'est ton argent. Tu ne peux pas partir sans argent.

EMILE: Merci. Ça suffit. [*He picks up the two large bags and leaves the other one.*] C'est pour toi!

GASTON: Merci, Emile, merci! Emile, tu es vraiment un Gamma?

EMILE: Mais oui! Adieu, Gaston! [*Emile, now invisible, picks up the bags and leaves.*]

GASTON: Emile est vraiment un Gammaaaa! [*He faints again.*]

#   #   #   #

[**Scene 2**: *Saint-Claude. Emile has arrived by train. It is early morning as he comes out of the station into the deserted square.*]

EMILE: [*Shouting*] Adrien! Odile! Où êtes-vous? [*To himself*] Il faut retrouver Odile et Adrien. [*He stops a woman who has come to sell papers.*] Pardon, Madame. Je cherche Odile et Adrien. Ils sont ici à Saint-Claude. Vous les connaissez?

MARCHANDE DE JOURNAUX: Odile et Adrien. . .? [*She motions to a street sweeper.*] Ce monsieur cherche Odile et Adrien. Ils sont ici à Saint-Claude. Tu les connais?

BALAYEUR: Odile et Adrien? [*He questions other people as they come by, with no success.*] Ce monsieur cherche Odile et Adrien. Ils sont ici à Saint-Claude. Tu les connais? [*M.A.M. headquarters. Three members are putting the finishing touches on a mural showing Joan of Arc, Marie Curie, and Rosa Luxembourg. Odile enters.*]

MILITANTES: Bonjour, Odile.

ODILE: Bonjour. [*She points to Joan*

of Arc.] Qui est cette femme?

MILITANTE: Tu ne sais pas qui c'est?

ODILE: Non, je ne sais pas. Je ne sais pas grand-chose.

MILITANTE: C'est Jeanne d'Arc! Elle a fait la guerre. C'est une femme exceptionnelle! Une femme très courageuse! Mais les hommes ont été très méchants avec elle.

ODILE: Ah oui?

MILITANTE: Oui, ils l'ont brûlée!

ODILE: Brûlée? Non!

MILITANTE: Si! Ils ont brûlé Jeanne d'Arc. Regarde! [*She shows Odile the flames she has painted.*]

ODILE: Oh! Les hommes sont vraiment méchants.

MILITANTE: C'est bien vrai! [*The militants leave. M. Gravaille-Bussage appears behind Odile.*]

ODILE: Pourquoi les hommes ont-ils brûlé Jeanne d'Arc?

G.-B.: Parce qu'elle a fait la guerre à la place des hommes. [*Odile turns around.*] Bonjour, Odile!

ODILE: Qu'est-ce que vous faites ici, Monsieur Gravaille-Bussage?

G.-B.: [*Handing her a large bouquet of flowers he had been hiding behind his back*] Je vous apporte des fleurs.

ODILE: Des fleurs! Pour moi?!

G.-B.: Oui, Odile, des fleurs pour vous. Je veux devenir votre ami.

ODILE: Mon ami?

G.-B.: Oh, oui, je vous aime, Odile. Oh, oui, je voudrais mille choses de vous... votre cœur, votre amitié et, un jour, un enfant.

ODILE: Un enfant! Vous voulez un enfant de moi?

G.-B.: De vous, je voudrais TOUT——et aussi un enfant.

ODILE: Vous voulez un enfant?

G.-B.: Oui, ma petite Odile. [*Odile comes from a planet where this request cannot be refused.*]

ODILE: Enlevez votre manteau!

G.-B.: Mon manteau?

ODILE: Oui, votre manteau. [*He takes off his overcoat, then starts to unbutton his suit coat.*] Ça suffit. Asseyez-vous là! [*He does so, and Odile walks around his chair, observing him closely.*]

G.-B.: Qu'est-ce que vous faites?

ODILE: Je vais vous faire un enfant. Vous voulez un garçon ou une fille?

G.-B.: Un garçon, si c'est possible.

ODILE: Bien sûr que c'est possible. Fermez les yeux.

G.-B.: Les yeux?

ODILE: Oui, les yeux.

G.-B.: Bon, je ferme les yeux.

ODILE: Et maintenant, levez-vous lentement.

G.-B.: Je me lève lente...

ODILE: Lentement, plus lentement.

G.-B.: Je me lève lentement.

ODILE: Et maintenant, levez la main gauche. Plus haut. Bien! Et maintenant, ne bougez plus; restez comme ça. [*G.-B. suddenly cries out in pain, then sighs. Odile sighs and collapses into a chair.*] Oh, c'est terminé. Vous pouvez remettre votre manteau.

G.-B.: Mais... je ne comprends pas.

ODILE: Vous allez comprendre dans quelques minutes.

EMILE: [*Opening the door*] Odile!

ODILE: Emile!

G.-B.: [*Clutching his stomach in pain*] Qu'est-ce qui se passe, Odile? Qu'est-ce qui m'arrive?

ODILE: C'est votre garçon. [*She goes outside to talk to Emile, leaving G.-B. alone in the hall; to Emile*] Quoi?! Oscar a volé la sphère?!

EMILE: Oui. Il l'a montrée à la télévision.

ODILE: Il faut chercher Adrien et retrouver la sphère.

EMILE: Viens, Odile. Il faut faire vite! [*Inside a baby's cry is heard. Odile opens the door. In G.-B.'s arms, wrapped up in his overcoat, is the baby boy.*] Qu'est-ce que tu as fait, Odile?

ODILE: Il voulait un enfant.

EMILE: Ce n'est pas bien, Odile!

Magie Gamma. Vite! Il faut retrouver Adrien.

#   #   #   #

[**Scene 3:** *In front of the Besançon opera house. Theater-goers are arriving for the performance. Odile arrives with Emile.*]

EMILE: Adrien habite ici?

ODILE: Non. Il travaille ici.

EMILE: Qu'est-ce qu'il fait?

ODILE: Il lit des poèmes.

EMILE: Des poèmes? Qu'est-ce que c'est, un poème?

ODILE: Bou-ton. Bouton. . .
[*Inside, Adrien is sitting in a chair clutching his jaw. The "Friends of the Muses" are making a fuss over him. The audience can be heard chanting Adrien's name.*]

LUCIE: Il a mal.

UNE AMIE DES MUSES: Adrien a mal aux dents!

TOUTES LES AMIES DES MUSES: Il a mal aux dents!

AMIE: Les spectateurs l'attendent. La salle attend!

LUCIE: Adrien! Vos poèmes! Le public attend vos poèmes.

ADRIEN: Non! J'ai mal aux dents.
[*They pull him to his feet and push him onto the stage.*]

LUCIE: Le public attend!

ADRIEN: J'ai mal aux dents!

LUCIE: Le théâtre est plein. Le public attend!

ADRIEN: J'ai mal aux dents! Bouton!
[*He runs over to Lucie, who pushes him back on stage.*]

AMIE: Il est merveilleux.

ADRIEN: J'ai mal aux dents! [*He leaves the stage.*]

LUCIE: Bravo! C'est un triomphe! Continue! C'est à nous!

ADRIEN: Non, je ne veux plus. J'ai mal aux dents!

LUCIE: Le public attend! [*She leads him back on stage, then pulls objects from her bodice and shows them to Adrien.*] Qu'est-ce que c'est?

ADRIEN: Une allumette! J'ai mal aux dents!

LUCIE: Qu'est-ce que c'est?

ADRIEN: Un briquet! J'ai mal aux dents!

LUCIE: Qu'est-ce que c'est?

ADRIEN: J'ai mal aux dents!

EMILE: [*In the wings, to Odile*] "J'ai mal aux dents!". . .C'est de la poésie?

ODILE: [*Whispering*] Je crois.

LUCIE: Qu'est-ce que c'est?

ADRIEN: J'ai mal aux dents!

EMILE: [*In a loud whisper*] Adrien! Oscar a volé la sphère!

LUCIE: Qu'est-ce que c'est?

ADRIEN: C'est un clou! Un clou! Clou! Oscar a volé la sphère! [*Adrien leaves the stage and joins the other Gammas in the wings.*]

ODILE: Oui, Oscar a volé la sphère.

ADRIEN: Il faut la retrouver!

EMILE: Viens!

ADRIEN: Je me change. [*A minute later.*]

EMILE: [*To Odile*] Ce travail est facile.

ADRIEN: Venez! Il faut retrouver Oscar!

LUCIE: Adrien! Où vas-tu?

ADRIEN: Je vais chercher la sphère!
[*As the Gammas leave, Lucie repeats Adrien's latest "poem".*]

LUCIE: Je vais chercher la sphère?! Ah! Quel poète, cet Adrien!

VOCABULARY

l' **allumette** (*f.*) match
l' **amitié** (*f.*) friendship

arriver to happen
le **balayeur** street sweeper

bouger to move	**méchant** wicked
le **briquet** cigarette lighter	**merveilleux, -euse** wonderful
brûler to burn	la **militante** militant
se **changer** to change (clothes)	**O.r.t.f.** French National Radio and
la **chose** thing	Television
le **clou** nail	**plein** full
courageux, -euse courageous	**plus** + *ADJ/ADV* more + *ADJ/ADV,*
la **dent** tooth	*ADJ* + -er
enlever to take off	**près de** + *N* near + *N*
exceptionnel, -elle exceptional	**remettre**^{C17} to put back on
hein? O.K.?	la **salle** the public/theater audience
se **lever** to get up	le **spectateur** spectator
la **marchande** vendor	le **triomphe** great success

SPECIAL EXPRESSIONS

à la place de instead of	**Il a mal aux dents.** He has a toothache.
C'est à nous! We made it!	**Il faut faire vite.** We must act quickly.
C'est bien vrai! That's for sure!	**Ne quittez pas.** Don't hang up.
faire la guerre to go to war	**pas grand-chose** not much

SUPPLEMENTARY VOCABULARY

music **la musique**			
battery	**la pile**	classical music	**la musique classique**
record	**le disque**	folk music	**la musique folk-**
record player	**l'électrophone** (*m.*)		**lorique**
singer	**le chanteur, la**	jazz	**le jazz**
	chanteuse	orchestral music	**la musique**
singer who writes	**le chansonnier**		**symphonique**
or improvises		rock	**le rock**
own material		to record	**enregistrer**
stereo (set)	**la chaîne stéréo(pho-**		
	nique)		
tape recorder	**le magnétophone**		
cassette tape	**magnétophone à**		
recorder	**cassettes** (*f.*)		

reading **la lecture**	
Where is the nearest. . .?	**Où est le/la. . . le/la plus proche?**
bookstore	**la librairie**
news-stand	**le kiosque à journaux**

reading	la lecture	(*cont'd*)		
article	{ l'article (*m.*)	newspaper(s)	le journal, les journaux	
	le reportage	daily	quotidien, -ne	
detective story	le roman policier	novel	le roman	
dictionary	le dictionnaire	pocket book	le livre de poche	
guide book	le guide	science fiction	la science-fiction	
magazine	le magazine	to subscribe to	s'abonner à	
weekly	hebdomadaire	subscription	l'abonnement (*m.*)	

LANGUAGE NOTES AND EXERCISES

23.1 The past subjunctive *(passé du subjonctif)*

a. The past subjunctive is used in a subordinate clause, wherever the subjunctive is required, to express an action or state that was completed prior to the action or state of the verb in the main clause.

present subjunctive:

> **Il est content que nous *parlions* français.**
>
> He is pleased that we speak/are speaking French.

past subjunctive:

> **Il est content que nous *ayons parlé* français.**
>
> He is pleased that we spoke French.

> **Il était content que nous *ayons parlé* français.**
>
> He was pleased that we had spoken French.

> **Il est parti avant que nous lui *ayons parlé* français.**
>
> He left before we spoke French to him. (Here, completed action is implied even though not accomplished.)

(See 23.3 for the use of the subjunctive after **avant que**.)

The past subjunctive corresponds to several English tenses:

$$\text{that} \begin{cases} \text{we spoke} \\ \text{we have spoken} \\ \text{we did speak} \\ \text{we had spoken} \\ \text{we might have spoken} \end{cases}$$

b. Formation
(1) The past subjunctive is formed on the following pattern, which parallels the compound past indicative:

> present subjunctive of auxiliary + past participle

avoir verb—entendre				
que j'	aie entendu	that I heard	que nous	ayons entendu	that we heard
que tu	aies entendu	that you heard	que vous	ayez entendu	that you heard
qu'il qu'elle } ait entendu qu'on		that { he/it she/it one } heard	qu'ils qu'elles } aient entendu		that they heard

être verb—partir				
que je sois parti(e)		that I left	que nous soyons parti(e)s		that we left
que tu sois parti(e)		that you left	que vous soyez parti(e)(s)		that you left
qu'il qu'elle } soit { parti partie qu'on parti		that { he/it she/it } left one	qu'ils qu'elles } soient { partis parties		that they left

pronominal verb—se dépêcher				
que je	me sois	dépêché(e)	that I hurried	que nous	nous soyons	dépêché(e)s	that we hurried
que tu	te sois	dépêché(e)	that you hurried	que vous	vous soyez	dépêché(e)(s)	that you hurried
qu'il qu'elle } se soit { dépêché qu'on dépêché dépêché			that { he/it she/it } hurried one	qu'ils qu'elles } se soient { dépêchés dépêchées			that they hurried

Elle est désolée qu'ils *soient partis*.	She is sorry they (have) left.
C'est dommage qu'elle ne se *soit* pas *dépêch*e.	It's a shame that she didn't hurry.

(2) Irregular verbs also follow the above pattern.

J'ai peur qu'elle *ait été malade*.	I'm afraid that she was/has been sick.
Nous regrettons qu'ils *aient eu* peur.	We're sorry that they were afraid.

(3) The past subjunctive follows the same rules as the compound past indicative concerning the use of **avoir** or **être** as the auxiliary verb, the formation of the negative, and past participle agreement. For examples, see above.

A. Dans les phrases suivantes, faites les substitutions indiquées entre parenthèses.
1. C'est triste qu'**Emile** ait perdu la sphère. (tu, vous, les Gammas, je)
2. Gaston était content que **le client** soit venu voir Emile. (nous, je, les marchands, vous)
3. Il est possible que **la malade** ait eu peur du médecin. (vous, tu, les enfants, nous)
4. Je regrette que **tu** ne te sois pas rendu compte de l'heure. (mes parents, nous, le journaliste, vous)

B. Complétez les phrases suivantes comme il est indiqué entre parenthèses. Faites attention au temps[1] du verbe: il faudra utiliser le subjonctif présent ou le subjonctif passé.
1. Il a fallu que l'étudiant _____ deux articles avant de terminer le cours. (had read)
2. Nous exigeons que vous _____ les mots dans le dictionnaire pour faire cet exercice. (look up[2])
3. Hier, il a fallu que nous _____ cinq cassettes. (record)
4. Le directeur regrette que ses employés _____ à un journal financier. (have not subscribed)
5. Tu es triste que tes enfants _____ le concert de musique symphonique. (did not appreciate)
6. Vos parents n'étaient pas surpris que vous _____ si longtemps à la librairie. (stayed)

23.2 Use of the subjunctive after expressions of doubt or possibility

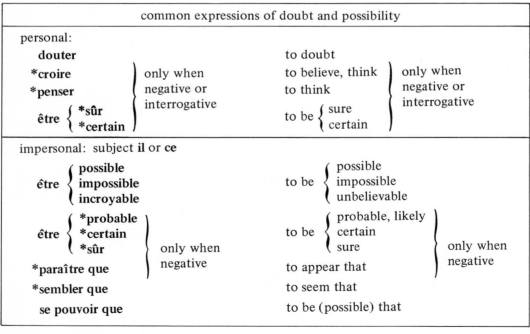

common expressions of doubt and possibility			
personal:			
douter		to doubt	
*****croire**	only when negative or interrogative	to believe, think	only when negative or interrogative
*****penser**		to think	
être { *****sûr / *****certain**		to be { sure / certain	
impersonal: subject **il** or **ce**			
être { **possible / impossible / incroyable**		to be { possible / impossible / unbelievable	
être { *****probable / *****certain / *****sûr**	only when negative	to be { probable, likely / certain / sure	only when negative
*****paraître que**		to appear that	
*****sembler que**		to seem that	
se pouvoir que		to be (possible) that	

*See explanation on next page.

[1] **le temps**: tense.
[2] Use **chercher.**

Nous doutons qu'Emile *soit* fou.	We doubt that Emile is crazy.
Il est possible qu'Emile *soit* parti.	It is possible that Emile has left.
Il n'est pas certain qu'Emile *aille* sur Gamma.	It isn't certain that Emile will go to Gamma.
Il ne paraît pas que Gaston *comprenne* Emile.	It doesn't appear that Gaston understands Emile.

The expressions marked by an asterisk (*) are followed by a subordinate clause with a verb in either the subjunctive or the indicative mood, depending on the degree of certainty the speaker wishes to convey. Usually, these expressions are followed by the subjunctive when they are negative, and, in some cases, when interrogative.

Croyez-vous qu'Oscar *ait* la sphère?	Do you think that Oscar has the sphere? (Or do you think that someone else has it?)
——Oui, je crois qu'il l'*a*.	Yes, I think he has it. (I am fairly certain he does.)
Il n'est pas probable qu'Emile *soit* malade.	It isn't likely that Emile is sick. (But he might be.)
Il est probable qu'Emile *retrouvera* Odile et Adrien.	It is probable that Emile will find Odile and Adrien again. (I am certain he will.)

EXERCICES

A. Complétez les phrases suivantes comme il est indiqué entre parenthèses.
1. Pensez-vous que les Gammas _____ leur sphère?   (might find)
2. Il ne semble pas que Jeanne d'Arc _____ à ses juges. (lied)
3. Gaston doute qu'Emile _____ un Gamma. (is)
4. Je suis sûre que vous _____ l'addition. (paid)
5. Il se peut que le roi Charles _____ influencé par ses mauvais conseillers. (was)
6. Nous ne pensons pas que l'accusé _____ les bijoux. (stole)
7. Vous croyez qu'Oscar _____ vendre beaucoup de livres. (is going to)

B. *Situation:* **Votre opinion n'est pas mon opinion!**
Imaginez un dialogue entre une femme du MCH et un journaliste. Le journaliste n'a jamais la même opinion que la femme. Imitez le modèle.

La femme	*Le journaliste*
Modèle: **Les hommes sont méchants.**	**Je ne pense pas que les hommes soient méchants.**
1. Les femmes ont été trop bonnes avec les hommes.	1. _____ _____
2. Les femmes savent ce qu'elles font.	2. _____
3. M. Gravaille-Bussage a été méchant avec Odile.	3. _____ _____
4. Les femmes veulent travailler comme les hommes.	4. _____ _____

5. Les femmes ont fait aussi bien que   5. _____
   les hommes dans l'histoire.   _____

23.3 Use of the subjunctive after certain conjunctions

The subjunctive mood is used in subordinate clauses introduced by certain conjunctions ending in **que**. These conjunctions belong to the categories of meaning that require the subjunctive, as discussed in 20.2, 20.3, 22.1, and 23.2.

conjunctions followed by a clause in the subjunctive	
afin que ⎫ **pour que** ⎬	⎰ in order that ⎱ so that
***de peur que...(ne)**	for fear that
***avant que...(ne)**	before
jusqu'à ce que	until
bien que ⎫ **quoique** ⎬	although
pourvu que	provided that
sans que	without
***à moins que...(ne)**	unless

*The non-negative **ne** is used after these expressions without negating the verb (see 22.1 for a similar use of **ne**).

Emile cherchera Odile et Adrien *afin qu*'**ils** *puissent* **aller avec lui retrouver la sphère.**	Emile will look for Odile and Adrien so they can go with him to get the sphere back.
Gaston ne dit pas son nom à Oscar *de peur qu*'**Oscar** *ne vienne* **chercher Emile.**	Gaston doesn't tell Oscar his name for fear that Oscar will come to look for (get) Emile.
Oscar écrira des livres *jusqu'à ce que* **les Gammas** *reviennent.*	Oscar will write books until the Gammas return.
Adrien récite des poèmes *quoiqu*'**il** *ait* **mal aux dents.**	Adrien is reciting poems although he has a toothache.

EXERCICES

A.   Transformez chaque série de phrases comme le modèle l'indique.

Modèle: **Emile est devenu un homme d'affaires. Il n'est pas français. (bien que)** →
        Emile est devenu un homme d'affaires bien qu'il ne soit pas français.

1.   Les juges ont condamné Jeanne. Elle n'était pas coupable. (quoique)

2. Les Gammas ne pourront pas retourner chez eux. Ils retrouveront leur sphère. (à moins que)
3. Je vais expliquer la leçon. Vous pourrez mieux comprendre. (pour que)
4. Nous ne te verrons pas. Tu prends tes vacances. (jusqu'à ce que)
5. Nos parents ne nous permettent pas de faire de l'alpinisme. Nous tombons et nous faisons mal. (de peur que)
6. N'écris pas ton rapport. Etudie le roman de Camus d'abord. (avant que)
7. Denise et Jacques pourront écouter leurs disques de jazz. Ils ne les joueront pas trop fort. (pourvu que)
8. Tu me rendras mon magnétophone dans une semaine. Je ne te le redemanderai pas. (sans que)

B. *Situation:* **Parlez de vous!**
Pour que votre professeur puisse mieux vous aider, répondez aux questions suivantes. Faites des phrases complètes.
1. Bien que vous ayez des difficultés, aimez-vous parler français?
2. Allez-vous au laboratoire de langues pour que votre prononciation soit meilleure?
3. Essayez-vous de parler français avec vos camarades de classe afin que vous fassiez des progrès en conversation?
4. Ecoutez-vous des chanteurs français pour que vous appreniez à connaître la culture française?
5. Faites-vous de la cuisine française quoique vous ne soyez pas un vrai chef de cuisine?

23.4 The expression *ne. . .que* (only)

Ne. . .que is a restrictive expression which corresponds to **seulement** (only). It differs in two ways from other expressions with **ne**.

a. While **ne** is placed before the verb unit, **que** does not necessarily come directly after the verb but is placed before the idea it limits.

Ça *ne* fait *que* douze francs.	That's only twelve francs.
Il *ne* fait *que* travailler.	He is only working./All he does is work./ He does nothing but work.
Vous *ne* devez aller *qu'*à Paris.	You must go only to Paris.
Je *ne* vais partir *qu'*après le dessert.	I am going to leave only after dessert.

b. Because **ne. . .que** is a limiting expression rather than a purely negating one, its use does not affect a following partitive article as do other expressions with **ne** (7.2.c).

Augusta n'achète pas *de* vin.	Augusta doesn't buy any wine.
but	
Adrien et Odile n'achètent que *du* vin.	Adrien and Odile buy only wine.
Roger n'a pas volé *de* maillots de bain.	Roger didn't steal any bathing suits.
but	
Emile n'a volé que *des* maillots de bain.	Emile stole only bathing suits.

EXERCICE

Dans chaque phrase, remplacez le mot **seulement** par l'expression **ne. . .que.** Imitez le modèle.

Modele: **Gaston connaît seulement Emile.**

           Gaston ne connaît qu'Emile.

1. Monsieur Saladin se repose seulement le dimanche.
2. Emile a des idées géniales seulement pour les marchands.
3. Demain vous devrez vous lever seulement à huit heures.
4. Monsieur Gravaille-Bussage veut-il seulement un enfant d'Odile?
5. Iras-tu au cinéma seulement avec elle?
6. Les Duverger ne sont pas actifs: ils veulent seulement regarder la télévision.
7. Vous connaissez seulement deux chanteuses françaises: c'est peu!
8. Chère Madame, votre petite fille a seulement trois ans?   Comme elle est grande!

23.5 The irregular verb *lire* (to read)

    a.   Present indicative

        Lire is an irregular verb with two different stems in the present indicative: **li-** in singular forms and **lis-** in plural forms.

lire			
singular		plural	
je **li s**	I read/am reading/ do read	nous **lis ons**	we read, etc.
tu **li s**	you read, etc.	vous **lis ez**	you read, etc.
il elle } **li t** } on	he/it she/it reads, etc. one	ils elles } **lis ent**	they read, etc.

Lucie *lit* son poème.	Lucie is reading her poem.
***Lisez*-vous souvent des poèmes?**	Do you read poems often?

    b.   Compound past indicative
        The compound past indicative is formed with **avoir** + the irregular past participle **lu.**

***Avez*-vous déjà *lu* le livre *Les Gammas en France*?**	Have you already read the book *Les Gammas in France*?
——Non, je ne l'*ai* jamais *lu*.	No, I've never read it.

    c.   Future indicative; imperative; present subjunctive

        The future, imperative, and present subjunctive are regular in formation.

future:	**Odile *lira* le livre d'Oscar.**	Odile will read Oscar's book.
imperative:	**Ne *lis* pas si vite.**	Don't read so fast!
	***Lisons* ce livre d'Oscar!**	Let's read this book by Oscar!
present subjunctive:	**Il ne veut pas que je *lise* son livre.**	He doesn't want me to read his book.

For other forms of **lire**, see Appendix C.16.

EXERCICES

A.   Faites les substitutions indiquées entre parenthèses.
   1.   **La chanteuse** a-t-elle lu la biographie d'Edith Piaf? (Les jeunes gens, tu, vous, nous)
   2.   **Tu** ne liras pas le scénario du film. (Le metteur en scène, Vous, Les critiques, Je, Nous)
   3.   Il est nécessaire que **vous** lisiez deux romans de Simone de Beauvoir. (Jacqueline, je, nous, les étudiants, tu)
   4.   Lis-**tu** le journal tous les jours? (vous, Etienne, Vos parents, nous)

B.   Complétez les phrases suivantes par la forme appropriée du verbe **lire**.
   1.   Ce sont les meilleurs poèmes que _____ depuis un an. (we have read)
   2.   _____ le rapport que vous avez préparé? (Will she read)
   3.   Les Gammas _____ les livres d'Oscar. (do not read)
   4.   Jules, il faut que vous _____ l'article écrit par votre cousin. (read)
   5.   Mes amis, _____ la transcription des messages de Jeanne d'Arc! (read)
   6.   Ton mari désire que _____ un bon roman cet été. (you read)
   7.   La marchande de journaux _____ tous les journaux qu'elle vend. (does not read)

Voleurs!

[**Scene 1:** *A meeting room. Oscar appears, dressed in Gamma style with a Gamma wig. He holds up a cushion with the sphere on it.*]

OSCAR, PUIS L'ASSISTANCE: Gamma!

OSCAR: Mes amis. Posez des questions sur les Gammas.

JEUNE HOMME: J'ai une question à poser.

OSCAR: Posez-la, cher Monsieur.

JEUNE HOMME: Quelle langue parlent les Gammas qui visitent la France en ce moment?

OSCAR, PUIS L'ASSISTANCE: Les Gammas parlent français.

VIEILLE DAME: Comment s'appellent les Gammas?

OSCAR: Odile, Emile, Adrien.

JEUNE HOMME: Et où sont-ils?!

OSCAR: Chut! Secret!

JEUNE HOMME: [*To his neighbor*] C'est un secret!

[*A scientist enters and noisily takes a seat in the audience.*]

PLUSIEURS PERSONNES: Silence!

VIEILLE DAME: Est-ce qu'Odile est gentille?

OSCAR: Oui, Odile est très gentille. J'ai même écrit un livre sur Odile: *Odile et l'Amour.* [*He holds up a copy.*] Je le vends après la conférence.

VIEILLE DAME: Combien?

OSCAR: Trente-quatre francs!

JEUNE HOMME: Est-ce que les Gammas sont vraiment comme nous?

OSCAR: Oui, ils sont comme nous.

JEUNE HOMME: Mais les savants disent que les Gammas ont une trompe, de grandes oreilles, trois jambes et de très longs cheveux.

OSCAR: Qui a la sphère des Gammas? Les savants ou moi? Voilà la sphère des Gammas. Moi je peux donc dire comment sont les Gammas. Les Gammas n'ont pas de trompe. Ils ont un nez. Ils n'ont pas trois jambes. Ils ont deux jambes comme nous. Et ils ont coupé leurs longs cheveux.

JEUNE HOMME: Ils ont coupé leurs longs cheveux? Pourquoi?

OSCAR: Secret!

JEUNE HOMME: C'est un secret!

OSCAR: J'ai aussi écrit un livre sur les cheveux des Gammas: *Les Gammas coupent leurs cheveux.* Trente-neuf francs!

VIEILLE DAME: Vous pouvez faire voler la sphère?

OSCAR: Oui, les Gammas m'ont dit comment faire voler la sphère.

SCIENTIFIQUE: Faites-la voler!

OSCAR: Cher Monsieur, les Gammas m'ont demandé de ne pas le faire. Les Gammas sont arrivés dans cette sphère. J'ai écrit un livre: *La Sphère des Gammas.* Quarante-trois francs! Quand les Gammas sont venus en France, ils m'ont cherché, moi, Oscar. C'est dans mon livre: *Moi et les Gammas.* Cinquante-huit francs! Les Gammas sont merveilleux. Et la magie Gamma est merveilleuse. Savez-vous que les Gammas peuvent devenir grands, petits, très grands, tout petits? Et qu'ils peuvent disparaître?!

SCIENTIFIQUE: Menteur! [*He goes up on-to the stage and points energetically to Oscar.*] Il ne dit pas la vérité. Il ment! Il parle des Gammas, mais où sont les Gammas? Il nous montre une sphère, mais c'est une banale sphère en bois.

C'est un menteur. Il ne connaît pas les vrais Gammas. Les vrais Gammas ont une trompe, de grandes oreilles, de longs cheveux et trois jambes. Et ils n'ont pas de nez!

OSCAR: Monsieur, j'aimerais bien voir un de vos Gammas.

JEUNE HOMME: Ah! Oui.

SCIENTIFIQUE: Mesdames, Messieurs. J'ai l'honneur et le plaisir de vous présenter un vrai Gamma! [*He claps three times, and a man disguised as a "Gamma", complete with trunk and long ears, enters and goes onto the stage.*] Voilà un vrai Gamma! [*He picks up the sphere.*] Ça, c'est une petite boule en bois. Voilà tout! [*He throws it onto the floor.*]

JEUNE HOMME: J'ai une question à poser.

SCIENTIFIQUE: Posez-la!

JEUNE HOMME: Quelle langue parle votre "Gamma"?

SCIENTIFIQUE: [*Speaking as if to himself*] Quelle langue parle-t-il? . . . Quelle langue? Les vrais Gammas ont une trompe. . .

OSCAR: Non, Monsieur! Faites-le parler!

ASSISTANCE: Oui! Faites-le parler!

OSCAR: Pourquoi vous ne le faites pas parler? Parle, Gamma, parle!

JEUNE HOMME: Parle, Gamma, parle! [*The false Gamma makes a sort of yodeling sound. The audience laughs and boos. The scientist and his "Gamma" leave the stage.*]

OSCAR: Ce n'est pas un Gamma! Non, ce n'est pas un Gamma! Les vrais Gammas parlent français!

ASSISTANCE: Les Gammas parlent français.

OSCAR: Ce n'est pas un Gamma. Il n'est pas beau, et les vrais Gammas sont beaux! Il ne parle pas français et les vrais Gammas parlent français! Les vrais Gammas sont comme les Français! Ils sont comme nous!

ASSISTANCE: Ils sont comme nous!

#   #   #   #

[**Scene 2:** *Megève, a winter resort. Three pseudo-Gammas, who resemble Odile, Emile, and Adrien with their original long hair, come onto the scene.*]

ODILE 2:   Les vrais Gammas parlent français?

ADRIEN 2:   Oui, ils parlent comme nous.

EMILE 2:   Les vrais Gammas sont comme les Français?

ADRIEN 2:   Oui, ils sont comme nous. Et nous sommes comme les Gammas! [*A meeting room, Megève.*]

OSCAR, PUIS L'ASSISTANCE: Gamma!

OSCAR: La construction de la sphère est un secret. C'est dans mon livre: *Comment construire une sphère Gamma.* Soixante-quinze francs!

FAUX GAMMAS: Hou! hou! hou! Voleur! Trop cher!

OSCAR: [*To himself*] Ce sont de faux Gammas. [*To the three*] Qu'est-ce que vous voulez?

ODILE 2:   Vos livres nous intéressent.

ADRIEN 2:   Mais nous n'avons pas d'argent.

EMILE 2:   Et nous voulons voir voler la sphère.

OSCAR: Les Gammas m'ont demandé de ne pas la faire voler.

EMILE 2:   Vous n'êtes pas l'ami des Gammas!

ODILE 2:   Non, vous n'êtes pas l'ami des Gammas!

OSCAR: Et vous êtes de faux Gammas! [*Adrien 2 grabs the sphere and heads for the door.*] La sphère! On m'a volé la sphère Gamma! [*Emile 2 and Odile 2 restrain Oscar, while Adrien 2 makes his escape.*] La sphère Gamma! Oh! On m'a volé la sphère Gamma! [*Interior. The false Gammas kneel around the sphere.*]

EMILE 2:   [*To the sphere*] Gamma! Tu dois devenir grande!

ADRIEN 2:   La sphère n'obéit pas. [*To

the sphere] Deviens grande. Je le veux, Gamma!

EMILE 2:   Ce n'est pas la vraie sphère Gamma!

ODILE 2:   Oscar ne connaît pas les Gammas!

ADRIEN 2:   [*Rapping the sphere against the base on which it has been resting*] C'est du bois. . . C'est seulement du bois! Oscar est un menteur! Cette boule n'est pas la sphère des Gammas! Je vais vendre cette boule.

[*A second-hand store.*]

BROCANTEUR: Un franc, pas plus!

ADRIEN 2:   Dix francs, pas moins!

BROCANTEUR: Dix francs? Mais elle ne vaut rien, votre boule. Elle n'est pas neuve.

ADRIEN 2:   Je veux dix francs!

BROCANTEUR: Tenez! Voilà cinq francs! [*Adrien 2 takes the money and leaves. The dealer places the sphere among many imitation Gamma spheres. Oscar enters.*]

BROCANTEUR: Qu'est-ce que vous cherchez, Monsieur?

OSCAR: Je cherche une boule en bois, Monsieur. On m'a volé la sphère Gamma. La véritable sphère Gamma!

BROCANTEUR: On vous a volé la véritable sphère Gamma? Elle existe vraiment, la véritable sphère Gamma?

OSCAR: Oui . . . elle existe, mas malheuresement on me l'a volée.

BROCANTEUR: [*To himself*] Pauvre homme! [*To Oscar*] Tenez, voilà une belle sphère. Ce n'est, hèlas, pas la vraie.

OSCAR: Combien je vous dois?

BROCANTEUR: Vous ne me devez rien. Je vous la donne.

OSCAR: Merci, Monsieur. [*He leaves.*]

BROCANTEUR: Pauvre homme!

#   #   #   #

[**Scene 3**: *A small seaside town where Oscar is selling his books.*]

VIEILLE DAME: Bonjour, Monsieur.

OSCAR: Bonjour, Madame.

VIEILLE DAME: Oh, je veux serrer la main de l'homme qui connaît les Gammas!

OSCAR: Oh, oui, je connais les Gammas. Ce sont de très bons amis! De très bons amis. [*The three real Gammas have joined the line of book-buyers.*] Vous voulez un de mes livres, chère Madame?

VIEILLE DAME: Oh, oui!

OSCAR: Lequel?

VIEILLE DAME: *Odile et l'amour.*

OSCAR: C'est le livre qui se vend le mieux! Cent francs!

EMILE: [*To Odile, whispering*] Cent francs pour un livre sur toi!

ADRIEN: Quel menteur, cet Oscar! Et quel voleur! Il nous a volé la sphère!

EMILE: Plus bas! Attention à la surprise!

OSCAR: A quel nom, chère Madame?

VIEILLE DAME: Annabelle Bouquet.

OSCAR: [*Writing in the book*] Pour Annabelle Bouquet qui aime tant les Gammas!

VIEILLE DAME: Oh oui, je les aime.

OSCAR: [*To other customers*] *Odile et l'amour*. Cent francs! Merci! Au suivant. [*Emile steps forward.*] Quel livre voulez-vous?

EMILE: *Emile et Oscar!* [*He slaps Oscar.*]

OSCAR: Emile! Odile! Adrien! Mes Gammas!

ADRIEN: [*Grabbing the sphere*] La sphère! Voleur! Tu as volé notre sphère!

OSCAR: [*To the customers*] Voilà les Gammas! Voilà les vrais Gammas! Les Gammas existent!

EMILE: Non, je ne suis pas un Gamma! Je suis ingénieur. A Concarneau, en Bretagne.

ADRIEN: Et moi, je suis poète à Saint-Claude, dans le Jura.

ODILE: Et moi, je suis une militante du

Mouvement Contre les Hommes. M.C.H., à Saint-Claude, dans le Jura.

SPECTATEUR 1: [*To Oscar*] Menteur! Vous ne connaissez pas les Gammas!

SPECTATEUR 2: Les Gammas n'existent pas!

AUTRES SPECTATEURS: Remboursez! Remboursez! Notre argent! Notre argent! [*They besiege Oscar, tear up the books, and leave with the money.*]

OSCAR: [*To the Gammas*] Mes amis! Mes amis! Pourquoi avez-vous fait ça?

ADRIEN: Parce que tu as volé notre sphère!

EMILE: Mais nous avons retrouvé la sphère.

ODILE: Oscar est gentil. Il a écrit un livre sur moi: *Odile et l'amour.* Merci, Oscar, tu es vraiment très gentil.

ADRIEN: [*Placing the sphere on the floor and performing the ritual gesture*] Gamma! Grandis! Je le veux! [*Nothing happens.*]

EMILE: [*To Odile*] Il n'a plus la magie Gamma! [*He tries, in turn. Nothing happens.*] Je n'ai plus la magie Gamma, moi non plus! [*He examines the sphere closely.*] Ce n'est pas notre sphère! Oscar, où est notre sphère?

OSCAR: On me l'a volée.

EMILE: On te l'a volée? Qui te l'a volée?

OSCAR: De faux Gammas.

ADRIEN: Et où?

OSCAR: A Megève.

ODILE: C'est où, Megève?

OSCAR: Dans les Alpes. C'est une station de ski.

ODILE: Des faux Gammas à Megève...

ADRIEN: La sphère! Notre sphère! Jamais plus nous ne la retrouverons. Jamais plus je ne pourrai retourner sur Gamma! Je veux retourner sur Gamma!

EMILE: Nous retrouverons la sphère, Adrien, nous la retrouverons! Je le jure.

ODILE: Nous allons à Megève, Adrien. Nous retrouverons la sphère!

ADRIEN: Je veux revoir Gamma!

EMILE: Qu'est-ce que tu fais, Oscar?

OSCAR: Je téléphone au ministre!

EMILE: Non, tu ne téléphones pas au ministre! Tu viens avec nous à Megève!

OSCAR: Mais les faux Gammas sont dangereux. Ils sont très méchants!

ODILE: Qui a peur des faux Gammas? Personne n'a peur des faux Gammas, Monsieur le Détective! Il faut à tout prix retrouver la sphère. Allons! En avant pour Megève! [*The Gammas leave, with Oscar.*]

VOCABULARY

j' **aimerais** < **aimer** I would like (*COND*)
l' **assistance** (*f.*) audience
   banal ordinary
la **Bretagne** Brittany (province of north-western France)
le **brocanteur** second-hand dealer
   cinquante fifty
la **conférence** lecture
la **construction** construction
   construire[C6] to build
   devoir[C9] + *N* to owe
   écrit < **écrire**[C11] written (*PP*)
   faux, fausse false
l' **honneur** (*m.*) honor

   intéresser to interest
la **langue** language
   lequel? (*m.*) which one?
   même even (*ADV*)
   mentir[C20] to (tell a) lie/be lying
le **mieux** the best (*ADV*)
   moins less
   neuf, neuve (brand) new
   obéir (à) to obey
   poser (une question) to ask (a question)
   quarante forty
la **question** question
   rembourser to refund
le **scientifique** scientist

le **secret** secret
  serrer (la main) to shake (hands)
le **ski** skiing
  soixante-quinze seventy-five
la **station (de ski)** (ski) resort

le **suivant** (the) next (person in line)
  sur about
    un livre sur a book about
  tant so much
  tenez! < **tenir** C29 here! (*CF*)

SPECIAL EXPRESSIONS

à tout prix at any cost
Attention à la surprise! We want to surprise him!
Au suivant. Next.
Combien je vous dois? How much do I owe you?

Elle ne vaut rien. It isn't worth anything.
en avant onward
en ce moment presently
Je le veux. I order it.
plus bas not so loud

SUPPLEMENTARY VOCABULARY

geography and nature	**la géographie et la nature**
border	**la frontière**
coast	**la côte**
country	**le pays**
hill	**la colline**
island	**l'île** (*f.*)
lake	**le lac**
map	**la carte**
mountain chain	**la chaîne (de montagnes)**
mountain mass	**le massif**
national park	**le parc national**
ocean	**l'océan** (*m.*)
plain	**la plaine**
plateau	**le plateau**
province	**la province**
river (emptying into the sea)	**le fleuve**
river (usually a tributary)	**la rivière**
sea	**la mer**
state	**l'état** (*m.*)
valley	**la vallée**
high	**élevé, haut**
low	**bas, -se**
narrow	**étroit**
neighboring	**voisin**
rocky	**rocheux, -euse**
vast, huge	**vaste**
in the city	**en ville**
in the country	**à la campagne**
in the mountains	**à la montagne**
at the seashore	**au bord de la mer**

geography and nature	la géographie et la nature (*cont'd*)
to cross, go/run through	**traverser**
to empty into (said of a river)	**se jeter dans**
to go through/by way of	**passer par**
to run (said of a river)	**couler**

LANGUAGE NOTES AND EXERCISES

24.1 The imperfect indicative (*imparfait*)

a. Formation

(1) The imperfect indicative is the most regular in formation of all tenses. The stem of all verbs except **être** is derived by dropping **-ons** from the first person plural present indicative.

regular verbs	first person plural present indicative	imperfect stem
verbs in **-er**	**nous cherchons**	**cherch-**
verbs in **-ir**	**nous grandissons**	**grandiss-**
verbs in **-re**	**nous entendons**	**entend-**

The stem of **être** is irregular: **ét-**

Imperfect endings for all verbs are as follows:

singular	plural
-ais	-ions
-ais	-iez
-ait	-aient

The singular and third person plural endings all have the same pronunciation, $/\epsilon/$.

(2) In verbs ending in **cer** or **ger**, the stem obtained by following the above rule is used when the stem precedes **a**.

> **je mangeais**   (note the **e**)
>
> **je commençais**   (note the cedilla)

When the imperfect ending begins with **i**, the **e** of **-ger** verbs and the cedilla of **-cer** verbs are no longer needed.

> **nous mangions**   (no **e**)
>
> **nous commencions**   (no cedilla)

(3) The imperfect indicative of impersonal verbs

infinitive	imperfect
falloir	**il fallait**
neiger	**il neigeait**
pleuvoir	**il pleuvait**
valoir	**il valait**

b. Use

The imperfect indicative is a simple tense (a one-word form) used to express an action or state in the past which was not completed ("imperfect" in this sense "not completed"). It is used to describe a past state or condition, or a past action that was habitual, in progress, or interrupted.

past state of mind:	**Vous *vouliez* aller sur Gamma.**	You wanted to go to Gamma.
past condition:	**Tu *étais* malade.**	You were sick.
past habitual action:	**Je *regardais* la télévision tous les soirs.**	I watched/used to watch television every evening.
action in progress in the past:	**Il *prenait* le petit déjeuner.**	He was having breakfast.
interrupted action:	**Elle *lisait* quand nous sommes arrivés.**	She was reading when we arrived.

The two most common verb tenses in the past have several English equivalents. Contrast the following:

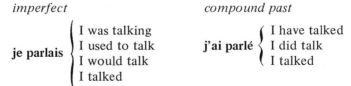

The above equivalents overlap only in the case of "I talked." Choice of tense depends on context.

contrast:
imperfect: I *talked* to him every time I saw him. (habitual action in past, repeated an indefinite number of times)

compound past: I *talked* to him an hour ago. (completed action in past)

Habitual or repeated action is usually determined by the presence of adverbial expressions, such as:

toujours	always
tous les { **jours** / **soirs** }	every { day / evening }
toutes les semaines	every week

tout le temps	all the time
tous les ans	every year
souvent	often
autrefois	formerly
chaque fois	every time
parfois	sometimes, at time
quelquefois	sometimes
rarement	rarely
jamais	never

For additional explanation of the differences between the use of the imperfect and compound past indicative, see 26.1.

EXERCICES

A. Faites les substitutions comme il est indiqué entre parenthèses et faites les autres changements nécessaires.
1. Tous les ans, **j'**allais en vacances à la montagne. (ma tante, nous, les gens, tu)
2. **Tu** étais souvent malade en hiver. (Vous, Nos cousins, Je, Mme Vergeaud)
3. **L'arbre** ne grandissait pas vite. (Nous, Le salaire des Gammas, Vous, Les fleurs)
4. Pensiez-**vous** quelquefois à votre pays? (Les Gammas, tu, Mon frère et moi, elle)

B. Complétez les phrases suivantes par la forme appropriée de l'imparfait.
1. Nous _____ toujours à huit heures quand nous _____ en vacances. (manger, être)
2. Il _____ à faire froid et les enfants _____ sans manteau. (commencer, être)
3. Guillaume _____ l'habitude d'écouter la radio quand il _____ seul. (avoir, manger)
4. Quand vos amis _____ avec vous, vous ne _____ jamais à danser avant minuit.   (sortir, commencer)
5. Il _____ rarement en hiver mais il _____ beaucoup. (neiger, pleuvoir)
6. Les savants _____ étonnés de voir que la petite rivière ne _____ plus au même endroit. (être, couler)
7. Il _____ que j'aille au marché mais je _____ trop mal pour sortir. (falloir, se sentir)

24.2 Idiomatic uses of the imperfect indicative

The imperfect indicative has several common idiomatic uses.
a. **Si** + imperfect indicative
This construction is used to make suggestions or to ask for approval of a suggestion. It corresponds to English "suppose" + subject and present tense verb or "how about" + present participle (-*ing* form of the verb).

Si nous allions à Megève?	Suppose we go to Megève?/How about going to Megève?

Si on *posait* la question?	Suppose we/they/one ask/s the question?/ How about asking the question?

b. Imperfect indicative of **aller** + infinitive

This construction corresponds to the immediate future (present of **aller** + infinitive, 6.3.d) but is used to express a future action as it was viewed from a point in the past.

viewed from the present: (now)	**Ils *vont chercher* la sphère.**	They are going to look for the sphere.
viewed from the past: (then)	**Ils *allaient chercher* la sphère.**	They were going to look for the sphere.

c. Imperfect indicative of **venir de** + *infinitive*

This construction corresponds to the immediate past (present of **venir de** + infinitive, 19.2) but is used to refer to a past action one step further back in time relative to another past action, sometimes implied. The English equivalent of this construction is *had just* + past participle.

present of **venir de**:	**Oscar vient d'écrire un livre sur Odile.**	Oscar has just written a book about Odile.
imperfect of **venir de**:	**Oscar venait d'écrire un livre sur Odile.**	Oscar had just written a book about Odile.

This **venir de** idiom occurs only with the present or imperfect indicative of **venir**.

d. Imperfect indicative with **depuis** and **il y avait. . .que**

(1) This construction corresponds to the present indicative with **depuis** and **il y a. . .que** (12.2). With the imperfect indicative, the construction implies an action that began further back in time and was still continuing at a relatively more recent point in time in the past. The English equivalent of the construction is *had been* + *-ing* form of the verb.

present indicative:	Oscar *parle depuis* un quart d'heure. / *Il y a* un quart d'heure *qu'*Oscar parle.	Oscar has been talking for a quarter of an hour.
imperfect indicative:	Oscar *parlait depuis* un quart d'heure. / *Il y avait* un quart d'heure *qu'*Oscar parlait.	Oscar had been talking for a quarter of an hour.

Il y avait. . .que is used with this idiom in the imperfect indicative rather than **il y a. . .que**. The idiom occurs only in the present or imperfect indicative.

(2) **Depuis** + a point in time (a specific year, day, hour, etc.) answers questions with **depuis quand**, while **depuis** or **il y avait. . .que** + a length of time answers questions with **depuis combien de temps**.

Depuis quand attendaient-ils?	Since when (since what point in time) had they been waiting?
Ils attendaient *depuis* six heures et demie.	They had been waiting since six-thirty.

Depuis combien de temps travaillait-elle dans un restaurant?	(For) How long had she been working in a restaurant?
Elle travaillait dans un restaurant ***depuis*** trois soirs. ***Il y avait*** trois soirs ***qu***'elle travaillait dans un restaurant.	She had been working in a restaurant (for) three evenings.

EXERCICES

A. *Situation:* **Gérard est vraiment gentil!**
Sylvie et Gérard viennent de se marier. Gérard est très gentil et veut toujours faire plaisir à sa femme. Complétez leur conversation. Imitez le modèle.

Sylvie	*Gérard*
Modèle: **J'aime beaucoup le film au Rex.**	(offrir) **Si je t'offrais le cinéma ce soir?**
1. J'aime beaucoup les roses.	1. (acheter) Si j'_____ un bouquet de roses rouges pour toi?
2. J'aime beaucoup les pique-niques.	2. (faire) Si nous _____ un pique-nique dimanche?
3. J'adore la campagne.	3. (aller) Si nous _____ à la campagne demain?
4. J'aime les excursions en montagne.	4. (visiter) Si nous _____ un village dans les Alpes?
5. J'adore les voyages sur la mer Méditerranée.	5. Chérie, je n'ai pas assez d'argent pour ça! (regarder) Si nous _____ la télé?

B. Transformez les phrases suivantes selon les modèles.

Modèles: Vous partiez pour une île du Pacifique. (aller)
→ Vous alliez partir pour une île du Pacifique.

b. Patrick lisait le journal. (venir de)
→ Patrick venait de lire le journal.

1. Tu rentrais de l'épicerie. (venir de)
2. Nous campions près d'un joli lac. (aller)
3. Je visitais un parc national. (venir de)
4. Les touristes regardaient la carte de Normandie. (aller)
5. Le jeune sportif traversait un plateau étroit quand l'accident est arrivé. (aller)
6. Vous regardiez l'île quand le marin vous a appelé. (venir de)

C. Répondez aux questions suivantes en utilisant les expressions de temps indiquées entre parenthèses. Faites attention au temps du verbe! Faites une phrase complète.
1. Depuis quand **écris-tu** cette longue lettre? (une demi-heure)
2. Depuis quand **marchiez**-vous quand vous êtes tombé? (un quart d'heure)
3. Depuis quand Josiane **regardait**-elle la télévision? (cet après-midi)
4. Combien de temps y **a**-t-il que votre mère fait de la cuisine chinoise? (deux mois)
5. Combien de temps y **avait**-il que tu parlais avec Marcel? (trois quarts d'heure)

6. Depuis combien de temps étais-tu au bord de la mer quand tu as rencontré Michel? (une semaine)

24.3 Prepositions + infinitive

The verb form which follows a preposition in French is usually the infinitive. (For the verb forms used after the preposition **après** and **en**, see 38.1 and 39.1.) Notice that the English equivalent is not always an infinitive; it is frequently a present participle (-*ing* form of the verb).

Avant de[1] *partir*, il faut manger quelque chose.	Before leaving, you must eat something.
Pour connaître la France et les Français, il faut vivre avec eux.	To get to know France and the French, you have to live with them.
Ils sont partis *sans payer*.	They left without paying.

EXERCICE

Complétez les phrases suivantes comme il est indiqué.
1. Le petit Joseph cherche son livre _____ ses devoirs. (in order to do)
2. L'éléphant marchait dans sa cage _____ de bruit. (without making)
3. Nous irons à Strasbourg _____ à Paris. (before returning)
4. Monsieur Bougon a téléphoné _____ au gérant du magasin. (in order to speak)
5. Ne quittez pas l'Europe _____ l'île de Corse. (without visiting)
6. La Seine passe par Troyes, Romilly et Melun _____ à Paris. (before arriving)

24.4 Common verbs that take à before a following infinitive

Certain verbs take **à** before a following infinitive; this **à** has no English equivalent.

Les Gammas cherchent *à connaître* la France.	The Gammas are seeking to know France.
Abélard aide Emile et Adrien *à couper* leurs cheveux.	Abélard helps Emile and Adrien cut their hair.

Some of the most common verbs that require **à** before an infinitive are:

aider (qqn) à		to help (s.o.) to
appendre à		to learn to
arriver à		to succeed in (. . . ing)
avoir (qqch) à		to have (sth.) to
chercher à	INF	to try to
commencer à		to begin to/to begin (. . . ing)
continuer à		to continue to/to continue (. . . ing)
se décider à		to decide/resolve to
hésiter à		to hesitate to

[1]N.B. avant de is the proper equivalent of "before" to be used with infinitives.

inviter (qqn) à			to invite (s.o.) to
se **mettre à**			to begin to
renoncer à	INF		to renounce, give up (. . . ing)
réussir à			to succeed in (. . . ing)
tenir à			to be eager to

For a more complete list of verbs taking **à** before a following infinitive, see Appendix D.2.

EXERCICES

A.   Complétez les phrases suivantes comme il est indiqué.   Faites attention aux temps des verbes.
  1.   Qui _____ leur sphère?   (will help the Gammas find)
  2.   Abélard _____ son tricot.   (has not given up finishing)
  3.   Mes parents et moi, nous _____ des projets pour nos vacances.   (are beginning to make)
  4.   Julie, vous _____ en entier[1] le roman *Les Misérables* écrit par Victor Hugo.   (have not yet succeeded in reading)
  5.   Les touristes _____ la plus belle ville des Alpes avant de quitter la France.   (try to see)

B.   Complétez les phrases suivantes avec la préposition *à* si c'est nécessaire.   Faites attention: tous les verbes n'exigent pas cette préposition.
  1.   Nous apprenons _____ parler français.
  2.   Aimes-tu _____ dîner au restaurant?
  3.   Vous hésitez _____ faire de l'alpinisme dans nos montagnes.
  4.   Les Belmar inviteront leurs amis _____ aller à la plage avec eux.
  5.   Cet étudiant déteste _____ répéter trois fois la même phrase.
  6.   Les sportifs n'ont pas renoncé _____ arriver au lac avant la nuit.
  7.   La vieille femme désirait _____ acheter le livre d'Oscar.

24.5 Common verbs that take *de* before a following infinitive

Certain verbs take **de** before a following infinitive; this **de** has no English equivalent.

Arrêtez *de faire* le ventriloque.   Stop playing the ventriloquist.

Philippe nous a dit *de prendre* les bijoux.   Philippe told us to take the jewels.

Some of the most common verbs that require **de** before an infinitive are:

s' **arrêter de**			to stop (. . . ing)
cesser de			to cease (. . . ing)
commander de			to order to
craindre de	INF		to fear (. . . ing)
décider de			to decide to
défendre de			to forbid to
demander (à qqn) de			to ask (s.o.) to
se **dépêcher de**			to hurry to

[1] en entier: in its entirety.

dire (à qqn) de		to tell (s.o.) to
empêcher (qqn) de		to prevent (s.o.) from (. . . ing)
essayer de		to try to/to try (. . . ing)
éviter de		to avoid (. . . ing)
finir de		to finish, stop (. . . ing)
ordonner de	INF	to order to
oublier de		to forget to
permettre (à qqn) de		to permit (s.o.) to
promettre (à qqn) de		to promise (s.o.) to
refuser de		to refuse to
regretter de		to regret (. . . ing)

For a more complete list of verbs taking **de** before a following infinitive, see Appendix
D.3.

EXERCICES

A. Complétez les phrases suivantes comme il est indiqué. Faites attention aux temps des
    verbes.
    1. Il faut que vous _____ au laboratoire de langues tous les jours. (decide to go)
    2. Les Gammas _____ tous les livres. (did not tell Oscar to write)
    3. _____ la province de Bourgogne? (Do you refuse to visit)
    4. _____ sur la carte la plaine de Beauce. (Let us ask our professor to
        show)
    5. Est-ce que cette rivière _____ dans le village depuis l'été dernier?
        (ceased running)
    6. Le professeur Paumé _____ la végétation du plateau. (has finished
        examining)

B. Complétez les phrases suivantes avec la preposition *à* ou *de* si c'est nécessaire. Faites
    attention: tous les verbes n'exigent pas ces prépositions.
    1. Lisette, as-tu oublié _____ écrire à Tante Gisèle?
    2. Oscar ne peut pas _____ vendre son livre moins de 39 francs.
    3. Nous continuerons _____ réciter les poèmes d'Odile.
    4. J'allais _____ regarder la carte de France quand tu es arrivé.
    5. Les alpinistes sont arrivés _____ traverser la Mer de Glace[1] sur le Mont
        Blanc.
    6. Evitez _____ passer par cette route; elle est dangereuse.

C. *Situation:* **Parlez de vos activités!**
    Utilisez un verbe de la 1re colonne (avec la préposition **à** ou **de**) avec un verbe de la 2e
    colonne pour décrire vos activités. Complétez chaque phrase comme il est suggéré à
    la 3e colonne ou comme vous le désirez. Imitez les modèles.

Modèles: a. **J'essaie de me coucher plus tôt.**
          b. **J'ai renoncé à faire du sport le dimanche.**

[1]la glace: ice.

apprendre arriver cesser commencer se décider essayer se mettre oublier renoncer réussir	+ à/de +	se lever se coucher aller en classe parler français en classe lire du français apprendre les verbes français faire mes devoirs écrire à mes amis téléphoner à mes parents préparer un repas français faire du sport aller à la montagne etc.	+	souvent à l'heure tous les jours le dimanche tôt tard etc.

Des sphéres! Encore des sphéres!

[**Scene 1:** *Megève. The Gammas and Oscar, dressed in ordinary city clothes, are walking through the snow. Two skiers pass by.*]

EMILE: [*To Oscar*] Ce sont les voleurs de notre sphère?

OSCAR: Non. Ce ne sont pas eux. Mais nous allons les retrouver!

EMILE: [*Suddenly sinking into the snow, up to his waist*] Je suis ridicule!

OSCAR: Qu'est-ce qui est ridicule, mon cher Emile?

EMILE: Moi, je suis ridicule! [*The others help him out.*] Ces vêtements sont ridicules!

ADRIEN: Oui, ces vêtements sont ridicules dans la neige!

SKIEUR: [*Passing by*] Ces vêtements sont ridicules dans la neige. Vous devez faire du ski!

[*Mr. Loing's second-hand shop.*]

GENEVIEVE: [*Entering*] Bonjour, Monsieur Loing.

M. LOING: Bonjour, ma belle enfant!

GENEVIEVE: Oh! Des sphères Gamma! Monsieur Loing, je veux acheter une sphère!

M. LOING: Une sphère Gamma? Et pour quoi faire?

GENEVIEVE: Je ne sais pas. Mais je veux une sphère Gamma. C'est la mode!

M. LOING: Tout ce qui est Gamma est à la mode, mais personne n'a vu de Gammas.

GENEVIEVE: Si! Il y a des gens qui ont vu les Gammas!

M. LOING: Qui a vu les Gammas?

GENEVIEVE: Qui? Je ne sais pas. [*She hesitates, then makes her choice.*] Je prends cette sphère-là! C'est combien?

M. LOING: Ça fait dix francs.

[*Two other teen-age girls enter the shop.*]

VIOLETTE, PUIS PAULETTE: Geneviève!

GENEVIEVE: Paulette! Violette!

PAULETTE ET VIOLETTE: Bonjour, Monsieur Loing!

M. LOING: Bonjour, mes enfants!

PAULETTE ET VIOLETTE: [*Noticing Geneviève's purchase*] Oh! Une sphère Gamma! J'en veux une aussi!

M. LOING: Elles sont la!

PAULETTE ET VIOLETTE: Oh! Comme elles sont jolies, les sphères. Vous en avez beaucoup!

M. LOING: Combien est-ce que vous en voulez?

PAULETTE ET VIOLETTE: Nous en voulons seulement deux!

PAULETTE: [*To Geneviève*] Celle-là? [*Geneviève shows disapproval.*]

VIOLETTE: J'aime les sphères Gamma! [*She uses a counting rhyme to make her choice.*] Am, stram, gram, pic et pic et colégram.

PAULETTE: Moi aussi, j'adore les sphères Gamma! Am, stram, gram, pic et pic et colégram.

PAULETTE ET VIOLETTE: C'est combien?

M. LOING: Dix francs pour Violette and dix francs pour Paulette!

PAULETTE: Monsieur Loing, la vraie sphère, elle est vraiment comme celle-là?

M. LOING: Je ne sais pas, mon enfant! Je ne l'ai jamais vue!

VIOLETTE: Le détective a montré la vraie sphère à la télévision. Elle était comme cette sphère-là.

[*Another girl enters the shop and goes to the display. She chooses the real Gamma sphere.*]

JEUNE FILLE: J'aimerais acheter cette sphère Gamma!

M. LOING: Celle-là, Mademoiselle?

JEUNE FILLE: Oui, celle-là!

M. LOING: Dix francs, Mademoiselle.

[*She pays M. Loing and leaves.*]

VIOLETTE: C'est qui, celle-là? Qui est-ce?

GENEVIEVE: Je ne sais pas.

M. LOING: Je ne l'ai jamais vue, mais elle est très belle.

VIOLETTE: Peut-être! Mais elle ne parle pas beaucoup. Elle ne salue pas quand elle entre dans le magasin ni quand elle sort.

M. LOING: Qu'est-ce que vous allez faire de ces sphères?

VIOLETTE: On va jouer!

PAULETTE: On va jouer! Il faut avoir une sphère Gamma pour être à la mode!

GENEVIEVE: Nous sommes à la mode!

[*The three girls leave the shop.*]

M. LOING: Mode Gamma! Mode de fous!

#   #   #   #

[**Scene 2:** *Megève. Oscar and the Gammas are all on skis, and wearing appropriate clothes.*]

OSCAR: [*Pointing to some skiers*] Non. Ce ne sont pas les voleurs de votre sphère! Mais nous allons les retrouver!

EMILE: [*Having difficulties with his skis*] C'est ridicule!

OSCAR: Qu'est-ce qui est ridicule, mon cher Emile?

EMILE: Moi, je suis ridicule! Ces bâtons sont ridicules! Ces skis sont ridicules! Et vous, vous êtes ridicules! Et ces vêtements sont ridicules!

OSCAR: Moi, je ne suis pas ridicule! Moi, je sais skier!

EMILE: Nous ne sommes pas ici pour faire du ski; nous sommes ici pour retrouver les voleurs de la sphère!

OSCAR: Nous allons les retrouver!

ODILE: Tu es sûr, Oscar, que nous allons retrouver les voleurs?

OSCAR: Tout à fait sûr!

EMILE: Ces bâtons. . . C'est ridicule!

OSCAR: Halte!

EMILE: Qu'est-ce qu'il y a, Oscar?

ADRIEN: Qu'est-ce qu'il y a?

OSCAR: Lui!

ODILE: Qui. . . lui?

OSCAR: LUI!

EMILE: C'est le voleur de notre sphère?

OSCAR: Non! C'est le ministre! Mon ministre! Youpie!

[*He skis over to the Secretary.*]

MINISTRE: Oscar? Vous, ici?

OSCAR: Hé oui, Monsieur le Ministre: Oscar est à Megève!

MINISTRE: Alors, mon brave? On cherche toujours les Gammas?

OSCAR: Je ne les cherche plus, Monsieur le Ministre! Je les ai trouvés! Monsieur le Ministre, je vous présente les Gammas: Odile. . . Emile. . . Adrien!

MINISTRE: Ah, bonjour, les Gammas!

LES GAMMAS: Bonjour, Monsieur le Ministre!

MINISTRE: Sacré Oscar! Il a trouvé les Gammas! Les Gammas qui font du ski à Megève. Et. . . qu'est-ce qu'ils ont fait de leur sphère, les Gammas?

OSCAR: Elle a été volée! Je ne l'ai plus!

MINISTRE: On vous a volé la sphère! Pauvre Oscar!

OSCAR: Je n'ai pas de chance!

MINISTRE: Ah non! Vous pouvez le dire: vous n'avez pas de chance!

ADRIEN: [*To the Secretary*] Vous ne croyez pas que nous sommes les Gammas?

MINISTRE: Vous êtes un charmant jeune homme. Mais pourquoi voulez-vous être un Gamma? Je vous présente ma fille Blanchette!

ADRIEN: Bonjour, Blanchette. Mon nom est Adrien.

BLANCHETTE: Bonjour, Adrien.

MINISTRE: Mon cher Oscar, si vous avez les Gammas et la sphère, je vous invite à Paris. Mais il faut tout, les Gammas et la sphère. Compris?

OSCAR: Compris!

MINISTRE: [*To Emile and Adrien*] Au revoir, Messieurs! [*To Odile*] Au revoir, Mademoiselle!

EMILE: Au revoir, Monsieur le Ministre!

BLANCHETTE: Au revoir, Adrien!

ADRIEN: Au revoir, Blanchette!

OSCAR: Je veux retrouver la sphère! [*The camera stays on the Secretary and Blanchette.*]

MINISTRE: Oscar et ses amis sont sympathiques. Mais les amis d'Oscar ne sont pas les Gammas. Les Gammas ont une trompe.

BLANCHETTE: Tout le monde suit la mode Gamma en ce moment. Même moi.

MINISTRE: Même toi?

BLANCHETTE: Même moi. J'ai acheté cette sphère Gamma pour être à la mode. Elle te plaît?

MINISTRE: Oui, elle me plaît.

BLANCHETTE: Je te l'offre.

MINISTRE: Un cadeau? C'est gentil. Merci! Je vais la mettre sur mon bureau au ministère. Moi aussi, je vais être à la mode Gamma! [*Back to Oscar and the Gammas.*]

OSCAR: Il faut retrouver les voleurs de la sphère! Il faut les retrouver! [*Three people, with Gamma-style clothes and wigs, are approaching.*] Là!

EMILE: Qu'est-ce qu'il y a?

OSCAR: Les voleurs de la sphère! Ce sont les voleurs de votre sphère!

ADRIEN: Ce sont les voleurs de notre sphère?

OSCAR: Ils viennent ici!

LES GAMMAS: [*Attacking the three pseudo-Gammas*] Voleurs! Vous avez notre sphère! Voleurs! La sphère!

#   #   #   #

[**Scene 3**: *Outside Mr. Loing's shop. Oscar has a grip on Adrien 2.*]

EMILE: [*Indicating the shop*] C'est là?

ADRIEN 2: Oui, c'est là.

OSCAR: C'est là que tu as vendu la vraie sphère Gamma?

ADRIEN 2: La sphère Gamma! La vraie! J'ai vendu une boule en bois dans ce magasin!

OSCAR: C'était la vraie sphère!

ADRIEN 2: Ce n'était pas la vraie sphère!

OSCAR: La sphère que tu as volée était la vraie sphère!

ADRIEN 2: Ce n'était pas la vraie sphère: ce n'était pas une sphère magique! [*Two girls come out of the shop, each with a "Gamma sphere".*]

1re FILLETTE: Je la lance en l'air!

2e FILLETTE: Je la lance encore plus haut! [*Emile and Adrien catch the spheres.*]

LES DEUX FILLETTES: Nos sphères! Ils nous ont pris nos sphères!

EMILE: Je voudrais jouer un peu. Vous permettez?

1re FILLETTE: Vous voulez jouer avec moi? A quel jeu, Monsieur?

ADRIEN: Regardez! [*They place the spheres on the snow and perform the ritual gesture.*]

EMILE: Plus lentement.

ADRIEN: Comme ça. Un peu plus vite! Comme ça!

ADRIEN 2: Ils sont fous!

EMILE: [*Returning the sphere to one of the girls*] Ce n'est pas la sphère Gamma.

ADRIEN: [*Returning the other sphere to the other girl*] C'est une imitation de sphère Gamma!

ADRIEN 2: Tout ça, c'est du commerce! La vraie sphère n'existe pas!

OSCAR: Il y a beaucoup de sphères partout.

EMILE: Mais si tout le monde achète des sphères, la nôtre est peut-être déjà vendue! [*The three Gammas go into the shop. Oscar starts to pull Adrien 2 along.*]

ADRIEN 2: Pourquoi voulez-vous à tout prix la même sphère? La même sphère? Tenez, cinq francs! Achetez-vous une autre sphère!

OSCAR: [*Inside the shop, to Mr. Loing*]: C'est lui qui vous a vendu une sphère Gamma?

M. LOING: Oui, Monsieur, mais . . . [*Emile, seeing the quantity of imitation Gamma spheres, bellows.*] J'ai beaucoup de sphères, n'est-ce pas?

EMILE: Vous en avez trop, Monsieur.

ADRIEN: Nous avons besoin d'une seule sphère.

[*Emile puts one sphere on the floor and performs the ritual gesture.*]

M. LOING: [*To Oscar*] Qu'est-ce qu'il fait?

OSCAR: Il cherche la vraie sphère Gamma.

EMILE: C'est une imitation.

M. LOING: [*To Oscar*] Elle existe vraiment, la vraie sphère Gamma?

OSCAR: Mais oui, Monsieur, elle existe.

M. LOING: Et ce monsieur est un spécialiste de la vraie sphère Gamma?

OSCAR: Ce monsieur connaît les sphères. Vous avez raison, c'est un spécialiste.

[*The Gammas continue their search.*]

EMILE: Une imitation!

ODILE: Elle est trop lourde! Ce n'est pas la nôtre!

ADRIEN: Elle n'est pas assez lourde! Ce n'est pas la nôtre.

M. LOING: Des spécialistes!

ADRIEN 2: Des fous!

OSCAR: Des spécialistes!

ADRIEN: Elle est trop lourde!

ODILE: Elle n'est pas assez lourde!

ADRIEN: Peut-être que celle-ci. . .

ODILE: Oui, c'est celle-ci!

EMILE: [*Examining it in turn*] Je crois que c'est notre sphère. Tu as raison, Odile, je crois que c'est elle! Le même poids. [*He goes through the ritual. Nothing happens. He kicks it out of the way.*] Ce n'est pas notre sphère. Elle est trop lourde!

ADRIEN: C'est la dernière!

[*He sets it on the floor, tries the gesture again. Nothing.*]

ODILE: C'était la dernière!

ADRIEN 2: Ils sont fous! Ils cherchent la vraie sphère Gamma! Mais elle n'existe pas!

EMILE: [*Pointing to Adrien 2*] C'est lui, qui vous a vendu une sphère Gamma?

M. LOING: Oui.

EMILE: [*To Adrien 2*] Où est-elle? Où est-elle?!

ADRIEN 2: Je ne sais pas!

EMILE: Où est cette sphère? Où est-elle?

M. LOING: Elle doit être parmi ces sphères-là!

EMILE: Elle n'y est pas! Où est-elle?

M. LOING: Elle n'est pas dans ce magasin? Alors, je l'ai vendue.

EMILE: Vous avez vendu notre sphère?

M. LOING: Oui. . . Peut-être. . . Je ne savais pas que c'était une sphère magique.

EMILE: A qui avez-vous vendu la sphère?

M. LOING: A qui j'ai vendu la sphère?

EMILE: Oui! A qui?

M. LOING: Mais je ne sais pas, Monsieur! Je vends beaucoup de sphères.

EMILE: A qui? Qu'est-ce que vous faites?

M. LOING: Je réfléchis. . . J'ai trouvé: Geneviève! Geneviève m'a acheté une sphère! Et Paulette aussi! Et Violette. . . et. . . ah oui. . . une jeune fille mystérieuse. . .

EMILE: Le nom de cette jeune fille mystérieuse?

M. LOING: Je dis qu'elle est "mystérieuse". Cela veut dire que je ne la connais pas.

EMILE: Où habite-t-elle?

M. LOING: Mais je ne sais pas!!

ADRIEN: Il ne sait pas.

M. LOING: Je ne la connais pas. Mais elle est très belle. Elle a acheté une sphère. Geneviève aussi a acheté une sphère. Et Violette . . . et Paulette.

ADRIEN 2: [*Leaving the shop*] Au revoir, Messieurs-Dames. Vous êtes fous!

ODILE: Qu'est-ce qu'on fait?

EMILE: Il faut retrouver toutes les jeunes filles qui ont acheté des sphères ici! Geneviève, Paulette, Violette et surtout la jeune fille "mystérieuse".

VOCABULARY

avoir[C3] **besoin de** to need
avoir[C3] **raison** to be right
le **bâton** (ski) pole
mon **brave** my good man
le **bureau** desk
ce qui what, that which
celle-ci (*f.*) this one
celle-là (*f.*) that one; that girl
le **dernier, la dernière** the last one
en (+ *V*) of them
le **fou** crazy person
halte! stop!
hé (oui) oh (yes)
l' **imitation** (*f.*) imitation
le **jeu** game
joli pretty
jouer (à) to play

lancer to toss
mystérieux, -euse mysterious
le/la **nôtre** ours
parmi among
un **peu** a bit
le **poids** weight
pris < **prendre**[C24] taken (*PP*)
ridicule ridiculous
sacré here: that rascal
saluer to greet (people)
le **ski** ski
le **skieur** skier
le **spécialiste** specialist
il **suit** < **suivre**[C28] he's following
le **vrai** the real one
y there
youpie! yippee!

SPECIAL EXPRESSIONS

à la télévision on television
Am, stram, gram, pic et pic et colégram. . .
 Eenie, meenie, minie, mo . . .
Ça fait dix francs. That's ten francs.
C'est là? Is this the place?
Elle te plaît? Do you like it?

faire du ski to go skiing
Il faut tout. You must have everything.
Je te l'offre. It's a gift for you.
Moi, je sais skier. *I* know how to ski.
On vous a volé la sphère. The sphere was
 stolen from you.

SUPPLEMENTARY VOCABULARY

sports	**les sports** (*m.*)		
	to play + sport	**jouer à** } **faire de** } + definite article + name of sport	
	to win	**gagner**	
	to lose	**perdre**	
	to be in } shape	**être** } **en forme**	
	to get into }	**se mettre** }	
baseball	**le baseball**	racquetball	**le racquet**
basketball	**le basket(ball)**	rugby	**le rugby**
football	**le football américain**	soccer	**le football**
golf	**le golf**	tennis	**le tennis**
	game, sporting event but	**le match**	
	tennis game	**la partie de tennis**	

sports les sports (*m.*) *cont'd.*			
	(horse) race	**la course (de chevaux)**	
	tournament	**le tournoi**	
	fan	**le fan**	
	spectator	**le spectateur**	
	team	**l'équipe** (*f.*)	
to ice skate	**patiner**	skin-diving	**la plongée sous-marine**
to jog	**faire** { **du footing** / **du jogging**	surfboard	**la planche de surf**
		to swim	**nager**
		swimming	**la natation**
motor boat	**le bateau à moteur**	water skiing	**le ski nautique**
sail boat	**le bateau à voile**	wind surfing	**la planche à voile**

LANGUAGE NOTES AND EXERCISES

25.1 The use of *ce* + relative pronouns *qui, que,* and *dont*

a. The relative pronouns presented in 17.4 refer back to an antecedent expressed earlier in the sentence. Usually, this antecedent is a specific noun or pronoun with number and gender. However, when the antecedent is an unnamed thing or an idea, **ce** serves as the antecedent of the relative pronoun and combines with it to form a compound relative pronoun. The most common compound relative pronouns are:

subject	direct object	with **dont** (de + relative pronoun)
ce qui	**ce que**	**ce dont**

Donne-moi *ce qui* est sur la table!	Give me what (that which) is on the table.
La sphère fait *ce que* je veux.	The sphere does what (that which) I want.
***Ce dont* elle parle est très intéressant.**	What she's talking about (that about which she is talking) is very interesting.

This "what" must not be confused with the interrogative adjective or pronoun "what" that asks a question, or with the exclamatory "what."

Contrast:	***Que* faites-vous?**	*What* are you doing?
	***Ce que* vous faites est bien.**	*What* you are doing is nice.
	***Quel* travail!**	*What* work!/*What* a job!

In normal conversational speech, the **e** of **ce** of the forms **ce qui** and **ce que** is not pronounced:

	c¢ qui	/ski/
	c¢ que	/skə/

b. Sometimes the compound relative pronoun is preceded by **tout** and the whole combination corresponds to English "everything."

Tout ce qui est Gamma est à la mode.	Everything that's (all that which is) Gamma is in style.
La sphère fait *tout ce que* je veux.	The sphere is doing everything I want.
Tout ce dont elle parle est très intéressant.	Everything she talks about is very interesting.

EXERCICE

Complétez les phrases suivantes par **(tout) ce qui, (tout) ce que** ou **(tout) ce dont.**
1   Monsieur Loing vend _____ Geneviève veut: des sphères Gamma. (what)
2. _____ est mystérieux à Megève, c'est la grande jeune fille blonde. (what)
3. _____ vous dites est vraiment incroyable. (all that)
4. Vous parlez de la politique; savez-vous vraiment _____ vous parlez? (what)
5. Oscar ne comprend pas _____ est arrivé. (all that)
6. Faire du ski, ce n'est pas _____ Emile a envie! (what)

25.2 The irregular verb *suivre* (to follow)

a. Present indicative
      Suivre is an irregular verb with two different stems in the present indicative: **sui-** in singular forms and **suiv-** in plural forms.

suivre					
singular			plural		
je	*sui s*	I follow/do follow am following	nous	*suiv ons*	we follow, etc.
tu	*sui s*	you follow, etc.	vous	*suiv ez*	you follow, etc.
il elle on	*sui t*	he/it she/it one } follows, etc.	ils elles	*suiv ent*	they follow, etc.

N.B. The first person singular form has the same spelling and pronunciation as that form of **être.** The meaning of these two identical verb forms is usually clear from context.

Suivez-vous la mode Gamma?	Are you following the Gamma style?
——Non, je ne la *suis* pas en ce moment.	No, I'm not following it just now.
——Mais tout le monde *suit* la mode Gamma!	But everyone is following the Gamma style!

b. Compound past indicative

The compound past indicative is formed with **avoir** and the irregular past participle **suivi**.

Ils *ont* tous *suivi* Barnabé.	They all followed Barnabé.
N'*a*-t-il pas *suivi* le gendarme?	Didn't he follow the policeman?

c. Future and imperfect indicative; imperative; present subjunctive

The future, imperfect, imperative, and present subjunctive of **suivre** are regular in formation.

future:	**Ils ne *suivront* pas Oscar.**	They will not follow Oscar.
imperfect:	**D'abord, Emile ne *suivait* pas Odile et Adrien.**	At first, Emile didn't follow/ wasn't following Odile and Adrien.
imperative:	**Barnabé leur dit: *Suivez*-moi!** **Ne *suis* pas Augusta, Odile!**	Follow me! Don't follow Augusta, Odile!
present subjunctive:	**Elle est contente que nous la *suivons*.**	She is pleased that we are following her.

For other forms of **suivre**, see Appendix C.28.

d. Additional meaning

When **suivre** is followed by the word **cours** (*m.*), it corresponds to English "to take" (a course).

Moi, je *suis* un cours de philosophie, mais lui, il *suit* un cours de géologie.   *I* am taking a philosophy course, but *he* is taking a geology course.

EXERCICES

A. Faites les substitutions indiquées entre parenthèses.
  1. **Paulette** a suivi Geneviève dans le magasin.   (Tu, Vous et moi, Les Gammas, Je)
  2. Suis-**tu** toujours la mode?   (nous, elles, Ta mère, vous)
  3. **Le journaliste** ne suivait pas la course.   (Je, Les photographes, Nous, Tes amis et toi)
  4. Suivrez-**vous** le match de tennis à la télé ce soir?   (tu, Les fans, Votre secrétaire, nous)

B. Complétez les phrases suivantes comme il est indiqué entre parenthèses.
  1. Il n'est pas possible que _____ les skieurs jusqu'à l'hôtel.   (you follow)
  2. La mode parisienne? Agnès _____ l'année dernière!   (followed it)
  3. Henri, _____ ton petit frère pour qu'il ne tombe pas dans la neige! (follow)
  4. Les gendarmes _____ les Gammas dans la ville.   (are following)
  5. Le jeune sportif _____ l'exemple des champions.   (will follow)
  6. Depuis quand les voitures (*f.*) des policiers nous _____?   (had been following[1])
  7. Mon camarade Jules et moi, nous _____ un cours vraiment intéressant. (are taking)

[1]To help you handle this particular case, see 24.2.

25.3 The adverbs *y* and *en*

Y and **en** may be used as adverbs to replace prepositional phrases of location already mentioned.

a. **Y** meaning "there" may replace noun phrases introduced by prepositions such as:

à	at, to, in	**en**	in
dans	in	**sous**	under
devant	in front of	**sur**	on
derrière	behind		

Etes-vous jamais allé *en France*?	Have you ever gone to France?
——Oui, j'*y* suis allé.	Yes, I have (gone there).
La jeune fille mystérieuse n'est pas *dans le magasin*. Elle n'*y* est pas.	The mysterious girl is not in the shop. She's not there.

Y may also replace **là**.

Elle est *là*?	Is she there?
——Oui, elle *y* est.	Yes, she's there.

b. **En** meaning "from there" may be a noun phrases consisting of the preposition **de** (from) + noun of location.

Il est revenu *de Paris* hier soir.	He returned from Paris last night.
Il *en* est revenu.	He returned from there.

c. The adverbs **y** and **en** follow the same rules for placement as the direct and indirect object pronouns presented in 13.3 and 14.1.

Elle est allée au magasin. N'*y* est-il pas allé aussi?	She went to the store. Didn't he go there, too?
Revenez de Paris samedi! Revenez-*en*! N'*en* revenez pas sans eux!	Come back from Paris Saturday! Come back (from there)! Don't come back (from there) without them!

An -s must be added to the imperative **va** before **y**.

Va à Paris mardi!	Go to Paris Tuesday!
Va*s-y*!	Go there!

The past participle never agrees with either **y** or **en**.

Il est allé en France.	He went to France.
Il *y* est allé.	He went there.
Il est venu de Gamma.	He came from Gamma.
Il *en* est venu.	He came from there.

d. **Idiomatic uses of the adverb _y_**

Idiomatic uses of **y** make no reference to a specific location.

(1) **il + y + avoir** (to be, exist)

Il y aura beaucoup de sphères à examiner.	There will be a lot of spheres to examine.

(2) **il y a** + time expression (time expression + ago)

_il y a_ cinq ans j'habitais en Bourgogne.	Five years ago I lived in Burgundy.
Elle m'a téléphoné _il y a_ dix minutes.	She called me ten minutes ago.

(3) **y + aller** (to go to it, to go ahead/on)

Vas-y!	Go to it!
Allez-y!	Go ahead/on!

EXERCICES

A. Répondez aux questions suivantes avec **y** ou **en** pour remplacer le nom de lieu[1]. Imitez les modèles.

Modèles: a. Quand allez-vous **à Megève**?   (ce soir)
              → J'y vais ce soir.
          b. Avec qui reviens-tu **du lycée**?   (avec ma cousine Elise)
              → J'en reviens avec ma cousine Elise.

1. Avec qui allez-vous **à la montagne**?   (avec mes parents)
2. Quand ton oncle reviendra-t-il **du court de tennis**?   (à 6 heures)
3. Etes-vous allé(e) **à la plage** cet été?   (Non, . . .)
4. Est-ce que votre professeur est **dans la salle de classe**?   (Mais oui, . . .)
5. Etes-vous revenu(e) **de la bibliothèque** avec votre meilleure amie?   (Oui, . . . / Non, . . .)
6. Es-tu allé(e) **sur Gamma**?   (Mais non, . . .)

B. _Situation:_ **Quel choix difficile!**
Votre mère vous donne des bons conseils. Une petite voix (bonne ou mauvaise) vous dit de faire ce qu'elle demande . . . ou de ne pas le faire. Imaginez ce que dit "la petite voix". Imitez les modèles.

Votre mère	_La bonne voix_	_La mauvaise voix_
Modèles: Va vite à tes cours!	Vas-y vite!	N'y va pas vite!
Reviens vite du cinéma!	Reviens-en vite!	N'en reviens pas vite!

1. Va à la conférence!
2. Reviens du magasin dans une heure!
3. Reste à la bibliothèque!
4. Va à la pharmacie tout de suite!
5. Reviens du café à l'heure!

	La bonne voix	_La mauvaise voix_
1.	1. _____	1. _____
2.	2. _____	2. _____
3.	3. _____	3. _____
4.	4. _____	4. _____
5.	5. _____	5. _____

[1]**le lieu:** place.

C. Complétez les phrases suivantes comme il est indiqué entre parenthèses.
1. Les skieurs sont arrivés à Megève _____ une semaine. (ago)
2. _____ beaucoup de fans qui regardaient patiner les jeunes champions. (There were)
3. _____ un match de tennis qui est présenté à la télé ce soir. (There is)
4. _____ deux mois, nous avons fait du bateau à voile sur le lac Supérieur. (ago)

25.4 Geographical names

a. While some geographical names are the same in French and English, many others differ, as can be seen by the representative list below.

continents **les continents** (*m.*) (all are feminine)			
English	French	adjective	inhabitant (noun)
Africa	**l'Afrique**	africain, -e	Africain, -e
Asia	**l'Asie**	asiatique	Asiatique
Australia	**l'Australie**	australien, -ne	Australien, -ne
Europe	**l'Europe**	européen, -ne	Européen, -ne
North America	**l'Amérique du nord**	nord-américain, -e	Nord-américain, -e
South America	**l'Amérique du sud**	sud-américain, -e	Sud-américain, -e
The Americas	**l'Amérique**	américain, -e	Américain, -e

countries **les pays**			
English	French	adjective	inhabitant (noun)
Algeria	**l'Algérie** (*f.*)	algérien, -ne	Algérien, -ne
Belgium	**la Belgique**	belge	Belge
Brazil	**le Brésil**	brésillien, -ne	Brésilien, -ne
Canada	**le Canada**	canadien, -ne	Canadien, -ne
Chili	**le Chili**	chilien, -ne	Chilien, -ne
China	**la Chine**	chinois, -e	Chinois, -e
Egypt	**l'Egypte** (*f.*)	egyptien, -ne	Egyptien, -ne
England	**l'Angleterre** (*f.*)	anglais, -e	Anglais, -e
France	**la France**	français, -e	Français, -e
Germany	**l'Allemagne** (*f.*)	allemand, -e	Allemand, -e
West Germany	**la République fédérale d'Allemagne (R.F.A.)**	allemand, -e	Allemand, -e

countries les pays (*cont'd.*)			
East Germany	**la République démocratique allemande (R.D.A.)**	allemand, -e	Allemand, -e
Iran	**l'Iran** (*m.*)	iranien, -ne	Iranien, -ne
Ireland	**l'Irlande** (*f.*)	irlandais, -e	Irlandais, -e
Israel	**Israël** (no article)	israélien, -ne	Israélien, -ne
Italy	**l'Italie** (*f.*)	italien, -ne	Italien, -ne
Japan	**le Japon**	japonais, -e	Japonais, -e
Luxembourg	**le Luxembourg**	luxembourgeois, -e	Luxembourgeois, -e
Mexico	**le Mexique**	mexicain, -e	Mexicain, -e
The Netherlands	**les Pays-Bas** (*m.*)	néerlandais, -e	Néerlandais, -e
Portugal	**le Portugal**	portugais, -e	Portugais, -e
Russia	**la Russie**	russe	Russe
Scotland	**l'Ecosse** (*f.*)	écossais, -e	Ecossais, -e
Senegal	**le Sénégal**	sénégalais, -e	Sénégalais, -e
Spain	**l'Espagne** (*f.*)	espagnol, -e	Espagnol, -e
Switzerland	**la Suisse**	suisse	Suisse
United States	**les Etats-Unis** (*m.*)	américain, -e	Américain, -e
Zaïre	**le Zaïre**	zaïrois, -e	Zaïrois, -e

b. The names of some states of the United States which end in **a** or **ia** end in **e** or **ie** in French and are feminine in gender.

California	**la Californie**
Florida	**la Floride**
Louisiana	**la Louisiane**
Pennsylvania	**la Pennsylvanie**
Virginia	**la Virginie**

c. The definite article is ordinarily used with geographical names, except as noted in 25.5.

La **France et** *les* **Etats-Unis sont des amis.**   France and the United States are friends.

Le **Japon est un pays asiatique.**   Japan is an Asian country.

Paris est la capitale de *la* **France.**   Paris is the capital of France.

d. Nationality adjectives are never capitalized.

Je vais voir mes amis *italiens* **cet été.**   I am going to see my Italian friends this summer.

Elle vient d'acheter une statue *africaine.*   She has just bought an African statue.

e. Inhabitants of cities, states, and provinces are often described by names based on their place of residence, as in the examples which follow.

Il est *parisien* **; elle est** *new-yorkaise.*   He is Parisian; she is from New York.

Ils sont *bavarois*; ils ne sont pas *bretons*.   They are Bavarian; they are not Breton.

Nous sommes *californiens*.   We are from California.

EXERCICE

Un jeu géographique. Regardez bien une carte de l'Europe. Completétez ensuit les phrases suivantes. Imitez le modèle.

Modèle: Paris est la capitale **de la France** et la majorité de ses habitants sont **français**.

1. Londres est la capitale _____ et la majorité de ses habitants sont _____
    _____ .

2. Berlin est la capitale _____ et la majorité de ses habitants sont _____
    _____ .

3. Lisbonne est la capitale _____ et la majorité de ses habitants sont _____
    _____ .

4. Amsterdam est la capitale _____ et la majorité de ses habitants sont _____
    _____ .

5. Madrid est la capitale _____ et la majorité de ses habitants sont _____
    _____ .

6. Berne est la capitale _____ et la majorité de ses habitants sont _____
    _____ .

25.5 Prepositions with geographical names

with ↓	location (at/in)	destination (to)	origin (from)
	à		**de**
names of CITIES	Les Gammas sont **à** Megève.	Ils vont bientôt **à** Paris.	Ils viennent **de** Saint-Claude.
N.B. (see 15.2.c.)	contraction with **le** or **les** of cities with definite article as part of name.		
	Ils sont **au** Havre.		Ils viennent **du** Havre.
	en		**de**
Feminine singular names of PROVINCES, STATES, and COUNTRIES, and all CONTINENTS	Roger n'est pas **en** Bretagne.	Il est rentré **en** Bourgogne.	Il reviendra **de** Bourgogne plus tard.
	Tu travailles **en** Louisiane.	Cet été ils iront **en** Floride.	Elle vient **de** Californie.
	Ils sont **en** { Chine. / Asie.	Ils vont **en** { Egypte. / Afrique.	Elle vient d'arriver { **d'**Italie. / **d'**Europe.
	N.B. no definite article		N.B. no definite article

(cont'd.)	(at/in)	(to)	(from)
Masculine names of PROVINCES and STATES	**dans** + definite article Tu habites **dans le** Vermont.	Irez-vous **dans le** Manitoba l'été prochain?	**de** + definite article Nous revenons **de** l'Artois. Il arrive **du** Nevada.
Plural geographical names (*m.* and *f.*) and names of masculine COUNTRIES beginning with a consonant	**à** + definite article Nous sommes **aux** Etats-Unis. Vous êtes **au** Brésil.	Tu vas **aux** Antilles. Nous irons **au** Mexique.	**de** + definite article Envoyez la lettre **des** Indes. Elles sont venues **du** Canada.
Masculine names of COUNTRIES beginning with a vowel	**en** Il va travailler **en** Israël.	Nous n'allons pas **en** Iran.	**de** Il arrive **d'**Israël.
STATES (*m.* and *f.*) as an alternate construction	**dans l'état de** Elles sont **dans l'état de** { Caroline du Nord / Washington. }	Elles vont la semaine prochaine **dans l'état** { **de** Texas. / **d'**Alabama. }	**de l'état de** Elle lui a écrit **de l'état de** { Nevada. / Virginie. }

EXERCICES

A. *Situation:* **Nos amis voyagent partout**

Complétez par la préposition appropriée.

Nous amis, les Leduc, voyagent beaucoup. L'été dernier, ils sont allés _____ Japon et _____ Chine et ils nous ont écrit _____ Tokyo. Pendant l'hiver, ils étaient _____ Afrique, _____ Caire[1], et ensuite ils sont allés

[1]Cette ville s'appelle le Caire.

_____ Zaïre. Ils nous ont écrit _____ Kinshasa, la capitale de ce pays. Quand ils sont rentrés _____ Afrique, ils sont allés voir leurs amis dans leur ranch _____ Californie. L'été prochain, ils iront _____ Montana et ensuite _____ Canada. Ils veulent aller _____ Vancouver. Quand ils rentreront _____ France, ils seront bien contents d'aller se reposer dans leur maison de campagne _____ Bourgogne. Quels voyageurs!

B. *Situation:* **Je prépare mon voyage en France**

Etudiez la table qui donne des noms de villes avec leur province. Imaginez que vous préparez un voyage en France et que vous choisissez trois villes pour aller à la plage et trois villes pour aller à la montagne. Imitez le modèle.

Modèle: J'irai à Megève en Savoie parce que j'aime aller à la montagne

	ville	province
à la montagne	Grenoble	le Dauphiné
	Chamonix	la Savoie
	Megève	la Savoie
	Pau	le Béarn
	Prades	le Roussillon
à la plage	Saint-Malo	la Bretagne
	Le Touquet	l'Artois (*m.*)
	Les Sables-d'Olonne	la Vendée
	Saint-Tropez	la Provence
	Nice	la Provence

Quelle histoire!

[**Scene 1**: *Megève. The three Gammas are standing in the snow, outside a house.*]

ODILE: J'ai froid!

EMILE: Marche un peu!

ADRIEN: C'est long. Tu crois qu'elle a notre sphère?

OSCAR: [*Arriving*] Elle arrive. Geneviève arrive.

GENEVIEVE: [*Suddenly stopping, on her way to the house*] Qu'est-ce que vous faites là?

OSCAR: On vous attend.

GENEVIEVE: Et pourquoi m'attendez-vous?

OSCAR: Vous avez acheté une sphère chez M. Loing.

GENEVIEVE: J'ai acheté quoi chez M. Loing?

EMILE: Une sphère Gamma!
[*Geneviève runs away.*]

ADRIEN: Qu'est-ce qu'elle a?

OSCAR: Elle est coupable.

ADRIEN: Qu'est-ce que c'est, "coupable"?

OSCAR: Geneviève a fait quelque chose de mal. . . la sphère. . .

ADRIEN: Qu'est-ce qu'elle a fait avec la sphère?

OSCAR: C'est ce qu'il faut trouver.

EMILE: Et qu'est-ce que nous faisons?

OSCAR: Nous attendons!
[*Geneviève, Paulette, and Violette arrive at a sort of cabin in the snow.*]

PAULETTE: Qu'est-ce qu'il y a? Mon Dieu, ma chère Geneviève, dis-nous vite ce qu'il y a.

GENEVIEVE: C'est terrible!

PAULETTE ET VIOLETTE: C'est terrible! Qu'est-ce qui est terrible?

GENEVIEVE: Trois hommes. . . une femme. . .

PAULETTE ET VIOLETTE: Trois hommes. . . une femme?

GENEVIEVE: Oui. Devant chez moi.

PAULETTE ET VIOLETTE: Devant chez toi!

VIOLETTE: Qu'est-ce qu'ils voulaient?

GENEVIEVE: La sphère.

PAULETTE: Ils voulaient quoi?

GENEVIEVE: Ils voulaient la sphère Gamma!

PAULETTE ET VIOLETTE: La sphère Gamma! Pourquoi? C'est un jouet.

GENEVIEVE: Je ne sais pas.

PAULETTE ET VIOLETTE: Il ne faut pas leur donner ta sphère!

PAULETTE: Pourquoi veulent-ils ta sphère? C'est un jouet. C'est la mode.

GENEVIEVE: Ce sont peut-être des espions.

VIOLETTE: Il y a peut-être le plan d'un sous-marin atomique dans la sphère.

GENEVIEVE ET PAULETTE: Oui, il y a le plan d'un sous-marin atomique dans la sphère.

PAULETTE ET VIOLETTE: Jure-nous que tu ne donneras pas le plan du sous-marin atomique à ces trois hommes et à cette femme!

GENEVIEVE: Je le jure! Ils n'auront pas la sphère, je le jure!
[*Outside Geneviève's house.*]

OSCAR: Pour faire le nez du bonhomme de neige, on met une carotte!

EMILE: Oui, bon. On met une carotte pour faire le nez du bonhomme de neige. Il faut que Geneviève me montre la sphère!

OSCAR: Il faut attendre son retour. Qu'est-ce qu'elle a fait avec la sphère?

ADRIEN: Geneviève arrive!

OSCAR: Cachons-nous!

GENEVIEVE: [*To herself, looking around*]

347

Personne! Quatre bonshommes de neige! Quatre! Les espions sont cachés dedans. [*She goes into the house, returns with several pieces of rope, and proceeds to tie up the snowmen one after another.*] Je sais que vous êtes un espion. Vous avez caché le plan du sous-marin atomique dans la sphère. Et maintenant, vous vous cachez dans ce bonhomme de neige. Au nom de la France, je vous fais prisonnier. [*Adrien goes into Geneviève's house and comes out with the sphere.*] Pourquoi voulez-vous la sphère Gamma, hein? C'est parce qu'il y a un plan à l'intérieur! Un plan important! Et maintenant, je vais cacher la sphère! Attendez ici, Monsieur l'Espion!

EMILE: [*After placing the sphere on the snow and going through the ritual*] Ce n'est pas la sphère Gamma! Il faut voir Paulette et Violette. [*The Gammas leave, followed by Oscar, who keeps the sphere.*]

GENEVIEVE: [*Coming back out of the house*] On a volé ma sphère!

#   #   #   #

[**Scene 2**: *The cabin in the snow.*]

GENEVIEVE: Ils ont volé ma sphère!

PAULETTE ET VIOLETTE: Ils sont venus nous demander aussi les sphères!

GENEVIEVE: Ils vous ont demandé les sphères?

PAULETTE ET VIOLETTE: Oui!

GENEVIEVE: Vous ne leur avez rien donné, j'espère.

PAULETTE ET VIOLETTE: Non! Mais où les cacher?

GENEVIEVE: Dans la neige.

PAULETTE: Très bonne idée. Je cache ma sphère dans la neige.

VIOLETTE: Moi aussi. Je cache ma sphère dans la neige. [*The Gammas and Oscar, at some distance from the cabin.*]

EMILE: Quelle histoire pour retrouver la sphère.

OSCAR: Paulette et Violette sont coupables.

EMILE: Coupables? Mais non. Elles sont folles!

ADRIEN: Elles savent peut-être qu'une des sphères est la sphère Gamma.

EMILE: Mais non! Elles sont folles! Quelle histoire pour retrouver la sphère!

GENEVIEVE: [*Seeing Oscar and the Gammas*] Ils viennent ici!

VIOLETTE: Ils nous ont suivies. Ce sont des espions!

PAULETTE: Je n'ai pas peur. Je le jure!

EMILE: Bonjour, Violette. Bonjour, Geneviève. Bonjour, Paulette. [*No answer.*] Elles ne sont pas polies!

OSCAR: Non. Elles ne sont pas polies.

PAULETTE: Nous ne sommes jamais polies avec des espions.

OSCAR: Des espions! Mais nous ne sommes pas des espions! Ce sont mes amis. Et moi, je suis Oscar, détective.

LES TROIS JEUNES FILLES: Détective!

OSCAR: Oui. Vous avez acheté des sphères Gamma chez M. Loing. Qu'est-ce que vous en avez fait? Où sont-elles?

PAULETTE ET VIOLETTE: Nous ne dirons rien.

GENEVIEVE: La mienne, vous me l'avez volée!

OSCAR: Mais non. La voici!

GENEVIEVE: Oh, ma sphère! C'est bien ma sphère! C'est bien elle! [*Odile and Adrien hunt for the missing spheres.*]

VIOLETTE: Et pourquoi voulez-vous voir nos sphères?

EMILE: [*To Oscar, who was about to reply*] Tais-toi, Oscar, c'est moi qui parle maintenant. J'avais, j'ai. . . j'ai une grand-mère. Elle m'a offert une sphère Gamma. J'aimais beaucoup ma

sphère Gamma, parce que j'aime
beaucoup ma grand-mère.

PAULETTE: Moi aussi j'aime ma grand-mère.
Il faut aimer sa grand-mère.

EMILE: Eh bien, quelqu'un m'a volé
la sphère. Quelqu'un l'a vendue à
M. Loing.

PAULETTE: Nous avons acheté nos sphères
chez M. Loing.

ADRIEN: J'en ai trouvé une!

ODILE: J'ai trouvé l'autre!

OSCAR: [To the girls] Ne bougez pas!
[Emile places one sphere on the snow
and goes through the ritual.]

PAULETTE: Qu'est-ce qu'il fait?

OSCAR: Il regarde la sphère de sa
grand-mère.

PAULETTE: La sphère de sa grand-mère?

OSCAR: Oui, oui. C'est ça! La sphère
de sa grand-mère!

EMILE: Ce n'est pas elle.
[He places the other sphere in front
of him.]

ADRIEN: Tu as encore de l'énergie, Emile?

EMILE: Silence! Ce n'est pas ma sphère.

VIOLETTE: [To Geneviève] Il n'avait
pas volé le plan du sous-marin
atomique.

PAULETTE: Vous retrouverez la sphère
de votre grand-mère. Vous la
retrouverez.

EMILE: Vous croyez?

PAULETTE: Oui, bien sûr. Et bon courage!

OSCAR: Il faut retrouver "la jeune fille
mystérieuse".

GENEVIEVE: "La jeune fille mystérieuse"...
Qui est la jeune fille mystérieuse?

OSCAR: Une jeune fille a acheté une
sphère chez M. Loing. Mais nous ne
savons pas comment elle s'appelle.

LES TROIS JEUNES FILLES: Nous l'avons vue.

OSCAR: Vous la connaissez?

GENEVIEVE: Non. Mais nous pouvons la
reconnaître.

VIOLETTE: Nous retrouverons la jeune
fille mystérieuse.

PAULETTE: Nous la retrouverons!

#   #   #   #

[**Scene 3**: *Outside Mr. Loing's shop.*]

M. LOING: [*Handing out sketches of the
mysterious girl*] Un portrait pour vous,
Oscar. Et un autre pour vous, Emile.
Un portrait pour Odile. Et un portrait
pour Adrien.

EMILE: [*To the girls*] Elle est grande?

VIOLETTE: Elle est grande comme moi.

ODILE: Quelle est la couleur de ses
cheveux?

GENEVIÈVE: Elle est blonde comme moi!

EMILE: Elle est belle?

PAULETTE: Elle est un peu comme moi.

OSCAR: Nous allons chercher la jeune
fille mystérieuse. Moi, au nord. Odile,
au sud. Emile, à l'est. Adrien, à
l'ouest. Moi, je cherche au nord de
Megève.

ODILE: Moi, au sud. C'est notre dernière
chance.

EMILE: Moi, je cherche à l'est. Oui,
c'est notre dernière chance!

ADRIEN: Et moi, je cherche à l'ouest.
Notre dernière chance...

PAULETTE: Vous retrouverez la sphère,
Emile! Ayez confiance!

M. LOING ET LES TROIS JEUNES FILLES:
Bonne chance!

GENEVIÈVE: Qu'est-ce que nous faisons?

PAULETTE ET VIOLETTE: Nous attendons!
[*A girl passes by.*]

GENEVIEVE: Non.

PAULETTE ET VIOLETTE: Ce n'est pas la
jeune fille mystérieuse.

LES TROIS JEUNES FILLES: Non. Ce n'est
pas la jeune fille mystérieuse.

M. LOING: Quelle histoire pour retrouver
la sphère!

VOIX D'ODILE: Je crois que c'est elle!
[*Odile arrives with a blond girl.*]

LES TROIS JEUNES FILLES: C'est elle!
C'est elle?

ODILE: Elle est belle, je crois que c'est elle!

PAULETTE ET VIOLETTE: Vous êtes la jeune fille mystérieuse!

GENEVIEVE: Vous avez acheté cette sphère Gamma ici?

JEUNE FILLE BLONDE: Pardon. Je ne comprends pas. Je suis allemande.

ODILE: [*Examining the sphere*] Ce n'est pas la sphère d'Emile.

PAULETTE ET VIOLETTE: Ce n'est pas la jeune fille mystérieuse.

GENEVIEVE: Pardon. Nous vous avons prise pour une autre.

JEUNE FILLE BLONDE: [*Leaving*] Ça va.

ODILE: Elle était belle, mais ce n'était pas elle. [*She leaves.*]

VOIX D'ADRIEN: Je crois que c'est elle! Elle est belle! [*He brings the same girl back again.*] Elle est belle; c'est elle!

PAULETTE ET VIOLETTE: Ce n'est pas la jeune fille mystérieuse.

JEUNE FILLE BLONDE: Je ne comprends pas! Je suis allemande!

GENEVIÈVE: Elle n'a pas acheté sa sphère Gamma ici.

ADRIEN: Pardon, je vous ai prise pour une autre.

JEUNE FILLE BLONDE: Ça va.

ADRIEN: Elle était belle, mais ce n'était pas elle. [*He leaves.*]

DES CRIS: Vive le ministre!

M. LOING: Qu'est-ce qu'il y a? Ah! C'est le ministre! [*The Secretary and a number of other people pass by.*]

LES TROIS JEUNES FILLES: Vive le ministre!

M. LOING: Vive le ministre! Monsieur le ministre visite Megève. Vive le ministre!

LES TROIS JEUNES FILLES: C'était beau!

M. LOING: Vive le ministre! [*A girl's cries are heard, off-camera.*]

VOIX D'EMILE: C'est elle! [*Emile carries in the German girl and sets her down.*]

M. LOING: Oui, elle est belle. Je crois que c'est elle!

EMILE: Je crois que c'est elle!

M. LOING: Oui. C'est la jeune fille mystérieuse!

LES TROIS JEUNES FILLES: Non, ce n'est pas elle!

JEUNE FILLE BLONDE: Je ne comprends pas! Je suis allemande!

M. LOING: Non, elle n'a pas acheté de sphère Gamma chez moi. [*She leaves. We hear a loud slap, off-camera.*]

VOIX DE LA JEUNE FILLE BLONDE: Non! Non! Je ne comprends pas! Je suis allemande!

OSCAR: [*Entering, one hand against his cheek*] Elle était belle! Je crois que c'était elle!

LES TROIS JEUNES FILLES: Non, ce n'était pas la jeune fille mystérieuse.

EMILE: Ce n'était pas elle.

M. LOING: Quelle histoire pour retrouver cette sphère! [*Odile and Adrien bring in a large group of girls.*]

ODILE: Est-ce que vous reconnaissez la jeune fille mystérieuse?

ADRIEN: Est-ce que vous la reconnaissez?

LES TROIS JEUNES FILLES: Non, la jeune fille mystérieuse n'est pas là.

M. LOING: Non. Elle n'est pas là.

ODILE: Excusez-nous. Vous pouvez partir.

ADRIEN: Et merci pour votre collaboration. Vous pouvez partir.

PORTE-PAROLE: Qu'est-ce que vous cherchez?

M. LOING: Une jeune fille mystérieuse.

PORTE-PAROLE: Et pourquoi la cherchez-vous?

EMILE: Elle a la sphère Gamma de ma grand-mère.

PORTE-PAROLE: Chercher une jeune fille mystérieuse avec la sphère Gamma de la grand-mère! Une très bonne idée! Un jeu nouveau à la mode Gamma! Allons jouer à la "sphère Gamma de la grand-mère"! Une très bonne idée! [*The girls all leave.*]

EMILE: [*Shouting after them*] Ce n'est pas un jeu!

ADRIEN: Nous ne retrouverons pas la sphère!

EMILE: Nous ne la retrouverons plus jamais!

GENEVIEVE: Mais si, mon cher Emile, nous vous retrouverons votre jeune fille et votre sphère! [*To Paulette and Violette*] Venez! Vous venez aussi, Monsieur Loing!

M. LOING: Bien sûr, je viens aussi!

ODILE: Et nous, qu'est-ce que nous faisons?

ADRIEN: Nous attendons!

EMILE: Mais non! Nous cherchons aussi!

ADRIEN: [*Settling into a chair*] Bonne chance! Moi, je vous attends. [*The others leave. He closes his eyes.*] Tu es belle! Mais tu n'es pas elle. [*The Secretary, Blanchette, and townspeople stop near Mr. Loing's shop.*]

LE MAIRE ET LES AUTRES: Au revoir, Monsieur le Ministre!

MINISTRE: Au revoir, Messieurs. Au revoir, Mesdames! [*The townspeople leave. Blanchette goes to the door of Mr. Loing's shop.*] Qu'est-ce qu'il y a?

BLANCHETTE: Je voulais acheter une sphère Gamma. Mais c'est fermé.

MINISTRE: Prends la mienne!

BLANCHETTE: Non, Papa, cette sphère-là, je te l'ai donnée. C'est la tienne! Je l'ai achetée ici.

ADRIEN: [*Dreaming*] Blanchette!

BLANCHETTE: Bonjour, Adrien!

ADRIEN: [*Still dreaming*] Bonjour, Blanchette!

BLANCHETTE: Qu'est-ce que vous faites là?

ADRIEN: [*Still dreaming*] J'attends.

MINISTRE: Qui est cet homme mystérieux?

BLANCHETTE: Il n'est pas mystérieux. C'est un des "Gammas" d'Oscar. [*They leave. Adrien wakes up. The others return.*]

ADRIEN: Est-ce que vous avez trouvé la jeune fille mystérieuse? [*They shake their heads.*] Je crois qu'elle n'existe pas, cette jeune fille mystérieuse.

LES TROIS JEUNE FILLES: Mais si, elle existe!

ADRIEN: Alors, il faut la retrouver!

TOUS: Il faut la retrouver!

VOCABULARY

j' **aimais** I liked (*IMP*)
allemand German
atomique atomic
ils **auront** < **avoir**[C3] they will have (*FUT*)
j' **avais** } < **avoir**[C3] I had } (*IMP*)
il **avait** } he had }
blond blond
se **cacher** to hide oneself
la **carotte** carrot
la **chance** chance
la **collaboration** help
la **confiance** confidence
la **couleur** color
coupable guilty
dedans inside
dernier, -ière last
nous **dirons** < **dire**[C10] we will say (*FUT*)
tu **donneras** you will give (*FUT*)
en (+ *V*) with them
l' **énergie** (*f.*) energy
espérer to hope

l' **espion** (*m.*) spy
l' **est** (*m.*) east
grand tall
important important
l' **intérieur** (*m.*) inside
le **jouet** toy
la **mienne** mine
le **nord** north
offert < **offrir**[C19] given (*PP*)
l' **ouest** (*m.*) west
le **plan** plan
le **porte-parole** spokeswoman, spokesperson
le **portrait** sketch
le **prisonnier** prisoner
reconnaître[C5] to recognize
le **retour** return
vous **retrouverez** you will find again (*FUT*)
le **sous-marin** submarine
le **sud** south

tais-toi! < se taire be quiet! (*CF*)
terrible terrible
la **tienne** yours

trouver to find out
ils **voulaient** < **vouloir**[C34] they wanted
(*IMP*)

SPECIAL EXPRESSIONS

Bon courage! Good luck!
le bonhomme (*pl.* **bonshommes**) **de neige**
  snowman
C'est bien ma sphère. It's really my sphere.

être poli avec to be polite to
Quelle histoire! What a lot of fuss!
quelque chose de mal something bad

SUPPLEMENTARY VOCABULARY

postal services **les P.T.T.: postes** (*f.*), **télégraphes** (*m.*)
et télécommunications (*f.*)

post office:	**la poste, le bureau de poste:**
addressee	**le destinataire**
(by) air mail	**par avion**
air mail service	**la poste aérienne**
counter, window	**le guichet**
delivery	**la distribution**
mail	**le courrier**
mail box	**la boîte aux lettres**
mailman	**le facteur**
money order	**le mandat**
to cash a money order	**toucher un mandat**
package	**le paquet**
postcard	**la carte postale**
printed matter	**l'imprimé** (*m.*)
registered letter	**la lettre recommandée**
to send	**expédier, envoyer**
sender, shipper	**l'expéditeur** (*m.*)
stamp	**le timbre** (**poste**)
a 1.40 franc stamp	**un timbre à un franc quarante**
telegram	**le télégramme**
zip code	**le code postal**
telephone:	**le téléphone:**
call	**un appel**
to call (collect)	**appeler** (**en PCV**)
to dial (the number)	**composer le numéro**
operator	**la standardiste**
phone book	**l'annuaire** (*m.*)
phone booth	**la cabine téléphonique**
phone call	**le coup de téléphone/fil**
slot	**la fente**
token	**le jeton**

LANGUAGE NOTES AND EXERCISES

26.1 Imperfect vs. compound past indicative

While both imperfect and compound past indicative express past actions or states, the uses of these two tenses differ, and they should not be confused.

a. Recapitulation

The compound past indicative is used to express a single past action or an action which took place at one specific point in time (see 8.3.e). It corresponds to several English ways of expressing the past.

The imperfect indicative is used to describe a past state or condition, or a past action that was habitual, in progress, or interrupted. Contrast the following pairs of sentences.

imperfect:	**J'*avais* froid pendant la nuit.**	I was cold during the night. (physical state over a period of time).
compound past:	**A ce moment, j'*ai eu* soudainement peur.**	At that moment, fear struck me suddenly/I was suddenly afraid. (At one point in time I experienced the sensation.)
imperfect:	**Elle *mangeait* une orange.**	She was eating an orange. (action in progress)
compound past:	**Elle *a mangé* une orange.**	She ate an orange. (action completed)
imperfect:	**Nous le *voyions* quelquefois avec elle.**	We sometimes saw him with her. (repeated action)
compound past:	**Nous l'*avons vu* avec elle lundi.**	We saw him with her Monday. (one completed action)
imperfect:	**Où *allais*-tu quand**	Where were you going (interrupted action not completed) when I saw you? (completed action interrupting the incomplete action)
compound past:	**je t'*ai vu*?**	

b. Use in narration

When recounting in the past, care must be taken to use the compound past for completed actions and the imperfect for painting the background of the story, describing states or conditions, conveying the idea that an action was habitual, continuous, or interrupted before completion. Imagine that Geneviève is telling her parents about the strange events that happened that day.

French	*English*
D'abord j'**ai acheté** une sphère Gamma chez M. Loing. Quand je **suis rentrée**, trois hommes et une femme m'**attendaient** devant chez moi. Je **pensais** qu'ils **étaient** cachés dans	First I bought (one completed action) a Gamma sphere at Mr. Loing's shop. When I returned home (action completed at one point in time), three men and one woman were waiting

Lesson 26   353

quatre bonshommes de neige. Ils **voulaient** la sphère Gamma. Peut-être que c'**étaient** des espions qui **cherchaient** le plan d'un sous-marin atomique dans la sphère. Ils **ont volé** ma sphère. Ils **sont allés** aussi demander les sphères de mes amis, mais elles ne leur **ont** rien **donné**. Alors, les quatre "espions" **ont trouvé** les sphères qui **étaient** cachées dans la neige. Finalement, les quatre personnes nous **ont rendu** les sphères et ils **sont partis**.

(action in progress) for me in front of my house. I thought (state of mind) they were (state) hidden in four snowmen. They wanted (state of mind) the Gamma sphere. Perhaps they were (state or condition) spies who were looking (action in progress) for the plan of an atomic submarine in the sphere. They stole (one completed action) my sphere. They also went (one completed action) to ask my friends for the spheres, but they gave (one action, had it been done) them nothing. Then, the four "spies" found (one completed action) the spheres which were (state) hidden in the snow. Finally, the four persons returned (one completed action) our spheres to us and left (one completed action).

EXERCICES

A. Complétez les phrases suivantes par la forme appropriée des verbes indiqués entre parenthèses.
1. Hier, quand je _____ à la poste, il _____ très froid. (aller, faire)
2. Quand Chantal _____ au guichet, elle _____ son amie Eliane qui _____ pour faire un appel téléphonique. (arriver, voir, attendre)
3. L'été dernier, le facteur _____ toujours notre courrier le matin et il _____ à notre porte s'il _____ une lettre recommandée. (apporter, sonner[1], avoir)
4. La semaine passée, nous _____ acheter des timbres parce que nous n'en _____ plus et nous _____ envoyer des cartes postales à nos amis. (aller, avoir, vouloir)
5. Quand vous _____ à votre camarade africain l'année dernière, vous _____ toujours vos lettres par la poste aérienne. (écrire, envoyer)
6. Hier, quand Alain _____ le numéro de la librairie, il _____ ; alors la standardiste lui a dit qu'il _____ consulter l'annuaire avant d'appeler. (composer, se tromper, devoir)

B. Complétez les phrases par le temps passé approprié du verbe indiqué entre parenthèses.

La semaine passée, Geneviève, Paulette et Violette (être) chez M. Loing quand une jeune fille mystérieuse (entrer) dans le magasin. Elle aussi (vouloir) acheter une sphère Gamma. Elle (être) jolie et blonde. Elle (payer) dix francs et elle (partir) tout de suite. Elle (disparaître) rapidement dans la rue. Les Gammas (la chercher) dans la ville de Megève mais ils (ne pas la trouver). Ils (penser) avoir l'aide des gens de la ville; mais ils (ne pas avoir) de succès.

[1]**sonner**: to ring (the doorbell).

26.2 The possessive pronouns

A possessive pronoun may replace a noun modified by a possessive adjective (see 2.4) or a noun modified by the possessive construction, **de** + noun possessor (see 3.3). The possessive pronoun must be of the same person as the possessor and must correspond to the noun it replaces in number and gender. The noun being replaced has ordinarily just been mentioned, so the antecedent for each possessive pronoun can easily be identified.

As-tu *ta sphère* **ou as-tu** *la mienne*?	Do you have your sphere, or do you have mine?
Ils ont volé *les bijoux de Mme Germaine*. *Les siens* **étaient anciens.**	They stole Mrs. Germaine's jewels. Hers were old.
Mes amis **sont à Megève;** *les vôtres* (i.e., vos amis) **sont à Saint-Tropez.**	My friends are in Megève; yours are in Saint-Tropez.
Son bonhomme de neige **cache une sphère.** *Le leur* **ne cache rien.**	Her/his snowman is hiding a sphere. Theirs isn't hiding anything.

possessive pronouns				
English	singular		plural	
	masculine	feminine	masculine	feminine
mine	le mien	la mienne	les miens	les miennes
yours (fam.)	le tien	la tienne	les tiens	les tiennes
his, hers, its	le sien	la sienne	les siens	les siennes
ours	le nôtre	la nôtre	les nôtres	
yours	le vôtre	la vôtre	les vôtres	
theirs	le leur	la leur	les leurs	

The possessive pronouns **nôtre(s)** and **vôtre(s)** must be written with the circumflex accent that indicates a closed **o** sound /o/.

contrast: (adjective) **notre produit** /nɔtrəprɔdui/

(pronoun) **le nôtre** /lənotr/

The masculine forms ending in **ien** rhyme with **bien**, ending with the combination /jɛ̃/. The feminine forms ending in **ienne** end with the combination /jɛn/.

The definite article is an integral part of each possessive pronoun. It provides the only means of distinguishing between the spoken singular and plural forms.

compare: **le sien** /ləsjɛ̃/   **les siens** /lesjɛ̃/

When **à** or **de** precedes a possessive pronoun with **le** or **les**, there is contraction, as there is with the definite article before nouns (see 3.2).

Je pense toujours à mes chats. Vous ne pensez pas souvent *aux vôtres.*	I always think of my cats. You don't often think of yours.

D'habitude elle se souvenait de son chien.	Usually she remembered her dog. Did
Est-ce que tu te souvenais *du tien*?	you remember yours?

EXERCICE

Complétez chaque phrase par la forme appropriée du pronom possessif avec une préposition
s'il le faut.
1. J'ai envoyé mes lettres par avion et vous avez envoyé _____ aussi. (yours)
2. Mon paquet était lourd mais _____ ne l'était pas. (hers)
3. Monsieur Poirier téléphone à ses clients mais cet autre marchand ne téléphone jamais
   _____ . (his)
4. Regardez mes jolis timbres! _____ sont très ordinaires. (Theirs)
5. Mon grand-père n'a pas eu son mandat mais toi, tu as déjà touché _____ .
   (yours)
6. Isabelle a adressé une lettre recommandée au maire, mais son mari n'a pas encore envoyé
   _____ . (his)
7. Vous parlez souvent de vos voyages et votre frère parle _____ . (of his)
8. Je vais expédier vos cartes postales. _____ sont déjà parties. (Mine)

26.3 The irregular verb *rire* (to laugh)

The verb **rire** and its derivative **sourire** (to smile) are conjugated like regular -**re** verbs,
except for the past participle.

a. Present indicative
   The verbs **rire** and **sourire** each have one stem in the present indicative: **ri-, souri-**.

<table>
<tr><th colspan="2" align="center">rire</th></tr>
<tr><th align="center">singular</th><th align="center">plural</th></tr>
<tr><td>**je**   *ri s*   I laugh/do laugh/
           am laughing</td><td>**nous**   *ri ons*   we laugh, etc.</td></tr>
<tr><td>**tu**   *ri s*   you laugh, etc.</td><td>**vous**   *ri ez*   you laugh, etc.</td></tr>
<tr><td>**il**
elle } *ri t*   he/it
on   she/it } laughs, etc.
         one</td><td>**ils**
elles } *ri ent*   they laugh, etc.</td></tr>
</table>

Pourquoi *riez*-vous?	Why are you laughing?
——**Je *ris* parce que vous dites qu'Emile est un Gamma.**	I'm laughing because you say that Emile is a Gamma.

b. Compound past indicative
   Rire and **sourire** are conjugated with the auxiliary verb **avoir** and the irregular
   past participles **ri** and **souri** respectively. Because **rire** and **sourire** do not take a
   direct object, there is never any agreement of the past participle.

Voilà la dame à qui elles *ont souri.*	There's the lady they smiled at.

c. Future and imperfect indicative; imperative; present subjunctive

The future, imperfect, imperative, and present subjunctive are regular in formation.

future:	**Ils *riront* quand ils verront Adrien.**	They will laugh when they see Adrien.
imperfect:	**Elle *riait* et nous *riions* de l'émission.**	She was laughing and we were laughing at the program.
imperative:	**Ne *ris* pas des Gammas! *Rions* librement!**	Don't laugh at the Gammas! Let's laugh freely!
present subjunctive:	**Il préfère que je ne *rie* pas, mais elle est contente que vous *riiez*.**	He prefers that I not laugh, but she is pleased that you are laughing.

EXERCICES

A. Faites les substitutions indiquées entre parenthèses.
1. Il faut que **tu** souries plus souvent.   (Mlle Petit, vous, les employées de la poste, nous)
2. **Nous** avons beaucoup ri pendant le film.   (Les spectateurs, Je, Vous, Mon ami Jean-Claude)
3. **Vous** ne rirez pas dans le cours du professeur Legros.   (Tu, Les bons étudiants, Nous, Chantal)
4. **Je** souris à la gentille petite fille.   (Les femmes, Vous, Le photographe, Nous)

B. Posez la question qui porte sur[1] la partie soulignée de chaque phrase. Imitez le modèle.

Modèle: **Je ris parce que je trouve le facteur amusant.** **Pourquoi riez-vous?**

1. Nous sourirons à cette jolie jeune fille.
2. Je ris le plus avec mon camarade André.
3. Nous avons souri à Blanchette.
4. Je riais parce que je trouvais le programme de télé vraiment comique.

26.4 The pronouns *y* and *en*

a. **y**

In addition to serving as an adverb (see 25.3), **y** is also used as an indirect pronoun, replacing **à** + a noun referring to an inanimate object or thing or to an idea. **Y** never replaces **à** + a person or animate object or thing. There is never any past participle agreement with **y**.

Ils ont réussi à l'examen. Ils y ont réussi.	They passed the exam. They passed it.
Elle répondra à la question. Elle y répondra.	She will answer the question. She will answer it.
Il pense à ce livre. Il y pense.	He is thinking about that book. He is thinking about it.

[1] **porter sur:** to bear upon.

Some common verbs which are followed by an indirect object construction (à + noun or pronoun) are:

assister à (qqch.)	to attend (sth.; e.g., a play, concert, etc.)
faire attention à (qqch.)	to pay attention to (sth.)
s'intéresser à (qqch.)	to be interested in (sth.)
jouer à (qqch.)	to play (sth.; e.g., a game)
obéir à (qqch.)	to obey (sth.; e.g., a law)
penser à (qqch.)	to think about (sth.)
renoncer à (qqch.)	to renounce, give up (sth.)
répondre à (qqch.)	to answer (sth.; e.g., a question)
réussir à (qqch.; e.g., un examen)	to succeed in (sth.); to pass (sth.; e.g., an exam)

For an explanation of the use of these verbs with **à** followed by a person, see 29.3.

b. **en** with partitive meaning

En has several other functions, in addition to serving as an adverb (see 25.3).

(1) **En** replaces nouns modified by the partitive article or the indefinite article.

J'ai *un portrait d'Emile*. **Vous n'***en* avez pas.	I have a portrait of Emile. You don't have any.
Roger prend *du poisson*. **Il** *en* **prend**.	Roger has (some) fish. He has some.
Le détective cherche-t-il *des espions*? —— Oui, il *en* cherche.	Is the detective looking for spies? Yes, he is looking for some.

(2) **En** completes a number or an adverb of quantity following the verb when the noun is not expressed. **En** cannot be omitted in these cases.

M. **Loing a vendu beaucoup** *de sphères Gamma*. **Il** *en* **a vendu beaucoup**.	Mr. Loing sold a lot of Gamma spheres. He sold a lot (of them).
Je vois *des Gammas*. **Il y** *en* **a trois**.	I see some Gammas. There are three (of them).

c. **en** in verbal constructions

En replaces **de** + a thing after certain verbal expressions that include **de**, such as the following:

s'approcher de		to approach		
avoir besoin de	(qqch.)	to need	(sth.)	
changer de		to change		
douter de		to doubt		
	content de		content, satisfied with	
	désolé de		sorry about	
être	étonné de	(qqch.)	to be	astonished by, surprised by	(sth.)
	heureux de		happy about	
	malheureux de		unhappy about	
	surpris de		surprised by	

se méfier de		to distrust, mistrust	
se moquer de	(qqch.)	to make fun of	(sth.)
se soucier de		to concern oneself about	
se souvenir de		to remember	

Je suis heureux *de leur arrivée.* I am happy about their arrival.

J'*en* suis heureux. I am happy about it.

Elle a changé *de robe.* She changed her dress.

Elle *en* a changé. She changed it.

d. **Y** and **en** follow the same rules for placement as the direct and indirect object pronouns presented in 13.3 and 14.1. When **y** and **en** are used with other direct or indirect object pronouns, they follow the other pronouns both before a verb and after an affirmative command. The pattern for all sentences except affirmative commands is:

$$ne \left\{ \begin{matrix} me \\ te \\ nous \\ vous \\ se \end{matrix} \right\} \left\{ \begin{matrix} le \\ la \\ les \end{matrix} \right\} \left\{ \begin{matrix} lui \\ leur \end{matrix} \right\} \quad y \ en \ \text{conjugated verb} \ pas$$

Elle ne *lui en* a pas donné. She didn't give him any.

Nous *nous y* intéressons. We're interested in it.

Il y *en*[1] a plusieurs. There are several of them.

The pattern for the affirmative command with **en** is:

$$\text{command before} \left\{ \begin{matrix} m' \\ t' \\ lui \\ nous \\ vous \\ leur \end{matrix} \right\} \text{before } en$$

Montrez-*lui-en*! Show him/her some!

Donne-*m'en* un! Give me one (of them)!

French speakers usually avoid combining other personal pronouns with **y**.

Pensez *à l'examen.* Think about the exam.

Pensez-*y*. Think about it.

[1]The expression **il y a** is the only structure in which the pronoun **en** occurs with **y.**

EXERCICES

A. Complétez les phrases suivantes par **y** ou **en** selon le cas.

1. Giséle pense trop à la lettre qu'elle attend. Il ne faut pas qu'elle _____ pense si souvent.
2. Vous intéresserez-vous à la nouvelle émission télévisée? ––Mais oui, je m'_____ intéresserai.
3. Doutes-tu de la rapidité de notre service postal? ––Ah oui! J'_____ doute beaucoup!
4. A-t-elle répondu à ce télégramme urgent? ––Elle va _____ répondre dans un moment.
5. Changez-vous souvent de code postal? ––Non, nous n'_____ changeons jamais.
6. J'ai envoyé trois lettres par la poste aérienne. Et toi, combien _____ as-tu envoyé?

B. Remplacez les mots soulignés par **y** ou **en**.
1. Nous leur parlons du mandat perdu.
2. Intéressez-vous à votre collection de timbres!
3. Vous n'êtes pas contente de ces mauvaises distributions de courrier.
4. Vendez-leur trois timbres à 10 francs!
5. Ne te soucie plus de ce petit problème.
6. Je n'ai pas renoncé à l'envoi[1] de mon paquet.
7. Jean a acheté beaucoup de nouveaux timbres.
8. Mlle Lesage, avez-vous expédié des cartes de Noël cette année?

26.5 Use of *faire* and *jouer à/de* with sports, activities, and musical instruments

a. **faire**

The verb **faire** is used with sports and certain activities.

sports and activities	
sports:	sports:
faire du sport	to participate in sports
faire une partie/un match de. . .	to play a game/match of. . .
faire du baseball	to play baseball
faire du ski	to ski
(For other sports, see the supplementary vocabulary of Lesson 25.)	
activités (*f.*):	activities:
faire { **de l'auto-stop**	to hitch-hike
du camping	to camp, go camping
une promenade	to take a walk
du vélo	to take a bike ride
un voyage	to take a trip

[1]l'envoi (*m.*): sending, mailing, shipping.

Ferez-vous du ski cet hiver?	Will you ski this winter?
——Non, j'irai en Espagne où je ferai du tennis.	No, I'll go to Spain where I'll play tennis.

b. **jouer à** + game/sport

Jouer à may also be used to express the idea of playing a game or a sport.

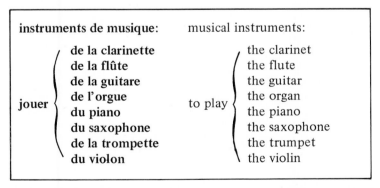

Nous aimons *jouer au tennis*.	We like to play tennis.
Ils *joueront aux cartes* ce soir.	They'll play cards tonight.

c. **jouer de** + musical instrument

Jouer de is used to express the idea of playing a musical instrument.

```
┌─────────────────────────────────────────────────────────────────┐
│  instruments de musique:        musical instruments:             │
│          ⎧ de la clarinette              ⎧ the clarinet           │
│          ⎪ de la flûte                   ⎪ the flute              │
│          ⎪ de la guitare                 ⎪ the guitar            │
│   jouer  ⎨ de l'orgue        to play     ⎨ the organ             │
│          ⎪ du piano                      ⎪ the piano             │
│          ⎪ du saxophone                  ⎪ the saxophone          │
│          ⎪ de la trompette               ⎪ the trumpet            │
│          ⎩ du violon                     ⎩ the violin            │
└─────────────────────────────────────────────────────────────────┘
```

Quand il était jeune, il *jouait du piano*.	When he was young, he played the piano.
Maintenant il *joue de la guitare*.	Now he plays the guitar.

EXERCICES

A. Faites les substitutions comme il est indiqué entre parenthèses.
    1. Jouez-vous du **violon**?   (piano, trompette, saxophone, clarinette, guitare)

    2. Demain, nous jouerons au **tennis**.   (golf, bridge, cartes, football, pétanque[1])

B. Complétez les phrases comme il est nécessaire.

    Il y a des gens qui font _____ ski en hiver et qui jouent _____
    tennis en été. D'autres personnes préfèrent jouer _____ bridge ou jouer
    _____ guitare quand il fait froid et faire _____ bicyclette dès qu'il
    fait beau. Et vous, préférez-vous jouer _____ Scrabble ou jouer _____
    piano? Préférez-vous faire _____ camping ou jouer _____ golf?
    Ce qui est important, c'est que vous aimiez ce que vous faites et que vous n'oubliiez
    pas de faire _____ exercice physique régulièrement.

[1]la pétanque: pétanque (bowling game).

Vous êtes malades?

[**Scene 1:** *A mountain meadow in Megève. It's spring; the snow is almost melted. Oscar is with the three Gammas, who look very discouraged. Adrien is close to tears.*]

OSCAR: Nous la retrouverons, cette sphère!

ADRIEN: Et nous retournerons sur Gamma.

ODILE: Nous la retrouverons. Oui, mais quand?

EMILE: Tous les touristes partent.

ODILE: [*In a weak voice*] C'est déjà le printemps. Une fleur.

EMILE: Une fleur de printemps.

OSCAR: Nous retrouverons la sphère. Et vous pourrez retourner sur Gamma. [*He slips and falls.*] Je suis tombé. Il y avait une pierre. Non, ce n'était pas une pierre! C'est une sphère! Tiens, c'est peut-être la nôtre!

EMILE: [*Trying the ritual gesture*] Ce n'est pas la nôtre!

[*A tourist arrives. He is carrying his skis over his shoulder and playing with a Gamma sphere as he walks.*]

ODILE: Il a une sphère. Bonjour, Monsieur.

1er TOURISTE: Bonjour, Mademoiselle.

ODILE: Où allez-vous?

1er TOURISTE: Je vais là-haut. Il y a encore de la neige.

ODILE: Vous allez faire du ski, là-haut?

1er TOURISTE: Je vais faire du ski.

ODILE: Vous n'avez pas oublié votre sphère Gamma?

1er TOURISTE: Je n'oublie jamais ma sphère Gamma. Gamma. . . [*He notices that the Gammas are staring at his sphere.*] Qu'est-ce que vous avez? [*The Gammas contort their faces, their new way of testing the sphere. The tourist turns to Oscar for an explanation.*] Qu'est-ce qu'ils font?

ADRIEN: Ah! Ce n'est pas notre sphère!

EMILE: C'est une sphère pour touristes.

1er TOURISTE: Qu'est-ce qu'ils font?

OSCAR: Ils cherchent une sphère.

1er TOURISTE: Ils cherchent une sphère? Mais on vend des sphères partout! C'est la grande mode depuis trois mois!

OSCAR: Oui, mais ils cherchent une sphère bien précise.

1er TOURISTE: Bien précise. . . comment ça?

OSCAR: Ils cherchent la sphère de leur grand-mère.

[*Another tourist approaches, also playing with a Gamma sphere. The first man goes over to him to warn him.*]

1er TOURISTE: Cachez cette sphère.

2e TOURISTE: Quoi?

1er TOURISTE: Cachez cette sphère. Mettez-la dans votre poche.

2e TOURISTE: Vous êtes fou! Pourquoi dans la poche? Je suis à la mode, moi!

OSCAR: Bonjour, Monsieur.

2e TOURISTE: Bonjour, Monsieur. Belle journée, n'est-ce pas? [*The Gammas have spotted his sphere and approach him threateningly. He turns to Oscar for advice.*] Qu'est-ce que je fais?

OSCAR: Jetez-leur la sphère. [*The man does so.*] Vous voyez, ils cherchent.

2e TOURISTE: Des malades! Ce sont tous des malades! [*He leaves.*]

1er TOURISTE: Moi, je reste. Ils ne sont pas méchants.

[*Three more tourists, each carrying a sphere, come over to see what's going on.*]

LES TROIS NOUVEAUX TOURISTES: Qu'est-ce qu'il y a? Qu'est-ce qui se passe? Ils ne sont pas malades?

1er TOURISTE: N'ayez pas peur. Ils ne sont pas méchants. Jetez-leur les sphères.

OSCAR: Oui, jetez-leur les sphères!
[*Two of the tourists drop their spheres and run off. The third, an elderly man, ignores the suggestion. Emile grabs the man's sphere forcibly.*]

EMILE: Vous permettez?

TOURISTE D'UN CERTAIN ÂGE: Mais, Monsieur!

EMILE: Jamais je ne retrouverai notre sphère.

OSCAR: Viens, Emile, retournons à l'hôtel.

EMILE: Oui, retournons.
[*Odile, too weak to stand up, stays behind.*]

TOURISTE D'UN CERTAIN ÂGE: Mademoiselle, puis-je vous aider?

ODILE: Oui. Offrez-moi votre bras.

#   #   #   #

[**Scene 2:** *The hotel lobby. Odile, Adrien, and Oscar are drinking tea.*]

ODILE: J'espère qu'Emile a passé une bonne nuit.

ADRIEN: Je suis sûr qu'Emile a bien dormi.

OSCAR: Nous retrouverons la sphère. Elle est à Megève. Nous la retrouverons.

ODILE: Moi, j'ai bien dormi.
[*Emile comes slowly down the stairs. He pauses to touch the round marble ball on top of the newel post, then sits down at the table with the others.*]

EMILE: Bonjour!

LES AUTRES: Bonjour, Emile!

EMILE: Le café est bon?

ODILE: Nous ne prenons pas de café le matin, tu le sais bien, Emile. Nous prenons du thé.

EMILE: Ah oui. Où avais-je la tête? Du thé. Nous prenons du thé. [*He pours himself some tea and tastes it.*] Le café est bon.

ODILE: Du thé, Emile. C'est du thé.

EMILE: Ah, oui. . . du thé. . . Le thé est bon.

ODILE: Qu'est-ce que tu disais, Emile?

EMILE: Le thé est bon.

ODILE: Ah oui. Effectivement, le thé est très bon.

ADRIEN: Le thé est quoi?

ODILE: Le thé est excellent!

ADRIEN: Oui, excellent!

OSCAR: [*Trying to make conversation.*]

Il fait très beau aujourd'hui! Le temps est splendide.

ODILE: Qu'est-ce que tu disais, Oscar?

OSCAR, PUIS EMILE: Il fait très beau aujourd'hui. Nous avons un temps splendide.

ADRIEN: Beau aujourd'hui! Temps splendide!
[*Suddenly, Emile jumps up and goes to the stairway, his gaze fixed on the round ball. A cleaning woman is dusting the bannister and stops to watch. Odile and Adrien join Emile.*]

EMILE: La sphère! Notre sphère! Mais oui, c'est notre sphère! Là sur l'escalier. Je la reconnais.

ODILE: Emile a retrouvé notre sphère! Nous allons retourner sur Gamma!

ADRIEN: Ah, je vais revoir Gamma!

OSCAR: Mais ce n'est pas la sphère! C'est une boule. Elle n'est pas en bois; elle est en marbre.

EMILE: Ce n'est pas notre sphère.

GROOM: [*To the cleaning woman*] Ils sont fous.

OSCAR: C'est une boule en marbre.

EMILE: Bien sûr. C'est du marbre.

OSCAR: Et cette sphère est fixe. Elle a été fixée, vous comprenez?

EMILE: Elle a été fixée. Elle est fixe. Elle ne peut pas bouger.
[*Looking up, Adrien sees the spherical light fixture. He stands on the table*]

and holds the light fixture in his hands.]
Notre sphère!

ODILE: Notre sphère! Elle était là!

ADRIEN: Nous retournerons sur Gamma!

OSCAR: Qu'est-ce que vous faites? Cette lampe ne ressemble pas à votre sphère! Elle est ronde comme votre sphère, c'est tout!
[*By now a group of hotel employees has gathered.*]

DIRECTEUR DE L'HÔTEL: Qu'est-ce qu'ils font?

GROOM: Ils sont fous.

ADRIEN: Ce n'était pas la sphère.

ODILE: Hélas!

OSCAR: Nous retrouverons la sphère. . . dehors! Il faut sortir. . . il faut aller à l'air frais. La sphère est encore à Megève. Il faut la chercher dehors. Sortons.
[*He pushes the Gammas to the door. The employees stare and shake their heads.*]

EMILE: Elle est dehors.

ODILE: Notre sphère est dehors.

ADRIEN: Dehors. . . dans la ville.

EMILE: A Megève.
[*A public square in Megève. Four old men are playing pétanque. A number of people are walking, sitting, or playing in the square. Each time the Gammas see a round object, they test it to see if it is their sphere.*]

EMILE: Ce n'est pas notre sphère!

ADRIEN: [*Pointing to a ball*] Là!

JOUEUR: Mais qu'est-ce qu'ils font? Ils ne jouent pas aux boules?

ODILE: [*Seeing the rattles attached to a baby carriage*] Notre sphère!

LA MÈRE: Ce n'est pas une sphère! Et puis laissez-moi tranquille!
[*The Gammas have scared everyone away and are running after the boys who were playing ball.*]

OSCAR: Ils cherchent leur sphère. . . ils cherchent.

#   #   #   #

[**Scene 3:** *Oscar is standing in the courtyard of a hospital. He opens the gate and beckons to the Gammas.*]

OSCAR: Entrez! Venez! Mais venez donc! Voyez! C'est ouvert!

ODILE: C'est ouvert!

EMILE: Non! Il ne faut pas entrer.

ODILE: Pourquoi?

EMILE: Oscar veut nous empêcher de chercher la sphère. Je le sais.

ODILE: Mais non, Oscar ne veut pas nous empêcher de chercher la sphère.
[*Oscar holds a ceramic sphere up in front of the Gammas.*] Il a trouvé la sphère!

OSCAR: Si vous me suivez, je vous donne la sphère.

EMILE: Si nous te suivons, tu nous donnes la sphère.

OSCAR: Oui. Suivez-moi. Entrez.
[*They follow him inside the gate. Adrien and Emile try to grab the sphere, but Oscar hides it behind his back.*] Il n'y a plus de sphère!

EMILE: Il n'y a plus de sphère?!

OSCAR: Halte! Vous devez marcher doucement! Lentement! Compris?

LES GAMMAS: Lentement. . .

OSCAR: C'est ça. Vous avancez lentement. [*A doctor is observing the group through a window of the hospital. Oscar leads the Gammas inside.*] Maintenant je vais vous donner la sphère. Prenez-la! [*To the doctor*] Ils sont fous.
[*Emile drops the ceramic sphere. It breaks.*]

EMILE: Ce n'est pas notre sphère. Notre sphère est en bois.

MEDECIN: [*To Oscar*] Qu'est-ce qui se passe? Qu'est-ce que vous faites ici, dans ma clinique? Vous êtes malade?

OSCAR: Je ne suis pas malade. Mais eux sont très malades.

MEDECIN: Ah, bon. Ils sont malades et

vous, vous n'êtes pas malade. Qui sont-ils?

OSCAR: Ce sont les Gammas! Ils ont perdu la sphère Gamma et ils ne peuvent plus retourner sur Gamma! Ils sont devenus fous. [*He laughs hysterically.*]

[*Two male nurses come in. The doctor points to Oscar.*]

MEDECIN: Emmenez-le! Il est fou! [*To Oscar*] Oui, oui, vous allez me dire: "Je ne suis pas fou."

OSCAR: Mais oui, je ne suis pas fou, moi! Mais eux, ils sont fous!

MEDECIN: Bien sûr! Emmenez-le! [*The two male nurses lead Oscar through a door. The doctor politely addresses the Gammas.*] Asseyez-vous. Quel est le nom de votre ami?

LES GAMMAS: Oscar.

MEDECIN: [*To Emile*] Il y a longtemps qu'il croit que vous êtes un Gamma?

EMILE: Oui.

MEDECIN: Il est fou. Les Gammas n'existent pas.

LES GAMMAS: Les Gammas n'existent pas.

MEDECIN: Et qu'est-ce que c'est que cette histoire de sphère?

EMILE: Oscar cherche la sphère des Gammas. Oscar dit qu'on lui a volé la sphère.

MEDECIN: Il est fou! La sphère Gamma! Bien sûr, il y a la mode des sphères Gamma. Mais la vraie sphère Gamma n'existe pas.

EMILE: Si, si! La vraie sphère Gamma existe: je la vois. Elle est là. [*The two male nurses have returned carrying two glass balls.*]

ADRIEN ET ODILE: Notre sphère. Elle est là. [*Emile and Odile take the two glass balls from the male nurses but drop them.*]

LES GAMMAS: Elle n'est pas en bois. Elle est en verre. Ce n'est pas notre sphère.

MEDECIN: Ils sont fous eux aussi! [*Inside a hospital room with three beds. Each of the Gammas is sitting or lying on a bed. The doctor comes in to observe. Odile suddenly grabs the telephone.*]

ODILE: La sphère! Mais non, c'est le téléphone. Notre sphère est en bois.

EMILE: [*Standing on a chair to reach the light fixture*] La sphère! Mais non. Notre sphère est en bois. Ça c'est une lampe. [*The doctor, intrigued, runs from one to the other, taking notes. He bends over Adrien.*]

ADRIEN: Notre sphère. J'ai trouvé notre sphère. Voilà la sphère. [*He puts his hands on the doctor's bald head.*] Mais non. Elle n'est pas en bois. Ce n'est pas une sphère; c'est une tête.

LES GAMMAS: Sphère. . . Bois. . .

MEDECIN: Ils ont la manie des sphères. Mais, c'est ça! La manie des sphères, des sphères en bois!

ODILE: [*Picking up a shoe*] Ce n'est pas la sphère. Ce n'est pas en bois.

ADRIEN: [*Touching the door knob*] Ce n'est pas notre sphère. . . un bouton. . . c'est un bouton de porte!

MEDECIN: Vous avez la manie des sphères. Vous cherchez des sphères, des sphères en bois.

EMILE: On cherche une sphère, une seule, la nôtre.

MEDECIN: Vous devez guérir. [*His face suddenly begins to twitch.*] Sphère. . . bois. . . tiens! [*Calmly, to Emile*] Vous êtes déjà allé dans la forêt?

EMILE: Forêt?

MEDECIN: Oui.

EMILE: Pourquoi?

MEDECIN: Les arbres. Ils sont en bois. Un arbre. En bois. . . deux arbres. . . en bois. . . bois. . . bois. . .

EMILE: Il est fou? Bois? La forêt? Oui, c'est une bonne idée. Il faut aller dans la forêt! Je trouverai une idée dans la forêt! Oui. La forêt. . . Partons dans la forêt! Dans la forêt je trouverai une idée pour la sphère!

ODILE: Tu crois que nous retrouverons notre sphère dans la forêt?

EMILE: [*Seeing an orange on the table*] Non, non! Car elle est là, notre sphère. Non! Ce n'est pas la sphère, ce n'est pas du bois! C'est une orange.

MEDECIN: [*To the male nurses*] Je ne peux plus rien faire pour eux. Laissez-les partir dans la forêt. Là-bas il y a du bois. Oui, envoyez-les dans la forêt!

INFIRMIERS: [*Beckoning to the Gammas*] Allez, allez!

[*The Gammas are outside again, about to walk through the gate. They hear sounds of a struggle inside the hospital.*]

OSCAR: [*Off camera*] Laissez-moi partir! Je ne suis pas fou! Laissez-moi partir! [*The doctor and the male nurses appear, with black eyes. Oscar runs outside, trying to catch up with the Gammas.*] Attendez-moi!

MEDECIN: Ah, laissez-le partir, lui aussi! Dans la forêt. Là il y a du bois. . . bois. . . bois. . .

INFIRMIER: Oui. Dans la forêt il y a du bois. . . bois. . . bois. . .

VOCABULARY

allez! go on! (*CF*)
l' **arbre** (*m.*) tree
avancer to come forward
la **clinique** hospital
devenir C31 **fou** to go mad
le **directeur** manager
tu **disais** < **dire** C10 you were saying (*IMP*)
doucement quietly
effectivement indeed
emmener (*qqn*) to take (s.o.) away
empêcher de + *INF* to keep from. . . ing
l' **escalier** (*m.*) stairway
fixe stationary
fixer to attach
frais, fraîche fresh
le **groom** bellboy
guérir to get well
l' **histoire** (*f.*) story
l' **infirmier** (*m.*) male nurse
le **joueur** player
la **journée** day

la **lampe** lamp
malade crazy, sick
le **malade** madman
le **marbre** marble
méchant dangerous
le **médecin** doctor
l' **orange** (*f.*) orange
oublier to forget
passer to spend (time)
la **pétanque** pétanque (a bowling game played with wooden and metal balls, popular in the Midi)
la **pierre** stone
vous **pourrez** < **pouvoir** C23 you will be able to (*FUT*)
précis specific
le **printemps** spring
puis besides
splendide splendid
le **temps** weather
le **thé** tea
le **verre** glass (the material)

SPECIAL EXPRESSIONS

Comment ça? In what way?
d'un certain âge elderly, middle-aged
Il fait très beau. It (the weather) is very beautiful.

Il y a longtemps qu'il croit que vous êtes un Gamma? Has he believed you're a Gamma for a long time?
Ils ne sont pas méchants. They're harmless.

Ils ont la manie des sphères. They are obsessed with spheres.

jouer aux boules to play pétanque

Laissez-moi tranquille! Leave me alone!

Où avais-je la tête? What was I thinking?

passer une bonne nuit to have a good night

Qu'est-ce qui se passe? What's going on?

SUPPLEMENTARY VOCABULARY

hobbies and leisure activities	**les passe-temps** (*m.*) **et les loisirs** (*m.*)
to be bored	**s'ennuyer**
to have a good time	**s'amuser**
to spend one's time + PRP	**passer son temps à** + *INF*
to waste one's time	**perdre son temps**
to attend { a concert / a play / a sports event	**assister à** { **un concert** / **une pièce** / **un match**
to eat out	**aller au restaurant**
to go to the movies	**aller au cinéma**
to have a party	**donner une surprise-partie**
to invite friends	**inviter des amis**
to play a game	**jouer à** + name of game
to play a musical instrument	**jouer de** + name of instrument
to see a movie	**voir un film**
to visit friends	**aller chez des amis**
to watch television	**regarder la télévision**
do-it-yourself activities	**le bricolage**
gardening	**le jardinage**
needlework, sewing	**la couture**
games:	**les jeux** (*m.*):
backgammon	**le jacquet**
bridge	**le bridge**
canasta	**la canasta**
cards	**les cartes** (*f.*)
checkers	**les dames** (*f.*)
chess	**les échecs** (*m.*)
mille bornes	**les mille bornes** (*f.*)
Monopoly	**le Monopoly**
pétanque	**la pétanque**
poker	**lê poker**
Scrabble	**le Scrabble**

LANGUAGE NOTES AND EXERCISES

27.1 Avoidance of the subjunctive

The subjunctive is avoided when a simpler construction is possible.

a. When the same subject does the action of all the verbs in the sentence, an infinitive construction is ordinarily used instead of a subordinate clause in the subjunctive.

(1) The infinitive either directly follows the verb of the main clause or is introduced by **de** when this verb requires a **de** construction (see 24.5).

Il veut que nous *parlions* français.	*He* wants *us* to speak French. (two subjects)
but	
Il veut *parler* français.	*He* wants to speak French. (one subject)
Tu aimes mieux que nous *présentions* notre amie.	*You* prefer that *we* present our friend. (two subjects)
but	
Tu aimes mieux *présenter* notre amie.	*You* prefer to introduce our friend. (one subject)
Emile regrette qu'Oscar *soit* là.	*Emile* regrets that *Oscar* is there. (two subjects)
but	
Emile regrette d'*être* là.	Emile regrets being there. (one subject)

(2) When there is only one subject, a preposition + infinitive may replace a conjunction + subjunctive (see 23.3).

two subjects: conjunction + subjunctive	one subject: preposition + infinitive
afin que	afin de
pour que	pour
de peur que	de peur de
avant que	avant de
sans que	sans
à moins que	à moins de

Emile cherchera Odile et Adrien $\left\{ \begin{array}{l} \textit{afin d'} \\ \textit{pour} \end{array} \right\}$ **aller avec eux.**	Emile will look for Odile and Adrien so that he can go with them/in order to go with them. (one subject).
Ils se dépêchent *de peur d'arriver* en retard.	*They* hurry for fear that they'll arrive late. (one subject)

b. Even when there are two different subjects, the subjunctive clause may be replaced by an infinitive construction following **falloir** and **demander de.** The second subject becomes the indirect object of the verb of the main clause.

Je demande qu'*il revienne* ce soir. or **Je *lui* demande *de revenir* ce soir.**	I am asking him to come back this evening.

Il faut qu'*ils descendent* maintenant.   } They must come down now./It is
or   necessary for them to come down now.
Il *leur* faut *descendre* maintenant.

The indirect object pronoun is often omitted with **falloir** when the subject of the infinitive is understood.

Il (*me*) faut *partir* tout de suite.   I must leave right away./It is necessary
                                               for me to leave right away.

     c. A subordinate clause introduced by **jusqu'à ce que** + the subjunctive may be replaced in two ways.

         jusqu'à ce que + subjunctive > **jusqu'au moment où** + indicative

     subjunctive: **Elle lira son livre *jusqu'à ce***   She will read her book until
                     que **vous *arriviez*.**   you arrive.

     indicative: **Elle lira son livre *jusqu'au moment***   She will read her book until
                     où **vous *arriverez*.**   (the moment when) you arrive.

         jusqu'à ce que + subjunctive > **jusqu'à** + noun with the same meaning as the subjunctive: (as above)

     indicative: **Elle lira son livre *jusqu'à* votre**   She will read her book until your
                     arrivée.   arrival.

EXERCICES

A.   Complétez les phrases suivantes. N'utilisez pas le subjonctif et imitez le modèle. Ajoutez une préposition, si nécessaire.

     Modèle: **Mme Lepic a peur que son mari perde trop d'argent au jeu et il a peur aussi de *perdre trop d'argent*.**

     1. Nous désirons que vous fassiez du ski et vous aussi désirez _____ .
     2. Je regrette que les Gammas n'aient pas leur sphère et les Gammas aussi regrettent

        _____ .

     3. Roger est heureux qu'Odile soit en France et elle aussi est heureuse _____ .
     4. Ton mari veut que tu joues au bridge et tu ne veux pas _____ .
     5. Vous aimez que nous jouions de la guitare et nous aussi aimons _____ .

B.   Transformez les phrases suivantes pour éliminer le subjonctif. Imitez le modèle.

     Modèle: **Je vais chez Rolande *afin que je puisse* faire de la couture avec elle.** → **Je vais chez Rolande afin de pouvoir faire de la couture avec elle.**

     1. Nous regardons le guide Michelin **pour que nous trouvions** un bon restaurant.
     2. Les Gammas n'iront pas à l'hôpital **à moins qu'ils soient** très malades.
     3. Oscar est tombé **sans qu'il sache** pourquoi.
     4. Nous jouerons au Scrabble **jusqu'à ce que nous nous ennuyions**.
     5. Vous irez chez vos cousins **avant que vous donniez** la surprise-partie pour vos amis.
     6. Je n'ai pas regardé la télévision hier **de peur que je perde** mon temps.

C.   Transformez les phrases suivantes. Imitez le modèle.

     Modèle: **Il faut que tu ailles aux sports d'hiver.** → **Il te faut aller aux sports d'hiver.**

1. Il faut **qu'ils viennent** dans notre ville.
2. Nous demandons **que vous ne perdiez pas** votre temps.
3. Il ne faut pas **que je fasse** du bricolage samedi.
4. Ses parents ont demandé **qu'elle voie** le film à 7 heures.
5. Tu ne demandes pas **que nous jouions** au jacquet avec toi.

27.2 The irregular verb *asseoir* (to seat)/*s'asseoir* (to sit down/seat oneself)

a. Present indicative

The verb **asseoir/s'asseoir** has two sets of present indicative forms, both of which are irregular. Examples of each set occur in the episodes. The more commonly used set has the stem **assied-** in the singular forms and **assey-** in the plural forms. The other set has the stem **assoi-** in the singular and third person plural forms and the stem **assoy-** in the first and second person plural forms.

Je *m'assieds/m'assois* **pour manger.**	I'm sitting down to eat.
Elles *s'asseyent/s'assoient* **à la table.**	They are sitting down at the table.
Nous *nous asseyons/nous assoyons* **avec elles.**	We are sitting down with them.
Elle *assied/assoit* **le chat sur le canapé.**	She seats the cat on the sofa.

b. Future indicative

The future stem is **assiér-**, or less commonly **assoir-**.

Je *m'assiérai/m'assoirai* **pour manger.**	I'll sit down to eat.

c. Imperfect indicative

The imperfect stem of **asseoir** is usually **assey-**, or less commonly **assoy-**.

Je *m'asseyais/m'assoyais* **quand je l'ai entendu.**	I was (in the act of) sitting down when I heard it.

d. Compound past indicative

(1) The compound past of **asseoir** is formed with **avoir** when **asseoir** is used non-reflexively, as for example when one person seats another.

Louise *a assis* **Emile avec Adrien et Odile.**	Louise seated Emile with Adrien and Odile.

(2) The compound past of **s'asseoir** is formed with **être**, as is the case for all pronominal verbs (see 16.1).

Elle *s'est assise* **avec eux.**	She sat down (seated herself) with them.

e. Imperative

The imperative forms parallel those of the two sets of the present indicative.

Assieds/Assois **le chat sur le canapé.**	Seat the cat on the sofa!
Asseyez-vous!/Assoyez-vous!	Sit down!

f. Present subjunctive

There are alternate forms of the present subjunctive derived from the alternate forms of the present indicative.

Il faut que nous *nous asseyions/nous assoyions.* We must sit down.

For other forms of **asseoir,** see Appendix C.2.

    g. **Asseoir** and **s'asseoir** are verbs describing the act of sitting down.
When the action has already been accomplished and the person or animate object is in a seated position, **être** + **assis(e)(s)** is used to describe this condition.

Contrast: **Je** *m'assieds* **à la table.**	I am sitting down (seating myself) at the table. (I am not yet down on the chair but am describing the action taking place.)
Je *suis assise* **à la table.**	I am sitting (seated) at the table. (The action has already taken place, and I am describing the state I am in.)

EXERCICES

A. Faites les substitutions comme il est indiqué entre parenthèses.
    1. **Le savant** a assis Odile devant la fenêtre. (Je, Les médecins, Nous, Tu)
    2. **Marianne** s'assoit sur le canapé rouge. (Vous, Les petites filles, Je, Nous)
    3. **Je** m'assiérai à la table du café. (Les journalistes, Tu, Vous, Le ministre)
    4. **Tu** ne t'asseyais jamais sur une petite chaise. (Le gros homme, Nous, Vous, Les vieilles dames)

B. Complétez les phrases suivantes par la forme appropriée du verbe **asseoir/s'asseoir.**
    1. Monsieur Mollet, il ne faut pas que vous _____ sur cette chaise inconfortable.
    2. Mademoiselle Louise, _____ près de moi!
    3. Avez-vous vu qu'hier soir Gabrielle et Annie _____ près du nouveau directeur?
    4. La maman _____ toujours son petit garçon à la petite table.

27.3 The prepositions *à* and *de* used to link an infinitive to a noun or pronoun

Just as **à** and **de** are used to link an infinitive to a verb (see 24.4 and 24.5), so also are they used to link an infinitive to a noun or pronoun.
    a. **De** + infinitive is used after certain nouns such as:

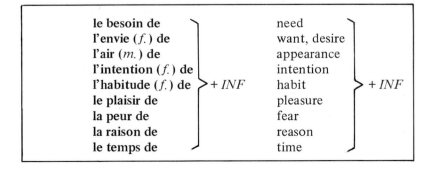

le besoin de	need	
l'envie (*f.*) **de**	want, desire	
l'air (*m.*) **de**	appearance	
l'intention (*f.*) **de**	intention	
l'habitude (*f.*) **de** > + *INF*	habit	> + *INF*
le plaisir de	pleasure	
la peur de	fear	
la raison de	reason	
le temps de	time	

These nouns are often used idiomatically with **avoir** (see 14.2).

J'ai le plaisir *de* vous présenter un vrai Gamma!	I have the pleasure of presenting a real Gamma to you!
Vous avez raison *d'*y aller ce soir.	You are right to go there this evening.
L'envie *de* vous voir m'est venue hier.	The desire to see you came to me yesterday.

b. The preposition **à** is used to link an infinitive to a noun or pronoun when intention or function is implied.

Je préfère trouver quelque chose *à* lire ce soir.	I prefer to find something to read tonight.
Cette machine *à* écrire est très chère.	This typewriter (i.e., machine designed to write) is very expensive.

EXERCICES

A. Complétez les phrases suivantes par la préposition **à** ou **de**.
   1. Avez-vous envie _____ jouer du piano ce soir?
   2. Les Gammas ont peur _____ ne pas pouvoir retourner sur leur planète.
   3. Les gens actifs ont toujours beaucoup de choses _____ faire.
   4. Nous n'aurons pas besoin _____ assister à ce match.
   5. Les savants avaient un film _____ voir.

B. *Situation:* **Parlez de vous!**
   Composez des phrases pour parler de vos désirs, besoins, projets, etc. Commencez chaque phrase par une des expressions de la liste donnée à la section 27.3.a. Complétez par un verbe à l'infinitif et les autres mots nécessaires pour exprimer vos idées. Imitez le modèle.

   Modèle: J'ai l'intention de passer mes vacances au Mexique.

27.4 Adjectives with meaning differing according to position

A few common adjectives change meaning when they are placed in a position other than their normal one. In their normal position, their meaning is literal; in a different position, their meaning is not literal but figurative or simply different from the usual meaning.

adjective	normal position/ literal meaning	other-than-normal position/ figurative or other meaning
	before:	after:
cher, chère	un **cher** ami — a dear friend or a precious friend	une auto **chère** — an expensive auto
dernier, dernière	mon **dernier** franc — my last franc (last in a group, series, etc.)	la semaine **dernière** — last week (past, preceding)
même	la **même** adresse — the same address	l'adresse **même** — the very address (as in "the very address I was looking for")

adjective	normal position/ literal meaning	other-than-normal position/ figurative or other meaning
	after:	before:
ancien, ancienne	une maison **ancienne** — an old house (in existence for a long time)	mon **ancienne** maison — my former house
brave	un garçon **brave** — a brave boy (courageous)	un **brave** garçon — a fine boy (whether brave or not)
certain(e)	des idées **certaines** — sure or certain ideas (without doubt)	**certaines** idées — unspecified or some ideas
*grand(e)	une femme **grande** — a tall woman	une **grande** femme — a great woman
pauvre	un marchand **pauvre** — a poor merchant	le **pauvre** marchand — the poor (i.e., unfortunate) merchant
propre	une robe **propre** — a clean dress	ma **propre** robe — my own dress

*Only when modifying a noun referring to a person or people.

EXERCICE

Dans les phrases suivantes, ajoutez au mot souligné l'adjectif indiqué entre parenthèses. Faites attention de placer l'adjectif selon le sens[1] exigé.

1. J'ai recontré une amie au cinéma. (former)
2. Assisteras-tu à cette pièce? (expensive)
3. Les Durandel font leur jardinage. (own)
4. Cette femme vient de perdre 500 F au poker. (unfortunate)
5. Y a-t-il un homme ici? (courageous)
6. Maman, je fume ma cigarette, c'est sûr! (last)
7. Voyez comme c'est amusant! Ginette et Louise ont le chapeau. (same)
8. Quand Marcel joue au bridge, il a toujours une méthode pour gagner. (sure)

27.5 Descriptive adjectives, numbers, and color names used as nouns

a. Adjectives may be used as nouns. An adjective and the noun modifier that accompanies it must agree with the omitted noun. The noun modifier in this case can be an article, a possessive adjective, or a demonstrative adjective.

Tu as vendu la vraie sphère Gamma? *La vraie*?	You sold the real Gamma sphere? The real one?
Alors, *mon brave*? On cherche toujours les Gammas?	Well, then, my good man? Are we still looking for the Gammas?
Vous voulez cette sphère?	Do you want this sphere?
——Non, je veux *l'autre*.	No, I want the other one.
Elle a parlé à *la grande* et moi, j'ai parlé à *la petite*.	She talked to the tall one, and I talked to the small one (for example, girl).

[1]le sens: meaning.

b. Numbers and color names may also be nouns and, as such, are always masculine. In this case, they have a noun marker.

Le bleu **est la couleur du ciel.**   Blue is the color of the sky.

Je préfère *le sept.*   I prefer seven.

EXERCICE

Complétez les phrases suivantes comme il est indiqué.
1. Arthur a perdu la partie de bridge parce qu'il n'a pas joué _____ au bon moment. (his nine)
2. Maman, j'ai décidé d'acheter une nouvelle jupe.] ——Ah oui! _____ ou _____ ? (The green one, the black one)
3. Que pensez-vous de cette clarinette?] ——J'aime mieux _____ . (the other one)
4. Quel téléviseur achèterez-vous?] ——_____ , naturellement. (The best one)
5. Paul, _____ , il faut être gentil avec ta sœur! (my little one)

Lesson 28

J'achète tout

[**Scene 1**: *In the forest. Oscar's car. Odile and Emile are asleep in the back seat; Oscar and Adrien have just gotten out.*]

OSCAR: C'est là?

ADRIEN: C'est là.

OSCAR: Tu es sûr, Adrien?

ADRIEN: Tout à fait sûr. Je reconnais la forêt. L'ermite habite ici.

ODILE: [*Waking up*] Moi aussi, je reconnais la forêt.

OSCAR: Bon. Descendez!

ODILE: D'accord. [*To Emile*] Descendons! [*She shakes Emile.*] Emile, réveille-toi! Nous sommes arrivés.

EMILE: Arrivés? Où?

ODILE: Dans la forêt. Chez l'ermite. Chez Abélard.

EMILE: Notre dernière chance pour retrouver la sphère. L'ermite nous donnera une idée.
[*He does not move from his seat.*]

ODILE: Emile! Il faut descendre de voiture!

EMILE: Je ne peux pas descendre. Je suis trop malade.

ADRIEN: [*Shaking him*] Emile, descends!

ODILE: Emile, viens! Tu n'es pas malade. Allez, descends!

EMILE: Ouvrez la porte!
[*Oscar does so.*]

ODILE: Tu peux marcher, Emile?

EMILE: Je ne sais pas. Je vais essayer. Je peux marcher!

ODILE: Voilà, Emile, c'est bien!

EMILE: [*Discovering for the first time where he is*] La forêt! Du bois! Notre sphère!

ODILE: Emile, ne parle pas de la sphère!

EMILE: Tu crois que l'ermite aura une idée pour nous permettre de retrouver la sphère?

ODILE: L'ermite nous aidera.

ADRIEN: Mais oui!

EMILE: La forêt! [*They walk into the forest.*] La forêt! J'ai de nouveau toute mon énergie. Et l'ermite aura une idée pour retrouver la sphère.

ADRIEN: Mais oui, Emile, mais oui.

ODILE, PUIS ADRIEN: Il aura une bonne idée.

ODILE: Une bonne idée!

EMILE: Vous entendez les oiseaux? Les oiseaux chantent! [*He sings.*]

ODILE: Emile! Tais-toi. Ecoute. Qu'est-ce que tu entends?

EMILE: J'entends le chant des oiseaux!

ODILE: [*To the others*] Et vous, qu'est-ce que vous entendez?

ADRIEN: On entend les oiseaux.

ODILE: Chut, écoutez bien!

EMILE: Qu'est-ce que c'est?

OSCAR: Une machine.

ADRIEN: Oui, c'est une machine.

EMILE: Une machine. C'est un bruit de machine. Qu'est-ce qu'une machine fait dans la forêt?

OSCAR: Je ne sais pas. [*He imitates the sound.*] Bzzz... Oui, c'est une machine qui coupe les arbres.

EMILE: Les arbres? Une machine qui coupe les arbres? *Qui* coupe les arbres?

OSCAR: Je ne sais pas. C'est peut-être l'ermite.

ODILE: Tu es fou, Oscar! L'ermite ne coupe pas les arbres!

ADRIEN: L'ermite aime les arbres!

EMILE: L'ermite aime la nature! [*He points to something off-screen.*] Qu'est-ce que c'est? Mais c'est un homme!

[*They go off in that direction and come upon the hermit, sitting beneath a tree.*]

ODILE, PUIS ADRIEN: L'ermite!

ABÉLARD: Mes amis! Les Gammas!

ADRIEN: Abélard!

ABÉLARD: Alors, les Gammas, vous êtes devenus de bons Français? Toi, Emile, dis ce que tu es.

EMILE: Je suis ingénieur.

ADRIEN: Moi, je suis poète. [*He gives a demonstration.*] "Les boutons! Ah, les boutons de porte!"

ODILE: Moi, je suis militante. Je milite pour l'égalité des femmes.

ABÉLARD: Bravo! Alors, vous êtes heureux?

ODILE: Non, nous ne sommes pas heureux; nous n'avons plus la sphère.

ABÉLARD: Vous n'avez plus la sphère Gamma? Oscar ne vous l'a pas donnée?

ADRIEN: On lui a volé la sphère.

OSCAR: Oui, on m'a volé la sphère.

ABÉLARD: Pauvres Gammas! Vous n'avez plus votre sphère. . . et moi. . . je n'ai plus ma forêt.

ADRIEN: Quoi? Vous n'avez plus votre forêt?

[*An electric saw is heard.*]

ABÉLARD: Vous entendez? Les machines. . .

OSCAR: Qui coupent les arbres. . .

ABÉLARD: Les machines me chassent de la forêt!

EMILE: Quoi? Qu'est-ce que tu dis? Qui te chasse de ta forêt?

ABÉLARD: Venez voir. [*He leads them to his clearing, where trees have been cut down and a large sign proclaims "Ici Résidence de l'Ermite."*] Je dois partir. On va détruire ma cabane.

EMILE: On va construire des maisons ici?

ABÉLARD: Oui.

EMILE: [*To Odile and Adrien*] Il faut d'abord aider l'ermite à retrouver sa forêt. Ensuite, il nous aidera à retrouver notre sphère.

#   #   #   #

[**Scene 2**: *The Gammas and Oscar are at the hermit's cabin.*]

ODILE: Avant, c'était joli. . . maintenant, c'est très laid.

ABÉLARD: Oui, c'est laid. . . c'est sale. . . c'est triste.

ODILE: Qu'est-ce que tu fais, Emile?

EMILE: Je réfléchis. [*He notices a trailer, parked nearby.*] Qu'est-ce que c'est?

OSCAR: Mais tu ne vois pas, c'est le bureau de vente.

EMILE: Bureau de vente?

OSCAR: Mais oui. Si tu veux acheter une de ces maisons, tu donnes de l'argent.

EMILE: Et on me donne une maison. Où est cette maison?

OSCAR: On va construire ta maison là! Ou là! Ou encore là! Où tu veux!

EMILE: C'est qui, "on"?

OSCAR: "On", c'est le bureau de vente. C'est là. Tu donnes l'argent et ils construisent la maison. Il faut trouver une idée pour Abélard!

[*A young woman comes out of the trailer and walks over to the large sign. Emile goes to meet her.*]

EMILE: Alors, c'est vous qui vendez les maisons?

MICHELE: Oui, c'est moi qui vends les maisons. [*She gestures toward the large sign.*] Voilà les plans. Vous donnez l'argent, et nous vous construisons la maison de votre choix.

EMILE: La maison de mon choix. Ah, j'ai le choix!

MICHELE: Vous avez le choix entre trois types de maison. Villa normande: cent soixante mille francs; trois pièces, douches, W.C. Résidence "Doux repos": trois cent vingt mille francs; garage, piscine. Résidence "Chic-Grand-Chic": huit pièces, trois garages, deux piscines; cinq cent quatre-vingt-dix-neuf mille francs.

EMILE: Et, naturellement, l'ermite doit partir. Sa cabane va être détruite?

MICHELE: Bien sûr, sa cabane va être détruite. L'ermite devra partir.

EMILE: Pourquoi?

MICHELE: Mais il n'est pas propriétaire, vous comprenez. La clairière ne lui appartient pas. Elle nous appartient. Nous avons acheté toute la forêt.

EMILE: [*To Abélard*] Vous n'êtes pas le propriétaire de la clairière. Vous devez partir.

ABELARD: Je sais que je ne suis pas le propriétaire. Mais j'habite ici depuis quarante ans!

EMILE: Quarante ans, ça ne fait rien. Il faut être propriétaire, et vous n'êtes pas propriétaire.

ODILE: Emile, l'ermite est chez lui, ici! Il faut trouver une idée.

EMILE: [*To himself*] Pas propriétaire...

ADRIEN: Emile, il faut trouver une idée. Abélard est vieux. Où va-t-il aller?

EMILE: [*To himself*] Pas propriétaire...

OSCAR: [*To Odile*] Il faut faire quelque chose pour Abélard! J'ai trouvé! [*To Adrien and Odile*] Vous devez utiliser la magie Gamma.
[*Michèle goes back into the trailer.*]

EMILE: Très mauvaise idée... [*To himself*] Pas propriétaire...

OSCAR: Si vous devenez grands, si vous devenez petits, tout le monde aura peur et personne n'achètera de maisons ici.

EMILE: Très mauvaise idée... [*To himself*] Pas propriétaire...

ABELARD: Oui, il faut faire peur! Ils doivent partir!

EMILE: [*Repeating the words in various ways*] Pas propriétaire...

OSCAR: [*To Michèle, who has just come back out of the trailer*] Hé, ohé...

MICHELE: [*To Abélard*] Vous n'êtes pas encore parti? C'est aujourd'hui que vous devez partir.

ABELARD: Je ne partirai pas. C'est vous qui devez partir.

MICHELE: Moi?

OSCAR: Oui, vous! Je me présente: Oscar, détective! Vous allez partir et laisser cet homme en paix, sinon...!

MICHELE: Sinon quoi?

OSCAR: Sinon mes deux amis vont faire des choses terribles!

MICHELE: Terribles? Qu'est-ce qu'ils vont faire?

OSCAR: Ils vont disparaître.

MICHELE: Disparaître?

OSCAR: C'est ça! Ils vont disparaître. Et ils vont devenir grands. Et ils vont devenir petits.

MICHELE: Des sorciers! Une sorcière! Oh, que j'ai peur! Des sorcières dans la clairière.

ODILE: Magie Gamma!

OUVRIER: [*Coming onto the scene, to Michèle*] Qu'est-ce qu'il y a?

MICHELE: Ils font de la magie. C'est terrible.

OUVRIER: Pourquoi?

MICHELE: A cause des acheteurs. Ils auront peur de la magie. Personne n'achètera des maisons ici.
[*A couple, prospective clients, joins the group.*]

HOMME: Nous voulons acheter une maison.

FEMME: La plus belle! La plus chère!

OSCAR, PUIS ODILE: Magie Gamma!

OSCAR: Ils vont disparaître!

HOMME: Qu'est-ce qu'il y a?

MICHELE: Ils font un numéro de magie. Les deux qui dansent sur place vont apparaître, disparaître...

FEMME: Quoi? De la magie ici? Nous n'achèterons pas dans ces conditions!
[*To her husband*] Viens, chéri!

HOMME: Forêt magique! Il ne faut pas acheter. [*They leave.*]

ABELARD: Ils ont peur! Je reste ici!

EMILE: [*Muttering*] Pas propriétaire...

OSCAR: [*To Odile and Adrien*] Disparaissez!

MICHELE: Ils n'ont pas disparu. Ils sont encore là!

ODILE: [*To Oscar*] Je n'ai plus assez d'énergie.

ADRIEN: [*To Oscar*] Je n'ai plus la magie Gamma.

OSCAR: Essayez de grandir. Allez!

MICHELE: [Laughing, to the workmen] Elle n'existe pas, leur magie.

EMILE: Nous n'avons plus la magie Gamma. Nous sommes encore trop fatigués.

ODILE: Tu n'as pas une idée, Emile, pour chasser ces gens?

EMILE: Si. J'ai une très bonne idée, mais ce n'est pas une idée Gamma. Propriétaire. . .

#   #   #   #

[Scene 3: *Around Abélard's table. The workman is working nearby.*]

EMILE: [*Still working on his idea*] Propriétaire. . .

ABELARD: [*To the workman*] Qu'est-ce que vous faites?

OUVRIER: Vous voyez, j'enlève le grillage.

ABELARD: Et pourquoi enlevez-vous le grillage?

OUVRIER: J'enlève le grillage pour pouvoir enlever votre cabane.

ABELARD: Vous enlevez ma cabane? Aujourd'hui?

OUVRIER: Hé oui. Aujourd'hui!

MICHELE: [*To the workman*] Dépêche-toi!

ADRIEN: Hé, Emile. Et ton idée?

ODILE: [*To Emile*] Dépêche-toi, ils enlèvent sa cabane aujourd'hui!

ABELARD: Ton idée, Emile. . . vite. . .

EMILE: Nous avons le temps!

ODILE: Comment, le temps! Il va faire tomber le toit, regarde!

EMILE: [*To the workman*] Monsieur, vous allez faire tomber le toit, même si nous restons ici?

OUVRIER: Bien sûr que non. Mais il faut que vous partiez. Allez, vous devez partir.

OSCAR: Ton idée, Emile. . . ton idée. . .

EMILE: Patience. [*To Michèle*] C'est vrai que notre ami doit partir tout de suite?

MICHELE: Oui. Tout de suite.

[*The developer arrives on the scene.*]

PROMOTEUR: Vous comprenez. . . cette cabane. . .

EMILE: Qui êtes-vous? C'est vous, le chef?

PROMOTEUR: C'est moi, le chef.

EMILE: Alors, c'est vous qui avez décidé que notre ami Abélard, l'ermite, doit partir. C'est vous qui avez donné l'ordre à cet homme de détruire la cabane.

PROMOTEUR: C'est moi. Je ne peux pas faire de bonne publicité avec cette cabane ici. Elle n'est vraiment pas belle.

EMILE: [*Grabbing and shaking the developer*] Et vous, vous croyez que vous êtes beau, vous?

PROMOTEUR: Lâchez-moi! Au secours!

OSCAR: [*To Emile*] C'est ça, ton idée?

EMILE: Ce n'était pas mon idée. Mon idée est très bonne. Propriétaire. . .

OUVRIER: [*To the developer*] Est-ce que je tire?

PROMOTEUR: Tirez!

OUVRIER: Mais eux. . . on va les blesser.

PROMOTEUR: Tant pis pour eux! Sortez ou je tire!

EMILE: [*Muttering*] Propriétaire. . .

PROMOTEUR: Sortez. Pour la dernière fois, sortez. . . ou je tire. Bon, je vais tirer.

OUVRIER: Mais, Monsieur, vous allez les tuer!

PROMOTEUR: Ça m'est égal!

ODILE: Emile! Ton idée! C'est le moment. Sinon le toit va nous tomber sur la tête!

EMILE: Halte!! J'achète tout! [*To his friends*] C'était ça mon idée: propriétaire. . .

ADRIEN: Tu achètes quoi?

EMILE: J'achète la clairière.

ODILE: Tu as assez d'argent?

EMILE: Je suis riche. [*He begins to remove bundles of bills from the inside pockets of his jacket.*] J'ai vendu des idées Gamma, des idées Gamma géniales. Je les ai vendues très cher. Vous, le promoteur, venez ici.

PROMOTEUR: Oui, Monsieur, qu'est-ce qu'il y a pour votre service?

EMILE: J'achète.

PROMOTEUR: Pardon, Monsieur. Qu'est-ce que vous achetez?

EMILE: J'achète tout.

PROMOTEUR: Tout?

EMILE: Tout.

PROMOTEUR: Il faut faire des calculs.

EMILE: Abélard, apporte une chaise.

MICHELE: Il achète tout?

ABELARD: Il achète toute la clairière.

PROMOTEUR: [To Emile] Vous payez par chèque?

EMILE: Non, je paie comptant.

OSCAR: Il achète tout!

ADRIEN: Ah, Emile et ses idées. . .

ODILE: Elle est géniale, l'idée d'Emile. Il va tout acheter.

PROMOTEUR: Le compte y est. Signez.

EMILE: Je ne sais pas signer.

PROMOTEUR: Vous ne savez pas signer?

EMILE: Non, je ne sais pas signer. Mais lui [Pointing to Abélard], il sait signer.

PROMOTEUR: Pourquoi lui? C'est vous qui devez signer, c'est vous le propriétaire!

EMILE: Ah non! Ce n'est pas moi le propriétaire. C'est lui! Abélard, viens ici! Signe, Abélard, tu est le propriétaire. [To Oscar] Elle n'est pas bonne, mon idée?

ODILE: Elle est géniale.

ADRIEN: Oui, mais ce n'est pas une idée Gamma.

ABELARD: Merci, Emile, merci! Grâce à toi, je peux rester dans ma clairière, avec les arbres, les oiseaux. . . et la cabane.

PROMOTEUR: Quand est-ce que nous commençons les travaux?

ABELARD: Les travaux? Quels travaux? C'est moi, le propriétaire.

MICHELE: Hé oui! C'est vous le propriétaire. Vous êtes le propriétaire de toutes ces maisons.

PROMOTEUR: Oui, vous avez acheté la clairière avec toutes les villas que nous devons construire.

EMILE: Je ne veux que la clairière. Je ne veux pas de maisons!

ABELARD: Je ne veux que ma cabane!

PROMOTEUR: Vous ne voulez pas une petite villa, tout confort, avec piscine, avec tout?

ABELARD: Partez! Construisez vos villas ailleurs! Je vous interdis de revenir! Compris? Je vous interdis! [The developer, Michèle, and the workman leave.] Moi, je veux ma cabane, ma forêt, ma clairière. . . loin des hommes. . . loin des machines. . . loin du bruit!

VOCABULARY

l' **acheteur** (*m.*) buyer
ailleurs elsewhere
appartenir[C29] (**à**) to belong to
bien (écouter bien) carefully (to listen carefully)
blesser to hurt
la **cabane** cabin
le **calcul** computation
chasser to chase (out)/drive away
le **chèque** check
le **choix** choice
Comment? What do you mean?
comptant
payer comptant to pay cash

la **condition** condition
descendre (de) to get out (of a vehicle)
détruire[C6] to tear down
donner (l'argent) to pay (the money)
la **douche** shower
doux, douce sweet
l' **égalité** equality
enlever to take down
essayer to try
faire de la magie to perform magic
faire peur (à) to frighten
faire tomber le toit to make the roof fall down
la **fois** time
le **garage** garage

grâce à thanks to
le **grillage** fence
interdire[C10] to forbid
lâcher to let go of
laid ugly
loin de far from
la **machine** machine
militer to campaign (for a cause)
le **moment** time, moment
c'est le moment this is the (proper) time
la **nature** nature
normand Norman (from Normandy)
on they
où wherever
la **patience** patience
permettre[C17] to help (to do something)
la **pièce** room
la **piscine** swimming pool
le **plan** (floor) plan
le **promoteur** developer
le **propriétaire** owner

la **publicité** advertising
quatre-vingts 80
quatre-vingt-dix 90
le **repos** repose
la **résidence** manor
riche rich
sale dirty
signer to sign
sinon or else, otherwise
le **sorcier**, la **sorcière** sorcerer, witch, wizard, warlock
tirer to pull
les **travaux** (*s.* **travail**) building, construction
le **type** type
utiliser to use
la **vente** sale, selling
   le bureau de vente sales office
la **villa** villa
le **W.C.** (from British "water closet") a small room with toilet, like an American powder room

SPECIAL EXPRESSIONS

Bien sûr que non. Of course not.
Ça m'est égal! I don't give a darn!
Ça ne fait rien. That doesn't make any difference.
de nouveau again
en paix in peace
faire des calculs to do some figuring
Je les ai vendues très cher. I sold them for lots of money.

Le compte y est. The amount is correct.
numéro (*m.*) **de magie** magic act
Qu'est-ce que je peux faire pour votre service? How can I be of service to you?
sur place in place
Tant pis pour eux! That's their tough luck!
tout confort with all the amenities

SUPPLEMENTARY VOCABULARY

the house **la maison**	
ceiling	**le plafond**
door	**la porte**
fireplace; chimney	**la cheminée**
floor	**le plancher**
garden	**le jardin**
roof	**le toit**
wall	**le mur**
window	**la fenêtre**

	the house	la maison *(cont'd.)*	

brick	**la brique**		
glass	**le verre**	to build	**bâtir, construire**
roof tile	**la tuile**	to furnish	**meubler**
stone	**la pierre**		
wood	**le bois**		

floors: **les étages** *(m.)*:

   attic   **le grenier**
   basement   **le sous-sol**
   ground floor   **le rez-de-chaussée**
   second floor   **le premier étage**

rooms: **les pièces** *(f.)*:

   bathroom   **la salle de bains**
   bedroom   **la chambre (à coucher)**
   dining room   **la salle à manger**
   family room   **la salle de séjour**
   garage   **le garage**
   hall   **le couloir**
   kitchen   **la cuisine**
   living room   **le living/salon**
   patio   **la terrasse**

LANGUAGE NOTES AND EXERCISES

28.1 *Etre* verbs used transitively

A number of verbs that are most commonly used as verbs of motion conjugated with **être** (see 10.5) can also be used transitively, that is, with a direct object. Sometimes their meaning differs in the transitive use. When transitive, they are conjugated with **avoir** in compound tenses. Following are a few such verbs:

verb	intransitive with **être**	transitive with **avoir**
descendre	= to go/come down	= to take/bring (*N*) down
	Il *est descendu* prendre le petit déjeuner.	**Il *a descendu* les valises.**
	(He went/came down to eat breakfast.)	(He took/brought the suitcases downstairs.)
monter	= to go/come up	= to take/bring (*N*) up
	Elle *est montée* dormir.	**Elle *a monté* ses vêtements.**
	(She went/came up to sleep.)	(She took/brought her clothes upstairs.)

verb	intransitive with **être**	transitive with **avoir**
rentrer	= to return (home) **Nous *sommes rentrés* tard.** (We returned home late.)	= to take/bring (N) back/in **Nous *avons rentré* les chaises de la terrasse.** (We took/brought the chairs in from the terrace.)
sortir	= to leave, go out **Ils *sont* déjà *sortis de* la maison.** (They've already left the house.)	= to take (N) out **Ils *ont sorti* de l'argent de leurs poches.** (They took some money out of their pockets.)

The above examples are all in the compound past indicative. The four verbs may occur in any tense or mood. Forms of the first three are regular; **sortir** is irregular (see Appendix C.20). When these verbs are conjugated with **avoir**, past participle agreement is made with a preceding direct object, as is the case for all verbs conjugated with **avoir** (see 9.3 and 26.4). The following sentences use pronouns to replace the nouns of the transitive sentences (using **avoir**) in the preceding table.

Il *les* a descendu*es*.   He took/brought them downstairs.

Elle *les* a monté*s*.   She took/brought them upstairs.

Nous *les* avons rentré*es* de la terrasse.   We took/brought them in from the terrace.

Ils *en* ont sorti de leurs poches.   They took some out of their pockets.

EXERCICES

A.   Mettez les phrases suivantes au passé composé. Faites attention aux verbes qui ont un objet direct.
1.   Descendez-vous votre livre favori pour lire au salon?
2.   Nous sortons la table sur la terrasse.
3.   Ta mère et ta soeur ne descendent pas au sous-sol pour faire la cuisine.
4.   Je monte mes vêtements dans ma chambre.
5.   La secrétaire rentre chez elle à 6 heures.

B.   Dans les phrases suivantes, remplacez les mots soulignés par le pronom d'objet direct. Imitez le modèle.

Modèle: **Vous avez monté *les valises*.** → **Vous *les* avez montées.**

1.   Les enfants ont descendu leurs skis.
2.   J'ai sorti les cartes pour jouer avec Maman.
3.   Nous n'avons pas rentré les chaises.
4.   Tu as monté les sandwichs à ta tante.

28.2 The demonstrative pronouns

a. The demonstrative pronouns are generally used to replace nouns modified by a demonstrative adjective (10.4). Demonstrative pronouns point out specific persons or things.

La véritable sphère Gamma, c'est *celle-là*.	The true Gamma sphere is this one.

When no specific noun is mentioned, the demonstrative pronoun has an indefinite meaning: "the one(s)" + relative clause

***Ceux* qui travaillent avec la tête portent toujours une cravate.**	Those who work with their heads always wear ties.

b. Forms

The number and gender of a demonstrative pronoun are the same as those of the noun that is replaced.

	singular		plural
m.	**celui** { this one / that one / the one / _____'s }	**ceux**	{ these / those
f.	**celle**	**celles**	the ones / _____'s }

Nous achetons ce pain-ci et *celui-là*.	We are buying this loaf of bread and that one.
Peut-être *celle-ci* (i.e., cette sphère-ci), Mademoiselle?	Perhaps (you want to buy) this one, Miss?
***Ceux-là* ne sont pas les Gammas.**	Those (people) are not the Gammas.
Elles ont acheté *celles-là*.	They bought those (spheres).

c. Uses

The demonstrative pronouns must be followed directly by one of three constructions:

(1) **-ci** or **-là**

To distinguish between "this" and "that," "these" and "those," **-ci** may be added to the pronoun to indicate proximity, and **-là** may be added to indicate distance.

Violette a acheté *celle-ci* et Paulette a acheté *celle-là*.	Violette bought this one and Paulette bought that one.

The demonstrative pronouns with **-ci** and **-là** may also mean "the former" and "the latter." When so used, the form with **-ci** is equivalent to "the latter" because it indicates the one(s) closer in proximity/time, and the form with **-là** is equivalent to "the former" because it indicates the one(s) farther away.

Voilà Geneviève et Odile. *Celle-ci* est une Gamma; *celle-là* est une Française.

There are Geneviève and Odile. The latter is a Gamma; the former is a French girl.

(2)   a relative clause
This construction is usually equivalent to "the one(s) who, which, etc."

Tu ne veux pas voir *celui qui* te suit.	You don't want to see the one who's following you.
Je connais *celles dont* tu parlais.	I know the ones (whom) you were talking about.

(3)   preposition + noun phrase (frequently **de** + possessor)
The demonstrative pronoun with **de** + possessor is often the equivalent of a noun + 's (____'s).

Les cheveux d'Adrien sont courts; *ceux d'*Odile sont longs.	Adrien's hair is short; Odile's (that of Odile) is long.
L'idée d'Oscar n'est pas bonne; *celle d'*Emile est superbe.	Oscar's idea is not good; Emile's (that or the one of Emile) is superb.

d.   The above demonstrative pronouns replace a specific noun. There are two other demonstrative pronouns that are used to refer to an unspecified word or an idea: **ceci** (this) and **cela** or **ça** (that).

Il marche comme *ça*.	He walks like that.
Que veut dire *ceci*?	What does this mean?

EXERCICES

A.   Faites les substitutions indiquées entre parenthèses. Faites les autres changements nécessaires.
1.   Pour le salon, Germaine veut **ce canapé**-ci mais pas celui-là. (ces chaises, ce fauteuil, cette pendule, ces tableaux)
2.   **Cette cuisine**, est-ce que c'est celle que vous aimez? (Ce salon, Cette terrasse, Ce garage, Ces chambres)
3.   Je n'aime pas **votre cheminée**; je préfère celle des Durand. (votre jardin, vos murs en pierre, vos portes, votre plancher en bois)

B.   Complétez les phrases suivantes comme il est indiqué entre parenthèses.
1.   Michèle vend des maisons. _____ est chère mais _____ est beaucoup plus chère. (this one, that one)
2.   Pour le salon, ma femme préfère _____ est meublé dans le style Empire. (the one which)
3.   Si vous cherchez une salle de bains moderne, vous n'aimerez pas _____ : elle est très primitive! (Abélard's)
4.   Maurice, regarde ces plans! _____ tu as besoin[1] doivent être plus détaillés. (Those which)
5.   Ecoutez bien _____ : Emile va tout acheter! (this)
6.   Je n'aime plus ma cuisine: _____ j'ai vue hier était plus jolie. (the one which)
7.   Nous avons acheté quelques livres; nous avons payé _____ mais nous allons rendre _____. (these, those)

[1]N.B: avoir besoin **de.**

8. Julie et sa mère cherchent un sofa confortable pour la salle de séjour. _____ préfère le sofa brun et _____ préfère le sofa vert et beige. (the former, the latter)
9. Mais non, Mademoiselle! Je n'ai pas dit _____ . (that)

28.3 Directions

a. Compass points (all masculine)

l'est	/ɛst/	east
le nord	/n ɔ/	north
l'ouest	/wɛst/	west
le sud	/syd/	south

b. To express a direction, use **à** + compass point, uncapitalized.

Moi, je cherche *au nord*.	*I*'m looking to the north.
Odile, *au sud*.	Odile, to the south.

c. To express a location referring to a region, use **dans** + compass point, usually capitalized.

Ses amis habitent *dans l'Est*, mais il habite *dans l'Ouest*.	His friends live in the East, but he lives in the West.

d. The southern part of France is often called by an alternate word for "south," capitalized as a proper name: **le Midi**.

Je crois qu'elle vient *du Midi*.	I think that she comes from the South.

e. Compass points may be combined to give more precise directions.

L'Espagne est située dans le *sud-ouest* de l'Europe.	Spain is located in the southwest of Europe.
On fait du ski dans le *nord-est* des Etats-Unis.	People ski in the Northeast of the United States.

f. Common directions

la droite	right	**à droite**	to the right / on the right
la gauche	left	**à gauche**	to the left / on the left
		tout droit	straight ahead

EXERCICES

A. Complétez les phrases suivantes comme il est indiqué entre parenthèses.
1. Excusez-moi, Monsieur l'agent. Faut-il tourner _____ pour aller à la poste? (left, i.e., to the left)
2. Allez _____ jusqu'à la rue Gambetta et ensuite, tournez _____ . (straight ahead; right)

3. Tu ne connais pas du tout _____? Il faut y aller. (Southern France)
4. Mon oncle habite _____ de la France. (in the north-west)
5. Je ne bâtirai pas ma maison _____ parce qu'il y fait trop froid en hiver. (in the East)
6. La météo canadienne annonce qu'il fera beau _____ mais qu'il pleuvra _____. (in the South; in the West)
7. La clairière d'Abélard est _____ de la forêt. (in the south-east)

B. *Situation:* **Avez-vous le sens[1] des directions?**
Demandez à la personne près de vous

1. comment il/elle va de la salle de classe au laboratoire de langues.
2. comment il/elle va de sa banque au bureau de poste.
3. dans quelle partie des Etats-Unis est Boston (San Diego, Miami, Seattle, la Nouvelle Orléans).
4. dans quelle partie de la France est Lille (Bordeaux, Marseille, Strasbourg, Toulouse).

28.4 The irregular verb *croire* (to believe)

a. Present indicative
   Croire is an irregular verb with two stems in the present indicative: **croi-** in the singular and third person plural forms and **croy-** in the first and second person plural forms.

croire					
singular			plural		
je	*crois*	I believe/do believe	**nous**	*croyons*	we believe, etc.
tu	*crois*	you believe, etc.	**vous**	*croyez*	you believe, etc.
il **elle** **on**	} *croit*	he/it she/it one } believes, etc.	**ils** **elles**	} *croient*	they believe, etc.

Croyez-vous l'histoire d'Oscar?	Do you believe Oscar's story?
Le ministre ne la *croit* pas.	The Secretary doesn't believe it.

b. Compound past indicative
   The compound past indicative of **croire** is formed with **avoir** + the irregular past participle **cru.**

Il *a cru* tout ce qu'ils lui ont dit.	He believed everything they told him.

c. Future and imperfect indicative; imperative
   The formation of the future, imperfect, and imperative is regular.

future:	**Ils ne *croiront* pas cela.**	They won't believe that.
imperfect:	**Tu ne *croyais* pas à son innocence?**	You didn't believe in his/her innocence?

[1]le sens: sense.

imperative:	*Croyez* que c'est la vérité!	Believe that it's the truth!
	Ne les *crois* **pas!**	Don't believe them!
	Croyons ce qu'elle dit.	Let's believe what she says.

d. Present subjunctive

Croire has two present subjunctive stems that parallel those of the present indicative: **croi-** in the singular and third person plural forms and **croy-** in the first and second person plural forms.

Elle est contente que nous la *croyions.*	She is pleased that we believe her.
Le ministre ne veut pas que Blanchette *croie* **que les Gammas existent.**	The Secretary doesn't want Blanchette to believe that the Gammas exist.

e. The preposition **à** is used with **croire** to express "to believe in."

Moi, je ne *crois* **pas** *aux* **Gammas.**	*I* don't believe in the Gammas.

EXERCICES

A. Faites les substitutions indiquées entre parenthèses.
1. Croirez-**vous** que Madame Leduc a peint son salon en vert pomme? (ils, tu, nous, elle)
2. **Les médecins** ont cru qu'Emile était fou. (Je, Le ministre, Nous, Vous)
3. **Je** ne crois pas ce qu'on dit. (Vous, Les gendarmes, Mes amis et moi, Jérôme)
4. **Les poètes** croyaient être sur une autre planète. (Lucie, Tu, Nous, Vous)

B. Complétez les phrases suivantes par la forme appropriée du verbe **croire**.
1. Ne _____ pas tout ce que tu lis dans ce journal!
2. L'année prochaine, personne ne _____ vos histoires idiotes.
3. Roger _____ qu'Odile était une Gamma. (mental state)
4. Nous sommes tristes que Marcel _____ que nous lui avons menti.
5. Hier, tu _____ ce que le directeur t'a dit. (completed action)
6. Vous ne _____ pas aux Gammas, n'est-ce pas?

28.5 Vocabulary distinction: *poser une question* **vs.** *demander*

a. When **poser** is used in the sense of "to ask" (a question), the word **question** must be expressed.

Oscar: *Posez des questions* **sur les Gammas.**	Ask (me) questions about the Gammas.

b. **Demander** is never used to mean "to ask a question." It is incorrect to express the word *question* with **demander**. **Demander** means "to ask" or "to ask for" and must always be completed by an object noun or pronoun, **de** + infinitive, or a clause.

Le professeur *demande* **toujours** *une réponse* **en français.**	The professor always asks for an answer in French.
Elle leur a *demandé de l'accompagner.*	She asked them to accompany her.
Nous lui *demanderons s'il ira au concert ce soir.*	We'll ask him whether he'll go to the concert tonight.

EXERCICE

Complétez les phrases par la forme appropriée du verbe **poser** ou du verbe **demander**.
1. Quand Jean-Pierre sera un adulte, il ne _____ plus de questions stupides.
2. L'été dernier, les touristes _____ à ce pauvre guide où était la salle de bains de Louis XIV.
3. Quand nous étions en Russie, nous _____ toujours comment aller au Kremlin.
4. Patrick, ne me _____ pas toujours la même question! Tu vas me rendre folle!
5. Demain, je ne vous _____ pas de compter de un à soixante.

Bonjour, Monsieur le Ministre!

[**Scene 1**: *Outside Abélard's cabin. The developers and machines are gone, and Abélard is sitting on his porch, knitting. Odile is about to cook dinner on an open fire. Emile is stretched out on a mattress nearby. Adrien and the others are watching over him.*]

ODILE: Il dort?

ADRIEN: Il dort. Mais il est malheureux, même quand il dort.

ABELARD: Tu dors, Emile? [*A bird sings.*] Tu entends, Emile? Les oiseaux. . .

EMILE: Gamma! Je veux revoir Gamma!

ABELARD: Il est très malheureux.

ODILE: Je le sais.

ABELARD: Il faut absolument retrouver la sphère. Vous devez retrouver la sphère.

ODILE: Vous avez une idée pour retrouver la sphère?

ADRIEN: Nous ne retrouverons plus la sphère. Nous devons rester en France. Toujours!

ODILE: Tais-toi! [*To Abélard*] Vous avez une idée?

ABELARD: Une idée. . . je cherche une idée. . . [*To himself*] Une idée. . .

EMILE: [*In his sleep*] Une idée. . . [*He wakes up.*] Ça va, Abélard?

ABELARD: Ça va; grâce à toi je suis le propriétaire de ma clairière.

EMILE: Et grâce à toi nous retournerons sur Gamma!

ABELARD: Grâce à moi? Comment ça?!

EMILE: Parce que tu auras une idée pour retrouver la sphère.

ABELARD: J'aurai une idée?!

EMILE: Oui, Abélard. Moi, j'ai une idée pour garder ta clairière. Et toi, tu auras une idée pour retrouver notre sphère. C'est ça!

ADRIEN ET ODILE: Emile!

EMILE: [*To Abélard*] Qu'est-ce que tu fais là?

ABELARD: Je fabrique une robe pour ce poste de télévision.

ODILE: Il y a des clients qui veulent une robe pour la télévision?!

EMILE: Et nous, nous sommes aussi des clients. Nous voulons une idée pour retrouver notre sphère!

ADRIEN: Mais il ne peut pas fabriquer une idée.

ODILE: Il ne trouve pas d'idée!

EMILE: Pour trouver une idée, il faut la chercher. Il faut réfléchir!

ADRIEN: Tu es méchant.

ODILE: Il est malheureux, très malheureux.

EMILE, PUIS ODILE: Qu'est-ce qu'il y a, Abélard?

ABELARD: J'ai réfléchi et. . . j'ai trouvé une idée.

EMILE: Une idée pour retrouver notre sphère?!

ABELARD: C'est ça. Vous devez aller à Paris.

ODILE: A Paris? Mais nous n'avons pas perdu la sphère à Paris.

ADRIEN: Nous avons perdu la sphère à Megève.

ABELARD: Je vous dis: vous devez aller à Paris. Et qu'est-ce que vous ferez à Paris? Vous irez voir le ministre et vous direz: Bonjour, Monsieur le Ministre. Nous voulons voir les sphères Gamma qu'il y a en France.

EMILE: Dire que je suis un Gamma?!

ABELARD: Oui.

EMILE: Le ministre ne me croira pas.

ABELARD: Pourquoi?!

EMILE: Nous n'avons plus la magie Gamma!

ABELARD: Il faut la retrouver!

[*The following morning. The Gammas are doing yoga exercises. Abélard is timing them with an enormous hour glass.*]

ABELARD: Cinq, quatre, trois, deux, une seconde, fini. Ça suffit. Une heure, ça suffit. Et maintenant nous commençons l'exercice numéro dix-sept.

[*In another part of the woods, Oscar is rehearsing for his visit to the Secretary. He is standing in front of an empty chair and talking as if to the Secretary.*]

OSCAR: Bonjour, Monsieur le Ministre, bonjour! Ah! Comment je vais? Je vais très bien, Monsieur le Ministre. Et j'ai une surprise pour vous, Monsieur le Ministre, une vraie surprise. [*He motions toward the door.*] Je vous présente les Gammas. Vous ne voyez rien, Monsieur le Ministre, vous ne voyez rien?! Moi non plus, je ne vois rien. Et pourquoi ne voyons-nous rien, tous les deux? Parce que je vous présente les Gammas qui ont disparu! Vous ne me croyez pas?! [*He claps his hands.*] Les Gammas! Apparaissez! Voilà les Gammas! Voilà... mais j'ai toujours dit: Les Gammas existent...

[*Encouraged by Abélard, the Gammas are trying to recapture their magical powers.*]

ABELARD: Courage, Emile! Courage! Ramasse toute ton énergie. Tu es un Gamma. Montre-nous que tu es un Gamma.

ODILE: Les jambes... Les jambes ont disparu...

ADRIEN: Les bras... les bras ont disparu.

ABELARD: Le corps. Le corps, Emile! Il faut aussi faire disparaître le corps.

ODILE: Et la tête.

EMILE: Je n'arrive pas à faire disparaître mon corps et ma tête. Tu crois que le ministre me croira quand même?

ABELARD: Le ministre croira que tu es un Gamma.

[*Oscar arrives.*]

OSCAR: Bien sûr, le ministre te croira.

ABELARD: Quand le ministre te verra sans jambes et sans bras, il dira: Vivent les Gammas!

[*Odile and Adrien make their limbs disappear.*]

OSCAR: Vivent les Gammas!

\#   \#   \#   \#

[**Scene 2**: *Inside the Secretary's office, in Paris. The Secretary is a physical fitness enthusiast. He is doing his morning exercise routine.*]

MINISTRE: Un... deux... trois...

[*A knock is heard at the door.*]

OSCAR: Bonjour, Monsieur le Ministre. Je veux vous voir.

MINISTRE: Je fais ma gymnastique, Oscar... Un... deux... trois... Qu'est-ce que vous voulez?

OSCAR: Je veux vous présenter les Gammas.

MINISTRE: Quels Gammas?

OSCAR: Mais les Gammas de Megève, les seuls, les vrais.

MINISTRE: Les Gammas de Megève...? Ce ne sont pas les Gammas. Ils n'avaient pas la sphère Gamma.

OSCAR: Ils ont perdu leur sphère Gamma et ils la cherchent.

MINISTRE: Les Gammas de Megève cherchent la sphère Gamma? Et ils ne la trouvent pas?

OSCAR: Non, mais vous, vous pouvez les aider à la trouver.

MINISTRE: Moi je peux les aider? Comment ça? [*Oscar points to the door.*] C'est ça, faites entrer les Gammas. Je verrai si ce sont de vrais Gammas ou bien si ce sont des charlatans.

[*Oscar opens the door and beckons to the Gammas to come inside.*]

OSCAR: Dites bonjour au ministre.

LES GAMMAS: Bonjour, Monsieur le Ministre.

MINISTRE: Mais ils parlent très bien le français, vos Gammas, mon cher Oscar. Félicitations! Veuillez prendre place. Vous êtes les Gammas?

ODILE: Oui, nous sommes les Gammas, Monsieur le Ministre.

MINISTRE: Vous êtes les Gammas! C'est merveilleux, formidable, sensationnel! Qu'est-ce que je peux faire pour vous?

ADRIEN: Vous pouvez nous aider à retrouver notre sphère, Monsieur le Ministre.

MINISTRE: Votre sphère, quelle sphère?

ODILE: La sphère, Monsieur le Ministre, c'est notre véhicule. Il est très beau. On nous l'a volé.

MINISTRE: Vous parlez bien français pour une Gamma. On vous a volé la sphère? Qu'est-ce que je peux faire pour la retrouver?

ODILE: Faites un appel à la télévision. Faites envoyer à Paris toutes les sphères qui sont en France.

MINISTRE: Mais il y a des milliers de sphères en France. Qu'est-ce que vous voulez faire de toutes ces sphères?

EMILE: Devant chaque sphère, Monsieur le Ministre, je ferai le geste Gamma!

ADRIEN: Et Emile trouvera la vraie sphère Gamma.
[*Emile stands and pantomimes each action, as if the sphere were really there.*]

EMILE: La sphère grandira. . . elle grandira. . . J'entre dans la sphère. La sphère part. . . Elle monte. . . Nous retournons sur Gamma!

MINISTRE: Pourquoi voulez-vous retourner sur Gamma?

EMILE: Pardon, Monsieur le Ministre?

MINISTRE: Pourquoi voulez-vous retourner sur Gamma?

EMILE: Mais parce que je suis un Gamma. Je ne suis pas français; je suis un Gamma.

OSCAR: Oui, Monsieur le Ministre, Emile est un Gamma. Tous les trois sont des Gammas. [*The Secretary is not convinced. On his note pad he has written: "Ils sont fous. Oscar est fou aussi."*] Ils peuvent disparaître, apparaître, devenir petits, devenir grands. . .

MINISTRE: Ils peuvent faire tout ça?

OSCAR: Mais oui, Monsieur le Ministre, et ils vont le faire devant vous.
[*The Gammas line up in front of the Secretary's desk. Odile directs their "performance."*]

ODILE: Les jambes! Faites disparaître les jambes!

MINISTRE: Les jambes ont disparu! Ils n'ont plus de jambes.

ODILE: Les bras!

MINISTRE: Les bras ont disparu! Ils n'ont plus de bras. Ils n'ont plus de corps! [*Only the Gammas' heads are now visible.*] Ce ne sont pas les Gammas!

OSCAR: Vous n'êtes pas convaincu, Monsieur le Ministre?!?

MINISTRE: Je ne suis pas convaincu. Ça, c'est de la magie banale, de l'hypnose. . .! De l'hallucination! Partez!

OSCAR: Partons. [*Oscar and the three heads go out into the hallway. The Secretary closes the door, then, overcome by curiosity, opens it slightly to observe them.*] Vous pouvez de nouveau apparaître. Le ministre ne croit pas que vous êtes les Gammas.

EMILE: Je ne peux plus apparaître complètement.

ODILE: Je ne peux rien faire. Je dois rester comme cela.

ADRIEN: Je n'ai plus que la tête!
[*The Secretary goes back to his desk and picks up the phone.*]

MINISTRE: [*Phoning from his desk*] Allô. . . le service photos? Il faut photographier les gens qui sont avec Oscar.

#   #   #   #

[**Scene 3**: *The corridor, outside the Secretary's office.*]

OSCAR: Trois têtes sans corps, c'est ridicule!

EMILE: Je ne peux rien faire.

OSCAR: Comme ça vous êtes complètement ridicules!

ODILE: Je ne peux rien faire. Je voudrais bien redevenir normale.

ADRIEN: Mon corps! Je ne peux plus retrouver mon corps!

OSCAR: Il y a quelqu'un qui arrive! Nous sommes ridicules. Vous et vos trois têtes!
[*Oscar takes three handkerchiefs out of his pockets and covers up the heads, then they all walk down the corridor. An errand boy, walking toward them, sees the floating handkerchiefs and reaches for them, revealing the three disembodied heads.*]

GARÇON DE COURSES: Les Gammas! Les Gammas existent!
[*He drops everything and runs away, terrified.*]

OSCAR: Il croit aux Gammas. Mais le ministre ne croit pas aux Gammas!
[*Footsteps are heard.*]

ADRIEN: C'est Blanchette! [*He suddenly becomes completely visible.*] Je ne suis plus ridicule. Je suis de nouveau normal.

OSCAR: [*To Odile and Emile's heads*] Vous deux, cachez-vous derrière moi!

ADRIEN: Bonjour, Blanchette!

BLANCHETTE: Bonjour, Adrien!
[*She walks around the corner, out of sight.*]

ADRIEN: Comme elle est belle!

OSCAR: Tu devrais lui dire: "Je suis un Gamma! Je veux retrouver la sphère!"

ADRIEN: Comme elle est belle!

ODILE: Un photographe!
[*In their excitement, Odile and Emile become visible again.*]

OSCAR: Maintenant, vous n'êtes plus ridicules. [*The photographer takes several pictures.*] Pourquoi avez-vous pris ces photos de nous?

PHOTOGRAPHE: Pourquoi?

OSCAR: Pourquoi?!

EMILE: [*Whispering to the other two Gammas*] Venez! Ne restons pas ici!

ODILE: Où allons-nous?

EMILE: Je ne sais pas. Mais ne restons pas ici.

OSCAR: Pourquoi avez-vous pris des photos?

PHOTOGRAPHE: Je ne sais pas. C'est un secret!
[*He leaves. Oscar looks for his friends, in vain.*]

OSCAR: Emile, Odile, Adrien? Où êtes-vous?
[*Inside the Secretary's office. Blanchette, sitting on the edge of the desk, is talking to her father.*]

BLANCHETTE: J'ai vu ce garçon... Adrien... Il est charmant...

MINISTRE: Adrien?

BLANCHETTE: Oui, un de ces Gammas de Megève. Un de ces Gammas d'Oscar!

MINISTRE: Ah oui, les Gammas! Ils étaient ici avec Oscar. Ils disent qu'ils sont vraiment des Gammas. Hypnose, hallucinations.

BLANCHETTE: Et pourquoi sont-ils venus chez toi?

MINISTRE: Ils me demandent de faire ramasser toutes les sphères qu'il y a en France.

BLANCHETTE: Ah oui. Et pourquoi dois-tu faire ramasser toutes les sphères qu'il y a en France?

MINISTRE: Pour trouver la vraie sphère parmi toutes ces sphères.
[*Blanchette takes a sphere out of her purse.*]

BLANCHETTE: Moi, je t'apporte une sphère, Papa.

MINISTRE: D'où vient cette sphère?

BLANCHETTE: Tu ne te souviens pas, mon cher Papa? J'ai acheté cette sphère à Megève. Pour toi.

MINISTRE: Je garde cette sphère. Elle me portera bonheur. [*He puts the sphere on his desk. Someone knocks at the door.*] Entrez! [*The errand boy,*

obviously shaken, opens the door.]
Qu'est-ce que vous avez? Vous êtes
malade?

GARÇON DE COURSES: Monsieur le Ministre,
les Gammas! J'ai vu les Gammas! Les
Gammas existent! [*He faints. Blanchette
and the Secretary help him to a chair
and revive him.*] J'ai vu trois têtes! J'ai
vu trois têtes dans le corridor. . .

MINISTRE: Eh oui, des têtes, des têtes. . .
Hypnose, hallucination!
[*The photographer comes in and gives
his photographs to the Secretary.*]

PHOTOGRAPHE: Regardez! Monsieur le
Ministre, regardez! Les trois autres ne
sont pas sur la photo. Ils étaient là
quand j'ai fait la photo. Et ils ne sont
pas sur la photo.

MINISTRE: Ils étaient à côté d'Oscar?

PHOTOGRAPHE: Oui.

MINISTRE: Ils étaient à côté d'Oscar quand
vous avez pris la photo?

PHOTOGRAPHE: Mais oui, Monsieur le
Ministre, je le jure.

BLANCHETTE: Je peux voir les photos,
mon cher Papa?

MINISTRE: Non, tu ne peux pas. [*He
puts the photos into a desk drawer and
locks it.*]

GARÇON DE COURSES: Les Gammas
existent!
[*He leaves. The photographer, completely bewildered, goes out the door,
muttering.*]

PHOTOGRAPHE: Les Gammas! Les
Gammas existent?

BLANCHETTE: Adrien est peut-être un
Gamma!

MINISTRE: Impossible! Hypnose, hallucination! [*He picks up the phone.*]
Surveillez ces trois personnes qui sont
avec Oscar. . . [*Oscar comes in.*]
Oscar, vous ici?! Où sont ces trois
personnes qui étaient avec vous?

OSCAR: Je ne sais pas.

MINISTRE: Vous ne le savez pas?

OSCAR: Non. Je ne le sais pas. Ils ont
disparu. . . disparu. . .

MINISTRE: Disparu. . . Hypnose. . .
hallucination. Oscar, vous devez
retrouver ces trois personnes!
Vous devez les retrouver!

OSCAR: Je dois les retrouver. Je dois
retrouver les Gammas. [*Reciting
mechanically all the things he has to do,
Oscar walks over to the desk. As he
passes by the sphere Blanchette has
just given her father, he makes the
Gamma gesture.*] Je dois retrouver la
sphère. . .

MINISTRE: C'est un jouet, Oscar!

OSCAR: Oui, Monsieur le Ministre, c'est
un jouet! Je dois retrouver les Gammas,
je dois retrouver la sphère. . . les
Gammas. . . la sphère. [*He goes out to
the corridor and calls his friends.*]
Emile! Odile! Adrien! Où êtes-vous?

MINISTRE: Pauvre Oscar!

VOCABULARY

absolument   absolutely
à côté de   next to
l'   appel (*m.*)   appeal
j'   aurai ⎫
         ⎬ < avoir[C3]   I will have (*FUT*)
tu   auras ⎭   you will have (*FUT*)
le   bonheur   (good) luck
chaque   each (*ADJ*)
le   charlatan   imposter
complètement   completely
convaincu < convaincre   convinced
   (*PP*)
le   corridor   corridor

croire[C7] à   to believe in
derrière   behind
tu   devrais < devoir[C9]   you ought to
   (*COND*)
l'   exercice (*m.*)   exercise
je   ferai < faire[C14]   I will make (*FUT*)
formidable   fantastic
le   garçon   young man
le   geste   gesture
la   gymnastique   exercise
l'   hypnose (*f.*)   hypnosis
vous irez < aller[C1]   you will go (*FUT*)

malheureux, -euse unhappy
des milliers de thousands of
le numéro number
   porter bonheur to bring (good) luck
le poste de télévision television set
   ramasser to gather up
      faire ramasser to have collected
   redevenir[C31] to become again

la robe here: cover
   sensationnel, -le sensational
le service service
se souvenir[C31] (de) to remember
la surprise surprise
   surveiller to keep an eye on
il verra < voir[C33] he will see (*FUT*)

SPECIAL EXPRESSIONS

Comment je vais? How am I?
Il y a quelqu'un qui arrive! Someone's coming!
Je n'ai plus que la tête! All I have left is my head!
je n'arrive pas à + *INF* I can't manage to + *INF*

Qu'est-ce qu'il y a? What's going on (in your mind)? /What are you coming up with?
tous les trois all three (of them)
Veuillez prendre place. Would you kindly take a seat.

SUPPLEMENTARY VOCABULARY

housing	le domicile
apartment (unit)	l'appartement (*m.*)
deluxe	tout confort
furnished	meublé
spacious	spacieux, -euse
apartment house, building	l'immeuble (*m.*)
board (meals)	la pension
classified ads	les petites annonces (*f.*)
dormitory, residence hall	la résidence (universitaire)
household	le ménage
landlord, landlady; owner	le/la propriétaire
to move/move out	déménager
to move in/get settled	emménager, s'installer
rent	le loyer
high	élevé
low	bas, -se
moderate	modéré
monthly	mensuel, -le
yearly	annuel, -le
to rent	louer
renter, tenant	le locataire
rooming house	la pension
sleeping porch, group sleeping quarters	le dortoir
vacation house	la résidence secondaire

LANGUAGE NOTES AND EXERCISES

29.1 The causative expression *faire* + infinitive

a. The causative expression, consisting of **faire** + infinitive, is used to express an action that the subject of **faire** is causing to have done (often by someone else) rather than performing itself.

Emile *a fait grandir* la sphère.	Emile made the sphere get bigger.
Il va *faire entrer* le médecin.	He is going to have the doctor come in.

In the examples, the sphere and the doctor are doing the action of the infinitive following **faire**.

b. The word order in French differs significantly from English. The infinitive follows **faire**. Object nouns follow the infinitive. Object pronouns immediately precede **faire**, except as explained in part **d** below.

Le ministre *fait entrer* Oscar.	The Secretary has Oscar come in.
Il le *fait entrer.*	He has him come in.
Le ministre ne *fait* pas *ramasser* toutes les sphères.	The Secretary is not having all the spheres collected.
Il ne les *fait* pas *ramasser.*	He is not having them collected.

When there is only one object noun or pronoun, as in the above examples, the direct object construction is used.

c. When there are two objects, the person or thing doing the action of the infinitive (sometimes called the "agent") is ordinarily an indirect object while the other object is direct.

DO IO Il *fair parler* français aux Gammas.	He has the Gammas speak French.
Il le leur *fait parler.*	He has them speak it.
DO IO Ne *fais* pas *faire* de calculs à la vendeuse.	Don't make the saleslady make any calculations.
Ne lui en *fais* pas *faire.*	Don't make her make any.

d. When **faire** is used in an affirmative command, any object pronouns are linked to **faire** by a hyphen. The infinitive follows the hyphenated group.

Faites poser la question à Blanchette.	Have Blanchette ask the question.
Faites-la-lui *poser.*	Have her ask it.

e. The preceding example could be ambiguous because it could be interpreted to mean: "Have the question asked (by someone) to Blanchette." To avoid ambiguity, use **par** ("by"; used with an agent) rather than **à**.

Faites poser la question par Blanchette.	Have Blanchette ask the question./ Have the question asked by Blanchette.

f. There is no past participle agreement in the causative construction.

Les Gammas les (les jambes) *ont fait*   The Gammas made them disappear.
disparaître.

EXERCICES

A.   Ajoutez le temps approprié du verbe **faire** dans les phrases suivantes et exprimez l'agent (donné entre parenthèses), si nécessaire. Imitez le modèle.

    Modèle :   **Nous avons nettoyé l'appartement. (Fanchon)** → **Nous avons fait nettoyer l'appartement par Fanchon.**

    1.   Tu installes l'eau chaude dans ta cuisine.   (Monsieur Robert)
    2.   Le promoteur a bâti une maison spacieuse.
    3.   Jean-Louis ne peindra pas sa chambre.   (son grand frère)
    4.   Le ministre dit: "Retrouvez les Gammas!"   (les gendarmes)
    5.   J'ai meublé mon nouvel appartement.   (mon décorateur)

B.   Dans les phrases suivantes, remplacez les mots soulignés par les pronoms appropriés. Imitez le modèle.

    Modèle: **Avez-vous fait mettre le nouveau bureau dans cette pièce?** → **L'y avez-vous fait mettre?**

    1.   Nous ferons louer cet immeuble aux Delisle.
    2.   Tu n'as pas fait écrire ses devoirs à Claudine.
    3.   Faites-vous lire la leçon aux étudiants?
    4.   Nous faisions visiter les dortoirs à nos amis.
    5.   Fais déménager ce mauvais locataire!
    6.   Ne faisons pas nettoyer la salle de bains par les enfants.

29.2 Compound nouns

    Certain nouns are composed of simple words with a meaning of their own. Generally, only the adjective and noun parts of the compound word can be pluralized; other elements, such as prepositions, verbs, etc., remain invariable. Study the following examples.

compound nouns		
singular		plural
compound nouns written as one word: adjective + noun		
le bonhomme (de neige)	snowman	**les bonshommes (de neige)**
le gentilhomme	gentleman	**les gentilshommes**
(le) monsieur	("my lord") gentleman, sir	**(les) messieurs**
madame	("my lady") ma'am, woman	**mesdames**
mademoiselle	("my damsel") miss, young lady	**mesdemoiselles**

compound nouns *(cont'd.)*		
singular		plural
compound nouns other than one word:		
adjective + noun		
le grand-père **la petite-fille**	grandfather granddaughter	**les grands-pères** **les petites-filles**
verb (invariable) + noun		
l'essuie-mains (*m.*)	(two hands) handtowel	**les essuie-mains**
but		
le porte-parole	(one message) spokesman, spokeswoman	**les porte-parole**
preposition + noun		
le sans-cravate	non-tie wearer	**les sans-cravates**
but		
l'après-midi **le hors-d'œuvre**	afternoon (lit., **hors de** = outside; **œuvre** = work or main course) hors d'œuvre	**les après-midi** **les hors-d'œuvre**

It is advisable to learn which compound nouns include a hyphen as you learn their spelling. Because the rules of pluralization vary widely, it is best to consult a reference work when in doubt.

EXERCICE

Mettez les phrases suivantes au pluriel.

1. Bonjour, Monsieur! Bonjour, Madame.
2. Où est mon porte-clés[1] ?
3. Achetez cet essuie-mains!
4. Ce tire-bouchon[2] vient de France.
5. L'essuie-glace[3] de ma voiture ne fonctionne pas.
6. Votre grand-mère est charmante mais votre grand-oncle n'est pas gentil.
7. L'après-midi chaud est très agréable.

29.3 *A* and *de* verbs with a noun object

A number of French verbs take **à** or **de** before a following noun object. Where the definite article **le** or **les** directly follows **à** or **de**, a contraction results. Many of these

[1]le porte-clés: key holder (lit., carries-keys).
[2]le tire-bouchon: cork screw (lit., pulls-cork).
[3]l'essuie-glace (*m.*): windshield wiper (lit., wipes-glass).

constructions differ from English. For use of these verbs with pronoun object, see 31.1.

a. common verbs and verbal expressions which take **à** before a following noun

Group 1:	assister à (qqch.)	to attend (sth.)
	s'habituer à (qqch. ou qqn)	to grow accustomed to (sth. or s.o.)
	jouer à (qqch.)	to play (a game or sport)
	obéir à (qqch. ou qqn)	to obey (sth. or s.o.)
	parler à (qqn)	to speak to (s.o.)
	répondre à (qqch. ou qqn)	to answer/reply to (sth. or s.o.)
	ressembler à (qqch. ou qqn)	to resemble (sth. or s.o.)
	réussir à (qqch.)	to succeed at (sth.), to pass (an exam)
	téléphoner à (qqn)	to telephone (s.o.)
Group 2:	être à	to belong to
	faire attention à	to pay attention to
	s'intéresser à ⎱ (qqch.	to be interested in ⎱ (sth. or s.o.)
	renoncer à ⎰ ou qqn)	to renounce ⎰
	penser à	to think of/about
	songer à	
Group 3:	demander qqch. à qqn	to ask s.o. (for) sth.
	dire qqch. à qqn	to tell sth. to s.o.
	dire à qqn de + *INF*	to tell s.o. + *INF*
	demander à qqn de + *INF*	to ask s.o. + *INF*
	écrire à qqn	to write to s.o.
	plaire à qqn	to please s.o.
	poser une question à qqn	to ask s.o. a question
	promettre à qqn de + *INF*	to promise s.o. + *INF*

Group 1:	**Tu *réponds aux* lettres.**	You answer the letters.
	Elle *répond à* son père.	She answers her father.
Group 2:	**Nous *nous intéressons à* la pétanque.**	We are interested in pétanque.
	Vous *vous intéressez à* Odile.	You are interested in Odile.
Group 3:	**Gaston n'*a* pas *dit* la vérité à Oscar.**	Gaston didn't tell Oscar the truth.

b. common verbs that take **de** before a following noun

avoir besoin de (qqch. ou qqn)	to need (sth. or s.o.)
s'apercevoir de (qqch. ou qqn)	to perceive, notice (sth. or s.o.)
s'approcher de (qqch. ou qqn)	to approach (sth. or s.o.)
changer de (qqch. ou qqn)	to change (sth. or s.o.)
douter de (qqch. ou qqn)	to doubt (sth. or s.o.)

b. common verbs that take **de** before a following noun *(cont'd.)*

se douter de (qqch.)	to suspect (sth.)
jouer de (qqch.)	to play (sth.)
se moquer de (qqch. ou qqn)	to make fun of (sth. or s.o.)
s'occuper de (qqch. ou qqn)	to take care of (sth. or s.o.)
parler de (qqch. ou qqn)	to talk about (sth. or s.o.)
se servir de (qqch. ou qqn)	to use (sth. or s.o.)
se souvenir de (qqch. ou qqn)	to remember (sth. or s.o.)

Je *me souviens de* **cette histoire.**   I remember that story.

Ils *se souviennent de* **ces infirmières.**   They remember those nurses.

EXERCICES

A. Faites les substitutions comme il est indiqué entre parenthèses. Notez que tous les verbes exigent la préposition **à** ou **de**: vous devrez faire les changements nécessaires.
1. Vous **parlez** à vos parents. (obéir, avoir besoin, répondre, écrire, s'occuper)
2. Tu **as assisté** au concert. (faire attention, se souvenir, s'intéresser, penser)
3. **Téléphone**-t-il à son amie? (plaire, songer, se souvenir, renoncer)

B. Complétez les phrases suivantes par la préposition **à** ou **de** et l'article défini, si nécessaire. Faites les contractions nécessaires.
1. Ils s'habitueront _____ petits appartements mais pas _____ leurs loyers élevés.
2. Faites attention _____ votre argent! Changez _____ apparte- ment ou _____ dortoir!
3. Le jeune ménage se sert _____ petites annonces: le mari téléphone _____ propriétaire (f.) et sa femme parle _____ gérant de l'immeuble.
4. Les Laplace ont renoncé _____ cette grande maison; ils s'intéressent maintenant _____ un appartement en ville.
5. Les Gammas doivent s'occuper _____ leur nouvelle installation: ils veulent ressembler _____ Français.

29.4 The compound past indicative with *depuis, il y a. . . que,* and *voilà. . . que*

As already seen in 12.2, the present indicative of the verb is used with **depuis, il y a. . . que,** and **voilà. . . que** + a time expression to express an action or state which began in the past and is still going on at the present time. To express an action that has occurred in the past but has not been repeated since, the compound past indicative of the verb is used in the negative with **depuis, voilà. . . que,** or **il y a. . . que** + a period of time.

Je ne l'*ai* pas *vu depuis* trois jours.
Il y a/Voilà **trois jours** *que* **je ne l'*ai* pas *vu.***   } I haven't seen him/it for three days.

Ils n'*ont* rien *bu depuis* longtemps.
Il y a/Voilà **longtemps** *qu'***ils n'*ont* rien *bu.***   } They have drunk nothing for a long time.

EXERCICES

A. Dans les phrases suivantes, remplacez **il y a/voilà. . . que** par **depuis**. Faites les autres changements nécessaires. Imitez le modèle.

Modèle: **Il y a deux jours qu'Emile a vu Odile et Adrien.** → **Emile n'a pas *vu* Odile et Adrien *depuis* deux jours.**

1. Il y a une semaine que l'employé a parlé au directeur.
2. Voilà un mois que les Gammas sont allés à la clinique.
3. Voilà plusieurs jours que nous avons payé notre pension.
4. Il y a huit jours que tu as téléphoné à ton oncle.

B. Donnez les réponses suggérées aux questions suivantes. Utilisez **depuis** + expression de temps. Imitez le modèle.

Modèle: **Madame, depuis quand n'avez-vous pas acheté de rôti? (un mois) Je n'ai pas acheté de rôti depuis un mois.**

1. Pierre, depuis quand n'es-tu pas allé à la poste? (une semaine)
2. Chantal, depuis quand n'as-tu pas écrit à tes parents? (quinze jours)
3. Depuis quand André et Ginette ne sont-ils pas allés au cinéma? (six jours)
4. Et vous, depuis quand n'avez-vous pas écrit à votre grand-père/grand-mère? (. . .)

29.5 Vocabulary distinction: *pouvoir* vs. *savoir*

a. Present indicative

    Both **pouvoir** and **savoir** can correspond to English "can." **Pouvoir** means "can" in the sense of "being able to" (physical capability), "being allowed to" (having permission to), or "being free to." **Savoir** means "can" in the sense of "knowing how to." Compare the following pairs of sentences:

Il ne *peut* pas écrire; il s'est cassé le bras.	He can't write; he broke his arm. (physical capability)
Il ne *sait* pas écrire; il n'a jamais appris à écrire.	He can't write; he never learned to write. (knowledge or skill)
***Pouvez*-vous faire du ski samedi?**	Can you go skiing Saturday? (Do you have permission? or Are you free?)
***Savez*-vous faire du ski?**	Can you ski? (Do you know how to?)

b. Imperfect indicative

    In the imperfect, **pouvoir** is the equivalent of "could" or "was/were able to." **Savoir** is the equivalent of "knew (how to)" or "was able to (because of knowing how to)."

Nous *pouvions* lui parler toutes les semaines.	We could/were able to talk to her every week.
Nous *savions* parler français quand nous étions en France.	We knew how to/were able to speak French when we were in France.

c. Compound past indicative

    Both **pouvoir** and **savoir** can be used in the compound past with their regular meanings. In this tense, **pouvoir** can also mean "to find a way to" or "to succeed." **Savoir** in this tense is usually the equivalent of "to find out how to."

Je n'*ai* pas *pu* faire de ski samedi.	I wasn't able to ski Saturday.
Ils *ont pu* faire disparaître leurs corps.	They were able to make their bodies disappear./They succeeded in making their bodies disappear.
Ils *ont su* faire disparaître leurs corps.	They found out how to make their bodies disappear.

EXERCICES

A. *Situation:* **Marguerite est une perfectionniste du langage.**

Fernand invite Marguerite à aller aux sports d'hiver avec lui. Complétez leur conversation. Faites attention au sens des phrases pour décider entre **pouvoir** et **savoir**.

Fernand	*Marguerite*
1. Peux-tu aller aux sports d'hiver avec moi ce week-end?	1. Je ne _____ pas te répondre. Il faut que je demande la permission à ma mère.
2. Si ta mère dit oui, pourras-tu faire du ski?	2. Mais oui, je _____, parce que j'ai deux bonnes jambes! En réalité, je ne ferai pas de ski parce que je ne _____ pas skier. Je n'ai pas appris.
3. Alors, pourras-tu faire du toboggan?	3. Non, je ne _____ pas, je n'ai pas de toboggan. Mais je _____ faire du toboggan parce que j'ai appris quand j'étais petite.
4. Ah! Maintenant, je comprends. Sais-tu danser?	4. Bien sûr, je _____ danser!
5. Alors, pourras-tu danser le soir avec moi?	5. Mais oui, je _____ danser ... si je ne me suis pas cassé une jambe au toboggan!

B. *Situation:* **Parlez de vous!**
Demandez à la personne près de vous (ou répondez pour vous-même)
1. si elle/il sait jouer **au golf.** (tennis, pétanque, échecs, dames, basketball)
2. si elle/il peut **aller à la plage** ce week-end. (aller à cheval, aller à la montagne, faire une promenade, aller au cinéma)
3. si elle/il savait **danser** l'année dernière. (jouer de la guitare, chanter[1], jouer au ping-pong, faire du bricolage)

---

[1]chanter: to sing.

C'est mystérieux. . .

[**Scene 1**: *Along the Seine, near the town of La Roche-Guyon. Odile and Adrien are walking slowly, but Emile strides purposefully toward the bank and looks up and down the river.*]

ODILE: Qu'est-ce qu'il fait?

ADRIEN: Où est-ce qu'il va?

ODILE: Il a des projets. Il réfléchit. . .

EMILE: La Seine! C'est la Seine! Par ici, c'est Paris. Par là, c'est Rouen, et plus loin c'est la mer.

ODILE: Nous savons bien que ce fleuve est la Seine.

ADRIEN: Oui, mais nous ne savons pas ce que tu veux faire. Dis-le-nous.

EMILE: Ce n'est pas encore le moment. . . [*Adrien and Odile have followed Emile to the town square. Emile, dressed in a new suit, is walking as if he wants to make a dignified impression on the townspeople.*] Marchez comme moi!

ADRIEN: Il marche bien, Emile. Il est imposant.
[*Marianne, the bakery owner, is standing in the doorway of her shop. Emile greets her politely as the Gammas walk by.*]

EMILE: Bonjour, Madame.

MARIANNE: Bonjour, Monsieur. [*To herself*] Quel homme! Quel homme sympathique! Quel bel homme!
[*She keeps watching him as he walks on. Next door to the bakery is a building with a large door. Emile points to a large sign over the door.*]

EMILE: "Atelier à louer." Voilà ce que je cherche.

ODILE: Je ne comprends pas.

EMILE: Je cherche un atelier. Je l'ai trouvé. Regardez: cet atelier est à louer.

ODILE: Tu veux louer cet atelier? Pourquoi?

EMILE: C'est un secret.
[*Emile knocks on the door. The owner, Mr. Flandre, answers.*]

FLANDRE: Bonjour, Messieurs. . . Mademoiselle. Vous désirez?

EMILE: J'ai vu que vous avez un atelier à louer! Je voudrais louer votre atelier.

FLANDRE: Vous voulez louer mon atelier?

EMILE: Il me plaît. Je voudrais le louer.

ADRIEN: [*To Odile*] Il veut louer ça? Qu'est-ce qu'il veut en faire?

EMILE: Est-ce que vous louez seulement l'atelier, ou est-ce que vous louez aussi l'appartement?

FLANDRE: Vous êtes sympathique! Je vous loue les deux parce que c'est vous.
[*Mr. Benoît, the owner of the garage next door, has been listening to the conversation and comes over.*]

BENOIT: Alors, vous louez, Monsieur Flandre?

FLANDRE: Oui, je loue tout. Tout. A ce monsieur. [*To Emile*] Monsieur sera votre voisin; c'est le garagiste.

BENOIT: Oui, c'est moi le garagiste; je répare les voitures. Mon nom est Benoît, c'est mon nom de famille. Il est beau, cet atelier. Qu'est-ce que vous voulez y faire?

EMILE: C'est un secret.

BENOIT, PUIS FLANDRE: Un secret?

EMILE: Un secret! Mais je vais vous le dire, à vous: je veux construire un véhicule dans cet atelier.

ODILE: Emile veut construire un véhicule

403

dans cet atelier? Qu'est-ce que
ça veut dire?

ADRIEN: Je ne sais pas. Ecoute.

EMILE: Je veux construire un véhicule,
oui.

BENOIT: Vous voulez construire une
voiture?

EMILE: Une voiture? Pas tout à fait.

BENOIT: Je vous aiderai. Je suis
garagiste; je suis mécanicien.

FLANDRE: [Calling to his daughter]
Marianne!

MARIANNE: Qu'est-ce qu'il y a, Papa?

FLANDRE: Je viens de louer notre atelier
à ce monsieur. Tu es d'accord?

MARIANNE: Oh, moi, je suis tout à fait
d'accord. Ce monsieur est très
sympathique. . . et ses amis aussi.

FLANDRE: Eh bien, voilà. Allons
arroser ça. Allez, venez; je vous
invite tous.
[All walk off toward the bistro. Later,
the Gammas are inside the cluttered
workshop.]

ODILE: Pourquoi est-ce que tu as loué
cet atelier, Emile? Nous ne pouvons
pas rester ici. Il faut continuer à
chercher la sphère.

ADRIEN: Tu veux fabriquer un véhicule,
une voiture?

EMILE: Une voiture!

ADRIEN: C'est ce que tu as dit tout à
l'heure à Monsieur Benoît et à
Monsieur Flandre.

EMILE: Vous ne comprenez rien! Vous
êtes bêtes!

ODILE: Je suis peut-être bête. Mais je
sais que tu ne veux plus chercher la
sphère.

ADRIEN: Tu ne veux plus retourner sur
Gamma.

ODILE: Tu ne cherches plus la sphère?

EMILE: Non, je ne la cherche plus.

ODILE: Emile, ce n'est pas vrai! Il
faut chercher la sphère! Je veux
retourner sur Gamma!

EMILE: Je ne cherche plus notre sphère,
c'est fini.

ODILE: Tu ne cherches plus notre
sphère?

EMILE: Non! Je ne la cherche plus,
parce que nous allons construire une
autre sphère. . .ici.

ODILE ET ADRIEN: Quoi?

EMILE: Oui, nous allons construire une
autre sphère! Mais. . .c'est un secret!

#   #   #   #

[**Scene 2:** *Inside the workshop. Everything is in order. Emile is studying a plan posted on the wall. Adrien and Odile are going through some sketches spread out on a large work table.*]

ADRIEN: Tu ne sais vraiment pas comment
on fabrique une sphère, Emile?

EMILE: Je sais comment fonctionne une
sphère, je sais la réparer; c'est tout.
Mais en construire une, ça va être
difficile. . .

ODILE: Je connais les principes: je sais
qu'il faut de l'énergie. . .

EMILE: Oui, il faut de l'énergie.

ADRIEN: Beaucoup d'énergie.

ODILE: Oui, beaucoup d'énergie.
[A knock is heard at the door. Benoit
comes in as Adrien and Odile are trying
to hide the sketches.]

BENOIT: On peut entrer?

EMILE: Bien sûr. Entrez.

BENOIT: Vous avez rangé l'atelier. Il y
a de la place et c'est propre. [He spots
the plan on the wall.] Et ça, qu'est-ce
que c'est?

EMILE: Ce sont des plans.

BENOIT: Ca, je le vois. Mais des plans
de quoi?

EMILE: Oh, je ne sais pas encore. . .peut-
être d'une voiture. . .

BENOIT: Une voiture. . . toute ronde. . .
Très bonne idée. . . Et elle sera en
quoi? En aluminium? En plastique?

EMILE: Non, elle sera en bois.

BENOIT: Vraiment? Et vous voulez

aller vite, avec ce véhicule?

EMILE: Oui, je veux aller très vite. Très, très vite.

BENOIT: Avec du bois, vous ne pourrez pas dépasser dix kilomètres à l'heure.

EMILE: Avec mon véhicule, je ferai dix mille kilomètres à l'heure!

BENOIT: Quoi?! Combien?!

EMILE: Dix mille kilomètres à l'heure!

BENOIT: Avec ce véhicule en bois?

EMILE: Oui, avec ce véhicule en bois.

BENOIT: Vous êtes diplômé, Monsieur Emile?

EMILE: Diplômé?

BENOIT: Vous avez un titre?

EMILE: Je suis ingénieur.

BENOIT: Diplômé?

EMILE: Oui. Ingénieur diplômé.

BENOIT: Et vous avez trouvé un bois assez dur, assez solide pour faire dix mille kilomètres à l'heure?

EMILE: Non, je n'ai pas encore trouvé ce bois, mais je le cherche. Vous ne savez pas où le trouver, par hasard? [Benoît and Flandre are sitting on the river bank, fishing. Benoît is ready to confide in his friend, but wants to reveal gradually what he has learned.]

BENOIT: Il me semble intelligent, cet Emile, très intelligent. . .

FLANDRE: Qu'est-ce qu'il construit dans l'atelier?

BENOIT: Il me semble intelligent, cet Emile. . .

FLANDRE: Dites-moi quelle sorte de véhicule il construit.

BENOIT: Il est intelligent, Emile, mais construire un véhicule en bois qui doit faire du dix mille à l'heure, c'est risqué. . .

FLANDRE: . . .du dix à l'heure?

BENOIT: Du dix *mille* à l'heure! Dans un véhicule en bois!

FLANDRE: Il est fou. Complètement fou!

BENOIT: Qui sait? Cet Emile est peut-être un grand ingénieur. . . Il a décidé de construire. . . une sphère. . . une sphère Gamma.

FLANDRE: Vous croyez? Une sphère Gamma? C'est impossible! Un Français ne peut pas construire une sphère Gamma.

BENOIT: Mais si! Croyez-moi! J'ai vu les plans. Et le bois, ça ne vous dit rien? Dix mille kilomètres à l'heure et dans un véhicule en bois?

FLANDRE: Ah! Je comprends. Il faut aider Emile!

BENOIT: Il faut l'aider. Mais surtout, il faut garder le secret.

#　　　#　　　#　　　#

[**Scene 3**: *Inside the workshop, Emile is trying to cut the bark off a tree trunk, and just misses cutting Adrien's hand. The work is not going smoothly. Benoît knocks and comes in.*]

BENOIT: On peut entrer?

EMILE: Mais oui, Monsieur Benoît. Entrez!

BENOIT: Qu'est-ce que vous faites là?

EMILE: Vous voyez, on taille le bois.

BENOIT: Je vois. Pourquoi taillez-vous ce bois?

ADRIEN: [*Pointing to a detail of the plan on the wall*] On veut tailler cette partie-là. . . de la sphère. . . oh, pardon! du véhicule!

BENOIT: Vous voulez tailler dans ce bois cette partie de la sphère. . . oh, pardon! du véhicule?

EMILE: Oui, oui, oui.

BENOIT: C'est du sapin?

EMILE: Oui, c'est du sapin. [*Benoît takes Emile aside to confide in him.*]

BENOIT: Cher Emile! Je sais qui vous êtes. . .

EMILE: Vous savez?

BENOIT: Vous êtes un ingénieur diplômé. . . remarquablement intelligent. . . et vous voulez construire une sphère Gamma, n'est-ce pas?

EMILE: Oui. . . j'aimerais bien construire une sphère Gamma. Mais c'est un secret. Ne le dites à personne.

BENOIT: Comptez sur moi! Je sais garder un secret! Mais, Monsieur Emile, avec ce bois, on ne peut pas construire une sphére.

EMILE: Pourquoi pas?

BENOIT: Parce que. . . à dix mille kilomètres à l'heure, le bois brûle au contact de l'atmosphère. Surtout le sapin!

EMILE: Ah oui. . . Mais la sphère des Gammas était aussi en bois. . . [*Adrien comes over to them and looks at Emile as if to warn him not to reveal too much.*] paraît-il. . .

ADRIEN: La sphère des Gammas qui sont venus en France. . .

BENOIT: Je sais! Mais le bois de la sphère Gamma est un bois qui ne brûle pas. On ne trouve ce bois que sur Gamma.

EMILE: Ce bois n'existe pas en France?

BENOIT: Non. Mais si vous voulez imiter la sphère Gamma, il faut quand même la faire en bois.

EMILE: Mais en quel bois?

BENOIT: Je crois que je peux vous aider. . . Je reviens tout de suite. Je suis très fier de participer à la construction de la première sphère Gamma française!

ODILE: Dis, Emile, tu crois qu'il sait que nous sommes les Gammas?

EMILE: Non, Monsieur Benoît ne le sait pas. Il nous prend pour des ingénieurs français qui veulent construire une sphère Gamma.

ADRIEN: Des ingénieurs français! Nous, des ingénieurs français!

ODILE: Moi, un ingénieur français! [*Benoît returns carrying a thick, old book. Flandre, who is carrying some sheets of metal, is with him.*]

FLANDRE: C'est un moment historique! Des Français vont construire une sphère Gamma.

BENOIT: Et dans le plus grand secret!

TOUS: Secret!

FLANDRE: Il faut construire la sphère en métal. Le bois brûle.

BENOIT: La sphère Gamma est en bois.

Il faut donc trouver un bois qui ne brûle pas.

FLANDRE: Mais tous les bois brûlent. . .

BENOIT: Non! Les Gammas sont déjà venus en France. Il y a très longtemps. Il y a plus de quatre cents ans.

FLANDRE: Les Gammas sont déjà venus en France, il y a quatre cents ans?

BENOIT: Oui. Ils ont rencontré un savant Benoîtimus. . . mon arrière, arrière, arrière grand-père. Ils lui ont montré la sphère et ils sont repartis. Et Benoîtimus a écrit ce livre. . .

ODILE: Les Gammas sont déjà venus en France?

EMILE: Je crois. Il y a très longtemps. Oui. Il y a quatre cents ans. . . oui.

FLANDRE: Et ce Benoîtimus a parlé de la sphère Gamma?

BENOIT: Oui, voilà ce qu'il a écrit, là: "La sphère Gamma est en bois. Elle se déplace à l'aide d'une grande énergie. . ."

FLANDRE: Ça on le sait. Tout le monde le sait. Mais quel bois? Quelle énergie?

ADRIEN: Oui.

ODILE: Quel bois?

EMILE: Quelle énergie?

BENOIT: Ecoutez: "L'énergie de la sphère est près de l'eau! L'eau est près du bois!

EMILE: C'est mystérieux. . . L'énergie de la sphère est où?

BENOIT: Près de l'eau!

EMILE: L'eau? Quelle eau?

BENOIT: "L'eau de vie". . .

FLANDRE: L'énergie de la sphère est près d'une eau vivante? C'est ċa?

BENOIT: Ça doit être ça. . . je pense.

EMILE: Et où se trouve cette eau de vie?

BENOIT, PUIS EMILE: "L'eau est près du bois. . ."

ODILE: L'énergie est près de l'eau.

ADRIEN: Près de l'eau de vie.

BENOIT: "Le bois doit être de 1538."

ADRIEN: 1538.

EMILE: 1538. Donc, il faut trouver l'énergie. . .

ODILE: . . . qui est près de l'eau de vie.	FLANDRE: En métal!
EMILE: Et il faut trouver l'eau de vie. . .	BENOIT: Je te répète que je vais construire une sphère en bois!
ODILE: . . . qui est près du bois.	FLANDRE: En métal!
BENOIT: Il faut faire comme c'est écrit dans ce livre.	ODILE: L'énergie, près de l'eau. . .
FLANDRE: Je ne crois pas ce qui est écrit dans ce livre. Je vais construire une sphère en métal.	EMILE: L'eau près du bois. . . Il faut retrouver l'énergie. . .
	ODILE: Il faut trouver l'eau. . .
BENOIT: Et moi, je vais construire une sphère en bois!	ADRIEN: Il faut trouver le bois. . .
[Still arguing, they leave the shop.]	EMILE: 1538.
FLANDRE: En métal!	ODILE: L'énergie. . .
BENOIT: En bois!	EMILE: L'eau. . .
	ADRIEN: Le bois. . .

VOCABULARY

l' **aluminium** (*m.*) aluminum
l' **appartement** (*m.*) apartment
arrière (grand-père) great (grandfather)
arroser qqch. to drink to sth.
l' **atelier** (*m.*) workshop
bel (*m.s.*) handsome
compter (sur) to count (on)
le **contact** contact
dépasser to go faster than/exceed
se **déplacer** to travel
diplômé with a degree
fier, fière proud
le **fleuve** river (emptying into the sea)
le **garagiste** garage-man, garage owner
historique historic
imiter to imitate
imposant impressive
longtemps (for) a long time
à **louer** for rent
le **mécanicien** mechanic
le **métal** metal
paraîtreC5 to seem
participer to participate

la **partie** part
la **place** room (to work)
le **plastique** plastic
plus de + *N* more + *N*
le **principe** principle
le **projet** plan
propre clean
ranger to straighten up
remarquablement remarkably
rencontrer to meet (by chance)
repartirC20 to leave
risqué risky
le **sapin** fir (wood)
le **savant** scholar
sembler to seem
tailler to cut
le **titre** title
se **trouver** to be (found/located)
vivant alive
eau vivante running water
le **voisin** neighbor
la **voiture** car

SPECIAL EXPRESSIONS

dix mille (kilomètres) à l'heure ten thousand (km.) an hour
Elle sera en quoi? What will it be made of?
être d'accord to approve
Je vous invite tous. I'm treating all of you.
par hasard by chance

par ici this way
quand même anyway
tout à fait exactly, all
tout à l'heure (with *V* in past) a little while ago

SUPPLEMENTARY VOCABULARY

on the road	sur la route
crossroads, intersection	le carrefour
detour	la déviation
to drive	conduire
driver	le chauffeur
driver's license	le permis de conduire
fine	l'amende (*f.*)
forbidden	interdit
freeway, turnpike, tollway	l'autoroute (*f.*)
highway (1st class main road)	la route nationale
second-class main road	la route départementale
to keep right	serrer à droite
to park	stationner
to pass (another vehicle)	doubler
ticket	la contravention
traffic light	le feu vert/rouge
at the service station:	à la station-service:
to be broken down	être en panne
to be out of gas	être en panne d'essence
brakes	les freins (*m.*)
Fill 'er up!	(Faites) Le plein!
flat tire	le pneu crevé
gasoline	l'essence (*f.*)
road map	la carte routière
to tow	remorquer
towing service	le service de dépannage
This doesn't work.	Ça ne marche pas.

LANGUAGE NOTES AND EXERCISES

30.1 Vocabulary distinction: words for "time"

French has a number of ways to express the equivalent of the English word "time".
a. **fois**

This word for "time" is used to refer to one or more occurrences in a sequence.

une *fois*	once
à la *fois*	at the same time
la première *fois*	the first time
cinq *fois*	five times
plusieurs *fois*	several times
la prochaine *fois*	the next time
cette *fois*-ci	this time
la dernière *fois*	(the) last time

b. **heure**

This word for "time" is used to refer to clock time.

        Quelle *heure* est-il?   What time is it?

        A quelle *heure* arrivera-t-il?   (At) What time will he arrive?

Heure is also used in the following idiomatic expression:

        (être) à l'*heure*   (to be) on time

c. **temps**

Temps is used to refer to time in general, as in the following expressions:

avoir le *temps* (de + *INF*)	to have (the) time (to do sth.)
perdre son *temps*	to waste one's time
prendre son *temps*	to take one's time
en même *temps*	at the same time
tout le *temps*	all the time
long*temps*	(for) a long time
de *temps* en *temps*	from time to time

d. Other expressions of time

s'amuser bien	to have a good time
(être) en avance	(to be) ahead of time, early
(être) en retard	(to be) behind time, late
en ce moment	right now
pour le moment	for the time being
(à) l'avenir	(in) the future (time)
de nos jours	in our time
actuellement	at the present time
n'importe quand	any time
(à) n'importe quelle heure	(at) any time
notre époque	the time(s) we live in

EXERCICES

A. Complétez les phrases suivantes par une expression ou un mot équivalent à "time".
1. Je ne sais pas _____ sera convenable pour notre départ. (what time)
2. Prenez _____ ! Vous serez _____ . (your time, on time)
3. Monsieur, cela fait _____ que nous vous arrêtons pour conduire dangereusement en ville. (three times)
4. La vieille femme a dû attendre _____ pour avoir l'aide du service de dépannage. (a long time)

5. _____ , Madeleine n'a pas encore son permis de conduire. (At the present time)
6. _____ , Marianne regardait Emile. (From time to time)
7. _____ pendant vos vacances en Normandie. (You will have a good time)
8. _____ , prenez le train: en France, les trains ne sont jamais _____ .
   (next time, late)
9. Joseph a _____ des contraventions; _____ il risque de perdre son permis de conduire. (all the time, in the future)

B.   *Situation:* **Soyez curieux[1] !**
   Demandez à la personne à côté de vous
   1. si elle/il a le temps d'écouter de la musique douce. (faire du sport, lire un bon livre, se reposer le dimanche)
   2. si elle/il perd son temps à regarder des programmes idiots à la télé. (voir un mauvais film, ne rien faire, parler trop longtemps au téléphone)
   3. si elle/il prend son temps pour manger. (écouter ses amis, bien faire ses devoirs, préparer les leçons de français)

30.2 The irregular verb *plaire* (to please/be pleasing to)

a.   Present indicative
   The verb **plaire** is irregular in the present indicative in that it has three stems: **plai-** for first and second person singular, **plai-** for third person singular, and **plais-** for all forms of the plural.

plaire			
singular		plural	
je plai s	I please/do please	nous plais ons	we please, etc.
tu plai s	you please, etc.	vous plais ez	you please, etc.
il elle } plaî t on	he/it she/it } pleases, etc. one	ils elles } plais ent	they please, etc.

> **Il (L'atelier) lui *plaît*.** He likes it./It is pleasing to him.
>
> **Entrez, s'il vous *plaît*!** Come in please!/if it pleases you!

Plaire takes only indirect objects (à +   ).

b.   Compound past indicative
   Plaire is conjugated with the auxiliary verb **avoir** and the irregular past participle **plu.**

> **Cela m'*a plu*.** I liked that./That pleased me.

c.   Future and imperfect indicative; present subjunctive
   The future and imperfect indicative and present subjunctive are regular in formation.

---

[1]curieux: inquisitive.

future:	**Je suis sûr que l'atelier me *plaira*.**	I'm sure that the workshop will please me/that I'll like the workshop.
imperfect/	**Est-ce que le temps en France leur *plaisait*?**	Did they like the weather in France? /Was the weather in France pleasing to them?
present subjunctive:	**Elle craint que la maison ne nous *plaise* pas.**	She is afraid that we won't like the house/the house will not please us.

d. Imperative
The imperative forms are derived from the present indicative but are used infrequently.

Plais à tes amis!   Be pleasing to your friends!

For other forms of **plaire**, see Appendix C.21.

e. to please/give pleasure to = **faire plaisir à**

Faites plaisir à votre chat et donnez-lui un jouet.   Please your cat and give him a toy.

EXERCICES

A. Faites les substitutions comme il est indiqué entre parenthèses.
1. **Vous** ne plaisiez pas à **votre** tante. (Je, Nous, La petite Sarah, Les deux garçons)
2. **La grande voiture** plaît beaucoup au Prince Igor. (Les nouveaux ministres, Vous, Tu, Nous)
3. **Mes devoirs** plairont-ils au professeur? (Toi, Le nouvel étudiant, vous, nous)
4. Il ne faut pas nécessairement que **tu** plaises à tout le monde. (votre fiancée, nous, mes idées, vous)

B. Complétez les phrases suivantes par la forme appropriée du verbe et du pronom personnel.
1. L'attitude du chauffeur _____ . (did not please me)
2. Jeunes gens, écoutez vos parents et _____! (be pleasing to them)
3. L'atelier _____ énormément. (was pleasing to him)
4. Tu as bien parlé à ta grand-mère et cela _____ . (pleased her, i.e., gave pleasure to her)

30.3 The verbs *plaire à* and *intéresser*

a. With the verbs **plaire à** (to please) and **intéresser** (to interest), the French construction is as follows:

Person or object being liked or arousing interest	+ { **plaire à** / **intéresser** } +	person who is pleased by, interested in (likes)

Elle (la sphère) *plaît* à Blanchette?	Blanchette likes it? (It is pleasing to Blanchette?)
—Oui, elle lui *plaît*.	Yes, she likes it. (Yes, it is pleasing to her.)
Vos livres nous *intéressent*.	Your books interest us. (We find your books interesting.)

b. The person doing the action of the verb is the indirect object of **plaire** but the direct object of **intéresser**.

L'atelier *plaît à* Emile.	Emile likes the workshop. (The workshop is pleasing to Emile.)
Il *lui plaît*.	He likes it.
La jeune fille mystérieuse *intéresse les Gammas*.	The Gammas are interested in the mysterious girl. (The mysterious girl interests the Gammas.)
Elle *les intéresse*.	They are interested in her (She interests them.)

EXERCICE

Situation: **Les Gammas vedettes[1] de la radio!**
Vous êtes un(e) speaker(ine) de la radio française et vous présentez une émission sur les Gammas. Vous parlez de leurs intérêts, de leurs préférences. Imitez le modèle (utilisez le verbe **plaire** ou le verbe **intéresser**).

Modèle: **Savez-vous que notre maire aime les Gammas?** (plaire) **Les Gammas *lui plaisent* beaucoup.**

Mes chers auditeurs,
1. Savez-vous que les Gammas aiment les Français? (plaire) Les Français _____ beaucoup.
2. Savez-vous que les Gammas aiment la ville de Megève? (intéresser) Megève _____ .
3. Savez-vous qu'ils aiment la cuisine française? (plaire) La cuisine française _____ énormément.
4. Savez-vous qu'ils aiment les bijoux? (intéresser) Les bijoux _____ beaucoup.
5. Savez-vous qu'Odile aime un Français, Roger? (plaire) Roger _____ énormément.
6. Savez-vous qu'Adrien aime la poésie? (intéresser) La poésie _____ beaucoup.
7. Savez-vous que moi, j'aime bien Emile. (plaire) Emile _____ bien.

Je suis très content(e) de vous dire que demain je vais déjeuner avec lui. Ce sera formidable. Au revoir, chers auditeurs.

[1]**la vedette:** personality.

30.4 Measurements of distance (*la distance*) and speed (*la vitesse*)

a. Linear measurements (distance, length, height) are expressed in metric units in French. Words exist for some English measurements, such as inch (**le pouce**), foot (**le pied**), mile (**le mile**, pronounced /majl/), but these are rarely used. Following are the most common measurements:

le millimètre (mm)	millimeter
le centimètre (cm)	centimeter
le mètre (m)	meter
le kilomètre (km)	kilometer

1 km = 1.000 m
1 m = 100 cm
= 1.000 mm
1 cm = 10 mm

b. Distance between one place and another may be expressed as follows:

Saint-Claude est à 492 *kilomètres de* Paris.   Saint-Claude is 492 kilometers from Paris.

c. Within a town or city, distances are often measured in blocks in English. Some common French equivalents of English measurements of this type are:

on this block	**dans cette rue**
two blocks from here	**à deux rues d'ici**
across the { block / street	{ **de l'autre côté de la rue** / **en face d'ici** }

d. Speed is ordinarily expressed with the number of kilometers followed by **à l'heure** or meters followed by **à la minute.**

Benoît: Vous ne pourrez pas dépasser *dix kilomètres à l'heure*.   You won't be able to go any faster than ten kilometers an hour.

Emile: Avec mon véhicule, je ferai *dix mille kilomètres à l'heure*.   With my vehicle, I'll do ten thousand kilometers an hour.

Ce cycliste fait *480 mètres à la minute*.   This cyclist does 480 meters a minute.

EXERCICE

Complétez les phrases suivantes comme il est indiqué.

1. Il y a _____ mm dans 10 cm et _____ cm dans 10 m.
2. Paris est _____ Saint-Tropez. (898 kilometers from)
3. Ce train rapide fait _____. (160 kilometers an hour)
4. Mon cousin faisait _____ à bicyclette. (21 kilometers an hour)
5. Brest est _____ Strasbourg. (885 kilometers from)
6. Une personne qui marche rapidement peut faire _____. (75 meters a minute)

30.5 Prepositions expressing location

a. The following simple and compound prepositions are used to express destination or location:

French	English	example	
à côté de	beside, next to	à côte d'elle	beside her
à travers	through	à travers la forêt	through the forest
au milieu de	in the middle of	au milieu de la rue	in the middle of the street
chez	at/in/to the home/ store of	chez Olga	at Olga's (house)
		chez le boucher	at the butcher's
contre	(up) against	contre le mur	(up) against the wall
dans	in, into	dans l'appartement	in the apartment
derrière	behind, in back of	derrière la cabane	behind the cabin
devant	in front of	devant la classe	in front of the class
en face de	opposite	en face de la piscine	opposite the pool
entre	between	entre les maisons	between the houses
jusqu'à	(up) to/as far as	jusqu'au théâtre	(up) to the theater
le long de	along(side)	le long de la route	along the highway
loin de	far from	loin des machines	far from the machines
près de	near	près du sofa	near the sofa
sous	under	sous l'arbre	under the tree
sur	on, upon	sur la table	on the table

b. The final **de** and **à** of compound forms contract with the definite articles **le** and **les**.

La maison est *à côté du* garage.   The house is beside the garage.

Ils nous ont accompagnés *jusqu'aux* portes du magasin.   They accompanied us (up) to the doors of the store.

c. **Loin de** and **près de** have corresponding but differing adverbial forms—**loin** and **près** —that should not be confused with the prepositions.

(adverb) **Il habite très *loin*.**   He lives very far away.

(preposition + noun) **Il habite très *loin du* restaurant.**   He lives very far (away) from the restaurant.

EXERCICES

A. Complétez les phrases suivantes comme il est indiqué entre parenthèses.
1. Il ne faut pas marcher _____ rue. (in the middle of the)

2. La grande église est située _____ poste. (near the)
3. Est-ce que la boulangerie Guichard est _____ ici? (far from)
4. Emile a loué un atelier _____ garage. (next to the)
5. La place du Marché est _____ usines Renault. (opposite the)
6. Irez-vous _____ cinéma Moritz quand vous ferez vos courses? (up to the)
7. Je suis fatigué. Vous n'habitez vraiment pas _____! (near)
8. Avant d'aller _____, n'oublie pas de faire le plein d'essence. (to Simone's)

AZOR   et   Mistigris

B.   *Situation:* **Azor et Mistigris ne sont pas d'accord!**

Azor, c'est le chien et Mistigris, c'est le chat. Ils s'entendent mal[1], ils ne sont jamais d'accord! En ce moment, Azor veut empêcher Mistigris de manger son dîner (de la viande). Il est même possible qu'Azor veuille manger le dîner de Mistigris. Mais Mistigris est fâché et il va peut-être sauter[2] sur Azor. . . Ah! c'est la vie!

Répondez aux questions suivantes. Notez qu'il y a parfois plusieurs réponses possibles: dans ce cas, donnez-les toutes.

1.   Où est Azor?
2.   Où est Mistigris?
3.   Où est l'assiette de Mistigris?
4.   Qu'est-ce qu'il y a dans l'assiette?
5.   Où sont les fleurs?
6.   Azor est-il sous la table?
7.   Azor est-il derrière son bol? Alors, où est-il?
8.   Le vase est-il sur le plancher? Alors, où est-il?

[1]**s'entendre (bien/mal):** to get along (well/badly).
[2]**sauter:** to jump.

9. Mistigris est-il dans le bol d'Azor?
10. Y a-t-il une souris dans l'assiette de Mistigris?
11. Selon vous, comment est-ce que ça va se terminer, cette confrontation?

Lesson 31

A la recherche de l'énergie

[**Scene 1**: *A bank of the Seine at La Roche-Guyon. The Gammas are having a picnic.*]

EMILE: L'énergie près de l'eau.

ODILE: L'eau près du bois.

ADRIEN: L'eau de vie.

EMILE: [*Pointing to the river*] Qu'est-ce que c'est?

ODILE: Mais c'est la Seine!

EMILE: Je le sais. Mais la Seine, c'est quoi?

ADRIEN: C'est de l'eau.

EMILE: Exactement! C'est de l'eau! Est-ce que c'est de l'eau de vie?

ODILE: Elle est vivante, l'eau de la Seine. Il y a des poissons. . .

EMILE: L'énergie est près de l'eau. . . de vie. Donc l'énergie peut être ici. Il y a de l'eau vivante ici.

ADRIEN: L'eau est près du bois. Cet arbre, c'est du bois et le bois est près de l'eau.

EMILE: Bien, bien. Nous avons ici tout ce qu'il nous faut: une eau vivante, la Seine. Le bois près de l'eau. . .

ODILE: Mais l'énergie, Emile? Où est l'énergie?

EMILE: Je ne sais pas. Il faut la trouver! [*The Gammas have returned to the workshop to study the plans.*]

ODILE: L'énergie est près de l'eau. . .

EMILE: Il faut la trouver et on la trouvera! [*Benoît and Flandre come in, each carrying a sphere.*]

FLANDRE, PUIS BENOIT: Nous avons trouvé!

FLANDRE: J'ai trouvé!

BENOIT: Pas du tout! C'est moi qui ai trouvé!

FLANDRE: La sphère Gamma doit être construite en métal!

BENOIT: Mais non! La sphère doit être construite en bois!

ODILE: Qu'est-ce que c'est?

FLANDRE: Ce sont deux modèles réduits de sphère Gamma. . . deux projets. . . Le mien est en métal.

BENOIT: Le mien est en bois.

EMILE: La vraie sphère Gamma doit être en bois!

BENOIT: Mais oui! Vous avez raison! Le projet de Monsieur Flandre n'est pas bon. La sphère Gamma doit être en bois.

FLANDRE: Mais. . . le bois brûle. . .

BENOIT: Naturellement. Il faut encore trouver le bois qui ne brûle pas.

FLANDRE: Mais. . . c'est vide. Il n'y a rien à l'intérieur. Où est l'énergie?

BENOIT: Il faut la trouver. L'énergie n'est pas une machine.

EMILE: Non. L'énergie de la sphère Gamma n'est pas une machine.

FLANDRE: Voilà comment doit être la sphère Gamma, en métal. [*He opens the sphere, revealing a ticking mechanism inside.*] Et à l'intérieur, il y faut ces machines pour produire l'énergie.

EMILE: Je ne crois pas que l'intérieur d'une sphère Gamma soit comme ça.

ADRIEN: Dans une sphère Gamma, l'énergie n'est pas produite par des machines comme dans cette sphère de métal.

BENOIT: Monsieur Flandre, l'énergie n'est pas une machine.

EMILE: En tout cas, l'énergie de la sphère Gamma n'est pas une machine.

FLANDRE: Mon cher Monsieur Benoît, votre project est fou. Votre projet n'est pas scientifique!

BENOIT: Mon cher Monsieur Flandre, votre projet n'est pas le projet Gamma!

Vous employez une machine pour produire l'énergie.

FLANDRE: Et vous, avec quoi allez-vous produire l'énergie? L'intérieur de votre sphère est vide!

[*Odile, standing between Benoît and Flandre, begins to tremble as their argument becomes more intense.*]

BENOIT: Vous n'avez rien compris, Monsieur Flandre. L'intérieur de la véritable sphère Gamma est vide. L'énergie est produite par quelque chose de mystérieux.

FLANDRE: J'ai compris que vous êtes fou! "L'énergie est près de l'eau! L'eau est près du bois!" Ce n'est plus de la science, c'est de la magie!

BENOIT: Ah, vous et votre science! L'énergie de la sphère Gamma. . .
[*Suddenly, the wooden sphere rises from the table and travels a short distance, then comes to rest again.*] Oh! L'énergie!. . . L'énergie vient d'Odile!

FLANDRE: Odile a capté notre énergie!

EMILE: Qu'est-ce qui s'est passé?

ODILE: Monsieur Flandre et Monsieur Benoît criaient. J'ai senti quelque chose en moi. . . une force. . . comme de l'énergie. . .

BENOIT: C'est ça! Odile peut capter de l'énergie.

EMILE: Et elle peut la transmettre à la sphère. . . Nous avons trouvé. . .

ADRIEN, PUIS BENOIT: Nous avons trouvé?

FLANDRE: Nous avons trouvé! Odile peut capter de l'énergie!

BENOIT: Et. . . et elle peut la transmettre à la sphère. [*Later, everyone has gathered in the workshop to drink a farewell toast to Odile and Adrien, who are dressed for travel.*] Odile, vous connaissez votre mission?

ODILE: Oh oui! Je dois capter beaucoup d'énergie pour la transmettre à la sphère.

BENOIT: Très bien! Souvenez-vous que l'énergie est près de l'eau. . . près de l'eau vivante. . . près de l'eau de vie. . .

ODILE: Je vais rester près de la Seine.

BENOIT: Très bien! Je vous souhaite un bon voyage!

FLANDRE, PUIS TOUS: Vive Odile!

BENOIT: Et vous, Adrien, vous connaissez votre mission?

ADRIEN: L'eau est près du bois. Je dois chercher du bois qui se trouve près de l'eau. Mais du très vieux bois. Du bois de 1538.

BENOIT: Parfait!

EMILE: Je te souhaite un bon voyage, Adrien! Reviens bien vite. Il faut se dépêcher pour construire la sphère Gamma.

FLANDRE, PUIS TOUS: Vive Adrien!

ODILE: On va faire vite! Je descends la Seine. . . pour capter de l'énergie.

ADRIEN: Et moi, je remonte la Seine pour trouver du bois, du bois de 1538.

BENOIT: Très bien; à votre bonne santé!

#   #   #   #

[**Scene 2:** *It is springtime on the Seine. A young couple is strolling along the river bank. They stop occasionally to kiss and declare their mutual affection.*]

LUI: Je t'aime.

ELLE: Je t'aime aussi.

LUI: Je t'aime.

ELLE: Je t'aime aussi. . . Nous nous aimons.
[*As they are about to embrace, another young man comes out of the trees.*]

LE JALOUX: Menteuse! Hier, tu m'as dit "je t'aime".

ELLE: Hier, c'était hier. Et aujourd'hui, c'est aujourd'hui. Aujour'hui, c'est lui que j'aime! [*The second man slaps the first, and a fight begins.*] Ils se battent, ils se battent pour moi! Pour moi!
[*Odile appears from behind the trees, trembling. The fight turns into a make-believe fight, and the two men go off together, laughing as if the best of friends.*] Mais qu'est-ce qui se passe?

Mais ils ne se battent plus! Mais je ne comprends pas! Mais qu'est-ce qui se passe? Et moi? Vous me laissez toute seule? [*Odile walks toward the girl.*] C'est sûrement à cause de cette fille! [*She leaves.*]

ODILE: J'ai capté leur énergie. . . leur énergie mauvaise. "L'énergie est près de l'eau." L'eau de vie.
[*A riverside café with an outdoor dance floor, where young people are waltzing to accordion music or sitting at tables in small groups. Odile goes over to Bernard's table.*]

ODILE: C'est libre ici?

BERNARD: Je suis tout seul. Vous avez soif?

ODILE: Oui, j'ai très soif!

BERNARD: Qu'est-ce que vous voulez boire? De la bière?

ODILE: Oh non! J'aimerais une boisson sans alcool.

BERNARD: De la limonade?

ODILE: C'est ça; je prendrais bien une limonade!

BERNARD: Je vais vous chercher une limonade.

ODILE: [*To herself*] C'est bien ici! Il n'y a pas d'énergie mauvaise ici!
[*Bernard returns with the lemonade, which Odile drinks quickly.*]

BERNARD: Vous aviez soif?

ODILE: Oui, j'avais très soif.

BERNARD: Ça va mieux?

ODILE: Oui, maintenant ça va mieux.

BERNARD: Alors, si ça va mieux, voulez-vous danser avec moi?

ODILE: Avec plaisir. Qu'est-ce que c'est?

BERNARD: Une valse. Venez! Je m'appelle Bernard. . . Et vous?

ODILE: Odile.

BERNARD: Odile! C'est joli!
[*The sound of motorcycles drowns out the accordion music for a moment. Then six young men, rock fans, some carrying electric guitars, walk up onto the platform and push the accordionist off the stage.*]

1er ROCKER: Je n'aime pas cette musique.

2e ROCKER: Nous allons faire de la bonne musique!
[*They stamp their feet in time to their music, which is much louder and faster than the accordion music.*]

3e ROCKER: Mais, nous n'avons pas de femmes!

4e ROCKER: Et pour danser, il nous faut des femmes!
[*The intruders cut in on the men who were dancing and make the girls dance rock style.*]

ODILE: C'est une valse?

BERNARD: Oh non! Ils sont méchants.

ODILE: [*Beginning to tremble*] Oh non! L'énergie mauvaise!
[*Odile hugs herself to concentrate the energy. Suddenly the music changes back to the accordionist's waltz.*]

3e ROCKER: Pardon! Je vois que vous ne voulez pas danser avec moi. Dansez de nouveau avec votre cavalier.

BERNARD: Ça alors! Ils jouent sans faire de bruit. . . Ça alors! Ils ne cherchent plus à se battre.

ODILE: Dansons, Bernard!
[*She takes his hand; he jerks it back.*]

BERNARD: Oh!

ODILE: Qu'est-ce qu'il y a, Bernard?

BERNARD: Oh rien! Rien! Mais on dirait qu'il y a de l'électricité dans votre main. . .

\#   \#   \#   \#

[**Scene 3:** *Odile is now outside a sports arena in Rouen. Near the ticket window, two ex-boxers are discussing the upcoming fight.*]

1er BOXEUR: Boudinet va le tuer! Boudinet est le boxeur le plus méchant de sa génération!

2e BOXEUR: Mais non! C'est Kiki qui va tuer Boudinet. Kiki est plus méchant que Boudinet.

ODILE: Ils vont se tuer! L'énergie mauvaise! [*Odile buys a ticket and goes inside. She sits in the front row, next to the two boxers.*] Ils vont vraiment se tuer?

1er BOXEUR: C'est la première fois que

vous assistez à un match de boxe, hein?

ODILE: Oui, c'est la première fois.

2ᵉ BOXEUR: Et vous êtes sensible, hein?

ODILE: Je suis un peu sensible. . .

1ᵉʳ BOXEUR: Vous allez voir. . . ça va être terrible! Ils vont se faire mal. Très mal!

2ᵉ BOXEUR: Voilà Kiki.

ARBITRE: Voilà Kiki.

2ᵉ BOXEUR: Bravo, Kiki!

[*The crowd whistles and screams.*]

ODILE: Oh! Il a l'air méchant! Pourquoi a-t-il l'air si méchant?

1ᵉʳ BOXEUR: Il va donner des coups de poing, beaucoup de coups de poing, alors il faut être méchant.

ARBITRE: Boudinet!

ODILE: Il a l'air méchant aussi!

2ᵉ BOXEUR: C'est Kiki qui va tuer Boudinet!

LA FOULE: Kiki! Allez, Kiki!

1ᵉʳ BOXEUR: Boudinet va tuer Kiki!

2ᵉ BOXEUR: C'est Kiki qui va tuer Boudinet!

1ᵉʳ BOXEUR: Vas-y, Boudinet!

2ᵉ BOXEUR: Vas-y, Kiki!

LA FOULE: Kiki! Allez, Kiki! Bou-di-net!

ODILE: [*To herself*] L'énergie mauvaise!

LA FOULE: Kiki, tue-le!

[*Odile closes her eyes. The two fighters suddenly embrace, like old friends.*]

L'ARBITRE: Mais ils sont fous!

BOUDINET: Mon cher Kiki!

KIKI: Mon cher Boudinet!

1ᵉʳ BOXEUR, PUIS 2ᵉ BOXEUR: Ils sont fous!

1ᵉʳ BOXEUR: Mais qu'est-ce qu'il y a? Ils sont fous tous les deux!

2ᵉ BOXEUR: Ils ne se battent plus. Ils sont complètement fous!

BOUDINET: Tu ne veux pas t'asseoir, mon cher Kiki? Moi, je m'assieds.

KIKI: Je m'assieds aussi, mon cher Boudinet. [*Both sit down in the ring.*] Qu'est-ce qu'on est venu faire ici?

BOUDINET: Je ne sais plus. Moi, je suis heureux de bavarder un peu avec toi. Je t'aime beaucoup, tu sais, Kiki.

KIKI: Ah, je t'aime bien aussi, Boudinet! [*Odile closes her eyes again. The two ex-boxers are now in the ring; each talks to his favored fighter.*]

1ᵉʳ BOXEUR: Oh! Tu vas te battre, oui ou non?

2ᵉ BOXEUR: Alors, tu vas donner des coups de poing, oui ou non?

BOUDINET: Je n'aime pas me battre!

KIKI: Je n'aime pas donner des coups de poing.

1ᵉʳ BOXEUR: Ah! Tu n'aimes pas te battre!

2ᵉ BOXEUR: Ah! Tu n'aimes pas donner des coups de poing! [*The ex-boxers shake the fighters' hands. Odile closes her eyes and changes the scene of potential violence into one of camaraderie: The four men are now sitting on the floor of the ring, playing children's games.*]

ODILE: L'énergie mauvaise. . . [*Some other furious spectators come into the ring, but Odile changes their wrath into friendship. Soon all the men have joined hands and are dancing in a circle, singing "A la claire fontaine."*]

VOCABULARY

l' **alcool** (*m.*)   alcohol

l' **arbitre** (*m.*)   referee

je **m'assieds** < s'**asseoir**^(C2)   I'm sitting down

assister à   to go to/attend

se **battre**   to fight

bavarder   to chat

la **bière**   beer

la **boisson**   beverage

la **boxe**   boxing

le **boxeur**   fighter

capter   to capture

chercher (qqch. pour qqn)   to get (sth. for s.o.)

je **comprends** < **comprendre**^(C24)   I understand

construit < **construire**^(C6)   made (*PP*)

descendre to go down
l' électricité (*f.*) electricity
employer to use
se faire[C14] mal to hurt each other
la force force
la génération generation
hein? hey?
hier yesterday
l' intérieur (*m.*) interior
le jaloux jealous suitor
libre free, unoccupied
la limonade lemon soda
le match match (sporting)
mauvais evil
méchant tough
la menteuse liar
le mien mine
la mission mission
le modèle model
par by
parfait perfect

produire[C6] to produce
produite (*f.*) produced (*PP*)
le projet prototype, project
la recherche search
réduit reduced (in size)
    un modèle réduit a scale model
remonter (un fleuve) to follow (a
    river) upstream
le rocker rock music fan
sensible sensitive
sentir[C20] to feel
il soit < être[C13] it is (*SBJN*)
souhaiter to wish
souvenez-vous! < se souvenir[C31]
    remember (*CF*)
sûrement surely
transmettre[C17] to transfer
tuer to murder
la valse waltz
le voyage trip

SPECIAL EXPRESSIONS

à l'intérieur inside
C'est moi qui ai trouvé. *I*'m the one who
    found the answer.
donner des coups de poing to give/get in
    some punches
en tout cas in any case
Il a l'air méchant! He looks mean!

J'ai très soif. I'm very thirsty.
Je prendrais bien une limonade! I'd like a
    lemon soda very much!
On va faire vite! We're going to work fast!
tout(e) seul(e) all alone
Vas-y! Go to it!
Vous aviez soif? Were you thirsty?

SUPPLEMENTARY VOCABULARY

the train **le train**	
compartment	le compartiment
dining car	le wagon-restaurant
seat	la banquette
sleeping car	le wagon-lit
at the station:	à la gare:
to check (luggage)	(faire) enregistrer les valises
checkroom	la consigne
connecting train	la correspondance
platform	le quai

the train	le train (*cont'd.*)
railway	**le chemin de fer**
ticket	**le billet**
a one-way ticket	**un billet simple**
a round-trip ticket	**un aller-retour**
How long is this ticket good?	**Ce billet est valable jusqu'à quand?**
ticket window	**le guichet**
timetable	**l'horaire** (*m.*)
track	**la voie**
"All aboard!"	**"En voiture!"**

on the farm	à la ferme
barn	**la grange**
field	**le champ**
harvest	**la récolte**
stable	**l'étable** (*f.*)
animals:	**les animaux** (*m.*):
bull	**le taureau**
cat	**le chat, la chatte**
cattle	**les bœufs** (*m.*)
chicken	**le poulet**
cow	**la vache**
dog	**le chien, la chienne**
goat	**la chèvre**
hen	**la poule**
horse	**le cheval (pl. chevaux)**
pit	**le cochon**
rooster	**le coq**
sheep	**le mouton**

LANGUAGE NOTES AND EXERCISES

31.1 *A* and *de* verbs with a pronoun object

The choice of object pronoun after **à** and **de** verbs depends both on the verb itself and on the nature of the noun being replaced, that is, whether the noun refers to a person or a thing. The verb lists for the following discussion are located in 29.3.

    a. **à** verbs
        (1) With Group 1 **à** verbs, **à** + a noun referring to a THING is replaced by **y** (see 26.4). **A** + a noun referring to a PERSON is replaced by an indirect object pronoun (see 8.2).

Tu *réponds à* la lettre.	You answer the letter.
Tu *y réponds.*	You answer it.
Elle *répond à* son père.	She answers her father.
Elle *lui répond.*	She answers him.

Reminder: there is no past participle agreement with **y**.

(2) With Group 2 **à** verbs, **à** + a noun referring to a THING may be replaced by **y** (see 26.4). In the case of **à** + a noun referring to a PERSON, the **à** is retained and the noun is replaced by a disjunctive pronoun (see 9.1).

Nous *nous intéressons à* la pétanque.	We are interested in pétanque.
Nous *nous y intéressons.*	We are interested in it.
Vous *vous intéressez à* Odile.	You are interested in Odile.
Vous *vous intéressez à elle.*	You are interested in her.

(3) With Group 3 verbal constructions with **à**, the **à** is always followed by a noun referring to a PERSON. This **à** + noun is replaced by an indirect object pronoun. There may also be a direct object noun referring to a THING which will precede the indirect object noun. Pronoun replacement follows the usual order (see 13.3 and 14.1).

Gaston n'*a* pas *dit* la vérité *à* Oscar.	Gaston didn't tell Oscar the truth.
Gaston ne la *lui a* pas *dite.*	Gaston didn't tell it to him.

b. **de** verbs
With **de** verbs, the **de** + a noun referring to a THING is replaced by **en**. **S'approcher de, avoir besoin de, douter de, se moquer de, s'occuper de, parler de**, and **se souvenir de** act like Group 2 verbs above, i.e., **de** + a noun referring to a PERSON must be replaced by **de** + disjunctive pronoun. The other **de** verbs are not usually followed by a noun referring to a person.

Je *me souviens de* cette histoire.	I remember that story.
Je *m'en souviens.*	I remember it.
Ils *se souviennent de* cette infirmière.	They remember that nurse.
Ils *se souviennent d'*elle.	They remember her.

Reminder: there is no past participle agreement with **en**.

EXERCICES

A. Faites les substitutions comme il est indiqué entre parenthèses. Faites attention à la construction des verbes.
1. J'y **penserai** demain, Papa! (répondre, assister, s'occuper, renoncer, changer)
2. Nous **avons renoncé** à lui. (songer, douter, avoir besoin, faire attention)
3. Tu leur **téléphonais** toujours. (obéir, parler, ressembler, écrire, répondre)
4. Vous n'en **doutez** pas. (jouer, changer, s'intéresser, parler)

B. *Situation:* **Papa pense à tout!**
Raymond n'a pas eu de bonnes notes le semestre dernier et son père a décidé de contrôler son travail. Papa pose les questions et Raymond doit y répondre. Imitez les modèles.

	Papa	*Raymond*

Modèles: **Assistes-tu régulièrement à ton cours de mathématiques?** — —Oui, Papa, j'*y* assiste.

Parles-tu à ton moniteur? — —Oui, Papa, je *lui* parle.

1. Assistes-tu à tes cours de sciences? — —Oui, _____
2. Vas-tu au laboratoire de langues? — —Oui, _____
3. As-tu parlé à ton prof de chimie? — —Oui, _____
4. T'es-tu occupé de ton rapport? — —Oui, _____
5. As-tu répondu au questionnaire du doyen[1]? — —Oh, non! J'ai oublié. Mais demain, j'_____
6. En sociologie, as-tu changé de section? — —Mais oui, _____
7. T'es-tu souvenu de ton rendez-vous chez le dentiste? — —Oh, zut[2]! J'ai oublié! Mais demain je _____
8. T'intéresses-tu toujours à Jeanne Delâtre? — —Oh, oui! _____
9. Eh bien! Intéresse-toi plus à tes cours! — —D'accord, _____

31.2 The conditional mood—introduction; formation of the present conditional *(conditionnel présent)*

a. Formation of the present conditional **(conditionnel présent)**

The present conditional is a composite of two verb segments used in other tenses previously presented:

> future stem + imperfect indicative endings = present conditional

Je *voudrais* mille choses de vous.	I would like a thousand things from you.
Nous *prendrions* bien une limonade.	We'd like a lemon soda very much.
Ils *achèteraient* une boisson sans alcool.	They'd buy a non-alcoholic beverage.

Note that the present conditional stem is identical to that of the future indicative and the endings are the same as those of the imperfect indicative.

b. Spelling

The present conditional stem of stem-changing verbs is the same as that of the future indicative (see 18.1).

Elle *balaiera/balayera* la neige.	She will sweep the snow.
Elle *balaierait/balayerait* la neige.	She would sweep the snow.
Ils *préféreront* le nouveau produit.	They'll prefer the new product.
Ils *préféreraient* le nouveau produit.	They'd prefer the new product.

c. Pronunciation

(1) Four forms of the present conditional are pronounced alike: **je, tu, il/elle/on,** and **ils/elles.**

> **j'aimerais**
> **tu aimerais**
> **il/elle/on aimerait**   /ɛmRe/ or /ɛmRɛ/
> **ils/elles aimeraient**

---

[1]le doyen: dean.

[2]zut!: darn!

424 *Les Gammas! Les Gammas!*

(2) In verbs that have an unstable **e** before the final **r** of the future stem, the /ə/ usually drops following a single consonant sound but must be pronounced after two or more consonant sounds. It must also be retained in the **nous** and **vous** forms where it precedes /ʀj/.

j'aimerais	/ɛmʀe/ or /ɛmʀɛ/
but	
nous aimerions	/ɛmərjɔ̃/
vous aimeriez	/ɛmərje/
tu illustrerais	/ilystʀəʀe/ or /ilystʀəʀɛ/

d. Use

The use of the present conditional in French parallels that in English. It commonly presents a future or future perfect action from a past point in time.

present: She tells me she *will come.*   (future)

past: She told me she *would come.*   (conditional)

It also presents action as the possible consequence of a condition.

condition: If he had enough money,

consequence: he *would buy* a car.   (conditional)

The present conditional corresponds to English "would" plus verb. This "would" should not be confused with the "would" + verb of the imperfect indicative, which is equivalent to "used to" + verb.

imperfect indicative:	**Nous prenions toujours une limonade.**	We would (used to) always have a lemon soda. (every time we went to that café)
present conditional:	**Nous prendrions bien une limonade.**	We would like a lemon soda very much. (if we could find a café where we could buy one)

EXERCICES

A. Faites les substitutions indiquées entre parenthèses.
1. **Nous** construirions une grange pour la récolte. (Papa, Je, Vous, Les ouvriers)
2. Ferais-**tu** enregistrer les valises?   (vous, Ma tante, Les voyageurs, nous)
3. **Rose-Marie** voudrait être dans un compartiment confortable. (Les vieilles dames, Je, Vous, Tu, Nous)

B. Transformez les phrases suivantes pour avoir des expressions au conditionnel. Imitez le modèle.

Modèle: **J'aime aller en vacances.** → **J'aimerais aller en vacances.**

1. Nous essayons de travailler rapidement.
2. Tu cherches à plaire à ta femme.
3. Vous employez deux secrétaires.
4. Elle préfère le wagon-lit.
5. Les voyageurs veulent des banquettes confortables.
6. Je ne vais pas à Bordeaux par le rapide.

7. Appelez-vous le porteur?
8. Nous n'achêterons pas deux vaches et trois cochons.

31.3 Indefinite adjectives

Some adjectives are termed "indefinite" because they convey an idea of imprecision.

French	English	example	
autre	other, different	une *autre* maison	another/a different house
chaque	each, every	*chaque* fois	every time
n'importe quel(le)	any. . . at all	*n'importe quelle* étudiante	any student at all
plusieurs (invariable)	several	*plusieurs* robes	several dresses
quelconque (follows noun)	just any	une idée *quelconque*	just any idea
quelque	some, a little	depuis *quelque* temps	for some time
quelques	some, a few	*quelques* poires	some/a few pears

Other indefinite adjectives already presented:

certain (see 27.4)   **même** (see 27.4)   **tout** (see 17.3)

EXERCICE

Complétez les phrases suivantes comme il est indiqué entre parenthèses.

1. Avez-vous _____ bœufs dans votre étable?   (several)
2. Monsieur Petit s'occupe de ses animaux _____ jour. (every)
3. Je ne voudrais pas acheter _____ cheval. (any [horse] at all)
4. Le paysan a vendu _____ poulets. (a few)
5. La petite fille s'est assise sur une _____ banquette. (another)
6. Je ne monterai pas dans un compartiment _____. (just any)
7. Avec _____ patience, nous aurons la correspondance pour Limoges. (a little)
8. _____ vache ne donne pas du bon lait. (just any)

31.4 Indefinite pronouns

Some pronouns are also termed "indefinite" because they convey an idea of imprecision.

French	English	example
certain	a certain one, certain ones, some	*Certains* des gendarmes étaient choqués. Some of the gendarmes were shocked.

French	English	example
chacun, chacune	each one, every one	*Chacune* des femmes l'a choisi. Each (one) of the women chose it.
le même, la même, les mêmes	the same (one/ones)	Ce sont *les mêmes.* They're the same (ones).
*plusieurs	several	Nous en achèterons *plusieurs.* We'll buy several (of them).
quelque chose	something	Il a vu *quelque chose* d'intéressant[1]. He saw something interesting.
quelqu'un (no feminine form)	someone	Il cherche *quelqu'un* qui. . . He's looking for someone who. . .
*quelques-uns, *quelques-unes	some, a few	Avez-vous des cousines? —Oui, j'en ai *quelques-unes*[2]. Do you have any cousins? Yes, I have some.
autre chose	something else	Veut-elle *autre chose*? Does she want something else?
quelqu'un d'autre	someone else	Nous préférons *quelqu'un d'autre.* We prefer someone else.
n'importe qui	(just) anyone, anyone at all	J'irai avec *n'importe qui.* I'll go with just anyone.
n'importe quoi	(just) anything, anything at all	Il dit *n'importe quoi.* He says anything at all.
n'importe où	(just) anywhere, anywhere at all	Vous irez *n'importe où*! You'll go anywhere!
l'autre, les autres	the other(s), the other one(s)	*Les autres* sont déjà partis. The others have already left.

[1] See special construction below.

[2] Quelques-unes is used in this sentence to replace the feminine plural noun **cousines.**

*N.B. **en** is necessary when one of the pronouns marked with an asterisk is the direct object of a verb.

Other indefinite pronouns already presented:

on (see 4.1)

$\left.\begin{array}{l}\textbf{rien}\\\textbf{personne}\end{array}\right\}$ (see 7.2 and 36.2)

tout (see 17.3)

tout ce qui, etc. (see 25.1)

tout le monde (see 17.3)

Some indefinite pronouns are used in a special construction with a masculine singular adjective.

English		*French*	
something someone nothing no one	$\Big\}$ + adjective	quelque chose quelqu'un rien personne	$\Big\}$ + de + *m.s.* adjective

The **de** cannot be omitted.

> **Nous cherchons *quelque chose de beau*.** We're looking for something beautiful.
>
> **Il n'a *rien* dit *d'important*.** He said nothing important.

EXERCICES

A. Complétez les phrases suivantes comme il est indiqué entre parenthèses.
    1. A la ferme, les moutons ne mangent pas _____. (just anything)
    2. _____ des boxeurs étaient très méchants. (Certain ones)
    3. Ne parlez pas à _____! C'est trop dangereux le soir. (just anyone)
    4. Voilà dix chèvres. Mais où sont _____? (the others)
    5. _____ de vos voyages a été intéressant. (Each one)
    6. Est-ce que _____ est descendu du train à Tours? (someone)
    7. Dites-nous _____. (something amusing)
    8. Mettez les bœufs _____ dans l'étable. (anywhere at all)
    9. Nous ferons laver la voiture par _____. (someone else)
    10. La paysanne vendra un cochon et pas _____. (something else)

B. Transformez les phrases suivantes comme il est indiqué par le modèle. Utilisez la forme appropriée de **quelques-uns.**

    Modèle: **Y a-t-il beaucoup d'animaux dans l'étable? Non, il y en a quelques-uns.**

    1. As-tu connu beaucoup de chattes jalouses? Non, _____.
    2. Avez-vous rencontré beaucoup de menteurs? Non, _____.
    3. Odile va-t-elle remonter beaucoup de fleuves? Non, _____.
    4. Les jeunes gens ont-ils dansé beaucoup de valses? Non, _____.
    5. Les boxeurs vont-ils donner beaucoup de coups de poing? Non, _____.

C. Complétez les phrases suivantes comme il est indiqué entre parenthèses.
    1. Regarde ce mouton: il a _____ sur le dos. (something black)
    2. Je n'ai _____ à écrire. (anything else)
    3. Il n'y a _____ qui parlera à la radio ce soir. (anyone interesting)
    4. L'ingénieur a vu _____ qui parlait aux ouvriers de l'usine. (someone dangerous)
    5. Le jeune garçon n'avait _____ à dire. (anything new)

31.5 Vocabulary distinction: *penser à* vs. *penser de*

a. **penser à**
    Penser is followed by **à**, rather than **de**, to mean "to think about" or "to direct one's thoughts toward."

    > ***A** quoi *pensez*-vous?* What are you thinking about?
    >
    > **—Je *pense au* voyage que je viens de faire.** I'm thinking of the trip I just took. I
    > **J'*y pense* tout le temps.** think of it all the time.

    Penser à is used much more frequently than **penser de**.

b. **penser de**
    Penser de means "to think of" in the sense of "to have an opinion of." It is used most commonly in the question **Que pensez-vous de. . .?** (What is your opinion of. . .? /What do you think of. . .?).

Que *pensez*-vous *de* cette histoire?　　What do you think of that story? /What is your opinion of that story?

—Je *pense* qu'elle est mauvaise.　　I think it's bad.

EXERCICE

Complétez les deux passages suivants par **à** ou **de**. Faites attention au sens du verbe **penser** dans chaque phrase.

1.　Je pense souvent _____ mon cher grand-père. Vous, vous l'avez connu. Alors, que pensez-vous _____ lui? Pensez-vous aussi _____ lui aussi souvent que moi?

2.　Ce monsieur ne pense rien de bon _____ jazz moderne. Il pense que cela fait trop de bruit. Il pense toujours _____ années quand il était jeune. Il pense _____ la musique de ce temps-là: des valses, des fox-trots, des rumbas. Il pense quelque chose de bon _____ cette musique-là parce qu'il aimait beaucoup danser.

Quel scandale!

[**Scene 1:** *Beside the Seine at La Roche-Guyon.*]

BENOIT: Bon, vous, Adrien, vous connaissez votre mission?

ADRIEN: Je remonte la Seine pour trouver du bois, du vieux bois.

BENOIT: Votre mission est difficile.

ADRIEN: Oh oui, je sais: "Le bois est près de l'eau. 1538."

BENOIT: Le bois doit être très vieux. Il doit dater de 1538. Et il doit se trouver près de l'eau, près de l'eau vivante.

ADRIEN: Près de l'eau. Comme cet arbre.

BENOIT: Non, il n'est pas assez vieux. Il est près de l'eau, mais il n'est pas assez vieux. Il doit être de 1538! Au revoir, Adrien.

ADRIEN: Au revoir, Monsieur Benoît.

BENOIT: A bientôt. Bonne chance! Et revenez vite!
[*Adrien leaves. We see him at another point along the bank of the Seine.*]

ADRIEN: Le bois est près de l'eau. [*He reads a signpost.*] "Visitez l'arbre de François Ier. 1538." 1538!! 1538!! [*He comes to a gate.*] C'est fermé! [*He discovers a small sign.*] "Sonnez"? —Ah, il faut sonner. [*He does so. A caretaker appears.*]

GARDIEN: J'arrive! Bonjour, jeune homme. Vous voulez voir l'arbre de François Ier?

ADRIEN: Oui, Monsieur. 1538.

GARDIEN: C'est ça: 1538.

ADRIEN: Ouvrez-moi!

GARDIEN: Attendez!

ADRIEN: Ouvrez-moi!

GARDIEN: Vous êtes impatient! Je cherche la clef. Je ne la trouve pas. Mais où donc est cette clef? [*He adjusts his cap, and the key falls out, onto the ground.*] Elle est là! Ah! Je mets la clef dans la casquette pour ne pas la perdre. Entrez. [*Adrien immediately heads toward the tree, but the caretaker stops him.*] Attendez!

ADRIEN: Pourquoi?

GARDIEN: Il vous faut un billet d'entrée. C'est deux francs.
[*Adrien pays, gets his ticket and runs to the tree.*]

ADRIEN: 1538... "Le bois est près de l'eau"!

GARDIEN: "Le bois est près de l'eau"? Ah oui—la Seine n'est pas loin.

ADRIEN: 1538...

GARDIEN: Oui. Cet arbre a été planté en 1538 par François Ier. Euh... vous connaissez François Ier, roi de France?

ADRIEN: Non.

GARDIEN: Vous ne connaissez pas François Ier? Ah... c'était un grand roi.
[*He takes a miniature out of his pocket and hands it to Adrien.*]

ADRIEN: C'est François Ier? Mais c'est une femme!

GARDIEN: Ah oui, c'est une femme. Je me suis trompé. [*He takes out a second miniature.*] Voilà François Ier. C'est un homme.

ADRIEN: Mais elle. C'était qui?

GARDIEN: C'était Diane de Poitiers. Vous ne connaissez pas Diane de Poitiers?

ADRIEN: Non. C'était la femme de François Ier?

GARDIEN: Non! C'était la maîtresse de François Ier.

ADRIEN: Ah, la maîtresse! Et c'est François Ier qui a planté cet arbre?

GARDIEN: Oui. Après une nuit d'amour avec Diane de Poitiers. Vous savez comment il l'appelait, Diane de Poitiers?

ADRIEN: Non.

GARDIEN: Il l'appelait "mon eau de vie".

ADRIEN: Eau de vie! Je veux cet arbre!

GARDIEN: Vous voulez cet arbre? Mais qu'est-ce que vous voulez en faire?

ADRIEN: Une sphère Gamma!

GARDIEN: Une sphère Gamma? Une sphère Gamma avec l'arbre de Francois Ier. [*To himself*]! Il est fou!

ADRIEN: 1538. Eau de vie! Le bois est près de l'eau!

GARDIEN: [*Escorting Adrien toward the gate*] Eau de vie! François Ier a planté cet arbre pour Diane de Poitiers, son "eau de vie".
[*He locks the gate behind Adrien.*]

ADRIEN: 1538!
[*The tree at night. Someone arrives and begins to chop it down. The next morning. The caretaker is seated on the stump.*]

GARDIEN: Quelqu'un a coupé l'arbre de François Ier, l'arbre de Diane de Poitiers.
[*The post office in a small town.*]

EMPLOYEE DE LA POSTE: Et vous voulez envoyer ce paquet à Monsieur Emile à la Roche-Guyon?

ADRIEN: Oui, Mademoiselle. C'est possible?

EMPLOYEE: Mais non, mon cher Monsieur, ce n'est pas possible. Nous ne prenons pas les paquets au-dessus de trois kilos. Ce paquet est lourd. Il pèse bien plus de trois kilos. Il pèse au moins trois cents kilos!

ADRIEN: Mais je dois envoyer ce paquet à la Roche-Guyon. Aujourd'hui même!

EMPLOYEE: [*Calling to a man coming out of the café, next door*] Léon!

LEON: Oui?

EMPLOYEE: Léon. ' ' Vous allez à la Roche-Guyon avec votre camion aujourd'hui?

LEON: Oui, je pars dans dix minutes. Mon camion est là.

EMPLOYEE: Vous pouvez apporter ce paquet à Monsieur Emile?

LEON: Bien sûr. Il est lourd. Qu'est-ce que c'est?

ADRIEN: Oh, rien. . .Un souvenir. . .

LEON: Bon. Je le donnerai à Monsieur Emile.

ADRIEN: Il n'est pas lourd.

LEON: Je le donnerai à Monsieur Emile à la Roche-Guyon.

#   #   #   #

[**Scene 2**: *Blanchette and her father are driving through Paris.*]

BLANCHETTE: Qu'est-ce qu'il y a, Papa? Pourquoi es-tu nerveux?

MINISTRE: Hm? Je suis nerveux? Oui, je suis très nerveux. J'ai reçu un rapport.

BLANCHETTE: Tu as reçu un rapport, Papa?

MINISTRE: Oui, j'ai reçu un rapport! Un jeune homme a coupé l'arbre historique planté par François Ier pour Diane de Poitiers en 1538.

BLANCHETTE: Et pourquoi ce jeune homme a-t-il coupé cet arbre?

MINISTRE: Il voulait en faire une sphère Gamma.

BLANCHETTE: Quel jeune homme?

MINISTRE: Je ne sais pas! On ne l'a pas retrouvé. Mais je suis sûr que les amis d'Oscar—tu sais, ceux qui prétendent être des Gammas—sont dans le coup.

BLANCHETTE: Et si les amis d'Oscar étaient vraiment des Gammas?

MINISTRE: Mais non! Ce ne sont pas des Gammas, ce sont des charlatans. Mais ils sont dangereux! Vraiment dangereux!
[*They arrive at the Department of the Interior. In a hallway, inside the building, Adrien walks over to an old wooden chest.*]

ADRIEN: Le bois est près de l'eau. Il est vieux. [*To a passing clerk*] Ce coffre est très vieux, n'est-ce pas?

GARÇON DE BUREAU: Il a au moins quatre cents ans!

ADRIEN: 1538!

GARÇON DE BUREAU: 1538? Peut-être. Regardons! [*He discovers the date.*] 1538! Vous avez deviné juste. [*They move the chest back against the wall, and Adrien's finger gets pinched.*]

ADRIEN: Aïe! 1538! "Le bois est près de l'eau"!

GARÇON DE BUREAU: Ah oui! La Seine est tout près d'ici. "Le bois est près de l'eau". On mettait de l'eau de vie dans ce coffre. . . de l'eau de vie. . . du cognac, du calvados, par exemple! [*He walks away.*]

ADRIEN: On mettait de l'eau de vie dans ce coffre?! [*He looks around.*] Personne! [*He tries to move the chest.*] Il est lourd. Ce coffre est très lourd.

BLANCHETTE: [*Coming up behind Adrien*] Ce coffre est très lourd.

ADRIEN: Oh, Blanchette! Bonjour. . . Voulez-vous m'aider, s'il vous plaît?

BLANCHETTE: Vous aider? Que voulez-vous faire?

ADRIEN: Je veux emporter ce coffre.

BLANCHETTE: Mais ce coffre ne vous appartient pas, Adrien!

ADRIEN: J'ai besoin de ce coffre.

BLANCHETTE: Vous avez besoin de ce coffre? Pourquoi?

ADRIEN: 1538!

BLANCHETTE: Je ne comprends pas.

ADRIEN: [*Looking into her eyes*] Je suis un Gamma.

BLANCHETTE: Vous êtes un Gamma.

ADRIEN: J'ai perdu ma sphère Gamma.

BLANCHETTE: Vous avez perdu votre sphère Gamma.

ADRIEN: Je veux construire une nouvelle sphère.

BLANCHETTE: Vous voulez construire une nouvelle sphère.

ADRIEN: Il me faut du bois.

BLANCHETTE: Il vous faut du bois.

ADRIEN, PUIS BLANCHETTE: De 1538!

ADRIEN: [*Showing her the date on the chest*] 1538!

BLANCHETTE: 1538. C'est l'année où François Ier a planté l'arbre pour Diane de Poitiers!

ADRIEN: Vous connaissez bien l'histoire de France!

BLANCHETTE: Je connais bien l'histoire de France. C'est vous qui avez coupé cet arbre?

ADRIEN: C'est moi.

BLANCHETTE: Pour faire une sphère?

ADRIEN: Oui.

BLANCHETTE: Oh, Adrien! Vous êtes vraiment un Gamma?

ADRIEN: Oui.

BLANCHETTE: Adrien, je vous crois. Vous êtes vraiment un Gamma.

ADRIEN: Aidez-moi!

BLANCHETTE: Mais ce n'est pas bien, Adrien. C'est du vol.

ADRIEN: C'est pour construire une nouvelle sphère! Aidez-moi!

BLANCHETTE: Je n'arrive pas à soulever ce coffre.

ADRIEN: Alors, il faut le pousser!

BLANCHETTE: Bon. Poussons-le!

GARÇON DE BUREAU: [*Coming upon the scene*] Qu'est-ce que vous faites?

BLANCHETTE: On pousse le coffre.

GARÇON DE BUREAU: Oh. [*He goes away. They arrive at the top of a flight of steps.*]

BLANCHETTE: Comment le descendre?

ADRIEN: Poussons-le. [*They do so—noisily.*]

MINISTRE: [*Off-camera*] Qu'est-ce qu'il y a?

BLANCHETTE: Rien, Papa.

MINISTRE: [*Coming into the hallway*] Qu'est-ce que c'était, ce bruit?

BLANCHETTE: Un avion, Papa.

MINISTRE: Un avion! Ah! Ces avions! [*He goes back into his office. Blanchette and Adrien go down the steps after the chest.*]

#   #   #   #

[**Scene 3:** *A room in the Louvre Museum.*]

ADRIEN: [*Looking out the window*] C'est l'eau de la Seine. Mais où est le bois près de l'eau?

BLANCHETTE: [*Beside one of the paintings*] Adrien!

ADRIEN: Qu'est-ce qu'il y a, Blanchette?

BLANCHETTE: Viens voir!

ADRIEN: Ce tableau est beau! Et la femme est belle aussi. Elle est toute nue.

BLANCHETTE: Elle est belle. Mais Adrien, regarde. . .

ADRIEN: Qu'est-ce qu'il y a?

BLANCHETTE: [*Reading the title*] "Source de la Seine! L'eau de vie. . ."

ADRIEN: Source de la Seine! L'eau de vie! [*He begins to remove the painting from the wall.*]

BLANCHETTE: Attention, Adrien! Le conservateur arrive!

CONSERVATEUR: Blanchette! Vous visitez mon musée?

BLANCHETTE: Je montre les tableaux à un ami.

ADRIEN: Ces tableaux sont très beaux. [*He points to the painting.*] Celui-ci me plaît beaucoup.

CONSERVATEUR: Il est beau effectivement. Ecole de Fontainebleau[1]. Il a été peint sur bois en 1538.

ADRIEN: Il a été peint sur bois en 1538?

CONSERVATEUR: Oui. Il a été peint sur bois. En 1538.

ADRIEN: L'eau de vie. 1538.

CONSERVATEUR: Il aime beaucoup les tableaux, votre ami.

BLANCHETTE: Surtout quand ils sont peints sur bois. . . [*She takes the curator by the arm and leads him away.*] Mon cher Conservateur, montrez-moi vos autres tableaux.

CONSERVATEUR: Venez! Je vais vous montrer d'autres tableaux. [*They go into another gallery. Adrien takes the painting off the wall, removes it from its frame, and puts it into his knapsack.*]

ADRIEN: Source de la Seine. L'eau de vie. . . [*A health club. Blanchette is watching her father go through his workout. A trainer brings in the curator and the clerk to see the Secretary.*]

CONSERVATEUR: Monsieur le Ministre, votre fille est venue au musée et elle a regardé un tableau. . .

MINISTRE: Elle a regardé un tableau? Et alors?

CONSERVATEUR: Elle a regardé, longuement, le tableau qui a été volé. "La Source de la Seine", Ecole de Fontainebleau, 1538.

MINISTRE: Musée. . . ma fille. . . tableau. . . "Source de la Seine". . . Ecole de Fontainebleau. . . Volé?

CONSERVATEUR: Elle était en compagnie d'un jeune homme. . .

MINISTRE: D'un jeune homme? Ah! je sais, je sais! Quel jeune homme?

GARÇON DE BUREAU: Monsieur le Ministre, j'ai vu votre fille pousser un coffre du ministère.

MINISTRE: Ma fille a poussé un coffre?

GARÇON DE BUREAU: Elle était en compagnie d'un jeune homme.

MINISTRE: Le coffre. . . Je sais, je sais! Quel jeune homme? [*The curator gestures to show his ignorance.*] Appelez Monsieur Oscar, le détective, très vite! Vous pouvez partir, mes amis.

CONSERVATEUR ET GARÇON DE BUREAU: Au revoir, Monsieur le Ministre.

MINISTRE: [*Calling*] Blanchette!

BLANCHETTE: Oui, Papa?

MINISTRE: Qu'est-ce que tu as fait? Mais qu'est-ce que tu as fait?

BLANCHETTE: J'ai aidé Adrien.

MINISTRE: Tu as aidé un voleur.

BLANCHETTE: Adrien n'est pas un voleur. Adrien est un Gamma et il a besoin de bois pour construire une nouvelle sphère Gamma.

MINISTRE: Où est Adrien?

BLANCHETTE: Je ne te le dirai pas.

[1]**Ecole de Fontainebleau:** école de peinture de l'époque de François Ier.

MINISTRE: Tu ne veux pas me dire où est Adrien?

BLANCHETTE: Non. Je ne veux pas te le dire.

MINISTRE: Tu ne veux vraiment pas me dire où il est?

BLANCHETTE: Non, Papa! Il faut laisser Adrien construire sa sphère.

MINISTRE: Blanchette, tu es folle!

BLANCHETTE: Oui, Papa, je suis folle d'amour pour Adrien.

MINISTRE: Ahh, quel scandale! La fille du ministre aide à voler un coffre du ministère et un tableau d'un musée national!

BLANCHETTE: Pauvre Papa! Mais je dois aider Adrien. Il est si malheureux sans sa sphère.

MINISTRE: Quel scandale! [*Oscar enters.*] Oscar, c'est vous?

OSCAR: Monsieur le Ministre!

MINISTRE: Il faut retrouver les Gammas... ou... ceux qui prétendent être les Gammas...

OSCAR: Je ne sais pas où ils sont.

MINISTRE: Il faut absolument les retrouver. Et vite! Oh, quel scandale!

VOCABULARY

il **appelait** < **appeler**[B5]   he called (*IMP*)
apporter qqch.   to take sth.
au-dessus de   over
au moins   at least
le **billet (d'entrée)**   ticket
le **calvados**   apple jack (a type of brandy)
le **camion**   truck
celui-ci (*m.*)   this one
la **clef**   key
le **coffre**   chest
le **cognac**   cognac
en **compagnie de**   accompanied by
le **conservateur**   curator
couper   to cut (down)
dater (de)   to date (from)
descendre qqch.   to get sth. down
deviner   to guess
difficile   difficult
je **dirai** < **dire**[C10]   I will tell (*FUT*)
l' **eau de vie** (*f.*)   brandy
l' **école** (*f.*)   school
l' **employée** (*f.*)   employee
emporter qqch.   to take sth. with s.o.
en (+*V*)   from it
l' **entrée** (*f.*)   entrance, admission
la **femme**   wife
le **garçon de bureau**   clerk

le **gardien**   caretaker
l' **histoire** (*f.*)   history
impatient   impatient
le **kilo**   kilo(gram)
la **maîtresse**   mistress
on **mettait** < **mettre**[C17]   they used to put (*IMP*)
le **Ministère**   here: Department of the Interior
le **musée**   museum
national   national
le **paquet**   package
peint < **peindre**[C12]   painted (*PP*)
perdre   to lose
personne   nobody
peser[B3]   to weigh
planter   to plant
la **poste**   post office
pousser   to push
prétendre   to claim
reçu < **recevoir**[C25]   received (*PP*)
le **roi**   king
le **scandale**   scandal
sonner   to ring
soulever   to lift
la **source**   source
le **souvenir**   souvenir

Aujourd'hui même! This very day!
bien plus de much more than
C'est du vol. That's stealing.
Il a au moins quatre cents ans! It's at least 400 years old!
Il { **me** / **vous** } **faut du bois.** { I / You } need wood.
(Ils) sont dans le coup (They) are in on it

Je suis folle d'amour pour Adrien. I'm madly in love with Adrien.
Mais non! Of course not!
On ne l'a pas retrouvé. He hasn't been found.
Ouvrez-moi! Open up!
Vous savez comment il l'appelait? You know what he called her?

SUPPLEMENTARY VOCABULARY

fine arts les beaux-arts	
collection	**la collection**
exhibit	**l'exposition** (*f.*)
landscape	**le paysage**
masterpiece	**le chef d'œuvre**
museum	**le musée**
painter (*m.* and *f.*)	**le peintre**
painting	**la peinture**
portrait	**le portrait**
sculptor, sculptress	**le sculpteur**
sculpture	**la sculpture**
stained-glass window	**le vitrail** (*pl.* **vitraux**)
still life	**la nature morte**
studio	**l'atelier** (*m.*)
tapestry	**la tapisserie**

the performing arts la danse, la musique, le théâtre	
actor, actress	**l'acteur** (*m.*), **l'actrice** (*f.*)
ballet	**le ballet**
choir	**le chœur**
comedy	**la comédie**
concert	**le concert**
dancer	**le danseur, la danseuse**
festival	**le festival** (**de la danse, du théâtre,** etc.)
opera; opera house	**l'opéra** (*m.*)
orchestra	**l'orchestre** (*m.*)
play	**la pièce** (**de théâtre**)
recital	**le récital**
stage	**la scène**
tragedy	**la tragédie**

32.1 The irregular verb *recevoir* (to receive)

a. Present indicative
Recevoir is an irregular verb with three stems in the present indicative: **recoi-** throughout the singular, **recev-** in the first and second person plural forms, and **recoiv-** in the third person plural form.

recevoir					
singular			**plural**		
je	**reçoi s**	I receive/do receive/ am receiving	**nous**	**recev ons**	we receive, etc.
tu	**reçoi s**	you receive, etc.	**vous**	**recev ez**	you receive, etc.
il **elle** **on** }	**reçoi t**	he/it she/it one } receives, etc.	**ils** **elles** }	**reçoiv ent**	they receive, etc.

Le ministre reçoit Oscar.   The Secretary sees Oscar.

Nous recevons souvent des invités.   We often have company.

Conjugated like **recevoir**: **apercevoir** (to see/notice), **décevoir** (to disappoint)

present indicative stems:

Singular	First and Second Person Plural	Third Person Plural
aperçoi-	**apercev-**	**aperçoiv-**
déçoi-	**décev-**	**déçoiv**

b. Present subjunctive
There are two stems in the present subjunctive: **reçoiv- (aperçoiv-** and **déçoiv-)** and, for the first and second person plural forms **recev- (apercev-** and **décev-)**

Ils insistent pour que je *reçoive* leur mère.   They insist (that) I receive their mother.

c. Future and imperfect indicative and present conditional
The future and imperfect indicative and present conditional are regular in formation.

future:	**Elle *recevra* des fleurs de son ami.**	She'll receive flowers from her friend.
imperfect:	**Elle *recevait* une lettre d'eux toutes les semaines.**	She received a letter from them every week.
present conditional:	**Nous *apercevrions* Abélard si nous allions à la clairière.**	We'd see Abélard if we went to the clearing.

d. Compound tenses
Compound tenses are formed with the auxiliary verb **avoir** + the irregular past participle **reçu, aperçu, déçu.**

J'*ai reçu* un rapport.   I've received a report.

—Tu *as reçu* un rapport, Papa?   You've received a report, Papa?

For other forms of **recevoir**, etc., see Appendix C.25.

EXERCICES

A.   Faites les substitutions comme il est indiqué entre parenthèses.
1. **Vous** recevez des lettres du ministère. (Le maire, Jacques et sa secrétaire, Nous, Tu)
2. **Tu** apercevras la ville de **ta** fenêtre. (Vous, Les touristes, Je, Simone)
3. Il ne faut pas que **nous** décevions les téléspectateurs. (le maire, tu, vous, les artistes)
4. **Le président** recevait **ses** amis dans le salon bleu. (Mes parents, Vous, Je, Nous)

B.   Complétez par la forme appropriée du verbe.
1. Apportez-moi les rapports que Louis _____ hier. (received)
2. Nous regrettons que le musée _____ de tapisseries du peintre Lurçat. (does not receive any more)
3. Quelles femmes _____ dans la rue dimanche dernier? (have you noticed)
4. Je sais que le nouveau ballet de Noureyev _____. (will not disappoint you)
5. Faut-il vraiment que vous _____ ce paquet vendredi? (receive)

32.2 Nouns used in apposition

a. Nouns used in apposition take a noun modifier when they indicate something exclusive or different or when they stress specific identification.

François Iᵉʳ, *le* roi de France qui aimait Diane de Poitiers, a planté cet arbre.	Francis I, the French king who loved Diane de Poitiers, planted this tree.
M. Dupont, *le* pharmacien de la rue Lepic, vient de mourir.	Mr. Dupont, the pharmicist from Rue Lepic, has just died.

b. Nouns used in apposition do not take a noun modifier when no exclusive or different quality is intended or when they are used more as description than specific identification.

Connaissez-vous Louis II, _ roi de France en 877?	Do you know Louis II, king of France in 877? (The noun in apposition is almost an afterthought.)
M. Dupont, _ pharmacien à Nice, viendra demain.	Mr. Dupont, a pharmacist in Nice, will come tomorrow.

EXERCICE

Complétez les phrases suivantes. Si nécessaire, ajoutez l'article défini devant le nom en apposition.

1. Ecoutez Monsieur Berthier, _____ professeur à l'université, qui va présenter son rapport. (There's nothing special about this person.)
2. J'ai recontré Madame Pelletier, _____ seule boulangère de la rue Gambetta.
3. Aimez-vous Auguste Renoir, _____ grand peintre de l'époque des Impressionnistes?
4. As-tu vu *Le Voyage de Monsieur Perrichon*, _____ comédie en quatre actes?
5. Nous venons de lire *Hernani*, _____ première grande pièce romantique de Victor Hugo.

32.3 Measurements of weight, capacity, and size

Measurements of weight, capacity, and size are expressed in metric units in French.

a. Weight

le milligramme (mg)	milligram
le centigramme (cg)	centigram
le gramme (g)	gram
le kilogramme (kg) (abréviation: **le kilo**)	kilogram
la livre	French pound (1/2 kg)

1 kg	=	1.000 g
1 livre	=	500 g
1 g	=	100 cg
	=	1.000 mg
1 cg	=	10 mg

Ce paquet pèse au moins *trois cents kilos.*	That package weighs at least three hundred kilos.
C'est un paquet de *trois cents kilos.*	It's a three-hundred-kilo package.

b. Capacity

le millilitre (ml)	milliliter
le centilitre (cl)	centiliter
le litre (l)	liter
le kilolitre (kl)	kiloliter

1 kl	= 1.000 l
1 l	= 100 cl
	= 1.000 ml
1 cl	= 10 ml

C'est une bouteille d'*un litre.*	It's a one-liter bottle.

c. Size (of persons)
Height — use distance/length measurements (see 30.4)

Odile est la plus petite des Gammas. Elle ne mesure[1] que 1 m 66.   Odile is the smallest Gamma. She is only 1.66 meters tall.

Weight — use weight measurements in **a**.

Charles pèse 75 kilos.   Charles weighs 75 kilos.

EXERCICE

Complétez les phrases suivantes.
1. Combien pèse votre lettre? C'est _____. (a five-gram letter)
2. Dans 10 cg, il y a _____ mg et dans 10 g, il y a _____ cg.
3. Si ce paquet pèse un demi-kilo, il pèse donc _____ g ou _____ cg.
4. Dans 10 l il y a _____ cl et _____ ml.
5. Quel seau voulez-vous acheter? Je voudrais _____. (a four-liter pail)
6. Vous ne pouvez pas envoyer _____ par la poste. (a fifteen-pound package)
7. Voici _____. (a 75-cl bottle)
8. Emile est lourd. Il _____ 170 livres ou _____ kg.
9. Adrien est plus grand qu'Emile. Il _____ 180 cm. En mètres, cela fait _____.

32.4 Vocabulary distinction: *apporter* vs. *emporter, amener* vs. *emmener*

a. **apporter** vs. **emporter**
Both **apporter** and **emporter** are derivatives of the verb **porter** (to carry) and are used to convey the idea of taking or bringing something that can be picked up and carried. The difference between the two is one of prefix. **Apporter** comes from **porter à** and means "to take/bring/carry TO" a person or place.

Vous pouvez *apporter* ce paquet à Monsieur Emile?   Can you take that package to Mr. Emile?

Je vous *apporte* à boire.   I'm bringing you something to drink.

Emporter comes from **porter** and **en (de +)** and means "to take/carry/bring AWAY FROM" a person or place.

Je veux *emporter* ce coffre.   I want to take this chest (away with me).

b. **Amener** vs. **emmener**
(1) The verbs **amener** and **emmener** are similar to **apporter** and **emporter**. Both **amener** and **emmener** are derivatives of a verb, in this case **mener** (to lead), and retain the basic meaning of the verb, here: **leading** a person or animate object somewhere. The difference is again one of prefix. **Amener** comes from **mener à** and means "to lead/take/bring (s.o. or sth.) TO" a person or place. **Emmener** comes from **mener** and **en** and means "to lead/take (s.o. or sth.) AWAY FROM" a person or place.

Amenez le chien à la maison.   Take/Lead the dog to the house.

Emmenez-le (Oscar)!   Take/Lead him away!

[1]mesurer: to measure; to be. . . tall.

(2) **Mener** and its derivatives are stem-changing verbs like **acheter** (see 8.5).

Ils *amènent* des amis à la soirée.   They're bringing some friends to the party.

(3) The first syllable of **amener** is pronounced as an oral (non-nasal) vowel: /a/.
The first syllable of **emmener** is pronounced as a nasal vowel /ã/.

c. **apporter** vs. **amener**

Apporter is used when objects are taken/brought/carried TO a person or place.
Amener is used when people or animals are taken/brought/led TO a person or
place. See examples above.

d. **emporter** vs. **emmener**
Emporter is used when objects are taken/carried AWAY. **Emmener** is used when
persons or animals are taken/led AWAY. See examples above.

EXERCICES

A. Complétez par la forme appropriée du verbe **apporter** ou **amener**.
1. _____ tes disques ce soir, s'il te plaît.
2. Jean-Pierre va _____ sa fiancée chez ses parents.
3. Vous _____ votre tricot hier soir au concert?
4. Demain, les peintres _____ des vêtements chauds pour travailler dans
leur atelier.
5. La vieille dame _____ toujours son petit chat quand elle venait nous voir.

B. Complétez par la forme appropriée du verbe **emporter** ou **emmener**.
1. Gisèle, _____ tes chaussures dans ta chambre!
2. Nous _____ souvent des sandwiches quand nous allions au festival d'été.
3. Il faut que vous _____ vos enfants à la plage.
4. La semaine dernière, les voleurs _____ trois natures mortes du musée.
5. Le peintre _____ son modèle sur les bords de la Seine pour faire son
portrait.

C. *Situation:* **Parlez de vous!**
Répondez aux questions suivantes:
1. Quand vous allez dîner chez des amis, qu'est-ce que vous leur apportez?
2. Et qui amenez-vous avec vous?
3. Quand vous partez en vacances, qu'est-ce que vous emportez avec vous?
4. Et emmenez-vous quelqu'un avec vous? Qui?
5. Quand vos parents/grand-parents viennent vous voir, qu'est-ce qu'ils vous apportent?
6. Quand votre ami(e) vous emmène au cinéma, quel genre de film allez-vous voir?
7. Qu'est-ce que vous emportez quand vous allez aux sports d'hiver? Et à la plage?

32.5 Recapitulation of personal and possessive pronouns

a. Forms

subject	reflexive	direct object	indirect object	disjunctive	possessive singular	plural
je	me (m')	me (m')	e (m')	moi	la mien la mienne	les miens les miennes

subject	reflexive	direct object	indirect object	disjunctive	possessive singular	plural
tu	te (t')	te (t')	te (t')	toi	le tien la tienne	les tiens les tiennes
il elle	se (s') se (s')	le (l') la (l')	lui lui	lui elle	le sien la sienne	les siens les siennes
on	se (s')			soi		
nous	nous	nous	nous	nous	le nôtre la nôtre	les nôtres les nôtres
vous	vous	vous	vous	vous	le vôtre la vôtre	les vôtres les vôtres
ils	se (s')	les	leur	eux	le leur la leur	les leurs les leurs
elles	se (s')	les	leur	elles	le leur la leur	les leurs les leurs

b. Uses

The choice of pronoun is determined by its grammatical use. For explanation of the use of each type of pronoun, see the language notes referred to in parentheses:

subject (see 1.1): **Elle voit ses amies.** She sees her friends.
reflexive (see 11.2): **Elles *se* demandent où il est.** They wonder (ask themselves) where he is.
direct object (see 5.4 and 6.1): **Ils *la* voient.** They see her.
indirect object (see 8.2 and 31.1): **Tu *leur* donnes le livre.** You give them the book./You give the book to them.
disjunctive (see 9.1 and 33.5): **Nous n'y irons pas sans *eux*.** We won't go without them.
possessive (see 26.2): **Parlez-vous de notre livre ou *du vôtre*?** Are you talking about our book or about yours?

For a review of double object pronouns, see 13.3 and 14.1.

EXERCICES

A. Remplacez les mots soulignés par les pronoms personnels appropriés.
   1. Rose-Marie montre le tableau à ses amies.
   2. Luc et moi donnerons la clé du coffre à l'employée.
   3. Tu as parlé au conservateur quand tu étais au musée avec tes parents.
   4. Va chez le ministre et le ministre te parlera de sa fille.
   5. Les garçons de bureau ont vu les Gammas chez Olga.
   6. Adrien a emmené Blanchette au musée sans ses amies.

B. Complétez les phrases suivantes par les pronoms personnels appropriés.
   1. Toi et ton oncle _____ n'aimez pas _____ lever tôt le samedi matin.

2. Je ne _____ tromperai pas chez le commissaire. Je _____ dirai ce que _____ sais et il _____ dira que c'est bien.
3. Connais-_____ mon ami Patrick? —Mais oui! _____ vais maintenant chez _____ pour _____ voir.
4. Ecris à tes tantes ce soir: _____ sont sans nouvelles de _____.

C. Demandez à la personne à côté de vous quelques renseignements personnels. Utilisez **tu** et **vous** alternativement. Demandez-lui. . .
1. comment il/elle s'appelle.
2. à quelle heure il/elle se lève.
3. s'il/si elle aime se coucher tard.
4. s'il/si elle va bien s'amuser pendant les vacances.

D. Remplacez les mots soulignés par la forme appropriée du pronom possessif.
1. J'aime ma bicyclette et celle de Joseph.
2. Tu fais tes devoirs et ceux de tes amis.
3. Ils écouteront leurs disques et ceux qui sont à vous.
4. J'ai perdu mon paquet et celui qui est à toi.
5. Tu visiteras la maison des Dupré et celle qui est à nous.
6. Vous emportez votre casquette et celle qui est à moi.

C'est du metal

[**Scene 1**: *Emile, Benoît, and Flandre are behind the workshop.*]

EMILE: Adrien! Adrien devrait être là! [*Walking around, Emile and Flandre get their feet tangled in some ropes.*]

BENOIT: Vous êtes adroits tous les deux!

FLANDRE: Allez, au travail! On commence!

BENOIT: Inutile. If faut attendre Adrien et son bois.

FLANDRE: Ce bois suffit pour construire la sphère.

BENOIT: Oui, mais est-ce qu'il est bon?

FLANDRE: C'est un vieil arbre, ça se voit, un très vieil arbre.

BENOIT: Oui, d'accord, mais il doit être de 1538. C'est écrit dans mon livre.

EMILE: Mais que fait Adrien? Il ne veut pas retourner sur Gamma?

BENOIT: "Retourner" sur Gamma? Qu'est-ce que vous dites, Emile?

EMILE: Euh. . . je. . . Je veux dire: aller sur Gamma. [*Three gendarmes pass by, on bicycles.*] Qu'est-ce que c'est?

FLANDRE: Ce sont les gendarmes.

BENOIT: Vous serez les premiers Français à aller sur Gamma! Moi, je ne viendrai pas, je suis trop vieux. Mais vous, vous irez.

FLANDRE: Nous sommes trop vieux, mais. . . nous aurons construit la première sphère Gamma entièrement française.

EMILE: Adrien devrait être là! [*A couple comes into view, pushing a baby carriage.*] Qui sont ces gens-là?

BENOIT: Ce sont des gitans.

EMILE: Des gitans, ici?

ADRIEN: Alors, Emile! Tu viens m'aider?

EMILE: C'est toi, Adrien?! [*He looks inquisitively at Adrien's companion.*]

ADRIEN: C'est Blanchette. Tu peux parler. Elle sait tout.

EMILE: Bonjour, Mademoiselle. Pourquoi êtes-vous déguisés?

BLANCHETTE: A cause des gendarmes.

EMILE: A cause des gendarmes?!

ADRIEN: Aide-nous à pousser cette voiture d'enfant.

BENOIT: Bonjour, Mademoiselle.

EMILE: [*Helping Adrien*] C'est lourd!

BENOIT: Vous avez trouvé le bois, Adrien?

ADRIEN: [*To Flandre*] Elle sait tout! Elle m'a beaucoup aidé. C'est Blanchette, la fille du Ministre.

FLANDRE: Ah, la fille du Ministre? Bonjour, Mademoiselle, enchanté.

ADRIEN: [*Taking a piece of wood out of the baby carriage, and pointing to the date*] 1538.

BENOIT: Très bien. Très bien. Et où avez-vous trouvé ce coffre?

ADRIEN: Je l'ai volé au Ministère.

BENOIT: Vous avez volé ce coffre au Ministère?

FLANDRE: Vous avez volé ce coffre? [*A whistle is heard, and the three gendarmes return.*]

1er GENDARME: Qui sont ces gens-là?

BENOIT: Ces gens-là? Ce sont des gitans. Regardez! [*The three gendarmes move on. Adrien takes out the painting he stole from the Louvre.*]

ADRIEN: En bois! De 1538! "Source de la Seine. L'eau de vie"!

BLANCHETTE: Nous l'avons volé au musée.

FLANDRE: Vous, la fille du Ministre, vous avez volé ce tableau?!

BENOIT: Il est de 1538. C'est la date indiquée dans mon livre!

FLANDRE: [*To Blanchette*] Vous vous êtes déguisés à cause de la police?

BLANCHETTE: Oui, mon père a mobilisé toutes les polices de France.

FLANDRE: Oh là là là là. Quelle affaire!

BENOIT: Ils ont volé pour le bien de la France.

EMILE: Si nous arrivons à construire la première sphère Gamma, le Ministre nous pardonnera. Et même il nous félicitera.

BENOIT: Et où avez-vous volé ce tronc, Adrien?

ADRIEN: C'est le tronc de l'arbre de François Ier.

BENOIT: L'arbre de François Ier! Il a coupé l'arbre de François Ier!

ADRIEN: L'arbre de Francois Ier date de 1538!

BENOIT: 1538! L'arbre de François Ier sur Gamma! C'est merveilleux!

FLANDRE: C'est magnifique!
[*The gendarme's whistle is heard again.*]

BLANCHETTE: Les gendarmes!

EMILE: Il faut mettre tout ça dans l'atelier!
[*While Emile, Adrien, and Blanchette carry the wood into the workshop, Benoît and Flandre try in vain to move the tree trunk. Suddenly they begin to tremble.*] Qu'est-ce qu'il y a?

BENOIT: Je sens des secousses.

FLANDRE: Des secousses électriques.

ADRIEN: Qu'est-ce que c'est?

BLANCHETTE: Des secousses électriques.
[*Suddenly the two old men are able to lift the enormous tree trunk.*]

BENOIT: Je suis fort!

FLANDRE: J'ai beaucoup d'énergie!

BENOIT: Je suis fort!

FLANDRE: Beaucoup, beaucoup d'énergie!

EMILE: De l'énergie! Vous dites: de l'énergie? C'est Odile qui revient!
[*Odile arrives.*]

ODILE: Dépêchez-vous de construire la sphère! J'ai beaucoup d'énergie en moi! Beaucoup, beaucoup d'énergie!

#   #   #   #

[**Scene 2**: *In the workshop. All except Odile are at work on the sphere; she is sitting very still with her arms folded.*]

ODILE: Dépêchez-vous! Je perds mon énergie. [*She hiccups.*]

BENOIT: Oui, Odile. Je me dépêche. [*To the others*] Allons, dépêchez-vous! Clouez les planches. Vous avez des clous!

FLANDRE: Les clous, c'est du métal!

EMILE: Où faut-il clouer la planche?

BENOIT: Passez-moi la planche. [*Odile hiccups.*] Oui, oui, Odile!

EMILE: Et maintenant qu'est-ce qu'on fait?

BENOIT: Clouez les planches! Voici encore des clous.

FLANDRE: Mais les clous, c'est du métal!

BENOIT: Je sais que c'est du métal, Monsieur Flandre. Mais il faut faire vite: Odile perd son énergie. [*Odile hiccups.*] Allez, clouez les planches! Voici un marteau.

ADRIEN: Ça va, Odile? Tu ne perds pas trop d'énergie?

ODILE: J'essaie de la retenir.
[*She hiccups, knocking Adrien backwards.*]

ADRIEN: Cette sphère-là ne ressemble pas beaucoup à la vraie sphère.

EMILE: Je trouve que cette sphère-là ne ressemble pas du tout à la vraie sphère.

BENOIT: Oui, notre sphère est un peu carrée.

ADRIEN: Elle est tout à fait carrée.

EMILE: Ce n'est pas une sphère. C'est une caisse. [*Odile hiccups.*] Oh! Hé! Odile, retiens ton énergie!

ADRIEN: Retiens ton énergie!

ODILE: J'essaie de la retenir!

BENOIT: Il faut faire vite! Nous n'avons pas le temps de construire une sphère parfaite.

FLANDRE: Les clous, c'est du métal!

ADRIEN: [*To Benoît*] Vous croyez

que cette caisse volera?

BENOIT: Certainment! Elle volera! Le bois est de 1538. Nous avons l'énergie. [*He points to the "sphere" and to the plan he is holding.*] Monsieur Flandre, ça, c'est le haut. Ça, c'est le bas. Allez, ouvrez la porte, Monsieur Flandre. On va faire un essai.
[*Flandre opens the door. His daughter, Marianne, comes in.*]

MARIANNE: Papa! Monsieur Emile! Les gendarmes arrivent! La machine!

EMILE: La machine? Ah, la sphère!
[*The gendarme's whistle is heard again. Adrien and Blanchette hide inside the "sphère."*]

1ᵉʳ GENDARME: [*To Benoît*] Est-ce que vous avez vu les voleurs?

EMILE: Les voleurs?

1ᵉʳ GENDARME: Oui, où sont les voleurs?

EMILE: Je ne sais pas.

1ᵉʳ GENDARME: [*Pointing to the "sphere"*] Qu'est-ce que c'est?

EMILE: C'est une caisse.

1ᵉʳ GENDARME: Ah! Une caisse. Nous devons arrêter les voleurs! [*To the other gendarmes*] Allez, dépêchez-vous! [*The gendarmes leave.*]

MARIANNE: Oh, Monsieur Emile! Oh. . .

ADRIEN: [*Throwing open the "sphere"*] On étouffe là-dedans.

BLANCHETTE: C'est vrai, on étouffe. [*Adrien and Blanchette get out.*]

BENOIT: Attention! Là. Maintenant, il faut sortir la sphère. On va faire un essai. Allez! Aidez-moi! Là. . . voilà. Poussez. Plus fort!

#   #   #   #

[**Scene 3:** *Beside the Seine.*]

MARIANNE: Au revoir, Monsieur Emile.

EMILE: Au revoir, Madame, et merci!

BENOIT: Emile, entrez dans la sphère.

EMILE: Dans la sphère?

BENOIT: Oui!

EMILE: C'est une caisse!

BENOIT: C'est la sphère!

EMILE: Je dois rentrer là-dedans?

BENOIT: Bien sûr. Vous avez peur, Emile?

EMILE: J'ai un peu peur.

BENOIT: N'ayez pas peur, Emile. La caisse. . . la sphère est solide.

FLANDRE: Les clous, c'est du métal!

ADRIEN: Elle est vraiment solide?

BENOIT: Très solide. Allez! Du courage!
[*Emile gets in.*]

ADRIEN: On étouffe là-dedans.

EMILE: C'est vrai. On étouffe!

BENOIT: Vous n'avez pas l'habitude.
[*Adrien gets in.*] Odile! Entrez!

ODILE: Dépêchez-vous! Je perds mon énergie.

BENOIT: [*Helping her in*] Là.
[*They begin to close up the "sphere."*]

BLANCHETTE: Adrien!

ADRIEN: Blanchette, ma Blanchette, qu'est-ce qu'il y a?

BLANCHETTE: Tu vas partir?

FLANDRE: Mais non, ton ami ne va pas partir. Ils font simplement un essai.

BLANCHETTE: Ah! Un essai.

ADRIEN: On fait simplement un essai?

BENOIT: Bien sûr! [*To Blanchette*] Passez-moi le tableau.
[*He uses it to close the last opening in the "sphere."*]

EMILE, PUIS ADRIEN: On étouffe!

BENOIT: Il faut vous habituer. Odile, vous concentrez votre énergie sur le tableau. Et la sphère s'envole.

ODILE: J'ai compris. Je concentre mon énergie sur le tableau et la caisse s'envole.

BENOIT: Oui, oui, la *sphère* s'envole. Emile! Vous faites un petit tour au-dessus de la Seine. Et vous revenez. Vous êtes prêts?

EMILE: Nous somes prêts.

BENOIT: Odile, vous êtes prête?

ODILE: Je suis prête.

BENOIT: Lâchez votre énergie!

ODILE: Je lâche mon énergie!

[*The "sphere" slowly rises into the air.*]

BENOIT: Ça marche!

FLANDRE: Je suis fier! C'est la première sphère française.

BLANCHETTE: Adrien!

BENOIT: Ça marche! Elle vole!

[*Smoke starts to come out of the "sphere."*]

BLANCHETTE: Oh! De la fumée!

BENOIT: Oh! Oh! Elle vole!

[*The crate suddenly falls to the earth, breaking open. Blanchette and the two men are knocked over.*]

EMILE: Ça n'a pas marché.

ADRIEN: Non. Ça n'a pas marché.

ODILE: Je n'ai plus d'énergie. J'ai perdu toute mon énergie.

ADRIEN: [*Suddenly noticing the others lying on the ground*] Blanchette! Qu'est-ce qu'ils ont?

EMILE: Ils se sont évanouis.

ADRIEN: [*Finding nails lying around*] Les clous! Ils se sont évanouis à cause des clous.

EMILE: Les clous!

ODILE: Les clous, c'est du métal! Et dans une sphère Gamma il n'y a pas de métal!

BLANCHETTE: [*Coming to*] Bonjour, Adrien. Ça n'a pas marché?

ADRIEN: Non, ça n'a pas marché.

BENOIT: C'est à cause des clous. Odile a raison: dans la sphère Gamma il n'y a pas de métal.

FLANDRE: Je l'avais dit: les clous c'est mauvais. C'est du métal.

BENOIT: Ça n'a pas marché.

FLANDRE: Il ne faut pas employer de clous.

EMILE: Le bois n'est pas parfait. Il a brûlé.

ODILE: Et je n'ai plus d'énergie.

BENOIT: Il faut tout recommencer.

LES AUTRES: Tout recommencer?!

BENOIT: Oui. Tout! Il faut trouver du bois.

ADRIEN: De 1538?

BENOIT: De 1538! Mais plus près de l'eau.

ADRIEN: Plus près de l'eau? Quel bois?

BENOIT: Je ne sais pas, mais je sais qu'il existe. Il faut le trouver. "L'énergie est près de l'eau. L'eau est près du bois." Peut-être du bois qui est dans l'eau.

BLANCHETTE: Promis. Nous allons chercher du bois de 1538 près de l'eau, tout près.

ADRIEN: Du bois qui est dans l'eau.

ODILE: Et moi, je vais chercher l'énergie près de l'eau.

BENOIT: Beaucoup d'énergie.

ODILE: Oui, une énergie formidable.

EMILE: Et moi, je vais chercher l'eau!

ADRIEN: Tu vas chercher l'eau?!

EMILE: L'énergie est près de l'eau; l'eau est près du bois; donc, il faut chercher l'eau.

BENOIT: Ahhh, Emile a peut-être raison. Il faut peut-être chercher l'eau.

EMILE: Si nous avons l'eau, le bois ne brûlera pas.

FLANDRE: Il faut trouver l'eau.

[*Later. Emile is outside the workshop.*]

EMILE: Vous êtes prêts?

ADRIEN: [*Coming out of the workshop, with Blanchette*] Nous sommes prêts.

EMILE: Qu'est-ce qui vous arrive?

ADRIEN: Nous sommes déguisés en Bavarois!

BENOIT: C'est un secret! A cause des gendarmes. Compris?

EMILE: Compris. Vous, vous partez par là! [*They go off. To Odile*] Toi, tu vas par là.

ODILE: Et toi?

EMILE: Et moi, je vais par là. Je vais vers le sud.

[*Odile and Emile go their separate ways.*]

BENOIT: Monsieur Flandre.

FLANDRE: Monsieur Benoît.

BENOIT: Monsieur Flandre... La sphère Gamma doit être construite en bois.

FLANDRE: Mais, les clous...

VOCABULARY

	adroit agile		le	***haut** top
	ayez < **avoir**[C3] have (*CF*)			**indiqué** indicated
le	**bas** bottom			**inutile** useless
le	**Bavarois** Bavarian			**là-dedans** in { here / there
le	**bien** good (*N*)			
	carré square, squarish			**lâcher** to release
	clouer to nail			**magnifique** magnificent
	concentrer to concentrate			**mauvais** bad
le	**courage** courage			**mobiliser** to mobilize
	déguisé wearing a disguise, disguised			**pardonner** to pardon
se	**déguiser** to disguise oneself		la	**planche** board
il	**devrait** < **devoir**[C9] he ought to			**ressembler (à)** to resemble
	(*COND*)			**retenir**[C29] to hang/hold on to
	électrique electric		la	**secousse** shock
	enchanté delighted (to meet you)		elle	**sait** < **savoir**[C27] she knows
	entièrement completely		vous	**serez** < **être**[C13] you will be (*FUT*)
s'	**envoler** to take off (as a plane)			**simplement** just
l'	**essai** (*m.*) trial (run), test		il	**suffit** < **suffire** it's enough
	faire[C14] **un essai** to try sth.			**sur (aller sur Gamma)** to
j'	**essaie** < **essayer** I'm trying		le	**tour** here: loop
s'	**évanouir** to faint		le	**tronc** (tree) trunk
	fort hard			**vers** toward
	pousser plus fort to push harder		je	**viendrai** < **venir**[C31] I'll come (along)
le	**gitan** gypsy			(*FUT*)
s'	**habituer (à)** to get used to		la	**voiture d'enfant** baby carriage

SPECIAL EXPRESSIONS

Ça se voit. That's obvious.

On étouffe là-dedans. It's / We're } suffocating in { here. / there.

Promis. It's a promise.

Vous n'avez pas l'habitude. You aren't used to it.

SUPPLEMENTARY VOCABULARY

summer fun: in the sun	**plaisirs d'eté: au soleil**
air mattress	**le matelas pneumatique**
backpack	**le sac à dos**
campground	**le (terrain de) camping**
drinking water	**l'eau** (*f.*) **potable**
to go camping	**faire du camping**
grass	**l'herbe** (*f.*)

summer fun: in the sun	plaisirs d'été: au soleil (*cont'd*)
to light a fire	**faire du feu**
to pitch a tent	**dresser une tente**
sand	**le sable**
sandy	**sableux, -euse**
sleeping bag	**le sac de couchage**
trailer, caravan	**la caravane**
waterfall	**la chute d'eau**
ant	**la fourmi**
fly	**la mouche**
mosquito	**le moustique**

winter fun: in the snow	plaisirs d'hiver: dans la neige
cable car	**le téléférique**
chair lift	**le télésiège**
chalet	**le chalet**
fall	**la chute**
high/low season	**la haute/basse saison**
ice	**la glace**
in a cast	**dans le plâtre**
peak	**le pic**
rock	**le rocher**
skiing conditions	**l'état** (*m.*) **des pistes** (*f.*)
ski lifts/tows	**les remonte-pentes** (*m.*)

LANGUAGE NOTES AND EXERCISES

33.1 The pluperfect indicative (*plus-que-parfait*)

a. Formation

The pluperfect indicative is a compound tense formed as follows:

imperfect indicative of auxiliary verb **avoir** or **être** } + past participle = pluperfect indicative

Il avait vite parlé à l'enfant.	He had spoken quickly to the child.
Vous étiez déjà sortis quand je suis arrivée.	You had already left when I arrived.
Elles s'étaient couchées avant minuit.	They had gone to bed before midnight.

b. Use

The name **plus-que-parfait** literally means "more than past." The pluperfect presents a completed action that had taken place before some point of time in the past or before some other action had taken place. It is the equivalent of English "had" + past participle of the verb.

| compound past: | **Il l'a lu hier.** | He read it yesterday. |
| pluperfect: | **Il l'avait lu avant de les voir hier.** | He had read it before seeing them yesterday. |

EXERCICES

A. Faites les substitutions indiquées entre parenthèses. Faites attention à la construction des verbes.
1. Les gens du village **avaient entendu** la sphère. (voir, s'apercevoir de, chercher, s'approcher de, s'intéresser à)
2. Nous **avions écrit** au ministre. (parler, s'intéresser, téléphoner, obéir, s'habituer)
3. **Aviez-vous regardé** la machine? (comprendre, atteindre, apercevoir, couvrir, suivre)

B. Complétez les phrases suivantes par le plus-que-parfait du verbe indiqué entre parenthèses.
1. Le ministre _____ les Gammas quand le commissaire lui a téléphoné. (voir, négatif)
2. Nos camarades _____ notre tente pendant que nous faisions une promenade dans la forêt. (dresser)
3. Mademoiselle, était-il vrai que vous _____ du bois de 1538? (voler)
4. Adrien et Blanchette _____ pour tromper la police. (se déguiser)
5. _____ du feu avant de te coucher? (faire, tu)
6. Je _____ à voir les Gammas avec leurs cheveux longs. (s'habituer)

33.2 Conditional sentences with condition and result clauses
a. As mentioned in 31.2, the conditional mood presents action as the possible consequence or result of a condition. Sometimes sentences containing the past conditional are referred to as "contrary-to-fact" sentences because they present a situation that is viewed as impossible. In any case, the subordinate clause stating the condition is always introduced by **si** (if). The conditional is never in the **si** clause but is always in the main clause.

| condition: | **S'il avait assez d'argent,** | If he had enough money, |
| consequence: | **il *achèterait* une voiture.** | he would buy a car. |

| consequence: | **Je lui *dirais* la vérité,** | I would tell her the truth |
| condition: | **si elle venait me voir.** | if she came to see me. |

b. Conditional sentences appear in three different possible tense sequences in both French and English.

si clause (condition)	main clause (result or consequence)
present indicative	present indicative future indicative imperative

si clause (condition)	main clause (result or consequence) (*cont'd*)
Si on a le temps (If we have time)	on va au cinéma. (we go to the movies) (generally) on ira au cinéma. (we'll go to the movies.) allons au cinéma. (let's go to the movies.)
imperfect indicative **Si on avait le temps** **(If we had time)**	present conditional **on irait au cinéma.** (we would go to the movies.)
pluperfect **Si on avait eu le temps** (If we had had time)	past conditional (see 37.1) **on serait allés au cinéma.** (we would have gone to the movies.)

EXERCICES

A.   Transformez les phrases suivantes en phrases conditionnelles. Imitez le modèle.

Modèle: **Je <u>veux voir</u> l'atelier des Gammas. (Si j'étais à La Roche-Guyon).** → **Si j'étais à La Roche-Guyon, je <u>verrais</u> l'atelier des Gammas.**

1.   Nous **voulons faire** du ski.   (Si nous étions dans les Alpes)
2.   Odile **veut avoir** de l'énergie.   (Si elle se concentrait)
3.   Je **veux savoir** où est le terrain de camping.   (Si je vous le demandais)
4.   Les Gammas **veulent retourner** sur Gamma.   (S'ils avaient leur sphère)

B.   Complétez les phrases suivantes par la forme appropriée du verbe indiqué entre parenthèses. Faites attention au temps des verbes.

1.   Si j'allais aux sports d'hiver, je _____ une chambre dans un chalet.   (louer)
2.   Si nous _____ faire du feu, nous n'aurions pas si froid.   (savoir)
3.   Mes amis _____ du camping s'ils avaient des sacs de couchage.   (faire)
4.   Tu _____ de caravane si tu n'avais pas l'intention d'aller à la montagne. (acheter, négatif)
5.   Si on _____ avoir de l'eau potable, il faudrait l'apporter dans des bouteilles.   (vouloir)
6.   Si vous vouliez prendre vos vacances au soleil, vous _____ à Saint-Tropez. (aller)

33.3 The irregular verb *tenir* (to hold)

a.   Present indicative
Tenir is irregular in that it has three different stems in the present indicative: **tien-** for the singular forms, **ten-** for the first and second person plural forms, and **tienn-** for the third person plural form.

tenir					
singular			plural		
je	tien s	I hold/am holding/do hold	nous	ten ons	we hold, etc.
tu	tien s	you hold, etc.	vous	ten ez	you hold, etc.
il elle } tien t on		he/it she/it } holds, etc. one	ils elles } tienn ent		they hold, etc.

Emile tient la sphère de Geneviève.   Emile is holding Genevieve's sphere.

Conjugated like **tenir: appartenir à** (to belong to), **contenir** (to contain), **maintenir** (to maintain), **obtenir** (to obtain), **retenir** (to retain)

b. Present subjunctive
Tenir has two stems in the present subjunctive: **tienn-** for the singular and third person plural forms and **ten-** for the first and second person plural forms.

**Il vaut mieux qu'elle tienne l'enfant par
la main.**

It's better that she hold the child by the hand./It's better for her to hold the child by the hand.

c. Future indicative and present conditional
Stem: **tiendr-**

future: **Obtiendra-t-elle ce dont on a
besoin?**

Will she obtain/get what we need?

conditional: **Vous retiendriez votre respiration si vous aviez peur.**

You would hold your breath if you were afraid.

d. Compound tenses
Compound tenses are conjugated with the auxiliary verb **avoir** and the irregular past participle **tenu, appartenu, contenu, maintenu, obtenu, retenu.**

Il a maintenu la voiture en bon état.   He maintained the car in good condition.

e. The imperfect indicative of **tenir** is regular in formation.

Le gros paquet contenait l'arbre.   The big package contained the tree.

For other forms of **tenir**, etc., see Appendix C.29.

EXERCICES

A. Faites les substitutions indiquées entre parenthèses.
1. **Tu** maintiens que **tu** as raison. (Oscar, Vous, Les gendarmes, Nous)
2. **Nous** n'appartenions pas à un club sportif. (Les Gammas, Je, Olga, Vous)
3. Il ne faut pas que **vous** teniez le marteau dans la main gauche. (l'ouvrier, tu, nous, je)
4. Obtiendront-**elles** une place dans le téléférique? (tu, Emile, vous, nous)

B. Complétez les phrases suivantes par la forme appropriée du verbe indiqué entre parenthèses.
1. Si cette bouteille _____ de l'eau potable, nous ne serions pas malades. (contenir)
2. Je ne connaissais pas les fleurs que tu _____ à la main. (tenir)
3. Les pistes de ski que notre club _____ en bon état sont ouvertes. (maintenir, PC)
4. Le maire regrette que la chute d'eau _____ à la ville. (appartenir, négatif)
5. Adrien _____ du bois quand il aura le temps. (obtenir)

33.4 Vocabulary distinction: *pendant* vs. *pour* + time

Both **pendant** and **pour** can mean "for" with a time expression.

a. **Pendant** is used with verbs in the past. This construction must not be confused with situations that call for a **depuis** expression (see 12.2 and 24.2).

Ils étaient en France *pendant deux ans* quand ils étaient jeunes.	They were in France for two years when they were young.
Nous avons travaillé à nos devoirs *pendant trois heures.*	We worked on our homework for three hours.

Sometimes **pendant** is omitted, just as "for" can be omitted in English.

Elle a étudié (*pendant*) *un an* à l'université de Paris.	She studied (for) a year at the University of Paris.

b. **Pour** is used in sentences in the future to express an intended length of time.

Il va en France *pour trois mois.*	He is going to France for three months.
Vous partirez *pour une semaine* à San Francisco.	You will leave for a week in San Francisco.

EXERCICE

Complétez les phrases suivantes par les mots **pendant** ou **pour**.
1. Les enfants sont restés au chalet _____ une semaine mais l'année prochaine, ils y resteront _____ dix jours.
2. J'ai porté mon sac à dos _____ trois heures mais toi, tu as porté le tien _____ quatre heures.
3. L'été prochain, nous serons en Suède _____ deux semaines; nos amis y ont habité _____ un mois en 1980.
4. Vous aviez beaucoup travaillé _____ tout le printemps, alors vous êtes allés faire du camping _____ quinze jours.

33.5 Special uses of the disjunctive pronoun

a. **Même** may be added to a disjunctive pronoun to intensify its meaning. **Même(s)** is linked to the end of the disjunctive pronoun by a hyphen. It agrees in number with the pronoun.

| Je vais les chercher *moi-même*. | I'm going to get them myself. |
| Nous allons ranger l'atelier *nous-mêmes*. | We are going to straighten up the workshop ourselves. |

A disjunctive pronoun with **-même(s)** must not be confused with a reflexive pronoun. The former is an added intensifier to an already complete sentence and could be omitted without changing the sense of the sentence. The latter is an integral part of the sentence and cannot be omitted.

| Ils fabriquent une sphère (*eux-mêmes*). | They (themselves) are making a sphere. |
| Ils *se* fabriquent une sphère. | They are making a sphere for themselves. |

b. The construction **à** + disjunctive pronoun may be used to clarify or to stress possessive adjectives and pronouns.

Nous avons vu *son* appartement.	We saw her/his apartment.
Nous avons vu *son* appartement *à elle*.	We saw her apartment.
Ils regardaient ma voiture et sa voiture *à lui*.	They were looking at my car and his.

c. For use of **à** + the disjunctive pronoun, rather than an indirect object pronoun, after certain verbs, see 31.1.

EXERCICE

Complétez les phrases comme il est indiqué entre parenthèses.
1. Abélard a fait ce joli tricot _____; c'est son tricot _____. (himself, <u>his</u> [knitting]).
2. Les campeurs font un grand feu pour _____; c'est leur feu _____. (themselves, <u>their</u> [fire]).
3. Je parle de sa mère _____, pas de sa mère _____ . (<u>her</u> [mother], *his*)
4. Je préfère écrire cela _____ mais elles, préfèrent-elles l'écrire _____? (myself, themselves)

Lesson 34

Un miracle!

[**Scene 1**: *A hydroelectric power dam across the Seine. Odile meets the engineer in charge.*]

INGENIEUR: C'est romantique!

ODILE: Qu'est-ce que vous dites?

INGENIEUR: C'est romantique!

ODILE: Romantique?! Vous trouvez ça romantique?!

INGENIEUR: C'est moi l'ingéneiur. C'est moi qui ai construit le barrage. Il est beau, n'est-ce pas?

ODILE: Je ne le trouve pas beau!

INGENIEUR: Quoi? Vous ne le trouvez pas beau?

ODILE: Non!

INGENIEUR: Mais il produit une énergie terrible, une énergie colossale!

ODILE: Et les poissons?

INGENIEUR: Les poissons?

ODILE: Oui, les poissons qui vivent dans l'eau!

INGENIEUR: Les poissons. Eh bien, ils meurent!

ODILE: Ils meurent! Alors ce barrage produit une énergie mauvaise.
[*She holds up her hands and stares fixedly. The noise of the water dies down.*]

INGENIEUR: Qu'est-ce qu'il y a? Le barrage est tombé en panne! Rien ne fonctionne plus! Ça n'est jamais arrivé! C'est la première fois! [*He runs back to his observation post.*]

ODILE: Une énergie mauvaise!

INGENIEUR: [*On the telephone*] Quoi?! Qu'est-ce qui se passe? Quoi? Une panne? Et vous ne savez pas d'où elle vient? [*To Odile*] Ils ne savent pas d'où vient la panne. [*He hangs up.*] Quelle catastrophe!
[*A landscape by the Seine, under stormy skies. Odile takes refuge in a church.*]

ODILE: Bonjour, Monsieur le Curé.

PRETRE: Bonjour, Mademoiselle. Quel orage!

ODILE: Oui, quel bel orage!

PRETRE: Il va être terrible!

ODILE: Vous avez peur, Monsieur le Curé?

PRETRE: Peur. . . Pas exactement, Mademoiselle, mais. . . L'éclair!
[*He dips his fingers in holy water and crosses himself.*]

ODILE: N'ayez pas peur, Monsieur le Curé. L'éclair, le tonnerre, l'orage sont une bonne énergie.

PRETRE: Une bonne énergie?! Ah, vous croyez?! Si la foudre tombe sur le clocher, le clocher tombe sur nous!

ODILE: Si la foudre tombe sur le clocher, le clocher tombe sur nous?

PRETRE: Mais oui! [*The bells start to ring, distantly.*] Vous entendez? Les cloches vont tomber! Le clocher va tomber sur nous! [*Odile reaches for the bell rope.*] Ne touchez pas à la corde! La foudre peut tomber par là!

ODILE: Si, si. Je vais prendre la corde!

PRETRE: Ne touchez pas à la corde!
[*She grabs the rope with both hands and pulls. The bells sound, then a thunderclap is heard. . . then silence. Suddenly, the doors of the church open violently, to reveal a sunny and peaceful scene.*]

PRETRE: [*Falling on his knees*] Un miracle! C'est un miracle!

\#   \#   \#   \#

454

[**Scene 2**: *The entrance hall of a small hotel, with a caged parrot.*]

PERROQUET: Le courrier!
[*Adrien and Blanchette arrive, carrying a model ship.*]
ADRIEN: C'est un beau bateau.
BLANCHETTE: C'est du bon bois. Du vieux bois.
ADRIEN ET BLANCHETTE: 1538!
PERROQUET: 1538!
HOTELIERE: Bonjour, les amoureux!
PERROQUET: Bonjour, les amoureux!
ADRIEN: Bonjour, Madame.
BLANCHETTE: [*To the parrot*] Bonjour, Monsieur!
PERROQUET: Bonjour, Monsieur!
ADRIEN: [*To Blanchette*] La clef. [*To the hotel keeper*] Où est notre clef?
PERROQUET: Notre clef?
HOTELIERE: Votre clef n'est pas là? Ah oui! Il y a quelqu'un dans votre chambre.
ADRIEN: Il y a quelqu'un dans notre chambre?
HOTELIERE: Oui. Un ami.
ADRIEN: Un ami? Quel ami?
HOTELIERE: Il s'appelle Oscar. Il dit qu'il est votre ami. Oscar n'est pas votre ami?
BLANCHETTE, PUIS ADRIEN: Si, Oscar est notre ami.
PERROQUET: Notre ami!
[*Adrien and Blanchette go toward their room.*]
PERROQUET: Bonjour, les amoureux!
[*In the hotel room, Oscar is seated on the bed, surrounded by wooden objects.*]
OSCAR: Un hippopotame en bois. . . des rames en bois. . . des statues en bois. . . un seau en bois. . . une planche à laver. . . en bois. . . un bock en bois. . . Tout cela est en bois et tout cela est en rapport avec l'eau!
[*Adrien and Blanchette come quietly into the room, without Oscar's noticing them.*] L'hippopotame est dans l'eau, le seau sert à transporter de l'eau et les rames servent à ramer dans l'eau.
ADRIEN: Et tout cela est de 1538!
OSCAR: Oh! Adrien! Tout cela de 1538?

BLANCHETTE: Oui, de 1538!
OSCAR: Et tout cela a été volé! Vous avez volé tout ça! Pourquoi? Vous avez volé tout ça et je suis sûr que vous avez également volé ce bateau.
ADRIEN: Il est beau, n'est-ce pas?
BLANCHETTE: Il est en bois! Il est de 1538!
OSCAR: Il faut rendre tout ça!
BLANCHETTE ET ADRIEN: Non!
OSCAR: Si! Et le Ministre veut vous voir!
[*Oscar opens the window and blows a whistle to signal to someone outside. Blanchette, meanwhile, picks up the room key. Coming toward the couple, Oscar takes some handcuffs from his pocket.*]
ADRIEN ET BLANCHETTE: Non!
[*Blanchette makes Oscar trip by knocking over the oars. She and Adrien leave the room and lock Oscar inside.*]
OSCAR: [*Trying the door*] La porte est fermée!
[*Five policemen enter the room.*]
AGENT DE POLICE: Où sont les voleurs?
OSCAR: Ils ont disparu!
[*The policemen put all the wooden objects on the bed.*]
[*A courtyard outside the Department of the Interior. The wooden objects are under a blanket. Blanchette and Adrien come into view. Adrien heads for the pile of objects.*]
BLANCHETTE: Mais non, Adrien! On peut nous voir! Regarde toutes ces fenêtres!
ADRIEN: Je veux reprendre les objets en bois. Ils sont ici.
BLANCHETTE: On va nous voir. [*They hear someone coming.*] Cachons-nous derrière cette statue.
ADRIEN: C'est la statue de qui?
BLANCHETTE: C'est la statue de Richelieu.
ADRIEN: Richelieu, c'était qui?
BLANCHETTE: Tais-toi.
[*They hide behind the statue. Oscar*]

and the Secretary come out of the building and examine the loot.]

MINISTRE: Un seau! Un hippopotame! Un bock! Des statues! Des rames!

OSCAR: En bois! Et de 1538!

MINISTRE: En bois! Et de 1538. Pourquoi?

OSCAR: Je ne sais pas.

MINISTRE: C'est mystérieux! Il faut retrouver Blanchette et Adrien! Cet Adrien, je le mettrai en prison!

ADRIEN: En prison? Ton père veut me mettre en prison. La prison, qu'est-ce que c'est?

BLANCHETTE: C'est une chambre d'où tu ne peux pas sortir

ADRIEN: Je ne veux pas aller en prison!

MINISTRE: Pourquoi ont-ils volé ces objets en bois de 1538? Je ne comprends pas.

OSCAR: Les Gammas sont mystérieux.

MINISTRE: Adrien est vraiment un Gamma. Il faut être un Gamma pour voler un hippopotame en bois de 1538! Aidez-moi à recouvrir ces objets.

OSCAR: Voilà! C'est fait.

MINISTRE: Bien. Maintenant, il faut retrouver Blanchette et Adrien. Venez dans mon bureau!

[They go back inside. Adrien and Blan-chette come out from behind the statue.]

ADRIEN: Alors Richelieu, c'était qui?

BLANCHETTE: Richelieu était un homme d'état français. [Adrien heads toward the stolen objects.] Mais non, Adrien! On va nous voir!

ADRIEN: Je veux reprendre le bois! Viens, Blanchette! Aide-moi! Tire! [They begin to drag the blanket, with the objects inside.]

BLANCHETTE: Ça fait du bruit!

ADRIEN: Ça fait moins de bruit maintenant.

[Approaching footsteps are heard.]

BLANCHETTE: Cachons-nous!

ADRIEN: Sous la couverture!

[They do so. Oscar and the Secretary come back out.]

MINISTRE: Les objets volés étaient là.

OSCAR: Et maintenant ils sont là-bas.

MINISTRE: Magie Gamma!

OSCAR: Oui, vous avez raison.

MINISTRE: C'est bien de la magie Gamma!

OSCAR: Voyons! [He goes toward the objects. Adrien and Blanchette try to drag them away, then run off without them.] Monsieur le Ministre!

MINISTRE: Blanchette! Reviens!

OSCAR: Adrien! Reste ici!

MINISTRE: Blanchette! Ma fille!

\#   \#   \#   \#

[**Scene 3**: *An old square in Rouen. In the middle, a statue of Joan of Arc. Nearby, an old woman is selling vegetables from a push-cart.*]

ODILE: Oh, Jeanne d'Arc!

VIEILLE DAME: Oui! J'aime beaucoup Jeanne d'Arc!

ODILE: Ah oui? Moi aussi, je l'aime beaucoup! [They look at various scenes around the base of the statue.] C'est le roi.

VIEILLE DAME: Oui. Là, "Jeanne reconnaît Charles VII". Là, c'est le sacre de Charles VII.

ODILE: Ah oui!

VIEILLE DAME: Là, elle est prisonnière—pauvre enfant.

ODILE: Et là?

VIEILLE DAME: Là, elle est devant le tribunal.

ODILE: Et là. . . on la brûle.

VIEILLE DAME: Oui, on la brûle. Vivante! On l'a brûlée vivante, Jeanne. Les bandits!

ODILE: C'est ici, à Rouen, que Jeanne d'Arc a été brûlée?

VIEILLE DAME: Oui, à Rouen. Sur cette place.

ODILE: Sur cette place. . . [Odile wanders away from the statue. She meets Oscar.] Oscar! Qu'est-ce que vous faites là?

OSCAR: Je vous cherche!

ODILE: Pourquoi me cherchez-vous?

OSCAR: Vous devez me dire où sont Adrien et Blanchette. Le Ministre veut les voir.

ODILE: Et pourquoi veut-il voir Adrien et Blanchette?

OSCAR: Parce qu'ils ont volé! Ce sont des voleurs! Il veut les mettre en prison!

ODILE: Je ne vous dirai pas où ils sont! D'ailleurs, je ne le sais pas.

OSCAR: [*Grabbing her by the arm*] Où est Emile?

ODILE: Je ne sais pas! Je ne veux pas le dire! Oscar, lâchez-moi!

VIEILLE DAME: Lâchez cette jeune fille!

OSCAR: Non! Elle doit venir avec moi.

ODILE: Je ne veux pas venir avec vous!

VIEILLE DAME: Lâchez-la! Voulez-vous lâcher cette jeune fille!

OSCAR: Venez!

[*He takes out a whistle and blows it. Policemen come out from behind the trees. Odile stands very still, her arms crossed.*]

VIEILLE DAME: Qu'est-ce qu'il a? Il devient gentil tout d'un coup!

OSCAR: Je suis gentil? Oui, je suis gentil, toujours gentil.

[*The policemen start to close in.*]

ODILE: Ils sont trop nombreux. [*She looks up at the sun.*] Soleil! Donne-moi ton énergie!

[*The sun is totally eclipsed. In the semi-darkness all but Odile kneel on the ground.*]

VIEILLE DAME: Le soleil disparaît!

[*Light gradually returns, as the eclipse ends.*]

OSCAR: Odile! Où est Odile?

POLICIER: Elle est partie.

VIEILLE DAME: La jeune fille a disparu!

VOCABULARY

d'ailleurs besides
les **amoureux** (*m.*) sweethearts
le **bandit** criminal
le **barrage** dam
le **bateau** ship
le **bock** beer mug
cachons-nous! < **se cacher** let's hide! (*CF*)
la **catastrophe** catastrophe
la **cloche** bell
le **clocher** bell tower
colossale (*f.*) colossal
la **corde** rope
le **courrier** mail
la **couverture** blanket
le **curé** parish priest (addressed as "Father")
la **dame** woman
d'où from where
l' **éclair** (*m.*) lightning (bolt)
également also
l' **état** (*m.*) state
  homme d'état statesman
fermé locked
la **foudre** lightning
l' **hippopotame** (*m.*) hippopotamus
l' **hôtelière** (*f.*) hotel keeper

je **mettrai** < **mettre**[C17] I'll put (*FUT*)
ils **meurent** < **mourir**[C18] they die
le **miracle** miracle
moins de (+ *N*) less (+ *N*)
l' **objet** (*m.*) object
l' **orage** (*m.*) storm
la **panne** breakdown
le **perroquet** parrot
tu **peux** < **pouvoir**[C23] you (*fam.*) can
la **place** (public/town) square
la **planche à laver** scrubbing board
le **policier** policeman
le **prêtre** priest
la **prison** prison
la **prisonnière** prisoner
il **produit** < **produire**[C6] it produces
la **rame** oar
ramer to row
recouvrir[C19] to cover up again
reprendre[C24] to take back
romantique romantic
le **sacre** crowning
il **sert** } à < **servir**[C20] it's } (used)
ils **servent** } they are } for
la **statue** statue
terrible terrific
le **tonnerre** thunder

transporter to carry
le **tribunal** tribunal

ils **vivent** < **vivre**^{C32} they live
voyons! < **voir**^{C33} let's see! (*CF*)

SPECIAL EXPRESSIONS

C'est bien de la magie Gamma!	That's really Gamma magic!
Il est tombé en panne.	It's had a breakdown.
Ils sont trop nombreux.	There are too many of them.
La foudre peut tomber par là!	The lightning can pass through there!
Tout cela est en rapport avec l'eau!	All that is related to water!
tout d'un coup	all of a sudden

SUPPLEMENTARY VOCABULARY

evening entertainment **la soirée**	
at home:	chez soi:
to meet s.o. (for the first time)	**faire la connaissance de qqn**
to meet (by appointment)	**se retrouver**
to meet (by chance encounter)	**se rencontrer**
I'd like you to meet + name of person	**Je voudrais/J'aimerais vous présenter +** name of person
May I introduce. . . (to you)?	**Permettez** / **Permets** } -moi de { **vous** / **te** } présenter. . .
Glad to know you. } How do you do? }	**Enchanté (de faire votre connaissance).**
Come over for drinks.	**Venez prendre un verre chez** { **moi.** / **nous.**
Will you have a drink?	**Vous prendrez (bien) un verre?**
to entertain (friends)	**recevoir (des amis)**
to go out with s.o.	**sortir avec qqn**
to bring s.o.	**amener qqn**
to pick s.o. up	**aller/venir chercher qqn**
to take s.o. home	**raccompagner qqn**
in town:	en ville:
checkroom	**le vestiaire**
dance	**le bal**
discothèque	**la discothèque**
floor show	**la revue**
night club	**la boîte de nuit, le cabaret**
seat (in a club, etc.)	**la place**
show	**le spectacle**
sold out	**complet**

34.1 Vocabulary distinction: *servir, servir de, servir à, se servir de*

a.   **servir** = to serve

Louise *a servi* les Gammas.	Louise served the Gammas.
Elle *servira* le dîner à ses amis.	She'll serve dinner to her friends.
Servez-vous!	Help yourself! (Serve yourself!)

b.   **servir de** = to serve as

A Saint-Tropez Roger *a servi de* guide aux Gammas.	At Saint-Tropez Roger served as a guide to the Gammas.

c.   **servir à**

Le seau *sert à* transporter de l'eau et les rames *servent à* ramer dans l'eau.	The bucket is for carrying water, and the oars are for rowing in the water.

d.   **se servir de** = to use/make use of

Il s'*est servi du* seau pour transporter de l'eau.	He used/made use of the bucket to carry water.
Il s'en *est servi.*	He used it.

EXERCICE

Complétez le passage suivant par la forme et le temps appropriés des verbes. Utilisez les verbes **servir, servir à, servir de, se servir de.**

La semaine passée, mon copain Joseph _____ un bon dictionnaire et demain il _____ encore, parce que c'est un livre excellent. Ce dictionnaire _____ faire des exercices de français: je peux dire qu'il _____ outil[1] de travail à Joseph et à moi-même. Quand nous quitterons l'université, tous les deux nous pourrons dire: "Ce dictionnaire nous _____ magnifiquement! C'est un bon ami."

34.2 Non-interrogative subject-verb inversion

There are several instances when subject-verb inversion is used without expressing interrogation.

a.   after or between parts of a quotation

"Monsieur", *dit-elle*, "vous avez tort."	"Sir," she says/says she, "you're wrong."
"Nous allons construire une sphère Gamma", leur *a dit Emile.*	"We're going to build a Gamma sphere," Emile said to them.

b.   after certain conjunctions

A peine Suzanne *est-elle arrivée que* Denis a téléphoné.	Hardly/Scarcely had Suzanne arrived than/when Denis called.

[1]l'outil (*m.*): tool (se prononce /uti/).

*<u>Aussi</u> *avons-nous acheté* la maison.	Therefore we bought the house.
Peut-être ces enfants auront-ils le temps.	Maybe/Perhaps those children will have the time.
<u>Sans doute</u> *aviez-vous* peur.	You were probably/doubtless afraid.

*At the head of a sentence, **aussi** means "therefore"; in other positions, it means "also".

EXERCICE

Complétez les phrases suivantes comme il est indiqué entre parenthèses.
1. C'est aujourd'hui samedi. Aussi Olga _____ (has invited) quelques amis à une soirée.
2. "Excusez-moi, _____, je ne sais pas danser." (Adrien was saying)
3. Peut-être _____ de faire la connaissance de Blanchette. (we will be glad)
4. "J'aimerais bien sortir avec vous, _____, mais pas ce soir." (she replies)
5. Sans doute _____ ce cabaret, Monsieur le Ministre. (you know)
6. A peine _____ un verre chez Paul qu'ils sont repartis. (had they had)

34.3 The interrogative pronoun *lequel*

The interrogative pronoun **lequel** asks for a choice from among a number of persons or things. It stands for a specific noun with number and gender—a noun that would be preceded by a form of **quel**, were it expressed. It must agree in number and gender with the noun it replaces.

Vous voulez un de mes livres, chère Madame? *Lequel*? **(quel livre)**	Do you want one of my books, dear lady? Which one (which book)

a. Forms
The interrogative pronoun is a compound word formed with the definite article and **quel**. Both parts of the compound must reflect the number and gender of the noun replaced.

interrogative pronoun **lequel**			
	singular		plural
m.	**lequel** } { which	**lesquels** } { which
f.	**laquelle** } { which one	**lesquelles** } { which ones

Je voudrais connaître une des militantes du M.C.H. —*Laquelle*? **(quelle militante)**	I would like to know one of the militants of the M.A.M. Which one? (which militant)
Lesquels **de ces objets volés le ministre a-t-il vus?**	Which (ones) of these stolen objects did the Secretary see?

b. When the interrogative pronoun **lequel** is used as the object of à or de, the definite article portion contracts in all forms except the feminine singular.

		à + lequel	de + lequel
sing. {	*m.*	auquel	duquel
	f.	à laquelle	de laquelle
plur. {	*m.*	auxquels	desquels
	f.	auxquelles	desquelles

Regarde ces statues.	Look at those statues.
Desquelles a-t-on besoin?	Which (ones) do we need?
J'ai aimé les concerts.	I liked the concerts.
Auxquels avez-vous assisté?	Which (ones) did you attend?

c. The interrogative pronoun must not be confused with the interrogative adjective'
The latter is always followed directly by **être** or a noun. Study the following
sentences.

quel:	***Quel livre* avez-vous lu la semaine**	Which book did you read last week?
lequel	**passée?**	
lequel:	***Lequel* avez-vous lu la semaine**	Which (one) did you read last week?
	passée?	(book)
quel:	***Quelle est* l'adresse de son amie?**	What is her/his friend's address?
lequel:	***Laquelle* est son adresse?**	Which (one) is her/his address?

A form of **lequel** asks "which one(s)" of a number of persons or things.

EXERCICES

A. Complétez les phrases suivantes par la forme appropriée du pronom interrogatif.
N'oubliez pas de faire les contractions si nécessaire.
1. Il y a deux discothèques élégantes dans cette ville. —Ah, oui! _____ ?
2. J'ai rencontré hier trois jeunes femmes chez Gina, mais une seule me plaît.
    —Vraiment! _____?
3. Vous voulez aller à un concert, d'accord! _____ voulez-vous aller?
4. Odile nous a parlé de deux de vos ingénieurs. —Très bien, mais _____
    a-t-elle parlé?
5. Voici les noms des hôtelières que je dois voir. Téléphonez-leur! —Certainement,
    Madame. _____ faut-il téléphoner la première?
6. Tu vois ces jolies couvertures? _____ voudrais-tu avoir?   (which ones)
7. J'ai apporté trois dictionnaires. _____ avez-vous besoin?   (which one)

B. *Situation:* **Au magasin**
Odette veut acheter quelques vêtements avant de partir en vacances. Elle parle avec
Mlle Emilie, la vendeuse. Imitez le modèle.

Odette	*Mlle Emilie*

Modèle: **J'aimerais acheter un maillot pour**   —*Lequel* préférez-vous?
la plage.

1. J'aimerais essayer des jeans.   — _____ voulez-vous essayer?
2. J'ai besoin d'une chemise de sport.   — _____ avez-vous besoin?
3. Je voudrais des jupes de coton.   — _____ voulez-vous?
4. J'ai aussi besoin de tee-shirts variés.   — _____ avez-vous besoin?
5. J'ai pensé aussi à un chapeau de plage.   — _____ avez-vous pensé?

34.4 The irregular verb *mourir* (to die)

a. Present indicative

Mourir is an irregular verb with two stems in the present indicative: **meur-** in the singular and third person plural forms and **mour-** in the first and second person plural forms.

mourir					
singular			plural		
je	*meur s*	I die, do die, am dying	**nous**	mour ons	we die, etc.
tu	*meur s*	you die, etc.	**vous**	*mour ez*	you die, etc.
il **elle** } *meur t* **on**		he/it she/it } dies, etc. one	**ils** **elles** } *meur ent*		they die, etc.

Je *meurs* de soif!   I'm dying of thirst!

Les poissons. . . Eh bien, ils *meurent*!   The fish. . . Well, they die!

b. Present subjunctive

Mourir has the same two stems in the present subjunctive that it has in the present indicative.

Il ne faut pas que vous *mouriez* si jeune!   You mustn't die so young!

Tout le monde craint qu'Odile (ne) *meure*.   Everyone is afraid that Odile is dying.

c. Future indicative and present conditional
   Stem: **mourr-** /muRR-/

Sans nourriture, on *mourra* de faim.   Without food, we will die of starvation (hunger).

Si les poissons n'avaient pas d'eau, ils *mourraient*.   If the fish had no water, they would die.

d. Compound tenses
   Mourir is an **être** verb whose irregular past participle **mort** agrees with its subject.

Ils ne *sont* pas *morts* dans l'accident.   They didn't die in the accident.

e. The imperfect indicative of **mourir** is regular in formation.

On *mourait* jeune au Moyen Age.   People died young in the Middle Ages.

For other forms of **mourir**, see Appendix C.18.

EXERCICES

A. Faites les substitutions indiquées entre parenthèses.
1. **On** meurt un peu quand **on** quitte **son** pays. (Les Gammas, Je, Vous, Nous)
2. **Les gens** mourront s'**ils** mangent ces champignons. (Tu, Le marchand, Vous, Je)
3. Roger a peur que **les Gammas** ne meurent **noyés** dans la mer. (nous, la sportive, tu, vous)

B. Complétez les phrases suivantes par la forme et le temps appropriés du verbe **mourir**.
1. Souvent au XIIe siècle[1], pendant le siège d'une ville, les gens _____ de faim.
2. Le guide craignait que les alpinistes ne _____ de froid dans la neige.
3. Ces arbres _____ l'été dernier parce qu'ils n'avaient pas assez d'eau.
4. Si vous étiez sans médicaments, vous _____ de maladie.

34.5 Vocabulary distinction: *plus de* and *moins de* **vs.** *plus que* and *moins que*

The choice of **plus de** or **plus que, moins de** or **moins que** depends upon the word immediately following.
   a. **plus de/moins de**
      (1) **plus de** ⎫ + number
           moins de ⎭

           Il pèse *plus de trois* kilos.   It weighs more than three kilos.

           Elle a *moins de vingt et un* ans.   She is less than twenty-one years old.

      (2) **plus de** ⎫ + noun (used as an adverb of quantity; see 6.5)
           moins de ⎭

           Ces exercices demandent *plus   These exercises require more
           d'attention.*   attention.

           Après Noël on a *moins d'argent.*   After Christmas people have less
                                                    money.

      (3) **plus de** ⎫ + noun + **que** + (used as an adverb of quantity + an expressed
           moins de ⎭   comparison)

           Tu bois *plus de lait que* moi.   You drink more milk than I.

           Nous avons *moins de patience que*   We have less patience than the math
           le prof de math.   prof.

   b. **plus que/moins que**
      (1) **plus que** ⎫ + noun/pronoun (used as an adverb)
           moins que ⎭

           Il voyage *plus qu'eux.*   He travels more than they.

           Les petits enfants mangent *moins*   Small children eat less than grown-ups.
           que les grandes *personnes.*

      (2) **plus** ⎫ + ⎧ adjective ⎫ + **que** (used in the formation of the regular compara-
           moins ⎭   ⎩ adverb   ⎭   tive forms of adjectives and adverbs; see 12.3)

[1]le siècle: century.

Lesson 34   463

Emile travaille *plus vite qu*'Odile.

Emile works more quickly/faster than Odile.

Ce café est *moins cher que* le Café de la Paix.

This café is less expensive/cheaper than the Café de la Paix.

EXERCICES

A. Complétez les phrases par **plus de, plus que, plus. . . que** ou **plus de. . . que.**
1. La soirée chez les Leblond était _____ amusante _____ celle chez les Mercier.
2. Y a-t-il _____ discothèques aux Etats-Unis _____ en France?
3. Mon cousin Albert a rencontré _____ trois amis de lycée à la partie chez Jacques.
4. Vous vous amusez _____ votre sœur quand vous sortez avec des camarades.
5. Tu vas au bal _____ souvent _____ Fernand.
6. Dans une semaine, nous aurons _____ chance.

B. Complétez les phrases par **moins de, moins que, moins. . . que** ou **moins de. . . que.**
1. Samedi dernier, il y avait _____ invités chez Olga _____ chez nous.
2. Hier, Chantal a fait la connaissance de _____ dix couples charmants.
3. Nous espérons que ce soir nous recevrons des invités _____ bruyants _____ ceux de jeudi dernier.
4. Les Chautemps reçoivent _____ les Poirier. —C'est vrai, mais ils reçoivent mieux.
5. As-tu été dans _____ cabarets à Paris _____ à Londres?
6. Ce travail prendra _____ temps.

Parle-moi d'amour

[**Scene 1**: *Adrien and Blanchette arrive at an old country inn converted from a mill, on a river. The building is half-timbered with heavy wooden beams and bears the date 1538.*]

BLANCHETTE: C'est un beau moulin!

ADRIEN: Oh, oui, c'est un beau moulin. En bois!

BLANCHETTE: Adrien, ne pense pas tout le temps au bois. Pense à moi. Oublie un peu le bois.

ADRIEN: Oui, je ne veux penser qu'à toi. Rien qu'à toi. Mais il y a tellement de bois dans ce moulin. . . et si près de l'eau! 1538. Tu vois, Blanchette, cette auberge a été construite en 1538.

BLANCHETTE: Mais Adrien, tu ne peux pas détruire l'auberge pour prendre le bois!

ADRIEN: Si! Il le faut, pour la sphère!

BLANCHETTE: Adrien! Tu es fou!

ADRIEN: Regarde ces volets! En bois! Regarde cette poutre! En bois! Regarde cette porte! En bois!

AUBERGISTE: [*Coming out of the door*] Eh oui, ma porte est en bois. Elle est belle, hein? Elle date de 1538!

ADRIEN: 1538.

AUBERGISTE: Vous êtes des amoureux.

ADRIEN: Oui. Nous sommes des amoureux.

AUBERGISTE: Et vous voulez savoir si j'ai une chambre pour vous. Mais oui, il y a de la place dans mon auberge. Entrez. Asseyez-vous là. Vous allez manger.

ADRIEN: Nous allons manger?

AUBERGISTE: Mais oui, vous allez manger. Vous avez faim?

BLANCHETTE: Oui, j'ai faim.

ADRIEN: Moi aussi, j'ai faim, Blanchette. [*To the innkeeper*] Oui, j'ai faim.

AUBERGISTE: Je vais vous faire une omelette aux champignons. Vous verrez, c'est délicieux!

ADRIEN: Tu as vu ce pot?

BLANCHETTE: Oh oui. Le bouquet est joli.

ADRIEN: Je ne te parle pas du bouquet, Blanchette, je parle du pot.

BLANCHETTE: Oh, le bouquet de fleurs!

ADRIEN: Regarde ce pot!

BLANCHETTE: Oui. Qu'est-ce qu'il a, ce pot?

ADRIEN: Il est en bois! [*He turns it over.*] 1538!

BLANCHETTE: Adrien, tu n'es pas gentil. Ne me parle plus de bois aujourd'hui! Parle-moi d'amour.

ADRIEN: Blanchette! [*He takes her hands.*] Blanchette, je t'aime.

BLANCHETTE: Tu ne me parles plus de bois aujourd'hui, n'est-ce pas Adrien?

ADRIEN: Oh non. Je ne parlerai que d'amour!

AUBERGISTE: Mangez mon omelette, mes enfants.

ADRIEN: Merci, Madame.

BLANCHETTE: Comment peut-on voler quelque chose à une dame aussi gentille? Mange ce champignon, Adrien.

ADRIEN: Tu as vu ce pichet?

BLANCHETTE: Qu'est-ce qu'il a, ce pichet?

ADRIEN: Il est en bois!

BLANCHETTE: Adrien! Tu as une idée fixe! Tu as dit que tu ne parlerais plus de bois aujourd'hui!

ADRIEN: Elle est bonne, cette omelette!

BLANCHETTE: Tu ne vas rien voler ici, Adrien! Compris? La dame est si gentille.

ADRIEN: Je ne vais rien voler ici. Je le jure!

[*Later that night, in front of the inn. Adrien, on a ladder, is sawing one of the wooden beams of the inn's façade. Blanchette is awakened by the noise and comes outside.*]

BLANCHETTE: Oh, Adrien! Il vole quelque chose. Adrien! Qu'est-ce que tu fais? Adrien, tu m'avais promis de ne rien voler ici!

ADRIEN: Donne-moi la main, Blanchette.

BLANCHETTE: Ne pense plus au bois, à la sphère, Adrien! Pense seulement à moi!

ADRIEN: Oh oui, Blanchette!

BLANCHETTE: Tu ne voleras plus jamais!

ADRIEN: Oh non, Blanchette!

[*They embrace and walk away together.*]

#   #   #   #

[**Scene 2:** *The grounds of a mineral water health spa. Several octogenarians who are taking the cure there promenade through the park to a counter where Monique serves each in turn the therapeutic mineral water.*]

MONIQUE: Le général veut un verre bien rempli.

GENERAL: Bien rempli, ma fille, bien rempli. Vous voyez ça? J'ai 80 ans et ma main ne tremble pas. C'est fort.

MONIQUE: C'est grâce à l'eau de notre source. La meilleure eau de France. Magique.

GENERAL: Energique!

DANSEUSE: Vivante!

CHANOINE: Mystérieuse!

DIRECTEUR DE BANQUE: Et la source existe depuis. . .

MINISTRE: Depuis 1538. Diane de Poitiers et François Ier sont venus ici.

[*Emile arrives at the spa. Around his waist a belt with loops holds several large bottles. Putting his canvas bag down, he goes over to where the others are discussing the virtues of the water.*]

GENERAL: Energique!

DANSEUSE: Vivante!

CHANOINE: Mystérieuse!

DIRECTEUR DE BANQUE ET MINISTRE: 1538!

EMILE: Moi aussi, je veux de cette eau magique, énergique, vivante, mystérieuse. 1538!

MONIQUE: Vous aimez cette eau, Monsieur?

EMILE: Je ne sais pas encore.

MONIQUE: Vous ne savez pas si vous aimez cette eau?

EMILE: Non, je ne sais pas.

Remplissez-moi cette bouteille, s'il vous plaît.

MONIQUE: Voilà une bouteille bien remplie. Qu'est-ce que vous allez faire avec cette eau, Monsieur?

EMILE: La source date de 1538?

MONIQUE: Oui, de 1538.

MINISTRE: François Ier est venu ici pour faire une cure. Il était malade parce qu'il mangeait beaucoup trop.

GENERAL: Et il faisait l'amour.

MONIQUE: Oh! Général!

GENERAL: Mais c'est une bonne chose, l'amour! N'est-ce pas, ma belle?

[*He pats the dancer's derrière.*]

DANSEUSE: Oh, Général!

CHANOINE: Donnez-moi encore un verre d'eau, chère Monique.

MONIQUE: Voilà, Monsieur le Chanoine!

EMILE: 1538. "L'eau est près du bois."

MONIQUE: "L'eau est près du bois"? Qu'est-ce que vous voulez dire par là?

EMILE: Regardez, la source est près du bois.

GENERAL: C'est vrai: la source est près du bois, alors l'eau est près du bois.

EMILE: C'est l'eau qu'il me faut. Vivante, magique. . .

GENERAL: Energique! Qu'est-ce que vous allez faire de cette eau?

EMILE: Mystère. Au revoir, Messieurs-Dames.

GENERAL: Qu'est-ce que ça veut dire?

DANSEUSE: Ces bouteilles?

CHANOINE: C'est mystérieux.

MONIQUE: Je vais voir ce qu'il fait avec cette eau! Je vais le suivre!
[*She takes off her apron and leaves. The others form a line and march off behind the general, who sees this as an opportunity to command again.*]

GENERAL: C'est ça. Suivez-le! En avant. . . dans cette direction. . . Marche!
[*Emile has gone back to his canvas bag. He takes out a piece of wood he had kept from the test sphere.*]

EMILE: Du bois de 1538! De l'eau sur le bois. [*He pours mineral water on the wood and lights a match to it. The match goes out.*] C'est ça! Le bois ne brûle pas! Il faut mettre de cette eau sur notre sphère. Alors la sphère ne brûlera pas.

MONIQUE: [*Emerging from the woods*] Qu'est-ce que vous faites?

EMILE: Moi? Rien.

MONIQUE: Qu'est-ce que vous cachez derrière votre dos?

EMILE: Moi, je ne cache rien.

MONIQUE: Montrez-moi ce que vous cachez derrière votre dos!

EMILE: [*Looking into her eyes*] Monique, on ne peut rien vous cacher.

MONIQUE: Qu'est-ce que vous faites avec ce bois?

[*They sit down on the bench and Emile repeats his experiment.*]

EMILE: Je verse l'eau sur le bois; j'allume une allumette; le bois ne brûle pas.

MONIQUE: Mais pourquoi prenez-vous de l'eau de notre source?

EMILE: 1538!

MONIQUE: Je ne comprends pas.

EMILE: Je cherche de l'eau de 1538 pour verser sur le bois. Je cherche beaucoup d'eau magique, vivante, mystérieuse, pour verser sur le bois.

MONIQUE: Mais pour quoi faire?

EMILE: Je suis un ingénieur français [*The general and his friends, hiding behind the hedge, listen intently.*] et je veux construire une sphère Gamma.

MONIQUE: Vous voulez construire une sphère Gamma? Je veux vous aider!

EMILE: Vous voulez m'aider?

MONIQUE: Oui, je vais vous aider à remplir vos bouteilles.
[*They go back to the fountain; the general and his group follow at a distance.*]

GENERAL: Dans cette direction! L'eau énergique!

DANSEUSE: Vivante!

CHANOINE: Mystérieuse!

MINISTRE: 1538!

DIRECTEUR DE BANQUE: 1538!

#   #   #   #

[**Scene 3**: *Emile's belt with the bottles is hanging on a sign bearing the name of the town Cognac.[1] A tramp arrives, sees the bottles, opens one, and tastes the contents. He spits out the water, then tries another bottle. In disgust, he throws all the bottles on the ground and walks away muttering. All the mineral water runs out on the ground.*]

VAGABOND: De l'eau de vie! Ah! Merde!
[*Emile and Monique come out of the woods. Seeing the empty bottles, Emile sits down on a rock in despair.*]

EMILE: Merde!

MONIQUE: Qu'est-ce que tu as, Emile? Tu n'es pas heureux avec ta Monique?

EMILE: Si, je suis heureux, Monique. Mais, il faut de nouveau remplir les bouteilles.

MONIQUE: Je vais t'aider.

EMILE: Mais je dois rentrer chez moi. Mes amis m'attendent.

MONIQUE: Odile? Adrien?

[1]**Cognac:** ville du sud-ouest de la France célèbre par son eau de vie.

EMILE: Mais oui. Ils m'attendent pour construire la sphère.

MONIQUE: Cognac est une jolie petite ville.

EMILE: [*Too tired to resist*] Oui, très jolie.

[*Monique prevails; they start walking toward Cognac. A moment later, Adrien and Blanchette arrive at the town sign. Adrien, discouraged, sits down on the same rock on which Emile was sitting earlier.*]

BLANCHETTE: Qu'est-ce que tu as, Adrien? Tu n'es pas heureux avec ta Blanchette?

ADRIEN: Si, je suis heureux, Blanchette. Mais Odile et Emile m'attendent pour construire la sphère et nous n'avons pas de bois.

BLANCHETTE: Mais nous avons notre amour.

ADRIEN: Oui, nous avons notre amour, ma Blanchette, mais il me faudrait aussi un peu de bois de 1538. Mes amis m'attendent.

[*Blanchette takes Adrien by the hand, and she, too, leads him toward Cognac.*]

BLANCHETTE: Cognac est une jolie petite ville!

ADRIEN: Oui, très jolie.

[*In a deserted public square in Cognac, Odile is sitting on a bench, hugging herself to conserve her energy. The two couples arrive, but don't see her; they run into each other by chance.*]

ADRIEN: Emile!

EMILE: Adrien! Qu'est-ce que tu fais ici?

ADRIEN: Et toi, qu'est-ce que tu fais ici?

EMILE: Tu as le bois?

ADRIEN: Et toi, tu as l'eau?

EMILE: Non. Je n'ai pas l'eau.

ADRIEN: Je n'ai pas le bois.

EMILE, PUIS ADRIEN: Pauvre Odile!!

[*Odile still on the bench, begins to sob. The others turn around and go over to console her.*]

EMILE, ADRIEN ET BLANCHETTE: Odile!

BLANCHETTE: Ne pleure pas, Odile, ne pleure pas!

ODILE: Il n'a pas cherché le bois! Il n'a pas cherché l'eau! Nous ne pouvons pas construire la sphère!

EMILE: Toi, Adrien, tu n'as pas cherché le bois!

ADRIEN: [*Looking at Blanchette*] C'est de sa faute! Toi, Emile, tu n'as pas cherché l'eau!

EMILE: [*Looking at Monique*] C'est de sa faute! Odile a tellement d'énergie. Maintenant, nous allons chercher le bois et l'eau.

ADRIEN: L'eau est près du bois. L'énergie est près de l'eau. L'eau de vie. 1538.

EMILE: Que peut-on trouver à Cognac?

MONIQUE: [*Reading the inscription on the gate of the museum*] "Le plus vieux tonneau de Cognac." Allons tous au musée de Cognac avant de partir.

EMILE: Ah non! Nous allons chercher le bois et l'eau!

ADRIEN: "Le plus vieux tonneau de Cognac." Le tonneau est en bois. Je veux le voir!

EMILE: Que peut-on trouver dans un musée?!

[*Inside the museum. An old guide, lighted candle in hand, leads the visitors down to the casks.*]

MONIQUE: Mais ce n'est pas un musée; c'est une cave!

GUIDE: C'est une cave, oui. Mais c'est une cave-musée. Voici un tonneau dans lequel on met l'eau de vie.

EMILE: L'eau de vie. C'est un beau tonneau.

ADRIEN: Un tonneau en bois!

GUIDE: Eh oui, en bois, jeune homme. L'eau de vie reste dans ces tonneaux et devient le cognac.

ADRIEN: L'eau de vie reste dans ce tonneau?

GUIDE: Oui, elle reste longtemps, très longtemps dans ce tonneau. Avec le temps, elle devient énergique.

MONIQUE: Eh oui, le cognac; l'eau de vie devient du cognac. C'est la plus énergique des eaux de vie.

GUIDE: Le bois est très, très vieux. Un vieux bois transforme très bien l'eau de vie en cognac.

EMILE: Est-ce que ce bois peut brûler?

GUIDE: Oh non. Ce bois est comme de la pierre. Il ne brûle pas.
[*Odile has discovered an interesting sign.*]
ODILE: Adrien, regarde là!
GUIDE: Et voici notre plus vieux tonneau. Il date de 1538. Le plus vieux tonneau de Cognac.
BLANCHETTE: Adrien!
GUIDE: Il est plein. Plein d'eau de vie. Vous savez ce qu'on dit de ce tonneau à Cognac?
EMILE: Non, nous ne savons pas ce qu'on dit, à Cognac, de ce tonneau.
GUIDE: On dit: "1538. L'eau est près du bois. L'énergie est près de l'eau de vie." On dit ça à Cognac.
EMILE: 1538!
ADRIEN: L'eau est près du bois!
ODILE: L'énergie est près de l'eau de vie!
[*Emile blows out the guide's candle. In the dark, signs of a struggle are heard.*]
GUIDE: Qu'est-ce qu'il y a?
[*Someone lights the candle again. We see the guide on top of a cask, bound with Emile's belt and gagged with a funnel. The Gammas and their girlfriends are pushing the 1538 cask toward the door.*]
EMILE: 1538.
ADRIEN: L'eau est près du bois.
ODILE: L'énergie est près de l'eau de vie.
GUIDE: Au secours!

VOCABULARY

allumer to light
l' **auberge** (*f.*) inn
l' **aubergiste** (*m.*) innkeeper
la **belle** pretty one
la **cave** wine cellar
  la cave-musée wine museum (in a wine cellar)
le **chanoine** canon (church official)
la **cure** treatment (here: at a mineral spa)
  faire une cure to take a treatment
la **danseuse** dancer
  délicieux, -euse delicious
  détruire[C6] to destroy
  énergique filled with energy, strong
il me **faudrait** < **falloir**[C15] I ought to have (*COND*)
le **général** general
le **guide** guide
une **idée fixe** obsession
  lequel (*m.*) which
il **mangeait** < **manger** he used to eat (*IMP*)
  marcher to march
le **moulin** mill

le **mystère** here: secret
l' **omelette** (*f.*) omelet
  omelette aux champignons mushroom omelet
tu **parlerais** < **parler** you (*fam.*) would talk (*COND*)
un **peu** here: for a little while
le **pichet** pitcher
  pleurer to cry
le **pot** (flower) pot
la **poutre** beam
  promis < **promettre**[C17] promised (*PP*)
  tu avais promis you (had) promised (*PPF*)
  remplir to fill
  rempli filled (*PP*)
la **source** spring
  tellement de + N so much + N
le **tonneau** (*pl.* **tonneaux**) cask
  transformer to transform
  trembler to tremble
le **vagabond** tramp
vous **verrez** < **voir**[C33] you'll see (*FUT*)
le **volet** shutter

SPECIAL EXPRESSIONS

C'est de sa faute! It's her/his fault!

C'est fort. That's really something!

J'ai 80 ans. I'm 80 years old.
plus jamais never again

Qu'est-ce qu'il a, ce pot? /ce pichet? What about that pot? /this pitcher?

SUPPLEMENTARY VOCABULARY

clothing les vêtements

women's clothing (see also Lesson 1):	**vêtements de femme:**
blouse, shirt	**le chemisier**
dress	**la robe**
panty hose	**le collant**
stockings	**les bas** (*m.*)
suit	**le tailleur**
men's clothing:	**vêtements pour les hommes:**
overcoat	**le pardessus**
sport coat, jacket	**le veston**
suit	**le costume**
vest	**le gilet**
unisex clothing:	**vêtements "unisexe":**
belt	**la ceinture**
coat	**le manteau**
jacket	**la veste (de sport)**
pullover	**le pullover**
raincoat	**l'imperméable** (*m.*)
shorts	**le short**
socks	**les chaussettes** (*f.*)
T-shirt	**le tee-shirt** (*m.*)
underwear	**les sous-vêtements** (*m.*)
size (for everything except gloves and shoes)	**la taille**
size (for gloves and shoes)	**la pointure**
to dry clean	**nettoyer à sec**
to iron	**repasser**
to put away { in a closet { in a wardrobe	**ranger** { **dans un placard** { **dans une armoire**
to wash	**laver**

LANGUAGE NOTES AND EXERCISES

35.1 Irregular verbs ending in *uire*

A number of verbs ending in **uire** have irregular forms. Some common verbs in this group are:

conduire	to lead; to conduct; to drive
construire	to build/construct/make
détruire	to destroy
instruire qqn	to instruct/teach s.o.
s'instruire	to learn
introduire	to introduce
produire	to produce
réduire	to reduce
traduire	to translate

a.   Present indicative
Verbs ending in **uire** have two stems in the present indicative: **-ui-** for the singular forms and **-uis-** for the plural forms.

construire					
singular			plural		
je	*construi s*	I build/am building/ do build	**nous**	*construis ons*	we build, etc.
tu	*construi s*	you build, etc.	**vous**	*construis ez*	you build, etc.
il **elle** **on**	*construi t*	he/it she/it one } builds, etc.	**ils** **elles**	*construis ent*	they build, etc.

Les Gammas *construisent* une sphère.   The Gammas are building a sphere.

b.   Compound tenses
The verbs listed above are conjugated with **avoir**, except for **s'instruire**, which takes **être**, and an irregular past participle in **-uit**.

conduit	**introduit**
construit	**produit**
détruit	**réduit**
instruit	**traduit**

***Avait-t-il construit* cette maison?**   Had he built that house?

Elles *se sont instruites* toutes seules.   They learned by themselves.

c.   Other tenses of these verbs are regular in formation.

imperative:	***Produisez* vite une assiette Gamma!**	Make a Gamma plate quickly!
imperfect:	**Nous *traduisions* la lettre quand elle est arrivée.**	We were translating the letter when she arrived.

future:	Il *construira* le modèle en bois.	He will build the model out of wood.
present conditional:	*Détruiraient*-ils le tonneau?	Would they destroy the cask?
present subjunctive:	Je préfère qu'il *conduise* la voiture.	I prefer that he drive the car.

For other forms of **construire**, etc., see Appendix C.6.

d. Care must be taken to distinguish between **introduire** and **présenter**. **Introduire** means "to introduce," as for example a subject into a conversation, or "to show" a person into a room. **Présenter** means "to introduce" one person to another or "to present" something to someone.

Emile *a introduit* la mode Gamma en France.	Emile introuced the Gamma fashion into France.
Lucie *a introduit* Adrien dans la salle.	Lucie showed Adrien into the room.
but	
Lucie *a présenté* Adrien à M. Gravaille-Bussage.	Lucie introduced Adrien to M. Gravaille-Bussage.

EXERCICES

A. Faites les substitutions comme il est indiqué entre parenthèses.
1. **Tu** traduiras ce poème en italien. (Nous, Je, Mon professeur, Elles)
2. **Les ouvriers** construisaient le petit mur de pierre. (Vous, Tu, Monsieur Sébastien, Nous)
3. Il ne faut pas que **vous** détruisiez ces papiers. (l'aubergiste, je, les généraux, tu)
4. Conduis-**tu** Jacques au moulin? (elle, vous, Les vagabonds, nous)

B. Complétez les phrases suivantes comme il est indiqué entre parenthèses.
1. Vous avez entendu les bruits bizarres que la sphère _____. (produire, PC)
2. Le professeur lisait les trois pages que Sylvie _____. (traduire, plus-que-parfait)
3. Si nous avions le temps, nous _____ les enfants au zoo. (conduire)
4. _____ vos voyages: cela coûte trop cher! (réduire)
5. J'ai peur que nous ne _____ pas assez d'imperméables pour la saison des pluies. (produire)
6. Les voleurs _____ dans le musée. (s'introduire, PC)

35.2 The relative pronoun *lequel*

The forms of the relative pronoun **lequel** are the same as the forms of the interrogative pronoun **lequel** (34.3), but meaning and use differ.

a. Forms

lequel			
Singular		Plural	
m. **lequel** ⎱ ⎰ that, which *f.* **laquelle** ⎰ ⎱ (sometimes whom)		*m.* **lesquels** ⎱ ⎰ that, which *f.* **lesquelles** ⎰ ⎱ (sometimes whom)	

b. Use

(1) The following information completes the chart in 17.4.a.

function in relative clause	reference to	
	person	thing
object of preposi- tion other than **de**	**qui** ⎫ (sometimes **lequel**) ⎭ whom	**lequel** that, which

(2) **Lequel**, as a relative pronoun, refers back to an antecedent (a noun or pronoun found earlier in the sentence). The number and gender of **lequel** are the same as the number and gender of the antecedent.

Les Gammas cherchent de l'énergie, *sans laquelle* **la sphère ne marche pas.**	The Gammas are looking for energy, without which the sphere doesn't work.
Elle a reçu les chèques *avec lesquels* **ils ont payé les villas.**	She received the checks with which they paid for the villas.

(3) A prepositional phrase containing a relative pronoun always begins the relative clause, regardless of the position of the preposition in English.

Ils transforment le tonneau *dans lequel* **ils espèrent voyager.**	They transform the cask they hope to travel in (in which they hope to travel).
J'ai déjà visité l'appartement *à côté duquel* **il habite.**	I already visited the apartment (that) he lives beside (beside which he lives).

(4) All forms of **lequel**, except the feminine singular **laquelle**, contract with the prepositions **à** and **de**.

Les objets *auxquels* **il pense sont chers.**	The objects he's thinking of are expensive.
but **La mode** *à laquelle* **il pense est géniale.**	The fashion that he is thinking of is clever.

(5) **Lequel** is used instead of **qui** to refer to people after the prepositions **entre** (between) and **parmi** (among).

> Les Gammas *parmi lesquels* se trouve Odile voyagent en France.

> The Gammas among whom is Odile are traveling in France.

EXERCICE

Complétez les phrases suivantes par la forme appropriée de **lequel**. Faites les contractions avec **à** ou **de**, si nécessaire.

1. Voici la veste pour _____ André a payé 125 francs.
2. Elle portait le manteau sans _____ elle ne sortait jamais.
3. Je n'ai pas aimé les employés _____ nous avons dû parler.
4. Venez visiter les appartements à côté _____ nous habitons.
5. Le journaliste a envoyé les lettres dans _____ il a mis les photos des Gammas.
6. La vendeuse a une nouvelle armoire dans _____ elle range les chemisiers.
7. Maurice et Paul sont deux amis entre _____ il n'y a pas de secrets.

35.3 Vocabulary distinction: *à cause de* vs. *parce que*

A cause de (because *of*) is a preposition and, as such, is followed by a noun or pronoun. **Parce que** (because) is a conjunction and, as such, is followed by a clause including a subject and a verb. The two are not interchangeable.

Nous l'avons fait *à cause d'elle.*	We did it because of her.
Nous l'avons fait *parce qu'elle* **nous** *a* **demandé de le[1] faire.**	We did it because she asked us to do it.
On cherche ce bois *à cause de la date.*	They are looking for that wood because of the date.
On cherche ce bois *parce qu'il date* **de 1538.**	They are looking for that wood because it dates from 1538.

EXERCICES

A. Complétez les phrases suivantes par **à cause de** ou **parce que**.
1. Odile a acheté cette robe _____ sa belle couleur verte.
2. Le ministre est arrivé en retard _____ il avait oublié l'heure de son rendez-vous.
3. Il est inutile d'aller au magasin _____ les tailleurs de printemps ne sont pas encore là.
4. _____ la neige sur les routes, nous n'avons pas pu aller à Tours samedi dernier.
5. Pourquoi Adrien ne parle-t-il pas d'amour à Blanchette? —_____ son obsession pour le bois de 1538.

B. *Situation:* **Dites-nous vos petits secrets!**
Répondez aux questions suivantes. Commencez vos réponses par **parce que** ou **à cause de**, selon ce qui est nécessaire.
1. Pourquoi étudiez-vous le français?
2. Pourquoi allez-vous aux sports d'hiver?

[1]See 5.4.b.2.

3. Pourquoi faites-vous des sports?
4. A cause de quoi avez-vous eu une bonne/mauvaise note à votre examen?
5. A cause de quoi portez-vous des sweaters de laine en hiver?
6. Pourquoi (n') irez-vous (pas) en France cet été?
7. Pourquoi préférez-vous la montagne? le bord de la mer? la campagne? la forêt?
8. Pourquoi (n') aimez-vous (pas) les chats? les chiens? les chevaux?
9. A cause de quoi conduisez-vous une petite voiture économique?

35.4 Word order of multiple verbs and of subjects or direct objects of other-than-first verb (*laisser* + infinitive, etc.)

The verb **laisser** (to let, allow) and a small number of verbs of perception—**entendre** (to hear), **regarder** (to look at), and **voir** (to see), to name the most common—may form an inseparable unit with a following infinitive. This occurs either when nothing follows the unit or when the only other element following the unit is the subject of the infinitive, that is, the person or thing doing the action of the infinitive.

In the following examples, compare the position of the noun or pronoun subject of the infinitive with its position in the equivalent English sentence.

J'ai entendu parler *le maire*.	I heard the mayor speak.
Nous devons laisser entrer *les gendarmes*.	We must let the policemen (come) in.
Je n'ai pas vu travailler *Emile*.	I didn't see Emile working.
Tu *me* laisses partir seule!	You're letting me leave alone!
Laissez parler *le guide*.	Let the guide speak.
Laissez-*le* parler!	Let him speak!

In an affirmative command, when the subject of the infinitive is a pronoun, this pronoun is attached to the verb in the imperative with a hyphen as usual (see the last example).

EXERCICES

A. Combinez un élément de chaque colonne pour former une phrase. Utilisez différentes combinaisons et différents temps des verbes. Imitez le modèle.

Modèle: **Le ministre n'a pas vu travailler Odile.**

1	2	3
les gendarmes	laisser entrer	Emile
le maire	entendre parler	Odile
le ministre	laisser sortir	les Gammas
les savants	voir travailler	Adrien
le directeur	laisser faire	Oscar

B. *Situation:* **Abélard est très gentil.**
Oscar et Abélard parlent des Gammas. Abélard fait des suggestions pour faciliter l'adaptation des Gammas à la vie française. Imitez le modèle.

	Oscar	*Abélard*

Modèle: **Les Gammas veulent travailler.**   —**Laissez-les travailler!**

1. Les Gammas veulent être comme les Français.   1. _____
2. Odile veut rester avec Roger.   2. _____
3. Les Gammas veulent habiter dans une ville française. 3. _____
4. Les Gammas veulent s'habiller comme des ouvriers.   4. _____
5. Adrien veut faire de la poésie.   5. _____

35.5 Recapitulation of interrogative and relative pronouns

a.   Interrogative pronouns

interrogative pronouns			
function	PERSON who, whom	THING what	PERSON/THING which (one) (ones)
subject	qui qui est-ce qui	qu'est-ce qui	lequel laquelle
direct object	qui qui est-ce que	que qu'est-ce que	lesquels lesquelles
object of *PREP*	*PREP* + qui qui est-ce que	*PREP* + quoi quoi est-ce que	*PREP* + form of **lequel** N.B. contraction required with **à** and **de**

The choice of interrogative pronoun, "who" ("whom") or "what," is determined both by grammatical function in the question and by meaning (i.e., whether the information sought concerns a person or a thing). With the exception of the subject forms, the short forms require subject-verb inversion. The choice of **lequel** is determined by the number and gender of the noun (person or thing) being replaced. For a fuller discussion of interrogative pronouns, see 11.4, 15.5, and 34.3.

Subject

   person: *Qui* **vient?**   Who's coming?

              Laquelle **de ces femmes est ta mère?**   Which of those women is your mother?

   thing: *Qu'est-ce qui* **ne marche pas?**   What doesn't work?

              Lequel **de ces livres est bon?**   Which of these books is good?

Direct Object

   person: *Qui* **voulez-vous voir?**   Who(m) do you want to see?

              Lesquels **des profs aimez-vous?**   Which of the profs do you like?

thing:	*Que* lisez-vous?	What are you reading?
	Qu'est-ce que vous lisez?	
	Lesquelles des casquettes a-t-il achetées?	Which of the caps did he buy?

Object of Preposition

person:	*Avec qui* étudie-t-elle?	With whom does she study?
	Auxquelles des étudiantes a-t-elle parlé?	Which of the students did she talk to?
thing:	*Dans quoi* mets-tu ton argent?	What do you put your money in(to)?
	Desquelles a-t-on besoin?	Which (ones) do we need?
	Sur laquelle de ces tables as-tu mis tes devoirs?	Which of these tables did you put your homework on?

EXERCICE

Complétez les phrases par le pronom interrogatif indiqué entre parenthèses.
1. _____ va faire une cure?   (Who)
2. _____ prend-on à la source?   (What)
3. _____ le général a parlé?   (To whom)
4. _____ Monique demande à Emile?   (What)
5. _____ Monique met l'eau minérale?   (In what)
6. _____ de ces vagabonds a bu l'eau d'Emile?   (Which one)
7. _____ la source est-elle?   (Near what)
8. _____ est délicieux dans votre menu?   (What)
9. _____ de ces pichets a-t-elle besoin?   (Which one)
10. _____ tu vas voir à la source?   (Whom)
11. _____ de ces bouteilles sont bien remplies?   (Which ones)
12. _____ Monique remplit-elle les bouteilles?   (For whom)

   b. Relative pronouns

	relative pronouns			
	simple		compound	
function	PERSON who, whom	THING that, which	what (that which), not used for persons	which
subject	qui	qui	ce qui	
direct object	que	que	ce que	
object of *PREP* de	dont de qui	dont	ce dont	duquel de laquelle desquels desquelles
object of other *PREP*	*PREP* + qui			*PREP* + form of lequel

The choice of relative pronoun to use as subject or direct object is determined by grammatical function of the pronoun in the relative clause. The choice of relative pronoun to use as object of a preposition, other than the special form **dont**, is determined by the meaning of the word being replaced (i.e., whether the noun/pronoun refers to a person or a thing). When a form of **lequel** is used, number and gender of the noun being replaced dictate the number and gender of **lequel**. For a fuller discussion of relative pronouns, see 17.4, 19.5, 25.1, and 35.2.

Subject

person:	**C'est moi *qui* parle.**	I'm the one who's speaking.
thing:	**Il m'a donné le livre *qui* décrit le voyage à la lune.**	He gave me the book which describes the trip to the moon.
compound:	**Voilà *ce qui* est curieux.**	Here's what' strange.

Direct Object

person:	**La personne *que* vous voyez là est mon oncle.**	The person (whom) you see there is my uncle.
thing:	**Nous leur avons montré la maison que nous avons achetée.**	We showed them the house (that) we bought.
compound:	**Dites-nous *ce que* vous avez vu.**	Tell us what you saw.

Object of Prep **DE**

person:	**Je connais la personne *dont* tu parles.**	I know the person (whom) you're talking about.
thing:	**Il a déjà acheté le livre *dont* il a besoin.**	He already bought the book he needs.
compound:	**As-tu obtenu *ce dont* tu as besoin?**	Have you obtained what you need?

Object of Other Prep

person:	**Ils ont reçu une lettre du garçon *avec qui* nous voyageons.**	They received a letter from the boy whom we're traveling with.
thing:	**Voilà la lettre *dans laquelle* il parle de son voyage.**	There's the letter in which he speaks about his trip.

EXERCICE

Complétez les phrases suivantes par le pronom relatif approprié.
1. La danseuse aime l'eau _____ est vivante.
2. La bouteille _____ vous regardez n'a plus d'eau magique.
3. La personne pour _____ nous achetons la ceinture est une amie de notre fille.
4. Voilà _____ Emile a découvert: de l'eau énergique.
5. Je n'ai plus en magasin le chemisier _____ vous aviez envie.
6. Il faut ranger _____ est repassé.

7. Le guide _____ vos amis nous avaient parlé est bien informé.
8. L'arbre à côté _____ vous êtes date de 1538.
9. Merci pour le joli tee-shirt: c'est _____ j'avais besoin.
10. L'aubergiste _____les amoureux préfèrent est Madame Renée.
11. Les robes _____ tu pensais ne sont plus à la mode cette saison.
12. Voulez-vous me dire le nom du chanoine _____ est venu à la source?

Quelle énergie!

[**Scene 1:** *The Gammas have brought the old cask from Cognac to a field behind the workshop. Several women of La Roche-Guyon are gossiping about the "monster" but won't go near it. Instead, they send a schoolboy over to read the inscription on the plaque and report back to them.*]

ECOLIER: Le plus vieux tonneau de Cognac!
[*The women and boy leave. Benoît and Flandre come out of the workshop to inspect the cask, glasses of cognac in hand.*]

BENOIT: Oh, il est grand, ce tonneau. Il est aussi grand que la sphère Gamma.

FLANDRE: Et vous croyez que nos amis pourront aller sur Gamma dans ce tonneau?

BENOIT: Bien sûr. 1538. "L'énergie est près du bois. Le bois est près de l'eau. . . l'eau de vie."

FLANDRE: Que ce cognac est bon!

BENOIT: 1538. Quelle énergie!
[*Odile comes out to the field, straining to conserve her energy.*]

ODILE: Vite, vite. Je suis pressée. Je perds mon énergie!
[*Emile and Monique, then Adrien and Blanchette, come out to the cask.*]

BENOIT: C'est le départ!

FLANDRE: Ne criez pas! Secret! Personne ne doit savoir.

ADRIEN: C'est le départ? Au revoir, la France.

BLANCHETTE: C'est le départ? Oh non, Adrien. Ne pars pas.

EMILE: Ça va, Odile? Tu as beaucoup d'énergie?

ODILE: Oui, j'en ai beaucoup!
[*Emile climbs up to the platform and looks inside the cask*]

EMILE: Une échelle! Il faut une échelle pour entrer dans le tonneau.

BENOIT: Voilà une échelle! Voilà! Venez, Odile!
[*He helps her up to the platform.*]

ODILE: Adieu, la France!

BENOIT: La France a construit dans le plus grand secret une formidable sphère Gamma.

FLANDRE: Vous serez les premiers Français à aller sur Gamma!

MONIQUE: Vous allez sur Gamma?

EMILE: Oui, Monique, nous allons sur Gamma.

MONIQUE: [*Kissing him*] Mon ingénieur!

ODILE: Vous venez? Je n'arrive plus à retenir mon énergie!

ADRIEN: On vient!

BLANCHETTE: Adrien! Mon Adrien, ne pars pas!

ODILE: Là! Regardez là!

EMILE: Qu'est-ce qu'il y a là?

BENOIT: Qu'est-ce qu'il y a?

ODILE: Le tonneau est encore plein de cognac!

BENOIT: Le cognac doit rester dans le tonneau! C'est marqué dans le livre: "Le bois est près de l'eau"!

EMILE: Mais nous allons nous noyer dans tout ce cognac!

BENOIT: Il faut que le cognac reste dans le tonneau.

ADRIEN: Enlevez un peu de cognac, un tout petit peu!

FLANDRE: Oui, un tout petit peu.

ODILE: Un tout petit peu, M. Benoît! [*Benoît brings an enormous brandy snifter to the cask and opens the spigot to fill it.*]

BENOIT: J'enlève un peu de cognac. Mais je ne garantis plus le succès de l'expérience! [*Flandre also fills his glass.*] "Le bois est près de l'eau, l'eau de vie."

ODILE: J'ai beaucoup d'énergie! J'ai du cognac jusqu'aux épaules.

BLANCHETTE: Adrien! Adrien! [*To Benoît*] Je veux partir avec eux!

ADRIEN: Quelle bonne idée, Blanchette! Viens avec nous sur Gamma! [*They help Blanchette into the cask.*]

EMILE: Tu viens avec nous, Monique?

MONIQUE: Oh non, Emile! J'ai trop peur!

EMILE: Au revoir, Monique!

MONIQUE: Au revoir, mon ingénieur.

BENOIT: Venez m'aider, Monsieur Flandre! Vous aussi, Monique. Passez-moi le marteau.

FLANDRE: Voilà le marteau.

BENOIT: Merci. Passez-moi la première planche. Au revoir et bonne chance!

LES GAMMAS: Au revoir! [*Benoît hammers the cover on the cask.*]

FLANDRE: Monsieur Benoît, moins fort, s'il vous plaît, moins fort.

BENOIT: Pourquoi?

FLANDRE: Mais vous savez bien que l'expérience est secrète.

MONIQUE: Attention, ça va exploser!

FLANDRE: De deux choses l'une: ou bien ça va exploser ou bien ça va marcher et ils vont décoller.

\#   \#   \#   \#

[**Scene 2:** *La Roche-Guyon has become Cape La Roche-Guyon. In the town square, two of the women who saw the cask earlier are pumping Marianne for information about it. The noise of the motor gets louder and louder as they talk. Marianne, obviously worried, is determined to keep the secret.*]

1re COMMERE: Il fait beau aujourd'hui.

MARIANNE: Il fait beau.

2e COMMERE: Il fait très beau aujourd'hui.

MARIANNE: Oui, il fait très beau aujourd'hui. Il y a un beau soleil.

1re COMMERE: Il fait chaud.

2e COMMERE: Mais quel bruit!

MARIANNE: [*Shouting to be heard*] Du bruit, vous trouvez?

1re COMMERE: Oui, il y a beaucoup de bruit, beaucoup trop de bruit ici. Marianne! Vous savez tout. Dites-nous pourquoi il y a tout ce bruit!

MARIANNE: Mais je ne sais pas, Madame Bise.

2e COMMERE: Quoi, Marianne, vous ne savez pas? Mais ce bruit vient de chez votre père, Monsieur Flandre!

1re COMMERE: Ne dites pas que vous ne savez pas ce que fait votre père, Monsieur Flandre!

MARIANNE: Je sais ce que fait mon père.

1re ET 2e COMMERES: Qu'est-ce qu'il fait?

MARIANNE: C'est un secret.

1re COMMERE: Un secret? Quel secret?

2e COMMERE: Oui, quel secret?

MARIANNE: [*Triumphantly*] Des ingénieurs, mon père et M. Benoît expérimentent là-bas la première sphère Gamma!

1re COMMERE: Quoi?

MARIANNE: La première sphère Gamma! Ne le dites à personne! C'est un secret! [*Each gossip runs over to one of the groups gathered in the square to tell them the news.*]

1re, PUIS 2e COMMERE: La première sphère Gamma. C'est un secret! [*The Secretary's limousine arrives in the square. Oscar and seven plain-clothesmen get out. Oscar stops Marianne as she's going back to her bakery to show her a photo of Blanchette and sketches of the Gammas.*]

OSCAR: Vous connaissez cette jeune fille? Elle s'appelle Blanchette.

MARIANNE: Blanchette? Non, je ne connais pas cette jeune fille.

OSCAR: Vous ne connaissez pas non plus Emile, ni Adrien, ni Odile?

MARIANNE: Je ne connais pas ces gens-là. [*Flandre, suffering the effects of too much cognac, comes out of the workshop and is stopped by Oscar.*]

FLANDRE: [*Calling*] Marianne! Marianne!

OSCAR: [*Showing the photo*] Vous connaissez cette jeune fille?

FLANDRE: Non, non, je ne connais pas cette jeune fille.

OSCAR: Elle n'est pas ici, Monsieur le Ministre.

FLANDRE: Vous êtes ministre, Monsieur?

MINISTRE: Oui, je suis ministre.

FLANDRE: Vous venez pour l'expérience Gamma, le premier vol de la sphère Gamma?

OSCAR: Il y a une expérience Gamma ici, à La Roche-Guyon?

FLANDRE: Vous n'entendez pas?

MINISTRE: Ce bruit? Qu'est-ce que c'est?

FLANDRE: Le premier vol de la sphère Gamma. Je connais bien Emile, Odile, Adrien et Blanchette. Ce sont eux qui font tout ce bruit. Ils partent sur Gamma. C'est un secret!

MINISTRE: Ils partent sur Gamma? Blanchette!

FLANDRE: Blanchette?

MINISTRE: Ma fille, c'est ma fille!

OSCAR: [*Blowing a whistle and motioning to the policemen*] En position! Suivez-moi, dans cette direction! Vite!

MINISTRE: Où est ma fille? [*Flandre take the Secretary inside the workshop. The two gossips spot the limousine.*]

1ʳᵉ COMMERE: Le ministre, les officiels. Ils viennent pour pour le départ de la sphère Gamma.

#   #   #   #

[**Scene 3**: *At the launching site Monique and Benoît are watching the cask, which is shaking violently.*]

MONIQUE: Vous croyez qu'elle va voler?

BENOIT: Oh oui. Vous allez voir. Notre sphère Gamma va voler.

MONIQUE: Mais quand?

BENOIT: Quand l'énergie d'Odile et l'énergie du cognac se seront mélangées. Bientôt. [*Oscar, the Secretary, and the policemen arrive with Flandre.*] Ah, ce n'est plus un secret! [*To the officials*] Vous n'avez rien à faire ici, partez!

FLANDRE: Le ministre est venu assister à l'expérience Gamma.

MINISTRE: Où est ma fille Blanchette?

OSCAR: Où sont Emile, Odile et Adrien?

BENOIT: C'est un secret.

MINISTRE: Un secret?

OSCAR: Il n'y a pas de secret pour un ministre!

BENOIT: Il n'y a pas de cérémonie pour le premier vol de la sphère Gamma!

MINISTRE: Quoi? Qu'est-ce qu'il a dit?

OSCAR: Il parle de la sphère Gamma.

MINISTRE: Monsieur, où est ma fille Blanchette?

BENOIT: Elle est dans la sphère.

MINISTRE: Où est cette sphère?

BENOIT: La voilà, Monsieur le Ministre!

MINISTRE: Quoi? Ce tonneau? C'est un gros tonneau, ce n'est pas une sphère!

BENOIT: Vous vous trompez, Monsieur le Ministre; c'est une sphère! "Le bois est près de l'eau. 1538. L'énergie est près de l'eau. L'eau de vie."

MINISTRE: Oscar, cet homme est fou! Complètement fou!

MONIQUE: Ils vont partir! Mon Dieu! Ils partent!

FLANDRE: C'est le départ!

MONIQUE: Adieu, Emile! Adieu, Adrien! Adieu, Odile! Adieu, Blanchette!

MINISTRE: Blanchette! Ma fille est dans ce tonneau?

BENOIT: Vous vous trompez, Monsieur le Ministre. Ce n'est pas un tonneau. C'est la sphère Gamma. Et votre fille est dedans.

MINISTRE: Blanchette! Reviens!

OSCAR: Elle part avec Adrien. Vous voyez, les Gammas existent!

MINISTRE: Rattrapez ce tonneau! Faites quelque chose! [*The policemen form a circle, stretching their arms to try to grab the cask, but it's out of their reach.*] Ils partent!

BENOIT: C'est une réussite magnifique!

FLANDRE: Félicitations!

MINISTRE: Blanchette! Au revoir.

OSCAR: Les Gammas existent, Monsieur le Ministre!

[*The cask glides smoothly over the Seine.*]

MINISTRE: Oui, ils existent. Mais ils sont partis avec ma fille Blanchette.

VOCABULARY

adieu farewell
arriver à + *INF* to manage/be able to do sth.
aussi + *ADJ/ADV* + **que** as + *ADJ/ADV* + as
la **cérémonie** ceremony
la **commère** gossipy woman
décoller to take off (as a plane)
le **départ** departure, take-off
l' **échelle** (*f.*) ladder
l' **écolier** (*m.*) schoolboy
en (+ *V*) of it
enlever to drain off/take out
entrer dans to go inside
l' **épaule** (*f.*) shoulder
l' **expérience** (*f.*) experiment
expérimenter to test
exploser to explode

formidable stupendous
gros, grosse large
jusqu'à up to
marqué written (*PP*)
mélangé(es) combined (*PP*)
moins + *ADJ/ADV* not so + *ADJ/ADV*
l' **officiel** (*m.*) official
ou bien. . .ou bien either . . . or
pars! < **partir**[C20] leave! (*CF*)
ils **pourront** < **pouvoir**[C23] they will be able (*FUT*)
rattraper to catch
la **réussite** success
reviens! < **revenir**[C31] come back!
secret, secrète secret
ils **seront** < **être**[C13] they will be (*FUT*)
sur (**partir**[C20] **sur Gamma**) for

SPECIAL EXPRESSIONS

C'est le départ! They're going to leave!
Ce sont eux. They're the ones.
de deux choses l'une one of two things (is going to happen)
Du bruit, vous trouvez? Do you think it's noisy?

En position! Take your places!
Quelle bonne idée! What a good idea!
Vous n'avez rien à faire ici. You have no business here.

SUPPLEMENTARY VOCABULARY

money, buying l'argent (*m.*), les achats (*m.*)	
account (in the bank)	le compte (en banque)
bill (banknote)	le billet
to cash a check	toucher un chèque
to change (dollars)	changer (des dollars)
coins, change	la monnaie
credit card	la carte de crédit
currency exchange	le bureau de change (*m.*)
to deposit	déposer
exchange rate	le cours du change
to save	faire des économies
to spend	dépenser
traveler's check	le chèque de voyage
at the department store:	au grand magasin:
bill (for a purchase)	la facture
change (for 100 francs)	la monnaie (de 100 francs)
to charge	mettre à compte
charge account	le compte
customer	le client, la cliente
to deliver	livrer
department (of a store)	le rayon
discount	le rabais
low-priced, cheap	bon marché (invar. *ADJ*)
cheaper	meilleur marché
on sale	en solde
to order	commander
to pay cash	payer comptant
May I help you?	Vous désirez?
I'll take it.	Je le prends.
I'd like { to exchange this. / to return this. / a refund.	Je voudrais { échanger ceci. / vous rendre ceci. / me faire rembourser.

LANGUAGE NOTES AND EXERCISES

36.1 The future perfect indicative (*futur antérieur*)

a. The future perfect indicative is a compound tense formed as follows: future indicative of auxiliary verb **avoir** or **être** + past participle. The future perfect indicative usually corresponds to English "will have" + the past participle of the verb. This tense is used to express an action that has not yet taken place but will have taken place at some future point in time.

Ils *auront expérimenté* la sphère avant de partir.

They will have tested the sphere before leaving.

Quand il arrivera, ils *seront partis*. When he arrives, they will have left.

b. Past participle agreement and placement of negative expressions and object pronouns follow the same rules as those for other compound tenses.

Les lettres? Ne les *aura*-t-il pas *écrites*? The letters? Won't he have written them?

Nous y *serons allés* avant leur départ. We will have gone there before they leave.

c. Use of a future tense is required after the conjunctions **quand, lorsque, aussitôt que, dès que,** and **tant que** when future time is implied (see 18.2). Future perfect is used after these conjunctions to express an action that will have been completed at some time in the future.

Quand l'énergie d'Odile et l'énergie du cognac *se seront mélangées*, notre sphère Gamma va voler. When Odile's energy and the energy of the cognac are combined (will have been combined), our Gamma sphere is going to fly.

EXERCICES

A. Faites les substitutions comme il est indiqué entre parenthèses.
1. Nous **aurons terminé** avant midi. (se laver, arriver, payer, décoller)
2. Je **ne serai pas parti(e)** quand Marcel arrivera. (se coiffer, revenir, déjeuner, dormir)
3. **Auras-tu beaucoup économisé** dans une semaine? (dépenser, construire, vendre, conduire, apprendre)

B. Complétez les phrases suivantes par le futur antérieur du verb indiqué entre parenthèses.
1. Quand les voyageurs _____ en Angleterre, ils échangeront leur argent. (arriver)
2. Tu auras assez d'argent pour une semaine dès que tu _____ ton chèque. (toucher)
3. Aussitôt que vous _____ le magasin, les clients arriveront pour notre vente en solde. (ouvrir)
4. Lorsque nous vous _____ le manteau, vous pourrez le porter dix jours avant de régler la facture. (livrer)
5. Le ministre croira aux Gammas dès qu'il _____ la sphère. (voir)

36.2 *Personne* or *rien* as object of a preposition

Personne and **rien** are negative pronouns that may be used as the object of a preposition, as well as the subject or the direct object of a verb (see 7.2.d). Remember that regardless of the position of **personne** or **rien, ne** precedes the verb governing the negative pronoun.

Il nous a dit qu'il n'a besoin de *rien*. He told us (that) he needs nothing.

Ne le dites à *personne*! Don't tell anyone!

Elle leur a promis de *ne* le dire à *personne*. She promised them not to tell it to anyone.

EXERCICE

Situation: **Pas de renseignements pour les commércs!**

Une commère de La Roche-Guyon veut obtenir des renseignements de Monsieur Benoît. Celui-ci ne dit rien. Donnez ses réponses avec **rien** (pour les choses) ou **personne** (pour les personnes). Imitez le modèle.

<table>
<tr><td align="center">*La commère*</td><td align="center">*Monsieur Benoît*</td></tr>
<tr><td>Modèle: **Vous vous intéressez à la cons-
truction d'une machine spéciale.**</td><td>—**Mais non, Madame! Je *ne
m'intéresse* à *rien*.**</td></tr>
<tr><td>1. Vous pensez toujours à ce vieux bois de
1538.</td><td>—Mais non! Je _____ .</td></tr>
<tr><td>2. Vous vous intéressez beaucoup à ces
ingénieurs.</td><td>—Pas du tout! Je _____ ʾ</td></tr>
<tr><td>3. Mais vous avez parlé d'Emile dans la
ville.</td><td>—Mais non! Je _____ .</td></tr>
<tr><td>4. Si! Vous avez parlé d'un projet spécial
de ces gens.</td><td>—Vous vous trompez. Je _____.</td></tr>
<tr><td>5. Ah! Il y a un secret ici.</td><td>—Madame, ne vous occupez de
_____! Ce n'est pas votre
affaire.</td></tr>
</table>

36.3 Vocabulary distinction: French verbs to express "to go" (in/out/back/etc.)

Where English completes the verb "to go" with another word or words to express specific types of motion, French has a different verb for each meaning. Study the following list.

English	French	example	
Verbs conjugated with **être**:			
to go away	{ **partir (de)** { **s'en aller**	**Ils vont *partir* à une heure.**	They are going to go away at one o'clock.
		Elles s'*en iront* demain.	They will go away tomorrow.
to go back	**retourner**	**Il va *retourner* en France au mois d'avril.**	He is going to go back to France in (the month of) April.
to go (back) home	**rentrer**	**Nous *sommes rentrés* tard.**	We went home late.
to go down	**descendre**	**Vous *descendez* toujours pour le petit déjeuner.**	You always go down for breakfast.
to go in/into	**entrer (dans)**	**Ils *sont entrés* dans l'atelier.**	They went into the workshop.
to go out	**sortir (de)**	**Elle *est sortie* de la maison.**	She went out of the house.
to go to	{ **aller** { **se rendre**	**Tu *vas*** **Tu *te tends*** } **en classe.**	You are going to class.

English	French	example	
to go up	**monter**	**Il** *est monté* **se coucher.**	He went up to go to bed.
to go without	**se passer de**	**Je n'aime pas** *me passer de* **pain.**	I don't like to go without bread.
Verbs conjugated with **avoir**:			
to go across	**traverser**	**Ils** *traverseront* **la salle.**	They will go across the room.
to go through	**passer (par)**	**Elle** *a passé par* **la porte.**	She went through the door.
to go with s.o.	**accompagner qqn**	**Vous** *l'avez accompagnée.*	You went with her.

EXERCICE

Complétez les phrases suivantes par la forme appropriée du verbe indiqué entre parenthèses.
1. Pour (go into) _____ le tonneau de cognac, d'abord vous (go up) _____ à l'échelle et ensuite vous (go down) _____ a l'intérieur du tonneau.
2. Mistigris, le chat des Lambert, (went up) _____ dans l'arbre et ensuite il n'a pas pu (go down) _____ . Quand Mistigris a miaulé[1] très fort, Mme Lambert (went out) _____ pour voir. Alors elle (went) _____ chez les voisins pour demander l'aide de Jean-Pierre; elle (went through) _____ le jardin. Jean-Pierre (went) _____ à l'arbre avec elle et il (went up) _____ _____ dans l'arbre sans problèmes. Alors, Mistigris, tout seul, (went down) _____ de l'arbre. Mais maintenant—ah! Mon Dieu![2] —Jean-Pierre ne peut pas (go back) _____ chez lui. Il est accroché[3] par son pantalon à une branche de l'arbre! Mistigris est au pied de l'arbre et il regarde avec intérêt. . .

36.4 Indirect questions

Indirect questions are sentences in which a question is not asked directly but as a subordinate clause. A main clause always introduces the subordinate clause. The subordinate clause begins either with the word that would normally begin the question or with an other-than-interrogative expression. Declarative subject-verb word order is used in most indirect questions.

a. Indirect questions with the same word as the question

question	indirect question
Pourquoi est-il parti?	Je ne sais pas **pourquoi** il est parti.
Quand revenez-vous?	Dites-moi **quand** vous revenez.

[1]**miauler:** to meow.
[2]**Mon Dieu!:** Good Heavens!
[3]**accrocher:** to hook.

question	indirect question
Où vas-tu? **Qui** est-ce? **Qui** a-t-il vu? **De qui** parlait-elle? **A quoi** pensez-vous? **Laquelle** de ces pommes préférez-vous?	Je voudrais savoir **où** tu vas. Je ne sais pas **qui** c'est. Dites-nous **qui** il a vu. Demandez-lui **de qui** elle parlait. Dites-moi **à quoi** vous pensez. Dites-moi **laquelle** de ces pommes vous préférez.

When **comment, où, quand,** or a form of **quel** introduces the subordinate clause in an indirect question, subject-verb inversion is common when the subordinate clause consists only of a noun subject and a verb.

Comment fonctionne une sphère?   Expliquez-moi **comment** fonctionne une sphère.

Quand revient le printemps?   Dites-moi **quand** revient le printemps.

Quelle est sa réponse?   Demandez-lui **quelle** est sa réponse.

b.   Indirect questions with an other-than-interrogative expression

Study the following examples and note the use of compound relative pronouns rather than interrogative pronouns in indirect questions corresponding to English "what" as a pronoun.

Qu'est-ce qui est sur la table?   Dites-moi **ce qui** est sur la table.

Qu'est-ce qu'ils ont vu à Paris? }
Qu'ont-ils vu à Paris?   }   Je voudrais savoir **ce qu'**ils ont vu à Paris.

De quoi parle-t-elle?   Demande-lui **ce dont** elle parle.

EXERCICE

Transformez les questions suivantes en questions indirectes. Imitez le modèle.

Modèle: **Où est-il allé?** → **Dites-moi où il est allé.**

1.   Quand irez-vous en Espagne? Dites-nous _____ .
2.   Lesquels de ces chèques avez-vous écrits? Dites-lui _____ .
3.   Comment Mistigris est-il monté dans l'arbre?   Je ne sais pas _____ .
4.   Qui avez-vous appelé à votre aide, Madame? Dites-moi _____ .
5.   Quel problème a Jean-Pierre dans l'arbre? Expliquez-moi _____ .
6.   Pourquoi Mistigris est-il sous l'arbre? Dites-leur _____ .
7.   Qu'est-ce que vous livrerez à nos clientes? Dites-lui _____ .
8.   De quoi ont-ils besoin au bureau de change? Demandez-leur _____ .
9.   Qu'est-ce qui est écrit sur ta carte de crédit? Montre-moi _____ .

36.5 Recapitulation of the indicative mood

For each simple tense of the indicative mood, there is a compound tense that consists of the corresponding tense of **avoir** or **être** followed by the past participle. Review the tenses of the indicative mood by studying the following chart.

indicative mood		
simple tenses		**compound tenses**

	simple tenses		compound tenses
présent:	je donne je vends je finis je reste je me dépêche	**passé composé:**	j'ai donné j'ai vendu j'ai fini je suis resté(e) je me suis dépêché(e)
imparfait:	je donnais je vendais je finissais je restais je me dépêchais	**plus-que-parfait:**	j'avais donné j'avais vendu j'avais fini j'étais resté(e) je m'étais dépêché(e)
futur:	je donnerai je vendrai je finirai je resterai je me dépêcherai	**futur antérieur:**	j'aurai donné j'aurai vendu j'aurai fini je serai resté(e) je me serai dépêché(e)

For formation, English equivalents, and uses of the above tenses, see the following language notes:

present: 2.3, 5.3, 7.5, 8.5, 11.2, 12.2, 13.1, and 14.3

imparfait: 24.1, 24.2, and 26.1

futur: 18.1, 18.2, and 19.1

passé composé: 8.3, 9.5, 10.5, 16.1, 26.1, 28.1, and 29.4

plus-que-parfait: 33.1

futur antérieur: 36.1

EXERCICE

Exercice de récapitulation. Donnez le temps et la forme des verbes comme il est indiqué entre parenthèses.

1. ils _____ (rattraper, futur, négatif)
2. _____ (désirer, présent, il, interrogatif)
3. vous _____ (explorer, plus-que-parfait)
4. elle _____ (tomber, passé composé)
5. tu _____ (marquer, présent, négatif)
6. nous _____ (grandir, présent)
7. on _____ (attendre, futur antérieur)
8. je _____ (se lever, imparfait)
9. _____ (entrer, plus-que-parfait, elles, interrogatif)
10. je _____ (garantir, imparfait)
11. vous _____ (vendre, passé composé, négatif)
12. ils _____ (réussir, présent)
13. on _____ (décoller, futur)
14. _____ (entendre, passé composé, tu, interrogatif)

15. nous _____ (changer, présent)
16. elle _____ (descendre, futur antérieur, négatif)
17. elles _____(se réveiller, plus-que-parfait, négatif)

Au revoir, la France!

[**Scene 1**: *Oscar, the Secretary, Marianne, Monique, Benoît, and Flandre observe the flight of the cask.*]

BENOIT: C'est une réussite.

FLANDRE: Une réussite française! Vous voyez encore notre sphère Gamma?

BENOIT: Elle a disparu.

FLANDRE: Vous ne voyez plus? Vraiment plus?

BENOIT: Non. Non. Je ne la vois plus. Elle a tout à fait disparu.

OSCAR: Blanchette reviendra un jour, Monsieur le Ministre.

MINISTRE: Mais non, elle ne reviendra plus. . .jamais.

OSCAR: Dans un mois, dans un an, mes amis Gammas reviendront avec votre fille.

MINISTRE: Vous croyez que les Gammas seront gentils avec Blanchette?

OSCAR: Oh oui, les Gammas seront très gentils avec votre fille.

BENOIT: Qu'est-ce que c'est que cette histoire de Gammas?

OSCAR: Mes amis Emile, Odile et Adrien sont des Gammas.

BENOIT: Emile n'est pas un Gamma. Ni Odile, ni Adrien. Ils sont français.

FLANDRE: Emile est un ingénieur français.

MINISTRE: Mais non! Ce sont des Gammas!

BENOIT ET FLANDRE: Des Gammas?!

BENOIT: De véritables Gammas?

MONIQUE: Mais oui, Monsieur Benoît. Emile n'était pas un ingénieur français, c'était un Gamma.

BENOIT: Emile, un Gamma!

OSCAR, PUIS LE MINISTRE: Vivent les Gammas!

BENOIT: Emile était un Gamma? Emile était un Gamma!

FLANDRE: Un véritable Gamma.

MONIQUE: Emile, il est parti, Emile!

OSCAR: Moi, j'ai toujours cru aux Gammas. J'ai toujours dit "Les Gammas existent!"
[*A sort of backfiring sound is heard in the distance.*]

BENOIT: J'entends quelque chose.

FLANDRE: J'entends un bruit.

MONIQUE: Là! Ils reviennent!

MINISTRE: Ils reviennent!

BENOIT: Ils ont oublié quelque chose.

FLANDRE: Ils n'ont rien oublié. Ça ne marche pas.

EMILE: Ça ne marche pas. Odile n'a plus d'énergie.

ODILE: Je n'ai plus d'énergie!

BLANCHETTE: Au secours, Papa! Au secours! Nous tombons!

MINISTRE: Ils vont tomber!

OSCAR: Ils vont tomber dans la Seine!
[*The cask falls into the Seine. Later, in the Secretary's office.*]

MINISTRE: Vous êtes des Gammas sans sphère. Mais, sans sphère, vous n'êtes pas tout à fait des Gammas.

EMILE: Vous avez raison, Monsieur le Ministre. Sans la sphère, nous ne sommes pas tout à fait des Gammas.

ODILE: Sans la sphère, nous ne pouvons pas retourner sur Gamma!

ADRIEN: C'est affreux. Affreux.

ODILE: Je veux retourner sur Gamma. Je veux la sphère.

MINISTRE: Pauvre petite fille. Vous n'avez plus votre sphère. Mais qu'est-ce que vous avez fait de votre sphère? Hein? Qu'est-ce que vous en avez fait?

OSCAR: Mais, je vous l'ai déjà dit, Monsieur le Ministre. Ils ont perdu leur sphère. Ils ne la trouvent plus.

EMILE: Nous l'avons cherchée partout.

ADRIEN: A Mégève. . .partout.

MINISTRE: Je vais vous retrouver la sphère Gamma. Je vais faire un appel à la télévision. Comment est-elle, votre sphère?

EMILE: [Pointing to the sphere on the Secretary's desk] Elle est comme celle-ci, Monsieur le Ministre.

MINISTRE: Comme cette boule? Mais c'est un jouet, un souvenir. Blanchette me l'a achetée à Mégève. Comment ferez-vous pour reconnaître votre sphère, Emile?

EMILE: Je ferai le geste Gamma, Monsieur le Ministre.

OSCAR: Et la sphère grandira.

MINISTRE: La sphère grandira! Mais comment est-il, ce geste Gamma, mon cher Emile?

EMILE: Voilà! On fait comme ça! On se concentre. . . Il faut bien se concentrer. On remue la tête. . .comme ça. . .et je fixe la sphère. Je me concentre, je remue la tête, je fixe la sphère, compris?
[The sphere begins to rock back and forth and then to grow.]

ODILE: C'est notre sphère!

ADRIEN: Continue, Emile! Continue!
[Adrien and Odile join Emile in performing the Gamma gesture.]

ODILE: Continue!

MINISTRE: Arrêtez, Emile! Ça suffit!

#   #   #   #

[**Scene 2**: *The Gammas ride in triumph through Paris. In the background we see such monuments as the Sacré-Cœur, Notre-Dame, the Invalides, and the Arc de Triomphe. Then: a reception room in the town hall.*]

OSCAR: Silence!

MINISTRE: Non, je ne ferai pas de discours. Nos amis, les Gammas, comprennent maintenant si bien le français. Ils savent qu'un discours est toujours trop long. Je veux simplement re-mettre à nos amis un petit souvenir avant leur départ. [*He presents the souvenir to Emile.*] Et vivent les Gammas!

ODILE: Merci, Monsieur le Ministre.

ADRIEN: C'est une belle statue, un beau souvenir. Merci, Monsieur le Ministre!

EMILE: Merci, Monsieur le Ministre. Votre souvenir est lourd.

MINISTRE: Nous ne devons pas oublier Oscar. Si, si, Oscar, vous méritez une médaille. C'est Oscar qui a découvert les Gammas. Aux heures les plus sombres, Oscar croyait aux Gammas et s'écriait "Les Gammas existent! Je les ai vus!" Bravo. Merci, Oscar; la France est fière de vous! Vous pleurez, Oscar?

OSCAR: Oui, mais je pleure de joie, Monsieur le Ministre.

VIEILLE DAME: [*To one of the attendants*] Oh, Monsieur, une fois dans ma vie, je veux toucher un Gamma! [*To Emile*] Oh, pardon, Monsieur. Je voulais seulement une fois dans ma vie toucher un Gamma.

EMILE: Madame, je suis comme un Français!

VIEILLE DAME: Oh, comme ils sont gentils, ces Gammas, comme ils sont gentils.

MONIQUE: Vous partez quand, Emile?

EMILE: Nous partons dans une heure.

CINÉASTE: Pardon. C'est vrai que vous retournez sur Gamma dans une heure?

EMILE: Oui, nous partons dans une heure.

CINEASTE: Dommage! Mmm, c'est bien dommage.

ODILE: Pourquoi, Monsieur?

CINÉASTE: J'aurais tant aimé faire un film sur vous.

ODILE, PUIS ADRIEN: Un film?!

EMILE: Impossible! Nous devons partir dans une heure.

VOIX DE ROGER: Je veux voir Odile!

[*Roger runs in. He and Odile embrace.*]

ODILE: Roger!

ROGER: Odile! Oh, Odile!

ODILE: Mon Roger!

ROGER: Mon Odile!

MINISTRE: Ils s'aiment. Un Français aime une jeune fille Gamma. Bravo. Qui est Roger?

EMILE: C'est un jeune homme que nous avons rencontré en Bourgogne quand nous sommes arrivés en France.

ADRIEN: Roger est amoureux d'Odile.

BLANCHETTE: Et Odile est amoureuse de Roger.

MINISTRE: Très bien, très bien. . .

ROGER: Odile, tu as coupé tes cheveux?

ODILE: Oui, j'ai coupé mes cheveux.

ROGER: Pourquoi?

ODILE: Pour être vraiment française.

ROGER: Et maintenant, tu es française?

ODILE: Maintenant, je suis française.

ROGER: Et tu retournes sur Gamma?

EMILE: Oui, Odile retourne sur Gamma. Dans une heure. Tous les trois, nous retournons chez nous.

MINISTRE: Chers amis. . . Je ne veux pas vous presser de partir, mais si vous voulez partir, c'est l'heure.

EMILE: Eh bien, c'est l'heure du départ.

#   #   #   #

[**Scene 3**: *Preparations for the Gammas' departure.*]

EMILE: [*To the photographers*] Inutile de prendre des photos. On ne nous voit pas sur les photos.

[*The photographers try all the same.*]

PHOTOGRAPHE: [*Discovering that Emile was right*] Ça alors!

MINISTRE: Messieurs les photographes, merci.

OSCAR: [*Being interviewed on television*] Naturellement. . .mais naturellement . . .je suis le meilleur ami des Gammas. Je suis d'ailleurs un spécialiste des Gammas. J'ai écrit des livres sur les Gammas.

EMILE: Au revoir, Monique.

ODILE: Au revoir, Roger.

ADRIEN: Au revoir, Blanchette.

BLANCHETTE: Au revoir, Adrien.

EMILE: Au revoir, Monsieur le Ministre.

MINISTRE: Au revoir, Emile. Au revoir, Adrien.

ADRIEN: A bientôt, Oscar.

BLANCHETTE: Papa! Adrien va partir!

MINISTRE: Jeune homme. . .Adrien? Si vous voulez rester en France. . .si vous voulez prendre la nationalité française. . .

ADRIEN: Je veux retourner sur Gamma.

BLANCHETTE: Papa, je veux aller avec eux.

MINISTRE: Voyons, Blanchette! Et tes études? Adrien reviendra en France. N'est-ce pas que vous reviendrez, Adrien?

EMILE: Nous reviendrons. [*To Odile and Adrien*] Venez, mes amis, il faut partir. [*Roger makes a sudden dash into the sphere.*] Monsieur le Ministre, est-ce que Roger peut nous accompagner sur Gamma?

MINISTRE: Est-ce que vous avez de la place pour lui, cher Emile?

EMILE: Il y a une place pour Roger. . . mais uniquement pour lui!

MINISTRE: Roger peut vous accompagner. Il sera l'ambassadeur de la France sur Gamma.

1er AMBASSADEUR: [*To Emile*] Je suis l'Ambassadeur de sa Majesté la Reine d'Angleterre en France. Nous ferez-vous l'honneur de venir un jour en Grande Bretagne?

EMILE: Bien sûr, nous viendrons en Angleterre.

2e AMBASSADEUR: Et en Suède?

EMILE: Bien sûr, en Suède.

3ᵉ AMBASSADEUR: Et en Italie?
ODILE: En Italie? D'accord!
3ᵉ AMBASSADEUR: Merci, Mademoiselle.
4ᵉ AMBASSADEUR: Et en Suisse aussi!
ADRIEN: Et en Suisse, naturellement.
  Au revoir, Blanchette!
EMILE: Adieu, Monique! Salut, Oscar!
ADRIEN: Au revoir, Monsieur le Ministre.

ODILE: Au revoir, la France!
CHŒUR DE CEUX QUI RESTENT: Au revoir,
  les Gammas!
BLANCHETTE: Au revoir, les Gammas.
  A bientôt, Adrien!
  [*The Gammas close up the sphere. It rises slowly and glides by the Eiffel Tower.*]

VOCABULARY

accompagner to accompany
affreux, -euse awful
l' **ambassadeur** (*m.*) ambassador
amoureux, -euse (de) in love (with)
l' **an** (*m.*) year
l' **Angleterre** (*f.*) England
j' **aurais aimé** I would have liked
  (*P COND*)
le **chœur** chorus
le **cinéaste** filmmaker
se **concentrer** to concentrate
continuer to keep (it) up
il **croyait < croire**ᶜ⁷ he believed (*IMP*)
cru < croireᶜ⁷ believed (*PP*)
  j'ai cru aux Gammas I believed in
  the Gammas
découvert < découvrirᶜ¹⁹ discovered
  (*PP*)
dommage
C'est dommage! It's too bad!
s' **écrier** to cry
en (+ *V*) with it
les **études** (*f.*) studies
vous **ferez < faire**ᶜ¹⁴ you will do (*FUT*)

le **film** film
fixer to stare at
la **Grande Bretagne** Great Britain
l' **Italie** Italy
la **joie** joy
sa **Majesté** Her Majesty
la **médaille** medal
mériter to deserve
le **mois** month
la **nationalité** nationality, citizenship
  prendreᶜ²⁴ **la nationalité** to
    become a citizen
presser to rush
la **reine** queen
remettreᶜ¹⁷ **qqch. à qqn** to give sth.
  (back) to s.o.
remuer to move
salut! so long!
sombre dark
  les plus sombres the darkest
la **Suède** Sweden
la **Suisse** Switzerland
tant here: really
uniquement only

SPECIAL EXPRESSIONS

C'est l'heure. It's time.
Comment est-il/elle? What's it like?
**Comment ferez-vous pour reconnaître
  votre sphère?** How will you go about
  recognizing your sphere?

On fait comme ça! It's done like this!
**Qu'est-ce que c'est que cette histoire de
  Gammas?** What's this Gamma story
  all about?
un jour some day

SUPPLEMENTARY VOCABULARY

public transportation	**les transports** (*m.*) **publics**

to ask directions	**demander son chemin** (*m.*)
city map	**le plan**
rush hour	**l'heure d'affluence** (*f.*)
bus:	**l'autobus** (*m.*)
bus ride/trip/route	**le trajet**
bus stop	**l'arrêt** (*m.*) **d'autobus**
conductor	**le contrôleur**
end of the line	**le terminus**
(in the) { front	**en tête**
{ middle	**au milieu**
{ rear	**en queue**
to stand in line	**faire la queue**
subway:	**le métro:**
book (of tickets)	**le carnet**
first class	**de première**
second class	**de seconde**
change of line	**la correspondance**
to change lines	**prendre la correspondance**
end of individual line	**la direction**
(first or last stop)	
subway station	**la station de métro**
taxi:	**le taxi:**
meter	**le compteur**
I'm in a hurry.	**Je suis pressé.**
What's the fare to. . .?	**Quel est le tarif** } **pour aller à. . .?**
	C'est combien }
Please go by (way of). . .	**Je voudrais passer par. . .**
Take the shortest route.	**Prenez la route la plus directe.**
Keep the change.	**Gardez la monnaie.**

LANGUAGE NOTES AND EXERCISES

37.1 The past conditional (*conditionnel passé*)

a. General

The past conditional, also called the conditional perfect, expresses an action that could have taken place in the past but did not. The English equivalent of the past conditional is "would have" plus the past participle of the verb.

conditional:	**J'*aimerais* te voir.**	I would like to see you.
past conditional:	**J'*aurais aimé te voir*.**	I would have liked to see you.

b. Formation

The past conditional is a compound tense formed as follows:

$$\left.\begin{array}{c}\text{Present conditional of auxiliary}\\ \text{verb \textbf{avoir} or \textbf{être}}\end{array}\right\} + \text{past participle} = \text{past conditional}$$

J'*aurais* tant *aimé* faire un film sur les Gammas.	I would really have liked to make a film about the Gammas.
Elle *serait venue* avant eux.	She would have come before them.
Nous nous serions dépêchés mais. . .	We would have hurried but. . .

Past participle agreement and placement of negative expressions and object pronouns follow the same rules as those for other compound tenses.

c. Use

As explained in 33.2.b, the conditional is often used in conditional sentences with a set sequence of tense. In such sentences, the past conditional is used in the main clause, while the pluperfect indicative (33.1) is used in the subordinate clause introduced by **si**.

pluperfect:	**Si nous *avions eu* l'eau,**	If we had had the water, the
past conditional:	**le bois n'*aurait* pas *brûlé*.**	wood wouldn't have burned.

EXERCICES

A. Transformez les phrases suivantes pour indiquer une situation qui n'a pas été possible dans le passé.

Imitez le modèle.

Modèle: **Si la sphère marchait, les Gammas retourneraient chez eux.**
→ **Si la sphère avait marché, les Gammas seraient retournés chez eux.**

1. S'ils avaient leur sphère, les Gammas seraient contents.
2. Emile ferait le geste Gamma s'il trouvait une petite sphère.
3. Si nous avions le temps, nous irions au Louvre.
4. Adrien, si vous vous mariiez avec Blanchette, vous resteriez en France.
5. Irais-tu en 1ʳᵉ classe si tu prenais le métro à Paris?

B. Transformez les phrases suivantes en phrases conditionnelles. Imitez le modèle.

Modèle: **La sphère *ne pouvait pas voler*. (Si elle avait eu plus d'énergie)** → **Si elle avait eu plus d'énergie, la sphère *aurait volé*.**

1. La vieille dame **ne pouvait pas acheter** un livre d'Oscar. (Si elle avait eu cent francs)
2. Nous **ne pouvions pas prendre** le métro. (Si nous avions été pressés)
3. Tu **ne pouvais pas partir** sans billet. (Même si tu l'avais voulu)
4. Les Gammas **ne pouvaient pas recevoir** la nationalité française. (Si le Président de la République l'avait permis)

37.2 Vocabulary distinction: "to leave" —*partir, sortir, s'en aller, quitter, laisser*

The verbs **partir, sortir, s'en aller, quitter,** and **laisser** are all the equivalent of English "to leave." Care must be taken to distinguish between the French verbs, which have distinctive meanings.

a. **partir** = to leave/depart/go away

Partir is an intransitive verb (it cannot have a direct object) conjugated with **être**.

Il *part* de bonne heure.	He is leaving early.
Il *partira* de Saint-Claude.	He will leave (from) Saint-Claude.
Il *est parti* pour Paris.	He left for Paris.

A place name after **partir** must be preceded by a preposition, as can be seen in the second and third examples.

b. **sortir** = to leave/go out/come out

Sortir is an intransitive verb conjugated with **être**.

Elle *sera sortie* à cette heure-là.	She will have left by that time.
Elle *est sortie* de la salle.	She $\left\{ \begin{array}{l} \text{left} \\ \text{went out of} \end{array} \right\}$ the room.

A place name after **sortir** must be preceded by **de**, as can be seen in the second example. (For **sortir** as a transitive verb, see 28.1.)

c. **s'en aller** = to leave/go away/go off

S'en aller is conjugated with **être** and is not ordinarily followed by the name of a place. The past participle of the verb in this construction agrees with the subject.

Va-t'en!	Go away!
Elle *s'en est allée.*	She went away./She left.

d. **quitter** + direct object noun or pronoun = to leave/depart from $\left\{ \begin{array}{l} \text{a person} \\ \text{a place} \end{array} \right.$

Quitter is a transitive verb, conjugated with **avoir**. It can be used ONLY with an expressed direct object.

Nous les (nos amis) *avons quittés* à minuit.	We left them at midnight.
Ils *quitteront* la maison à une heure.	They'll leave the house at one o'clock.

e. Comparison of **partir, sortir, s'en aller,** and **quitter**

Of the above four verbs, **partir** and **s'en aller** are used interchangeably to mean "to depart" with no mention of the place being departed from.

Il *part* $\left. \begin{array}{l} \\ \end{array} \right\}$ maintenant. Il *s'en va*	He is leaving now.

Sortir is the only one of the four used to describe the motion of going or coming out of a place, often a building or a room.

Il *sort* (de la maison) maintenant.	He is leaving (the house) now./He's going out (of the house) now.

Quitter can be used only when the place is mentioned. It is also the only one of these four verbs which can be used when leaving people.

Il *quitte* l'atelier maintenant.	He is leaving the workshop now.

Il *quitte* le ministre maintenant.   He is leaving the Secretary now.

f.   **laisser** + direct object noun or pronoun = to leave $\left\{ \begin{array}{l} \text{a thing} \\ \text{a person} \end{array} \right\}$ behind

Laisser meaning "to leave behind" is a transitive verb conjugated with **avoir**.

Il *a laissé* **la broche dans le tiroir.**   He left the brooch (behind) in the drawer.

Je vous les (les Gammas) *laisse.*   I leave them (the Gammas) with you.

g.   Comparison of **quitter** and **laisser**
Both **quitter** and **laisser** can take a PERSON as a direct object. Only **quitter** can be completed by a PLACE as direct object. Only **laisser** can be completed by a THING as direct object. The verbs also differ in meaning: **quitter** means "to leave" in the sense of "to depart from" or "to separate oneself from," while **laisser** means "to leave" only in the sense of "to leave behind," deliberately or accidentally.

person: **Ils** *ont quitté* **Antoine sur les Champs-Elysées.**   They left (took leave of/separated themselves from) Antoine on the Champs-Elysées.

Ils *ont laissé* **Antoine avec sa grand-mère.**   They left Antoine (behind) with his grandmother.

place: **Ils** *ont* **vite** *quitté* **Brézolles.**   They quickly left/departed from Brézolles.

thing: **Ils** *ont laissé* **leurs livres sur le bureau.**   They left their books (behind) on the desk.

EXERCICES

A.   Complétez les phrases suivantes par la forme appropriée du verbe. Utilisez **partir, sortir** ou **s'en aller** selon le sens de la phrase.
  1.   La semaine prochaine, les touristes _____ de Paris pour aller en Normandie.   (will leave)
  2.   Moi, je _____ bientôt en vacances.   (will go away)
  3.   Quand Josette _____ pour faire des achats dans un grand magasin, elle a pris le métro pour aller plus vite.   (went out)
  4.   Nous ne voulions pas _____ sans vous.   (leave)
  5.   Quand vous _____ le soir, prenez-vous l'autobus ou un taxi?   (go out)
  6.   Au revoir, Line! Je dois _____ maintenant.   (go away)

B.   Complétez les phrases suivantes par la forme appropriée du verbe. Utilisez **laisser** ou **quitter** selon le sens de la phrase.
  1.   Hier, j'_____ mon imperméable dans l'autobus mais le contrôleur l'a retrouvé.   (left)
  2.   René _____ toujours son amie à l'arrêt d'autobus; il préfère rentrer par le métro.   (leaves)
  3.   Elise, tu n'es pas gentille de _____ ton frère tout seul.   (leave)
  4.   Les visiteurs du musée _____ toujours un pourboire au guide.   (used to leave)
  5.   En septembre, nous _____ la Côte d'Azur pour retourner à Rouen.   (shall leave)

C. Complétez le passage suivant comme il est indiqué entre parenthèses. Utilisez les verbes suivants: **partir, sortir, s'en aller, quitter, laisser.** Faites attention aux temps des verbes.

Depuis leur arrivée en France, les Gammas ont pensé qu'un jour ils (would leave) _____ pour Gamma. Ils savaient bien qu'ils (would leave) _____ la belle France et qu'ils (would leave behind) _____ leurs amis sans pouvoir les emmener avec eux. Ce sera triste pour Adrien de (leave) _____ Blanchette et pour elle aussi, ce sera très difficile de le voir (leave) _____ sans elle. Avec qui (will she go out) _____-elle pour dîner au restaurant ou aller au musée quand Adrien (will be gone) _____? Le jour du départ des Gammas, elle était si malheureuse qu'elle (went out) _____ de la salle de réception en pleurant.[1]

37.3 Approximate numbers, fractions, and mathematical operations

a. Approximate numbers
    (1) The suffix **-aine** is added to the cardinal number (see 7.1 and 21.3) to express an approximate number. Final mute *e* is dropped before adding **-aine** to a cardinal number. Also, **dix → diz + aine (dizaine).**

une dizaine	about ten
une quinzaine	about fifteen
une vingtaine	about twenty
une cinquantaine	about fifty
une centaine	about one hundred

exceptions:	**un millier**	about a thousand
	des milliers	thousands

    (2) An approximate number takes **de** before a noun.

Il a *une vingtaine de* livres sur son bureau.	He has about (some) twenty books on his desk.
Il y a *des milliers de* livres à la bibliothèque.	There are thousands of books in the library.

    (3) **Une douzaine de** can mean either "twelve/a dozen" or "about a dozen".

J'ai vendu *une douzaine d'œufs.*	I sold a/one dozen eggs.

    (4) Cardinal numbers may also be made approximate by use of such words as: **environ** (about) and **à peu près** (about).

Elle a *environ cinquante* dollars avec elle.	She has about fifty dollars with her.
Il y a *à peu près cent* personnes dans la salle.	There are about one hundred people in the room.

b. Fractions
    (1) Most fractions are formed by the combination of a cardinal number and an ordinal number. The ordinal number takes -s when plural. No hyphen is used between the two parts of a fraction in French.

[1]**en pleurant:** crying (voir 39.1).

un dixième	one-tenth
quatre cinquièmes	four-fifths
six dix-neuvièmes	six-nineteenths

(2) The following fractions have special forms:

*un/une demi-	one-half
un tiers	one-third
un quart	one-quarter/one-fourth

Seulement *trois quarts* des étudiants ont préparé la leçon.	Only three-quarters of the students have prepared the lesson.
Achetez un demi-litre de lait.	Buy half a liter of milk.

*When another number is used before a noun with **demi**, **et demi** or **et demie** follows the noun.

Elle a déjà écrit *deux* paragraphes *et demi.*	She already wrote two and a half paragraphs.
Tu arriveras à sept heures *et demie*.	You'll arrive at seven thirty.
but	
Cela prend *une demi*-heure.	That takes a half hour.

(3) A different word is used for the noun "half": **la moitié**.

Elle a mangé *la moitié* de la tarte.	She ate half the pie.

N.B. "To divide something in half" is $\left\{ \begin{array}{l} \textbf{diviser} \\ \textbf{partager} \end{array} \right\}$ quelque chose en deux.

c. Mathematical operations
   (1) addition **(l'addition)**

   $2 + 9 = 11$ **Deux *et* neuf *font* onze.**

   (2) subtraction **(la soustraction)**

   $13 - 8 = 5$ **Treize *moins* huit *font* cinq.**

   (3) multiplication **(la multiplication)**

   $47 \times 18 = 846$ **Quarante-sept *fois* dix-huit *font* huit cent quarante-six.**

   (4) division **(la division)**

   $72 \div 12 = 6$ **Soixante-douze *divisé par* douze *fait* six.**

EXERCICES

A. Complétez les phrases comme il est indiqué entre parenthèses.
   1. Monsieur, donnez-moi une _____ de sucre. (half a pound)
   2. Patrick a fait les _____ de ses devoirs. (three-fifths)
   3. Nous avons vu _____ moutons dans l'étable. (about fifteen)
   4. Il y a des _____ d'années, la France n'existait pas. (thousands)
   5. Jocelyne a joué aux cartes et elle a perdu _____ quarante francs. (about)

6. Suzanne, va me chercher _____ d'œufs. (a dozen and a half)
7. Plus des _____ de ce groupe de touristes sont allés à Hawaii. (seven-tenths)
8. Qui a bu _____ de ce verre de vin? (half)

B. Faites les opérations suivantes. Ecrivez les chiffres en toutes lettres.
   1. $21 + 7 =$ _____
   2. $46 - 13 =$ _____
   3. $27 \div 9 =$ _____
   4. $11 \times 52 =$ _____

37.4 The irregular verb *vivre* (to live)

a. Present indicative
The irregular verb **vivre** has two present indicative stems: **vi-** for singular forms and **viv-** for plural forms.

vivre			
singular		**plural**	
je *vi s*	I live/do live/ am living	nous *viv ons*	we live, etc.
tu *vi s*	you live, etc.	vous *viv ez*	you live, etc.
il elle } *vi t* on	he/it she/it } lives, etc. one	ils } *viv ent* elles	they live, etc.

Personne ne *vit* sur la lune.   No one lives on the moon.

Les poissons *vivent* dans l'eau.   Fish live in water.

Conjugated like **vivre**: **survivre (à)** (to survive).

b. Compound tenses
Compound tenses of **vivre** and **survivre** are formed with the auxiliary verb **avoir** and the irregular past participles **vécu** and **survécu**.

Ils *ont vécu* l'existence d'un ermite.   They lived the life of a hermit.

c. Other tenses of **vivre** and **survivre** are regular in formation.

future: **On *vivra* dans l'espace dans des sphères de construction spéciale.**   People will live in space in specially built spheres.

present subjunctive: **Nous avons peur qu'il ne *survive* pas au vol.**   We're afraid he won't survive the flight.

imperfect: **Il *vivait* pour ses vacances.**   He lived for his vacation.

For other forms of **vivre**, etc., see Appendix C.32.

d. Meaning
Vivre means "to live" in the sense of "to exist" or "to be alive" as well as "to dwell" or "to inhabit".

Elle *a vécu* **(pendant) cent ans.**   She lived (for) a hundred years.

Elle *a vécu* **à Paris pendant cinq ans.**   She lived in Paris (for) five years.

EXERCICES

A.   Faites les substitutions comme il est indiqué entre parenthèses.
1.   **Nous** ne vivrons jamais sur Gamma.   (Tu, Vos amis et vous, Blanchette, Je)
2.   Vivez-**vous** avec trois chiens dans cet appartement?   (Mme Lepage, nous, tu, Les Montcalm)
3.   **Je** vivais dans une pension quand **j'**étais à Rouen.   (Notre guide, Vous, Tu, Nous)

B.   Complétez les phrases suivantes par la forme appropriée du verbe **vivre**. Faites attention au temps du verbe.
1.   Les Gammas ont maintenant oublié les moments difficiles qu'ils _____ en France.
2.   Il n'est pas nécessaire que tu _____ toute l'année dans cet appartement sans confort.
3.   L'année dernière, le général Pontheux _____ en Suisse, mais l'année précédente, il _____ en Algérie.
4.   _____-vous en Espagne si vous vouliez pratiquer l'espagnol?
5.   Marcel, je doute que tu _____ à Athènes quand tu étais petit.

37.5 Some specifics of written French

a.   Division of words
When writing French by hand or typewriter, avoid dividing words wherever possible. If word division is unavoidable, be sure to apply the French rules of word division, which sometimes differ from English rules.

(1)   Do *not* divide one-syllable words.

le   **une**   **cinq**   **ses**   **cette**   **tant**

(2)   Divide multisyllabic words between syllables according to the following rules.

(a)   Divide between two vowels pronounced separately.

ci-n*é*-*a*ste   th***é-â*tre**

(b)   One consonant between vowels goes with the following syllable.

fi-*x*er   mé-*ri-t*er   sa-*l*ut!

(c)   Divide between two consecutive consonants unless the second is an **l** or **r** (see the next rule).

Ma-jes-*t*é   e*n-n*uies

re*n-c*on-trer   a*p-p*ellent

(d)   A consonant + **l** or **r** forms an inseparable pair that is not divided. Exception: **rl**

$$\text{dé-cou-}vr\text{ir} \qquad \text{dé-}tr\text{uit}$$

$$\text{ad-mi-ra-}ble\text{-ment}$$

but

$$\text{pa}r\text{-}ler \qquad \text{cha}r\text{-}la\text{-tan}$$

(e) Three consecutive consonants divide into 1 + 2.

$$\text{re-vie}n\text{-}dr\text{a} \qquad \text{A}n\text{-}gle\text{-terre}$$

(3) Cases where division cannot take place.

    (a) Do *not* separate an initial vowel from the rest of the word.

$$\text{é-tu-diant}$$

    (b) Do *not* subdivide a prefix such as **com-, des-, dis-, en-, im-, in-, trans-**.

$$dés\text{-a-gré-able} \qquad im\text{-pos-sible}$$

$$dis\text{-pro-por-tion} \qquad inter\text{-dire}$$

    (c) Do *not* subdivide a syllable containing $V + C$ + mute e.

$$\text{pré-}ludes \qquad \text{ton-}nerre$$

    (d) Do *not* divide **ch, gn, ph,** or **th.**

$$\text{sym-pa-}thi\text{-que} \qquad \text{té-lé-}ph\text{one} \qquad \text{ma-}gni\text{-fi-que}$$

    (e) Do *not* divide after an apostrophe.

$$\text{au-jour-}d'h\text{ui}$$

b. Capitalization

    (1) Titles are usually capitalized when used in direct address but not otherwise.

Au revoir, *monsieur* le *Ministre*!

Savez-vous où il est, *Madame*?

but

Hélène de Rancé, *ministre* de la Santé, est ma tante.

Le *général* veut un verre bien rempli.

    (2) Nouns of nationality referring to people are capitalized.

Les *Français* mangent beaucoup de fromage.

    (3) Days of the week, months, names of languages, and adjectives of nationality are *not* capitalized in French.

Nous partirons en vacances le *lundi* 20 *juin*.

Ces étudiants apprennent le *français* avec un professeur *suisse*.

    (4) The words **avenue, boulevard, place, rue**, etc. are *not* capitalized.

Ils habitent 5, *avenue* de l'Hôpital.

c. Punctuation

The names of the most important punctuation marks in French are:

le point	period	**le point d'interrogation**	question mark
la virgule	comma	**le point d'exclamation**	exclamation mark
le point-virgule	semicolon	**les guillemets** (*m.*)	quotation marks
les deux-points	colon	**l'apostrophe** (*f.*)	apostrophe

Many French rules of punctuation parallel English rules. Two notable exceptions are:

(1) Never use a comma before **et** or **ou**.

Oscar est le meilleur ami des Gammas et il a écrit des livres sur les Gammas.

(2) Quotation marks are usually placed around the whole passage. When the speaker changes, a new line is used with a dash introducing it. Explanatory material is set off by a comma or commas and is not cause for additional quotation marks.

——Roger est amoureux d'Odile, dit Adrien.

——Oui, répond Blanchette. Et Odile est amoureuse de Roger.

——Très bien, dit le ministre, très bien.

EXERCICES

A. Indiquez où les mots suivants peuvent être coupés (à la fin d'une ligne). Imitez le modèle.

Modèle: **vé-ri-ta-ble-ment**

1. réconcilié
2. adorable
3. significatif
4. comportement
5. passage
6. parlementaire
7. compréhension
8. témoignage
9. cacophonie
10. majestueuse

B. Ajoutez la ponctuation et les majuscules dans le passage suivant. Seuls les points à la fin de chaque phrase sont donnés.

après avoir demandé le silence le ministre a sorti de sa poche une feuille de papier et a lu le petit discours qu'il avait préparé. il a commencé à parler souriant et très à l'aise.

mesdames et messieurs a-t-il dit nous sommes ici réunis pour féliciter nos amis gamma et leur souhaiter un bon voyage de retour. émile odile et adrien sont arrivés sur la terre sans même connaître le français. en quelques mois ils ont appris assez de français pour commencer à vivre comme des français avec l'aide de roger un charmant bourguignon a-t-il continué avec un sourire pour roger. les gammas ont bien travaillé en france ils ont même construit une sphère avec l'aide d'autres français. maintenant nos amis sont prêts à rentrer chez eux. nous voulons leur dire qu'une grande amitié nous unit à eux et que nous ne les oublierons pas.

le ministre a fait remarquer ensuite que le 18 juillet date de l'arrivée des gammas en france serait un jour spécial qui marquerait le début de l'entente cordiale francogamma. ce discours a eu beaucoup de succès.

Lesson 38

Trop tard, mon amour

[**Scene 1**: *The sphere glides by the Eiffel Tower. Emile removes the hatch and looks down.*]

EMILE: Adieu, la Tour Eiffel! Adieu, le Sacré-Cœur! Adieu, la Seine! Adieu, Paris!
[*They are much higher now; the whole of France is spread out below.*]
ODILE: L'Alsace. . . la Normandie. . . la Bretagne. . . la Corse. . . la Côte d'Azur. . .
ROGER: La Bourgogne!
ODILE: La Bourgogne! Roger, tu pleures?
ROGER: Oui.
ODILE: Pourquoi?
ROGER: Je ne sais pas. . .
ODILE: Tu n'es pas heureux d'être avec moi?
ROGER: Oh si, Odile!
ODILE: Adieu, la France!
ROGER: A bientôt, la France!
[*Now an entire hemisphere is visible.*]
La Terre!
ODILE: On dirait une orange!
ROGER: Une orange! Oui, on dirait une orange!
ADRIEN: Qui a demandé une orange?
ODILE: Une orange. . . Personne n'a demandé une orange.
ROGER: Nous avons seulement dit: la Terre ressemble à une orange.
ADRIEN: La Terre ne ressemble pas à une orange, elle ressemble à une cerise.
EMILE: Qui a demandé une cerise?
ODILE: La lune! [*A flag appears.*] Qu'est-ce que c'est?
ROGER: C'est un drapeau. C'est le pavillon américain.
ODILE: Un drapeau rouge!
ROGER: C'est le pavillon russe.

[*Suddenly he puts his hand to his chest.*] Oh! J'ai mal!
ODILE: Qu'est-ce qu'il y a, Roger?
ROGER: J'étouffe!
ODILE: Roger étouffe!
EMILE: Il n'y a plus d'air.
ODILE: [*Distributing artificial noses*] Il faut mettre ça! Il n'y a plus d'air. Allez! Respire, Roger! Respire!
ROGER: Je respire. Il y a de l'air!
ODILE: Moi aussi, je respire mieux.
[*They watch the planets go by.*]
ODILE: Mars!
ADRIEN: Vénus!
EMILE: Saturne!
ADRIEN: Uranus!
EMILE: Mercure!
ODILE: Jupiter. . . Neptune. . . Pluton. . .
[*The sphere shakes violently.*]
ROGER: Qu'est-ce qui se passe? La sphère n'avance plus?!
EMILE: Non, la sphère n'avance plus.
ROGER: La sphère n'avance plus?!
EMILE: C'est le temps qui avance à la place de la sphère.
ODILE: Mais le temps avance vite.
ADRIEN: Il avance très vite.
ROGER: J'ai une barbe!
ODILE: Oui, tu as une barbe.
EMILE: Le temps passe vite!
ROGER: Mais le temps passe très vite, il passe trop vite!
EMILE: C'est ça! La sphère n'avance pas mais le temps avance.
ROGER: Je deviens vieux. . . toujours plus vieux. Je veux rentrer en France! Je veux rentrer chez moi!

[*Roger jumps out and gets on top of the sphere.*]

ODILE: Tu veux rentrer en France? Mon pauvre Roger! Mais maintenant ce n'est plus possible. C'est trop tard, mon amour.

#   #   #   #

[**Scene 2:** *Inside the sphere again. Roger's hair and beard are white.*]

ROGER: Le temps passe trop vite. Je suis vieux. Très vieux.

ODILE: Il faut guérir Roger!

ADRIEN: Oui, il faut le guérir. Nous devons aider Roger.

EMILE: Nous devons nous arrêter à Gamgagam.

ROGER: Qu'est-ce que c'est, "Gamgagam", en français?

ODILE: "Gamgagam" veut dire "jeunesse" en français.

ROGER: Jeunesse. . . Tu es jeune, Odile! Moi, je suis vieux, très vieux.
[*They land on Gamgagam.*]

ROGER: C'est Gamma ici?

ODILE: Non. Ici c'est la planète Gamgagam! La planète de la Jeunesse!

ROGER: "Jeunesse". . . la planète de la Jeunesse!

EMILE: [*Returning from a nearby tree*] Mange cette pomme, Roger.

ROGER: Moi, manger cette pomme?! Jamais!

ODILE: Pourquoi ne veux-tu pas manger cette pomme, Roger?

ROGER: Je ne peux pas manger cette pomme parce que je n'ai plus de dents!

ODILE: [*Laughing*] Il n'a plus de dents. Tu n'as plus de dents, Roger!

ROGER: Ça te fait rire! Méchante!

ODILE: Allez, Roger, mange cette pomme!
[*He tries to obey.*]

EMILE: Gamgagam. La planète de la Jeunesse. [*He and Adrien laugh.*]

ROGER: Qu'est-ce que vous avez? Arrêtez de rire! Vous vous moquez de moi.

ODILE: Roger. . . ta barbe. . .

ROGER: [*Feeling his face*] Ma barbe. . . où est ma barbe? Oh, j'ai perdu ma barbe. [*He discovers it lying on the ground.*] Voilà ma barbe!

ODILE: Roger, tu es de nouveau jeune!

ROGER: Je suis de nouveau jeune! Youpie! [*He dances around.*] Elle n'est pas grande, la planète de la Jeunesse.

ODILE: Non, elle n'est pas grande, la planète de la Jeunesse, mais elle rend jeune.

EMILE: [*To Roger*] Arrête de courir. Assieds-toi avec nous.

ROGER: On peut enlever les nez?
[*They all take off their artificial noses.*]

ADRIEN: Il y a de l'air ici.

ROGER: C'est bon, l'air!

ODILE: Le soir tombe. . .

ROGER: Un oiseau chante.

ODILE ET ROGER: Dormons.

EMILE: Non! Je ne dors pas avant d'avoir mangé!

ADRIEN: C'est ça! On va faire un pique-nique!
[*Emile goes back to the sphere and hands out various supplies.*]

ODILE: Une belle nappe!

EMILE: Du vin!

ROGER: Des verres. . .

ADRIEN: Du pain, du jambon, du pâté, du fromage, un gâteau, des fruits. . .

EMILE: Des chandelles. . .

ROGER: C'est comme en France!

EMILE: Ah, ce qu'on mange bien en France! Ah, ce qu'on mangeait bien en France!

ADRIEN: Et du vin! Du vin français!

ROGER: Il n'y a pas de vin sur Gamma?

EMILE: Non, il n'y a pas de vin sur la planète Gamma.

ROGER: Une planète sans vin, c'est une planète triste.

EMILE: Non! La planète Gamma n'est pas une planète triste!

ODILE: Gamma est une planète heureuse.

EMILE ET ADRIEN: Mais il n'y a pas de vin.

ODILE: Pourquoi souris-tu, Roger?

ROGER: C'est un secret!

[*Later, all four are asleep around the picnic site. A large block of metal suddenly falls near them.*]

EMILE: Qu'est-ce que c'est? Mais qu'est-ce que c'est?

ODILE: Qu'est-ce qu'il y a?

EMILE: Ça vient de tomber ici!

ODILE: C'est un cube.

EMILE: Oui, un cube de métal!

[*Another one falls nearby.*]

ADRIEN: Et voici un autre cube.

EMILE: D'où viennent-ils?

ADRIEN: Moi, je sais d'où viennent ces cubes. Ils viennent de la planète Ga-ga-ga-ga.

ROGER: Ga-ga-ga-ga?

ADRIEN: Ils viennent de la planète des Machines.

ROGER: Qui vient de la planète des Machines?

EMILE: Ces cubes de métal viennent de la planète des Machines.

ROGER: La planète des Machines pollue la planète de la Jeunesse.

EMILE: [*Shouting into the sky.*] Méchante planète des Machines! Qu'est-ce que c'est, "polluer"?

ROGER: Polluer, c'est salir. . . c'est rendre sale. . . [*Another block falls, narrowly missing Emile. They all run back to the sphere.*] La planète de la Jeunesse est polluée.

#   #   #   #

[**Scene 3**: *Inside the sphere, Roger is nervously looking into the Gammas' mirror.*]

EMILE: Qu'est-ce que tu as, Roger?

ROGER: Est-ce que j'ai vieilli?

ODILE: Tu n'as pas vieilli, Roger. Tu es encore jeune.

[*The sphere shudders.*]

ROGER: Qu'est-ce qui se passe?

EMILE: La sphère avance de nouveau. La galaxie du métal.

ROGER: La galaxie du métal. . . [*Looking out through the hatch*] Elle est froide!

EMILE: Il faut mettre les nez!

ROGER: Pourquoi faut-il mettre les nez?

EMILE: Nous approchons de la planète des Machines.

[*They all put on artificial noses.*]

ROGER: [*Looking out*] Oh, des nuages!

EMILE: Ce ne sont pas des nuages, c'est de la fumée.

ROGER: De la fumée?

EMILE: Oui, de la fumée. Regarde!

ODILE: Tu as peur, Roger?

ROGER: Oui, j'ai peur. Je ne veux pas aller sur la planète des Machines.

EMILE: Trop tard. Il fallait le dire plus tôt. Maintenant, on y est.

[*On the planet, they walk through a bizarre landscape.*]

ROGER: J'ai peur!

ODILE: C'est une planète laide! Et puis elle est sale et triste.

ADRIEN: Une planète sans arbres, sans oiseaux.

EMILE: Il n'y a que des cubes, que de la fumée.

[*They hear a noise.*]

ROGER: Qu'est-ce que c'est? [*Several cubes come by them.*] Des cubes qui marchent!

EMILE: Ils travaillent.

ROGER: Quelle planète affreuse! Mais, où sont les hommes?

ODILE: Les hommes? Quels hommes?

ROGER: Les habitants de la planète des Machines!

EMILE: Mais les cubes sont les habitants de la planète des Machines.

ROGER: Les habitants sont des machines! J'ai peur! Je veux retourner en France!

[*Roger returns to the sphere; the Gammas follow him. Later, the sphere is back in space.*]

EMILE: Nous pouvons enlever les nez.

ROGER: C'était terrible!

ODILE: Roger, tu veux retourner en France?

ROGER: Oui, je veux retourner en France. Sur Gamma, c'est comme sur la planète des Machines?

ODILE: Non, ce n'est pas du tout comme ça, sur Gamma.

ROGER: Alors, je veux d'abord aller sur Gamma. Quand arriverons-nous sur Gamma?

EMILE: Bientôt, Roger, bientôt!

VOCABULARY

affreux, -euse   atrocious
l'   air (*m.*)   air
l'   Alsace   Alsace (province in northeastern France)
      approcher (de)   to approach
      assieds-toi < s'asseoir[C2]   sit down! (*fam. CF*)
      avancer   to go forward/ahead/by
      azur   azure blue
la   barbe   beard
la   cerise   cherry
la   chandelle   candle
la   Corse   Corsica (island off the southern coast of France)
la   côte   coast
      Côte d'Azur   The French Riviera
le   cube   cube
on   dirait < dire[C10]   one would say (*COND*)
le   drapeau   flag
      froid   cold (*ADJ*)
les   fruits (*m.*)   fruit (collective *N* in English)
la   galaxie   galaxy
      guérir   to cure
l'   habitant   inhabitant

le   jambon   ham
      Mercure   Mercury
se   moquer de qqn   to make fun of s.o.
la   nappe   tablecloth
le   nuage   cloud
le   pain   bread
      passer   to pass
le   pavillon   here: flag
le   pique-nique   picnic
à la place de   instead of
la   planète   planet
      Pluton   Pluto
      polluer   to pollute
      respirer   to breathe
      russe   Russian
      sacré   sacred
      salir   to soil
      Saturne   Saturn
tu   souris < sourire[C26]   you're smiling
      tard   late
la   terre   earth
      tôt   early
la   tour   tower
      vieillir   to age/grow old

SPECIAL EXPRESSIONS

Ça vient de tomber.   That just fell.
Ce qu'on mangeait bien en France!   We certainly ate well in France!
C'est ça!   That's right!
chez moi   home

Elle rend jeune.   It makes people young.
Il fallait le dire.   You should have said so.
On dirait une orange!   It looks like an orange!
On y est.   Now we're there.
toujours plus vieux   older and older

SUPPLEMENTARY VOCABULARY

customs	la douane
customs official	**le douanier**
to declare	**déclarer**
duty	**la taxe**
duty-free (shop)	**(la boutique) hors-taxe**
passport	**le passeport**
Everything is in order.	**Tout est en règle.**

plane travel	voyage par avion
airline	**la ligne aérienne**
airport	**l'aéroport** (*m.*)
air terminal	**l'aérogare** (*f.*)
cabin	**la cabine**
to change planes	**changer d'avion**
crew	**l'équipage** (*m.*)
to check in luggage	**enregistrer les bagages** (*m.*)
flight	**le vol**
non-stop flight	**le vol direct**
flight number	**le numéro du vol**
flight attendant	**l'hôtesse** (*f.*) **de l'air, le steward**
to land	**atterrir**
landing	**l'atterrissage** (*m.*)
passenger	**le passager, la passagère**
pilot	**le pilote, la femme pilote**
seat belt	**la ceinture (de sécurité)**
to take off	**décoller**
take-off	**le décollage**

space-travel	voyages interplanétaires
flying saucer	**la soucoupe volante**
space	**l'espace** (*m.*)
space capsule	**la capsule**
U.F.O.	**Ovni (objet volant non-identifié)**

LANGUAGE NOTES AND EXERCISES

38.1 The past infinitive

a. Formation
   The past infinitive is formed according to the following pattern:

   infinitive of auxiliary verb **avoir** or **être** + past participle = past infinitive

   Je ne dors pas avant d'*avoir mangé*.

   I'm not sleeping $\begin{cases} \text{before eating.} \\ \text{before I've eaten.} \end{cases}$

   Après *être entré*, Benoît a dit bonjour.

   After $\begin{cases} \text{entering,} \\ \text{having entered,} \end{cases}$ Benoît said hello.

   Ils ont dîné après *s'être lavé* les mains.

   They ate dinner after $\begin{cases} \text{washing their hands.} \\ \text{they washed their hands.} \end{cases}$

b. Past participle agreement
   The past participle of the past infinitive follows the same rules of agreement as the past participle of compound tenses. The subject of an **être** verb does not immediately precede the past infinitive, but is usually the subject of the main clause.

type of verb	past participle agreement
avoir verb	with the preceding direct object
être verb	with the subject of the main clause
reflexive verb	with the preceding direct object

   Je ne pars pas avant de les *avoir vus*.

   I'm not leaving before I see them.

   Après *être rentrées*, elles ont fait leurs devoirs.

   After having returned home, $\Big\}$
   After returning home,
   After they returned home,
   they did their homework.

   Elle est partie après *s'être habillée*.

   She left $\begin{cases} \text{after dressing.} \\ \text{after she dressed.} \end{cases}$

c. Meaning and use
   Literally, the past infinitive means "to have done (something)." It often corresponds to an English verb in the "-ing" form or to "having" plus past participle (see examples above). The past infinitive may also be translated as the subject and verb of a subordinate clause because it is often used in order to avoid a subordinate clause.

   The past infinitive must be used after the preposition **après** and may also be used after some other prepositions. It expresses COMPLETED action and must, therefore, be used any time the action has already been completed or will have been completed by a certain point in time.

| Il est content *d'avoir lu* votre roman. | He is pleased to have read your novel. |
| Elles n'iront pas au théâtre *sans s'être coiffées.* | They will not go to the theater without arranging their hair. |

EXERCICES

A. Transformez les phrases suivantes pour exprimer dans chaque cas la succession des faits[1] en une seule phrase. Imitez le modèle.

Modèle: **Les Gammas voient le Sacré-Cœur. Ensuite, les Gammas voient l'Alsace.** →
Après avoir vu le Sacré-Cœur, les Gammas voient l'Alsace.

1. Les Gammas volent très loin dans l'espace. Ensuite, les Gammas ne peuvent plus voir la Terre.
2. Roger devient vieux. Ensuite, Roger n'a plus de dents.
3. Odile s'assied. Ensuite, Odile mange du pâté.
4. Roger s'arrête sur la planète de la Jeunesse. Ensuite, Roger redevient jeune.

B. Complétez les phrases suivantes comme il est indiqué entre parenthèses. Utilisez **après, sans, avant de** et l'infinitif passé.

1. Ils avaient déjà visité une autre planète _____. (before they arrived on Gamma)
2. _____, nous sommes passés à la douane. (After we landed)
3. Iras-tu au musée _____? (after having had lunch)
4. Ne quittez pas l'avion _____. (without thanking the stewardess)
5. _____, Betty n'avait jamais mangé de camembert. (Before going to France)
6. N'achetez pas ces chaussures _____. (without trying them on[2])

38.2 Vocabulary distinction: *visiter* vs. *faire une visite*

a. **Visiter**
Visiter is usually followed by a noun or pronoun of PLACE. It is not used to refer to people.

| *Les Gammas visitent la France.* | The Gammas are visiting France. |
| *Le musée? Oui, nous allons le visiter.* | The museum? Yes, we're going to visit it. |

b. **Faire une visite**
   Rendre visite } à quelqu'un

To express the idea of visiting or paying a visit to PEOPLE, either of two constructions is used: **faire une visite à quelqu'un** or **rendre visite à quelqu'un.**

| Il m'a dit qu'il allait *faire une visite* } *rendre visite* } à sa grand-mère. | He told me he was going to visit his grandmother. |
| *Faisons une visite* } *Rendons visite* } à René ce soir. | Let's visit René this evening. |

[1]le fait: fact.
[2]To try on: essayer.

Faisons-lui *une visite.* ⎱	Let's visit him.
Rendons-lui *visite.* ⎰	

EXERCICE

Complétez le passage suivant par la forme appropriée des verbes **visiter**, **rendre visite à** ou **faire une visite à**.

Maintenant que Roger est parti avec ses amis dans leur sphère, il pense à tout ce qu'il va faire à son arrivée sur Gamma. Il va d'abord _____ aux parents d'Odile, puis il (futur) _____ la planète Gamma. Il faudra aussi qu'il _____ la ville principale et qu'il _____ aux autorités de la ville. Si c'est possible, les parents d'Emile lui (futur) _____ aussi. Il faudra qu'il les invite tous à venir _____ la Terre et à _____ à ses parents en Bourgogne. Quelle belle fête ce sera!

38.3 Various tenses and meanings of *devoir*

    a. must, to have to; should, ought to; to be (supposed) to

        (1) The present, compound past, and future are used to express obligation or necessity.

Tout le monde *doit* travailler.	Everyone ⎰ must ⎱ work. ⎰ has to ⎱
Les Gammas *ont dû* chercher leur sphère.	The Gammas had to look for their sphere.
Elle *devra* aller les voir.	She will have to go to see them.

        (2) The conditional expresses obligation felt.

Elles *devraient* se coucher tôt.	They should go to bed early.
Il *aurait dû* mettre le livre sur le bureau.	He should have put the book on the desk.

        (3) The present and imperfect express intention not yet carried out.

Nous *devons* les voir.	We are (supposed) to see them.
Je *devais* téléphoner à mon ami.	I was (supposed) to telephone my friend.

        (4) The present and compound past may express probability.

Cet enfant *doit* être malade.	That child must be sick.
Ils *ont dû* se voir à la bibliothèque.	They must have seen each other at the library.

    b. to owe

Vous nous *devez* cent dollars.	You owe us one hundred dollars.
A ce moment-là, tu me *devais* une heure de travail.	At that time, you owed me one hour of work.
Après leur travail, nous leur *devrons* tout l'argent promis.	After their work, we'll owe them all the money promised.

devoir			
devoir + *INF*	English equivalent	**devoir** + *N*	English equivalent
present indicative + *INF*	must has to is (sup- posed) to } + *INF*	present indicative + *N*	owe + *N*
imperfect indicative + *INF*	was/were (supposed) to + *INF*	imperfect indicative + *N*	owed + *N*
compound past indicative + *INF*	had to + *INF* must have + *PP*		
future indicative + *INF*	will have to + *INF*	future indicative + *N*	will owe + *N*
conditional + *INF*	ought to should } + *INF*	conditional + *N*	would owe + *N*
past conditional + *INF*	ought to have should have } + *PP*	past conditional + *N*	would have owed + *N*

EXERCICE

Complétez les phrases suivantes par la forme appropriée de **devoir** suivie du deuxième verbe si nécessaire.

1. Dans l'air pollué, les Gammas _____ des nez. (had to put on)
2. Ça _____ horrible sur la planète des Machines. (must be)
3. N'oublie pas, Frédéric, que tu _____ 25 francs à ton oncle. (owe)
4. Alain _____ pour voir les soucoupes volantes. (should have gotten up)
5. La petite fille _____ la vie à son infirmière. (owed)
6. Adrien, tu _____ tellement de vin. (should not drink)
7. _____ nos cigarettes à la douane? (Should we have declared)
8. Tu _____ longtemps quand tu changeras d'avion. (will not have to wait)
9. Vous _____ une bouteille de vin aux ouvriers. (will owe)
10. Notre avion _____ à 16 h 40. (was supposed to take off)

38.4 Impersonal use of *rester* and *manquer*

a. **Rester** may be used as an impersonal verb with the subject **il** to say there is a remainder or something remaining to do. To indicate that a person has something left, this verb is still used impersonally; the person is expressed not as the subject but as an indirect object (either **à** + noun or an indirect object pronoun).

Il reste **encore deux portes à fermer.**   There are still two doors to close.

Il lui restait **cinq oranges.**   He/She had five oranges left.

Il restera **sept francs à Emile.**   Emile will have seven francs left (There will remain seven francs to Emile).

b. The verb **manquer** may also be used as an impersonal verb with the subject **il**. In this case it means "to need, be missing". The item needed or missing is expressed as the direct object of **manquer**; the person or thing needing or missing something is expressed as an indirect object, as in the case of **rester**.

Il manquera dix dollars *à l'étudiant*.	The student will need ten dollars./ The student will be missing ten dollars.
Il leur manquait la sphère.	They (the Gammas) needed the sphere./They were missing the sphere.
Il manque quelques pages *à ce livre*. *Il y manque* quelques pages.	This book is missing a few pages./ A few pages are missing from this book. It's missing a few pages.

EXERCICE

Situation: **Nous avons trop dépensé!**

Joseph et Antoine ont fait beaucoup d'achats. Ils voudraient encore acheter d'autres choses . . . mais ils n'ont plus assez d'argent: Joseph a 15 francs et Antoine 13 francs. Complétez leur conversation. Imitez le modèle; notez qu'il y a une réponse alternative (il reste. . . il manque).

Joseph	*Antoine*
Modèle: **Je voudrais acheter ce gâteau aux cerises qui coûte 25 francs.**	—*Tu* ne peux pas! Il *te* reste seulement 15 francs. (ou: Il *te* manque 10 francs.)
1. Je voudrais acheter ces belles oranges; elles coûtent 19 francs.	—*Tu* ne peux pas! _____ _____
2. Et toi, ne veux-tu pas acheter ce délicieux jambon? Il coûte 20 francs.	—*Je* ne peux pas! _____ _____
3. Moi, j'ai faim. Je voudrais manger un sandwich au fromage. Ça coûte 16 francs.	—*Tu* ne peux pas! _____ _____
4. J'ai une idée! Nous allons mettre ton argent et le mien ensemble. Nous pourrons avoir un sandwich chacun.	—*Nous* ne pourrons pas, idiot! _____ Tu n'as donc pas appris à compter à l'école?

38.5 Recapitulation of the imperative, conditional, and subjunctive moods

a. Imperative mood

imperative mood		
tu form	**vous** form	**nous** form
donne!	donnez!	donnons!
vends!	vendez!	vendons!
finis!	finissez!	finissons!
reste!	restez!	restons!
dépêche-toi!	dépêchez-vous!	dépêchons-nous!

The imperative is used to give commands. For formation, English equivalents, and position of pronouns with negative and affirmative commands, see 5.1, 12.4, 12.5, 14.1, and 17.1.

b. Conditional mood

conditional mood	
simple tense	compound tense
conditionnel présent:	**conditionnel passé:**
je donnerais	j'aurais donné
je vendrais	j'aurais vendu
je finirais	j'aurais fini
je resterais	je serais resté(e)
je me dépêcherais	je me serais dépêché(e)

For formation, English equivalents, and uses of the above tenses, see 31.2, 33.2, and 37.1.

c. Subjunctive mood

subjunctive mood	
simple tense	compound tense
subjonctif présent:	**subjonctif passé:**
que je donne	que j'aie donné
que je vende	que j'aie vendu
que je finisse	que j'aie fini
que je reste	que je sois resté(e)
que je me dépêche	que je me sois dépêché(e)

For formation, English equivalents, and uses of the above tenses, see 20.2, 20.3, 21.1, 21.2, 22.1, 23.1, 23.2, and 23.3.

EXERCICE

Exercice de récapitulation. Donnez le mode, le temps et la forme des verbes comme il est indiqué entre parenthèses.

1. ils _____ (respirer, conditionnel passé)
2. que vous_____ (voyager, subjonctif présent)
3. que tu _____ (attendre, subjonctif présent)
4. on _____ (atterrir, conditionnel présent, négatif)
5. que j'_____ (penser, subjonctif passé)
6. _____ (respirer, conditionnel passé, elle, interrogatif)
7. que vous _____ (vieillir, subjonctif présent)
8. _____! (se moquer, impératif, tu)
9. que nous _____ (guérir, subjonctif passé, négatif)
10. _____! (avancer, impératif, nous)
11. elles _____ (descendre, conditionnel passé, négatif)
12. _____ (rentrer, conditionnel présent, nous, interrogatif)
13. _____! (polluer, impératif, vous, négatif)
14. que nous _____ (descendre, subjonctif passé)
15. qu'elles _____ (se réveiller, conditionnel passé, interrogatif, tu)
16. _____? (se mettre, subjonctif passé)

La magie française

[**Scene 1**: *The sphere is on its way to the planet Gamma. Inside the sphere, Emile is looking through the case of wine, but finds only empty bottles.*]

EMILE: Ce n'est pas possible! Il n'y a plus de vin?!

ADRIEN: Mais si c'est possible! C'est à cause de toi, Emile. Tu bois toujours trop.

EMILE: Moi?! Non! C'est toi, Adrien, qui aimes trop le vin français!

ODILE: Taisez-vous! Avec vous deux, on arrivera sur Gamma sans une bouteille de vin! Où est Roger?
[*Emile leans out to look. Roger, sitting on top of the sphere, finishes a bottle of wine, and then comes inside.*]

EMILE: Voilà! C'est Roger qui a bu notre dernière bouteille!

ROGER: Qu'est-ce qu'il y a?

ODILE: Nous n'avons plus de vin. Tu as bu notre dernière bouteille.
[*Reaching inside his jacket, Roger takes out a plant cutting whose roots are wrapped in plastic.*]

ROGER: Vous savez ce que c'est?

EMILE: Qu'est-ce que c'est?

ROGER: C'est un secret. De la fumée?

ODILE: Mais non. Ce sont des nuages, Roger.

ADRIEN: Les nuages de Gamma!

ROGER: On approche de Gamma?

ODILE: Mais oui, on approche de Gamma! Tu n'es pas heureux, Roger?

ROGER: Je ne sais pas ce qui m'attend sur votre planète. Il y a des arbres sur Gamma?

ODILE: Mais oui, il y en a beaucoup.

EMILE: Notre civilisation est une civilisation du bois. [*The sphere lands. All the things the passengers brought with them fall on their heads.*] Nous avons emporté trop de choses.

[*They go outside into a grove of fantastic trees bearing giant fruits.*]

EMILE ET ADRIEN: Ah, Gamma! Le bon air de Gamma!

ROGER: Gamma... Je suis sur Gamma... Moi, un Français, je suis sur Gamma. Je suis le premier Français sur Gamma.

EMILE: Tu es l'ambassadeur de la France sur Gamma.

ROGER: Oh, cet arbre! Comme ses fruits sont gros!

ODILE: C'est l'arbre à robes.

ROGER: L'arbre à robes?

ODILE: Oui. Nous n'avons pas besoin de travailler pour avoir une robe. Il suffit de la cueillir sur l'arbre.
[*Odile opens a large pod and takes out a Gamma dress. Emile goes to another tree, opens a pod, and hands Roger a bottle of milk.*]

EMILE: C'est l'arbre à lait.

ROGER: C'est vraiment du lait.

ODILE: Voici l'arbre à pain.

ADRIEN: Et voici l'arbre à surprises. [*He opens a long pod.*] Oh, une flûte.

ODILE: L'arbre à surprises est plein de cadeaux pour les enfants.

ROGER: Mais tout pousse sur Gamma?!

EMILE: Oui, mon cher Roger. Nous n'avons pas besoin de travailler.

ADRIEN: Il suffit de cueillir.
[*Roger takes out his cutting and plants it in the ground.*]

ODILE: Qu'est-ce que tu fais, Roger?

ROGER: C'était mon secret. Je veux faire un essai.

EMILE: Je ne comprends pas.

ROGER: Je veux essayer de cultiver la vigne sur Gamma. Peut-être un jour

517

il y aura du vin sur Gamma.
[*Several natives of Gamma approach and observe the new arrivals with a mixture of curiosity and fear.*]

GAMMAS: Maga maga magamma. . .

ROGER: J'aime la langue des Gammas. Ils chantent.

ODILE: Qu'est-ce qu'ils ont?

ROGER: Ils s'enfuient.

EMILE: Mais pourquoi s'enfuient-ils?

ADRIEN: Ils s'enfuient à cause de nos vêtements. Nous portons des vêtements français.

ODILE: Et nos cheveux!

EMILE: Oui, nos cheveux sont trop courts.

1er GAMMA: Gaga Ga Ga Gaga. . .

ROGER: Qu'est-ce qu'il dit?

EMILE: Il rit parce que nous n'avons pas de cheveux.

2e GAMMA: Gagagaga gamagama! Hi, hi!

ROGER: Qu'est-ce qu'il dit?

ODILE: Il dit que nos vêtements ne poussent pas sur nos arbres.

EMILE: Maman!

MÈRE D'EMILE: Maman?
[*Recognizing her son, she goes to him and they hug each other.*]

EMILE: Maman! Ggagag. "Maman" c'est du français. C'est Roger. Il est français.

MÈRE D'EMILE: Français. . .

ROGER: Oui, je suis français. Bonjour, Madame.

EMILE: [*Coaching his mother*] "Bonjour, Roger."

MÈRE D'EMILE: Bonjour, Roger."

EMILE: "Bienvenu sur Gamma."

MÈRE D'EMILE: Roger. . . bienvenu sur Gamma!

#   #   #   #

[**Scene 2**: *A gathering of Gammas.*]

MÈRE D'EMILE: Ga Ga?

EMILE: [*Interpreting for Roger*] Qu'est-ce que c'est?

ROGER: "Ga ga?" "Qu'est-ce que c'est?"

MÈRE D'EMILE: Qu'est-ce que c'est?

ROGER: C'est une assiette!

MÈRE D'EMILE: C'est une assiette.

MÈRE D'ODILE: Qu'est-ce que c'est?

ODILE: Ça, maman, c'est une robe.

MÈRE D'EMILE: C'est une robe.

ODILE, PUIS SA MERE: Elle est belle, la robe!

PERE D'ODILE: Qu'est-ce que c'est?

ROGER: C'est une bouteille.

PERE D'ODILE: C'est une bouteille. Qu'est-ce que c'est?

LES MERES ET LES ENFANTS: C'est une assiette!

FEMME GAMMA: Qu'est-ce que c'est?

JEUNE HOMME GAMMA: C'est une robe!

PERE D'ODILE: Elle est belle, la robe.

JEUNE HOMME GAMMA: Qu'est-ce que c'est?

PERE D'ODILE: C'est une bouteille!

ROGER: Mais ils apprennent très vite!

EMILE, PUIS LES PARENTS ET LES ENFANTS: Les habitants de Gamma apprennent très vite le français

MÈRE D'EMILE: [*To Roger*] Maman. . .?

ROGER: Maman? . . . Ma maman est en France.
[*Emile's mother picks up the mirror the three Gammas had taken to France.*]

EMILE: Impossible, Maman, la France est trop loin!

MÈRE D'EMILE: La France est trop loin?
[*She rubs her hand over the mirror.*]
Maman de Roger!
[*The vineyard in Burgundy appears; Roger's mother is working in the fields.*]

MERE DE ROGER: Qui m'appelle?

ROGER: Moi, Maman, Roger.

MERE DE ROGER: C'est toi, Roger? Et où es-tu?

ROGER: Je suis sur Gamma. Je suis bien arrivé. Gamma est très beau.

CHŒUR DES GAMMAS: Gamma est très beau!

ADRIEN: [*Speaking into the mirror*] Blanchette! Où es-tu?

BLANCHETTE: Adrien! Tu m'appelles?

ADRIEN: Je suis bien arrivé sur Gamma.

ROGER: Gamma est beau!

MINISTRE: Qu'est-ce qu'il y a? D'où vient cette voix?

BLANCHETTE: C'est Adrien, Papa! Il est bien arrivé sur Gamma!

EMILE: Bonjour, Blanchette.

BLANCHETTE: Bonjour, Adrien.

MINISTRE: Bonjour, Odile.

BLANCHETTE: Bonjour, Emile.

ADRIEN, PUIS ROGER: Bonjour, M. le Ministre.

EMILE: Oscar!

OSCAR: Qu'est-ce qu'il y a? Qui êtes-vous?

EMILE: Oscar, tu ne reconnais pas ma voix?

OSCAR: Emile, c'est la voix d'Emile!

EMILE: Je suis sur Gamma.

OSCAR: Sur Gamma?! Oh!!

ROGER: Gamma est très beau!

TOUS LES GAMMAS: Gamma est très beau.

EMILE: [*To the Gammas*] Des Français: Oscar, détective; le Ministre; Blanchette, la fille du Ministre. . . la Maman de Roger. . .

DES GAMMAS: Des Français. . . Oscar. . . le Ministre. . . Blanchette. . . la Maman de Roger. . .

[*The Gamma natives sing this song about the three Gamma travelers.*]

TOUS LES GAMMAS, EN CHŒUR:

Trois fiers Gammas s'en revenaient de
    France, (bis)*
Et ma et ga et magagagagamma,
Maga gaga magamma, (bis)
S'en revenaient de France.

Avec Roger, l'amour d'la belle Odile,
    (bis)
Et ma et ga et magagagagamma,
Maga gaga magamma, (bis)
L'amour d'la belle Odile.

Parlant français, et connaissant la
    France, (bis)
Et ma et ga et magagagagamma,
Maga gaga magamma, (bis)
Et connaissant la France.

\#   \#   \#   \#

[**Scene 3**: *The council of elders: Odile's parents, Emile's mother, and four white-haired men. They are seated in a semi-circle; Emile, Odile, Roger, and Adrien are standing in front of them.*]

CONSEIL: Non. C'est impossible!

ODILE: Si! J'épouserai Roger!

MERE D'EMILE: Non. C'est impossible!

MERE D'ODILE: Non, Odile. Tu n'épouseras pas Roger.

EMILE, ODILE, ADRIEN: Pourquoi?

EMILE: Dites-nous pourquoi! Allez. . . Dites!

MERE D'EMILE: Roger n'a pas la magie Gamma. [*She disappears.*]

ADRIEN: C'est vrai, Roger n'a pas la magie Gamma. Il ne peut pas disparaître.

ROGER: C'est vrai, je n'ai pas la magie Gamma, mais je veux épouser Odile!

ODILE: Il n'a pas la magie Gamma.

Mais je l'épouserai!

MERE D'ODILE: Roger n'a pas la magie Gamma. Tu ne peux pas l'épouser. [*She disappears.*]

PERE D'ODILE: Odile ne peut épouser qu'un homme qui a la magie Gamma. [*He disappears.*]

RESTE DU CONSEIL: Odile doit épouser un homme qui a la magie Gamma! [*They disappear.*]

EMILE: Ils ont disparu!

MEMBRES DU CONSEIL: Mais nous sommes toujours là!

ROGER: Mon Odile. . . Je veux épouser Odile! Je veux la magie Gamma! Merde alors!

*In songs, **bis** indicates that the line is to be sung twice.

MEMBRES DU CONSEIL: [*Reappearing*]
Merde alors?
[*Later, the four friends are back in the forest. Emile is thinking.*]
EMILE: De la magie. . .
ODILE: Tu as une idée?
EMILE: Non. Les Français n'ont pas de magie.
ROGER: Hélas. . . non.
ADRIEN: [*Pointing*] Regardez cet arbre! Regardez!
[*They all walk over to the tree.*]
EMILE: Je n'ai jamais vu un arbre comme ça! [*Adrien picks a pod, opens it, and takes out a bottle.*] C'est de la magie! C'est de la magie française!
ADRIEN: C'est ici que tu as fait ton essai?
ROGER: Je ne comprends rien.
ODILE: C'est ici que tu voulais cultiver la vigne!
ROGER: Oui, c'est ici. Et alors?!
[*Adrien gives the bottle to Roger, who tastes its contents.*] C'est du vin! Il est formidable! C'est le meilleur vin de Bourgogne!
EMILE: Un arbre à vin.
ODILE: C'est de la magie.
ADRIEN: De la magie française!
EMILE: C'est ça! De la magie française!
[*The council of elders has gathered again; each member is sampling the wine.*]
1ᵉʳ GAMMA: Elle est bonne, cette boisson!
PERE D'ODILE: Elle est bonne, elle est bien bonne!
ODILE: Un cadeau de Roger pour notre planète.
MERE D'EMILE: Cette boisson, est-ce qu'elle a des forces magiques?
EMILE: C'est ça, Maman, Roger a de la magie!
[*Roger demonstrates some of the technological "magic" of his world. For his first act, he turns on a record and mouths the words to "La Marseillaise."*]
MEMBRES DU CONSEIL: De la magie! Ga-ga. . . ga. . .
ROGER: [*Showing slides of himself*]

Maintenant je suis à Paris. Moi et la tour Eiffel.
MERE D'EMILE: C'est de la magie!
ROGER: Moi et l'Arc de Triomphe.
MERE D'ODILE: C'est de la magie!
ROGER: Maintenant je suis sur la route, et maintenant je suis dans l'avion et je retourne sur Gamma. Et maintenant, je suis de nouveau ici.
MEMBRES DU CONSEIL: C'est de la magie!
MERE D'EMILE: C'est de la magie. Mais ce n'est pas de la magie Gamma.
EMILE, PUIS PÈRE D'ODILE: C'est de la magie française.
ODILE: Je veux épouser Roger.
PERE D'ODILE: Est-ce qu'Odile peut épouser Roger?
MERE D'ODILE: Oui, Roger a de la magie. Odile peut épouser Roger.
EMILE: Le mariage aura lieu demain!
[*The following day. The wedding ceremony has just ended.*]
TOUS: Vive les mariés! Vive la France! Vive Gamma!
ODILE: Roger. Roger, où es-tu?
VOIX DE ROGER: Ici.
EMILE: Roger veut disparaître. . .?
ADRIEN: Il a la magie Gamma. . .?!
MERE D'EMILE: C'était mon cadeau de mariage.
ROGER: Merci pour votre cadeau, merci.
[*He demonstrates his new powers.*] Je suis petit. . . je suis grand. . . je suis invisible.
LES AUTRES: Il est petit. Il est grand. Il est invisible. [*They, in turn, demonstrate their Gamma magic.*] Nous sommes petits. Nous sommes grands. Nous sommes invisibles.
[*As the scene ends, all the members of the wedding party, their families, and the guests sing and dance to celebrate the occasion.*]

CHANSON FINALE:

Trois fiers Gammas s'en revenaient de France, (bis)
Et ma et ga et magagagagamma.
Maga gaga magamma, (bis)
S'en revenaient de France.

Pour Adrien, Emile et notre
  Odile (bis)
Et ma et ga et magagagagamma,
Maga gaga magamma, (bis)
Emile et notre Odile,

Finie l'histoire, et vive le mariage, (bis)
Et ma et ga et magagagagamma,
Maga gaga magamma, (bis)
Et vive le mariage!

VOCABULARY

apprendre[C24]   to learn
approcher (de)   to get close (to)
attendre   to be in store (for s.o.)
il   y aura < il y a   there will be (FUT)
la   boisson   drink
la   chanson   song
chanter   to sing
la   civilisation   civilization
connaissant < connaître[C5]   familiar
  with (PRP)
le   conseil   council
cultiver   to grow (a crop)
emporter qqch.   to bring sth.
s'   enfuir   to run away
l'   essai (m.)   experiment
faire[C14] un essai   to try an experiment

final   final
fini < finir   ended (PP)
la   flûte   flute
la   force   power
formidable   marvelous
gros, grosse   huge
le   lait   milk
les   mariés   bride and groom
le   membre   member
merde alors!   oh, damn!
pousser   to grow
s'en revenir[C31]   to come back
la   route   highway
sur (l'arbre)   here: from (the tree)

SPECIAL EXPRESSIONS

l'arbre à robes   the dress tree
avoir lieu   to take place
(une civilisation) du bois   (a civilization)
  based on wood
Et alors?!   What about it?!

il suffit de + INF   all we have to do is
  + INF
Je suis bien arrivé.   I arrived safely.
le reste du conseil   the other council
members

SUPPLEMENTARY VOCABULARY

marriage le mariage	
bachelor, bachelor girl	le célibataire, la célibataire
boyfriend, girlfriend	le petit ami, la petite amie
to date/go out (with)	sortir (avec)
to flirt (with)	flirter (avec)
to have a date (with)	avoir rendez-vous (avec)
to fall in love (with)	tomber amoureux/amoureuse (de)
to hug s.o.	serrer qqn dans ses bras
to kiss s.o.	embrasser qqn
to kiss (one another)	s'embrasser

marriage le mariage *(cont'd.)*	
to get engaged	se fiancer
fiancé, fiancée	le fiancé, la fiancée
engagement, betrothal	les fiançailles (*f. pl.*)
to break an engagement	rompre les fiançailles
to set the date	fixer la date
to get married	se marier (avec qqn)
to marry s.o.	épouser qqn
church wedding	le mariage religieux (à l'église)
civil ceremony	le mariage civil (à la mairie)
wedding ceremony	les noces
minister	le pasteur
priest	le prêtre
newlyweds	les nouveaux mariés
honeymoon	la lune de miel
husband	l'époux, le mari
wife	l'épouse, la femme
young couple forming a household	le jeune ménage
to quarrel	se disputer
to make up	sa réconcilier
to get along well/ badly (with s.o.)	s'entendre bien/mal (avec qqn)
to separate	se séparer
divorce	le divorce
to divorce	divorcer

LANGUAGE NOTES AND EXERCISES

39.1 The present participle (*participe présent*)

a. General

The present participle corresponds to the English verb form ending in "-ing". It must not be confused with "-ing" forms that, used with a form of the auxiliary verb "to be," form a tense indicating an action in progress.

examples of "-ing" forms as part of a tense (i.e., not the present participle):

present progressive:	I am read*ing*	je lis
past progressive:	she was talk*ing*	elle parlait
present perfect progressive:	we have been writ*ing* (for. . .)	nous écrivons (depuis. . .)
past perfect progressive:	they had been listen*ing* (for. . .)	ils écoutaient (depuis. . .)

b. Formation

The present participle exists in two forms: simple and compound. The simple form is the more common and is formed for most verbs by adding **-ant** to the imperfect indicative stem (see 24.1).

infinitive	imperfect stem	present participle	
chercher	cherch-	cherchant	looking for
entendre	entend-	entendant	hearing
grandir	grandiss-	grandissant	growing
être	ét-	étant	being
acheter	achet-	achetant	buying

Only two common verbs, **avoir** and **savoir**, have a special present participle stem:

ay-	**ayant**	having
sach-	**sachant**	knowing

c. Use

(1) Present participle

The present participle is a simple form, referring to its real subject. It is invariable. It is not a part of the conjugated verb, nor does it follow a preposition.

Trois fiers Gammas s'en revenaient de France, *parlant* **français et** *connaissant* **la France.**	Three proud Gammas were coming back from France, speaking French and familiar with (being acquainted with, knowing) France.

In this use, the present participle expresses an action or state of being that occurs at the same time as that of the conjugated verb. It takes the place of a descriptive clause, for example, "qui parlaient français et qui connaissaient la France."

(2) Gerund

As a gerund, the present participle shows HOW, WHEN, or WHY the action of the main verb is done. In these cases, the present participle may follow the preposition **en**, or its intensified form **tout en**, or it may stand alone.

(a) HOW **en** + present participle (Eng.: by + -ing)

En travaillant **bien, on gagnera de l'argent.**	By working hard, you'll earn money.
Nous avons trouvé la solution *en nous concentrant* **bien.**	We found the solution by concentrating hard.

(b) WHEN **en** + present participle (Eng.: while + -ing)

Tout en étudiant, **il écoutait la radio.**	While studying (The whole time he was studying), he listened to the radio.

Nous nous sommes rencontrés *en revenant* de l'université.		We met while coming back from the university.

(c) WHY present participle alone (Eng.: -ing)

N'*entendant* rien, elle est entrée dans la maison. Hearing nothing, she entered the house.

(3) Verbal adjective
As a verbal adjective, the present participle must agree in number and gender with the noun or pronoun it modifies.

des enfants *charmants* charming children

une chanson *amusante* a funny song

EXERCICES

A. Complétez les phrases suivantes par le participe présent des verbes indiqués. N'oubliez pas de faire les accords[1] nécessaires si le participe est utilisé comme adjectif.
1. Roger trouve que la planète de la Jeunesse est _____ . (plaire)
2. _____ aux Gammas, le ministre leur dit que la France est fière d'eux. (s'adresser)
3. Les parents d'Emile, ne _____ pas leur fils, étaient surpris par l'arrivée des quatre visiteurs. (reconnaître)
4. Les arbres à robes sont vraiment _____ . (amuser)
5. _____ et _____ , les habitants de Gamma ont accueilli Roger et ses trois amis Gamma. (rire, chanter)
6. En _____ le fruit de l'arbre à surprises, Adrien a trouvé une flûte. (ouvrir)
7. La semaine _____ , nous avons visité Megève. (suivre)

B. Transformez les phrases suivantes. Imitez le modèle.

Modèle: **Les voyageurs *arrivent* sur Gamma. Les voyageurs respirent l'air pur de la planète.** → *En arrivant* **sur Gamma, les voyageurs respirent l'air pur de la planète.**

1. La mère d'Emile parle à la mère de Roger. Elle **utilise** le miroir magique.
2. Roger **n'a pas** la magie Gamma. Roger ne peut pas épouser Odile.
3. Les jeunes mariés ne peuvent pas s'entendre bien. Ils **se disputent** toujours.
4. Roger **fait** un essai pour cultiver la vigne. Roger obtient un arbre à vin.
5. Les Guichard **se sont réconciliés** hier. Les Guichard ont décidé de ne pas se séparer.

39.2 Vocabulary distinction: words for "people" and "person"

There are a number of words in French that correspond to English "people" or "person." Care must be taken to distinguish between the French words, most of which are not interchangeable.

a. one person — $\begin{cases} \textbf{une personne} \\ \textbf{un individu} \end{cases}$

[1]**l'accord** (*m.*): agreement.

Elle préfère parler elle-même   She herself prefers to speak to

à { cet *individu*.   that person.
{ cette *personne*.

b. a countable number of people — **deux personnes, plusieurs personnes,** etc.

Elles sont venues avec *cinq* autres *personnes*.   They came with five other people.

c. an undetermined number — ***gens*** (*m.*, always plural)

D'habitude, les jeunes *gens* sont impatients.   Usually, young people are impatient.

d. people in general — { **on**   (subject of verb)
{ **gens**

.*On* **parle français en Belgique.**   People speak French in Belgium.

Beaucoup de *gens* en Afrique parlent français.   Many people in Africa speak French.

e. a nation/race of people } — **peuple** (*m.*)
people }

Le *peuple* Gamma ne pollue pas.   The Gamma nation doesn't pollute.

Les *peuples* d'Afrique parlent beaucoup de langues différentes.   The peoples of Africa speak many different languages.

EXERCICE

Complétez les phrases suivantes par un des mots qui signifient "people" ou "person."

1. Annie, d'où viennent _____ que tu as rencontrés hier?   (the people)
2. Le film n'était pas intéressant: il n'y avait que quinze _____ dans la salle. (people)
3. _____ n'a pas besoin d'aller en Espagne pour apprendre l'espagnol. (People)
4. La majorité _____ algérien parle français. (of the people)
5. Quelle est _____ avec qui Albert Crampon vient de se fiancer?   (the person)
6. A ta place, je ne parlerais pas à un _____ que je ne connais pas. (person)
7. _____ du Grand Nord sont plus variés que nous ne le pensons. (The peoples)
8. _____ qui ne parlent qu'une seule langue sont très handicapés. (People)

39.3 The irregular verb *cueillir* (to pick/harvest)

a. Present indicative
Cueillir is not a regular **-ir** verb. It has only one present indicative stem, **cueil-**, and is formed with the same endings as **-er** verbs.

cueillir					
singular			plural		
je	*cueill e*	I pick/am picking/do pick	**nous**	*cueill ons*	we pick, etc.
tu	*cueill es*	you pick, etc.	**vous**	*cueill ez*	you pick, etc.

cueillir (*cont'd.*)				
singular			**plural**	
il **elle** } *cueill e*	he/it she/it } picks, etc. one		**ils** **elles** } *cueill ent*	they pick, etc.

Conjugated like **cueillir**: **accueillir** (to welcome)

      Je *cueille* **le raisin.**   I'm picking/harvesting grapes.

      Nous *accueillions* **nos amis.**   We're welcoming our friends.

b. Future indicative

future stem: **cueiller-**

    Le peuple Gamma *accueillera* **Roger.**   The Gamma people will welcome Roger.

c. Pronunciation
Spelling of **cueillir** and **accueillir** is not a good indicator of pronunciation. In this case, the spelling **-ue-** is pronounced as **-eu-**. (Cf. Pronunciation 11.) Remember that **-ill-** between vowels is pronounced /j/. (Cf. Pronunciation 10.)

      vous cueillez /vukœje/   you pick

The second **e** of the future stem, as in **-er** verbs, is silent except before /Rj/.

future: **nous cueillerons**   /nukœjR ɔ̃/   we will pick

conditional: **nous cueillerions**   /nukœjə Rjɔ̃/   we would pick

d. Other tenses of **cueillir** and **accueillir** are regular in formation.

compound past indicative:	*As*-**tu déjà** *cueilli* **les pommes?**	Did you already pick the apples?
imperfect:	**Quand il était jeune, il** *cueillait* **toujours les poires.**	When he was young, he always picked the pears.
present subjunctive:	**Elle veut que nous** *accueillions* **ses amis pendant son absence.**	She wants us to welcome her friends in her absence.

For other forms of **cueillir**, etc., see Appendix C.8.

EXERCICES

A. Faites les substitutions comme il est indiqué.
    1. Il faudra que **tu** accueilles les visiteurs africains. (nous, tes amis et toi, les ministres, Madame Baudricourt)
    2. Cueillerez-**vous** des cerises demain? (tu, Le père Michu, nous, Monsieur Lucas et son fils)
    3. **Je** cueillais des fleurs quand il s'est mis à pleuvoir. (Ma cousine, Vous, Les Gammas, Nous)

B. Complétez les phrases suivantes comme il est indiqué.
1. Nous _____ plus de fruits si la saison avait été bonne. (would have picked)
2. Les haricots que vos parents _____ sont les meilleurs de l'année. (have picked)
3. Si tu rencontrais un visiteur extraterrestre, comment l'_____-tu? (would you welcome)
4. Pourquoi _____ quelques roses pour la vieille dame qui les aime beaucoup? (don't you pick)
5. Les jeunes filles que vous _____ étaient venues visiter notre état. (had welcomed)
6. Pourquoi Eve _____ la pomme? (did she pick)

39.4 Noun phrases used as adjectives

In French a noun alone cannot function as an adjective. To be used as an adjective, a noun must be part of a prepositional phrase that follows the noun it describes. No article is used after the preposition.

    a. noun + **à** + noun

            une tasse à *café*   a coffee cup (i.e., a cup used for coffee)

            une arbre à *robes*   a dress tree (i.e., a tree with dresses growing on it)

      N.B. une tasse **à café**   ≠   une tasse **de café**
            (a coffee cup — purpose)   (a cup of coffee — contents)

    b. noun + **de** + noun
        (1) **de** + academic subject

un cours *de mathématiques*	a math course
un examen *d'architecture*	an architecture exam
un professeur *de musique*	a music professor

        (2) **de** + other nouns

une chemise *de sport*	a sport shirt
une salle *de bains*	a bathroom
une livre *de cuisine*	a cook book

      N.B. The use of a preposition may give a more precise meaning than is possible in English.

le livre **de français**	≠	**le livre français**
(the French book, i.e., the book about the French language; it could have been published anywhere, in any language)		(the French book, i.e., the book published in France, about any subject)

EXERCICE

Complétez les phrases suivantes comme il est indiqué. Imitez les modèles.

Modèles: (coffee cups)   J'ai acheté deux jolies *tasses à café*.
(cups of tea)   J'ai bu deux *tasses de thé* ce matin.

1. (wine glass)   Regarde ce _____ : il est en cristal.
2. (classroom)   Notre professeur n'est pas dans la _____.
3. (chemistry exams)   Robert n'aime pas les _____ : ils sont très difficiles.
4. (dining room)   Veux-tu aller dans la _____?
5. (music course)   Je vais suivre un _____ cet automne.
6. (Russian book)   Les garçons n'ont pas encore acheté leur _____.
7. (glass of Bordeaux)   Jean-Jacques boira un _____ blanc.
8. (soup plate)   La fermière avait une grande _____.

39.5 Use of the past participle

The past participle is used very frequently as a verbal adjective. When so used, it must agree with the noun or pronoun it modifies. It may be next to or separated from the word it modifies.

next to: **Une planète *polluée* est malsaine.**   A polluted planet is unhealthy.

separated: **L'atmosphère de la planète est *polluée* à cause des machines.**   The atmosphere of the planet is polluted because of the machines.

separated: ***Finie* l'histoire. (i.e., L'histoire est finie.)**   The story's ended.

EXERCICE

Complétez les phrases suivantes par le participe passé du verbe indiqué entre parenthèses.
1. La pluie tombait dans la chambre d'Alice par la fenêtre _____. (ouvrir)
2. La date du mariage _____, les fiancés ont téléphoné à tous leurs amis. (fixer)
3. Le petit garçon regardait le verre _____. (casser)
4. La lettre _____ par Pauline était addressée à sa meilleure amie. (perdre)
5. Ses devoirs _____, le petit Marcel a regardé la télévision. (finir)
6. Est-ce que la vigne _____ sur Gamma donnera du raisin? (cultiver)
7. Les habitants de Brézolles, _____ par Odile, lui ont donné des fleurs. (charmer)
8. Les poèmes de Victor Hugo _____ pendant son exil à Guernesey sont souvent inspirés par la mer. (écrire)

Translations*

LESSON 1 — WATCH OUT! DANGER!

[Scene 1]

ROGER: Do you speak French?

#   #   #   #

[Scene 2]

ROGER: Do you speak French?
ADRIEN: Do you speak French?
EMILE: Do you speak French?
ODILE: Do you speak French?
ADRIEN: Do you speak French?
ROGER: Yes, *I* speak French. *I'm* French. But you, who are you?
THE THREE GAMMAS, THEN ROGER: Who are you?
THE THREE GAMMAS: Who are you? Gam gam gamagam. . . Gamma.
ROGER: Gamma? Ah, you are Gammas.
LILLI: My God, Roger, I'm frightened! I'm afraid!
ROGER: They are Gammas.
LILLI: Ga. . . Ga. . . what? Gammas?

Oh, Mama! The Gammas! My button! The button!
EMILE: The button.
ROGER: It's a button.
EMILE, ADRIEN, ODILE: It's a button.
ROGER: More buttons.
EMILE: Is it a button?
ROGER: No, it's a necktie.
EMILE: It's a necktie.
ROGER: A wig! It's a wig!
ODILE: It's a necktie.
LILLI: The Gammas! Where are the Gammas?
ROGER: Who are you?
LILLI: Roger!

#   #   #   #

[Scene 3]

LILLI: The Gammas! The Gammas! The Gammas exist!
ROGER: The Gammas! The Gammas! The Gammas exist!
LILLI: The Gammas! The Gammas! The Gammas exist! Hello, gentlemen. The Gammas are there. The Gammas exist. They're over there.
1st HUNTER: The Gammas exist?
LILLI: Yes, Sir, the Gammas exist! They're over there.

2nd HUNTER: Ah, the Gammas exist.
ELECTRICIANS: Watch out, danger! No, no, watch out, danger!
ROGER: The Gammas!
1st HUNTER: Where are the Gammas?
ROGER: There.
1st HUNTER: Thank you, Sir.
LILLI: Roger! My dear Roger! The Gammas!

*The following translations are not always literal but parallel the colloquial French style.

ELECTRICIANS: Bravo! Watch out! Danger!

THE HUNTERS: Come down!

1st HUNTER: There are the Gammas!

LILLI: Oh no. The Gammas have long hair.

2nd HUNTER: Well, there are the Gammas.

HUNTERS: Be quiet! Hands up!

LILLI: Roger, my dear Roger!

ROGER: Where are the Gammas?

LILLI: Roger, my dear Roger, come with me!

ROGER: No!! I'm looking for the Gammas.

LILLI: Roger!!

LESSON 2—WHERE ARE THE GAMMAS?

[Scene 1]

ROGER: Where are the Gammas? I don't see the Gammas. Ah, the Gammas!

1st GENDARME: Gammas? Do you see the Gammas?

ROGER: No, I don't see the Gammas.

1st GENDARME: Who are you? What are you doing there?

ROGER: I'm looking for the Gammas.

1st GENDARME: Ah, you're looking for the Gammas? I, too, am looking for the Gammas.

ROGER: You're looking for the Gammas?

1st GENDARME: Yes, I'm looking for the Gammas.. I don't see the Gammas.

ROGER: Gammas! What are you doing there?

GENDARMES: We're looking for the Gammas.

2nd GENDARME: They're looking for the Gammas.

3rd GENDARME: He's looking for the Gammas.

4th GENDARME: I, too, am looking for the Gammas.

GENDARME: Everyone is looking for the Gammas.

ROGER: The Gammas don't exist!

GENDARME: Ah, the Gammas don't exist.

THE TWO OTHER GENDARMES: Yes, the Gammas do exist.

GENDARME: You've see the Gammas?

THE OTHERS: No, but they exist.

GENDARME: The Gammas don't exist.

THE OTHERS: The Gammas exist.

ROGER: The Gammas don't exist. Go away! Where are you? Gammas, where are you? Gammas! Oh, my Gammas! Good day, Sir. Have you seen the Gammas?

HUNTER: The Gammas! The Gammas don't exist, Sir.

ROGER: Thank you, Sir. Gammas! Where are you? Gammas! Are you there? The sphere! It's made of wood, it's round, it's beautiful! Gammas! Where are you? Gammas!

#   #   #   #

[Scene 2]

ODILE: Roger. It's Roger.

ROGER: The Gammas! You are there!

ODILE: Yes, Roger.

ROGER: I want to go with you! I'm hurt.

ODILE: He's hurt.

ADRIEN: He's hurt? Where?

ROGER: There. I fell down. I want to get in! The mirror! It's your mirror.

EMILE: It's our mirror.

ROGER: Let me go with you, and I'll give you the mirror.

EMILE: Give me the mirror!

ROGER: Let me go with you, and I'll

give you the mirror. I want to get in! Let me get in, and I'll give you the mirror. I want to go with you! Everyone's looking for the Gammas.

HUNTER: Good day, Sir! Have you seen the Gammas? The Gammas! Good day, Gentlemen! The Gammas don't exist. They don't exist!

Good-bye, Gentlemen.

THE GAMMAS: Good-bye, Sir.

VOICES OF GENDARMES: Where are the Gammas? There! The Gammas!

ROGER: They're coming!

VOICES OF GENDARMES: Do you see the Gammas? Yes, yes, the Gammas exist.

\#   \#   \#   \#

[Scene 3]

ODILE: Roger!

ROGER: Roger. My name is Roger.

ODILE: Your name is Roger.

ROGER: And you, what's your name?

ODILE: My name is. . . Gamma.

ROGER: Gamma. . . Your name's not Gamma! Your name is. . . Olga. . . Charlotte. . . Georgette. . . No. . . Odile! Your name is Odile!

ODILE: Odile. . . My name is Odile.

ROGER: Odile!

ODILE: I'm called Odile. My name is Odile! I'm called Odile!

ROGER: Her name is Odile! Odile! Odile!

EMILE, THEN ADRIEN: Odile. . .

ROGER: Watch out! Danger! The gendarmes are coming! They're coming! The sphere!. . . The sphere is getting smaller! The sphere is small!

1st GENDARME: The Gammas are there!

2nd GENDARME: Where are the Gammas?

1st GENDARME: They are there.

3rd GENDARME: I see the Gammas. I see them!

GENDARMES: Oh, the Gammas!

GENDARME: Stop them!

ANOTHER GENDARME: The Gammas!

ODILE: The Gammas are small.

GENDARME: Stop the Gammas! Stop them!

ANOTHER GENDARME: The Gammas, where are the Gammas? Where are they?

ROGER: The Gammas do not exist!

1st GENDARME: Ah, the Gammas don't exist.

2nd GENDARME: The Gammas exist!

ROGER: Gammas. I love the Gammas! Hurrah for the Gammas! Odile! Odile! Gammas, where are you? I want to go with you! Odile!

LESSON 3 – HURRAH FOR THE GAMMAS!

[Secen 1]

A WOMAN: There! There they are!

1st GENDARME: Who are you?

2nd GENDARME: Do you speak French?

ODILE: It's a button.

ADRIEN: It's a necktie.

2nd GENDARME: Yes, Sir, it's a necktie.

EMILE: It's a wig.

1st GENDARME: No, Sir, it's not a wig. It's my hair. Do you understand? My hair. It's natural hair!

EMILE: It's natural hair.

ODILE: It isn't a wig.

2nd GENDARME: They speak French. They speak French very well.

1st GENDARME: Then, they are not the Gammas!

WOMAN IN CROWD: They are not the Gammas.

CROWD: Ohhh!

1st GENDARME: What's this?

2nd GENDARME: It's a hammer.

1st GENDARME: A hammer?

2nd GENDARME: Yes, Chief, it's a hammer.

EMILE: Yes, Sir, it's a hammer.

1st GENDARME: A hammer. And that, what's that?

2nd GENDARME: It's a sphere.

1st GENDARME: A sphere. . .

ODILE: A sphere? Yes, Sir, it's a sphere.

1st GENDARME: A sphere. Then, it's the Gammas' sphere. Then, they are the Gammas.

2nd GENDARME: They are the Gammas!

THE CROWD: They are the Gammas! Hurrah for the Gammas!

2nd GENDARME: Chief, the sphere is made of wood.

1st GENDARME: Of wood?

2nd GENDARME: Yes, the Gammas' sphere is made of wood.

1st GENDARME: Impossible! It isn't possible. Really, it's wood. Then, they're not the Gammas!

A WOMAN: They aren't the Gammas.

CROWD: Ohhh!

1st GENDARME: Your papers! Your papers, please!

ADRIEN: What's that, "your papers"?

2nd GENDARME: Look, here are my papers. And here's my I.D. card.

1st GENDARME: Your papers! Your papers, please!

2nd GENDARME: Leaves! Flowers! Mushrooms!

1st GENDARME: Then, they *are* the Gammas!

2nd GENDARME: They're the Gammas!

CROWD: They're the Gammas. Hurrah for the Gammas!

2nd GENDARME: Chief! Watch out! Danger!

1st GENDARME: I want to go in! What is it?

2nd GENDARME: The Gammas' sphere is small.

1st GENDARME: Catch the sphere! Quickly, catch it!

2nd GENDARME: Where is the sphere? I don't see the sphere any more.

1st GENDARME: Impossible! It's not possible!

2nd GENDARME: Excuse me, Chief, it's possible. It's the magic of the Gammas.

1st GENDARME: The magic of the Gammas. . . Then, they *are* the Gammas. The Gammas are in Brézolles!

CROWD: The Gammas are in Brézolles! The Gammas are here! Hurrah for the Gammas!

WOMAN: The Gammas are in Brézolles!

THE MAYOR: The Gammas are here! The Gammas are in Brézolles!

TOWNSPEOPLE: The Gammas are here! The Gammas are in our town!

#　　#　　#　　#

[Scene 2]

MAYOR: Bring the wine here, quickly, quickly! The Gammas! The Gammas are coming! Quickly, quickly! Brézolles says: Hurrah for the Gammas! The Gammas are in Brézolles. The town of Brézolles is happy.

1st GENDARME: Good day, Your Honor. Here are the Gammas!

MAYOR: Thank you, Sergeant!

2nd GENDARME: Silence, please!

MAYOR: What's the matter with him?

1st GENDARME: He's hurt, Your honor.

ADRIEN: I hurt there, there, there!

I hurt! Oh, I hurt!

MAYOR: Call the doctor! Brézolles says: Long live the Gammas! The town of Brézolles is happy. Do they understand French?

1st GENDARME: Yes, the Gammas understand French.

MAYOR: Of course, the Gammas understand French. The town of Brézolles is happy about the Gammas' visit.

3rd GENDARME: Flowers!

MAYOR: What is it?

3rd GENDARME: Flowers for the Gammas.

MAYOR: Here are some flowers for you.

ODILE: Flowers.

MAYOR: She speaks French!

ADRIEN, THEN EMILE: Flowers.

MAYOR: They speak French! The town of Brézolles is happy about the Gammas' visit. Hello. It's the Secretary of the Interior!

VOICE ON PHONE: What's going on in Brézolles?

MAYOR: Good day, Mister Secretary. The Gammas are in Brézolles. The Gammas are in our town! And they speak French.

VOICE ON PHONE: You're crazy! The Gammas don't exist!

MAYOR: Yes, yes, the Gammas exist. I'm not crazy. I see the Gammas. They are here! The town of Brézolles. . . Good day, Doctor.

DOCTOR: Good day, Your Honor. Where are the Gammas?

1st GENDARME: Here are the Gammas!

DOCTOR: The Gammas. They have a lot of hair.

MAYOR: Yes, they have a lot of hair.

EMILE, THEN ADRIEN AND ODILE: Hair!

DOCTOR: They speak French. He has a heart! He. . . She!! She has a heart.

ODILE: I have a heart! Thank you, Doctor!

DOCTOR: They have hearts. The Gammas have hearts.

POLICE CHIEF: Hello, Your Honor.

MAYOR: Good day, Chief.

CHIEF: Who brought these people here? Was it you?

1st GENDARME: Yes, Chief.

CHIEF: Why?

2nd GENDARME: They are Gammas, Chief. Their place is here, at the town hall.

MAYOR: That's true, Chief. When the Gammas come to Brézolles, they come to the town hall.

CHIEF: They are not Gammas! The Gammas don't exist!

3rd GENDARME: Flowers! Flowers for the Gammas!

ODILE: Oh, flowers!

DOCTOR: They speak French. They have hearts. Gammas don't have hearts. They are not Gammas.

CHIEF: That's it! They aren't Gammas! The Gammas don't exist! Good bye, Your Honor.

#   #   #   #

[Scene 3]

CHIEF: Search them!

2nd GENDARME: The Gammas have a lot of hair.

CHIEF: They aren't Gammas!

2nd GENDARME: You're a Gamma! Look: a mushroom. . . .

ODILE: A mushroom. It's a mushroom.

1st GENDARME: Leaves.

EMILE: Leaves. They're leaves.

DOCTOR: A branch.

ADRIEN: A branch. It's a branch.

1st GENDARME: A mouse!

EMILE: A mouse. It's a mouse.

ODILE: Flowers. They are flowers.

DOCTOR: They aren't Gammas. They're hippies!

CHIEF: Ah yes, they're hippies. Faster!

ADRIEN: It's a hammer.

CHIEF: A hammer?

ADRIEN: Yes, it's a hammer.

DOCTOR: Sit down! Ouch!

2nd GENDARME: The sphere! !

CHIEF: What? What is it?

2nd GENDARME: It's the Gammas' sphere. It's very tiny now.

CHIEF: You're crazy! The Gammas don't exist. The sphere doesn't exist. *That* is a ball.

2nd GENDARME: It's a ball. Now, it's a little ball. But it's the sphere.

CHIEF: Quiet! Hello. This is the Brézolles police station. Yes. It's the Secretary! Good day, Mister Secretary. Oh, no, they aren't Gammas, they are hippies. But of course, Mister Secretary, the Gammas don't exist. Good-bye, Mister Secretary.

2nd GENDARME: Chief they are not

hippies. They are the Gammas.

PRESS PHOTOGRAPHER: Where are they? I want to photograph the Gammas for Brézolles Presse. Here are my papers.

CHIEF: No photos! They are not Gammas! They are hippies.

PHOTOGRAPHER: Thank you!

CHIEF: Photograph the Gammas. They aren't Gammas. Photograph these people!

ADRIEN: Like this?

2nd GENDARME: Yes, like that.

CHIEF: Are you ready?

2nd GENDARME: I'm ready.

ADRIEN AND EMILE: We're ready.

CHIEF: You're ready?

1st GENDARME: I'm ready.

CHIEF: Go ahead!

1st GENDARME; Chief!

CHIEF: Where are the Gammas? uh. . . those people?

1st GENDARME: Ah, they've disappeared.

CHIEF: They've disappeared.

2nd GENDARME: You see: the Gammas exist. The Gammas are here, in Brézolles.

CHIEF: Ohhh. . .

DOCTOR: Take this! Chief, we're having hallucinations. The Gammas don't exist.

CHIEF: We're having hallucinations. The Gammas don't exist.

DOCTOR: Yes, we're having hallucinations. The Gammas don't exist.

2nd GENDARME: Hallucinations don't exist. The Gammas exist.

LESSON 4 — PEOPLE SAY THAT. . .

[Scene 1]

WHISPERING VOICES: They're not Gammas. The Gammas exist. They are Gammas. The Gammas are here. The Gammas don't exist. They're not Gammas. They are Gammas. The Gammas are here. They're in Brézolles. The Gammas don't exist. The Gammas exist.

1st MAN: The Gammas exist.

2nd MAN: And you've seen the Gammas? You've really seen them?

1st MAN: No. But the radio, the television. . .

2nd MAN: But you, yourself, have you seen the Gammas?

1st MAN: Uhh. . . no.

2nd MAN: There you are! The Gammas don't exist! There aren't any Gammas!

1st MAN: But there are, there are Gammas.

2nd MAN: No!

JOURNALIST: Good evening, Gentlemen! I come from Paris! I'm a journalist.

1st CUSTOMER: Ah, you're from Paris!? You're a journalist!?

JOURNALIST: Why, yes, Gentlemen, I'm a journalist.

THE TWO CUSTOMERS: Shh!

JOURNALIST: I come from Paris. I have my press card.

2nd CUSTOMER: From Paris?

JOURNALIST: Yes, from Paris.

2nd CUSTOMER: And you're looking for the Gammas.

JOURNALIST: Yes, I'm looking for the Gammas.

1st CUSTOMER: Shh!

JOURNALIST: Where are they?

2nd CUSTOMER: I don't know. . . where the Gammas are.

JOURNALIST: And you, Sir?

1st CUSTOMER: I don't either, I don't know where the Gammas are. But they're in Brézolles.

WAITER: No, the Gammas are not here! They're not in Brézolles! The Gammas don't exist!

JOURNALIST: Thank you, Sir.

1st CUSTOMER: The Gammas exist.

2nd CUSTOMER: They're in Brézolles, in our town.

WAITER: No! They are not in Brézolles!

1st CUSTOMER: You're from Paris?

TV-REPORTER: Yes.

2nd CUSTOMER: And you're looking for the Gammas?

TV-REPORTER: Yes. I'm from the television. I have my card. I want to film the Gammas. I want to film them.

WAITER: You cannot film them, Sir. No, you cannot film them.

TV-REPORTER: Why, Sir?

WAITER: Because they do not exist, Sir. There are no Gammas!

TV-REPORTER: Thank you, Sir.

JOURNALIST: Good evening, Ladies and Gentlemen.

1st WOMAN: Good evening, Sir!

JOURNALIST: I'm a journalist; I'm from Paris. In Paris people are saying that some Gammas are in Brézolles.

THE MAN: Here, people are saying, "The Gammas exist."

1st WOMAN: People are also saying that the Gammas do not exist.

JOURNALIST: But you! What do *you* say?

THE MAN: *I* say that the Gammas exist!

1st WOMAN: And *I* say the Gammas don't exist!

2nd WOMAN: And *I* think the Gammas exist!

WHISPERING VOICES: The Gammas exist. I've seen the Gammas. They're here. I've seen them. The Gammas don't exist. They're in Brézolles. They exist.

2nd WOMAN: The Gammas exist.

EMILE: Ga. . . Gammas!

1st WOMAN: "The Gammas exist"?! The Gammas do not exist!

JOURNALIST: "The Gammas do not exist." Do the Gammas exist?

TV-REPORTER: "Do the Gammas exist?" Are the Gammas in Brézolles?

EMILE: The Gammas do not exist!

#   #   #   #

[Scene 2]

EMILE: The Gammas do not exist!

2nd WOMAN: But you're the Gammas!

EMILE: We are *not* the Gammas.

2nd WOMAN: You're not the Gammas?

ADRIEN: No, we're not the Gammas.

2nd WOMAN: But you have the same hair as the Gammas.

1st WOMAN: They *are* the Gammas! The hair!

ODILE: The hair!

ADRIEN: Yes, the Gammas have a lot of hair.

EMILE: The Gammas have a lot of hair!

JOURNALIST: No! You're not the Gammas.

EMILE: The Gammas do not exist.

JOURNALIST: No, the Gammas do not exist!

TV-REPORTER: Excuse me, Ladies. . . Gentlemen. . . Ma'am. No, no, you're not the Gammas.

#   #   #   #

[Scene 3]

JOURNALIST: Yes, Ma'am. We're from Paris. We're Parisian journalists. The Parisian press is talking about the Gammas. With us, Brézolles is becoming the most important city in France. It's to Brézolles that the Gammas have come.

WAITER: The Gammas do not exist!

PRO-GAMMAS CUSTOMERS: And that?!

WAITER: That? That's business!

Business, money! You understand? But the Gammas do not exist!

PRO-GAMMAS: The Gammas exist!

ANTI-GAMMAS: The Gammas do not exist!

PRO-GAMMAS: In Brézolles, there are Gammas!

ANTI-GAMMAS: There are no Gammas!

PRO-GAMMAS: The Gammas exist!

ANTI-GAMMAS: The Gammas do not exist!

ODILE: Good evening!

EMILE: Thank you!

EMILE AND ADRIEN: Good evening!

WAITER: Are they Gammas? Are they not Gammas? Good evening, Ladies. . . Gentlemen. . . What would you like? What would you like to drink?

JOURNALIST: It's my treat! Champagne, waiter!

WAITER: A bottle of champagne!

JOURNALIST: Beautiful night, isn't it? The night is beautiful!

ODILE: The night is very beautiful!

2nd WOMAN: Beautiful night! A night for the Gammas!

EMILE: What's that, "the Gammas"?

ALL TOGETHER: The hair! The Gammas have a lot of hair.

THE GAMMAS: Hair?

EMILE: That's all?

2nd WOMAN: Hair. . . yes, they have very long hair. That's all. Ah, no! They come from the sky!

ADRIEN: Ah, they come from the sky?

EMILE: From the sky? The Gammas do not exist!!

SIX CUSTOMERS: The Gammas do not exist.

JOURNALIST: To your health!

ODILE: To your health!

EMILE AND ADRIEN: To your health!

WAITER: They're not Gammas, they're Americans.

EMILE: The Gammas do not exist!

LESSON 5 – TO YOUR HEALTH!

[Scene 1]

ADRIEN: Gamagaga?

ODILE: Let's speak French!

ADRIEN: Where are we going?

EMILE: I don't know.

ADRIEN: You don't know where we're going?

ODILE: *I* know where we're going.

EMILE, THEN ADRIEN: You know where we're going?

ODILE: Roger!

EMILE: Hello, Roger!

ROGER: Yes? Yes? Who's calling me?

EMILE: The Gammas are calling you.

ROGER: The Gammas? Where are you?

THE GAMMAS: In the sky!

ODILE: Hey, Roger! We're coming!

ROGER: Yes! Come!

EMILE, THEN ADRIEN: What's this?

ROGER: A grape vine. My vine! Grapes!

ODILE: Grapes.

EMILE: These are grapes.

ADRIEN: Ah, grapes.

ODILE: What are you doing?

ROGER: I'm harvesting grapes!

ODILE: I'm harvesting grapes.

ROGER: My house. My family!

THE GAMMAS: Hello!

ROGER: Friends. My friends!

MAMA: They're not from around here?

ROGER: No, they're not from around here. They're not French.

THE FAMILY: Ahhh!

ROGER: My mother, Mama! My father, Papa! My sister, Mathurine! My grandmother, Grandma!

GRANDMA, THEN PAPA: Hello.

EVERYBODY: Hello.

PAPA: Hello! What's your name?

EMILE: My name?

ROGER: His name is Emile. Isn't it, Emile? You're called Emile?!

EMILE: Emile! I'm called Emile!

PAPA: Hello, Emile.

EMILE: Hello, Papa!

ROGER: And *his* name is Adrien.

MATHURINE: His name is Adrien!

ODILE: And *my* name is Odile!

THE FAMILY: Ah, Odile!

GRANDMA: He's. . . Adrien.
PAPA: No, *he*'s Emile! *He*'s Adrien!
GRANDMA: He's got beautiful hair,

Emile. Odile! Roger, your friends have very beautiful hair! They're not French.

# # # #

[Scene 2]

MATHURINE: You must eat with us. Come to the table!

PAPA, MATHURINE: Sit down!

ROGER: Sit down! Eat with us!

ODILE: You're not eating? Why?

ROGER: I've already eaten, thank you.

PAPA: Enjoy your meal!

MAMA AND GRANDMA: Enjoy your meal!

ROGER: "Thank you!"

ODILE: Thank you!

EMILE: Enjoy your meal!

ADRIEN: Thank you.

MAMA: Not the fork, not the knife for the soup. The spoon!

ODILE: Not the fork, not the knife, the spoon.

PAPA: Is the soup good?

EMILE: The soup is good!

ROGER: Have some wine!

PAPA: To Emile's health!

THE FAMILY: To Emile's health!

EMILE: To Emile's health! Hmm! The wine is good!

ADRIEN: The wine is good.

GRANDMA, THEN THE OTHERS: To Adrien, who has beautiful hair!

ADRIEN: To my health!

ROGER: The meat! No!

EMILE: No?!

ROGER, THEN THE GAMMAS: You must cut the meat into three pieces.

ROGER: A fork. . . a knife. . . I'm cutting. . . A piece of meat for Odile, a piece for Emile, a piece for Adrien.

EMILE: The meat. . .

ADRIEN: A fork. . . a knife. . .

EMILE: I'm cutting.

ROGER: Is it good, Emile?

EMILE: Emile? Ah, Emile. . . It's good! It's very good!

ROGER: The meat was that.

ODILE: The meat was that?!

EMILE: What are they?

ROGER: They're beef cattle.

EMILE: Beef cattle? We ate beef?!

GRANDMA: The dessert!

ADRIEN: What is dessert?

GRANDMA: You eat dessert at the end of the meal. It's good, Adrien, it's very, very good!

ODILE: Eat *that*?!

ROGER: Yes. You have to eat it.

PAPA: In Burgundy, we always eat a cat for dessert.

# # # #

[Scene 3]

EMILE: More! Please, more. It's good! It's very good!

ODILE: It's good!

EMILE: Two Rogers. . . One Roger. . . Two Rogers. . . One Roger. . .

ODILE: What do you see, Adrien?

EMILE: Adrien, show us what you see! It's the wine!

ODILE: It's the wine! What's that?

ROGER: My mouth.

ODILE: Your mouth? And that, what's that?

ROGER: My nose.

ODILE: Your nose!

GRANDMA: No, you mustn't drink too much wine.

ADRIEN: Give me the bottle, Stéphanie.

GRANDMA: You mustn't drink too much.

ADRIEN: Give some wine to Adrien, who is a Gamma.

GRANDMA: A Gamma? You're a Gamma? Of course, with that hair. He's a Gamma!

THE OTHERS: They're Gammas!

GRANDMA: Adrien is a Gamma, Emile is a Gamma, Odile is a Gamma!

ROGER: Yes, they're Gammas.

LESSON 6 — I LOVE YOU

[Scene 1]

ROOSTER: Cock-a-doodle-doo!
ROGER: The sun! Oh, the sun!
ODILE: The sun!
ROGER: The moon.
ODILE: The moon.
ROGER: You're sighing?
ODILE: I'm sighing?
ROGER: Yes. You're sighing.
ODILE: Yes, I'm sighing.
ROGER: Why?
ODILE: Because. . . Emile, Adrien and I are leaving soon.
ADRIEN: Good morning, Mathurine!
MATHURINE: Good morning, Adrien! The sun!
ADRIEN: The sun!
EMILE: Good morning, Stéphanie!
STÉPHANIE: Good morning, Emile!
EMILE: Come down!
STEPHANIE: No, I'm too old.
EMILE: You? Old? Of course not! Come down!
STEPHANIE: But I'm an old woman. I'm old. My face isn't young any more.
EMILE: No, you're not! You're not old, Stéphanie.
STEPHANIE: Oh, how beautiful I am in this mirror!
MATHURINE: Adrien, I love you.
ROGER: Your hand, your little hand!

ODILE: Your hand. . .!
EMILE'S VOICE: Adrien! Odile!
ODILE: I don't want to leave!
EMILE: We're leaving.
STEPHANIE: Come back.
EMILE: Thank you. See you soon.
ARMANDINE: See you soon.
EMILE: See you soon.
GUSTAVE: See you soon.
EMILE: Hurry! We're leaving!
ODILE: I don't want to leave!
EMILE: What, you don't want to leave?!
ODILE: No!
ADRIEN: But we must leave.
ODILE: Why?
EMILE: We must leave, because. . .
ADRIEN: . . . because we must leave!
ODILE: No!
EMILE: Yes!
ODILE: No!
EMILE: Yes, we must leave!
ODILE: No, no, no!
GUSTAVE: Your sphere!
EMILE: We can't leave! We can't leave any more!
ODILE: We can't leave any more!
GUSTAVE: Yes, you can, the sphere isn't lost. It's going to come back.
EMILE: When? How?
GUSTAVE: Soon. We'll have to. . . we'll have to wait.

#   #   #   #

[Scene 2]

EMILE: Hen, little hen. My little hen. Cluck cluck cluck. . . Little hen, give me the sphere!
ADRIEN: We need the sphere, because we must leave!
EMILE: Mm, it's good! Mm, how good it is!
ROGER: Odile, what's the matter with you?!

MATHURINE: She's fainted!
ARMANDINE: She's fainted?! Oh!
GUSTAVE: Poor Odile!
ARMANDINE: She's fainted! Poor Odile!
STEPHANIE: Move aside! A cushion! Quickly, a cushion!
ARMANDINE: The cushion!
STEPHANIE: She's fainted. We must call the doctor!

538   *Les Gammas! Les Gammas!*

STEPHANIE: A good hot water-bottle. . . and another cusion. . . She's still out!

GUSTAVE: Maybe we should. . .

MATHURINE: Yes, we should. . .

STEPHANIE: Shh! The doctor. . . Did you call the doctor?!

ROGER: Yes, of course!

STEPHANIE: What did he say?

ROGER: The doctor said he's coming right away.

DOCTOR: Here I am.

STEPHANIE: Ah, Doctor, we were waiting for you!

DOCTOR: Hello, Stéphanie! But what's wrong with her?

STEPHANIE: Doctor, I don't know. That's why we called you!

DOCTOR: *That's* true, Stéphanie!

STEPHANIE: Is it serious, Doctor?

DOCTOR: It's serious.

STEPHANIE: Is it serious, Doctor?

DOCTOR: It's very, very serious, my dear Stéphanie. Get undressed, Roger!

ROGER: Me?!

DOCTOR: Yes, you! Get into the bed, Roger!

ROGER: Me?!

DOCTOR: Yes, you!

ROGER: There?!

DOCTOR: Yes, there!

STEPHANIE: But. . . you're leaving, Doctor?

DOCTOR: Yes, Stéphanie, I'm leaving.

STEPHANIE: And. . . no medicine?

DOCTOR: *He*'s the medicine!

# # # #

[Scene 3]

MATHURINE: Odile! Are you feeling better, Odile?

ODILE: Yes, I'm feeling better.

GUSTAVE, THEN ARMANDINE: The patient is better.

GUSTAVE: That's good!

ADRIEN: To the patient's health!

MATHURINE, THEN THE OTHERS: To Odile's health!

STEPHANIE: To the health of our children!

ROGER: You're not drinking?

ODILE: No, I'm not drinking.

ROGER: Why?

STEPHANIE: A piece of cake for Odile, a piece for Roger. . .

ROGER, THEN THE OTHERS: To Odile's health.

ADRIEN: You're not drinking?

ODILE: No.

THE FAMILY: There's the sphere. It's the sphere. There's the sphere.

EMILE: We can leave right away. It won't get bigger! It's there! I can't make the sphere get bigger any more!

ADRIEN: I can't do anything any more! The sphere doesn't do what I want any more! I'm not a Gamma any more!

ODILE: You must get bigger, get bigger!

EMILE: Again!

ODILE: No!

EMILE: What's wrong?!

ODILE: You've drunk too much wine! You can't make the sphere get bigger any more! *I* didn't drink any wine! The sphere does what I want.

EMILE: The sphere does what you want. Tell it to get a little bit bigger!

ADRIEN: We want to leave!

ODILE: No!

EMILE: Why?

ODILE: Because I want to stay with Roger.

EMILE: She wants to stay with you. Do you want to stay with her?

ROGER: Yes.

EMILE: Do you want to come with us?

ROGER: Oh, yes!

EMILE: Roger is coming with us!

ODILE: You must get bigger. . . get bigger!

EMILE: Thank you. See you soon!

STEPHANIE: Come back!

ADRIEN: See you soon, Mathurine.

MATHURINE: See you soon, Adrien.

ARMANDINE: Gustave, I'm afraid for Roger!

GUSTAVE: Roger isn't in any danger. The sphere is solid.

ROGER: See you soon, Mama! See you soon, Papa!

GUSTAVE: See you soon.

ROGER: Hey, Mathurine! Bye, Grandma!

THE FAMILY: Good-bye! See you soon!

LESSON 7 — WHERE IS THE SEA?

[Scene 1]

ROGER: Where are you going?

EMILE: Where are we going?

ADRIEN: I don't know.

ODILE: Where do you want to go?

ROGER: To the sea.

ODILE: The sea?

EMILE: What's that, the sea?

ROGER: I'm going to show it to you. What's wrong?

EMILE: I don't know.

ROGER: What's wrong?! What is the problem?!

EMILE: Quiet!

ODILE: What's the problem?

EMILE: *He* is!

ODILE: What do you mean, he is?

EMILE: He's too heavy for the sphere. It's dangerous. Roger is too heavy.

ODILE: Roger is not too heavy. *This* is what's too heavy!

EMILE: The bottle! Gustave's bottle!

PEASANT: A bottle of wine!

EMILE: Roger has to leave. It's dangerous because of Roger.

ODILE: Because of him?! Oh, no, it's dangerous because of all this!

PEASANT WOMAN: Oh, Jules! Is it an airplane?

PEASANT: I don't know. No, no, it isn't a plane.

ODILE: Is that the sea, Roger?

ROGER: No, those are the mountains.

ODILE: Ah, those are the mountains. It's not the sea yet. . .

EMILE: Our hammer!

ADRIEN: Odile! The hammer!

PEASANT: A hammer!

PEASANT WOMAN: What are you doing?

PEASANT: I'm shooting.

PEASANT WOMAN: Oh, Jules! You're going to be sick!

ROGER: It's too dangerous here. I'm not staying. We'll meet again in Saint-Tropez. Saint-Tropez! By the sea! See you soon! Bye!

ODILE: Bye, Roger! We'll meet again in Saint-Tropez, by the sea! Roger, where is the sea?

ROGER: There!

ADRIEN: Where is the sea?

ODILE: There!

EMILE: First, we must repair the sphere.

#   #   #   #

[Scene 2]

1st SCIENTIST: Yes. Yes, gentlemen, here's a Gamma, with three feet. One, two, three. The Gammas have three feet. . .

2nd SCIENTIST: That noise. . . I'm closing the window.

3rd SCIENTIST: The Gammas, how do they walk with three feet?

1st SCIENTIST: Well, it works like this: one, two and three. One, two, three. It's very practical.

2nd SCIENTIST: It's exactly that.

3rd SCIENTIST: I think that the third foot has another role. Look! One, two, three.

1st SCIENTIST: Ah, yes, yes, it works like that.

2nd SCIENTIST: Of course. It's just exactly that. I have another hypothesis.

1st SCIENTIST: Shut up!

2nd SCIENTIST: See: I think that the

third foot is a kind of motor.

EMILE: May I have a hammer?

3rd SCIENTIST: It's a problem.

2nd SCIENTIST: Yes, it's a problem.

1st SCIENTIST: It's a problem. The Gammas don't have noses!

2nd SCIENTIST: Why?

1st SCIENTIST: Because there's no atmosphere on Gamma.

2nd SCIENTIST: Aha.

EMILE: May I have a hammer?

1st SCIENTIST: A hammer. . . The Gammas have big ears, very big ears.

EMILE: May I have a hammer?

1st SCIENTIST: A hammer? Why?

EMILE: To repair my sphere!

1st SCIENTIST: Ah, good. And the Gammas have enormous trunks. . .

EMILE: Oh, no! The Gammas don't have trunks. No, no, no!

1st SCIENTIST: Yes, they *do* have trunks.

See! They drink with their trunks. Like this. One, two, and three. Like this. They drink like this. It's very practical.

3rd SCIENTIST: And how do they come to France?

1st SCIENTIST: They have a sort of sphere, a very quiet vehicle.

3rd SCIENTIST: What?!

1st SCIENTIST: They have a sort of sphere, a very quiet vehicle, really very quiet.

2nd SCEINTIST: Ah, good, they have a sphere.

EMILE: The sea? Where is the sea?

1st SCIENTIST: The sea? It's that way!

EMILE: Thank you, Sir!

2nd SCIENTIST: Close the window, will you?!

1st SCIENTIST: And the ears are radar receivers.

#   #   #   #

[Scene 3]

ROGER: You haven't seen two men and a woman with long hair?

YOUNG MAN: With long hair? Everybody has long hair here.

ROGER: The Gammas! They're coming! They've found the sea! Odile! O d i l e! I'm here!

ODILE: Roger! *This* is the sea?

ROGER: Yes, Odile. That's the sea!

ODILE: Roger! We're here!

ROGER: Odile! The Gammas! The Gammas have drowned! Odile has drowned! Odile! Oh, Odile! Odile has drowned! Oh, Odile.

YOUNG MAN: Who is Odile?

ROGER: Odile is a girl from Gamma. She drowned, there, in front of me! Oh, Odile!

YOUNG MAN: You think so? But the Gammas don't drown so fast.

ROGER: Don't they?

YOUNG MAN: Of course not! Look carefully and you'll find your Odile.

ROGER, THEN YOUNG MAN: Odile!

ROGER: Sir, have you seen the Gammas?

FISHERMAN: I've worked all night; I

haven't seen your Gammas!

FISHMONGER: Gammas!

A VOICE: Roger! We're here!

ROGER: Tell me, Ma'am, I'm looking for the Gammas. A girl with long hair and two fellows with long hair. Gammas. . . You haven't seen them?

OLD WOMAN: The Gammas are in St. Trop? No, Sir, I haven't seen them. Nobody has seen them.

A VOICE: Roger! We're here!

FISHMONGER: Do you hear?

THE VOICE: Roger!

COOK: I don't hear anything.

FISHMONGER: The fish is talking.

COOK: Your fish talk? Well then, give me ten fish!

FISHMONGER: I hear the fish talk now! Ha ha ha, I hear the fish talk.

COOK: Hello, Sir.

ROGER: Hello.

COOK: You're sad?

ROGER: Yes, I'm sad.

COOK: Why?

ROGER: I'm sad because I'm looking for

the Gammas. They fell into the sea. Into the sea, Sir. Oh, Odile! My dear Odile!

COOK: Eat something. Eat a good fish. Eat a fish that talks!

ROGER: Yes. Give me some fish. With a carafe of wine. The sea! Oh, Odile, my dear Odile!

COOK: Here's the fish. . . that talks.

THE VOICE: Roger! I'm here!

THREE VOICES: Roger! We're here!

Roger, I'm here, Odile! It's me, Odile. Watch out, Roger!

ODILE: Oh, Roger!

ROGER: Odile?!

ODILE: Oh, Roger! At last!

ROGER: Odile, you're there, so tiny. Oh, Odile!

ADRIEN: Roger, what an adventure! Ah, Saint-Tropez!

EMILE: It's hot in St. Trop!

LESSON 8 — WHAT CHIC!

[Scene 1]

STROLLERS: The hair! Ah, that hair! Oh, the hair! That hair! Oh, the clothes! Those clothes! etc. . .

WOMAN: Heavens! What chic, Madame! What chic! Where did you buy that? Madame, tell me where you bought that! What chic, Madame, what chic!

STROLLERS: What chic, Madame, what chic!

ODILE: Let go of my dress, Madame!

WOMAN: Tell me where you bought that dress!

ODILE: Bought? Roger!

ROGER: Come, Odile, come! I'm going to buy you some clothes.

EMILE: Buy some clothes? Why? We have clothes.

ROGER: Yes, but we have to buy some French clothes.

ADRIEN: Yes, we must buy some French clothes.

ROGER: *That*'s not buying!

SALESWOMAN: Taking clothes and leaving, that's stealing! Ah, ah, ah! Gentlemen, Madam, come in! What do you wish to buy?

EMILE: I want to buy that.

SALESWOMAN: The caftan! Very beautiful! Very chic! Brand new!

ROGER: Is it expensive?

SALESWOMAN: Seven hundred francs.

ROGER: That's very expensive.

SALESWOMAN: No, Sir, no! Not here! Here's a dressing room, come!

ODILE: I want to buy that.

SALESWOMAN: Very beautiful, very chic!

ADRIEN: And *I* want to buy that.

SALESWOMAN: Superb! This way, please. No, no, *here* for you. Superb, Sir, very beautiful! Do you like it?

EMILE: I like it very much.

SALESWOMAN: So, you're buying this caftan?

EMILE: Yes, I'm buying it.

SALESWOMAN: Oh, Madame, it's gorgeous! It's very beautiful! Do you like it?

ODILE: Yes, I like it very much.

SALESWOMAN: You're buying it?

ODILE: Yes, I'm buying it.

SALESWOMAN: And you, Sir, gorgeous! It's gorgeous! But like this. Do you like it?

ADRIEN: I like it.

SALESWOMAN: Naturally you're buying it?

ADRIEN: Yes, I'm buying it.

SALESWOMAN: Very good. Cashier! Thank you, Madam. Thank you, Gentlemen.

ROGER: You have to go the cash register. You have to pay.

ODILE: Pay? But we've bought these things.

ROGER: Something is bought only when it's paid for.

SALESWOMAN: How very true; something is bought only when it's paid for. Cashier!

CASHIER: Good day, Gentlemen, Madam. One caftan, 700 francs. One outfit, 500 francs. One suit, 600 francs. One cap, 100 francs. So we have 700 plus 600 plus 500 plus 100 francs, that makes one thousand nine hundred francs. You're the one who's paying, Sir?

ROGER: Yes, I'm paying!

CASHIER: That makes one thousand nine hundred francs.

ODILE: What's that?

ROGER: Money.

ODILE: What for?

ROGER: To pay with.

EMILE: It's paper.

ADRIEN: We've made purchases, we want to pay.

CASHIER: But that's paper. That's not money. Give me the money!

ODILE: I don't want to buy that!

EMILE: We're not buying.

CASHIER: Who are they? Are they your friends?

ROGER: My friends? Oh, no. Hurry up! It's too expensive for us.

SALESWOMAN: Who are they? Are they your friends?

ROGER: My friends?? Oh, no!!

SALESWOMAN: They aren't there any more! They've gone! Stop, thief!

CASHIER: They've gone! Stop, thief!

STROLLERS: The hair! Ah, that hair! Oh, the hair! etc. What style! Oh, what style!

#   #   #   #

[Scene 2]

ROGER: He is suntanned.

EMILE: He's not suntanned. His back isn't tan.

ROGER: Not at all. They don't like the water. They're cold.

EMILE: Good morning, Ma'am.

SELLER: Good morning, Sir. Buy my bathing suits!

EMILE: Good morning, Ma'am.

SELLER: Good morning, Sir. Buy my bathing suits!

EMILE: Good morning, Ma'am.

SELLER: Good morning, Sir.

EMILE: Good-bye, Ma'am.

SELLER: You don't want a bathing suit?

EMILE: Oh no, thank you, Ma'am. Good-bye, Ma'am.

SELLER: Good-bye, Sir.

EMILE: A swimsuit for you, a swimsuit for you, and two pieces for you.

ROGER: Where did you find these swimsuits?

EMILE: Over there.

ROGER: You bought them?

EMILE: Of course not, I don't have any money.

ROGER: Then, you. . .

EMILE: Yes, yes, yes. . .

ROGER: stole them! You stole them!

EMILE: Right, I stole them. So what?

YOUNG WOMAN: There's a man in my cabin!

ROGER: What man? Where?

YOUNG WOMAN: There. There was a man, there. With hair. . . oh, what hair!

ROGER: There's no one.

YOUNG WOMAN: No one?!

ROGER: Where were you? You weren't in the cabin?

TOURISTS: Marvelous! Extraordinary! Fantastic!

EMILE: Money?! They gave me money?! Why?

ROGER: Because you played with the sphere.

EMILE: Because I played with the sphere? Money. . .

#   #   #   #

[Scene 3]

HOSTESS: Oh, the beautiful hair! Oh, how beautiful it is! Are they wigs? No, they're not wigs.

EMILE: Is it a wig? Yes, it's a wig.

ADRIEN: A very beautiful wig.

ROGER: It suits me! I'll keep it.

HOSTESS: What are you drinking?

ODILE: Water!

HOSTESS: Water? No, no, no, you'll have champagne.

HOSTESS: Why are you laughing?

ADRIEN: Because of the costumes.

HOSTESS: It's the style here.

ADRIEN: Since when?

HOSTESS: Since this morning.

ROGER: Styles change quickly in St. Trop.

EMILE: Is it good?

ROGER: It's very good.

EMILE: What chic, Madame! Where did you buy that?

WOMAN: Let go of my dress, Sir!

EMILE: Do you want to dance?

YOUNG WOMAN: With pleasure... But, I know you.

EMILE: No, no, you don't know me.

YOUNG WOMAN: That's not the way to dance.

EMILE: I want to dance like that.

YOUNG WOMAN: You must dance like them. This is the way to dance. Thank you.

EMILE: Fantastic! Extraordinary! Marvelous!

YOUNG WOMAN: Sir!!! Oh! The hair... The cabin... The man who was in my cabin! It's you!

HOSTESS: Where are you going?

EMILE: We're leaving.

HOSTESS: But you haven't paid!

EMILE: Pay! Always pay!

HOSTESS: Oh, Sir! Who are they? Are they your friends?

ROGER: My friends? Oh, no. They're not my friends.

ODILE: Roger! Aren't we your friends?

ROGER: Odile!

ODILE: Roger!

LESSON 9 — HELLO, POLICE!

[Scene 1]

ROGER: Good evening. We're looking for two or three rooms. Do you have anything for us?

PORTER: No. Nothing! It's full.

ODILE: Good evening. We're looking for two or three rooms. Do you have anything for us?

PORTER: No. It's full.

ROGER, THEN EMILE: Not one room left in St. Tropez.

ROGER: This isn't a hotel.

ADRIEN: It isn't a hotel, but there are some beds here.

ROGER: They aren't beds, they're sofas.

EMILE: Can someone sleep on a sofa?

ROGER: Yes... but, it isn't a hotel!

PHILIPPE: What are you doing there?

EMILE: I'm sleeping.

PHILIPPE: He's snoring.

OLGA: Sir! Wake up! What are you doing here?

EMILE: I'm sleeping.

OLGA: Sir, this is my house! It's not a hotel!

EMILE: Of course! But *that* is a bed, Madam.

OLGA: No, it isn't a bed; it's a sofa.

EMILE: But one sleeps well on a sofa. Would you like to dance?

OLGA: You dance well. Olga... de Crach.

EMILE: Emile... de Gamma.

OLGA: The Gammas? Oh yes, the Gammas! Oh, no! The Gammas don't exist! Wake up! But what are you doing here? You're not invited.

You're not my friends. Leave!

ROGER: We have to leave. They're going to call the police.
ODILE: Why the police?
ROGER: Because we aren't invited.
ODILE: But *I* don't want to be invited. I want to sleep! We have to leave. They're going to call the police.

EMILE: Why the police?
ODILE: Because we're not invited.
EMILE: But, I don't want to be invited. I want to sleep!
OLGA: You dance well. Olga. . . de Crach.
ADRIEN: Adrien. . . de Gamma.
OLGA: The Gammas, oh yes, the Gammas. But no, the Gammas don't exist. Leave!

#   #   #   #

[Scene 2]

GUEST: Olga, come here! Olga, come to the drawing room, please!
OLGA: These people have to leave!
GUEST: You want them to leave?
OLGA: Yes, I want them to leave! They're not invited!
GUEST: Sir! You're not invited! Leave!
ADRIEN: Do you dance?
GUEST: Hello, Police. . . 4, Marseilles Street. Come!
ROGER: Let's leave! The police are going to come.
ODILE: Emile! Emile, let's leave. The police are going to come.
EMILE: The police. . .
OLGA: The police! The police? Who called the police?
ROGER: *He* did!
OLGA: He's afraid. . . he's afraid of you.
ROGER: The police!
OLGA: He's afraid!
ROGER: I'm not afraid.

ODILE: Roger is not afraid.
GUEST: Arrest those people!
1st POLICEMAN: Why?
OLGA: They're not invited!
GUEST: And they don't want to leave!
1st POLICEMAN: You don't know these people?
OLGA: No, I don't know these people.
1st POLICEMAN: And you want them to leave?
OLGA: Yes, I want them to leave.
1st POLICEMAN: Leave!
ODILE: Do you dance?
ADRIEN: Do you dance?
ROGER: Do you dance?
1st POLICEMAN: Is it true? You don't know these people?
OLGA: No, I don't know them. They say that they are Gammas. But, Gammas don't exist.
1st POLICEMAN: No, Gammas don't exist Your papers!

#   #   #   #

[Scene 3]

1st POLICEMAN: Show me your papers!
ROGER: Here are my papers.
1st POLICEMAN: Thank you, Sir.
2nd POLICEMAN: Papers!
EMILE: I don't have any papers.
ADRIEN: We have no papers.
1st POLICEMAN: Why don't you have any papers?
EMILE: We don't have papers because we're Gammas.

1st POLICEMAN: Gammas don't exist. Come with us!
ROGER: The handcuffs. . .
OLGA: Handcuffs. Not in my house. Get out! Everybody get out! Go! Get out!
1st POLICEMAN: Your papers.
GUEST: My papers? I don't have my papers. I left my papers at home.
1st POLICEMAN: Your papers!

Translations   545

OLGA: Oh, my God!

1st POLICEMAN: Your papers!

PHILIPPE: What to do, Olga? What can we do now?

1st POLICEMAN: Your papers!

EMILE: What are they?

1st POLICEMAN: They're handcuffs.

EMILE: Ah, handcuffs.

1st POLICEMAN: My cap! Our caps!

OLGA: Look, the caps are flying! The Gammas exist!

ROGER: Odile, where are you?

ODILE: I'm here.

ROGER: Odile!

OLGA: Gammas!

EMILE: Emile de Gamma, Madam.

1st POLICEMAN: Your papers!

OLGA: Alone at last.

ROGER: Odile!

OLGA: Gammas! The police have left!

ROGER: Odile.

OLGA: You may sleep here. You are my guests. You're my friends!

PHILIPPE: Olga!

EMILE: It isn't a hotel, but one sleeps well here.

PHILIPPE: Oh, yes!

LESSON 10 —HELP!

[Scene 1]

OLGA: He snores. He snores terribly. Emile de Gamma snores terribly! They're all asleep. Philippe!

PHILIPPE: I'm suffocating.

OLGA: He's heavy, isn't he?

PHILIPPE: Ah, yes. Oof! Oof, how heavy he is! He's very, very heavy!

OLGA: But darling! He's a Gamma! Darling, what's that?

PHILIPPE: It's a gift!

OLGA: A gift? For me?

PHILIPPE: A gift, yes, for my darling little Olga!

OLGA: Oh, is it really? Show me, Philippe. . . Oh! Oh! A bracelet! How beautiful it is! A necklace! But that's the Princess's necklace! Philippe, it's not right to steal the Princess's necklace. . . Oh, Philippe! How beautiful it is, the Princess's necklace! It's very beautiful! And we have the Gammas!

PHILIPPE: We have whom? The Gammas?

OLGA: But Philippe. . . The Gammas! They can do everything!

PHILIPPE: Yes, the Gammas, of course. They're amusing, of course.

OLGA: But Philippe, the Gammas can work for us. Philippe! The Gammas can disappear! Disappear!

PHILIPPE: Disappear? Yes, that's amusing, of course.

OLGA: Philippe, you're stupid! The Gammas disappear. They go into a bank. They take the bills. . . and nobody sees them.

PHILIPPE: Of course, the Gammas can disappear!

OLGA: He's asleep. Careful! Let him sleep!

PHILIPPE: We have to wake up all the Gammas!

OLGA: Wake them up? Why?

PHILIPPE: The Gammas must go to work right away. The banks open at eight o'clock!

OLGA: You're right. Right away. The banks open at eight o'clock. No, not him! He's not a Gamma!

PHILIPPE: Wake up!

ODILE: What's the matter?

OLGA: Wake up, Adrien de Gamma!

ADRIEN: I'm sleeping! What's that?

OLGA: It's a necklace!

PHILIPPE: They like jewels. The Gammas like jewels a lot. They mustn't go to a bank. They must go to a jewelry store. They like jewels.

#   #   #   #

546   *Les Gammas! Les Gammas!*

[Scene 2]

EMILE: Sleep!
OLGA: Stand up!
EMILE: What's going on?
OLGA, THEN EMILE: Jewels!
OLGA: You like jewels?
ADRIEN: Oh, yes!
ODILE: I like jewels!
OLGA: It's your turn, Philippe!
PHILIPPE: Do you want jewels?
EMILE: Ah, yes, I want jewels!
PHILIPPE: You can have jewels, lots of jewels!
ADRIEN: Lots of jewels?!
EMILE: I want jewels!
PHILIPPE: The jewels are there! The brooch is there!

OLGA: Philippe, you're wonderful!
PHILIPPE: I am a Gamma. I am an invisible Gamma. I open the drawer. . . I take out the jewel. . . I put the jewel into my pocket. . . I close the drawer silently. It take the brooch. . . I put the brooch into my pocket. You understand?
OLGA: Eight o'clock!
ROGER: Where are the Gammas?
OLGA: They've left.
ROGER: Left?! Where?
OLGA: I don't know.
ROGER: Odile!
OLGA: Idiot!

#   #   #   #

[Scene 3]

MME GERMAINE: Oh, that's a beautiful brooch. What's the matter, Monsieur de Floc?
M. DE FLOC: The door. . . The door opened. . . and then it closed. . .
MME GERMAINE: The door doesn't close properly, Monsieur de Floc. There, now the door is properly closed!
M. DE FLOC: What's the matter, Madame Germaine?
MME GERMAINE: I'm looking for the brooch!
M. DE FLOC: You're looking for what?
MME GERMAINE: I'm looking for the brooch! It was there!
M. DE FLOC: Where, there?
MME GERMAINE: Here! The brooch was here!
M. DE FLOC: It's not in your pocket?
MME GERMAINE: In my pocket? Ah, no!
M. DE FLOC: Madame Germaine!
MME GERMAINE: What's the matter, Monsieur de Floc?
M. DE FLOC: Look! The drawer is empty! There's nothing left in it!
MME GERMAINE: Oh! Empty! Nothing left!
M. DE FLOC: The jewels!

MME GERMAINE: The jewels! Oh!
ODILE'S VOICE: Oh, sorry! Excuse me!
MME GERMAINE: The jewels!
ADRIEN'S VOICE: I open the drawer. . . I take out the jewelry. . . I put the jewelry into my pocket. . .
MME GERMAINE: Ghosts!
ADRIEN'S VOICE: Oh, sorry! Excuse me!
MME GERMAINE: Ghosts!
M. DE FLOC: Empty!
EMILE'S VOICE: I open the drawer. . . I take out the jewel. . . I put the jewel into my pocket. . . I close the drawer without a sound.
MME GERMAINE: Aaah! Someone is taking my jewelry from me!
ROGER: Odile? Where are you? Odile! Philippe, where's Odile? Odile!
ODILE'S VOICE: Roger! I'm here!
ROGER: What are you doing here?
ODILE: I'm looking for jewels!
ADRIEN: We're looking for jewels, Roger!
ROGER: You're stealing jewels?
M. DE FLOC, MME GERMAINE: Help, thief!
ROGER: Odile, you must appear. You too, Emile, Adrien!
M. DE FLOC: My jewels!
MME GERMAINE: The brooch!

OSCAR: Hands up!

ROGER: Do like me! Raise your hands!

OSCAR: Monsieur de Floc, what's going on in your store?

M. DE FLOC: These people have stolen my jewels.

MME GERMAINE: They're thieves.

EMILE: No, we are not thieves. Philippe told us to take the jewels.

OSCAR: Philippe? What Philippe?

ADRIEN: Philippe. . . He was there.

OSCAR: Go arrest this Philippe!

M. DE FLOC: These people were invisible.

OSCAR: Invisible?

MME GERMAINE: Yes. Invisible!

OSCAR: You're crazy. . . both of you!

ROGER: They're not crazy. These are Gammas.

OSCAR: Gammas! Thieves, Sir!

M. DE FLOC: I don't know, I'm not sure, Chief. They were invisible. Maybe they are Gammas!

MME GERMAINE: Gammas? Oh, Gammas here, in our jewelry store?

OSCAR: Gammas? They're thieves, Madame! There are no Gammas.

ROGER: Excuse the Gammas. They don't know what they are doing.

M. DE FLOC: They are completely excused. Of course. Ah, those Gammas!

OSCAR: Come on! To the police station!

LESSON 11 — HE'S DEAD!

[Scene 1]

OSCAR: Gammas! Gammas, indeed! Oh, no! You aren't Gammas! You're thieves. And *this* isn't your hair. It's a wig!

ODILE: Ouch, you're hurting me!

ROGER: That's her hair, Sir!

OSCAR: Ah, it's your own hair? Excuse me, Miss! Miss. . .?

ODILE: Odile.

OSCAR: My name is Oscar. Well? You've found this Philippe?

1st GENDARME: No!

OSCAR: Naturally! Philippe doesn't exist!

EMILE: Yes, Philippe *does* exist.

ROGER: Yes, Sir, Philippe exists. He's a friend of Madame Olga.

OSCAR: Shut up! You go look for this Philippe! I'm sure that this Philippe doesn't exist! And you, shut up! You, sit down there! Write! "The robbery in the jewelry store. . ." Do you smoke?

EMILE: No, thank you, I don't smoke.

ODILE: Gammas never smoke.

OSCAR: You aren't Gammas! Gammas never steal. They are nice. They are very intelligent. I don't believe that Gammas exist.

1st GENDARME: "Gammas never steal. They are nice. . ."

OSCAR: What are you writing?

1st GENDARME: I'm writing what you say. . .

OSCAR: No, not that! Take another sheet of paper! Write: "The robbery in the jewelry store."

1st GENDARME: "The robbery in the jew-el-ry-sto-re. . ."

OSCAR: Who's the leader?

ADRIEN: The "leader"?

OSCAR: Yes, the leader, don't you understand?

EMILE: No.

ROGER: Among the Gammas there is no leader!

OSCAR: Then, write: "Four thieves. . ." The first thief: your name!

EMILE: Emile, but I am not a thief.

OSCAR: Shut up! "Four thieves: the first named Emile." The second. . . Your name!

ADRIEN: Adrien. I like jewels, but I do not steal.

OSCAR: "Four thieves: the first named Emile, the second named Adrien, the third thief is a woman, named Odile," and the fourth?!

ROGER: Roger! But I am not a thief!

OSCAR: "And the fourth named Roger."

1st GENDARME: "Four thieves: the first named Emile, the second named

Adrien, the third thief is a woman, named Odile, and the fourth named Roger."

THE GAMMAS: We are not thieves! We are Gammas!

OSCAR: What's the matter? Dead! He's dead!

ROGER: You've killed the gendarme!

ODILE: What does it mean, "to kill"?

ROGER: To kill, is to cause to die! He's dead!

EMILE: We didn't kill the gendarme.

ADRIEN: Gammas never kill.

ODILE: Never.

ROGER: Gammas don't kill.

#   #   #   #

[Scene 2]

OSCAR: A hole in the window. . .

EMILE: Yes, there's a hole in the window.

OSCAR: Someone has fired a shot. . . Therefore. . . there is someone outside!

ROGER: Therefore, it isn't the Gammas!

OSCAR: It's not you! The telephone isn't working.

ROGER: Whom do you want to call, Sir?

OSCAR: Some colleagues!

ROGER: I'll go get them!

OSCAR: No! You, you stay here! The wires are cut! Therefore. . . someone has cut the telephone wires.

ROGER: I'm going to get your colleagues!

OSCAR: No, I'm going to get them myself! That way, you can't leave.

ODILE: We are Gammas. We can leave when we want to.

OSCAR: The Gammas, maybe, but *you* aren't Gammas!

ODILE: Dead!

EMILE: He's dead!

ROGER: Someone has killed Oscar!

EMILE: Who, "someone"?

ROGER: Someone, outside.

EMILE: Someone! Outside!

ROGER: Where are you going, Emile!

EMILE: Outside; I want to see this "someone"!

ODILE: Emile! He's dead!

ADRIEN: Someone has killed Emile.

EMILE: I don't like that!

ODILE: Emile!!! What to do?

EMILE: Disappear!

ROGER: I don't want to stay alone!

ODILE'S VOICE: See you soon, Roger!

EMILE: Someone tried to kill us!

ADRIEN: Someone wants to kill us!

ODILE: But who?

ROGER: Yes, who? Who?

OLGA'S VOICE: Gammas! Yoo-hoo, Gammas!

EMILE: Olga de Crach!

OLGA: Hello, I'm bringing you something to drink. You must drink!

EMILE: Do you know who fired a shot?

OLGA: Fired a shot? Someone fired a shot?! At whom?

ROGER: At us!

ODILE: And at them!

OLGA: They're dead?

EMILE: Don't you know anything?

OLGA: No, nothing! I swear it! They're dead. It's frightful!

ROGER: How did you know we were here?

OLGA: Oh, my dear Roger! Everybody in Saint-Tropez knows that the Gammas are at the police station!

ODILE, THEN EMILE: I'm thirsty.

ROGER: It's good!

EMILE: You aren't drinking?

OLGA: I'm not thirsty.

EMILE: You must drink with us. . .

OLGA: Oh, I've broken the glass. . . You've drunk, Emile?

EMILE: Yes.

ROGER: We're going to die!

EMILE: I'm going to die!

OLGA: Oh, no, you're not going to die, you're going to sleep. Very simply s l e e p! Lull-a-by, lull-a-by! Understood?

EMILE: But *they*. . . They're dead.

OLGA: Emile, you're stupid! The police chief isn't dead. He's sleeping. And the gendarme is sleeping, too. They, too, are sleeping. And *you*, too, are going to sleep, Emile!

EMILE: I'm going to sleep. I'm sleeping.
OLGA: That's it! Sleep!

\#   \#   \#   \#

[Scene 3]

PHILIPPE: They're sleeping.
OLGA: Hurry! They're going to wake up in five minutes! Philippe! You're stupid! Not the police chief! The police chief stays here! Philippe, idiot! Not the gendarme. The police chief and the gendarme stay here.
PHILIPPE: The police chief and the gendarme stay here?
OLGA: Of course! We must take only Roger and the Gammas!
PHILIPPE: Why?
OLGA: Because of you, Philippe. Do you understand?
PHILIPPE: No, I don't understand.
OLGA: Philippe, who told the Gammas to steal the jewelry?
PHILIPPE: Me?
OLGA: Who sent the Gammas into the jewelry store?
PHILIPPE: You!
OLGA: Help me! Hurry, hurry! We still have one minute. He's sleeping?
PHILIPPE: Yes, he's sleeping.
OLGA: Idiot!
PHILIPPE: I'm thirsty.
OLGA: You're going to sleep, Philippe, to sleep, to sleep!

PHILLIPPE: What? Sleep?
OLGA: Hurry!
PHILIPPE: I'm going to sleep. I'm sleeping.
OLGA: But, Emile was over there! He wasn't here. Oh, how heavy he is! He's heavy, Emile is. Emile, you aren't sleeping!
EMILE: No, I'm not sleeping.
OLGA: Oh, Emile, help me!
EMILE: Why, dear Olga de Crach?
OLGA: We're going to go very far away.
EMILE: Why, dear Olga de Crach?
OLGA: The police chief mustn't know that you are Gammas!
EMILE: Why, dear Olga de Crach?
OLGA: Because you can be invisible. Because Philippe told you to steal.
EMILE: Yes, Philippe is the thief. Not the Gammas. Gammas don't steal.
OLGA: Quickly, Emile! Come with me!
EMILE: I'm coming. The police chief mustn't know that we are Gammas.
OLGA, THEN EMILE: We're leaving.
OSCAR: Halt! Stop! Halt! So, you're really the Gammas! Welcome to France!

LESSON 12 — THEY'RE ALL CRAZY HERE!

[Scene 1]

OSCAR: Come on! Hurry! The scientist is waiting for us. My children, my dear Gammas, there's the institute. The scientists are going to examine you.
EMILE: Examine. . .?
OSCAR: Yes, they're going to look at you very closely. Afterwards, they're going to say that you are Gammas! Now, Roger, you must go back home, to Burgundy. All right?

ROGER: I'm going back home. See you soon, Odile. See you soon.
OSCAR: Gammas weep. . .?
EMILE: See you soon, Roger. Be seeing you!
ADRIEN: See you soon!
OSCAR: She loves Roger?
EMILE: Yes, she loves Roger.
OSCAR: How about that! A Gamma woman loves a Frenchman!

550   *Les Gammas! Les Gammas!*

SCIENTIST: Come on!

OSCAR: We're coming!

SCIENTIST: I've been waiting for you for two hours!

OSCAR: There were a lot of cars on the freeway.

SCIENTIST: Hello. Here are the Gammas.

DIRECTOR: They *say* they are Gammas!

OSCAR: The authorities, the Secretary,[1] and the prefect want to know whether these people are Gammas or not. We need a report, a very precise report.

DIRECTOR: I know, I know. Good-bye.

OSCAR: Be seeing you, Emile. Be seeing you, Adrien. Be seeing you, Odile. And long live the Gammas. The Gammas, that's you!

DIRECTOR: These are not Gammas.

SCIENTIST: These are not Gammas? Why not?

DIRECTOR: Look at their hair. They have the same kind of hair as you and I, only longer. I leave them with you. Examine them. Make a report. But they're not Gammas!

SCIENTIST: Waah! The Gammas can hear. He has ears. He too has ears. Therefore, they have ears.

ADRIEN: And why not?

ODILE: Me too, I have ears, I have two ears.

SCIENTIST: The Gammas can smell with their noses. They have a normal nervous system. They're not intelligent! You're not intelligent! There's a Gamma! You're not Gammas. You're . . . you're charlatans!

#   #   #   #

[Scene 2]

SCIENTIST: Tell me about yourself.

EMILE: Tell. . . about whom?

SCIENTIST: About yourself.

EMILE: My name is Emile. . .

SCIENTIST: Yes. . . and then?

EMILE: Then?. . . . A button! I have a button. Do you have a button? No, I don't have a button. A button, my button, your button, his/her button.

SCIENTIST: My button, your button, his/her button? What button? What does that mean?

EMILE: Nothing!

SCIENTIST: Shut up! What do you like?

ADRIEN: I like flowers. . . I like, oh, I like flowers. I like flowers a lot. I like. . . I like all flowers. Do you like flowers? You like, he likes flowers, we like flowers.

SCIENTIST: You're crazy! Shut up! You're not a Gamma!

ODILE: I love flowers, but I especially love Roger. I love Roger in the morning, at noon, and in the evening. I love Roger all the time. Roger loves me. We love each other.

SCIENTIST: You're not Gammas, because you're not intelligent! There's a real Gamma!

DIRECTOR: What's going on?

SCIENTIST: They aren't Gammas.

DIRECTOR: I knew it. I told you so.

SCIENTIST: They're not Gammas because they're not intelligent.

DIRECTOR: What are you saying?

SCIENTIST: I say that *they* aren't Gammas, that's. . . .

DIRECTOR: A bed. . .

SCIENTIST: A bed? What do you see there?

DIRECTOR: A bed.

SCIENTIST: *I* see three people, very small, dancing. Oh, they're dancing. They're tiny. And they're dancing.

DIRECTOR: Lie down! Go to sleep! And get this into your head: the Gammas do not exist. Yes, Gammas exist. But they have this form.

---

[1] Secretary of the Interior.

EMILE: What do you like?

ADRIEN: Tell me about yourself.

ODILE: Repeat: Roger is in Burgundy.

SCIENTIST: Roger is in Burgundy.

ODILE, THEN SCIENTIST: The Gammas are visiting France.

EMILE, THEN SCIENTIST: They do not have trunks.

ADRIEN, THEN SCIENTIST: They have noses.

ODILE, THEN SCIENTIST: They have normal ears.

EMILE, THEN SCIENTIST: The Gammas are very intelligent.

ADRIEN: He can hear.

EMILE: The French have ears.

ADRIEN: They can smell with their noses.

ODILE: The French have a normal nevous system.

# # # #

[Scene 3]

DIRECTOR: Gentlemen! Madame! They are not Gammas! Those are not Gammas. They are. . . uh. . . you see what I mean. They're not Gammas. *That* is a real Gamma! The Gamma has a trunk. With that trunk he sucks up water. . . like that. He has three feet. He walks like this: one, two, three, one, two, three. He has hair.

SCIENTIST: Gentlemen, I do not agree with my director. The Gammas do not have a trunk. They do not have three feet. They have noses like you and me. They have a lot of hair, that's true. . .

WOMAN JOURNALIST: Show them to us, Sir.

SCIENTIST: Here they are.

JOURNALISTS: The Gammas! They're Gammas!

DIRECTOR: Excuse my colleague. He is crazy!

OSCAR: Hello, Emile! Hi, Adrien! Hello, Odile! How are things going?

THE GAMMAS: Everything's fine.

ODILE: They're all crazy here.

DIRECTOR: My colleague is a ventriloquist. He throws his voice. *I*, too, can speak like that. Listen: they're all crazy here.

WOMAN JOURNALIST: Hello, Gammas.

THE GAMMAS: Hello!

DIRECTOR: That's enough!

SCIENTIST: Oh, but I'm not the one who's speaking. Look, over there! It's the Gammas who are speaking!

THE GAMMAS: Hello!

DIRECTOR: Charlatan! Stop playing the ventriloquist.

WOMAN JOURNALIST: I protest. Are we at the circus or in a scientific institute?

DIRECTOR: Therefore, the only Gamma that exists is the Gamma with a trunk.

WOMAN JOURNALIST: The only Gamma that exists is the Gamma with a trunk, the Gamma without a nose, with three feet. . .

EMILE: You are right, Sir. A Gamma that doesn't have a trunk is not a Gamma.

DIRECTOR: Quite right, Sir, completely accurate. And why, Sir, is a Gamma without a trunk not a Gamma?

EMILE: A Gamma without a trunk cannot drink.

DIRECTOR: There! A Gamma without a trunk is not a Gamma because he cannot drink!

WOMAN JOURNALIST: Gammas without trunks are not Gammas!

OSCAR: Therefore, you are sure, the people you have examined are not Gammas?

DIRECTOR: No, they are not Gammas and I'm going to tell the Secretary.

OSCAR: Sir, you are not a scientist! Mister Secretary. . . yes, they are Gammas, but the scientist doesn't want to believe it.

SECRETARY'S VOICE: The scientist is right, Oscar. A scientist is always right. Your Gammas do not exist.

OSCAR: My Gammas exist!! Hello. Get me the Secretary.

SECRETARY'S VOICE: What's the matter, Oscar?

OSCAR: Mister Secretary, I give you my resignation.

552   *Les Gammas!, Les Gammas!*

SECRETARY'S VOICE: Oh, you're resigning, Oscar?

OSCAR: Yes, Mr. Secretary. I am resigning.

SECRETARY'S VOICE: And why, Oscar?

OSCAR: Because my Gammas exist.

SECRETARY'S VOICE: Your Gammas do not exist.

OSCAR: Yes, they do exist, Mister Secretary. And I'm going to prove it to you.

SECRETARY'S VOICE: How are you going to prove it, Oscar?

OSCAR: Now I am a detective. Oscar, the detective, is going to prove that the Gammas exist.

SCIENTIST: Sir! The Ga. . . the Ga. . . the Gammas have gone away.

OSCAR: The Gammas have gone away?

SCIENTIST: Yes, with the sphere, in the sky.

OSCAR: They've gone away.

SCIENTIST: What are you doing, Chief?

OSCAR: Detective. . . now I'm a dectective.

SCIENTIST: What are you doing, Detective?

OSCAR: Me? I'm looking for the Gammas. And I'm going to find them. I'm going to prove to the Secretary that they are Gammas. Good-bye!

SCIENTIST: Good-bye. Good luck, Sir! The Gammas are very intelligent!

LESSON 13 — TO LIVE LIKE THE FRENCH

[Scene 1]

ABELARD: My clearing! Here I'm alone! All alone! Brrr! It's cold, very cold. The fire! The coffee! My coffee! What's that?

ADRIEN: It's beautiful here.

ODILE: There isn't anyone here.

ADRIEN: Yes. We're alone.

EMILE: It's wonderful. No gendarmes. No journalists. No scientists.

ODILE: Let's stay here!

ABELARD: I want to be alone here!

ODILE: Emile, Adrien, I want to be like a French woman.

EMILE: Your hair is too long for a French woman.

ADRIEN: Much too long, Odile. And your clothes!

ODILE: You, too, your hair is too long and you have Gamma clothes.

ABELARD: They don't have trunks! They don't have three feet! They have noses. But they are the Gammas! What are you doing here?

EMILE: We want to be alone!

ABELARD: You're not alone! This is my place, here. I want to remain alone! Go away!

EMILE: He wants to remain alone!

ODILE: He's right!

ADRIEN: We too, we want to be alone!

EMILE: I want to stay here! There aren't any journalists, there aren't any scientists, there isn't any police chief!

ADRIEN: We must tell him that we're the Gammas.

ODILE: Yes, we must tell him.

ABELARD: You're still here?

EMILE: Sir, we are the Gammas.

ABELARD: I know, but you have to leave!

ADRIEN: We must leave him alone.

EMILE: Let's leave!

ABELARD: They're leaving! Hey! Gammas!

EMILE: What's the matter?

ABELARD: You're leaving?

EMILE: Yes, we're leaving!

ABELARD: Before leaving, you must eat something. Eggs? Coffee?

EMILE: Yes, coffee!

ABELARD: My name is Abélard.

EMILE: Emile.

ODILE: Odile.

ADRIEN: Adrien.

#   #   #   #

EMILE: You're always here?
ABELARD: Always.
ODILE: You're always alone?
ABELARD: I'm not alone. There's the forest. There are the birds.
ADRIEN: What are you doing?
ABELARD: I'm knitting.
ADRIEN: You're knitting?
ABELARD: Yes, I'm knitting.
ADRIEN: It's beautiful!
ABELARD: Beautiful?
ADRIEN: It's very beautiful! What is it?
ABELARD: Nothing!
ADRIEN: Nothing. . .?
ABELARD: It's for the city people. You want it? It's yours!
ADRIEN: You're giving it to me?
ABELARD: Yes, I'm giving it to you. Take it.
ADRIEN: I'm going to put it in the sphere.
EMILE: It's for the city people?
ABELARD: Yes, they like these knitted things.
EMILE: You sell them?
ABELARD: Yes. What's that?
EMILE: The sphere.
ABELARD: The Gammas' sphere!
EMILE: Isn't it beautiful?
ABELARD: I don't find it beautiful.
EMILE: Not beautiful, the sphere?
ADRIEN: Abélard! Watch! I disappear! I reappear! I grow small! I grow large! I'm very large! You don't like it when I disappear? When I grow small? When I grow large?

ABELARD: No!
EMILE: Why not?!
ABELARD: Because it's magic.
ODILE: You don't like magic?!
ABELARD: I don't like your magic. Large! Small! Appear! Disappear! *I* like the magic of the forest, with the animals, the birds. You want to get to know France?
ODILE AND EMILE: Yes.
ABELARD: It's not possible.
ADRIEN: Why not?
ABELARD: Large! Small! To get to know France and the French, you have to live with them, you have to live like them. You have to work in France. But without Gamma magic!
EMILE: Abélard is right! No more Gamma magic! I want to be like a Frenchman.
ODILE: What about your hair?
EMILE: What about my hair?
ODILE: It's too long for a Frenchman.
EMILE: Yes, that's true.
ABELARD: You have to cut your hair!
EMILE: What? Cut? Cut what?
ADRIEN: Cut what?
ABELARD: Your hair!
ADRIEN: Our hair?!
ABELARD: If you want to be French, you have to cut your hair.
ADRIEN: Odile! Emile! I don't want to cut my hair. I'm leaving!

#   #   #   #

[Scene 3]

EMILE: Where must my hair be cut?
ABELARD: It must be cut here!
ODILE: Adrien! The mirror!
ABELARD: Emile! Do you want me to cut your hair, yes or no?
EMILE: Yes. Cut, there!
ADRIEN: Odile, you're crazy! Emile is crazy! Oh!!!
EMILE: Your turn, Odile!
ODILE: Yes, cut, there!

ADRIEN: Odile, you're crazy! Emile, you're crazy! You're all crazy! It's short! It's much too short! Now I'm like a Frenchman!
ABELARD: No, not yet. Not with those clothes. I'm going to give you some French clothes. Here are some clothes. No, I don't find it beautiful, the sphere. Leave the sphere with me!
EMILE: You want our sphere?!

ABELARD: Do you want to live like the French? Then leave your sphere with me.

ODILE: Yes, take the sphere.

EMILE: Odile, that's impossible!

ABELARD: As you wish.

EMILE: Abélard! We must live like the French, without Gamma magic. We must leave the sphere with you. Good-bye, Abélard. See you soon.

ABELARD: Be seeing you, Emile. Be seeing you, Adrien. Be seeing you, Odile. I don't find it beautiful, the sphere.

EMILE: Where's the city?

ABELARD: That way.

ADRIEN: What are we to do to get to know the French?

ABELARD: Work.

ADRIEN, EMILE, ODILE: Work!

ABELARD: Yes, you have to work.

ODILE: We have to work.

ABELARD: Yes, you have to work.

ODILE: We have to work.

EMILE: Work!

ABELARD: The Gammas. . . They're likeable. *That*'s not a Gamma! What are you doing there?!

OSCAR: I'm looking for some friends!

ABELARD: Friends! What friends?!

OSCAR: The Gammas!

ABELARD: Never heard of 'em!

OSCAR: You don't know the Gammas?!

ABELARD: No.

OSCAR: You really don't know the Gammas?!

ABELARD: NO!!!

LESSON 14 — THAT'S WHAT WORKING IS?

[Scene 1]

ODILE: Speak French!

ADRIEN: I'm cold! With my long hair, I wasn't cold!

ODILE: Yes, but now it's short.

ADRIEN: Yes, because of you. And now I'm cold. Emile, what are we going to do?

EMILE: We're going to work.

ODILE: Work to become French people. A house!

ADRIEN: What do we do?

EMILE: I don't know.

ODILE: What is it?

EMILE: I don't know!

ADRIEN: It can be eaten!

ODILE: It can be eaten?

AUGUSTA: They're crazy!

ODILE: It's good!

EMILE: It's good, but it's very small.

ODILE: What are you doing, Emile?

EMILE: I'm sitting down to eat.

ODILE: Good morning, Ma'am.

AUGUSTA: Good morning.

ODILE: What are you doing?

AUGUSTA: Don't you see? I'm sweeping off the snow.

EMILE: You're sweeping?

AUGUSTA: Yes, I'm sweeping.

EMILE: You're sweeping what?

AUGUSTA: I'm sweeping the snow.

ODILE: That's snow?

AUGUSTA: Yes, snow! You've never seen snow?

ODILE: No, never!

AUGUSTA: Then, you are not French!

ODILE: Yes we are!

ADRIEN: Yes! We are French!

AUGUSTA: Ah well! It doesn't snow in your part of the country?

EMILE: No, in our part of the country it never snows.

AUGUSTA: Ah well! What are you doing?

ODILE: We are eating.

EMILE: It's good?

AUGUSTA: You're eating the snow? Well, *I* sweep the snow. Aren't you cold?

ODILE: Yes, I'm cold.

ADRIEN: *I*'ve been cold since this morning.

EMILE: I'm a little bit cold.

AUGUSTA: What are you doing on the road, then?
EMILE: We're looking for work.
AUGUSTA: What?
ADRIEN: In France, one must work.
AUGUSTA: *That*'s really true! You're looking for work!

EMILE: Yes, Ma'am.
AUGUSTA: There, on the road? Here you cannot find anything. Are you hungry?
ADRIEN: Yes, I'm still hungry.
AUGUSTA: And you, are you cold?
ODILE: Yes, I'm cold.
AUGUSTA: Well then, come! Come in!

#   #   #   #

[Scene 2]

ODILE: Augusta, is it still far, the work?
AUGUSTA: No, my dear Odile! It's very close now. It's there!
ODILE: Work! At last!
ADRIEN: Oh! I want to work! I'm going to work!
EMILE: We're going to work, we're going to be French!
AUGUSTA: Barnabe!
BARNABE: What is it?
AUGUSTA: It's me, Augusta! I want to speak to you, Barnabé! He's the foreman.
ODILE: The foreman? I don't understand.
AUGUSTA: The boss. Perhaps he has some work for you.
BARNABE: Hello, Augusta. What do you want?
AUGUSTA: Do you have any work for these three?
BARNABE: It's difficult, Augusta. What can they do?
AUGUSTA: Everything.
BARNABE: Everything, what do you mean everything?
AUGUSTA: They can do everything.
EMILE: *I* can do everything.
ODILE: So can I.
ADRIEN: Me too.
BARNABE: Ah, you can do everything?
EMILE: Yes!
AUGUSTA: He's strong.
BARNABE: Fine! Follow me!
AUGUSTA: Well, Barnabé?
BARNABE: All three of them, it's impossible!
AUGUSTA: They must stay here. It's cold!

BARNABE: I have work for one person and for one day only!
ODILE AND ADRIEN: And what about us?!
BARNABÉ: I'm sorry, I have nothing for you!
EMILE: *I*'ve got work, not you!
BARNABE: What's your name?
EMILE: Emile.
BARNABE: Emile, get to work! Come with me!
EMILE: *I*'m going to work. Thanks, Augusta!
AUGUSTA: See you later, Emile. You're sad, Odile?
ODILE: Yes!
AUGUSTA: I must leave now! See you later!
ODILE AND ADRIEN: See you later, Augusta.
ADRIEN: Emile has a job!
ODILE: Yes, Emile is working. Emile!
ADRIEN: Emile! What are you doing?
EMILE: I'm working!
ADRIEN: Ah, that's what working is?!
EMILE: Yes!
ADRIEN: That's what working is! Emile! What are you doing?
EMILE: I'm carrying a crate!
ADRIEN: Ah, you're not working anymore?
EMILE: Yes, indeed, I'm working. My work is carrying crates.
ODILE: That's what work is?! Poor Emile!
ADRIEN, THEN ODILE: Poor Emile!
ODILE: Emile is in pain! It's the work!

ADRIEN: Ah, poor Emile! *I* don't want to work!

ODILE: Now you are French!

# # # #

[Scene 3]

AUGUSTA: You're tired, aren't you, Emile?

EMILE: Yes, I'm tired.

AUGUSTA: Work is tiring.

EMILE: Yes, it's tiring, work. I'm tired but I'm French.

AUGUSTA: Tired and French. There you are! Chez Louise! Good-bye, and good luck!

THE GAMMAS: Good-bye, Augusta! Good-bye, and thanks!

EMILE: I've earned thirty francs for my work.

ADRIEN: Thirty francs to be French?

ODILE: French and tired!

EMILE: I've worked, I've earned thirty francs, and now I'm hungry!

ADRIEN: *I* haven't worked, but I'm hungry too!

ODILE: *I'm* hungry too!

LOUISE: Good evening, friends.

EMILE: Good evening, Louise! Good evening!

WORKER: Good evening! Hi! I know him, it's Emile. He carries crates. Hi, Emile!

EMILE: Hi!

LOUISE: Here's the menu!

EMILE: That's how much for the three of us?

LOUISE: Three specials at twelve francs each, that makes 36 francs.

EMILE: Thirty-six francs... I have thirty francs. Here!

LOUISE: It's six francs short!

EMILE: One special is 12 francs?

LOUISE: Yes, twelve!

EMILE: Well, one special, Louise!

LOUISE: Only one special... And what about them?

EMILE: They didn't work. They aren't tired, therefore they don't eat.

LOUISE: Fine, Emile!

ADRIEN: Emile!

LOUISE: The hors d'œuvres, Emile: pâté and radishes!

EMILE: Paté. Radishes. The pâté is good. Do you want some radishes?

ADRIEN: Oh, yes!

EMILE: I don't like radishes!

LOUISE: Here's the meat and the fries.

ADRIEN: You don't like fries?

EMILE: Yes, I do, a lot!

ODILE: Emile, may I have one French fry, just one?

EMILE: Where are the fries?

ADRIEN: We ate them!

EMILE: You ate them?!

LOUISE: The cheese.

EMILE: Thank you, Louise. The cheese.

ODILE: Are you going to eat all that cheese, Emile?

EMILE: Of course! When one works, one must eat.

ODILE: He's mean! Work makes people mean!

LOUISE: The dessert. And two desserts for you.

EMILE: They're not having dinner.

LOUISE: You're my guests!

ODILE, THEN ADRIEN: Thank you, Louise!

EMILE: Here's thirty francs.

LOUISE: That's only twelve francs.

EMILE: Yes, but I want three beds for the night.

LOUISE: I have only one room with one bed.

EMILE: We'll take it. How much is it?

LOUISE: I'll let you have it for 10 francs. Twelve francs for the dinner and ten francs for the room, that makes twenty-two francs. I'm giving you back eight francs.

EMILE: Thanks, Louise!

LOUISE: It's room 5, that way. Good night, Emile!

EMILE: Good night, Louise!

ADRIEN, LOUISE, AND ODILE: Good night!

EMILE: The crates! I'm working! I am French!

LESSON 15 — CONGRATULATIONS!

[Scene 1]

MONSIEUR J.-J.: So, you must pay attention, close attention!

EMILE, THEN ADRIEN: Yes, Mr. Engineer.

J.-J.: Don't call me Mr. Engineer! Call me Mr. J.-J.

EMILE: J.-J.?

J.-J.: J.-J. stands for Jean-Jacques. My name is Jean-Jacques. I don't like "Mr. Engineer."

ADRIEN: Very well, Mr. Jean-Jacques.

J.-J., THEN EMILE: Very well, Mr. J.-J.

J.-J.: So, you must pay close attention! What's the matter?

ODILE: This doesn't fit me. The sleeves are too long.

J.-J.: You're not paying attention. Listen! So, you must pay close attention.

EMILE: Close attention, Mr. J.-J.!

J.-J.: Yes! Emile, take that can with the powder! No! The other one! Come here, Emile! Do you see this powder?

EMILE: Powder!

J.-J.: Be careful, Emile! It's dangerous!

EMILE: Dangerous?

J.-J.: Yes. Put on these gloves, Emile.

EMILE: I'm putting on the gloves!

J.-J.: Good. So, when the light comes on. . .

EMILE: Comes on?

J.-J.: Yes, look. The light is on. . . off. . . So, when the light comes on, you pour in the powder. When the light goes out, you stop. Do you understand?

EMILE: So, I pour in the powder when the light goes on and I stop when the light goes out.

J.-J.: Good. Emile, you're intelligent!

EMILE: Thank you. Mr. J.-J.?

J.-J.: Yes?

EMILE: Who turns on the light?

J.-J.: Not you! It's automatic! You must not touch this button! Ever! It's dangerous!

EMILE: I understand. I mustn't touch this button!

J.-J., THEN EMILE: Good!

J.-J.: Adrien!

ADRIEN: Yes, Mr. J.-J.!

J.-J.: Take this glass! When this light comes on, you pour slowly, here.

ADRIEN: When this light comes on, I pour in here slowly. All that?

J.-J.: Yes. Look! And you don't touch that button! It's automatic.

ADRIEN: It's automatic. I'm not to touch that button.

J.-J.: Good. Adrien, you're intelligent. Odile, what are you doing?!

ODILE: I'm cutting off my sleeves. They're too long.

J.-J.: Oh, *you* and your sleeves! And come here! And pick up a bucket!

ODILE: It's heavy!

J.-J.: Do you want to work, yes or no?!

ODILE: Yes, I want to work!

J.-J.: Well, then, you pick up a bucket! When the light comes on, you empty that bucket.

ODILE: Up there?

J.-J.: Yes.

ODILE: It's too high.

J.-J.: No! Stand on your tiptoes. Like this! On tiptoe! Got it?

ODILE: Got it!

EMILE: Mr. J.-J.!

J.-J.: Yes, Emile?

EMILE: Can I do Odile's work and Odile do *my* work?

J.-J.: No! To do your work, you have to be intelligent. Odile isn't smart enough. Work hard! Good-bye!

ODILE: He's not very nice, Mr. J.-J.

EMILE: The light comes on, I pour in the powder. The light goes out, I stop pouring. I like this work. It's easy.

\#   \#   \#   \#

[Scene 2]

ODILE: Emile! It's your turn! Stop! The light is out.

EMILE: Let's go help Odile!

ADRIEN: My turn! Slowly.

EMILE: My light! Take the bucket, Odile!

ODILE: The bucket fell! It's heavy! I'm choking!

EMILE: Me too, I'm choking.

ADRIEN: We're choking!

ODILE: My turn! It's too heavy! *That's* better!

EMILE: Odile, no Gamma magic! Stay French!

ODILE: It's too heavy!

EMILE: Go over there! I'll stay here!

ODILE: Thanks, Emile! Emile is tired!

ADRIEN: You mustn't touch that button, Emile!

EMILE: I'm tired! I'm bushed! Ha, ha, ha! . . . Oh, damn!

J.-J.: What's going on?

EMILE: Nothing.

J.-J.: What are you doing here? That's not your station. That's Odile's station!

EMILE: The buckets are too heavy for Odile.

J.-J.: Oh, O.K. Stay here!

EMILE: Quickly! Help me!

ODILE: Oh! My light! My work! Your light, Adrien! Your work!

ADRIEN: I can't do it!

ODILE: I'll do it for you!

ADRIEN: I'm staying with you!

EMILE: Thanks!

ODILE: Oh! My light! There, the powder.

#   #   #   #

[Scene 3]

ODILE: What work! To become French is hard!

EMILE: Yes, very hard.

ADRIEN: This never ends!

EMILE: Never! Ha! Ha! Ha!

EMILE: It's easy this way!

ODILE: It's easier this way!

ADRIEN: Ah! It's much easier this way!

J.-J.: Come with me!

EMILE: Why? Is the work finished?

J.-J.: Come!

EMILE: O.K., Mr. J.-J.

J.-J.: Here they are, Sir!

DIRECTOR: Congratulations! Loulou!

LOULOU: Yes, Sir.

DIRECTOR: Help me! My face. . . my arms . . . and my legs! And now, the product! Your product, dear friends!

EMILE: What is it?

DIRECTOR: The product you made. It's a product for the bath. It's remarkable. Congratulations!

EMILE: What is it?

DIRECTOR, THEN THE OTHERS: Foam! Foam!

DIRECTOR: Magic! It's magic! Really magic! It's the best product for the bath, and *you* made it, this magic product! A towel, please.

LOULOU: Here's a towel, Sir.

DIRECTOR: I congratulate you. Your invention is remarkable.

EMILE: Invention?

DIRECTOR: Yes. Before, this product washed poorly. Now it washes well. It's an invention. You're very intelligent! Who's the inventor? Is it you, you, or you?

ODILE: It's Emile!

DIRECTOR: It's you?

EMILE: Yes, it's me!

DIRECTOR: You're very intelligent. Are you an engineer?

EMILE: No, I'm not an engineer.

J.-J.: But he's very intelligent.

ODILE: Yes, Emile is very intelligent.

ADRIEN: Oh, it's true; Emile is very intelligent!

DIRECTOR: Bravo, Emile! You'll let me call you Emile?

EMILE: Call me Emile, Sir!

DIRECTOR: Emile, now you're an engineer!

J.-J.: Huh?

EMILE: Thank you, Sir! And what about them?

DIRECTOR: *They*'re going to work as they did today.

ODILE: As we did today?

EMILE: Yes, but *I*'m an engineer!

ODILE: Does an engineer work?

DIRECTOR: Yes, he works. With his head.

ODILE: And *we* work with our hands.

DIRECTOR: Exactly!

EMILE: We are French people who work. You with your hands and I with my head.

LESSON 16 – DISTINGUISHED WORK

[Scene 1]

EMILE: Foam! I'm intelligent. I work with my head. I've worked enough. I've worked a lot today. *I* work with my head.

DIRECTOR: Hello, Emile!

EMILE: Good day, Sir!

DIRECTOR: Engineer, you're not well dressed.

EMILE: I'm not well dressed, Sir?

DIRECTOR: No. You are poorly dressed. Come with me, please! An engineer always wears a shirt and tie.

EMILE: When you work with your head, you need a tie and a shirt?

DIRECTOR: Exactly.

EMILE: And when you work with your hands?

DIRECTOR: You don't need a shirt *or* a tie.

EMILE: Why?

DIRECTOR: Because, dear Emile, working with the head is doing distinguished work. But working with the hands, that's not distinguished work.

EMILE: Ah, work is distinguished or it's not distinguished.

DIRECTOR: Exactly!

EMILE: Who does the distinguished work?

DIRECTOR: The one who's intelligent does the distinguished work. Therefore, he wears a shirt and a tie.

EMILE: Thank you, Sir!

DIRECTOR: Good-bye, Emile.

EMILE: Good-bye, Sir.

DIRECTOR: Good-bye, Chemical Engineer!

EMILE: Odile and Adrien aren't intelligent. They work with their hands! My tie!

ADRIEN: We're intelligent.

ODILE: Yes, Gamma magic is excellent.

ADRIEN: But what about Emile?

ODILE: Yes, Emile! But Emile doesn't have a tiring job!

ADRIEN: It's true, Emile doesn't have a tiring job!

EMILE: You mustn't work with Gamma magic!

ODILE: Ah, there you are!

EMILE: Yes, here I am! You don't have the right to work with Gamma magic!

ODILE: Our work is tiring.

EMILE: Do you want to be French, yes or no?

ODILE AND ADRIEN: Yes.

EMILE: Then you have to work without Gamma magic!

ODILE: Are *you* working without Gamma magic?

EMILE: Of course I work without Gamma magic! I work with my head! Working with the head, that's a distinguished job! And I wear a shirt and a tie!

ODILE: And why do you wear a shirt and a tie?

EMILE: Because I'm intelligent!

ODILE: And what about us?

ADRIEN: Aren't we intelligent?

EMILE: No, you don't work with your heads and you don't wear a shirt *or* a tie!

ODILE: We don't have a distinguished job. *Emile* has a distinguished job.

ADRIEN: He has a distinguished job, because he's intelligent.

ODILE: He's intelligent, because he wears. . .

ADRIEN: . . . a shirt and a tie!

ODILE: I want a tie!

ADRIEN: So do I!

\#   \#   \#   \#

[Scene 2]

DIRECTOR: You're looking for the Gammas here? In my factory?

OSCAR: Yes. The Gammas. I believe they are in your factory.

DIRECTOR: And why do you believe they are in my factory?

OSCAR: My nose, Sir, my nose! I'm a detective.

DIRECTOR: Ah, you're a detective! Gammas have a trunk and three feet, don't they? In my factory, people have neither trunks nor three feet.

OSCAR: Sir, Gammas have neither a trunk nor three feet. They're like you and me.

DIRECTOR: Like you and me? Three people have been working in my factory for three days.

OSCAR: You say three people?

DIRECTOR: Yes, three. A woman and two men.

OSCAR: Sir, they're the Gammas!

DIRECTOR: You think they're the ones?

OSCAR: Oh, yes, that's for sure!

DIRECTOR: Come, I'll show them to you.

OSCAR: Are they in there?

DIRECTOR: They're in there!

OSCAR: Close the door quickly. What smoke! No, they're not the Gammas.

DIRECTOR: They're not the Gammas? And why not?

OSCAR: A Gamma doesn't work with his hands!

DIRECTOR: Ah!

OSCAR: He works with Gamma magic!

DIRECTOR: You want to see him?

OSCAR: If you wish.

DIRECTOR: May we come in, Emile?

EMILE: No. Don't come in. I'm working.

DIRECTOR: He's working. With his head!

OSCAR: Gammas don't work with their hands *or* with their heads. They work with Gamma magic. It's certain, they aren't the Gammas.

ADRIEN: Oh, I'm tired! I don't want to work any more!

ODILE: We have to work, Adrien!

ADRIEN: I can't go on!

ODILE: A little Gamma magic?

ADRIEN: Yes. A tiny bit.

EMILE: No! To become French, you have to work. And work like them! What are you doing?

ADRIEN: *I'm* leaving! I want to work with my head!

ODILE: Yes, we're leaving, both of us!

EMILE: Where are you going?

ODILE: We're going to work with a tie!

EMILE: Odile, we must stay together!

ADRIEN: Good-bye, Mister Engineer!

ODILE: See you soon!

EMILE: I'm an idiot! They've left! The Gammas no longer exist! I'm an idiot!

\#   \#   \#   \#

[Scene 3]

ODILE: We must look for work.

ADRIEN: Not today. We have enough money. Give me your tie! I want to buy it.

GASTON: You want to buy my tie? Excellent idea! That'll be twenty francs.

ADRIEN: Twenty francs. Fine. Here.

GASTON: Thank you, young man. How about that!

ODILE: Excellent idea! Now we have a tie!

ADRIEN: We have a tie; tomorrow we'll have work.

ODILE: Yes, Adrien, a job where we work with our brains!

OSCAR: Emile!

EMILE: Magagam!

OSCAR: Emile! Hello, Emile!

EMILE: Hello, Oscar.

OSCAR: Emile, you must come with me to see the Secretary. You must show him that the Gammas exist.

EMILE: Let's go in there.

OSCAR: Thanks, Emile. Emile! What's going on? We have to go see the Secretary! We have to show him that the Gammas exist!

EMILE: The Gammas do not exist! The Gammas no longer exist! What am I going to do? Where is Odile? Where is Adrien?

GASTON: *You*'re not working either?

EMILE: No. Why?

GASTON: Because you don't have a tie.

EMILE: I no longer have a tie.

GASTON: Shall we go have a drink?

EMILE: Okay, let's go have a drink.

DIRECTOR: Oh, damn! Come in! How happy I am to see you! Come in!

ADRIEN: We've come to see Emile.

DIRECTOR: Emile. . .

ODILE: Where is he?

DIRECTOR: I really don't know! He's been gone. . . for three days.

ADRIEN: Emile isn't here any more?

DIRECTOR: No. He's not with you?

ADRIEN: No. He stayed here.

DIRECTOR: He left the same day you did. I haven't seen him for three days.

ODILE: He left the same day we did?

ADRIEN: Three days ago? But where did he go?

DIRECTOR: I don't know. Oscar? Oscar! The Gammas have come back. They're here! Two! Emile isn't with them. Yes, yes, yes. . .!

ODILE: What do we do now?

ADRIEN: We have to look for work. We haven't any more money.

ODILE: And Emile?

ADRIEN: Emile is intelligent!

DIRECTOR: Miss Odile! Mister Adrien! Miss! Sir!

EMILE: No tie. I haven't had a tie for three days, Gaston.

GASTON: Emile! My dear Emile! *I* haven't had a tie for three days either.

EMILE, THEN GASTON: No tie! No work! No money!

BARTENDER: Three days! For three days they've been talking about ties, ties. . . .

LESSON 17 — HURRAH FOR POETRY!

[Scene 1]

LUCIE: The sky! Ever that winter sky! O floc!

ADRIEN: Brrr! It's cold. Odile! Wake up!

ODILE: It's cold!

ADRIEN: What do we do now?

ODILE: We look for work.

ADRIEN: We've been looking for work for ten days.

ODILE: There are a lot of cakes.

ADRIEN: A lot of cakes.

ODILE: I'm hungry!

ADRIEN: I don't have any more money.

ODILE: We have to find Emile again!

ADRIEN: Oh, no, first we have to eat. And afterwards, we have to find work.

LUCIE: The sky! Ever that winter sky.

O floc! It's a poem.

ODILE: A poem. . . What's a poem?

LUCIE: You don't know what a poem is? Why, a poem is. . . beauty! Youth! Life! O lovely day of the treasures of time. And floc!

ODILE: A poem, is that work?

LUCIE: A poem?! Work?! Why?

ODILE: Because we're looking for work.

LUCIE: But one mustn't work. One must live. Live poetry!

ODILE: *I* want to work. I want to eat. I'm hungry.

LUCIE: You're hungry?! They're hungry! Hungry. Eternally hungry. And floc! Two little tarts. Two cream puffs. Two brioches.

ADRIEN: Thank you, Ma'am.

LUCIE: Oh, that necktie. How funny it is!

ADRIEN: My tie! I work with my head.

LUCIE: "I work with my head! My tie! I work with my head!" But it's a poem! That's a poet's necktie! Your name, young man?

ADRIEN: Adrien, Ma'am!

LUCIE: Adrien! Another poem! My tie! I work with my head. Adrien! And floc!

ODILE: She's crazy!

ADRIEN: No. She gave us something to eat. She's not crazy. Come on!

ODILE: What do you want to do?

ADRIEN: I want to know where she lives.

ODILE: Why?

ARMAND: The sky! Ever that winter sky. O floc!

LUCIE: My tie. I work with my head.

ARMAND: What's that?

LUCIE: *That* is a poem.

ARMAND: Whose?

LUCIE: His name is Adrien, Adrien the poet.

GRAVAILLE-BUSSAGE: Who is this Adrien?

LUCIE: A poet. "My tie. I work with

my head." That's his. Go open the door, dear Armand!

GRAVAILLE-BUSSAGE: Who is it?

LUCIE: I don't know. Perhaps poetry, dear Gravaille-Bussage.

GRAVAILLE-BUSSAGE: You see poetry everywhere, dear Lucie.

LUCIE: But it is everywhere, my dear husband! There's poetry! There's the poet, Adrien!

ADRIEN: My name is Adrien. I have a tie. Milord has a tie. Milady does not have a tie. But she has a button. Milady has several buttons. Milady's buttons on Milady's dress. The buttons. The doorknob on the door. The button.

LUCIE: Adrien! You're staying here. You will work with your head in my home. Where are you going, Armand?

ARMAND: I'm leaving, Lucie!

LUCIE: Why?

ARMAND: I'm not your poet any more. You prefer Adrien.

LUCIE: It's true, Armand, I prefer Adrien.

LUCIE AND ADRIEN: The button.

# # # #

[Scene 2]

ADRIEN: What's this?

LUCIE: What's this? A piano.

ADRIEN: A piano. What's this?

LUCIE: A vase.

ADRIEN: What's this?

LUCIE: An armchair.

ADRIEN: What's this?

LUCIE: A clock.

ADRIEN: What's this?

LUCIE: A carpet.

ADRIEN: What's this?

LUCIE: A curtain.

ADRIEN: What's this?

LUCIE: A mirror.

ADRIEN: A mirror! A piano. A vase. An armchair. A clock. A carpet. A curtain. A mirror. A button!

LUCIE: Adrien, the poet! The greatest

poet! A great, great poet!

ADRIEN: What's that?

LUCIE: A still-life painting. Fruits. Flowers.

ADRIEN: It's a still-life. Fruits. Flowers. What's this?

LUCIE: This painting is a nude. The woman is nude.

ADRIEN: She's nude. . . completely nude.

LUCIE: Adrien, tell me, where do you come from?

ADRIEN: From up there!

LUCIE: From the sky! But of course! All poets come from the sky. And you are a poet.

ADRIEN: I am a poet.

LUCIE: But, Odile?

ADRIEN: What, Odile?

LUCIE: What is Odile. . . to you?

ADRIEN: To me?

LUCIE: Yes, to you.

ADRIEN: Odile. . . Odile is looking for work.

LUCIE: She doesn't work with her head. She's always eating.

ADRIEN: She's always eating?

LUCIE: She's not the woman for you!

You are a poet! Odile must leave!

ADRIEN: Odile must leave?

LUCIE: Yes!

ADRIEN: No!

LUCIE: Yes!

ADRIEN: Oh!

LUCIE, THEN ADRIEN: Odile must leave. She doesn't work with her head. She's always eating. Odile must leave.

#   #   #   #

[Scene 3]

LUCIE: Monsieur Gravaille-Bussage, my husband!

GRAVAILLE-BUSSAGE: Yes, my dear, what is it?

LUCIE: Stop reading. Be polite!

GRAVAILLE-BUSSAGE: I am polite.

LUCIE: Thank you. Our poet!

ADRIEN: Hello!

FRIENDS OF THE MUSES: Hello!

LUCIE: Poet! O poet! What are you going to recite for us, o poet?

ADRIEN: I'm going to recite for you. . . What's this?

LUCIE: What's this? A piano.

ADRIEN: What's this?

LUCIE: A vase.

ADRIEN: What's this?

LUCIE: An armchair.

ADRIEN: What's this?

LUCIE: A clock.

ADRIEN: What's this?

LUCIE: A carpet.

ADRIEN: What's this?

GRAVAILLE-BUSSAGE: A curtain.

ADRIEN: What's this?

LUCIE: A mirror.

ADRIEN: A mirror! A piano! A vase! An armchair! A clock! A carpet! A mirror! A button!

LUCIE: Ladies! Poet! What are you going to recite for us, o poet?

ADRIEN: I'm going to recite for you. . .

LUCIE: What is she doing here?

ODILE: Hello, Lucie. *I* work too. *I'm* a poet, too. I speak, I speak. . .

LUCIE: Be quiet! Let Adrien speak!

ADRIEN: Button! A button. A button here. A button over there. Always a button. Button. . . Buttons. . .

FRIENDS AND ADRIEN: But. . . ton. . .

ADRIEN: Necktie! A button here. . . A button over there. A button everywhere. . . Buttons!

FRIENDS: Buttons!

ODILE: Ladies! I, too, am a poet! The bedroom. The bedroom is small. Small, small, small. . . The bed. The bed is big. Big, big, big. . .

GRAVAILLE-BUSSAGE: The bed is big, bi. . .g.

LUCIE: Miss, leave! Leave immediately!

ODILE: I spoke like Adrien. I spoke like a poet.

LUCIE: You are not a poet! Leave!

ODILE: Are you coming, Adrien?

ADRIEN: No, I'm staying here.

ODILE: You're letting me leave alone?

ADRIEN: Yes. *I'm* a poet. I have a job.

ODILE: And what about Emile?

ADRIEN: Emile will find us again.

LUCIE: At last! Ladies! Adrien! Poet! Recite a poem for us!

ADRIEN: Button. . .

FRIENDS OF THE MUSES: Buttons. . .

LESSON 18 — BLESS YOU!

[Scene 1]

GRAVAILLE-BUSSAGE: Miss! Your poem was very beautiful.

ODILE: I wanted to work.

G.-B.: You're looking for work?

ODILE: Yes, a job where I work with my head. Working with my hands is too tiring.

G.-B.: I'm going to find you a job, Miss.

ODILE: When?

G.-B.: Tomorrow! The day after tomorrow!

ODILE: I need a job right away. I don't have any money.

G.-B.: You don't have any money? You don't have a place to sleep?

ODILE: No, I don't have a place to sleep.

G.-B.: May I call you Odile?

ODILE: If you wish.

G.-B.: I'm going to find you a place to sleep! You're cold, my dear Odile!

ODILE: Yes, I'm cold.

G.-B.: Put on this coat! Oh, but it's charming, Odile, it's charming! Follow me!

HOTEL KEEPER: Bless you!

G.-B.: Thank you. Good day, Sir.

HOTEL KEEPER: Mr. G.-B.?!

G.-B.: I'd like a room.

HOTEL KEEPER: A room for two people. Yes, yes, of course. Or two rooms, if you wish.

G.-B.: No, a room for the young lady. *I*'m paying.

HOTEL KEEPER: Of course, Mr. G.-B. I understand. Naturally. Room No. 3!

G.-B.: Uhh. . . Sir. I have an idea. I've found. . . Excuse me.

HOTEL KEEPER: Bless you, Mr. G.-B.!

G.-B.: Thank you.

HOTEL KEEPER: Mr. G.-B.! Ho ho ho! Poor Lucie!

ODILE: Bless you!

G.-B.: Thank you.

MISS LAMOINDRE: Mr. G.-B.!

G.-B.: Miss Odile. . . Miss Lamoindre, my secretary.

LAMOINDRE: Come in!

ODILE: Bless you!

G.-B.: Thank you. You see, Miss. . . Miss Lamoindre. This young person doesn't have a place to sleep. So, I thought that. . . yes, I thought that. . .

LAMOINDRE: You thought that she could sleep here?

G.-B.: That's it!

ODILE: I want to work.

LAMOINDRE: Here?! My boss's girl-friends do not sleep at my place!

G.-B.: But, Miss Lamoindre, Miss Odile. . .

LAMOINDRE: Odile may be a very fine person. But you, Mr. G.-B., you, you're a man. And men are all the same. I'm sorry, Miss!

ODILE: Bless you!

G.-B.: Thank you.

ODILE: Where are we going? Can't I sleep at your place?

G.-B.: My place? But Lucie is there!

ODILE: Ah yes, Lucie is there.

G.-B.: My place. . . Yes! Of course! Very good idea!

ODILE: Bless you!

G.-B.: Thank you. Follow me!

\#   \#   \#   \#

[Scene 2]

G.-B.: My office!

ODILE: Your office.

G.-B.: Yes, my office. You can sleep here, in my office! No. You'll sleep here, in my secretary Miss Lamoindre's office.

ODILE: I'm going to sleep here?

G.-B.: You'll sleep in that armchair.

ODILE: This armchair is hard!

G.-B.: It's just for one night. After that, I'm going to find you a real bed, my child.

Translations 565

ODILE: A real bed?

ODILE: Yes, my dear child. Tomorrow I'm going to find a real bed.

ODILE: Bless. . .

G.-B.: Recite your poem about the bedroom for me, Odile.

ODILE: My poem about the bedroom?

G.-B.: Yes, oh, yes, recite it!

ODILE: So *that*'s my job? Reciting poems for you?

G.-B.: Yes, yes, Odile. Reciting poems for me, yes, oh, yes.

ODILE: So, I recite a poem, and you give me money?

G.-B.: Ah yes. Here, some money.

ODILE: Thank you. Give me your tie!

G.-B.: My tie?! You want my tie, my child?!

ODILE: Bless. . .

G.-B.: Here it is! You're putting on my tie, my child?

ODILE: Of course! Reciting a poem, that's intellectual work. And those who work with their heads always wear ties. The bedroom. The bedroom is small. Small, small, small. . .

G.-B.: The bed. The bed is large. Large, large, large. . . the bed is large.

ODILE: You are ill, Mr. G.-B.?

G.-B.: Yes, yes, ill, ill from poetry! Yes, yes, like that! Say a poem, like that!

ODILE: The bedroom.

G.-B.: Like that!

ODILE: You are very ill, Mr. G.-B. Good-bye, Mr. G.-B. See you tomorrow.

G.-B.: Good-bye, Odile! See you tomorrow!

# # # #

[Scene 3]

LAMOINDRE: G.-B. had the girl sleep here! Here, in my office! Money! He gave her money! The tie! He gave her his tie! Men are all the same!

LUCIE'S VOICE: Hello. What is it? Who is calling? Hello. Answer!

LAMOINDRE: It's Miss Lamoindre.

LUCIE'S VOICE: Hello, Miss Lamoindre. How are you?

LAMOINDRE: Sick.

LUCIE'S VOICE: Pardon?

LAMOINDRE: I'm sick!

LUCIE'S VOICE: Hello, Miss Lamoindre? Hello. Answer!

ODILE: A bed!

LUCIE'S VOICE: Miss Lamoindre? Hello, Miss!

LAMOINDRE: They've just brought a bed.

LUCIE'S VOICE: A bed?

LAMOINDRE: A bed, yes! In my office!

LUCIE'S VOICE: I'm on my way!

LAMOINDRE: Men! They're all the same! Mr. G.-B. gave you money?

ODILE: Yes, Mr. G.-B. gave me money.

LAMOINDRE: He gave you his tie?

ODILE: Yes, he gave me his tie.

LAMOINDRE: And why?

ODILE: For my work.

LUCIE: What's going on?

LAMOINDRE: Mr. G.-B. gave her his tie!

LUCIE: His tie?! He gave her his tie?!

LAMOINDRE: A bed! Money!

LUCIE: Oh! He gave her his tie, a bed, money! Oh, that's too much; he's going to pay for that!

G.-B.: Good morning, Odile!

ODILE: Good morning, Mr. G.-B.!

G.-B.: What's wrong, my child? We aren't smiling? We aren't smiling, but we're going to smile. Look, Odile, what I've brought you!

ODILE: A coat!

G.-B.: Yes, a fur coat for my little Odile.

ODILE: A fur coat!

G.-B.: A fur coat for little Odile.

LUCIE: A fur coat for little Odile!

G.-B.: Yes, my little Odile. Forgive me, Lucie! Forgive me!

LUCIE: You gave her money?

G.-B.: *She* asked for money.

LUCIE: You gave her your tie.

G.-B.: *She* asked for my tie.

LUCIE: You gave her a bed.

G.-B.: But *she* asked for a bed.

LUCIE: You brought her a fur coat.

G.-B.: *She* asked for. . .

LUCIE: Liar! And these flowers, she asked for them, too? Roses! Liar, liar!

G.-B.:   Forgive me, Lucie! Lucie, forgive me!

LUCIE: You've been mean to this poor child.

G.-B.:   Forgive me, Odile!

LAMOINDRE: He's mean! All men are mean!

LUCIE: Oh, yes, they're all mean.

ODILE: Oh, a button!

LAMOINDRE: M.A.M. "Movement Against Men."

PASSER-BY: Bless you!

G.-B.:   Thank you!

LESSON 19 — THAT'S CHARMING!

[Scene 1]

LAMOINDRE: All men are mean! All, without exception! You're knitting, Miss Lutin! You're knitting here! Really, knitting is not a woman's job! It's a slave's job! Down with knitting!

LUTIN, THEN WOMEN: Down with knitting!

LAMOINDRE: So, now I'm going to introduce to you a woman to whom men have been very mean. Odile! Men have been very mean to Odile. First a man named Emile. After Emile, a man named Adrien. After those two mean men, a man named Mister Gravaille-Bussage. Mr. G.-B., my boss, tyrannized Odile. He's a tyrant!

ODILE: Yes, Mr. G.-B. tyrannized me.

WOMEN: Down with men!

LAMOINDRE: I propose making Odile the Secretary of the Movement Against Men. Do you agree?

WOMEN: Agreed! Bravo Odile!

OSCAR: I want to speak!

LAMOINDRE: A man!

ODILE: Oscar!

OSCAR: Yes, it's me! Hello, Odile!

LAMOINDRE: A man! Get out!

OSCAR: Odile! I want to talk to you!

LAMOINDRE: Don't be afraid, Odile! I'm with you. We're all with you!

OSCAR: Odile! We must go to the Secretary's!

ODILE: I don't want to go to the Secretary's!

LAMOINDRE: The Secretary is a man! Down with men!

WOMEN: Down with men!

LAMOINDRE, THEN WOMEN: Down with men!

LUTIN: Men outside!

LAMOINDRE, THEN WOMEN: Down with men!

LAMOINDRE, THEN WOMEN: We must avenge Odile!

LAMOINDRE, THEN WOMEN: Down with G.-B.:!

ODILE: G.-B. is mean! He tyrannized me!

LAMOINDRE: Let's go to G.-B.'s place!

WOMEN: Down with G.-B.!

WOMEN' SONG: Men! We women! Men, men! We shall punish them! Punish!

#   #   #   #

[Scene 2]

PASSER-BY (MAN):   The women!

WOMEN: Down with men!

EUGENE PATOUL: Oh my God! The women! Oh, Miss Lutin! Oh dear, oh dear!

LUCIE: Oh, that's charming! What are they saying?

EUGENE: They're shouting, "Down with men!" and also, "Down with G.-B.!"

LUCIE: Oh, but that's charming! That's quite charming! G.-B. is my husband. Down with my husband!

LUTIN: Eugène Patoul!

LUCIE: Oh, that's charming!

LAMOINDRE: Odile, get up on this chair!

It's time for the court! The women's court!

LUCIE: That's charming! "The women's court!"

LUTIN: Eugene Patoul!

ODILE: Hello, Eugene Patoul!

EUGENE: Hello, Miss.

ODILE: Is he mean?

LUTIN: Yes, he's mean.

ODILE: Why is Eugène Patoul mean? Tell me, Miss Lutin!

LUTIN: He. . . he doesn't want to be my husband.

LUCIE: He doesn't want to be her husband. Oh, that's charming!

ODILE: Eugène Patoul doesn't want to be your husband?

LUTIN: No. He doesn't want to marry me.

ODILE: Why not?

LUTIN: Ask him!

ODILE: Eugène Patoul! Why don't you want to marry Miss Lutin?

EUGENE: She doesn't want to do the cooking.

LUTIN: No, I don't like to do the cooking.

ODILE: Eugène Patoul, do you know how to do the cooking?

EUGENE: Yes, of course.

ODILE: Then marry Miss Lutin. *You* will do the cooking. Do you agree?

EUGENE: No!

ODILE: Eugène, you mustn't be mean.

EUGENE: I'm not mean!

ODILE: Then you'll marry Miss Lutin?

EUGENE: No!

LUTIN: Yes, he'll marry Miss Lutin.

EUGENE: Yes. . . I'll marry her.

LAMOINDRE: In the name of the M.A.M., I pronounce you man and wife.

ODILE: In the name of the M.A.M., I pronounce you man and wife.

WOMEN: Long live the bride!

LAMOINDRE: Forward, forward to G.-B.'s place!

WOMEN: Forward!

LUCIE: Congratulations, Mister Patoul!

EUGENE: Thank you, Ma'am.

LUCIE: But G.-B., what is he going to say?

EUGENE: He's going to do as I did. . . He's going to say "yes."

LUCIE: Oh, but that's charming! Oh, that's charming!

#   #   #   #

[Scene 3]

PASSER-BY: The women!

LAMOINDRE, THEN WOMEN: Down with G.-B.!

PASSER-BY: Poor G.-B.!

G.-B.:   Odile! My little Odile! My dear little Odile! I ask your forgiveness.

LAMOINDRE, THEN WOMEN: Down with G.-B.!

ODILE: Mr. G.-B. tyrannized me!

WOMEN: Boo! Boo! A speech!

ODILE: What do they want?

LAMOINDRE: A speech, Odile! Make a speech!

ODILE: A poem?

LAMOINDRE: No! Not a poem!

ODILE: What, then?

LAMOINDRE: For example: "Men are mean! They're all tyrants!"

ODILE: Men are mean!

WOMEN: Boo! Boo!

ODILE: Men tyrannize women!

WOMEN: Boo! Boo!

LAMOINDRE: Very good, Odile! Very good! Keep it up!

ODILE, THEN WOMEN: Men don't want to do the cooking!

ODILE, THEN WOMEN: Men don't know how to make a bed!

ODILE: The bed. The bed is large.

WOMEN: Large, large, large.

ODILE: The bed is large.

WOMEN: Large, large, large!

G.-B.:   The bed, the bed is large, large. . . Hey, there's my Odile. Oh, my God! The women!

LAMOINDRE, THEN WOMEN: Down with men! Down with G.-B.!

G.-B.:   What have I done, my dear Odile?

ODILE: Mr. G.-B. tyrannized me!

WOMEN: Boo! Boo!

G.-B.:   Forgive me, Odile! Forgive me, my dear Odile!

WOMEN: Boo! Boo!

G.-B.:   What do you want?

WOMEN: G.-B.!

G.-B.:   Mr. G.-B. isn't here.

A WOMAN: Where is he?

G.-B.:   He left. He's gone to the factory.

LAMOINDRE: Sir!

G.-B.:   The women! Odile! What are you going to do?

LAMOINDRE: Judge you!

G.-B.:   She's going to judge me?

LAMOINDRE: Yes, she's going to judge you.

ODILE: This is the women's court here. And *I'm* the judge.

G.-B.:   What have I done?

LAMOINDRE: You have tyrannized Odile!

G.-B.:   Yes.

ODILE: You confess?

G.-B.:   Yes.

ODILE: Here is the verdict of the court: Mr. G.-B. must confess his crime in public and ask forgiveness in public.

G.-B.:   I confess that I have tyrannized Odile. . .

LAMOINDRE: In front of the window! And louder!

G.-B.:   I confess that I have tyrannized Odile. . .

LAMOINDRE: Louder!

G.-B.:   I confess that I have tyrannized Odile, and I ask her forgiveness.

LAMOINDRE: Once more!

G.-B.:   I confess that I have tyrannized Odile, and I ask her forgiveness.

LAMOINDRE: Bless you!

LUCIE: That's charming! That's quite charming! That's my husband, Etienne. Etienne, my husband.

G.-B.:   Lucie!

PASSERS-BY: Etienne. . . Lucie!

LESSON 20 – A GREAT SUCCESS

[Scene 1]

GASTON: What are you ordering, Emile?

EMILE: I'm ordering two glasses of cider.

GASTON: Good!

EMILE: No, three. Three glasses. Two for us and one for the owner.

ANNE: Thank you, Emile.

EMILE, THEN GASTON: To your health!

ANNE: To yours! Isn't my cider good?

EMILE: Excellent!

ANNE: It's made from the best apples.

EMILE: Cider is made from apples?!

GASTON: Why yes! Cider is made from apples.

ANNE: And wine from grapes!

EMILE: Naturally from grapes! Three glasses of cider!

GASTON: It's my turn! Anne, three more glasses of cider, and good stuff.

ANNE: Of course! There they go! They're starting to go on about their ties again.

GASTON: To the necktie's health, dear Anne!

EMILE: To the tie's health!

ANNE!   To the tie's health! Do you work in ties?

EMILE: We're not working. But tell me, what does that mean, to work in ties?

ANNE: To work in something is to sell something.

EMILE: I don't sell ties. I wear a tie!

GASTON: My dear Anne, we aren't working. We're looking for work.

ANNE: You must sell ties!

EMILE: Sell ties?

ANNE: You talk of nothing but ties. So?

GASTON: It's true! It's a good idea! Emile, we must sell ties!

EMILE: It's easily said, sell ties. But how?

GASTON: I'm going to show you. You need an umbrella.

EMILE: An umbrella?

ANNE: Your friend *really* doesn't know anything.

GASTON: He's an engineer!

ANNE: Ah, he works with his head.

EMILE: Yes. Is selling ties working with your head?

ANNE: No, it's working with your mouth.

EMILE: With your mouth?

GASTON, THEN EMILE: Buy my tie!

GASTON: Buy my ties! Beautiful ties! Red, green, black ties! Buy a tie!

EMILE: Ah, the beautiful ties! Buy a tie! Well! He's not stopping. Why?

GASTON: He's a sailor.

EMILE: A sailor, what's that?

GASTON: My dear engineer, a sailor works at sea.

EMILE: At sea with his head?

GASTON: No, with his hands. He catches fish.

EMILE: Ah, he catches fish.

GASTON: Buy a tie, Gentlemen.

EMILE: Look at our beautiful ties!! They're not buying. Why?

GASTON: They're students.

EMILE: Students. . . so?

GASTON: They study. They work with their heads.

EMILE: So?

GASTON: But without ties. Afterwards, when they have their diplomas, they wear ties.

EMILE: Working with their heads without ties!! Our ties! Our beautiful ties. For working with your head! He didn't buy a tie, why?

GASTON: He's a merchant.

EMILE: A merchant? What's that?

GASTON: It's someone like us. He sells something. Ah, he sells ties!

EMILE: He sells ties!

GASTON: But *he* has a shop.

EMILE: A shop?!

GASTON: My dear engineer, here's our shop. The umbrella is our shop.

EMILE: I want a tie shop!

GASTON: A shop is very expensive. You need lots of money. Buy my ties!

EMILE: Buy our beautiful ties! Buy a tie! Heck!! How are we to sell ties?

GASTON: Emile! Where are you going? Wait for me, Emile!

EMILE: Adrien!

GASTON: Emile! Where are you going? Emile! Wait for me!

#   #   #   #

[Scene 2]

GASTON: What's going on, Emile? Why are you laughing?

EMILE: I know that Gamma!

GASTON: You know that Gamma?

EMILE: Yes, his name is Adrien!

GASTON: You know a Gamma who's named Adrien? What's the matter with you, Emile?

EMILE: I told Adrien that he mustn't be a Gamma any more. That Adrien! He isn't Adrien!

GASTON: He's not the Gamma named Adrien?

EMILE: No.

SINGER: I'm a Gamma. . . My hair is Gamma. . .

EMILE: He's not Adrien! And he's not a Gamma!

SINGER: My long hair. . . I am a Gamma. . .

EMILE: No, you're not a Gamma! Liar!

SINGER: I am. . . yes, I'm a Gamma. . . from Gamma. . .

PUBLIC: Bravo!

GASTON: He's a success!

EMILE: A success? What's that?

GASTON: When everything's fine, when things are going well, when everybody is happy. . .

EMILE: When everybody is happy?

GASTON: Success, when you're selling ties, is to sell all the ties.

EMILE: Now, I understand. Success, that means lots of money?

GASTON: You understood very well.

EMILE: Success or no success, he's not a Gamma. He's a liar!

GASTON: That doesn't matter, Emile. He's successful.

EMILE: But he's a liar!

SINGER: I'm a Gamma. I'm successful!

EMILE: You're not a Gamma. You're a liar.

SINGER: No, I'm not a liar! I'm not a Gamma, I'm a singer!

EMILE: And *that*'s a wig!

SINGER: Naturally it's a wig. I'm a singer!

EMILE: Then, why act like a Gamma?

SINGER: As a Gamma, you have lots of success!

EMILE: Lots of success and lots of money?!

SINGER: Yes, lots of success and lots of money! It's the fad. The Gammas are in fashion!

EMILE: It's the Gamma craze? It's the fad. . . Of all things!

GASTON: What's the matter with you, Emile?

EMILE: I have an idea!

GASTON: You have an idea?

#   #   #   #

[Scene 3]

EMILE: They don't have any ties! Buy my Gamma ties! Gamma ties here! For those who don't work with their heads! If you don't work with your head, buy my Gamma tie!

GASTON: Hello, Sir. You're selling ties.

EMILE: No, Sir. Ties are for those who work with their heads. *I*'m selling Gamma ties. For the others!

GASTON: Ah, they're Gamma ties! But this tie is misshapen.

EMILE: This tie isn't misshapen. It's a Gamma tie! The Gammas wear these ties.

GASTON: Oh yes, the Gamma style!

EMILE: Yes, Sir. The Gamma style. Gamma ties are for those who don't work with their heads!

GASTON: Who don't work with their heads?

EMILE: Exactly, Sir! Those who work with their heads won't find any ties at my stand. *I* sell Gamma ties for all those who never wear a tie.

GASTON: And *who* never wears a tie, Sir?

EMILE: Well, Sir, all those who don't work with their heads: sailors, farm workers, laborers. . .

GASTON: And what about students?

EMILE: They work with their heads, but they don't wear ties. Buy Gamma ties! For non-tie wearers! For all those who don't work with their heads! Buy Gamma ties! To pay, throw the money into the umbrella.

GASTON: How much is a tie, Sir?

EMILE: For a Gamma tie you pay what you wish. Buy my Gamma ties!

ANNE: Hello, Emile!

EMILE: Hello, Anne!

ANNE: *I* want a Gamma tie, too.

EMILE: *You* want a Gamma tie, too?

ANNE: Of course! I don't work with my head.

EMILE: That's true, Anne. *You* work with your heart.

ANNE: It's doing well, your tie business!

EMILE: Yes, it's doing well! They don't want ties any more. They want ties that aren't ties!

ANNE: The Gamma ties are a success! See you soon, Emile!

EMILE: 'Bye, sweetheart!

BUSINESSMAN: No, no, no.

GASTON: What do you mean? No, no, no.

BUSINESSMAN: It's a very good idea, this Gamma tie. A very good idea. But it must be commercialized.

EMILE: It must be commercialized? What does that mean, "commercialize"?

BUSINESSMAN: Not to sell from an umbrella, but in a shop!

GASTON: Do you think so?

BUSINESSMAN: Of course! What success! Guaranteed!

GASTON: A guaranteed success?

BUSINESSMAN: Exactly! The idea is brilliant!

EMILE: The idea is brilliant?

BUSINESSMAN: Why, yes, brilliant! "Gamma ties for those who don't work with their heads! "
GASTON: He's very intelligent, Emile is!
BUSINESSMAN: I'll buy the idea from you!
EMILE: You're buying the idea "Gamma ties"?
GASTON: Why yes, Emile, the gentleman is buying your idea.
EMILE: And afterwards?

GASTON: Afterwards *he*'s going to sell the Gamma ties!
BUSINESSMAN: Well, then, will you sell?
EMILE: Agreed, I'll sell!
GASTON: Oh, you're very intelligent, Emile! You're going to have other ideas. Emile is very intelligent. He's going to have other ideas! Emile, wait for me! Emile!

LESSON 21 — THE GAMMA STYLE

[Scene 1]

PLEBEN: Agreed, I'm renting you my shop! Go in!
EMILE: My shop, Gaston!
GASTON: And me?
EMILE: Our shop! Is it finished, Gaston?
GASTON: It's finished!
EMILE: "Emile's Gamma Style."
GASTON: "Under the management of Gaston." What are you going to do as a Gamma style, Emile? Do you have an idea?
EMILE: No, not yet.
GASTON: You're very intelligent, Emile. You'll get an idea.
EMILE: I've got it, that's it!
GASTON: That's it. Is it the idea?
EMILE: No, not yet.
GASTON: Hurry up, Emile; there's no more money! What are you doing, Emile?
EMILE: I'm hunting for an idea.
WEDDING STORE OWNER: Good day, Gentlemen.
GASTON: Shhh! Speak more softly! He's thinking. He's hunting for an idea.
WEDDING STORE OWNER: Is he the one who invented the Gamma ties?
GASTON: He's the one.
WEDDING STORE OWNER: It's an extra-ordinary idea.
GASTON: A great success. Lots of money. Sit down, please. Did you get an idea, Emile?
EMILE: No, I slept! What do you want?
WEDDING STORE OWNER: Look! I have a large store, a very large store:

"Everything for the Wedding," and I want to introduce the Gamma Wedding style.
EMILE: On Gamma, people don't get married!
WEDDING STORE OWNER: Oh, people don't get married on Gamma! Are you familiar with Gamma?
EMILE: No, no! I'm not familiar with Gamma. But I know that on Gamma people don't get married.
WEDDING STORE OWNER: Whether or not people get married on Gamma, *I* need a Gamma groom and a Gamma bride! Only I don't have any ideas.
GASTON: Come on, Emile, an idea!
EMILE: What's this?
WEDDING STORE OWNER: The bride's bouquet.
EMILE: The bouquet. . . Do you have any money?
WEDDING STORE OWNER: Of course, Mr. Emile.
EMILE: Let's get to work!
GASTON: Do you have an idea, Emile?
EMILE: Of course, I have an idea. Follow me.
GASTON: He's working.
WEDDING STORE OWNER: I'm going to change the name of my store. I'm going to add "Gamma": "Everything for the Gamma Wedding."
EMILE: Here's the Gamma bride!
WEDDING STORE OWNER: Long live the bride! It's very, very good! It's

beautiful! Completely Gamma! A guaranteed success! And the bouquet, an ingenious idea!

EMILE: The groom!

WEDDING STORE OWNER: A success, this idea of everything for the Gamma wedding! Thank you, Emile!

GASTON: You're very intelligent, Emile!

# # # #

[Scene 2]

EMILE: Hello, Mr. Plében. You're coming to see me?

PLEBEN: Look, I've opened a new shop.

EMILE: What are you selling?

PLEBEN: Dishes: bowls, plates. . .

EMILE: And it's going well?

PLÉBEN: Not at all.

EMILE: My poor Mr. Plében! Why aren't you having any success?

PLEBEN: The customers want Gamma bowls, Gamma plates, Gamma dishes.

GASTON: It's the Gamma fad right now, Mr. Plében! You have to go along with the fad.

PLEBEN: I'd really like to! But in order to make Gamma bowls, Gammas plates, I need an idea. And I don't have any ideas! You, Emile, don't you have a little idea?

EMILE: A plate. . . a bowl. . . I'm going to do something for you.

PLEBEN: Oh, thank you, Emile. It's. . . How much is it?

EMILE: For you it's nothing, Mr. Plében. No, no, no, no, nothing at all. But above all, don't tell anybody!

PLEBEN: I promise!

EMILE: A plate. . . A bowl. . .

PLEBEN: But, Mr. Emile, you can't eat from that plate any more. You can't drink from that bowl any more. It's impossible to sell that!

EMILE: You'll see: it's an excellent Gamma idea!

PLEBEN: Well, O.K.! Good-bye, Mr.

Emile, and thank you!

FLATWARE DEALER: I want a Gamma fork, a Gamma knife, a Gamma spoon!

TELEPHONE SALESMAN: But, Sir, it's my turn!

FLATWARE DEALER: Sir, I don't have the time! My customers are in a hurry. They want Gamma forks, Gamma knives, Gamma spoons, today. I beg you, let me go first.

EMILE: What do you want?

FLATWARE DEALER: Knife, fork, spoon! All of it in the Gamma style!

EMILE: Go pay! Have you paid?

GASTON: He's paid!

EMILE: Here's a Gamma spoon! A Gamma fork! A Gamma knife!

FLATWARE DEALER: Thank you!

PHONE SALESMAN: It's my turn, now! *I* want a Gamma telephone. How much is it?

GASTON: More!

PHONE SALESMAN: It's expensive!

GASTON: Gamma ideas are very expensive! Emile's ideas are very good, therefore, they're expensive!

PHONE SALESMAN: But you can't talk, you can only listen! But I want to talk!

EMILE: You can talk! You listen here, and you talk there!

PHONE SALESMAN: It's ingenious! It's a very good Gamma idea! Thank you, thank you! Hurray for the Gamma telephone!

# # # #

[Scene 3]

HOST: Take your places for the Gamma party!

WEDDING STORE OWNER: It's a very good idea!

PHONE SALESMAN: It's an excellent Gamma idea! Oh! We're going to eat.

WEDDING STORE OWNER: It's very intelligent!

PHONE SALESMAN: What a good Gamma idea!

HOST: Help yourself. Ouch!

FLATWARE DEALER: Did I hurt you?

HOST: No, no! That's part of the Gamma idea!

WEDDING STORE OWNER: *I* think the Gamma style is like this!

EMILE'S VOICE: Hello! It's Emile. May I come to the Gamma party with Gaston?

HOST: Of course, Emile, you may come. You're welcome.

EMILE'S VOICE: Hello, hello! May I come to the Gamma party with Gaston?

HOST: Emile! Here I am. You may come, Emile. And Gaston can come too.

EMILE'S VOICE: You're there? I'm coming.

HOST: Ah, the Gamma phone, it's a good idea! The evening is a success. We're going to dance! A Gamma record!

FLATWARE DEALER: It's marvelous!

PHONE SALESMAN: It's very beautiful Gamma music!

GUEST: I want to dance.

WEDDING SHOP OWNER: How? Like this?

HOST: The dance is over!

GUEST: Why?

HOST: The record isn't turning any more.

ALL: Hurray for Emile!

EMILE: They have Gamma chairs and a Gamma table!

GASTON: Yes, they're in the Gamma style.

HOST: You'll have something to eat, Emile?

EMILE: Gladly.

HOST: Have a seat!

EMILE: No, I can't sit on that! Go find two chairs that are not in the Gamma style!

PHONE SALESMAN: What? Normal chairs?!

EMILE: Ah, these are good chairs!

GASTON: Yes, but they're not in Gamma style.

EMILE: Gamma or not Gamma, they're real chairs: you can sit on them.

HOST: You're not sitting on Gamma chairs?

EMILE: No. I find them too modern.

HOST: Yes, they're modern!

EMILE: Don't you have a different plate?

HOST: You don't want a Gamma plate?

EMILE: Oh, as for me, you know. . . the Gamma style!

HOST: Did you hear Emile? He doesn't want to follow the Gamma style!

ALL: Boo!

EMILE: And you? You're not following the Gamma style!!

HOST: Why not, Mr. Emile?

EMILE: Because the real Gamma style, Sir, is this! The Gamma man! Come, Gaston! We're alone! Come on! Oh, I'm hungry. But to eat, I must have a body. Oh, this Gamma party! *I'm* hungry! I'm going to eat in a restaurant.

LESSON 22 – IT'S REVOLUTIONARY!

[Scene 1]

EMILE: Someone's following me, Gaston, but I don't want to see him.

GASTON: You don't want to see the one who's following you?! Who is it?

EMILE: I can't explain it to you just now.

GASTON: What'll I tell him?

EMILE: Tell him I'm not here.

GASTON: But. . .

OSCAR: I want to see Emile!

GASTON: Emile isn't here.

OSCAR: I followed Emile. Emile came in here. Emile is here!

GASTON: Yes, but. . . Emile can't see you. He's working.

OSCAR: He's working? Does Emile work?

GASTON: Why yes, Emile works. He looks for ideas.

OSCAR: Emile must see me. We have to go to the Secretary of the Interior's office.

GASTON: To the Secretary's office? Does the Secretary want a Gamma idea?

OSCAR: A Gamma idea? Why no, the Secretary wants to see Emile, because Emile is a Gamma.

GASTON: Emile, a Gamma?

OSCAR: Emile!

GASTON: Emile a Gamma?! Impossible!

OSCAR: Why are you laughing?

GASTON: I'm laughing because you say that Emile is a Gamma. Emile isn't a Gamma. Emile invents the Gamma style, yes! But he's not a Gamma!

OSCAR: Yes! Emile certainly is a Gamma!

GASTON: My dear sir, Gammas don't exist! The Gamma craze exists, yes, and it's very successful. But Gammas don't exist!

OSCAR: Emile exists! And Emile is a Gamma. I want to see Emile to show him to the Secretary!

GASTON: You want to see Emile? You have to pay!

OSCAR: What? I have to pay? Why?

GASTON: You have to pay because Emile, who isn't a Gamma, naturally, is selling Gamma ideas!

OSCAR: I want to buy a Gamma idea from Emile.

GASTON: O.K. Which Gamma idea? A good Gamma idea costs 100 francs, a very good Gamma idea costs 500 francs, and a brilliant Gamma idea is 1000 francs. What do you want?

OSCAR: Me? A brilliant Gamma idea. Here's a thousand francs.

GASTON: A thousand francs! Thank you.

OSCAR: Emile won't keep those thousand francs! He'll give them back to me. He's a very good friend. All the Gammas are my friends!

GASTON: You're mistaken, Sir, alas! Emile isn't a Gamma. Emile sells Gamma ideas, but it's not the same thing. Go over there! Emile is over there! Emile, here's a customer for a brilliant idea!

OSCAR: Emile! It's me, your friend Oscar!

GASTON: A brilliant idea! Excellent! Emile, you're very intelligent. . . and very strong!

OSCAR: Emile. . . Emile doesn't want to go to the Secretary's office.

GASTON: Good-bye, Sir, and thank you for your visit!

SECRETARY: You're not a good detective, Oscar. And what about Emile?

OSCAR: I've found Emile again! He doesn't want to see you.

SECRETARY: He doesn't want to see me! Emile is afraid of me, because Emile isn't a Gamma.

OSCAR: Yes, yes, Mister Secretary, Gammas do exist!

SECRETARY: Oscar, you're crazy!

OSCAR: Mister Secretary, I'm going to prove that Gammas exist! I'm going to demonstrate it! The hermit! That's it! The hermit knows that the Gammas exist. I'm going to go to the hermit's cabin!

#   #   #   #

[Scene 2]

ABELARD: Heck!

OSCAR: May I talk to you?

ABELARD: I have nothing to say to you! Leave!

OSCAR: Only two minutes!

ABELARD: Two minutes, no more! In two minutes you leave!

OSCAR: In two minutes, I'll leave. I swear it!

ABELARD: What do you want?

OSCAR: It's like this, I'm a detective. . .

ABELARD: You're a detective. . .

OSCAR: . . . and I'm looking for the Gammas.

ABELARD: . . . and you're looking for the Gammas.

OSCAR: Yes.

ABELARD: The Gammas don't exist!

OSCAR: Yes, they do exist. But they're not doing any more Gamma magic!

ABELARD: Oh! They're not doing any more Gamma magic because they aren't Gammas. They're French people like you and me!

OSCAR: You know very well that Odile, Emile, and Adrien are Gammas. They were here.

ABELARD: They were here? I don't remember. You know, I'm old. My memory. . . my memory. . .

OSCAR: You must help me!

ABELARD: I must help you? You want me to help you? How?

OSCAR: You must come to the Secretary's office with me and say that the Gammas exist!

ABELARD: What?? Go to the Secretary's office, me?! I never go out of the forest. Ask Emile or Odile or Adrien then, if you've seen them, to go to the Secretary's office.

OSCAR: They don't want to go to the Secretary's office. They hit me. Ouch!

ABELARD: They hit you?

OSCAR: Yes! And I don't understand anything any more! I really don't understand the Gammas. They don't want to be Gammas any more.

ABELARD: They don't want to be Gammas any more, because they aren't Gammas. *I* don't believe in Gammas.

OSCAR: You don't believe in Gammas! Only, you've seen the Gammas! You've seen them! They were here!

ABELARD: The two minutes are up. Leave!

OSCAR: Help! Help me! I'm hurt!

ABELARD: What's the matter!

OSCAR: I'm hurt! I've fallen! Help!

ABELARD: I'm coming!

OSCAR: Help!

ABELARD: I'm coming! Help!

OSCAR: I must have proof! A piece of evidence! The Gammas were here! Nothing. . . The sphere! The Gammas' sphere! Here's proof of the Gammas' existence. The sphere! I have the sphere! Now the Secretary will no longer say that the Gammas don't exist. He'll say: "The Gammas exist. Oscar is right. Thank you, Oscar, thank you!" I have the sphere! The proof! The proof of the Gammas' existence! "Love Among the Gammas," the first chapter of the book *The Gammas in France,* by Oscar. "The Gammas arrived in France four months ago. And they came from the sky, in a sphere. Yes! They came from the sky! And *I*'ve seen the Gammas! Their names are Odile, Emile, Adrien!"

#   #   #   #

[Scene 3]

OSCAR: The Gammas' sphere! Yes, dear television viewers, it's the Gammas' sphere!!

JOURNALIST: The Gammas' sphere? Mr. Oscar, why this is revolutionary! Dear viewers, I'm very moved to hold the sphere. Very moved to present it to you. The Gammas' sphere in France! Why it's more revolutionary than the Americans on the moon!

OSCAR: That's for sure!

1st SCIENTIST: But the sphere is made of wood!

2nd SCIENTIST: Of wood? That's right!

1st SCIENTIST: It's a wooden ball. It's not the Gammas' sphere.

JOURNALIST: You're saying?

1st SCIENTIST: I'm saying that it's a wooden ball.

OSCAR: Well, the Gammas' sphere is made of wood.

2nd SCIENTIST: But it's impossible! And

besides, it's too small.

OSCAR: It is small now. But it can grow large, become enormous!

JOURNALIST: Mr. Oscar, make the sphere grow large then!

OSCAR: I must say that. . . Hm. . . I believe. . . That is. . . No, in short. . . only the Gammas can make their sphere grow large.

JOURNALIST: Only the Gammas?

OSCAR: Only the Gammas!

JOURNALIST: And where are your Gammas?

OSCAR: The Gammas. . . They aren't here now. But they exist. It's certain.

2nd SCIENTIST: You're right, Mr. Oscar. But that. . . *that* isn't the Gammas' sphere.

OSCAR: Give me the sphere!

2nd SCIENTIST: With pleasure!

1st SCIENTIST: Here's the real sphere of the Gammas!

OSCAR: Why no, that isn't the Gamma sphere. The true Gamma sphere is this one.

1st SCIENTIST: It's made of wood! Of wood!

OSCAR: Don't touch the sphere! Don't touch it!

JOURNALIST: Gentlemen! I beg you. . . Keep calm!

1st SCIENTIST: This gentleman is a liar. The ball isn't a Gamma sphere!

2nd SCIENTIST: It's made of wood, it's very small, very small!

1st SCIENTIST: And this gentleman has never seen a Gamma! Never!

OSCAR: What? *I*'ve never seen any Gammas?!

1st SCIENTIST: No! Never!

JOURNALIST: Gentlemen!

OSCAR: Sir. . .

SET DIRECTOR: Gentlemen! Be calm, please! The program isn't over!

2nd SCIENTIST: And what are they like, your Gammas?

OSCAR: The Gammas? They're kind. They love France. They've cut their hair. They can disappear, appear. . .

1st SCIENTIST: Where is their trunk?

OSCAR: Their trunk? What trunk?

1st SCIENTIST: To drink, they have a trunk.

OSCAR: Why no, they don't have trunks. The Gammas are like you and me.

JOURNALIST: A Gamma! A true Gamma!

OSCAR: This isn't a Gamma! A Gamma doesn't look like that! The Gammas are like you and me!

SET DIRECTOR: Quiet, please! The program isn't over! Sir! Calm down, please! The program isn't over.

JOURNALIST: Sit down. And shut up! Listen to the scientist. Dear viewers, the scientist René Henni has the floor.

1st SCIENTIST: Good! The true Gamma has large ears. He has long hair. It's to hide the big ears. And then, the authentic Gamma has no nose. And why doesn't he have a nose? Because he has a trunk. And why does he have a trunk? To drink, because the water on Gamma is found in holes. The genuine Gamma has three legs.

OSCAR: No, no, *no*!

SET DIRECTOR: Sir, be calm, please! The program isn't over!

JOURNALIST: Dear viewers, you have seen the true Gamma. It's more revolutionary than the first man on the moon.

OSCAR: Dear viewers, I know the real Gammas. They came from the sky. In this ball. Their names are Odile, Emile, and Adrien.

SET DIRECTOR: Sir, be quiet, please!

OSCAR: They have no trunk. They are like you and me. Oh, no! They're kind. I've written a book about them: *The Gammas in France;* First chapter: "The Gammas and Love."

SET DIRECTOR: Quiet!

JOURNALIST: Quiet, please! *You* have the floor, Sir.

1st SCIENTIST: The genuine. . . the real Gamma and his trunk! The real Gamma sphere!

JOURNALIST: Dear viewers, naturally, the real Gamma has a trunk!

CAMERAMAN: A genuine Gamma trunk!

SET DIRECTOR: Of course! Naturally! The real Gamma has a trunk!

PRODUCER: Quiet, please, quiet!

JOURNALIST: Dear viewers, our program "Do the Gammas Exist?" is now over. *Science for All* invites you to tune in next week at the same time. I thank you for your attention. Good-bye and good night!

LESSON 23 — LOOK FOR THE SPHERE

[Scene 1]

OSCAR: Yes, dear viewers, this is the Gammas' sphere!!

REPORTER: The Gammas' sphere? Mister Oscar, why, this is revolutionary! Dear viewers, I am very moved to hold the sphere. Very moved to present it to you. The Gammas' sphere in France! Why, it's more revolutionary than the Americans on the moon!

OSCAR: Yes, indeed.

GASTON: What an idea for the Gamma style! The Gamma sphere, a wooden ball. Emile! Come here, Emile! Emile, a very good idea for the Gamma style! A wooden sphere, the Gamma sphere!

EMILE: What?!

GASTON: A wooden sphere, "the Gamma sphere"; what an idea for the Gamma style! What a wonderful idea!

EMILE: But that's Oscar. The Gamma sphere! It's the Gamma sphere!

GASTON: Emile, are you sick?

EMILE: Oscar! He's stolen the Gamma sphere! How can we find the sphere again, how can we find it again?!

GASTON: Emile, you're sick!

EMILE: I want to go back to Gamma! Without the sphere, I have to stay here!

GASTON: Emile, you're crazy!

EMILE: No, I'm not crazy!

GASTON: Oh, yes, Emile, you're crazy! What did you say?

EMILE: What did I say?! I said, "Without the Gamma sphere, I have to stay here." I have to stay in France.

GASTON: But, Emile, you're sick.

EMILE: Why, sick?!

GASTON: Because you want to go to Gamma. But Emile, you're not a Gamma. Emile, you're French!

EMILE: Gaston, I must tell you something: I am a Gamma.

GASTON: You're a Gamma? No, no, Emile: the real Gamma has a trunk.

EMILE: No, Gaston. The real Gammas are like you. . . like me. What are you trying to do?

GASTON: Emile, you're not a Gamma, you're sick. . . very sick.

EMILE: No, I'm not sick! I'm a Gamma! The real Gamma can grow large. . . and small. Poor Gaston. He's sick! We have to find the sphere again. We have to find it again. I must find Adrien and Odile again. Adrien! Odile! Where are you? Gaston, I don't know where they are! Adrien! Odile!

GASTON: Adrien? Odile?

EMILE: Yes! Adrien! Odile! They're my Gamma friends! And Oscar has stolen our sphere.

GASTON: Adrien. . . Odile. . . Oscar. . . Adrien and Odile are your Gamma friends? And Oscar? Who is Oscar?

EMILE: You saw him on television. Oscar is a detective. He stole the sphere. He showed the sphere on TV. And without the sphere, I have to stay in France!

GASTON: We have to go to Adrien and Odile's place.

EMILE: But I don't know where they are! Adrien? Odile? Where are you?

GASTON: Emile is crazy. Emile may be a Gamma. But he's a crazy Gamma.

EMILE: Adrien, where are you? Odile, where are you?

GASTON: What's the detective's name?

EMILE: Who?

GASTON: The detective, the one who showed the sphere on television.

EMILE: Oscar. His name is Oscar. What are you doing?

GASTON: I'm calling Oscar.

WOMAN'S VOICE: French National Radio and TV.

GASTON: Hello? Is this French Television?
WOMAN'S VOICE: Yes, Sir.
GASTON: Good day, Miss. I'd like to speak to Oscar.
WOMAN'S VOICE: To whom?
GASTON: To Oscar, the detective, the one who showed the Gamma sphere on television.
WOMAN'S VOICE: Ah yes, I understand. Do not hang up, OK?
GASTON: Thank you, Miss. Hello? Mister Oscar? Good day, Sir. Do you know where Odile and Adrien are?
OSCAR'S VOICE: In Saint-Claude! But... Who are you?
GASTON: A "friend," Mister Oscar. A "friend." Thief! You're a thief! My dear Emile, Odile and Adrien are in Saint-Claude.

EMILE: In Saint-Claude! Where is Saint-Claude?
GASTON: Far, very far, near Besançon.
EMILE: Saint-Claude, near Besançon. Good-bye, Gaston!
GASTON: Wait, Emile, wait! You can't leave without this!
EMILE: What's that?
GASTON: It's your money. You can't leave without money.
EMILE: Thank you. That's enough! That's for you!
GASTON: Thank you, Emile, thank you! Emile, are you really a Gamma?
EMILE: Of course! Good-bye, Gaston!
GASTON: Emile is really a Gammaaaa!

# # # #

[Scene 2]

EMILE: Adrien! Odile! Where are you? I have to find Odile and Adrien again. Excuse me, Ma'am. I'm looking for Odile and Adrien. They're here in Saint-Claude. Do you know them?
NEWSPAPER VENDOR: Odile and Adrien...? This gentleman is looking for Odile and Adrien. They're here in Saint-Claude. Do you know them?
STREET SWEEPER: Odile and Adrien? This gentleman is looking for Odile and Adrien. They're here in Saint-Claude. Do you know them?
MILITANTS: Hello, Odile.
ODILE: Hello. Who is that woman?
MILITANT: You don't know who that is?
ODILE: No, I don't know. I don't know much.
MILITANT: That's Joan of Arc! She went to war. She's an exceptional woman! A very courageous woman! But men were very wicked to her.
ODILE: Really?
MILITANT: Yes, they burned her!
ODILE: Burned here?! No!
MILITANT: Yes! They burned Joan of Arc. Look!

ODILE: Oh! Men are really wicked.
MILITANT: That's for sure!
ODILE: Why did men burn Joan of Arc?
G.-B.: Because she waged war insted of letting men do it. Hello, Odile!
ODILE: What are you doing here, Mr. Gravaille-Bussage?
G.-B.: I'm bringing you flowers.
ODILE: Flowers! For me?!
G.-B.: Yes, Odile, flowers for you. I want to be your friend.
ODILE: My friend?
G.-B.: Oh, yes, I love you, Odile. Oh, yes, I would like a thousand things from you... your heart, your friendship, and, some day, a child.
ODILE: A child! You want a child from me?
G.-B.: From you, I should like EVERYTHING—and also a child.
ODILE: You want a child?
G.-B.: Yes, my dear Odile.
ODILE: Take off your coat!
G.-B.: My coat?
ODILE: Yes, your coat. That's enough. Sit down there!
G.-B.: What are you doing?

ODILE: I'm going to make you a child. Do you want a boy or a girl?

G.-B.: A boy, if that is possible.

ODILE: Of course it's possible. Close your eyes.

G.-B.: My eyes?

ODILE: Yes, your eyes.

G.-B.: All right, I'm closing my eyes.

ODILE: And now, get up slowly.

G.-B.: I'm getting up slow. . .

ODILE: Slowly, more slowly.

G.-B.: I'm getting up slowly.

ODILE: And now, raise your left hand. Higher. Good! And now, don't move any more; stay like that.

ODILE: Oh, it's over. You can put your coat back on.

G.-B.: But. . . I don't understand.

ODILE: You'll understand in a few minutes.

EMILE: Odile!

ODILE: Emile!

G.-B.: What's happening, Odile? What's happening to me?

ODILE: It's your boy. What? Oscar stole the sphere?!

EMILE: Yes. He showed it on television.

ODILE: We must look for Adrien and find the sphere again.

EMILE: Come on, Odile. We must act quickly! What have you done, Odile?

ODILE: He wanted a child.

EMILE: It's not right, Odile! Gamma magic. Quickly! We must find Adrien again.

#   #   #   #

[Scene 3]

EMILE: Adrien lives here?

ODILE: No. He works here.

EMILE: What does he do?

ODILE: He reads poems.

EMILE: Poems? What's a "poem"?

ODILE: But-ton. Button. . .

LUCIE: He's in pain.

ONE OF THE FRIENDS: Adrien has a tooth-ache!

ALL THE FRIENDS: Adrien has a toothache!

FRIEND: The spectators are waiting for him. The public is waiting!

LUCIE: Adrien! Your poems! The public is waiting for your poems.

ADRIEN: No! I have a toothache.

LUCIE: The public is waiting!

ADRIEN: I have a toothache!

LUCIE: The theatre is full. The public is waiting!

ADRIEN: I have a toothache! Button!

FRIEND: He's wonderful.

ADRIEN: I have a toothache! Button!

LUCIE: Bravo! It's a great success! Keep it up! We're on!

ADRIEN: No, I don't want to any more. I have a toothache!

LUCIE: The public is waiting! What's this?

ADRIEN: A match! I have a toothache!

LUCIE: What's this?

ADRIEN: A cigarette lighter! I have a toothache!

LUCIE: What's this?

ADRIEN: I have a toothache!

EMILE: "I have a toothache!". . . Is that poetry?

ODILE: I think so.

LUCIE: What's this?

ADRIEN: I have a toothache!

EMILE: Adrien! Oscar has stolen the sphere!

LUCIE: What's this?

ADRIEN: It's a nail! A nail! Nail! Oscar has stolen the sphere!

ODILE: Yes, Oscar has stolen the sphere.

ADRIEN: We must find it again!

EMILE: Come on!

ADRIEN: I'll change.

EMILE: This work is easy.

ADRIEN: Come on! We must find Oscar again!

LUCIE: Adrien! Where are you going?

ADRIEN: I'm going to look for the sphere!

LUCIE: I'm going to look for the sphere?!   Ah! What a poet, that Adrien!

LESSON 24 — THIEVES!

[Scene 1]

OSCAR, THEN AUDIENCE: Gamma!

OSCAR: My friends. Ask me questions about the Gammas.

YOUNG MAN: I have a question to ask.

OSCAR: Ask it, dear Sir.

YOUNG MAN: What language is spoken by the Gammas who are presently visiting France?

OSCAR, THEN AUDIENCE: The Gammas speak French.

OLD LADY: What are the Gammas' names?

OSCAR: Odile, Emile, Adrien.

YOUNG MAN: And where are they?

OSCAR: Shh! Secret!

YOUNG MAN: It's a secret!

SEVERAL PEOPLE: Quiet!

OLD LADY: Is Odile nice?

OSCAR: Yes, Odile is very nice. I have even written a book about Odile: *Odile and Love.* I'm selling it after the lecture.

OLD LADY: How much?

OSCAR: Thirty-four francs!

YOUNG MAN: Are the Gammas really like us?

OSCAR: Yes, they are like us.

YOUNG MAN: But the scientists say the Gammas have a trunk, big ears, three legs, and very long hair.

OSCAR: Who has the Gammas' sphere? The scientists or me? There is the Gammas' sphere. *I* can therefore say what the Gammas are like. The Gammas do not have trunks. They have noses. They do not have three legs. They have two legs like us. And they have cut their long hair.

YOUNG MAN: They've cut their long hair? Why?

OSCAR: Secret!

YOUNG MAN: It's a secret!

OSCAR: I've also written a book about the Gammas' hair: *The Gammas Cut*

Their Hair. Thirty-nine francs!

OLD LADY: Can you make the sphere fly?

OSCAR: Yes, the Gammas told me how to make the sphere fly.

SCIENTIST: Make it fly!

OSCAR: Dear Sir, the Gammas have asked me not to do it. The Gammas arrived in this sphere. I've written a book: *The Gammas' Sphere.* Forty-three francs! When the Gammas came to France, they came looking for *me,* Oscar. It's in my book: *The Gammas and I.* Fifty-eight francs! The Gammas are marvelous. And Gamma magic is marvelous. Do you know that the Gammas can make themselves big, little, very big, very little? And that they can disappear?!

SCIENTIST: Liar! He's not telling the truth. He's lying! He speaks of the Gammas, but where are the Gammas? He shows us a sphere, but it's an ordinary wooden sphere. He's a liar. He doesn't know the real Gammas. The real Gammas have trunks, big ears, long hair, and three legs. And they don't have noses!

OSCAR: Sir, I would like to see one of your Gammas.

YOUNG MAN: Ah, yes.

SCIENTIST: Ladies, Gentlemen, I have the honor and the pleasure to present to you a real Gamma! There is a real Gamma! *That* is a little wooden ball. That's all!

YOUNG MAN: I have a question to ask.

SCIENTIST: Ask it!

YOUNG MAN: What language does your "Gamma" speak?

SCIENTIST: What language does he speak? ... What language? Real Gammas have a trunk. . .

OSCAR: No, Sir! Make him speak!

AUDIENCE: Yes! Make him speak!
OSCAR: Why don't you make him speak?
     Speak, Gamma, speak!
YOUNG MAN: Speak, Gamma, speak!
OSCAR: That is not a Gamma! No, that
     is not a Gamma! The real Gammas
     speak French!
AUDIENCE: The Gammas speak French!

[Scene 2]

ODILE 2:   The real Gammas speak French?
ADRIEN 2:   Yes, they speak like us.
EMILE 2:   The real Gammas are like the
     French?
ADRIEN 2:   Yes, they're like us. And
     we're like the Gammas!
OSCAR, THEN AUDIENCE: Gamma!
OSCAR: The construction of the sphere is
     a secret. It's in my book: *How to
     Build a Gamma Sphere.* Seventy-five
     francs!
FALSE GAMMAS: Boooo! Thief! Too
     expensive!
OSCAR: Those are false Gammas. What
     do you want?
ODILE 2:   Your books interest us.
ADRIEN 2:   But we don't have any money.
EMILE 2:   And we want to see the sphere
     fly.
OSCAR: The Gammas have asked me not
     to make it fly.
EMILE 2:   You are not a friend of the
     Gammas!
ODILE 2:   No, you are not a friend of the
     Gammas!
OSCAR: And you are false Gammas!
     The sphere! They've stolen the Gamma
     sphere from me! The Gamma sphere!
     Oh! They've stolen the Gamma sphere
     from me!
EMILE 2:   Gamma! You must grow large!

OSCAR: That is not a Gamma. He is not
     good looking, and the real Gammas are
     good looking! He doesn't speak French,
     and the real Gammas speak French!
     The real Gammas are like the French!
     They are like us!
AUDIENCE: They are like us!

ADRIEN 2:   The sphere doesn't obey.
     Grow large. I order it, Gamma!
EMILE 2:   It's not the real Gamma sphere!
ODILE 2:   Oscar doesn't know the Gammas!
ADRIEN 2:   It's wood. . . It's only wood!
     Oscar is a liar! This ball is not the
     Gammas' sphere! I'm going to sell this
     ball.
DEALER: One franc, no more!
ADRIEN 2:   Ten francs, no less!
DEALER: Ten francs? But it isn't worth
     anything, your ball. It's not new.
ADRIEN 2:   I want ten francs!
DEALER: Here! Here's five francs!
     What are you looking for, Sir?
OSCAR: I'm looking for a wooden ball,
     Sir. They've stolen the Gamma sphere
     from me. The real Gamma sphere!
DEALER: They've stolen the real Gamma
     sphere from you? It really exists, the
     real Gamma sphere?
OSCAR: Yes. . . it exists, but unfortunately
     they've stolen it from me.
DEALER: Poor man! Here, here's a beau-
     tiful sphere. It's not, alas, the real one.
OSCAR: How much do I owe you?
DEALER: You don't owe me a thing.
     I'm giving it to you.
OSCAR: Thank you, Sir.
DEALER: Poor man!

#   #   #   #

[Scene 3]

OLD LADY: Good morning, Sir.
OSCAR: Good morning, Ma'am.
OLD LADY: Oh, I want to shake the hand
     of the man who knows the Gammas!

OSCAR: Oh, yes, I know the Gammas!
     They're very good friends! Very good
     friends! Do you want one of my
     books, dear Lady?

582   *Les Gammas! Les Gammas!*

OLD LADY: Oh, yes!

OSCAR: Which one?

OLD LADY: *Odile and Love.*

OSCAR: That's the book that sells the best! One hundred francs!

EMILE: A hundred francs for a book about you!

ADRIEN: What a liar that Oscar is! And what a thief! He stole the sphere from us!

EMILE: Not so loud! We want to surprise him!

OSCAR: What name, dear Lady?

OLD LADY: Annabelle Bouquet.

OSCAR: For Annabelle Bouquet, who loves the Gammas so much!

OLD LADY: Oh yes, I love them.

OSCAR: *Odile and Love.* One hundred francs! Thank you! Next. Which book do you want?

EMILE: *Emile and Oscar*!

OSCAR: Emile! Odile! Adrien! My Gammas!

ADRIEN: The sphere! Thief! You stole our sphere!

OSCAR: There are the Gammas! There are the real Gammas! The Gammas exist!

EMILE: No, I'm not a Gamma! I'm an engineer. In Concarneau, in Brittany.

ADRIEN: And *I* am a poet in Saint-Claude, in the Jura.

ODILE: And *I* am a militant in the Movement Against Men. M.A.M., in Saint-Claude, in the Jura.

SPECTATOR 1: Liar! You don't know the Gammas!

SPECTATOR 2: The Gammas do not exist!

OTHER SPECTATORS: Refund! Refund! Our money! Our money!

OSCAR: My friends! My friends! Why did you do that?

ADRIEN: Because you stole our sphere!

EMILE: But we've found the sphere again.

ODILE: Oscar is nice. He's written a book about me: *Odile and Love.* Thank you, Oscar, you're really very nice.

ADRIEN: Gamma! Grow large! I order it!

EMILE: He doesn't have the Gamma magic anymore! I don't have the Gamma magic any more, either! This isn't our sphere! Oscar, where is our sphere?

OSCAR: It was stolen from me.

EMILE: It was stolen from you? Who stole it from you?

OSCAR: Some false Gammas.

ADRIEN: And where?

OSCAR: In Megève.

ODILE: Where's that, Megève?

OSCAR: In the Alps. It's a ski resort.

ODILE: False Gammas in Megève. . .

ADRIEN: The sphere! Our sphere! We'll never find it again. Never again will I be able to go back to Gamma! I want to go back to Gamma!

EMILE: We'll find the sphere again, Adrien, we'll find it again! I swear it.

ODILE: We're going to Megève, Adrien. We'll find the sphere again!

ADRIEN: I want to see Gamma again!

EMILE: What are you doing, Oscar?

OSCAR: I'm calling the Secretary of the Interior!

EMILE: No, you're not calling the Secretary! You're coming with us to Megève!

OSCAR: But the false Gammas are dangerous. They're very vicious!

ODILE: Who's afraid of the false Gammas? No one is afraid of the false Gammas, Mister Detective! We must find the sphere again, at any cost. Come on! Onward to Megève!

LESSON 25 — SPHERES, SPHERES, AND MORE SPHERES!

[Scene 1]

EMILE: Are they the thieves who stole our sphere?

OSCAR: No. They're not the ones. But we're going to find them!

EMILE: I'm ridiculous!

OSCAR: What's ridiculous, my dear Emile?

EMILE: *Me, I*'m ridiculous! These clothes are ridiculous!

ADRIEN: Yes, these clothes are ridiculous in the snow!

SKIER: Those clothes are ridiculous in the snow. You ought to go skiing!

GENEVIEVE: Good morning, Mr. Loing.

MR. LOING: Good morning, my beautiful child!

GENEVIEVE: Oh! Gamma spheres! Mr. Loing, I want to buy a sphere!

MR. LOING: A gamma sphere? And what for?

GENEVIEVE: I don't know. But I want a Gamma sphere. It's the style!

MR. LOING: Everything that's Gamma is in style, but no one has seen any Gammas.

GENEVIEVE: Yes! There are people who have seen the Gammas!

MR. LOING: Who has seen the Gammas?

GENEVIEVE: Who? I don't know. I'll take that sphere! How much is it?

MR. LOING: That's ten francs.

VIOLETTE, THEN PAULETTE: Geneviève!

GENEVIEVE: Paulette! Violette!

PAULETTE AND VIOLETTE: Good morning, Mr. Loing!

MR. LOING: Good morning, my children!

PAULETTE AND VIOLETTE: Oh! A Gamma sphere! I want one too!

MR. LOING: There they are!

PAULETTE AND VIOLETTE: Oh! How pretty they are, the spheres. You have a lot of them!

MR. LOING: How many of them do you want?

PAULETTE AND VIOLETTE: We want only two of them!

PAULETTE: That one?

VIOLETTE: I love Gamma spheres! Eenie meenie, minie, mo.

PAULETTE: Me too, I adore Gamma spheres! Eenie, meenie, minie, mo.

PAULETTE AND VIOLETTE: How much is it?

MR. LOING: Ten francs for Violette and ten francs for Paulette!

PAULETTE: Mr. Loing, the real sphere, is it really like that one?

MR. LOING: I don't know, my child! I've never seen it!

VIOLETTE: The detective showed the real sphere on television. It was like that sphere.

GIRL: I'd like to buy this Gamma sphere!

MR. LOING: That one, Miss?

GIRL: Yes, that one!

MR. LOING: Ten francs, Miss.

VIOLETTE: Who's that girl? Who is she?

GENEVIEVE: I don't know.

MR. LOING: I've never seen her, but she is very beautiful.

VIOLETTE: Maybe! But she doesn't talk much. She doesn't greet people when she comes into the store or when she leaves.

MR. LOING: What are you going to do with those spheres?

VIOLETTE: We're going to play!

PAULETTE: We're going to play! You have to have a Gamma sphere to be in style!

GENEVIEVE: We're in style!

MR. LOING: Gamma style! Crazy people's style!

#   #   #   #

[Scene 2]

OSCAR: No. They're not the thieves who stole your sphere! But we're going to find them!

EMILE: This is ridiculous!

OSCAR: What's ridiculous, my dear Emile?

EMILE: *Me, I*'m ridiculous! These poles are ridiculous! These skis are ridiculous! And these clothes are ridiculous!

OSCAR: *I*'m not ridiculous! *I* know how to ski!

EMILE: We're not here to go skiing; we're here to find the thieves who took the sphere!

OSCAR: We're going to find them!

ODILE: You're sure, Oscar, that we're going to find the thieves?

OSCAR: Absolutely sure!

EMILE: These poles. . . This is ridiculous!

OSCAR: Stop!

EMILE: What's the matter, Oscar?

ADRIEN: What's the matter?

OSCAR: Him!

ODILE: Who, him?

OSCAR: HIM!

EMILE: Is he the thief who stole our sphere?

OSCAR: No! It's the Secretary! My Secretary! Yippee!

SECRETARY: Oscar? You, here?

OSCAR: Oh yes, Mr. Secretary: Oscar is in Megève!

SECRETARY: Well, then, my good man? Are we still looking for the Gammas?

OSCAR: I'm not looking for them any more, Mr. Secretary! I've found them! Mr. Secretary, may I present the Gammas: Odile. . . Emile. . . Adrien!

SECRETARY: Ah, hello, Gammas!

THE GAMMAS: Hello, Mr. Secretary!

SECRETARY: That rascal Oscar! He found the Gammas! The Gammas who go skiing in Megève. And. . . what have they done with their sphere, the Gammas?

OSCAR: It was stolen! I don't have it any more!

SECRETARY: The sphere was stolen from you! Poor Oscar!

OSCAR: I'm unlucky!

SECRETARY: Indeed! You can say that again: you're unlucky!

ADRIEN: You don't believe that we're the Gammas?

SECRETARY: You're a charming young man. But why do you want to be a Gamma? May I present my daughter Blanchette!

ADRIEN: Hello, Blanchette. My name is Adrien.

BLANCHETTE: Hello, Adrien.

SECRETARY: My dear Oscar, if you have the Gammas and the sphere, I invite you to Paris. But you must have everything, the Gammas and the sphere. Understood?

OSCAR: Understood!

SECRETARY: Good-bye, Gentlemen! Good-bye, Miss!

EMILE: Good-bye, Mr. Secretary!

BLANCHETTE: Good-bye, Adrien!

ADRIEN: Good-bye, Blanchette!

OSCAR: I want to find the sphere again!

SECRETARY: Oscar and his friends are likeable. But Oscar's friends are not the Gammas. Gammas have trunks.

BLANCHETTE: Everyone is following the Gamma style now. Even me.

SECRETARY: Even you?

BLANCHETTE: Even me. I bought this Gamma sphere to be in style. Do you like it?

SECRETARY: Yes, I like it.

BLANCHETTE: It's a gift for you.

SECRETARY: A gift? That's nice. Thank you! I'm going to put it on my desk at the office. Me too, I'm going to be in Gamma style!

OSCAR: We must find the thieves who took the sphere! We must find them! There!

EMILE: What's the matter?

OSCAR: The thieves who took the sphere! Those are the thieves who took your sphere!

ADRIEN: Those are the thieves who took our sphere?

OSCAR: They're coming this way!

THE GAMMAS: Thieves! You have our sphere! Thieves! The sphere!

#   #   #   #

[Scene 3]

EMILE: Is this the place?

ADRIEN 2: Yes, this is the place.

OSCAR: This is where you sold the real Gamma sphere?

ADRIEN 2:   The Gamma sphere! The real one! I sold a wooden ball in that shop!

OSCAR: It was the real sphere!

ADRIEN 2:   It wasn't the real sphere!

OSCAR: The sphere you stole was the real sphere!

ADRIEN 2:   It wasn't the real sphere: it wasn't a magic sphere!

1st GIRL: I toss it in the air!

2nd GIRL: I toss it even higher!

THE TWO GIRLS: Our spheres! They've taken our spheres from us!

EMILE: I'd like to play a bit. May I?

1st GIRL: You want to play with me? What game, Sir?

ADRIEN: Watch!

EMILE: More slowly.

ADRIEN: Like this. A little more quickly! Watch! Like this!

ADRIEN 2:   They're crazy!

EMILE: This isn't the Gamma sphere.

ADRIEN: It's an imitation Gamma sphere!

ADRIEN 2:   All that, that's business! The real sphere does not exist!

OSCAR: There are a lot of spheres everywhere.

EMILE: But if everybody is buying spheres, ours is perhaps already sold!

ADRIEN 2:   Why do you want the same sphere, at all costs? The same sphere? Here, five francs! Buy yourself another sphere!

OSCAR: Is he the one who sold you a Gamma sphere?

MR. LOING: Yes, Sir, but. . . I have a lot of spheres, haven't I?

EMILE: You have too many, Sir.

ADRIEN: We need just one sphere.

MR. LOING: What's he doing?

OSCAR: He's looking for the real Gamma sphere.

EMILE: This is an imitation.

MR. LOING: It really exists, the real Gamma sphere?

OSCAR: Certainly, Sir, it exists.

MR. LOING: And this gentleman is a real Gamma sphere specialist?

OSCAR: This gentleman knows spheres. You're right, he's a specialist.

EMILE: An imitation!

ODILE: It's too heavy! This isn't ours!

ADRIEN: It's not heavy enough! This isn't ours.

MR. LOING: Specialists!

ADRIEN 2:   Madmen!

OSCAR: Specialists!

ADRIEN: It's too heavy!

ODILE: It's not heavy enough!

ADRIEN: Maybe this one. . .

ODILE: Yes, it's this one!

EMILE: I think this is our sphere. You're right, Odile, I think this is it! The same weight. This isn't our sphere. It's too heavy!

ADRIEN: This is the last one!

ODILE: That was the last one!

ADRIEN 2:   They're crazy! They're looking for the real Gamma sphere! But it doesn't exist!

EMILE: Is he the one who sold you a Gamma sphere?

MR. LOING: Yes.

EMILE: Where is it? Where is it?!

ADRIEN 2:   I don't know!

EMILE: Where is that sphere? Where is it?

MR. LOING: It must be among those spheres, there!

EMILE: It isn't there! Where is it?

MR. LOING: It's not in this shop? In that case, I've sold it.

EMILE: You sold our sphere?

MR. LOING: Yes. . . Perhaps. . . I didn't know that it was a magical sphere.

EMILE: To whom did you sell the sphere?

MR. LOING: To whom did I sell the sphere?

EMILE: Yes! To whom?

MR. LOING: But I don't know, Sir! I sell a lot of spheres.

EMILE: To whom? What are you doing?

MR. LOING: I'm thinking. . . I've got it: Geneviève! Geneviève bought a sphere from me! And Paulette, too! And Violette. . . and . . . ah yes. . . a mysterious girl. . .

EMILE: The name of this mysterious girl?

MR. LOING: I say she's "mysterious." That means I don't know her.

EMILE: Where does she live?

MR. LOING: But I don't know!!

ADRIEN: He doesn't know.

MR. LOING: I don't know her. But she is very beautiful. She bought a sphere. Geneviève bought a sphere, too. And Violette. . . and Paulette.

ADRIEN 2: Good-bye, Ladies and Gentlemen. You're crazy!

ODILE: What do we do now?

EMILE: We must find all the girls who bought spheres here: Genevieve, Paulette, Violette, and especially the "mysterious" girl.

LESSON 26 — WHAT A LOT OF FUSS!

[Scene 1]

ODILE: I'm cold!

EMILE: Walk around a bit!

ADRIEN: It's a long wait. You think she has our sphere?

OSCAR: She's coming. Geneviève is coming.

GENEVIEVE: What are you doing there?

OSCAR: We're waiting for you.

GENEVIEVE: And why are you waiting for me?

OSCAR: You bought a sphere at Mr. Loing's.

GENEVIEVE: I bought what at Mr. Loing's?

EMILE: A Gamma sphere!

ADRIEN: What's the matter with her?

OSCAR: She's guilty.

ADRIEN: What's that, "guilty"?

OSCAR: Geneviève did something bad. . . the sphere. . .

ADRIEN: What did she do with the sphere?

OSCAR: That's what we must find out.

EMILE: And what do we do now?

OSCAR: We wait!

PAULETTE: What's going on? Heavens, my dear Genevieve, tell us quickly what's going on.

GENEVIEVE: It's terrible!

PAULETTE AND VIOLETTE: It's terrible! What's terrible?

GENEVIEVE: Three men. . . a woman. . .

PAULETTE AND VIOLETTE: Three men. . . a woman?

GENEVIEVE: Yes. In front of my house.

PAULETTE AND VIOLETTE: In front of your house!

VIOLETTE: What did they want?

GENEVIEVE: The sphere.

PAULETTE: They wanted what?

GENEVIEVE: They wanted the Gamma sphere!

PAULETTE AND VIOLETTE: The Gamma sphere! Why? It's a toy.

GENEVIEVE: I don't know.

PAULETTE AND VIOLETTE: You mustn't give them your sphere!

PAULETTE: Why do they want your sphere? It's a toy. It's the style.

GENEVIEVE: Maybe they're spies.

VIOLETTE: Maybe there's the plan of an atomic submarine in the sphere.

GENEVIEVE AND PAULETTE: Yes, there's the plan of an atomic submarine in the sphere.

PAULETTE AND VIOLETTE: Promise us you won't give the plan of the atomic submarine to those three men and that woman!

GENEVIEVE: I swear it! They won't get the sphere, I swear it!

OSCAR: To make the snowman's nose, one uses a carrot!

EMILE: Yes, OK. You use a carrot for the snowman's nose. Geneviève *must* show me the sphere!

OSCAR: We must wait for her return. What has she done with the sphere?

ADRIEN: Geneviève's coming!

OSCAR: Let's hide!

GENEVIEVE: Nobody! Four snowmen! Four! The spies are hiding inside. I know you're a spy. You've hidden the plan of the atomic submarine in the sphere. And now, you're hiding inside this snowman. In the name of France, I take you prisoner. Why do you want the Gamma sphere, huh?

#   #

[Scene 2]

GENEVIEVE: They've stolen my sphere!
PAULETTE AND VIOLETTE: They also came to ask us for the spheres!
GENEVIEVE: They asked you for the spheres?
PAULETTE AND VIOLETTE: Yes!
GENEVIEVE: You didn't give them anything, I hope.
PAULETTE AND VIOLETTE: No! But where can we hide them?
GENEVIEVE: In the snow.
PAULETTE: Very good idea. I'm hiding my sphere in the snow.
VIOLETTE: Me too. I'm hiding my sphere in the snow.
EMILE: What a lot of fuss to find the sphere again.
OSCAR: Paulette and Violette are guilty.
EMILE: Guilty? No. They're crazy!
ADRIEN: Maybe they know that one of the spheres is the Gamma sphere.
EMILE: No, no! They're crazy! What a lot of fuss to find the sphere!
GENEVIEVE: They're coming here!
VIOLETTE: They followed us. They're spies!
PAULETTE: I'm not afraid. I swear it!
EMILE: Hello, Violette. Hello, Genevieve. Hello, Paulette. They're not polite.
OSCAR: No. They're not polite.
PAULETTE: We're never polite to spies.
OSCAR: Spies! But we're not spies! These are my friends. And I'm Oscar, a detective.
THE THREE GIRLS: A detective!
OSCAR: Yes. You bought Gamma spheres at Mr. Loing's. What have you done with them? Where are they?

It's because there's a plan inside! An important plan! And now, I'm going to hide the sphere! Wait here, Mr. Spy!
EMILE: This isn't the Gamma sphere! We have to see Paulette and Violette.
GENEVIEVE: My sphere's been stolen!

#   #   #   #

PAULETTE AND VIOLETTE: We will say nothing.
GENEVIEVE: Mine, you stole it from me!
OSCAR: Of course not. Here it is!
GENEVIEVE: Oh, my sphere! It's really my sphere! It really is!
VIOLETTE: And why do you want to see our spheres?
EMILE: Be quiet, Oscar, I'm speaking now. I had, I have. . . I have a grandmother. She gave me a Gamma sphere. I loved my Gamma sphere, because I love my grandmother.
PAULETTE: I love my grandmother, too. One must love one's grandmother.
EMILE: Well, someone stole the sphere from me. Someone sold it to Mr. Loing.
PAULETTE: We bought our spheres at Mr. Loing's.
ADRIEN: I've found one!
ODILE: I've found the other!
OSCAR: Don't move!
PAULETTE: What's he doing?
OSCAR: He's looking at his grandmother's sphere.
PAULETTE: His grandmother's sphere?
OSCAR: Yes, yes. That's right! His grandmother's sphere!
EMILE: This isn't it.
ADRIEN: You still have energy, Emile?
EMILE: Quiet! This isn't my sphere.
VIOLETTE: He hadn't stolen the plan of the atomic submarine.
PAULETTE: You'll find your grandmother's sphere again. You'll find it again.
EMILE: You think so?
PAULETTE: Yes, of course. And good luck!

OSCAR: We have to find "the mysterious girl."

GENEVIEVE: "The mysterious girl". . . Who is the mysterious girl?

OSCAR: A girl bought a sphere at Mr. Loing's. But we don't know her name.

THE THREE GIRLS: We saw her.

OSCAR: You know her?

GENEVIEVE: No. But we can recognize her.

VIOLETTE: We'll find the mysterious girl.

PAULETTE: We'll find her!

#   #   #   #

[Scene 3]

MR. LOING: A sketch for you, Oscar. And another for you, Emile. A sketch for Odile. And a sketch for Adrien.

EMILE: Is she tall?

VIOLETTE: She's tall, like me.

ODILE: What color is her hair?

GENEVIEVE: She's blond, like me!

EMILE: Is she beautiful?

PAULETTE: She's a little like me.

OSCAR: We're going to look for the mysterious girl. Me, to the north. Odile, to the south. Emile, to the east. Adrien, to the west. *I*'m looking to the north of Megève.

ODILE: Me, to the south. It's our last chance.

EMILE: *I*'m looking to the east. Yes, it's our last chance!

ADRIEN: And *I*'m looking to the west. Our last chance. . .

PAULETTE: You'll find the sphere again, Emile! Have faith!

MR. LOING AND THE THREE GIRLS: Good luck!

GENEVIEVE: What do we do?

PAULETTE AND VIOLETTE: We wait!

GENEVIEVE: No.

PAULETTE AND VIOLETTE: That's not the mysterious girl.

THE THREE GIRLS: No. That's not the mysterious girl.

MR. LOING: What a lot of fuss to find the sphere again!

ODILE'S VOICE: I think she's the one!

THE THREE GIRLS: She's the one! She's the one?

ODILE: She's beautiful. I think she's the one!

PAULETTE AND VIOLETTE: You're the mysterious girl!

GENEVIEVE: You bought that Gamma sphere here?

BLOND GIRL: Excuse me. I don't understand. I'm German.

ODILE: This isn't Emile's sphere.

PAULETTE AND VIOLETTE: She's not the mysterious girl.

GENEVIEVE: Sorry. We took you for someone else.

BLOND GIRL: That's OK.

ODILE: She was beautiful, but she wasn't the one.

ADRIEN'S VOICE: I think she's the one. She's beautiful! She's beautiful; she's the one!

PAULETTE AND VIOLETTE: She's not the mysterious girl.

BLOND GIRL: I don't understand! I'm German!

GENEVIEVE: She didn't buy her Gamma sphere here.

ADRIEN: Sorry, I took you for someone else.

BLOND GIRL: That's OK.

ADRIEN: She was beautiful, but she wasn't the one.

SHOUTING: Hurrah for the Secretary!

MR. LOING: What's going on? Ah! It's the Secretary!

THE THREE GIRLS: Hurrah for the Secretary!

MR. LOING: Hurrah for the Secretary! The Secretary is visiting Megève. Hurrah for the Secretary!

THE THREE GIRLS: That was beautiful!

MR. LOING: Hurrah for the Secretary!

EMILE'S VOICE: She's the one!

MR. LOING: Yes, she's beautiful! I believe she's the one!

EMILE: I believe she's the one!

MR. LOING: Yes. She's the mysterious girl!

THE THREE GIRLS: No, she's not the one!

BLOND GIRL: I don't understand! I'm German!

MR. LOING: No, she didn't buy a Gamma sphere in my shop.

BLOND GIRL'S VOICE: No! No! I don't understand! I'm German!

OSCAR: She was beautiful! I believe she was the one!

THE THREE GIRLS: No, she was not the mysterious girl.

EMILE: She wasn't the one.

MR. LOING: What a lot of fuss to find that sphere again!

ODILE: Do you recognize the mysterious girl?

ADRIEN: Do you recognize her?

THE THREE GIRLS: No, the mysterious girl isn't there.

MR. LOING: No. She's not there.

ODILE: Excuse us. You may leave.

ADRIEN: And thank you for your help. You may leave.

SPOKESWOMAN: What are you looking for?

MR. LOING: A mysterious girl.

SPOKESWOMAN: And why are you looking for her?

EMILE: She has my grandmother's Gamma sphere.

SPOKESWOMAN: Looking for a mysterious girl with his grandmother's Gamma sphere! A very good idea! A new game, Gamma-style! Let's go play "grandmother's Gamma sphere! " A very good idea!

EMILE: It's not a game!

ADRIEN: We won't find the sphere again!

EMILE: We'll never find it again!

GENEVIEVE: Yes you will, my dear Emile, we'll find your girl and your sphere for you! Come on! You come too, Mr. Loing!

MR. LOING: Of course, I'm coming too!

ODILE: And what do *we* do?

ADRIEN: We wait!

EMILE: No, we don't! We look too!

ADRIEN: Good luck! *I*'ll wait for you. You're beautiful! But you're not the one.

THE MAYOR AND OTHERS: Good-bye, Mr. Secretary!

SECRETARY: Good-bye, Gentlemen. Good-bye, Ladies! What's the matter?

BLANCHETTE: I wanted to buy a Gamma sphere. But it's closed.

SECRETARY: Take mine!

BLANCHETTE: No, Papa, I gave you *that* sphere. It's yours! I bought it here.

ADRIEN: Blanchette!

BLANCHETTE: Hello, Adrien!

ADRIEN: Hello, Blanchette!

BLANCHETTE: What are you doing there?

ADRIEN: I'm waiting.

SECRETARY: Who is that mysterious man?

BLANCHETTE: He's not mysterious. He's one of Oscar's "Gammas."

ADRIEN: Did you find the mysterious girl? I think she doesn't exist, this mysterious girl.

THE THREE GIRLS: Yes, she does so exist!

ADRIEN: Then we've got to find her again!

ALL: We've got to find her again!

LESSON 27 — ARE YOU SICK?

[Scene 1]

OSCAR: We'll find that sphere again!

ADRIEN: And we'll go back to Gamma.

ODILE: We'll find it again. Yes, but when?

EMILE: All the tourists are leaving.

ODILE: It's springtime already. A flower.

EMILE: A spring flower.

OSCAR: We'll find the sphere again. And you'll be able to go back to Gamma. I fell down. There was a stone. No, it wasn't a stone! It's a sphere! Hey, it may be ours!

EMILE: It isn't ours!

ODILE: He has a sphere. Hello, Sir.

1st TOURIST: Hello, Miss.

ODILE: Where are you going?

1st TOURIST: I'm going up there. There's still some snow.

ODILE: You're going to go skiing, up there?

1st TOURIST: I'm going to go skiing.

ODILE: You haven't forgotten your Gamma sphere?

1st TOURIST: I never forget my Gamma sphere. Gamma. . . What's the matter? What are they doing?

ADRIEN: Ah! It's not our sphere!

EMILE: It's a sphere for tourists.

1st TOURIST: What are they doing?

OSCAR: They're looking for a sphere.

1st TOURIST: They're looking for a sphere? But spheres are being sold everywhere! It's been the big craze for three months!

OSCAR: Yes, but they're looking for a very specific sphere.

1st TOURIST: Very specific. . . in what way?

OSCAR: They're looking for their grand-mother's sphere.

1st TOURIST: Hide that sphere.

2nd TOURIST: What?

1st TOURIST: Hide that sphere. Put it in your pocket.

2nd TOURIST: You're crazy! Why in my pocket? I'm in style!

OSCAR: Hello, Sir.

2nd TOURIST: Hello, Sir. Beautiful day, isn't it? What do I do now?

OSCAR: Throw them the sphere. You see, they're looking.

2nd TOURIST: Madmen! They're all madmen!

1st TOURIST: I'm staying. They're harmless.

THE THREE NEW TOURISTS: What's going on? What's happening? They're not crazy?

1st TOURIST: Don't be afraid. They're not dangerous. Throw them the spheres.

OSCAR: Yes, throw them the spheres!

EMILE: May I?

ELDERLY TOURIST: But, Sir!

EMILE: I'll never find our sphere again.

OSCAR: Come, Emile, let's go back to the hotel.

EMILE: Yes, let's go back.

ELDERLY TOURIST: Miss, may I help you?

ODILE: Yes. Give me your arm.

#   #   #   #

[Scene 2]

ODILE: I hope Emile has had a good night.

ADRIEN: I'm sure that Emile has slept well.

OSCAR: We'll find the sphere again. It's in Megève. We'll find it.

ODILE: I slept well.

EMILE: Good morning!

THE OTHERS: Good morning, Emile!

EMILE: Is the coffee good?

ODILE: We don't drink coffee in the morning, you know very well, Emile. We drink tea.

EMILE: Oh, yes. What was I thinking? Tea. We drink tea. The coffee is good.

ODILE: Tea, Emile. It's tea.

EMILE: Ah, yes. . . tea. . . The tea is good.

ODILE: What were you saying, Emile?

EMILE: The tea is good.

ODILE: Oh, yes. Indeed, the tea is very good.

ADRIEN: The tea is what?

ODILE: The tea is excellent!

ADRIEN: Yes, excellent!

OSCAR: It's very beautiful today! The weather is spendid.

ODILE: What were you saying, Oscar?

OSCAR, THEN EMILE: It's very beautiful today. We're having splendid weather.

ADRIEN: Beautiful today! Splendid weather!

EMILE: The sphere! Our sphere!! Why, yes; it's our sphere! There on the stairway. I recognize it.

ODILE: Emile has found our sphere again! We're going to go back to Gamma!

ADRIEN: Ah, I'm going to see Gamma again!

OSCAR: But that isn't the sphere! It's a ball. It's not made of wood; it's made of marble.

EMILE: It's not our sphere.

BELLHOP: They're crazy.

OSCAR: It's a marble ball.

EMILE: Of course. It's marble.

OSCAR: And this sphere is stationary. It's attached, you understand?

EMILE: It's attached. It's stationary. It can't move. Our sphere!

ODILE: Our sphere! It was there!

ADRIEN: We will go back to Gamma!

OSCAR: What are you doing? That lamp doesn't look like your sphere! It's round like your sphere, that's all!

HOTEL MANAGER: What are they doing?

BELLBOY: They're crazy.

[Scene 3]

# # # #

OSCAR: Come in! Come! Just come along! See! It's open!

ODILE: It's open!

EMILE: No! We mustn't go in.

ODILE: Why?

EMILE: Oscar wants to keep us from looking for the sphere. I know it.

ODILE: Oh, no, Oscar doesn't want to keep us from looking for the sphere. He's found the sphere!

OSCAR: If you follow me, I'll give you the sphere.

EMILE: If we follow you, you'll give us the sphere?

OSCAR: Yes. Follow me. Come in. There's no sphere any more!

EMILE: There's no sphere any more?!

OSCAR: Stop! You must walk quietly. Slowly! Understood?

THE GAMMAS: Slowly. . .

OSCAR: That's right. You come forward slowly. Now I'm going to give you the sphere. Take it! They're crazy.

EMILE: It isn't our sphere. Our sphere is made of wood.

DOCTOR: What's going on? What are you doing here, in my hospital? Are you sick?

ADRIEN: It wasn't the sphere.

ODILE: Alas!

OSCAR: We'll find the sphere. . . outside! You must go out. . . you must go out into the fresh air. The sphere is still in Megève. We must look for it outside. Let's go out.

EMILE: It's outside.

ODILE: Our sphere is outside.

ADRIEN: Outside. . . in the town.

EMILE: In Megève. This isn't our sphere!

ADRIEN: There!

PÉTANQUE PLAYER: But, what are they doing? Aren't they playing *pétanque*?

ODILE: Our sphere!

THE MOTHER: It's not a sphere! And besides, leave me alone!

OSCAR: They're looking for their sphere . . they're looking.

OSCAR: I'm not sick. But *they* are very sick.

DOCTOR: Oh, yes. They're sick and *you*'re not sick. Who are they?

OSCAR: They're the Gammas! They've lost the Gamma sphere, and they can't go back to Gamma any more! They've gone mad.

DOCTOR: Take him away! He's crazy! Yes, yes, you're going to tell me: "I'm not crazy."

OSCAR: Why, yes, *I*'m not crazy! But *they*'re crazy!

DOCTOR: Of course! Take him away! Sit down. What's your friend's name?

THE GAMMAS: Oscar.

DOCTOR: Has he believed you're a Gamma for a long time?

EMILE: Yes.

DOCTOR: He's crazy. The Gammas don't exist.

THE GAMMAS: The Gammas don't exist.

DOCTOR: And what's this story about a sphere?

EMILE: Oscar is looking for the Gammas' sphere. Oscar says that someone stole the sphere from him.

DOCTOR: He's crazy! The Gamma sphere!

Of course, there's the Gamma sphere fad. But the real Gamma sphere doesn't exist.

EMILE: Yes, yes! The real Gamma sphere exists: I see it. It's there.

ADRIEN AND ODILE: Our sphere. It's there.

THE GAMMAS: It's not made of wood. It's made of glass. It isn't our sphere.

DOCTOR: *They*'re crazy, too!

ODILE: The sphere! Oh no, it's the telephone. Our sphere is made of wood.

EMILE: The sphere! Oh, no. Our sphere is made of wood. This is a lamp.

ADRIEN: Our sphere. I've found our sphere. Here's the sphere. Oh, no. It isn't made of wood. It isn't a sphere; it's a head.

THE GAMMAS: Sphere. . . Wood. . .

DOCTOR: They're obsessed with spheres. Why, that's it! An obsession with spheres, with wooden spheres!

ODILE: This isn't the sphere. It isn't made of wood.

ADRIEN: This isn't our sphere. . . a knob . . . it's a door knob!

DOCTOR: You're obsessed with spheres. You're looking for spheres, wooden spheres.

EMILE: We're looking for one sphere, a single one, ours.

DOCTOR: You must get well. Sphere. . . wood. . . well! Have you already gone to the forest?

EMILE: Forest?

DOCTOR: Yes.

EMILE: Why?

DOCTOR: The trees. They're wood. A tree. Wood. . . two trees. . . wood. . . wood. . . wood. . .

EMILE: Is he crazy? Wood? The forest? Yes, it's a good idea. We must go to the forest! I'll get an idea in the forest! Yes. The forest. . . Let's leave for the forest! In the forest I'll get an idea for the sphere!

ODILE: Do you think we'll find our sphere again in the forest?

EMILE: No, no! Because it's here, our sphere. No! This isn't the sphere, it isn't made of wood! It's an orange.

DOCTOR: I can't do any more for them. Let them leave for the forest. There, there's wood. Yes, send them into the forest!

MALE NURSES: Go on, go on!

OSCAR: Let me go! I'm not crazy! Let me leave! Wait for me!

DOCTOR: Ah, let *him* leave too! For the forest. There, there's wood. . . wood. . . wood. . .

MALE NURSE: Yes. In the forest there is wood. . . wood. . . wood. . .

LESSON 28 — I'M BUYING EVERYTHING

[Scene 1]

OSCAR: Is that the place?

ADRIEN: That's the place.

OSCAR: Are you sure, Adrien?

ADRIEN: Absolutely sure. I recognize the forest. The hermit lives here.

ODILE: *I* recognize the forest too.

OSCAR: Good. Get out of the car!

ODILE: OK. Let's get out! Emile, wake up! We've arrived.

EMILE: Arrived? Where?

ODILE: In the forest. At the hermit's place. At Abélard's place.

EMILE: Our last chance to find the sphere again. The hermit will give us an idea.

ODILE: Emile! We must get out of the car!

EMILE: I can't get out. I'm too sick.

ADRIEN: Emile, get out!

ODILE: Emile, come on! You're not sick. Come on, get out!

EMILE: Open the door!

ODILE: Can you walk, Emile?

EMILE: I don't know. I'm going to try. I can walk!

ODILE: That's it, Emile, that's fine!

EMILE: The forest! Wood! Our sphere!

ODILE: Emile, don't talk about the sphere!

EMILE: Do you think the hermit will have an idea that will help us find the sphere?

ODILE: The hermit will help us.

ADRIEN: Of course!

EMILE: The forest! The forest! I have all my energy again. And the hermit will have an idea about finding the sphere.

ADRIEN: Of course, Emile, of course.

ODILE, THEN ADRIEN: He'll have a good idea.

ODILE: A good idea!

EMILE: You hear the birds? The birds are singing!

ODILE: Emile! Be quiet. Listen. What do you hear?

EMILE: I hear the birds' song!

ODILE: And you, what do you hear?

ADRIEN: We hear the birds.

ODILE: Shh, listen carefully!

EMILE: What's that?

OSCAR: A machine.

ADRIEN: Yes, it's a machine.

EMILE: A machine. It's the noise of a machine. What's a machine doing in the forest?

OSCAR: I don't know. Bzzz. . . Yes, it's a machine that cuts down trees.

EMILE: Trees? A machine that cuts down trees? *Who* is cutting down the trees?

OSCAR: I don't know. Maybe it's the hermit.

ODILE: You're crazy, Oscar! The hermit doesn't cut down trees!

ADRIEN: The hermit loves trees!

EMILE: The hermit loves nature! What's that? Why, it's a man!

ODILE, THEN ADRIEN: The hermit!

ABELARD: My friends! The Gammas!

ADRIEN: Abélard!

ABELARD: Well, then, Gammas, you've become good Frenchmen? You, Emile, tell me what you are.

EMILE: I'm an engineer.

ADRIEN: *I'm* a poet. "Knobs! Ah, doorknobs!"

ODILE: *I'm* a militant. I campaign for the equality of women.

ABELARD: Bravo! Well, then, are you happy?

ODILE: No, we're not happy; we don't have the sphere any more.

ABELARD: You don't have the Gamma sphere any more? Oscar didn't give it to you?

ADRIEN: The sphere was stolen from him.

OSCAR: Yes, the sphere was stolen from me.

ABELARD: Poor Gammas! You don't have your sphere any more. . . and I . . . I don't have my forest any more.

ADRIEN: What? You don't have your forest any more?

ABELARD: You hear that? Machines. . .

OSCAR: That cut down trees. . .

ABELARD: Machines are chasing me out of the forest!

EMILE: What? What are you saying? Who is chasing you out of your forest?

ABELARD: Come see. I have to leave. They're going to tear down my cabin.

EMILE: They're going to build houses here?

ABELARD: Yes.

EMILE: First we have to help the hermit recover his forest. After that, he'll help us get our sphere back.

#   #   #   #

[Scene 2]

ODILE: Before, it was pretty. . . now, it's really ugly.

ABELARD: Yes, it's ugly. . . it's dirty. . . it's sad.

ODILE: What are you doing, Emile?

EMILE: I'm thinking. What's that?

OSCAR: Why, don't you see, it's the sales office.

EMILE: Sales office?

OSCAR: Why, yes. If you want to buy one of those houses, you give them some money.

EMILE: And they give me a house. Where is that house?

OSCAR: They'll build your house there! Or there! Or over there! Wherever you want!

EMILE: Who's that, "they"?

OSCAR: "They," that's the sales office. It's there. You pay the money, and they build the house. We must come up with an idea for Abélard!

EMILE: So, you're the one who sells the houses?

MICHELE: Yes, *I*'m the one who sells the houses. There are the floor plans. you pay us the money, and we build you the house of your choice.

EMILE: The house of my choice. Ah, I have a choice!

MICHELE: You have your choice of three types of house. Norman villa: 160,000 francs; three rooms, showers, bathroom. Haven of "Sweet Repose": 320,000 francs; garage, swimming pool. "Super-Chic" manor: 8 rooms, 3 garages, 2 swimming pools; 599,000 francs.

EMILE: And, of course, the hermit has to leave. His cabin is going to be torn down?

MICHELE: Of course, his cabin is going to be torn down. The hermit will have to leave.

EMILE: Why?

MICHELE: But he's not the owner of the land, you understand. The clearing doesn't belong to him. It belongs to us. We've bought the whole forest.

EMILE: You're not the owner of the clearing. You have to leave.

ABELARD: I know I'm not the owner. But I've been living here for forty years!

EMILE: Forty years, that doesn't make any difference. You have to be the owner, and you're not the owner.

ODILE: Emile, the hermit is at home, here! We must come up with an idea.

EMILE: Not owner. . .

ADRIEN: Emile, we must come up with an idea. Abélard is old. Where is he going to go?

EMILE: Not owner. . .

OSCAR: We must do something for Abélard! I've got it! You have to use Gamma magic.

EMILE: Very bad idea. . . Not owner. . .

OSCAR: If you make yourselves big, if you make yourselves little, everybody will be afraid, and nobody will buy a house here.

EMILE: Very bad idea. . . Not owner. . .

ABELARD: Yes, you must frighten them! They must leave!

EMILE: Not owner. . .

OSCAR: Hey, hey. . .

MICHELE: You haven't left yet? Today's the day you have to leave.

ABELARD: I won't leave. You're the one who must leave.

MICHELE: Me?

OSCAR: Yes, you! May I introduce myself: Oscar, a detective! You're going to go away and leave this man in peace, or else. . .!

MICHELE: Or else what?

OSCAR: Or else my friends are going to do some terrible things!

MICHELE: Terrible? What are they going to do?

OSCAR: They're going to make themselves invisible.

MICHELE: Invisible?

OSCAR: That's right! They're going to make themselves invisible. And they're going to make themselves huge. And they're going to make themselves tiny.

MICHELE: Sorcerers! A witch! Oh, how scared I am! Witches in the clearing.

ODILE: Gamma magic!

WORKMAN: What's going on?

MICHELE: They perform magic. It's awful.

WORKMAN: Why?

MICHELE: Because of the buyers. They'll be afraid of the magic. Nobody will buy a house here.

MAN: We want to buy a house.

WOMAN: The most beautiful! The most expensive!

OSCAR, THEN ODILE: Gamma magic!

OSCAR: They're going to make them-selves invisible!

MAN: What's going on?

MICHELE: They're doing a magic act. The two who are dancing in place are going to appear, disappear. . .

WOMAN: What? Magic, here? We won't buy under those conditions! Come, dear!

MAN: A magical forest! We mustn't buy.

ABELARD: They're afraid! I'm staying here!

EMILE: Not owner. . .

OSCAR: Disappear!

MICHELE: They haven't disappeared. They're still there!

ODILE: I don't have enough energy any more.

ADRIEN: I don't have the Gamma magic any more.

OSCAR: Try to get bigger. Go ahead!

MICHELE: It doesn't exist, their magic.

EMILE: We don't have the Gamma magic any more. We're still too tired.

ODILE: You don't have an idea, Emile, for driving these people away?

EMILE: Yes. I have a very good idea, but it's not a Gamma idea. Owner. . .

#   #   #   #

[Scene 3]

EMILE: Owner. . .

ABELARD: What are you doing?

WORKMAN: As you see, I'm taking down the fence.

ABÉLARD: And why are you taking down the fence?

WORKMAN: I'm taking down the fence so I can take down your cabin.

ABELARD: You're taking down my cabin? Today?

WORKMAN: Yep. Today!

MICHELE: Hurry up!

ADRIEN: Hey, Emile. What about your idea?

ODILE: Hurry up, they're taking down his cabin today!

ABELARD: Your idea, Emile. . . quickly. . .

EMILE: We've got time!

ODILE: What do you mean, time! He's going to make the roof fall down, look!

EMILE: Sir, are you going to make the roof fall down, even if we stay here?

WORKMAN: Of course not. But you have to leave. Come on, you have to leave.

OSCAR: Your idea, Emile. . . your idea. . .

EMILE: Patience. Is it true that our friend must leave right away?

MICHELE: Yes. Right away.

DEVELOPER: You understand. . . this cabin. . .

EMILE: Who are you? Are *you* the boss?

DEVELOPER: *I*'m the boss.

EMILE: So, *you*'re the one who decided our friend Abélard, the hermit, has to leave. *You*'re the one who gave this man the order to tear down the cabin.

DEVELOPER: *I*'m the one. I can't do a good job of advertising with this cabin here. It really doesn't look good.

EMILE: And *you*, do you think *you*'re good-looking?

DEVELOPER: Let go of me! Help!

OSCAR: Is *that* your idea?

EMILE: That was not my idea. My idea is very good. Owner. . .

WORKMAN: Do I pull?

DEVELOPER: Pull!

WORKMAN: But what about them. . . we're going to hurt them.

DEVELOPER: That's their tough luck! Get out or I'll pull!

EMILE: Owner. . .

DEVELOPER: Get out. For the last time, get out. . . or I'll pull. All right, I'm going to pull.

WORKMAN: But, Sir, you're going to kill them!

DEVELOPER: I don't give a darn!

ODILE: Emile! Your idea! This is the time. Otherwise the roof is going to fall on our heads.

EMILE: Stop!! I'm buying everything!

That was my idea: owner. . .

ADRIEN: You're buying what?

EMILE: I'm buying the clearing.

ODILE: Do you have enough money?

EMILE: I'm rich. I've sold Gamma ideas, brilliant Gamma ideas. I sold them for lots of money. You, the developer, come here.

DEVELOPER: Yes, Sir, how can I be of service to you?

EMILE: I'm buying.

DEVELOPER: Excuse me, Sir. What are you buying?

EMILE: I'm buying everything.

DEVELOPER: Everything?

EMILE: Everything.

DEVELOPER: I need to do some figuring.

EMILE: Abélard, bring a chair.

MICHELE: He's buying everything?

ABELARD: He's buying the whole clearing.

DEVELOPER: You're paying by check?

EMILE: No, I'm paying cash.

OSCAR: He's buying everything!

ADRIEN: Ah, Emile and his ideas. . .

ODILE: It's brilliant, Emile's idea. He's going to buy everything.

DEVELOPER: The amount is correct. Sign.

EMILE: I don't know how to sign.

DEVELOPER: You don't know how to sign?

EMILE: No, I don't know how to sign.

But *he*, he knows how to sign.

DEVELOPER: Why him? *You*'re the one who must sign, *you*'re the owner!

EMILE: Oh, no! *I*'m not the owner. *He* is! Abélard, come here! Sign, Abélard, you're the owner. Isn't my idea good?

ODILE: It's brilliant.

ADRIEN: Yes, but it's not a Gamma idea.

ABELARD: Thank you, Emile, thank you! Thanks to you, I can stay in my clearing, with the trees, the birds. . . and the cabin.

DEVELOPER: When do we start building?

ABELARD: Building? What building? *I*'m the owner.

MICHELE: Yes! *You*'re the owner. You're the owner of all these houses.

DEVELOPER: Yes, you've bought the clearing with all the villas we're supposed to build.

EMILE: I want just the clearing! I don't want any houses!

ABELARD: I want just my cabin!

DEVELOPER: Wouldn't you like a little villa, with all the amenities, swimming pool, everything?

ABELARD: Go away! Build your villas elsewhere! I forbid you to come back! Understood? I forbid you! As for me, I want my cabin, my forest, my clearing. . . far from people. . . far from machines. . . far from noise!

LESSON 29 — HELLO, MR. SECRETARY!

[Scene 1]

ODILE: Is he sleeping?

ADRIEN: He's sleeping. But he's unhappy, even when he's asleep.

ABELARD: Are you sleeping, Emile? Do you hear, Emile? Birds. . .

EMILE: Gamma! I want to see Gamma again!

ABELARD: He's very unhappy.

ODILE: I know it.

ABELARD: You absolutely must find the sphere again. You have to find the sphere again.

ODILE: Do you have an idea for finding the sphere again?

ADRIEN: We'll never find the sphere again. We have to stay in France. Forever!

ODILE: Be quiet! Do you have an idea?

ABELARD: An idea. . . I'm trying to get an idea. . . An idea. . .

EMILE: An idea. . . How's everything, Abélard?

ABELARD: Everything's fine; thanks to you I'm the owner of my clearing.

EMILE: And thanks to you we'll go back to Gamma!

ABELARD: Thanks to me? How?!

EMILE: Because you'll have an idea for find the sphere again.

ABELARD: I'll have an idea?!

EMILE: Yes, Abélard. *I* have an idea for keeping your clearing. And *you*'ll have an idea for finding the sphere again. That's right!

ADRIEN AND ODILE: Emile!

EMILE: What are you doing there?

ABELARD: I'm making a cover for this television set.

ODILE: There are customers who want a cover for the television set?!

EMILE: And *we*'re customers too. We want an idea for finding our sphere again!

ADRIEN: But he can't produce an idea.

ODILE: He's not getting any ideas!

EMILE: To get an idea, you have to hunt for it. You must think!

ADRIEN: You're mean.

ODILE: He's unhappy, very unhappy.

EMILE, THEN ODILE: What's going on, Abélard?

ABELARD: I've thought and. . . I've come up with an idea.

EMILE: An idea for finding our sphere again?!

ABELARD: That's right. You must go to Paris.

ODILE: To Paris? But we didn't lose the sphere in Paris.

ADRIEN: We lost the sphere in Megève.

ABELARD: I tell you: you must go to Paris. And what will you do in Paris? You'll go to see the Secretary and you'll say: Hello, Mr. Secretary. We want to see the Gamma spheres that are in France.

EMILE: Say that I'm a Gamma?!

ABELARD: Yes.

EMILE: The Secretary won't believe me.

ABELARD: Why not?!

EMILE: We don't have the Gamma magic any more!

ABELARD: You must find it again! Five, four, three, two, one second, finished. That's enough. One hour, that's enough. And now we begin exercise number seventeen.

OSCAR: Hello, Mr. Secretary, hello! Ah! How am I? I'm very well, Mr. Secretary. And I have a surprise for you, Mr. Secretary, a real surprise. May I present the Gammas. You don't see anything, Mr. Secretary, you don't see anything?! Neither do I. I don't see anything. And why don't we see anything, either of us? Because I'm introducing to you the Gammas who have disappeared! You don't believe me? Gammas! Appear! Here are the Gammas! There. . . but I've always said: The Gammas exist. . .

ABELARD: Courage, Emile! Courage! Gather up all your energy. You're a Gamma. Show us that you're a Gamma.

ODILE: The legs. . . The legs have disappeared. . .

ADRIEN: The arms. . . the arms have disappeared.

ABELARD: The body. The body, Emile! You have to make the body disappear too.

ODILE: And the head.

EMILE: I can't manage to make my body and head disappear. Do you think the Secretary will believe me anyway?

ABELARD: The Secretary will believe that you're a Gamma.

OSCAR: Of course, the Secretary will believe you.

ABELARD: When the Secretary sees you without legs and without arms, he'll say: Long live the Gammas!

OSCAR: Long live the Gammas!

#   #   #   #

[Scene 2]

SECRETARY: One. . . two. . . three. . .

OSCAR: Hello, Mr. Secretary. I want to see you.

SECRETARY: I'm doing my exercises, Oscar. . . One. . . two. . . three. . . What do you want?

OSCAR: I want to present the Gammas to you.

SECRETARY: Which Gammas?

OSCAR: Why, the Gammas from Megève, the only ones, the real ones.

SECRETARY: The Gammas from Megève . . .? They aren't the Gammas. They didn't have the Gamma sphere.

OSCAR: They've lost their Gamma sphere and they're looking for it.

SECRETARY: The Gammas from Megeve are looking for the Gamma sphere? And they can't find it?

OSCAR: No, but *you* can help them find it.

SECRETARY: *I* can help them? How? That's it, have the Gammas come in. I'll see whether they're real Gammas or whether they're imposters.

OSCAR: Say hello to the Secretary.

THE GAMMAS: Hello, Mr. Secretary.

SECRETARY: Why, they speak French very well, your Gammas, my dear Oscar. Congratulations! Would you kindly take a seat. You're the Gammas?

ODILE: Yes, we're the Gammas, Mr. Secretary.

SECRETARY: You're the Gammas! That's marvelous, fantastic, sensational! What can I do for you?

ADRIEN: You can help us find our sphere, Mr. Secretary.

SECRETARY: Your sphere, what sphere?

ODILE: The sphere, Mr. Secretary, is our vehicle. It's very beautiful. Someone stole it from us.

SECRETARY: You speak French well for a Gamma. Someone stole the sphere from you? What can I do to find it again?

ODILE: Make an appeal on television. Have all the spheres in France sent to Paris.

SECRETARY: But there are thousands of spheres in France. What do you want to do with all those spheres?

EMILE: In front of each sphere, Mr. Secretary, I will make the Gamma gesture!

ADRIEN: And Emile will find the real Gamma sphere.

EMILE: The sphere will get bigger. . . it will get bigger. . . I get into the sphere. The sphere leaves. . . It rises . . . We go back to Gamma!

SECRETARY: Why do you want to go back to Gamma?

EMILE: Excuse me, Mr. Secretary?

SECRETARY: Why do you want to go back to Gamma?

EMILE: Why, because I am a Gamma. I'm not French; I'm a Gamma.

OSCAR: Yes, Mr. Secretary, Emile is a Gamma. All three are Gammas. They can disappear, appear, become small, get big. . .

SECRETARY: They can do all that?

OSCAR: Why yes, Mr. Secretary, and they're going to do it in front of you.

ODILE: The legs! Make the legs disappear!

SECRETARY: The legs have disappeared! They don't have legs any more.

ODILE: The arms!

SECRETARY: The arms have disappeared! They don't have arms any more. They don't have bodies any more! They aren't the Gammas!

OSCAR: You aren't convinced, Mr. Secretary?!?

SECRETARY: I'm not convinced. *That*'s ordinary magic, hypnosis. . .! Hallucination! Leave!

OSCAR: Let's go. You can reappear. The Secretary doesn't believe you are the Gammas.

EMILE: I can't become completely visible any more.

ODILE: I can't do anything. I have to stay like this.

ADRIEN: All I have left is my head!

SECRETARY: Hello. . . photo service? You must take pictures of the people who are with Oscar.

#   #   #   #

OSCAR: Three heads without bodies, it's ridiculous!

EMILE: I can't do anything.

OSCAR: Like that you're completely ridiculous!

ODILE: I can't do a thing. I'd gladly become normal again.

ADRIEN: My body! I can't find my body any more!

OSCAR: Someone's coming! We're ridiculous. You and your three heads!

ERRAND BOY: The Gammas! The Gammas exist!

OSCAR: He believes in the Gammas. But the Secretary doesn't believe in the Gammas!

ADRIEN: It's Blanchette! I'm not ridiculous any more. I'm normal again.

OSCAR: You two, hide behind me!

ADRIEN: Hello, Blanchette!

BLANCHETTE: Hello, Adrien!

ADRIEN: How beautiful she is!

OSCAR: You ought to tell her: "I'm a Gamma! I want to find the sphere again!"

ADRIEN: How beautiful she is!

ODILE: A photographer!

OSCAR: Now, you're no longer ridiculous. Why did you take these pictures of us?

PHOTOGRAPHER: Why?

OSCAR: Why?!

EMILE: Come! Let's not stay here!

ODILE: Where are we going?

EMILE: I don't know. But let's not stay here.

OSCAR: Why did you take pictures?

PHOTOGRAPHER: I don't know. It's a secret!

OSCAR: Emile, Odile, Adrien? Where are you?

BLANCHETTE: I saw this young man. . . Adrien. . . He's charming. . .

SECRETARY: Adrien?

BLANCHETTE: Yes, one of those Gammas from Megève. One of Oscar's Gammas!

SECRETARY: Oh, yes, the Gammas! They were here with Oscar. They say they're really Gammas. Hypnosis, hallucinations.

BLANCHETTE: And why did they come to your office?

SECRETARY: They're asking me to have all the spheres in France collected.

BLANCHETTE: Oh, yes. And why must you have all the spheres in France collected?

SECRETARY: To find the real sphere among all those spheres.

BLANCHETTE: I'm bringing you a sphere, Papa.

SECRETARY: Where does this sphere come from?

BLANCHETTE: Don't you remember, my dear Papa? I bought this sphere in Megève. For you.

SECRETARY: I'm keeping this sphere. It will bring me luck. Come in! What's the matter with you? Are you sick?

ERRAND BOY: Mr. Secretary, the Gammas! I saw the Gammas! The Gammas exist! I saw three heads! I saw three heads in the corridor. . .

SECRETARY: Oh, yes, heads, heads. . . Hypnosis, hallucination!

PHOTOGRAPHER: Look! Mr. Secretary, look! The three others are not in the picture. They were there when I took the picture. And they're not in the picture.

SECRETARY: They were next to Oscar?

PHOTOGRAPHER: Yes.

SECRETARY: They were next to Oscar when you took the picture?

PHOTOGRAPHER: Why, yes, Mr. Secretary, I swear it.

BLANCHETTE: May I see the photos, my dear Papa?

SECRETARY: No, you may not.

ERRAND BOY: The Gammas exist!

PHOTOGRAPHER: The Gammas! The Gammas exist?

BLANCHETTE: Maybe Adrien is a Gamma!

SECRETARY: Impossible! Hypnosis, hallucination! Keep an eye on those three people who are with Oscar. . . Oscar, you're here?! Where are those three people who were with you?

OSCAR: I don't know.

SECRETARY: You don't know?

OSCAR: No. I don't know. They've disappeared. . . disappeared. . .

SECRETARY: Disappeared. . . Hypnosis. . . hallucination. Oscar, you must find those three people again! You must find them again!

OSCAR: I must find them. I must find the Gammas. I must find the sphere again. . .

SECRETARY: It's a toy, Oscar!

OSCAR: Yes, Mr. Secretary, it's a toy! I must find the Gammas again, I must find the sphere again. . . the Gammas . . . the sphere. Emile! Odile! Adrien! Where are you?

SECRETARY: Poor Oscar!

LESSON 30 — IT'S MYSTERIOUS. . .

[Scene 1]

ODILE: What's he doing?

ADRIEN: Where is he going?

ODILE: He has plans. He's thinking. . .

EMILE: The Seine! It's the Seine! This way, it's Paris. That way, it's Rouen, and beyond is the sea.

ODILE: We know very well that this river is the Seine.

ADRIEN: Yes, but we don't know what you want to do. Tell us.

EMILE: It's not time yet. . . Walk the way I do!

ADRIEN: Emile walks well. He's impressive.

EMILE: Good day, Madam.

MARIANNE: Good day, Sir. What a man! What a pleasant man! What a handsome man!

EMILE: "Workshop for rent." That's what I'm looking for.

ODILE: I don't understand.

EMILE: I'm looking for a workshop. I've found it. Look: this workshop is for rent.

ODILE: You want to rent this workshop? Why?

EMILE: It's a secret.

FLANDRE: Good day, Gentlemen. . . Miss. May I help you?

EMILE: I noticed that you have a workshop for rent! I'd like to rent your shop.

FLANDRE: You want to rent my shop?

EMILE: I like it. I'd like to rent it.

ADRIEN: He wants to rent that? What does he want to do with it?

EMILE: Do you rent just the workshop, or do you rent the apartment too?

FLANDRE: You're likable! I'll rent you both of them because it's you.

BENOIT: Well, then, you're renting, Mr. Flandre?

FLANDRE: Yes, I'm renting everything. Everything. To this gentleman. This man will be your neighbor; he's the garage owner.

BENOIT: Yes, I'm the garage-man; I repair cars. My name is Benoît; it's my family name. This shop is beautiful. What do you want to do in it?

EMILE: It's a secret.

BENOIT, THEN FLANDRE: A secret?

EMILE: A secret! But I'm going to tell you, just you: I want to build a vehicle in this shop.

ODILE: Emile wants to build a vehicle in this shop? What does that mean?

ADRIEN: I don't know. Listen.

EMILE: I want to build a vehicle, yes.

BENOIT: You want to build a car?

EMILE: A car? Not exactly.

BENOIT: I'll help you. I'm a garage-man; I'm a mechanic.

FLANDRE: Marianne!

MARIANNE: What is it, Papa?

FLANDRE: I've just rented our workshop to this gentleman. Do you approve?

MARIANNE: Oh, I'm all in favor of it. This gentleman is very likable. . . and so are his friends.

FLANDRE: Well, then, that's it. Let's go drink to that. Come on, come along; I'm treating all of you.

ODILE: Why did you rent this workshop, Emile? We can't stay here. We have to keep looking for the sphere.

ADRIEN: You want to build a vehicle, a car?

EMILE: A car!

ADRIEN: That's what you said a little while ago to Mr. Benoît and Mr. Flandre.

EMILE: You don't understand anything! You're stupid!

ODILE: I may be stupid. But I know that you don't want to look for the sphere any more.

ADRIEN: You don't want to go back to Gamma any more.

ODILE: Aren't you looking for the sphere any more?

EMILE: No, I'm not looking for it any more.

ODILE: Emile, it isn't true! You have to look for the sphere! I want to go back to Gamma!

EMILE: I'm not looking for our sphere any more, it's all over.

ODILE: You're not looking for our sphere any more?

EMILE: No! I'm not looking for it any more, because we're going to build another sphere. . . here.

ODILE AND ADRIEN: What?

EMILE: Yes, we're going to build another sphere! But. . . it's a secret!

#   #   #   #

[Scene 2]

ADRIEN: You really don't know how a sphere is made, Emile?

EMILE: I know how a sphere works; I know how to repair it; that's all. But to build one, that's going to be hard. . .

ODILE: I know the principles: I know that it takes energy. . .

EMILE: Yes, it takes energy.

ADRIEN: Lots of energy.

ODILE: Yes, a lot of energy.

BENOIT: May I come in?

EMILE: Of course. Come in.

BENOIT: You've straightened up the shop. There's room and it's clean. And what's *that*?

EMILE: Those are plans.

BENOIT: I see that. But plans of what?

EMILE: Oh, I don't know yet. . . maybe of a car. . .

BENOIT: A car. . . completely round. . . Very good idea. . . And what will it be made of? Aluminum? Plastic?

EMILE: No, it will be made of wood.

BENOIT: Really? And you want to go fast, with this vehicle?

EMILE: Yes, I want to go very fast. Very, very fast.

BENOIT: With wood, you won't be able to go any faster than 10 kilometers an hour.

EMILE: With my vehicle, I'll do 10,000 kilometers an hour!

BENOIT: What?! How many?!

EMILE: Ten thousand kilometers an hour!

BENOIT: With that wooden vehicle?

EMILE: Yes, with this wooden vehicle.

BENOIT: Do you have a degree, Mr. Emile?

EMILE: A degree?

BENOIT: Do you have a title?

EMILE: I'm an engineer.

BENOIT: With a degree?

EMILE: Yes. An engineer with a degree.

BENOIT: And you've found a wood hard enough, solid enough to do 10,000 kilometers an hour?

EMILE: No, I haven't found that wood yet, but I'm looking for it. You don't know where to find it, by any chance?

BENOIT: He seems intelligent to me, that Emile, very intelligent. . .

FLANDRE: What's he building in the workshop?

BENOIT: He seems intelligent to me, that Emile. . .

FLANDRE: Tell me what kind of vehicle he's building.

BENOIT: He's intelligent, Emile, but to build a wooden vehicle that's supposed to go 10,000 kilometers an hour, that's risky. . .

FLANDRE: . . . ten an hour?

BENOIT: Ten *thousand* an hour! In a vehicle made of wood!

FLANDRE: He's crazy. Completely crazy!

BENOIT: Who knows? That Emile may be a great engineer. . . He's decided to build a sphere. . . a Gamma sphere.

FLANDRE: You think so? A Gamma sphere? That's impossible! A Frenchman can't build a Gamma sphere.

BENOIT: Oh, yes he can! Believe me! I've seen the plans. And the wood, doesn't that tell you something? Ten thousand kilometers an hour and in a wooden vehicle?

FLANDRE: Oh! I understand. We must help Emile!

BENOIT: We must help him. But most of all, we must keep the secret.

#   #   #   #

[Scene 3]

BENOIT: May I come in?

EMILE: Why, yes, Mr. Benoît. Come in!

BENOIT: What's that you're doing?

EMILE: As you see, we're cutting the wood.

BENOÎT: I see. Why are you cutting that wood?

ADRIEN: We want to cut out this part. . . of the sphere. . . oh, excuse me! of the vehicle!

BENOIT: You want to cut this part of the sphere. . . oh, excuse me! of the vehicle, out of this wood?

EMILE: Yes, yes, yes.

BENOIT: This is fir?

EMILE: Yes, it's fir.

BENOIT: Dear Emile! I know who you are. . .

EMILE: You know?

BENOIT: You're an engineer with a degree. . . remarkably intelligent. . . and you want to build a Gamma sphere, isn't that right?

EMILE: Yes. . . I'd really like to build a Gamma sphere. But that's a secret. Don't tell anybody.

BENOIT: Count on me! I know how to keep a secret! But, Mr. Emile, with that wood, you can't build a sphere.

EMILE: Why not?

BENOIT: Because. . . at 10,000 kilometers an hour, wood burns in contact with the atmosphere. Especially fir!

EMILE: Oh, yes. . . But the Gammas' sphere was also made of wood. . . or so it seems. . .

ADRIEN: The sphere of the Gammas who came to France. . .

BENOIT: I know! But the wood of the Gamma sphere is a wood that doesn't burn. That wood is found only on Gamma.

EMILE: That wood doesn't exist in France?

BENOIT: No. But if you want to imitate the Gamma sphere, you have to make it out of wood anyway.

EMILE: But out of what kind of wood?

BENOIT: I think I can help you. . . I'll be right back. I'm very proud to take part in the construction of the first French Gamma sphere!

ODILE: Say, Emile, do you think he knows that we're the Gammas?

EMILE: No, Mr. Benoît doesn't know. He takes us for French engineers who want to build a Gamma sphere.

ADRIEN: French engineers! *Us*, French engineers!

ODILE: *Me*, a French engineer!

FLANDRE: This is a historic moment! Some Frenchmen are going to build a Gamma sphere!

BENOIT: And in the utmost secrecy!

ALL: Secrecy!

FLANDRE: We must build the sphere out of metal. Wood burns.

BENOIT: The Gamma sphere is made of wood. So we must find a wood that doesn't burn.

FLANDRE: But all woods burn. . .

BENOIT: No! Gammas have come to France before. A very long time ago. More than 400 years ago.

FLANDRE: The Gammas came to France before, 400 years ago?

BENOIT: Yes. They met a scholar: Benoîtimus. . . my great, great, great grandfather. They showed him the sphere and they left. And Benoîtimus wrote this book. . .

ODILE: The Gammas have come to France before?

EMILE: I think so. A very long time ago. Yes, 400 years ago. . . yes.

FLANDRE: And this Benoîtimus spoke of the Gamma sphere?

BENOIT: Yes, this is what he wrote, here: "The Gamma sphere is made of wood. It travels with the help of a great energy. . ."

FLANDRE: We know *that*. Everybody knows it. But what wood? What energy?

ADRIEN: Yes.

ODILE: What wood?

EMILE: What energy?

BENOIT: Listen: "The energy of the sphere is near the water! The water is near the wood!"

EMILE: That's mysterious. . . The energy of the sphere is where?

BENOIT: Near the water!

EMILE: The water? What water?

BENOIT: "The water of life". . .

FLANDRE: The energy of the sphere is near running water? Is that it?

BENOIT: It must be that. . . I think.

EMILE: And where is this water of life found?

BENOIT, THEN EMILE: "The water is near the wood. . ."

ODILE: The energy is near the water.

ADRIEN: Near the water of life.

BENOIT: "The wood must be from 1538."

ADRIEN: 1538.

EMILE: 1538. So, we have to find the energy. . .

ODILE: . . . which is near the water of life.

EMILE: And we must find the water of life. . .

ODILE: . . . which is near the wood.

BENOIT: We must do as it's written in this book.

FLANDRE: I don't believe what's written in that book. I'm going to build a metal sphere.

BENOIT: And *I*'m going to build a wooden sphere!

FLANDRE: Metal!

BENOIT: Wood!

FLANDRE: Metal!

BENOIT: I tell you again, I'm going to build a wooden sphere!

FLANDRE: Metal!

ODILE: The energy, near the water. . .

EMILE: The water near the wood. . . We must find the energy again. . .

ODILE: We must find the water. . .

ADRIEN: We must find the wood. . .

EMILE: 1538.

ODILE: The energy. . .

EMILE: The water. . .

ADRIEN: The wood. . .

LESSON 31 — IN SEARCH OF ENERGY

[Scene 1]

EMILE: The energy near the water.

ODILE: The water near the wood.

ADRIEN: The water of life.

EMILE: What's that?

ODILE: Why, it's the Seine!

EMILE: I know. But the Seine, what is it?

ADRIEN: It's water.

EMILE: Exactly! It's water! Is it water of life?

ODILE: It's alive, the water of the Seine. There are fish.

EMILE: The energy is near the water. . . of life. Therefore the energy may be here. There's running water here.

ADRIEN: The water is near the wood. This tree is wood, and the wood is near the water.

EMILE: Good, good. We have all we need here: running water, the Seine. The wood near the water. . .

ODILE: But the energy, Emile? Where is the energy?

EMILE: I don't know. We'll have to find it!

ODILE: The energy is near the water. . .

EMILE: We must find it and we will find it!

FLANDRE, THEN BENOIT: We've got it!

FLANDRE: I've got it!

BENOIT: Not at all! *I*'m the one who found the answer!

FLANDRE: The Gamma sphere must be made of metal!

BENOIT: Oh, no! The sphere must be made of wood!

ODILE: What's that?

FLANDRE: These are two scale models of the Gamma sphere. . . two prototypes. . . Mine is metal.

BENOIT: Mine is made of wood.

EMILE: The real Gamma sphere must be made of wood!

BENOIT: Why yes! You're right! Mr. Flandre's plan is no good. The Gamma sphere must be made of wood.

FLANDRE: But. . . wood burns. . .

BENOIT: Naturally. We still have to find the wood that doesn't burn.

FLANDRE: But. . . it's empty. There's nothing inside. Where's the energy?

BENOIT: We have to find it. Energy is not a machine.

EMILE: No. The energy of the Gamma sphere isn't a machine.

FLANDRE: Here's how the Gamma sphere has to be, made of metal. And inside, there must be these machines to produce the energy.

EMILE: I don't believe the interior of a Gamma sphere is like that.

ADRIEN: In a Gamma sphere, energy is not produced by machines as in this metal sphere.

BENOÎT: Mr. Flandre, energy isn't a machine.

EMILE: In any case, the energy of the Gamma sphere isn't a machine.

FLANDRE: My dear Mr. Benoît, your plan is crazy. Your plan isn't scientific!

BENOIT: My dear Mr. Flandre, your plan isn't the Gamma project! You're using a machine to produce energy.

FLANDRE: And what are *you* going to produce energy with? The interior of your sphere is empty!

BENOIT: You haven't understood a thing, Mr. Flandre. The interior of the authentic Gamma sphere is empty. The energy is produced by something mysterious.

FLANDRE: I've come to the conclusion that you're crazy! "The energy is near the water! The water is near the wood!" That isn't science any more, it's magic!

BENOIT: Oh, you and your science! The energy of the Gamma sphere. . . Oh! The energy!. . . The energy comes from Odile!

FLANDRE: Odile has captured our energy!

EMILE: What happened?

ODILE: Mr. Flandre and Mr. Benoît were shouting. I felt something inside me. . . a force. . . like energy. . .

BENOIT: That's it! Odile can capture energy.

EMILE: And she can transfer it to the sphere. . . We've got it. . .

ADRIEN, THEN BENOIT: We've got it?

FLANDRE: We've got it! Odile can capture energy!

BENOIT: And. . . and she can transfer it to the sphere. Odile, do you know your mission?

ODILE: Oh, yes! I must capture lots of energy to transfer it to the sphere.

BENOIT: Very good! Remember that the energy is near the water. . . near running water. . . near the water of life. . .

ODILE: I'm going to stay near the Seine.

BENOIT: Very good! I wish you a good trip!

FLANDRE, THEN ALL: Long live Odile!

BENOIT: And you, Adrien, do you know your mission?

ADRIEN: The water is near the wood. I must look for some wood which is near water. But very old wood. Wood from 1538.

BENOIT: Perfect!

EMILE: I wish you a good trip, Adrien! Come back very soon. We must hurry to build the Gamma sphere.

FLANDRE, THEN ALL: Long live Adrien!

ODILE: We're going to work fast! I'm going down the Seine. . . to capture energy.

ADRIEN: And *I*'m following the Seine upstream to find wood, wood from 1538.

BENOIT: Very good; to your good health!

#   #   #   #

[Scene 2]

HE: I love you.

SHE: I love you too.

HE: I love you.

SHE: I love you too. . . We love each other.

THE JEALOUS SUITOR: Liar! Yesterday, you said to me, "I love you."

SHE: Yesterday was yesterday. And today. Today, he's the one I love! They're fighting, they're fighting for me! For me! But what's going on? Why, they're not fighting anymore! But I don't understand! Why, what's going on? And me? You're leaving me all alone? It's surely because of that girl!

ODILE: I've captured their energy. . . their evil energy. "The energy is near the water." The water of life. Is this seat free?

BERNARD: Yes. I'm all alone. Are you thirsty?

ODILE: Yes, I'm very thirsty!

BERNARD: What would you like to drink? Some beer?

ODILE: Oh, no! I'd like a non-alcoholic beverage.

BERNARD: Lemon soda?

ODILE: That's it, I'd like a lemon soda very much!

BERNARD: I'll go get you a lemon soda.

ODILE: It's pleasant here! There's no evil energy here!

BERNARD: Were you thirsty?

ODILE: Yes, I was very thirsty.

BERNARD: Do you feel better?

ODILE: Yes, now I feel better.

BERNARD: Well, then, if you feel better, would you like to dance with me?

ODILE: Gladly. What's that dance?

BERNARD: A waltz. Come on! My name is Bernard. . . And yours?

ODILE: Odile.

BERNARD: Odile! That's pretty!

1st ROCK FAN: I don't like this music.

2nd ROCK FAN: We're going to play some good music!

3rd ROCK FAN: But, we don't have any women!

4th ROCK FAN: And to dance, we need women!

ODILE: Is that a waltz?

BERNARD: Oh, no! They're mean.

ODILE: Oh no! Evil energy!

3rd ROCK FAN: Excuse me! I see that you don't want to dance with me. Dance with your partner again.

BERNARD: How about that! They're playing without making any noise. . . Of all things! They're not trying to pick a fight anymore.

ODILE: Let's dance, Bernard!

BERNARD: Oh!

ODILE: What's the matter, Bernard?

BERNARD: Oh, nothing! Nothing! But it's as if there's electricity in your hand. . .

#   #   #   #

[Scene 3]

1st BOXER: Boudinet is going to murder him! Boudinet is the toughest fighter of his generation!

2nd BOXER: Oh, no! Kiki is going to murder Boudinet. Kiki is meaner than Boudinet.

ODILE: They're going to kill each other! Evil energy! Are they really going to kill each other?

1st BOXER: This is the first time you've gone to a boxing match, right?

ODILE: Yes, it's the first time.

2nd BOXER: And you're sensitive, eh?

ODILE: I'm a little bit sensitive. . .

1st BOXER: You'll see. . . it's going to be terrible! They're going to hurt each other. Very much!

2nd BOXER: There's Kiki.

REFEREE: Here's Kiki.

2nd BOXER: Bravo, Kiki!

ODILE: Oh! He looks mean! Why does he look so mean?

1st BOXER: He's going to get in some punches, lots of punches, so he has to be mean.

REFEREE: Boudinet!

ODILE: He looks mean too!

2nd BOXER: Kiki's going to murder Boudinet!

CROWD: Kiki! Come on, Kiki!

1st BOXER: Boudinet is going to murder Kiki!

2nd BOXER: *Kiki* is going to murder Boudinet!

1st BOXER: Go to it, Boudinet!

2nd BOXER: Go to it, Kiki!

CROWD: Kiki! Come on, Kiki! Bou-di-net!

ODILE: Evil energy!

CROWD: Kill 'im, Kiki!

REFEREE: Why, they're crazy!

BOUDINET: My dear Kiki!

KIKI: My dear Boudinet!

1st BOXER, THEN 2nd BOXER: They're crazy!

1st BOXER: Why, what's the matter? They're both crazy!

2nd BOXER: They're not fighting any more. They're completely mad!

BOUDINET: Don't you want to sit down, my dear Kiki? *I*'m going to sit down.

KIKI: I'm going to sit down too, my dear Boudinet. What did we come here for?

BOUDINET: I don't know anymore. *I*'m happy to chat with you a little. I like you very much, you know, Kiki.

KIKI: Ah, I like you a lot, too, Boudinet!

1st BOXER: Oh! Are you going to fight, yes or no?

2nd BOXER: Well, are you going to get in some punches, yes or no?

BOUDINET: I don't like to fight!

KIKI: I don't like to give punches.

1st BOXER: Oh! You don't like to fight!

2nd BOXER: Oh! You don't like to give punches!

ODILE: Evil energy. . .

LESSON 32 — WHAT A SCANDAL!

[Scene 1]

BENOIT: All right, Adrien, you know your mission?

ADRIEN: I follow the Seine upstream to find some wood, some old wood.

BENOIT: Your mission is difficult.

ADRIEN: Oh yes, I know: "The wood is near the water. 1538."

BENOIT: The wood must be very old. It must date from 1538. And it must be located near water, near running water.

ADRIEN: Near water. Like this tree.

BENOIT: No, it's not old enough. It's near water, but it's not old enough. It must be from 1538! Good-bye, Adrien.

ADRIEN: So long, Mr. Benoît.

BENOIT: See you soon. Good luck! And come back soon!

ADRIEN: The wood is near the water. "Visit Francis I's tree. 1538." 1538!! It's closed! "Ring"?–Ah, you have to ring.

CARETAKER: I'm coming! Good day, young man. You want to see Francis I's tree?

ADRIEN: Yes, Sir. 1538.

CARETAKER: That's right: 1538.

ADRIEN: Open up!

CARETAKER: Wait!

ADRIEN: Open up!

CARETAKER: You're impatient! I'm looking for the key. I can't find it. Now where can that key be? There it is! Ah! I put the key in the cap so I won't lose it. Come in. Wait!

ADRIEN: Why?

CARETAKER: You have to have a ticket. It's two francs.

ADRIEN: 1538. . . "The wood is near the water!"

CARETAKER: "The wood is near the water?" Ah yes–the Seine isn't far away.

ADRIEN: 1538. . .

CARETAKER: Yes. This tree was planted in 1538 by Francis I. Uhh. . . you know Francis I, king of France?

ADRIEN: No.

CARETAKER: You don't know Francis I? Ah. . . he was a great king.

ADRIEN: That's Francis I? But that's a woman!

CARETAKER: Ah yes, that's a woman. I made a mistake. There's Francis I. That's a man.

ADRIEN: But her. Who was she?

CARETAKER: She was Diane de Poitiers. You don't know about Diane de Poitiers?

ADRIEN: No. Was she the wife of Francis I?

CARETAKER: No! She was the mistress of Francis I.

ADRIEN: Ah, the mistress! And it's Francis I who planted this tree?

CARETAKER: Yes. After a night of love with Diane de Poitiers. You know

what he called her, Diane de Poitiers?

ADRIEN: No.

CARETAKER: He called her "my water of life."

ADRIEN: Water of life! I want this tree!

CARETAKER: You want this tree? But what do you want to make from it?

ADRIEN: A Gamma sphere!

CARETAKER: A Gamma sphere? A Gamma sphere with Francis I's tree? He's crazy!

ADRIEN: 1538! Water of life! The wood is near the water! Water of life!

CARETAKER: Water of life! Francis I planted this tree for Diane de Poitiers, his "water of life."

ADRIEN: 1538!

CARETAKER: Someone cut down the tree of Francis I, the tree of Diane de Poitiers.

POSTAL EMPLOYEE: And you want to send that package to Mr. Emile in La Roche-Guyon?

ADRIEN: Yes, Miss. Is it possible?

EMPLOYEE: Certainly not, my dear Sir, it is not possible. We don't accept packages over three kilos. That package is heavy. It weighs much more than three kilos. It weighs at least 300 kilos!

ADRIEN: But I must send this package to La Roche-Guyon. This very day!

EMPLOYEE: Léon!

LEON: Yes?

EMPLOYEE: Léon. . . Are you going to La Roche-Guyon with your truck today?

LEON: Yes, I'm leaving in ten minutes. My truck is there.

EMPLOYEE: Can you take that package to Mr. Emile?

LEON: Of course. It's heavy. What is it?

ADRIEN: Oh, nothing. . . a souvenir. . .

LEON: OK. I'll give it to Mr. Emile.

ADRIEN: It's not heavy.

LEON: I'll give it to Mr. Emile in La Roche-Guyon.

#   #   #   #

[Scene 2]

BLANCHETTE: What's the matter, Papa? Why are you nervous?

SECRETARY: Hm? I'm nervous? Yes, I'm very nervous. I've received a report.

BLANCHETTE: You've received a report, Papa?

SECRETARY: Yes, I've received a report! A young man has cut down the historic tree planted by Francis I for Diane de Poitiers in 1538.

BLANCHETTE: And why did this young man cut down that tree?

SECRETARY: He wanted to make a Gamma sphere.

BLANCHETTE: What young man?

SECRETARY: I don't know! He hasn't been found. But I'm sure Oscar's friends—you know, those who claim to be Gammas—are in on it.

BLANCHETTE: And what if Oscar's friends were really Gammas?

SECRETARY: Of course not! They're not Gammas, they're imposters. But they're dangerous! Really dangerous!

ADRIEN: The wood is near the water. It's old. This chest is very old, isn't it?

CLERK: It's at least 400 years old!

ADRIEN: 1538!

CLERK: 1538? Maybe. Let's see! You guessed right.

ADRIEN: Ouch! 1538! "The wood is near the water!"

CLERK: Ah yes! The Seine is right near here. "The wood is near the water." They used to put *eau de vie* in this chest. . . brandy. . . cognac, applejack, for example!

ADRIEN: They used to put *eau de vie* in this chest?! Nobody! It's heavy. This chest is very heavy.

BLANCHETTE: This chest is very heavy.

ADRIEN: Oh, Blanchette! Hello. . . Will you help me, please?

BLANCHETTE: Help you? What do you want to do?

ADRIEN: I want to take this chest with me.

BLANCHETTE: But this chest doesn't belong to you, Adrien!

ADRIEN: I need this chest.

BLANCHETTE: You need this chest? Why?

ADRIEN: 1538!

BLANCHETTE: I don't understand.

ADRIEN: I am a Gamma.

BLANCHETTE: You are a Gamma.

ADRIEN: I've lost my Gamma sphere.

BLANCHETTE: You've lost your Gamma sphere.

ADRIEN: I want to build a new sphere.

BLANCHETTE: You want to build a new sphere.

ADRIEN: I need wood.

BLANCHETTE: You need wood.

ADRIEN, THEN BLANCHETTE: From 1538!

ADRIEN: 1538!

BLANCHETTE: 1538. That's the year that Francis I planted the tree for Diane de Poitiers!

ADRIEN: You know the history of France very well!

BLANCHETTE: I know French history very well. Are *you* the one who cut down that tree?

ADRIEN: I am.

BLANCHETTE: To make a sphere?

ADRIEN: Yes.

BLANCHETTE: Oh, Adrien! Are you really a Gamma?

ADRIEN: Yes.

BLANCHETTE: Adrien, I believe you. You're really a Gamma.

ADRIEN: Help me!

BLANCHETTE: But it's not right, Adrien. That's stealing.

ADRIEN: It's to build a new sphere! Help me!

BLANCHETTE: I can't manage to lift this chest.

ADRIEN: Then we must push it!

BLANCHETTE: OK. Let's push it!

CLERK: What are you doing?

BLANCHETTE: We're pushing the chest.

CLERK: Oh.

BLANCHETTE: How are we to get it down?

ADRIEN: Let's push it.
SECRETARY: What's going on?
BLANCHETTE: Nothing, Papa.

SECRETARY: What was that noise?
BLANCHETTE: A plane, Papa.
SECRETARY: A plane! Ah, those planes!

#   #   #   #

[Scene 3]

ADRIEN: That's the water of the Seine. But where is the wood near the water?
BLANCHETTE: Adrien!
ADRIEN: What is it, Blanchette?
BLANCHETTE: Come and see!
ADRIEN: This painting is beautiful! And the woman is beautiful, too. She is completely nude.
BLANCHETTE: She is beautiful. But Adrien, look. . .
ADRIEN: What is it?
BLANCHETTE: "Source of the Seine! The water of life. . ."
ADRIEN: Source of the Seine! The water of life!
BLANCHETTE: Be careful, Adrien! The curator is coming!
CURATOR: Blanchette! You're visiting my museum?
BLANCHETTE: I'm showing the paintings to a friend.
ADRIEN: These paintings are very beautiful. I like this one a lot.
CURATOR: It is indeed beautiful. School of Fontainebleau. It was painted on wood in 1538.
ADRIEN: It was painted on wood in 1538?
CURATOR: Yes. It was painted on wood. In 1538!
ADRIEN: The water of life. 1538.
CURATOR: He likes paintings a lot, your friend.
BLANCHETTE: Especially when they're painted on wood. . . My dear Curator, show me your other paintings.
CURATOR: Come along! I'm going to show you some other paintings.
ADRIEN: Source of the Seine! The water of life. . .
CURATOR: Mr. Secretary, your daughter came to the museum and she looked at a painting. . .
SECRETARY: She looked at a painting? So what?
CURATOR: She looked, for a long time,

at the painting that was stolen. "The Source of the Seine", School of Fontainbleau, 1538.
SECRETARY: Museum. . . my daughter. . . painting. . . "Source of the Seine" . . . School of Fontainebleau. . . Stolen?
CURATOR: She was accompanied by a young man. . .
SECRETARY: A young man? Ah! I know, I know! What young man?
CLERK: Mr. Secretary, I saw your daughter pushing a chest belonging to the Department of the Interior.
SECRETARY: My daughter pushed a chest?
CLERK: She was accompanied by a young man.
SECRETARY: The chest. . . I know, I know! What young man? Call Mr. Oscar, the detective, on the double! You may leave, my friends.
CURATOR AND CLERK: Good-bye, Mr. Secretary.
SECRETARY: Blanchette!
BLANCHETTE: Yes, Papa?
SECRETARY: What have you done? Really, what have you done?
BLANCHETTE: I helped Adrien.
SECRETARY: You helped a thief.
BLANCHETTE: Adrien is not a thief. Adrien is a Gamma, and he needs wood to build a new Gamma sphere.
SECRETARY: Where is Adrien?
BLANCHETTE: I won't tell you.
SECRETARY: You don't want to tell me where Adrien is?
BLANCHETTE: No. I will not tell you.
SECRETARY: You really won't tell me where he is?
BLANCHETTE: No, Papa! We must let Adrien build his sphere.
SECRETARY: Blanchette, you're mad!
BLANCHETTE: Yes, Papa, I'm madly in love with Adrien.
SECRETARY: Ahh, what a scandal! The Secretary's daughter helps steal a chest

610   *Les Gammas! Les Gammas!*

from the Department of the Interior and a painting from a national museum!

BLANCHETTE: Poor Papa! But I must help Adrien. He is so unhappy without his sphere.

SECRETARY: What a scandal! Oscar, is that you?

OSCAR: Mr. Secretary!

SECRETARY: We must find the Gammas . . . or . . . those who claim to be the Gammas. . .

OSCAR: I don't know where they are.

SECRETARY: We absolutely must find them. And quickly! Oh, what a scandal!

LESSON 33 — IT'S METAL

[Scene 1]

EMILE: Adrien! Adrien ought to be here!

BENOIT: You're agile, you two!

FLANDRE: Come on, to work! Let's get started!

BENOIT: It's useless. We have to wait for Adrien and his wood.

FLANDRE: This is enough wood to build the sphere.

BENOIT: Yes, but is it the right sort?

FLANDRE: It's an old tree, that's obvious, a very old tree.

BENOIT: Yes, all right, but it must be from 1538. It's written in my book.

EMILE: But what is Adrien doing? He doesn't want to go back to Gamma?

BENOIT: "Go back" to Gamma? What are you saying, Emile?

EMILE: Uh. . . I. . . I mean *go* to Gamma. What is it?

FLANDRE: It's the gendarmes.

BENOIT: You will be the first Frenchmen to go to Gamma! *I* won't come, I'm too old. But *you*, you'll go.

FLANDRE: We're too old, but. . . we will have built the first completely French Gamma sphere.

EMILE: Adrien ought to be here! Who are those people?

BENOIT: They're gypsies.

EMILE: Gypsies, here?

ADRIEN: Well, Emile! Are you coming to help me?

EMILE: Is that you, Adrien?!

ADRIEN: This is Blanchette. You can talk. She knows everything.

EMILE: Hello, Miss. Why are you wearing disguises?

BLANCHETTE: Because of the gendarmes.

EMILE: Because of the gendarmes?!

ADRIEN: Help us push this baby carriage.

BENOIT: Hello, Miss.

EMILE: It's heavy!

BENOIT: Did you find the wood, Adrien?

ADRIEN: She knows everything! She's helped me a lot. This is Blanchette, the Secretary's daughter.

FLANDRE: Ah, the Secretary's daughter? Hello, Miss, delighted to meet you.

ADRIEN: 1538!

BENOIT: Very good. Very good. And where did you find this chest?

ADRIEN: I stole it from the Department of the Interior.

BENOIT: You stole this chest from the Department?

FLANDRE: You stole this chest?

1st GENDARME: Who are those people?

BENOIT: Those people? They're gypsies. Look!

ADRIEN: Made of wood! From 1538! "Source of the Seine. The water of life"!

BLANCHETTE: We stole it from the museum.

FLANDRE: You, the Secretary's daughter, you stole that painting?!

BENOIT: It's from 1538. That's the date indicated in my book!

FLANDRE: You disguised yourselves because of the police?

BLANCHETTE: Yes, my father has mobilized all the police in France.

FLANDRE: Ay ay ay! What a business!

BENOIT: They stole for the good of France.

EMILE: If we manage to build the first Gamma sphere, the Secretary will forgive us. And he will even congratulate us.

BENOIT: And where did you steal this tree trunk, Adrien?

ADRIEN: That's the trunk of Francis I's tree.

BENOÎT: Francis I's tree! He cut down Francis I's tree!

ADRIEN: Francis I's tree dates from 1538!

BENOÎT: 1538! Francis I's tree on Gamma! It's marvelous!

FLANDRE: It's magnificent!

BLANCHETTE: The gendarmes!

EMILE: We must put all that into the workshop!

EMILE: What's the matter?

BENOIT: I feel shocks.

FLANDRE: Electrical shocks.

ADRIEN: What is it?

BLANCHETTE: Electrical shocks.

BENOIT: I'm strong!

FLANDRE: I have lots of energy!

BENOIT: I'm strong!

FLANDRE: Lots and lots of energy!

EMILE: Energy! You say *energy*? It's Odile who's coming back!

ODILE: Hurry and build the sphere! I have lots of energy in me! Lots and lots of energy!

#   #   #   #

[Scene 2]

ODILE: Hurry! I'm losing my energy.

BENOIT: Yes, Odile. I'm hurrying. Come on, hurry up! Nail the boards. You have nails!

FLANDRE: Nails, that's metal!

EMILE: Where must the board be nailed?

BENOIT: Pass me the board. Yes, yes, Odile!

EMILE: And now what do we do?

BENOIT: Nail the boards! Here are some more nails.

FLANDRE: But nails, that's metal!

BENOIT: I know that it's metal, Mr. Flandre. But we have to work quickly: Odile's losing her energy. Go on, nail the boards! Here's a hammer.

ADRIEN: Are you OK, Odile? You're not losing too much energy?

ODILE: I'm trying to hang on to it.

ADRIEN: That sphere doesn't resemble the real sphere very much.

EMILE: I find that that sphere doesn't resemble the real sphere at all.

BENOIT: Yes, our sphere is a bit squarish.

ADRIEN: It's completely square.

EMILE: It's not a sphere. It's a crate. Hey, Odile, hang on to your energy!

ADRIEN: Hang on to your energy!

ODILE: I'm trying to hang on to it!

BENOIT: We must work quickly! We don't have time to build a perfect sphere.

FLANDRE: Nails, that's metal!

ADRIEN: You think this crate will fly?

BENOIT: Certainly! It will fly! The wood is from 1538. We have the energy.

BENOIT: Mr. Flandre, *that* is the top. *That*'s the bottom. Go ahead, open the door, Mr. Flandre. We're going to have a trial run.

MARIANNE: Papa! Mr. Emile! The gendarmes are coming! The machine!

EMILE: The machine? Ah, the sphere!

1st GENDARME: Have you seen the thieves?

EMILE: The thieves?

1st GENDARME: Yes, where are the thieves?

EMILE: I don't know.

1st GENDARME: What's that?

EMILE: It's a crate.

1st GENDARME: Ah! A crate. We must arrest the thieves! Come on, hurry!

MARIANNE: Oh, Mr. Emile! Oh. . .

ADRIEN: It's suffocating in here.

BLANCHETTE: That's true, it's suffocating.

#   #   #   #

[Scene 3]

MARIANNE: Good-bye, Mr. Emile.

EMILE: Good-bye, Ma'am, and thank you!

BENOIT: Emile, get into the sphere.

EMILE: Into the sphere?

BENOIT: Yes!

EMILE: It's a crate!

BENOIT: It's the sphere!

EMILE: I have to get in there?

BENOIT: Of course. Are you afraid, Emile?

EMILE: I'm a bit afraid.

BENOIT: Don't be afraid, Emile. The crate. . . the sphere is solid.

FLANDRE: The nails, that's metal!

ADRIEN: Is it really solid?

BENOIT: Very solid. Go on! Courage!

ADRIEN: It's suffocating in there.

EMILE: It's true. It's suffocating!

BENOIT: You aren't used to it. Odile! Get in!

ODILE: Hurry! I'm losing my energy.

BENOIT: There.

BLANCHETTE: Adrien!

ADRIEN: Blanchette, my Blanchette, what's the matter?

BLANCHETTE: Are you going to leave?

FLANDRE: No, no, your friend isn't going to leave. They're just running a test.

BLANCHETTE: Ah! A test.

ADRIEN: We're just running a test?

BENOIT: Of course! Pass me the painting.

EMILE, THEN ADRIEN: We're suffocating!

BENOIT: You have to get used to it. Odile, you concentrate your energy on the painting. And the sphere takes off.

BENOIT: Watch out! There. Now, we must take out the sphere. We're going to try it out. Come on! Help me! There. . . that's it. Push. Harder!

ODILE: I understand. I concentrate my energy on the painting and the crate takes off.

BENOIT: Yes, yes, the *sphere* takes off. Emile! You make a little loop over the Seine. And you come back. Are you ready?

EMILE: We're ready.

BENOIT: Odile, are your ready?

ODILE: I'm ready.

BENOIT: Release your energy!

ODILE: I'm releasing my energy!

BENOIT: It works!

FLANDRE: I'm proud! It's the first French sphere.

BLANCHETTE: Adrien!

BENOIT: It works! It's flying!

BLANCHETTE: Oh! Smoke!

BENOIT: Oh! Oh! It's flying!

EMILE: It didn't work.

ADRIEN: No. It didn't work.

ODILE: I don't have any more energy. I've lost all my energy.

ADRIEN: Blanchette! What's the matter with them?

EMILE: They've fainted.

ADRIEN: The nails! They fainted because of the nails.

EMILE: The nails!

ODILE: The nails, that's metal! And in a Gamma sphere there isn't any metal!

BLANCHETTE: Hello, Adrien. Didn't it work?

ADRIEN: No, it didn't work.

BENOIT: It's because of the nails. Odile is right: in the Gamma sphere there isn't any metal.

FLANDRE: I said so: *nails* are bad. It's metal.

BENOIT: It didn't work.

FLANDRE: We mustn't use nails.

EMILE: The wood isn't perfect. It burned.

ODILE: And I don't have any more energy.

BENOIT: We must begin all over again.

ALL: Begin all over again?!

BENOIT: Yes. All over! We must find wood.

ADRIEN: From 1538?

BENOIT: From 1538! But nearer the water.

ADRIEN: Nearer the water? What wood?

BENOIT: I don't know, but I know it exists. We must find it. "The energy is near the water. The water is near the wood." Maybe some wood that's in the water.

BLANCHETTE: It's a promise. We're going to look for wood from 1538 near the water, very near.

ADRIEN: Wood that is in the water.

ODILE: And *I*'m going to look for the energy near the water.

BENOIT: Lots of energy.

ODILE: Yes, a fantastic energy.

EMILE: And *I*'m going to look for the water!

ADRIEN: You're going to look for the water?!

EMILE: The energy is near the water; the water is near the wood: therefore, we must look for the water.

BENOIT: Ahhh, Emile may be right. Maybe we have to look for the water.

EMILE: If we have the water, the wood won't burn.

FLANDRE: We must find the water.

EMILE: Are you ready?

ADRIEN: We're ready.

EMILE: What's happened to you?

ADRIEN: We're disguised as Bavarians!

BENOIT: It's a secret! Because of the gendarmes. Got it?

EMILE: Got it. *You* leave in that direction! *You* go that way.

ODILE: And you?

EMILE: And *I*'m going that way. I'm heading south.

BENOIT: Mr. Flandre.

FLANDRE: Mr. Benoît.

BENOIT: Mr. Flandre. . . The Gamma sphere must be built of wood.

FLANDRE: But, the nails. . .

LESSON 34 — A MIRACLE!

[Scene 1]

ENGINEER: It's romantic!

ODILE: What are you saying?

ENGINEER: It's romantic!

ODILE: Romantic?! You think that's romantic?!

ENGINEER: *I*'m the engineer. I'm the one who built the dam. It's beautiful, isn't it?

ODILE: I don't think it's beautiful!

ENGINEER: What? You don't think it's beautiful?

ODILE: No!

ENGINEER: But it produces a terrific energy, a colossal energy!

ODILE: And what about the fish?

ENGINEER: The fish?

ODILE: Yes, the fish who live in the water!

ENGINEER: The fish. Well, they die!

ODILE: They die! So this dam produces an evil energy.

ENGINEER: What's the matter? The dam has had a breakdown! Nothing is working any more! That never happened! It's the first time!

ODILE: An evil energy!

ENGINEER: What?! What's going on? What? A breakdown? And you don't know where it comes from? They don't know where the breakdown comes from. What a catastrophe!

ODILE: Good day, Father.

PRIEST: Good day, Miss. What a storm!

ODILE: Yes, what a beautiful storm!

PRIEST: It's going to be terrible!

ODILE: Are you afraid, Father?

PRIEST: Afraid. . . Not exactly, Miss, but. . . Lightning!

ODILE: Don't be afraid, Father. The lightning, the thunder, the storm are a good energy.

PRIEST: A good energy?! Ah, you think so?! If the lightning strikes the bell tower, the bell tower falls on us!

ODILE: If the lightning strikes the bell tower, the bell tower falls on us?

PRIEST: Of course! Do you hear that? The bells are going to fall! The bell tower is going to fall on us! Don't touch the rope! The lightning can pass through there!

ODILE: Oh, yes, I will. I'm going to take hold of the rope!

PRIEST: Don't touch the rope!

PRIEST: A miracle! It's a miracle!

#   #   #   #

[Scene 2]

PARROT: The mail!

ADRIEN: It's a beautiful ship.

BLANCHETTE: It's good wood. Old wood.

ADRIEN AND BLANCHETTE: 1538!

PARROT: 1538!

HOTEL KEEPER: Hello, sweethearts!

PARROT: Hello, sweethearts!

ADRIEN: Hello, Ma'am.

BLANCHETTE: Good day, Sir!

PARROT: Good day, Sir!

ADRIEN: The key. Where is our key?

PARROT: Our key?

HOTEL KEEPER: Your key isn't there? Ah yes! There's someone in your room.

ADRIEN: There's someone in our room?

HOTEL KEEPER: Yes. A friend.

ADRIEN: A friend? What friend?

HOTEL KEEPER: His name is Oscar. He says he's your friend. Oscar's not your friend?

BLANCHETTE, THEN ADRIEN: Yes, Oscar's our friend.

PARROT: Our friend! Hello, sweethearts!

OSCAR: A wooden hippopotamus. . . wooden oars. . . wooden statues. . . a wooden bucket. . . a wooden. . . scrubbing board. . . a wooden beer mug. . . All that is wooden and all that is related to water! The hippopotamus is in the water, the bucket is for carrying water, and the oars are for rowing in the water.

ADRIEN: And all that is from 1538!

OSCAR: Oh! Adrien! All that from 1538?

BLANCHETTE: Yes, from 1538!

OSCAR: And all that was stolen! You stole all that! Why? You stole all that, and I'm sure you also stole this ship.

ADRIEN: It's beautiful, isn't it?

BLANCHETTE: It's made of wood! It's from 1538!

OSCAR: You have to give all that back!

BLANCHETTE AND ADRIEN: No!

OSCAR: Yes! And the Secretary wants to see you!

ADRIEN AND BLANCHETTE: No!

OSCAR: The door's locked!

POLICEMAN: Where are the thieves?

OSCAR: They've disappeared!

BLANCHETTE: No, no, Adrien! People can see us! Look at all those windows!

ADRIEN: I want to take back the wooden objects. They're here.

BLANCHETTE: Someone's going to see us! Let's hide behind that statue!

ADRIEN: Whose statue is it?

BLANCHETTE: It's a statue of Richelieu.

ADRIEN: Richelieu, who was he?

BLANCHETTE: Be quiet.

SECRETARY: A bucket! A hippopotamus! A beer mug! Statues! Oars!

OSCAR: Of wood! And from 1538!

SECRETARY: Of wood! And from 1538. Why?

OSCAR: I don't know.

SECRETARY: It's mysterious! We must find Blanchette and Adrien again! That Adrien, I'll put him in prison!

ADRIEN: In prison? Your father wants to put me in prison. Prison, what's that?

BLANCHETTE: It's a room you can't get out of.

ADRIEN: I don't want to go to prison!

SECRETARY: Why did they steal these wooden objects from 1538? I don't understand.

OSCAR: The Gammas are mysterious.

SECRETARY: Adrien is really a Gamma. You have to be a Gamma to steal a wooden hippopotamus from 1538! Help me cover up these objects again.

OSCAR: There! It's done.

SECRETARY: Good. Now, we have to find Blanchette and Adrien again. Come into my office!

ADRIEN: So Richelieu, who was he?

BLANCHETTE: Richelieu was a French statesman. No, no, Adrien! Someone's going to see us!

ADRIEN: I want to take back the wood! Come, Blanchette! Help me! Pull!

BLANCHETTE: That makes noise!

ADRIEN: It's making less noise now.

BLANCHETTE: Let's hide!

ADRIEN: Under the blanket!

SECRETARY: The stolen objects were there.

OSCAR: And now they're over there.

SECRETARY: Gamma magic!

OSCAR: Yes, you're right.

SECRETARY: That's really Gamma magic!

OSCAR: Let's see! Mr. Secretary!

SECRETARY: Blanchette! Come back!

OSCAR: Adrien! Stay here!

SECRETARY: Blanchette! My daughter!

#   #   #   #

[Scene 3]

ODILE: Oh, Joan of Arc!

OLD LADY: Yes! I *love* Joan of Arc!

ODILE: Oh yes? Me too, I *love* her! That's the king.

OLD LADY: Yes. There, "Joan recognizes Charles VII." There, it's the crowning of Charles VII.

ODILE: Ah yes!

OLD LADY: There, she's a prisoner—poor child!

ODILE: And there?

OLD LADY: There, she's before the tribunal.

ODILE: And there. . . they're burning her.

OLD LADY: Yes, they're burning her. Alive! They burned her alive, Joan! The criminals!

ODILE: Is it here, in Rouen, that Joan of Arc was burned?

OLD LADY: Yes, in Rouen. On this square.

ODILE: On this square. . . Oscar! What are you doing here?

OSCAR: I'm looking for you!

ODILE: Why are you looking for me?

OSCAR: You must tell me where Adrien and Blanchette are. The Secretary wants to see them.

ODILE: And why does he want to see Adrien and Blanchette?

OSCAR: Because they stole! They're thieves! He wants to put them in prison!

ODILE: I won't tell you where they are! Besides, I don't know.

OSCAR: Where is Emile?

ODILE: I don't know! I don't want to say! Oscar, let go of me!

OLD LADY: Let go of this girl!

OSCAR: No! She must come with me.

ODILE: I don't want to go with you!

OLD LADY: Let go of her! Will you let go of this girl!

OSCAR: Come!

OLD LADY: What's the matter with him? He's becoming nice all of a sudden!

OSCAR: I'm nice? Yes, I'm nice, always nice.

ODILE: There are too many of them. Sun! Give me your energy!

OLD LADY: The sun is disappearing!

OSCAR: Odile! Where is Odile?

POLICEMAN: She's gone.   OLD LADY: The girl has disappeared!

LESSON 35 — SPEAK TO ME OF LOVE

[Scene 1]

BLANCHETTE: It's a beautiful mill!

ADRIEN: Oh, yes, it's a beautiful mill. Made of wood!

BLANCHETTE: Adrien, don't think about wood all the time. Think about me. Forget the wood for a little while.

ADRIEN: Yes, I want to think only of you. Of nothing but you! But there's so much wood in this mill. . . and so close to the water! 1538. You see, Blanchette, this inn was built in 1538.

BLANCHETTE: But, Adrien, you can't destroy the inn to take the wood!

ADRIEN: Yes, I can! I have to, for the sphere!

BLANCHETTE: Adrien! You're crazy!

ADRIEN: Look at these shutters! Made of wood! Look at this beam! Of wood! Look at this door! Wood!

INNKEEPER: Oh, yes, my door is of wood. It's beautiful, eh? It dates from 1538!

ADRIEN: 1538.

INNKEEPER: You're sweethearts.

ADRIEN: Yes. We're sweethearts.

INNKEEPER: And you want to know if I have a room for you. Why, yes, there's room in my inn. Come in. Sit down there. You're going to eat.

ADRIEN: We're going to eat?

INNKEEPER: Why, yes, you're going to eat. Are you hungry?

BLANCHETTE: Yes, I'm hungry.

ADRIEN: *I'm* hungry, too, Blanchette. Yes, I'm hungry.

INNKEEPER: I'm going to make you a mushroom omelet. You'll see, it's delicious!

ADRIEN: Did you see this flower pot?

BLANCHETTE: Oh, yes. The bouquet is pretty.

ADRIEN: I'm not talking to you about the bouquet, Blanchette; I'm talking about the pot.

BLANCHETTE: Oh, the bouquet of flowers!

ADRIEN: Look at this pot!

BLANCHETTE: Yes. What about that pot?

ADRIEN: It's made of wood! 1538!

BLANCHETTE: Adrien, you're not nice. Don't talk to me any more about wood today! Speak to me of love.

ADRIEN: Blanchette! Blanchette, I love you.

BLANCHETTE: You won't talk to me about wood any more today, will you Adrien?

ADRIEN: Oh, no. I'll speak only of love!

INNKEEPER: Eat my omelet, my children.

ADRIEN: Thank you, Ma'am.

BLANCHETTE: How can anyone steal something from such a kind lady? Eat this mushroom, Adrien.

ADRIEN: Did you see this pitcher?

BLANCHETTE: What about this pitcher?

ADRIEN: It's made of wood!

BLANCHETTE: Adrien! You have an obsession! You said you wouldn't talk about wood any more today!

ADRIEN: This omelet is good!

BLANCHETTE: You're not going to steal anything here, Adrien! Understood? The lady is so kind.

ADRIEN: I'm not going to steal anything here. I swear it!

BLANCHETTE: Oh, Adrien! He's stealing something. Adrien! What are you doing? Adrien, you promised me not to steal anything here!

ADRIEN: Give me your hand, Blanchette.

BLANCHETTE: Don't think about wood or the sphere any more, Adrien! Think only about me!

ADRIEN: Oh, yes, Blanchette!

BLANCHETTE: You'll never steal again!

ADRIEN: Oh, no Blanchette!

#   #   #   #

[Scene 2]

MONIQUE: The general wants a well-filled glass.

GENERAL: Well-filled, my girl, well-filled. Do you see that? I'm 80 years old and my hand doesn't tremble. That's really something.

MONIQUE: That's thanks to the water from our spring. The best water in France. Magical.

GENERAL: Filled with energy!

DANCER: Alive!

CANON: Mysterious!

BANKER: And the spring has existed since. . .

SECRETARY: Since 1538. Diane de Poitiers and Francis I came here.

GENERAL: Filled with energy!

DANCER: Alive!

CANON: Mysterious!

BANKER AND SECRETARY: · 1538!

EMILE: *I*, too, want some of that magical, energy-giving, living, mysterious water. 1538!

MONIQUE: Do you like that water, Sir?

EMILE: I don't know yet.

MONIQUE: You don't know whether you like that water?

EMILE: No, I don't know. Fill this bottle for me, please.

MONIQUE: Here's a well-filled bottle. What are you going to do with this water, Sir?

EMILE: The spring dates from 1538?

MONIQUE: Yes, from 1538.

SECRETARY: Francis I came here to take a treatment. He was sick because he used to eat much too much.

GENERAL: And he used to make love.

MONIQUE: Oh! General!

GENERAL: But it's a good thing, love! Isn't that so, my pretty one?

DANCER: Oh, General!

CANON: Give me another glass of water, dear Monique.

MONIQUE: Here you are, Canon!

EMILE: 1538. "The water is near the wood."

MONIQUE: "The water is near the wood"? What do you mean by that?

EMILE: Look, the spring is near the woods.

GENERAL: That's true: the spring is near the woods, so the water is near the wood.

EMILE: That's just the water I need. Alive, magical. . .

GENERAL: Filled with energy! What are you going to do with that water?

EMILE: Secret. Good-bye, Monique. Good-bye, Ladies and Gentlemen.

GENERAL: What does that mean?

DANCER: Those bottles?

CANON: It's mysterious.

MONIQUE: I'm going to see what he does with that water! I'm going to follow him!

GENERAL: That's right. Follow him! Forward. . . this way. . . March!

EMILE: Wood from 1538! Some water on the wood. That's it! The wood doesn't burn! We must put some of this water on our sphere. Then the sphere won't burn.

MONIQUE: What are you doing?

EMILE: Me? Nothing.

MONIQUE: What are you hiding behind your back?

EMILE: *I*'m not hiding anthing.

MONIQUE: Show me what you're hiding behind your back!

EMILE: Monique, people can't hide anything from you.

MONIQUE: What are you doing with that wood?

EMILE: I pour the water on the wood; I light a match; the wood doesn't burn.

MONIQUE: But why are you using water from our spring?

EMILE: 1538!

MONIQUE: I don't understand.

EMILE: I'm looking for water from 1538 to pour on the wood. I'm looking for lots of magical, running, mysterious water, to pour on the wood.

MONIQUE: But to do what?

EMILE: I'm a French engineer, and I want to build a Gamma sphere.

618   *Les Gammas! Les Gammas!*

MONIQUE: You want to build a Gamma
sphere? I want to help you!
EMILE: You want to help me?
MONIQUE: Yes, I'm going to help you
fill your bottles.
GENERAL: This way! The energy-giving
water!

DANCER: Alive!
CANON: Mysterious!
SECRETARY: 1538!
BANKER: 1538!

#   #   #   #

[Scene 3]

TRAMP: Booze! Oh, damn!
EMILE: Damn!
MONIQUE: What's the matter with you,
Emile? Aren't you happy with your
Monique?
EMILE: Yes, I'm happy, Monique. But,
I'll have to fill the bottles again.
MONIQUE: I'll help you.
EMILE: But I have to go back to my
place. My friends are waiting for me.
MONIQUE: Odile? Adrien?
EMILE: Yes. They're waiting for me to
build the sphere.
MONIQUE: Cognac is a pretty little town.
EMILE: Yes, very pretty.
BLANCHETTE: What's the matter with you,
Adrien? Aren't you happy with your
Blanchette?
ADRIEN: Yes, I'm happy, Blanchette. But
Odile and Emile are waiting for me to
build the sphere, and we don't have
any wood.
BLANCHETTE: But we have our love.
ADRIEN: Yes, we have our love, my
Blanchette, but I ought to have a little
wood from 1538 too. My friends are
waiting for me.
BLANCHETTE: Cognac is a pretty little
town!
ADRIEN: Yes, very pretty.
ADRIEN: Emile!
EMILE: Adrien! What are you doing
here?
ADRIEN: And what are *you* doing here?
EMILE: Do you have the wood?
ADRIEN: And *you*, do you have the water?
EMILE: No. I don't have the water.
ADRIEN: I don't have the wood.
EMILE, THEN ADRIEN: Poor Odile!

EMILE, ADRIEN, AND BLANCHETTE: Odile!!
BLANCHETTE: Don't cry, Odile, don't cry!
ODILE: He didn't look for the wood! He
didn't look for the water! We can't
build the sphere!
EMILE: Adrien, *you* didn't look for the
wood!
ADRIEN: It's her fault! Emile, *you* didn't
look for the water!
EMILE: It's her fault! Odile has so much
energy. Now, we're going to look for
the wood and the water.
ADRIEN: The water is near the wood. The
energy is near the water. The water of
life. 1538.
EMILE: What can we find in Cognac?
MONIQUE: "The oldest cask in Cognac."
Let's all go to the Museum of Cognac
before leaving.
EMILE: Oh, no! We're going to look for
the wood and the water!
ADRIEN: "The oldest cask in Cognac."
The cask is made of wood. I want to
see it!
EMILE: What can we find in a museum?!
MONIQUE: Why, it isn't a museum; it's a
wine cellar!
GUIDE: It's a wine cellar, yes. But it's a
cellar-museum. Here's a cask in which
we put the brandy.
EMILE: The water of life. It's a beautiful
cask.
ADRIEN: A wooden cask!
GUIDE: Oh, yes, wooden, young man.
The brandy stays in these casks and turns
into cognac.
ADRIEN: The water of life stays in this
cask?
GUIDE: Yes, it stays in this cask for a long

time, a very long time. With time, it becomes strong.

MONIQUE: Oh, yes, cognac; the brandy becomes cognac. It's the strongest of the brandies.

GUIDE: The wood is very, very old. An old wood transforms brandy into cognac very well.

EMILE: Can this wood burn?

GUIDE: Oh, no. This wood is like stone. It doesn't burn.

ODILE: Adrien, look over there!

GUIDE: And here is our oldest cask. It dates from 1538. The oldest cask in Cognac.

BLANCHETTE: Adrien!

GUIDE: It's full. Full of brandy. Do you know what they say about this cask in Cognac?

EMILE: No, we don't know what they say about this cask in Cognac.

GUIDE: They say: "1538. The water is near the wood. The energy is near the water of life." That's what they say in Cognac.

EMILE: 1538!

ADRIEN: The water is near the wood!

ODILE: The energy is near the water of life!

GUIDE: What's going on?

EMILE: 1538!

ADRIEN: The water is near the wood.

ODILE: The energy is near the water of life.

GUIDE: Help!

LESSON 36 — WHAT ENERGY!

[Scene 1]

SCHOOLBOY: The oldest cask in Cognac!

BENOIT: Oh, *this* cask is big. It's as big as the Gamma sphere.

FLANDRE: And you think our friends will be able to go to Gamma in this cask?

BENOIT: Of course. 1538. "The energy is near the wood. The wood is near the water. . . the water of life."

FLANDRE: How good this cognac is!

BENOIT: 1538. What energy!

ODILE: Hurry, hurry. I'm in a hurry. I'm losing my energy!

BENOIT: They're going to leave!

FLANDRE: Don't shout! It's a secret! No one must know.

ADRIEN: It's time to leave? Good-bye, France.

BLANCHETTE: You're taking off? Oh, no, Adrien. Don't leave.

EMILE: Is everything all right, Odile? Do you have lots of energy?

ODILE: Yes, I have lots of it!

EMILE: A ladder! We need a ladder to go inside the cask.

BENOIT: Here's a ladder! Here! Come, Odile!

ODILE: Farewell, France!

BENOIT: In the utmost secrecy, France has built a stupendous Gamma sphere.

FLANDRE: You'll be the first French people to go to Gamma!

MONIQUE: You're going to Gamma?

EMILE: Yes, Monique, we're going to Gamma.

MONIQUE: My engineer!

ODILE: Are you coming? I can't hold in my energy any longer!

ADRIEN: We're coming!

BLANCHETTE: Adrien! My Adrien, don't leave!

ODILE: There! Look there!

EMILE: What's the matter in there?

BENOIT: What's wrong?

ODILE: The cask is still full of cognac!

BENOIT: The cognac must stay in the cask! It's written in the book: "The wood is near the water"!

EMILE: But we're going to drown in all this cognac!

BENOIT: The cognac *must* stay in the cask.

ADRIEN: Drain off a little cognac, just a tiny little bit!

FLANDRE: Yes, a tiny little bit.

ODILE: Just a tiny little bit, Mr. Benoît.

BENOIT: I'm taking out a little cognac. But I don't guarantee the success of the experiment any more. "The wood is near the water, the water of life."

ODILE: I have lots of energy! I'm up to my shoulders in cognac.

BLANCHETTE: Adrien! Adrien! I want to leave with them!

ADRIEN: What a good idea, Blanchette! Come to Gamma with us!

EMILE: Are you coming with us, Monique?

MONIQUE: Oh, no, Emile! I'm too afraid!

EMILE: Good-bye, Monique!

MONIQUE: Good-bye, my engineer.

BENOIT: Come help me, Mr. Flandre! You too, Monique. Hand me the hammer.

FLANDRE: Here's the hammer.

BENOIT: Thank you. Hand me the first board. Good-bye and good luck!

THE GAMMAS: Good-bye!

FLANDRE: Mr. Benoît, not so loud, please, not so loud.

BENOIT: Why?

FLANDRE: But you know very well that the experiment is secret.

MONIQUE: Watch out, it's going to explode!

FLANDRE: One of two things is going to happen: either it's going to explode, or else it's going to work and they're going to take off.

#   #   #   #

[Scene 2]

1st GOSSIP: The weather is nice today.

MARIANNE: It's beautiful.

2nd GOSSIP: It's very beautiful today.

MARIANNE: Yes, it's very beautiful today. There's a lovely sun.

1st GOSSIP: It's warm.

2nd GOSSIP: But what a noise!

MARIANNE: Do you think it's noisy?

1st GOSSIP: Yes, there's a lot of noise, much too much noise here. Marianne! You know everything. Tell us why there's all this noise!

MARIANNE: But I don't know why, Mrs. Bise.

2nd GOSSIP: What, Marianne, you don't know? But that noise is coming from your father's place, from Mr. Flandre's!

1st GOSSIP: Don't tell *me* you don't know what your father, Mr. Flandre, is doing!

MARIANNE: I know what my father is doing.

1st AND 2nd GOSSIPS: What's he doing?

MARIANNE: It's a secret.

1st GOSSIP: A secret? What secret?

2nd GOSSIP: Yes, what secret?

MARIANNE: Some engineers, my father, and Mr. Benoît are testing the first Gamma sphere over there!

1st GOSSIP: What?

MARIANNE: The first Gamma sphere! Don't tell anyone! It's a secret!

1st, THEN 2nd GOSSIP: The first Gamma sphere. It's a secret!

OSCAR: Do you know this girl? Her name is Blanchette.

MARIANNE: Blanchette? No, I don't know that girl.

OSCAR: You don't know Emile, or Adrien, or Odile either?

MARIANNE: I don't know those people.

FLANDRE: Marianne! Marianne!

OSCAR: Do you know this girl?

FLANDRE: No, no, I don't know that girl.

OSCAR: She isn't here, Mr. Secretary.

FLANDRE: You're a secretary, Sir?

SECRETARY: Yes, I'm a secretary.

FLANDRE: You've come for the Gamma experiment, the first flight of the Gamma sphere?

OSCAR: Is there a Gamma experiment here, in La Roche-Guyon?

FLANDRE: Don't you hear the noise?

SECRETARY: That noise? What is it?

FLANDRE: The first flight of the Gamma sphere. I know Emile, Odile, Adrien, and Blanchette very well. They're the ones who are making all that noise. They're leaving for Gamma. It's a secret!

SECRETARY: They're leaving for Gamma? Blanchette!

FLANDRE: Blanchette?

SECRETARY: My daughter, she's my daughter!

OSCAR: Take your places! Follow me, this way! Hurry!

SECRETARY: Where is my daughter?

1st GOSSIP: The Secretary, the officials. They've come for the take-off of the Gamma sphere.

# # # #

[Scene 3]

MONIQUE: Do you think it's going to fly?

BENOIT: Oh, yes. You'll see. Our Gamma sphere is going to fly.

MONIQUE: But when?

BENOIT: When Odile's energy and the energy of the cognac are combined. Soon. Ah, it's not a secret any more! You have no business here, leave!

FLANDRE: The Secretary has come to attend the Gamma experiment.

SECRETARY: Where is my daughter Blanchette?

OSCAR: Where are Emile, Odile, and Adrien?

BENOIT: It's a secret.

SECRETARY: A secret?

OSCAR: There are no secrets for a secretary!

BENOIT: There's no ceremony for the first flight of the Gamma sphere!

SECRETARY: What? What did he say?

OSCAR: He's talking about the Gamma sphere.

SECRETARY: Sir, where is my daughter Blanchette?

BENOIT: She's in the sphere.

SECRETARY: Where is that sphere?

BENOIT: There it is, Mr. Secretary!

SECRETARY: What? That cask? It's a large cask, it's not a sphere!

BENOIT: You're mistaken, Mr. Secretary; it's a sphere! "The wood is near the water. 1538. The energy is near the water. The water of life."

SECRETARY: Oscar, this man is mad! Completely mad!

MONIQUE: They're going to leave! My God! They're taking off.

FLANDRE: It's the take-off!

MONIQUE: Farewell, Emile! Farewell, Adrien! Farewell, Odile! Farewell, Blanchette!

SECRETARY: Blanchette! My daughter is in that cask?

BENOIT: You're mistaken, Mr. Secretary. It's not a cask. It's the Gamma sphere. And your daughter is inside.

SECRETARY: Blanchette! Come back!

OSCAR: She's going off with Adrien. You see, the Gammas exist!

SECRETARY: Catch that cask! Do something! They're leaving!

BENOIT: It's a magnificent success!

FLANDRE: Congratulations!

SECRETARY: Blanchette! Good-bye.

OSCAR: The Gammas exist, Mr. Secretary!

SECRETARY: Yes, they exist. But they've gone off with my daughter Blanchette.

LESSON 37 — GOOD-BYE, FRANCE!

[Scene 1]

BENOIT: It's a success.

FLANDRE: A French success! Do you still see our Gamma sphere?

BENOIT: It's disappeared.

FLANDRE: You don't see it any more? Really?

BENOIT: No. No. I don't see it any more. It's completely disappeared.

OSCAR: Blanchette will come back some day, Mr. Secretary.

SECRETARY: No, no, she won't come back again. . . ever.

OSCAR: In a month, in a year, my Gamma friends will come back with your daughter.

SECRETARY: Do you think the Gammas will be nice to Blanchette?

OSCAR: Oh, yes, the Gammas will be very nice to your daughter.

BENOIT: What's this Gamma story all about?

OSCAR: My friends Emile, Odile, and Adrien are Gammas.

BENOIT: Emile's not a Gamma. Nor Odile, nor Adrien. They're French.

FLANDRE: Emile is a French engineer.

SECRETARY: Certainly not! They're Gammas!

BENOIT AND FLANDRE: Gammas?!

BENOIT: Real Gammas?

MONIQUE: Of course, Mr. Benoît, Emile wasn't a French engineer, he was a Gamma.

BENOIT: Emile, a Gamma!

OSCAR, THEN THE SECRETARY: Hurrah for the Gammas!

BENOIT: Emile was a Gamma? Emile was a Gamma!

FLANDRE: A real Gamma.

MONIQUE: Emile, he's gone, Emile!

OSCAR: *I* always believed in the Gammas. I've always said, "The Gammas exist!"

BENOIT: I hear something.

FLANDRE: I hear a noise.

MONIQUE: There! They're coming back!

SECRETARY: They're coming back!

BENOIT: They've forgotten something.

FLANDRE: They didn't forget anything. It's not working.

EMILE: It's not working. Odile doesn't have any more energy!

ODILE: I don't have any more energy!

BLANCHETTE: Help, Papa! Help! We're falling!

SECRETARY: They're going to fall!

OSCAR: They're going to fall into the Seine!

SECRETARY: You're Gammas without a sphere. But without a sphere, you're not completely Gammas.

EMILE: You're right, Mr. Secretary. Without the sphere, we're not completely Gammas.

ODILE: Without the sphere, we can't go back to Gamma!

ADRIEN: It's awful. Awful.

ODILE: I want to go back to Gamma. I want the sphere.

SECRETARY: Poor little girl. You don't have your sphere any more. But what did you do with your sphere? Eh? What did you do with it?

OSCAR: But I've already told you, Mr. Secretary. They lost their sphere. They can't find it any more.

EMILE: We've looked everywhere for it.

ADRIEN: In Megève. . . everywhere.

SECRETARY: I'm going to find the Gamma sphere for you. I'm going to make an appeal on television. What's it like, your sphere?

EMILE: It's like this one, Mr. Secretary.

SECRETARY: Like this ball? But that's a toy, a souvenir. Blanchette bought it for me in Megève. How will you go about recognizing your sphere, Emile?

EMILE: I'll make the Gamma gesture, Mr. Secretary.

OSCAR: And the sphere will get bigger.

SECRETARY: The sphere will get bigger! But what's it like, this Gamma gesture, my dear Emile?

EMILE: Here! It's done like this! You concentrate. . . You have to concentrate very hard. You move your head . . . like this. . . and I stare at the sphere. I concentrate, I move my head, I stare at the sphere, understood?

ODILE: It's our sphere!

ADRIEN: Keep it up, Emile! Keep it up!

ODILE: Keep it up!

SECRETARY: Stop, Emile! That's enough!

#   #   #   #

OSCAR: Silence!

SECRETARY: No, I will not make a speech. Our friends, the Gammas, understand French so well now. They know that a speech is always too long. I just want to give our friends a little souvenir before their departure. And hurrah for the Gammas!

ODILE: Thank you, Mr. Secretary.

ADRIEN: It's a beautiful statue, a beautiful souvenir. Thank you, Mr. Secretary!

EMILE: Thank you, Mr. Secretary. Your souvenir is heavy.

SECRETARY: We must not forget Oscar. Oh yes, Oscar, you deserve a medal. It's Oscar who discovered the Gammas. In the darkest hours, Oscar believed in the Gammas and cried, "The Gammas exist! I've seen them!" Bravo. Thank you, Oscar; France is proud of you! Are you weeping, Oscar?

OSCAR: Yes, but I'm weeping for joy, Mr. Secretary.

OLD WOMAN: Oh, Sir, just once in my life, I want to touch a Gamma! Oh, excuse me, Sir. I just wanted, once in my life, to touch a Gamma.

EMILE: Madam, I am like a Frenchman!

OLD WOMAN: Oh, how nice they are, these Gammas, how nice they are.

MONIQUE: You're leaving when, Emile?

EMILE: We're leaving in an hour.

FILMMAKER: Excuse me. Is it true that you're going back to Gamma in an hour?

EMILE: Yes, we're leaving in an hour.

FILMMAKER: Too bad! Hmm, it's really too bad.

ODILE: Why, Sir?

FILMMAKER: I would really have liked to make a film about you.

ODILE, THEN ADRIEN: A film?!

EMILE: Impossible! We must leave in an hour.

ROGER'S VOICE: I want to see Odile!

ODILE: Roger!

ROGER: Odile! Oh, Odile!

ODILE: My Roger!

ROGER: My Odile!

SECRETARY: They're in love. A Frenchman is in love with a Gamma girl. Bravo. Who is Roger?

EMILE: He's a young man we met in Burgundy when we arrived in France.

ADRIEN: Roger is in love with Odile.

BLANCHETTE: And Odile is in love with Roger.

SECRETARY: Very good, very good. . .

ROGER: Odile, you cut your hair?

ODILE: Yes, I cut my hair.

ROGER: Why?

ODILE: To be really French.

ROGER: And now, you're French?

ODILE: Now, I'm French.

ROGER: And you're going back to Gamma?

EMILE: Yes. Odile is going back to Gamma. In an hour. All three, we're going home.

SECRETARY: Dear friends. . . I don't want to rush you, but if you want to leave, it's time.

EMILE: Well, it's time to leave.

#.   #   #   #

[Scene 3]

EMILE: Useless to take photos. We can't be seen on photos.

PHOTOGRAPHER: How about that!

SECRETARY: Gentlemen of the press, thank you.

OSCAR: Naturally. . . naturally. . . I'm the best friend of the Gammas. Fur-

thermore I am a specialist on the Gammas. I've written books about the Gammas.

EMILE: Good-bye, Monique.

ODILE: Good-bye, Roger.

ADRIEN: Good-bye, Blanchette.

BLANCHETTE: Good-bye, Adrien.

EMILE: Good-bye, Mr. Secretary.

SECRETARY: Good-bye, Emile. Good-bye, Adrien.

ADRIEN: See you soon, Oscar.

BLANCHETTE: Papa! Adrien's going to leave!

SECRETARY: Young man. . . Adrien? If you wnat to stay in France. . . if you want to become a French citizen. . .

ADRIEN: I want to go back to Gamma.

BLANCHETTE: Papa, I want to go with them.

SECRETARY: Come, come, Blanchette! And what about your studies? Adrien will come back to France. You will come back, won't you, Adrien?

EMILE: We'll come back. Come, my friends, we must leave. Mr. Secretary, can Roger accompany us to Gamma?

SECRETARY: Do you have room for him, my dear Emile?

EMILE: There's one place for Roger. . . but just for him!

SECRETARY: Roger can accompany you.

He will be France's ambassador to Gamma.

1st AMBASSADOR: I am the ambassador to France of Her Majesty the Queen of England. Will you do us the honor of coming to Great Britain some day?

EMILE: Of course, we'll come to England.

2nd AMBASSADOR: And to Sweden?

EMILE: Of course, to Sweden.

3rd AMBASSADOR: And to Italy?

ODILE: To Italy? Agreed!

3rd AMBASSADOR: Thank you, Miss.

4th AMBASSADOR: And to Switzerland, too!

ADRIEN: And to Switzerland, naturally. Good-bye, Blanchette!

EMILE: Farewell, Monique! So long, Oscar!

ADRIEN: Good-bye, Mr. Secretary.

ODILE: Good-bye, France!

CHORUS OF THOSE STAYING BEHIND: Good-bye, Gammas!

BLANCHETTE: Good-bye, Gammas. Be seeing you, Adrien.

LESSON 38 — TOO LATE, MY LOVE

[Scene 1]

EMILE: Farewell, Eiffel Tower! Farewell, Sacré-Cœur! Farewell, Seine! Farewell, Paris!

ODILE: Alsace. . . Normandy. . . Brittany. . . Corsica. . . the Riviera. . .

ROGER: Burgundy!

ODILE: Burgundy! Roger, are you weeping?

ROGER: Yes.

ODILE: Why?

ROGER: I don't know. . .

ODILE: Aren't you happy to be with me?

ROGER: Oh yes, I am, Odile!

ODILE: Farewell, France!

ROGER: See you soon, France! The Earth!

ODILE: It looks like an orange!

ROGER: An orange! Yes, it looks like an orange!

ADRIEN: Who asked for an orange?

ODILE: An orange. . . Nobody asked for an orange.

ROGER: We only said the Earth resembles an orange.

ADRIEN: The Earth doesn't resemble an orange, it resembles a cherry.

EMILE: Who asked for a cherry?

ODILE: The moon! What's that?

ROGER: It's a flag. It's the American flag.

ODILE: A red flag!

ROGER: It's the Russian flag. Oh! I'm in pain!

ODILE: What's the matter, Roger?

ROGER: I'm suffocating!

ODILE: Roger's suffocating!

EMILE: There's no more air.

ODILE: You must put this on! There's no more air. Go on! Breathe, Roger! Breathe!

ROGER: I can breathe again. There's air!

ODILE: *I*'m breathing better, too.

ODILE: Mars!

ADRIEN: Venus!

EMILE: Saturn!

ADRIEN: Uranus!

EMILE: Mercury!

ODILE: Jupiter. . . Neptune. . . Pluto. . .

ROGER: What's the matter? The sphere isn't going forward any more?!

EMILE: No, the sphere isn't going forward any more.

ROGER: The sphere isn't going ahead any more?!

EMILE: It's time that's going ahead instead of the sphere.

ODILE: But time is going by quickly.

ADRIEN: It's going by very quickly.

ROGER: I have a beard!

ODILE: Yes, you have a beard.

EMILE: Time passes quickly!

ROGER: But time is passing very quickly, it's passing too quickly.

EMILE: That's right! The sphere isn't going ahead, but time is.

ROGER: I'm getting old. . . older and older. I want to go back to France! I want to go back home!

ODILE: You want to go back to France? My poor Roger! But now it's not possible any more. It's too late, my love.

#   #   #   #

[Scene 2]

ROGER: Time is passing too quickly. I'm old. Very old.

ODILE: We must cure Roger!

ADRIEN: Yes, we must cure him. We must help Roger.

EMILE: We must stop at Gamgagam.

ROGER: What's "Gamgagam" in French?

ODILE: "Gamgagam" means "youth" in French.

ROGER: Youth. . . You're young, Odile! *I*'m old, very old. Is this Gamma, here?

ODILE: No. This is the planet Gamgagam! The Planet of Youth!

ROGER: "Youth". . . the Planet of Youth!

EMILE: Eat this apple, Roger.

ROGER: Me, eat that apple?! Never!

ODILE: Why don't you want to eat this apple, Roger?

ROGER: I can't eat that apple because I don't have teeth any more!

ODILE: He doesn't have teeth any more. You don't have any teeth left, Roger!

ROGER: And that makes you laugh! You're mean!

ODILE: Go on, Roger, eat this apple!

EMILE: Gamgagam. The Planet of Youth.

ROGER: What's the matter with you? Stop laughing! You're making fun of me.

ODILE: Roger. . . your beard. . .

ROGER: My beard. . . where's my beard? Oh, I've lost my beard. There's my beard!

ODILE: Roger, you're young again!

ROGER: I'm young again! Yippee! It's not very big, the Planet of Youth.

ODILE: No, it's not big, the Planet of Youth, but it makes people young.

EMILE: Stop running around. Sit down with us.

ROGER: Can we take the noses off?

ADRIEN: There's air here.

ROGER: The air is good!

ODILE: Evening is falling. . .

ROGER: A bird is singing.

ODILE AND ROGER: Let's go to sleep.

EMILE: No! I'm not sleeping before I've eaten!

ADRIEN: That's right! We're going to have a picnic!

ODILE: A beautiful tablecloth!

EMILE: Wine!

ROGER: Glasses. . .

ADRIEN: Bread, ham, pâté, cheese, a cake, fruit. . .

EMILE: Candles. . .

ROGER: It's like being in France!

EMILE: Ah, people do eat well in France! Ah, we certainly ate well in France!

ADRIEN: And wine! French wine!

ROGER: Isn't there any wine on Gamma?

EMILE: No, there's no wine on the planet Gamma.

ROGER: A planet without wine is a sad planet.

EMILE: No! The planet Gamma is not a sad planet!

ODILE: Gamma is a happy planet.

EMILE AND ADRIEN: But there isn't any wine.

ODILE: Why are you smiling, Roger?

ROGER: It's a secret.

EMILE: What's going on? What's happening?

ODILE: What's the matter?

EMILE: That just fell here!

ODILE: It's a cube.

EMILE: Yes, a metal cube.

ADRIEN: And here's another cube.

EMILE: Where are they coming from?

ADRIEN: *I* know where these cubes are coming from. They're coming from the planet Ga-ga-ga-ga.

ROGER: Ga-ga-ga-ga?

ADRIEN: They're coming from the Planet of the Machines.

ROGER: Who's coming from the Planet of the Machines?

EMILE: These metal cubes come from the Planet of the Machines.

ROGER: The Planet of the Machines is polluting the Planet of Youth.

EMILE: Nasty Planet of the Machines! What does that mean, "to pollute"?

ROGER: To pollute is to soil. . . it's to make something dirty. . . The Planet of Youth is polluted.

# # # #

[Scene 3]

EMILE: What's the matter, Roger?

ROGER: Have I aged?

ODILE: You haven't aged, Roger. You're still young.

ROGER: What's happening?

EMILE: The sphere is going forward again. The Metal Galaxy.

ROGER: The Metal Galaxy. . . It's cold!

EMILE: We have to put on the noses!

ROGER: Why do we have to put on the noses?

EMILE: We're approaching the Planet of the Machines.

ROGER: Oh, clouds!

EMILE: Those aren't clouds, that's smoke.

ROGER: Smoke?

EMILE: Yes, smoke. Look!

ODILE: Are you afraid, Roger?

ROGER: Yes, I'm afraid, I don't want to go to the Planet of the Machines.

EMILE: Too late. You should have said so earlier. Now, we're there.

ROGER: I'm scared.

ODILE: It's an ugly planet! And besides it's dirty and sad.

ADRIEN: A planet without trees, without birds.

EMILE: There's nothing but cubes and smoke.

ROGER: What's that? Cubes that walk!

EMILE: They're working.

ROGER: What an atrocious planet! But where are the people?

ODILE: People? What people?

ROGER: The inhabitants of the Planet of the Machines!

EMILE: Why, the cubes are the inhabitants of the Planet of the Machines.

ROGER: The inhabitants are machines! I'm scared! I want to go back to France!

EMILE: We can take off the noses.

ROGER: That was terrible!

ODILE: Roger, do you want to go back to France?

ROGER: Yes, I want to go back to France. On Gamma, is it like the Planet of the Machines?

ODILE: No, it's not like that at all, on Gamma.

ROGER: Then I want to go to Gamma first. When will we arrive on Gamma?

EMILE: Soon, Roger, soon!

[Scene 1]

EMILE: It isn't possible! There's no more wine?!

ADRIEN: It is too possible! It's because of you, Emile. You always drink too much.

EMILE: Me?! No! *You*'re the one, Adrien, who likes French wine too much!

ODILE: Be quiet! With you two, we'll get to Gamma without a single bottle of wine! Where's Roger?

EMILE: There! *Roger* drank our last bottle!

ROGER: What's the matter?

ODILE: We don't have any more wine. You've drunk our last bottle.

ROGER: Do you know what this is?

EMILE: What is it?

ROGER: It's a secret. Smoke?

ODILE: Oh, no. They're clouds, Roger.

ADRIEN: The clouds of Gamma!

ROGER: Are we getting close to Gamma?

ODILE: Why, yes, we're getting close to Gamma! Aren't you happy, Roger?

ROGER: I don't know what's in store for me on your planet. Are there trees on Gamma?

ODILE: Why, yes, there are lots of them.

EMILE: Our civilization is a civilization based on wood. We brought too many things along.

EMILE AND ADRIEN: Ah, Gamma! The good air of Gamma!

ROGER: Gamma. . . I'm on Gamma. . . *I*, a Frenchman, am on Gamma. I'm the first Frenchman on Gamma.

EMILE: You're the French ambassador to Gamma.

ROGER: Oh, that tree! How huge its fruits are!

ODILE: It's the dress tree.

ROGER: The dress tree?

ODILE: Yes. We don't need to work to have a dress. All we have to do is pick it from the tree.

EMILE: This is the milk tree.

ROGER: It's really milk.

ODILE: Here's the bread tree.

ADRIEN: And here's the surprise tree.

Oh, a flute.

ODILE: The surprise tree is full of presents for the children.

ROGER: But everything grows on Gamma?!

EMILE: Yes, my dear Roger. We don't need to work.

ADRIEN: All we have to do is pick the fruit.

ODILE: What are you doing, Roger?

ROGER: That was my secret. I want to try an experiment.

EMILE: I don't understand.

ROGER: I want to try to grow grape vines on Gamma. Maybe some day there'll be wine on Gamma.

GAMMAS: Maga maga magamma. . .

ROGER: I like the Gamma language. They sing.

ODILE: What's the matter with them?

ROGER: They're running away.

EMILE: But why are they running away?

ADRIEN: They're running away because of our clothes. We're wearing French clothes.

ODILE: And our hair!

EMILE: Yes, our hair is too short.

1st GAMMA: Gaga Ga Ga Gaga. . .

ROGER: What's he saying?

EMILE: He's laughing because we don't have any hair.

2nd GAMMA: Gagagaga gamagama! Ha, ha!

ROGER: What's he saying?

ODILE: He's saying that our clothes don't grow on our trees.

EMILE: Mama!

EMILE'S MOTHER: Mama?

EMILE: Mama! Ggagag. "Maman" is French. This is Roger. He's French.

EMILE'S MOTHER: French. . .

ROGER: Yes, I'm French. Hello, Madame.

EMILE: "Hello, Roger."

EMILE'S MOTHER: Hello, Roger!

EMILE: "Welcome to Gamma."

EMILE'S MOTHER: Roger. . . welcome to Gamma!

\#   \#   \#   \#

EMILE'S MOTHER: Ga ga?

EMILE: What is it?

ROGER: "Ga ga" means "What is it?"

EMILE'S MOTHER: What is it?

ROGER: It's a plate!

EMILE'S MOTHER: It's a plate.

ODILE'S MOTHER: What's that?

ODILE: That, Mama, is a dress.

ODILE'S MOTHER: It's a dress.

ODILE, THEN HER MOTHER: The dress is beautiful!

ODILE'S FATHER: What's that?

ROGER: It's a bottle.

ODILE'S FATHER: It's a bottle. What's this?

MOTHERS AND CHILDREN: It's a plate!

GAMMA WOMAN: What's this?

GAMMA YOUTH: It's a dress!

ODILE'S FATHER: The dress is beautiful.

GAMMA YOUTH: What's that?

ODILE'S FATHER: It's a bottle!

ROGER: Why, they learn very fast!

EMILE, THEN PARENTS AND CHILDREN:
    The inhabitants of Gamma learn French very fast.

EMILE'S MOTHER: Mama. . .?

ROGER: Mama. . . My mother is in France.

EMILE: Impossible, Mama, France is too far away!

EMILE'S MOTHER: France is too far away? Roger's mother!

ROGER'S MOTHER: Who's calling me?

ROGER: *I* am, Mother, Roger.

ROGER'S MOTHER: It's you, Roger? And where are you?

ROGER: I'm on Gamma. I arrived safely. Gamma is very beautiful.

CHORUS OF GAMMAS: Gamma is very beautiful!

ADRIEN: Blanchette! Where are you?

BLANCHETTE: Adrien! Are you calling me?

ADRIEN: I arrived safely on Gamma.

ROGER: Gamma is beautiful.

SECRETARY: What's going on? Where is that voice coming from?

BLANCHETTE: It's Adrien, Papa! He arrived safely on Gamma!

EMILE: Hello, Blanchette.

BLANCHETTE: Hello, Adrien.

SECRETARY: Hello, Odile.

BLANCHETTE: Hello, Emile.

ADRIEN, THEN ROGER: Hello, Mr. Secretary.

EMILE: Oscar!

OSCAR: What's going on? Who are you?

EMILE: Oscar, don't you recognize my voice?

OSCAR: Emile, it's Emile's voice!

EMILE: I'm on Gamma.

OSCAR: On Gamma?! Oh!!

ROGER: Gamma is very beautiful.

ALL OF THE GAMMAS: Gamma is very beautiful!

EMILE: Some French people: Oscar, a detective; the Secretary; Blanchette, the Secretary's daughter. . . Roger's mother. . .

GAMMAS: French people. . . Oscar. . . the Secretary. . . Blanchette. . . Roger's mother. . .

CHORUS OF GAMMAS:

Three proud Gammas were coming
    back from France, (repeat)
And ma and ga and magagagagamma,
Maga gaga magamma, (repeat)
Were coming back from France.

With Roger, the love of beautiful
    Odile, (repeat)
And ma and ga and magagagagamma,
Maga gaga magamma, (repeat)
The love of beautiful Odile.

Speaking French, and familiar with
    France, (repeat)
And ma and ga and magagagagamma,
Maga gaga magamma, (repeat)
And familiar with France.

#   #   #   #

COUNCIL: No. It's impossible!

ODILE: Oh, yes! I *will* marry Roger!

EMILE'S MOTHER: No. It's impossible.

ODILE'S MOTHER: No, Odile. You won't marry Roger.

EMILE, ODILE, ADRIEN: Why?!

EMILE: Tell us why! Go ahead. . . Say it!

EMILE'S MOTHER: Roger doesn't have the Gamma magic.

ADRIEN: It's true, Roger doesn't have the Gamma magic. He can't disappear.

ROGER: It's true, I don't have the Gamma magic, but I want to marry Odile.

ODILE: He doesn't have the Gamma magic. But I *will* marry him!

ODILE'S MOTHER: Roger doesn't have the Gamma magic. You can't marry him.

ODILE'S FATHER: Odile can marry only a man who has the Gamma magic.

OTHER COUNCIL MEMBERS: Odile must marry a man who has the Gamma magic.

EMILE: They've disappeared!

COUNCIL MEMBERS: But we're still here!

ROGER: My Odile. . . I want to marry Odile! I want the Gamma magic! Oh, damn!

COUNCIL MEMBERS: Oh, damn?!

EMILE: Magic. . .

ODILE: Do you have an idea?

EMILE: No. The French don't have any magic.

ROGER: Alas. . . no.

ADRIEN: Look at that tree! Look!

EMILE: I've never seen a tree like this! It's magic! It's French magic!

ADRIEN: Is this where you tried your experiment?

ROGER: I don't understand anything.

ODILE: This is where you wanted to grow grapevines!

ROGER: Yes, it's here. What about it?! It's wine! It's marvelous! It's the finest Burgundy wine!

EMILE: A wine tree.

ODILE: It's magic.

ADRIEN: French magic!

EMILE: That's it! French magic!

1st GAMMA: This drink is good!

ODILE'S FATHER: It's good, it's very good!

ODILE: A present from Roger for our planet.

EMILE'S MOTHER: Does this drink have magical powers?

EMILE: That's right, Mother; Roger has magic.

COUNCIL MEMBERS: Magic! Ga-ga. . . ga. . .

ROGER: Now I'm in Paris. The Eiffel Tower and I.

EMILE'S MOTHER: It's magic!

ROGER: The Arch of Triumph and I.

ODILE'S MOTHER: It's magic!

ROGER: Now I'm on the highway, and now I'm on the plane and I'm going back to Gamma. And now, I'm here again.

COUNCIL MEMBERS: It's magic!

EMILE'S MOTHER: It's magic. But it isn't Gamma magic.

EMILE, THEN ODILE'S FATHER: It's French magic.

ODILE: I want to marry Roger.

ODILE'S FATHER: Can Odile marry Roger?

ODILE'S MOTHER: Yes, Roger has magic. Odile may marry Roger.

EMILE: The wedding will take place tomorrow!

ALL: Long live the bride and groom! Hurrah for France! Hurrah for Gamma!

ODILE: Roger. Roger, where are you?

ROGER'S VOICE: Here.

EMILE: Roger can disappear. . .?

ADRIEN: He has Gamma magic. . .?!

EMILE'S MOTHER: It was my wedding present.

ROGER: Thank you for your present, thank you. I'm tiny. . . I'm tall. . . I'm invisible.

THE OTHERS: He's tiny. He's tall. He's invisible. We're tiny. We're tall. We're invisible.

GRAND FINALE

Three proud Gammas were coming
  back from France, (repeat)
And ma and ga and magagagagamma,
Maga gaga magamma, (repeat)
Were coming back from France.

For Adrien, Emile and our Odile,
  (repeat)
And ma and ga and magagagagamma,
Maga gaga magamma, (repeat)
Emile and our Odile,

The story's ended, and hurrah for the
  wedding, (repeat)
And ma and ga and magagagagamma,
Maga gaga magamma, (repeat)
And hurrah for the wedding!

Grammar Terms with Examples

Many grammar terms are used in the language notes. Refer to the following explanations when uncertain about the meaning of any of these terms. These explanations apply to English or to grammar in general.

Active — see *Voice.*

Adjective — a word used to describe, modify, qualify or specify a *noun* or noun equivalent; sometimes called a *noun modifier.*

  demonstrative adjective — points out a specific noun (*that* book).
  descriptive adjective — gives a description, such as color, size, etc. (*wide* river, *pretty red* roses).
  interrogative adjective — asks about a noun (*which* girl?).
  possessive adjective — shows possession (*my* father).

Adverb — a word used to describe, modify, or qualify a *verb,* an *adjective,* or another adverb. Adverbs answer questions such as "How?," "When?," "Where?," "Why?," "How much?," "To what extent?" (worked *hard, very* pretty, *too carefully*).

Agreement — the correspondence between words, such as *subject* and *verb* or *adjective* and *noun,* that reflects *number, person,* or *gender* (I *was.*/They *were.*; *that* book/*those* books).

Antecedent — the word, phrase, or *clause,* previously expressed, to which a *pronoun* refers
(the *tree,* which is at the edge of the forest; I see the *people.* They are hurrying.).

Article — a word used as a noun modifier or determiner
  a. the *definite article* refers to a specific person, animal, place, or thing (*the* table).
  b. the *indefinite article* refers to an unspecified person, animal, place, or thing (*a* house, *an* animal).
  c. the *partitive article* refers to an indefinite quantity or part of a whole (*some* bread, *any* friends).

Auxiliary — the helping *verb* used with a form of the main verb to form various *tenses* of the *indicative, subjunctive,* and *conditional* moods (he *was* helping, you *will* go, they *would have* listened).

Clause — a group of words including at least a *subject* and *verb,* often part of a compound or complex sentence.
  a. *independent* clause — stands alone (*He arrived at ten o'clock.*)
  b. *main* clause — the part of a compound or complex sentence that can be used alone (Because they called us, *we went to the movies.*)
  c. *dependent,* or *subordinate,* clause — cannot stand alone (*When he arrives,* she'll let him in.).
  d. *relative* clause — one type of dependent clause, introduced by a *relative pronoun* referring to an antecedent (The food *that I ordered* has not come yet.).

Cognate — a word related to and resembling a word in another language (English: *interior*; French: *intérieur*).

Comparative — see *Comparison.*

Comparison — the modification of an adjective or adverb to show relationship between or among persons or things.

a. *comparative* (a *higher* building, a *less intelligent* dog, *more quickly*).

b. *superlative* (the *highest* building, the *least intelligent* dog, *most quickly*).

Compound tense — a verb phrase consisting of a form of the appropriate *auxiliary* + the *past participle* of the *verb* being conjugated (we *have eaten*, you *would have walked*).

Conditional — see *Mood.*

Conjugation — the systematic presentation of the different forms of a *verb* according to *voice, mood, tense, number,* and *person*

Conjunction — a word used to connect words, phrases, *clauses*, or sentences (*and, but, when, because,* etc.).

Contraction — the shortening of a word or word group by the omission of one or more letters (he would → *he'd*).

Definite — see *Article.*

Demonstrative — see *Adjective/Pronoun.*

Derivative — a word formed from another word or root

Descriptive — see *adjective*

Determiner — a particular use of a *noun modifier* when placed before a *descriptive adjective* modifying the same noun (*that/the/her* fine dress). See also *Adjective/article.*

Feminine — see *Gender.*

Gender — a classification by which *nouns, pronouns,* and their modifiers are grouped (*masculine* gender, *actor* — *he*; *feminine* gender, *actress* — *she*; *neuter* gender, *book* — *it*).

Gerund — see *Participle.*

Idiom, idiomatic expression — an accepted phrase, construction, or expression contrary to the usual patterns of the language or having a meaning different from the literal (*to fall behind* in one's work, *in a jiffy*).

Imperative — see *Mood.*

Indefinite — see *Article.*

Indicative — see *Mood.*

Infinitive — the basic form of a *verb*, the form listed in dictionaries, so called because it does not reflect *person* or *number*; in English, often preceded by "to" (We want *to leave.* You had us *call.*)

There is also a *past infinitive* that consists of "to have" + verb (*to have jumped*).

Interrogative — see *Adjective/Pronoun.*

Intransitive verb — see *Verb.*

Invariable — not changing in form.

Masculine — see *Gender.*

Modifier — see *Noun modifier.*

Mood — in many languages, the aspect of *verbs* that has to do with the speaker's ATTITUDE toward the action or state expressed. Mood is shown by variation in the verb form (see *Conjugation*), by auxiliaries, or by both.

a. *indicative* mood — the speaker views the action of the verb as a fact or is asking a question of fact (We *are eating. Have* they *gone*?).

b. *conditional* mood — the speaker indicates what would occur if a certain condition were met (I *would read* if I had a good book.)

c. *subjunctive* mood — the speaker views the action of the verb as a matter of supposition, desire, possibility, etc. (We insist that she *go* home.).

d. *imperative* mood — the speaker uses the verb to give a command, a strong request, a plea, or a suggestion (*Come* to see me. *Let's dance*!).

Neuter — see *Gender.*

Noun — any of a class of words naming or denoting a person, place, thing, quality, etc. (*student, town, box, truth*). A noun can be used as *subject* or as *object of a verb* or *preposition.*

Noun modifier — a word, phrase, or *clause* that qualifies or describes a *noun* or noun equivalent (the *old* man; the bucket *of water*; the girl *who sang in the chorus*).

Number — a differentiation of form to show whether one—*singular*—or more than one—*plural*—is meant (*This tree is* green. *These trees are* not green.).

Object of a preposition — the *noun* or noun equivalent that follows a *preposition* (to the *store*, in *Paris*, beside *her*, before *going*).

Object of a verb — the *noun* or noun equivalent that completes the meaning of a *verb*.

    a. *direct object* — the noun or noun equivalent that answers the question "whom?" or "what?" (We saw the *clowns*. He bought *it*.).

    b. *indirect object* — the noun or noun equivalent that answers the question "to/for whom?" or "to/for what?" (They sent a package to the *man*. We gave *them* some food.).

Participle — a verbal form having the qualities of either *verb* or *adjective*.

    a. *present participle* — in English, ending in "-ing" (*singing*).

    b. *past participle* — in English, most often ending in "ed" or "en" (talked, written).

Participles are used:

    a. to form *tenses* (she was *reading*, he will have *believed*).

    b. as verbal *nouns*, i.e., *gerunds* (*Running* in the snow is no fun.).

    c. as *adjectives* (the *laughing* boy, the *finished* product).

    d. as *adverbs* (She ran *screaming* from the room.).

Partitive — see *Article*.

Passive — see *Voice*.

Person — division into three sets of *pronouns* and corresponding *verb* forms, the use of which indicates and is determined by the identity of the person(s) or thing(s) speaking, being spoken to, or being spoken about.

	singular	plural
first person — speaker(s)	me; I am	us; we are
second person — person(s) spoken to	you; you are	you; you are
third person — person(s)/things(s) spoken about	him; he is her; she is it; it is	them; they are

Personal — see *Pronoun*.

Plural — see *Number*.

Possessive — see *Adjective/Pronoun*.

Preposition — a function word (such as *to, in, for, with, of,* etc.) or construction (*in front of, next to,* etc.) that connects a *noun* or noun equivalent to another element of the sentence.

    a. to the *verb* (She is going *to* school.)

    b. to a *noun* (the direction *of* the wind).

    c. to an *adjective* (too expensive *for* her).

    d. to a *pronoun* (every one *of* them).

Pronominal verb — a verb accompanied by a reflexive pronoun (he *is washing himself* carefully.).

Pronoun — a word used in place of a *noun* as a noun equivalent.

    a. *demonstrative pronoun* — points out a specific noun that it replaces (We like these shoes; she likes *those*.).

    b. *indefinite pronoun* — denotes an unlimited or nonspecific class or item (*Someone* called. *Others* came.).

c. *interrogative pronoun* — asks a question that will be answered by a noun:

Who is coming? Santa Claus!
What did you eat? Some cheese and crackers.
Whose are those? The professor's.

d. *personal pronoun* — denotes grammatical *person* that serves to distinguish the speaker(s), the one(s) spoken to, or the one(s) spoken about.
   (1) *subject pronoun* — stands for the noun that would perform the action of the verb (*They* stopped quickly. *You* saw that film?).
   (2) *object pronoun* — stands for the noun that would complete the meaning of the verb or *preposition* (We went with *her*. I see *it*. Give *me that*.).

e. *possessive pronoun* — shows possession or ownership (This bike is *mine*, not *yours*.)

f. *reflexive pronoun* — refers back to the *subject* and is used as a *direct* or *indirect object of a verb* (The dog hurt *itself*. The lad was talking to *himself*.).

g. *relative pronoun* — introduces a dependent clause and refers to an *antecedent* (The door *that* she opened led to the kitchen. I spoke to the man *whom* you pointed out to me.).

Reciprocal verb — see *Verb*.

Reflexive — see *Pronoun/Verb*.

Relative — see *Antecedent/Clause/Pronoun*.

Simple tense — a *verb* consisting of one word only (He *sneezed*. It *is* late.).

Singular — see *Number*.

Stem — the base part of the *verb* that remains unchanged in conjugation (*talk*, *talk*ed, *talk*ing).

Subject — the person or thing performing or receiving the action of the *verb* (see *Voice*). It is a *noun*, a noun phrase, or a *pronoun*. (*The little white dog* is barking. *It* rains often. *The apple* was eaten by the boy.)

Subjunctive — see *Mood*.

Superlative — see *Comparison*.

Tense — any of the forms of a *verb* that show the TIME of its action or state of being, such as present (you *need*), future (you *will need*), past (you *needed*).

Transitive — see Verb.

Verb — a word, or group of words, that expresses an action or state of being (He *is going* away. The reason *was* not clear.).

a. *transitive verb* — a verb that has a *direct* or *indirect object* (*I'll buy* his book. She *spoke* to him.).

b. *intransitive verb* — a verb that does not require an *object* to complete its meaning (*They're going* by car.).

c. *reciprocal verb* — a verb that denotes mutual action or relation (They *greeted each other/one another*.).

d. *reflexive verb* — a verb whose *subject* and *object* refer to the same person or thing (He *shocked himself* on the light fixture.).

e. *impersonal verb* — a verb used only in the third person singular (It *snowed* in December.).

Voice — refers to the relation of the *subject* of the *verb* to the action that the verb expresses.

a. *active voice* — the *subject* PERFORMS the action of the *verb* (John *washed* the dishes.).

b. *passive voice* — the subject RECEIVES the action of the verb (The *dishes were washed* by John.).

Stem-Changing Verbs

N.B. Derivatives of these verbs are not listed because they follow the same patterns.

1. Verbs in **-cer:** **c → ç** before **a** and **o**
   Common verbs of this type:

commencer	**menacer**
forcer	**placer**
lancer	**renoncer**

Present indicative:	**je commence, nous commençons**
Imperfect:	**je commençais**
Future:	**nous commencerons**
Present conditional:	**je commencerais**
Participles:	**commençant, commencé**

2. Verbs in **-ger:** **g → ge** before **a** and **o**
   Common verbs of this type:

arranger	**encourager**	**neiger**
changer	**manger**	**protéger**
décourager	**mélanger**	**voyager**
déménager	**nager**	

Present indicative:	**j'arrange, nous arrangeons**
Imperfect:	**j'arrangeais**
Future:	**nous arrangerons**
Present conditional:	**j'arrangerais**
Participles:	**arrangeant, arrangé**

3. Verbs in **e** + consonant + **er:** **e → è** before consonant + mute **e**
   Common verbs of this type:

acheter	**peser**
lever	**promener**
mener	

Present indicative:	**j'achète, nous achetons**
Imperfect:	**j'achetais**
Future:	**nous achèterons**
Conditional:	**j'achèterais**
Participles:	**achetant, acheté**

4. Verbs in **é** + consonant + **er:** **é → è** before mute **e**, EXCEPT in the future indicative and present conditional

Common verbs of this type:

compléter	préférer
espérer	protéger
posséder	répéter

Present indicative:	je complète, nous complétons
Imperfect:	je complétais
Future:	nous compléterons
Present conditional:	je compléterais
Participles:	complétant, complété

5. Verbs in **-eler** and **-eter**: l → ll and t → tt before mute **e**
   Common verbs of this type:

appeler	jeter
épeler	renouveler
épousseter	

Present indicative:	je m'appelle, nous nous appelons
Imperfect:	je m'appelais
Future:	nous nous appellerons
Present conditional:	je m'appellerais
Participles:	appelant, appelé

6. Verbs in **-yer**

   a. -oy- ⎫ > ⎧ -oi- ⎫ before mute **e**
      -uy- ⎭   ⎩ -ui- ⎭

   Common verbs of this type:

appuyer	essuyer
employer	nettoyer
ennuyer	noyer
envoyer (FUT irreg.)	tutoyer

Present indicative:	j'emploie, nous employons
Imperfect:	j'employais
Future:	nous emploierons
Present conditional:	j'emploierais
Participles:	employant, employé

   b. **-ay-** before mute **e** is **-ay-** or **-ai-**
      Common verbs of this type:

balayer	payer
essayer	rayer

Present indicative:	je balaie/balaye, nous balayons
Imperfect:	je balayais
Future:	je balaierai/balayerai
Present conditional:	je balaierais/balayerais
Participles:	balayant, balayé

Appendix C

Irregular Verbs

In the following list, the number at the right of each verb corresponds to the number of the verb, or of a verb conjugated in a similar manner, in the tables that follow. An asterisk before a verb indicates that **être** is used as the auxiliary verb in compound tenses of that verb.

	accueillir	8		disparaître	5	promettre	17
*aller		1		dormir	20	réapparaître	5
	apercevoir	25		écrire	11	recevoir	25
	apparaître	5	(*s')	éteindre	12	reconnaître	5
	appartenir	29		être	13	récrire	11
	apprendre	24		faire	14	redire	10
(*s')	asseoir	2		falloir	15	remettre	17
	atteindre	12		introduire	6	retenir	29
	avoir	3		lire	16	*revenir	31
	boire	4		maintenir	29	rire	26
	comprendre	24		mentir	20	savoir	27
	conduire	6	(*se)	mettre	17	sentir	20
	connaître	5	*mourir		18	servir	20
	construire	6		obtenir	29	*sortir	20
	contenir	29		offrir	19	souffrir	19
	couvrir	19		ouvrir	19	sourire	26
	craindre	12		paraître	5	se souvenir	31
	croire	7	*partir		20	suivre	28
	cueillir	8		peindre	12	tenir	29
	décevoir	25		permettre	17	traduire	6
	découvrir	19	(*se)	plaindre	12	transmettre	17
	décrire	11	(*se)	plaire	21	valoir	30
	détruire	6		pleuvoir	22	*venir	31
*devenir		31		pouvoir	23	vivre	32
	devoir	9		prendre	24	voir	33
	dire	10		produire	6	vouloir	34

The following tables give a synopsis of the forms of each irregular verb or verb model presented in this text. For complete information about formation, English equivalents, and use of each tense and mood, refer to the grammar index or the recapitulation sections 36.5 and 38.5 of the language notes.

1. ***aller**
   INDICATIVE

   present: je vais   nous allons
             tu vas   vous allez
             il va   ils vont

imperfect: j'allais
future: j'irai
compound past: je suis allé(e)

CONDITIONAL
  present: j'irais
  past: je serais allé(e)

SUBJUNCTIVE
  present: que j'aille   que nous allions
                  que tu ailles   que vous alliez
                  qu'il aille   qu'ils aillent
  past: que je sois allé(e)

IMPERATIVE   va!   allons!   allez!

PRESENT
PARTICIPLE   allant

2. **asseoir**   similarly: *s'asseoir
   INDICATIVE
     present: j'assieds/assois   nous asseyons/assoyons
                     tu assieds/assois   vous asseyez/assoyez
                     il assied/assoit   ils asseyent/assoient
     imperfect: j'asseyais/assoyais
     future: j'assiérai
     compound past: j'ai assis

   CONDITIONAL
     present: j'assiérais/assoirais
     past: j'aurais assis

   SUBJUNCTIVE
     present: que j'asseye/assoie   que nous asseyions/assoyions
                     que tu asseyes/assoies   que vous asseyiez/assoyiez
                     qu'il asseye/assoie   qu'ils asseyent/assoient
     past: que j'aie assis

   IMPERATIVE   assieds/assois!   asseyons/assoyons!   asseyez/assoyez!

   PRESENT
   PARTICIPLE   asseyant/assoyant

3. **avoir**
   INDICATIVE
     present: j'ai   nous avons
                     tu as   vous avez
                     il a   ils ont
     imperfect: j'avais
     future: j'aurai
     compound past: j'ai eu

   CONDITIONAL
     present: j'aurais
     past: j'aurais eu

SUBJUNCTIVE
    present: que j'aie   que nous ayons
                    que tu aies   que vous ayez
                    qu'il ait   qu'ils aient
    past: que j'aie eu

IMPERATIVE   aie!   ayons!   ayez!

PRESENT
PARTICIPLE   ayant

4. **boire**
INDICATIVE
    present: je bois   nous buvons
                    tu bois   bous buvez
                    il boit   ils boivent
    imperfect: je buvais
    future: je boirai
    compound past: j'ai bu

CONDITIONAL
    present: je boirais
    past: j'aurais bu

SUBJUNCTIVE
    present: que je boive   que nous buvions
                    que tu boives   que vous buviez
                    qu'il boive   qu'ils boivent
    past: que j'aie bu

IMPERATIVE   bois!   buvons!   buvez!

PRESENT
PARTICIPLE   buvant

5. **connaître**   similarly: reconnaître, paraître, apparaître, disparaître, réapparaître
INDICATIVE
    present: je connais   nous connaissons
                    tu connais   vous connaissez
                    il connaît   ils connaissent
    imperfect: je connaissais
    future: je connaîtrai
    compound past: j'ai connu

CONDITIONAL
    present: je connaîtrais
    past: j'aurais connu

SUBJUNCTIVE
    present: que je connaisse
    past: que j'aie connu

IMPERATIVE   connais!   connaissons!   connaissez!

PRESENT
PARTICIPLE   connaissant

6. **construire** similarly: conduire, détruire, introduire, produire, traduire
   INDICATIVE

present:	je construis	nous construisons
	tu construis	vous construisez
	il construit	ils construisent
imperfect:	je construisais	
future:	je construirai	
compound past:	j'ai construit	

   CONDITIONAL

present:	je construirais
past:	j'aurais construit

   SUBJUNCTIVE

present:	que je construise
past:	que j'aie construit

   IMPERATIVE   construis!   construisons!   construisez!

   PRESENT
   PARTICIPLE   construisant

7. **croire**
   INDICATIVE

present:	je crois	nous croyons
	tu crois	vous croyez
	il croit	ils croient
imperfect:	je croyais	
future:	je croirai	
compound past:	j'ai cru	

   CONDITIONAL

present:	je croirais
past:	j'aurais cru

   SUBJUNCTIVE

present:	que je croie	que nous croyions
	que tu croies	que vous croyiez
	qu'il croie	qu'ils croient
past:	que j'aie cru	

   IMPERATIVE   crois!   croyons!   croyez!

   PRESENT
   PARTICIPLE   croyant

8. **cueillir** similarly: accueillir
   INDICATIVE

present:	je cueille (conjugated like a regular **-er** verb)
imperfect:	je cueillais
future:	je cueillerai
compound past:	j'ai cueilli

   CONDITIONAL

present:	je cueillerais
past:	j'aurais cueilli

SUBJUNCTIVE
present: que je cueille
past: que j'aie cueilli

IMPERATIVE   cueille!   cueillons!   cueillez!

PRESENT
PARTICIPLE   cueillant

9. **devoir**
INDICATIVE
present: je dois   nous devons
                tu dois   vous devez
                il doit   ils doivent
imperfect: je devais
future: je devrai
compound past: j'ai dû

CONDITIONAL
present: je devrais
past: j'aurais dû

SUBJUNCTIVE
present: que je doive   que nous devions
                que tu doives   que vous deviez
                qu'il doive   qu'ils doivent
past: que j'aie dû

IMPERATIVE (rare)   dois!   devons!   devez!

PRESENT
PARTICIPLE   devant

10. **dire** similarly: redire
INDICATIVE
present: je dis   nous disons
                tu dis   vous dites
                il dit   ils disent
imperfect: je disais
future: je dirai
compound past: j'ai dit

CONDITIONAL
present: je dirais
past: j'aurais dit

SUBJUNCTIVE
present: que je dise
past: que j'aie dit

IMPERATIVE   dis!   disons!   dites!

PRESENT
PARTICIPLE   disant

11. **écrire** similarly: décrire, récrire
    INDICATIVE
        present: j'écris   nous écrivons
                                   tu écris   vous écrivez
                                   il écrit   ils écrivent
        imperfect: j'écrivais
        future: j'écrirai
        compound past: j'ai écrit

    CONDITIONAL
        present: j'écrirais
        past: j'aurais écrit

    SUBJUNCTIVE
        present: que j'écrive
        past: que j'aie écrit

    IMPERATIVE   écris!   écrivons!   écrivez!

    PRESENT
    PARTICIPLE   écrivant

12. **éteindre** similarly: *s'éteindre, atteindre, craindre, peindre, plaindre, *se plaindre
    INDICATIVE
        present: j'éteins   nous éteignons
                                     tu éteins   vous éteignez
                                   il éteint   ils éteignent
        imperfect: j'éteignais
        future: j'éteindrai
        compound past: j'ai éteint

    CONDITIONAL
        present: j'éteindrais
        past: j'aurais éteint

    SUBJUNCTIVE
        present: que j'éteigne
        past: que j'aie éteint

    IMPERATIVE   éteins!   éteignons!   éteignez!

    PRESENT
    PARTICIPLE   éteignant

13. **être**
    INDICATIVE
        present: je suis   nous sommes
                                     tu es   vous êtes
                                     il est   ils sont
        imperfect: j'étais
        future: je serai
        compound past: j'ai été

    CONDITIONAL
        present: je serais
        past: j'aurais été

SUBJUNCTIVE
present:

que je sois	que nous soyons
que tu sois	que vous soyez
qu'il soit	qu'ils soient

past: que j'aie été

IMPERATIVE   sois!   soyons!   soyez!

PRESENT
PARTICIPLE   étant

14. **faire**
INDICATIVE
present:

je fais	nous faisons
tu fais	vous faites
il fait	ils font

imperfect: je faisais
future: je ferai
compound past: j'ai fait

CONDITIONAL
present: je ferais
past: j'aurais fait

SUBJUNCTIVE
present: que je fasse
past: que j'aie fait

IMPERATIVE   fais!   faisons!   faites!

PRESENT
PARTICIPLE   faisant

15. **falloir**
INDICATIVE
present: il faut
imperfect: il fallait
future: il faudra
compound past: il a fallu

CONDITIONAL
present: il faudrait
past: il aurait fallu

SUBJUNCTIVE
present: qu'il faille
past: qu'il ait fallu

16. **lire**
INDICATIVE
present:

je lis	nous lisons
tu lis	vous lisez
il lit	ils lisent

imperfect: je lisais
future: je lirai
compound past: j'ai lu

CONDITIONAL
   present: je lirais
   past: j'aurais lu

SUBJUNCTIVE
   present: que je lise
   past: que j'aie lu

IMPERATIVE   lis!   lisons!   lisez!

PRESENT
PARTICIPLE   lisant

17. **mettre** similarly: *se mettre, permettre, promettre, remettre, transmettre
INDICATIVE
   present: je mets   nous mettons
                    tu mets   vous mettez
                    il met   ils mettent
   imperfect: je mettais
   future: je mettrai
   compound past: j'ai mis

CONDITIONAL
   present: je mettrais
   past: j'aurais mis

SUBJUNCTIVE
   present: que je mette
   past: que j'aie mis

IMPERATIVE   mets!   mettons!   mettez!

PRESENT
PARTICIPLE   mettant

18. ***mourir**
INDICATIVE
   present: je meurs   nous mourons
                    tu meurs   vous mourez
                    il meurt   ils meurent
   imperfect: je mourais
   future: je mourrai
   compound past: je suis mort(e)

CONDITIONAL
   present: je mourrais
   past: je serais mort(e)

SUBJUNCTIVE
   present: que je meure   que nous mourions
                    que tu meures   que vous mouriez
                    qu'il meure   qu'ils meurent
   past: que je sois mort(e)

IMPERATIVE   meurs!   mourons!   mourez!

PRESENT
PARTICIPLE   mourant

19. **ouvrir** similarly: couvrir, découvrir, offrir, souffrir
INDICATIVE
    present: j'ouvre (conjugated like a regular **-er** verb)
    imperfect: j'ouvrais
    future: j'ouvrirai
    compound past: j'ai ouvert

CONDITIONAL
    present: j'ouvrirais
    past: j'aurais ouvert

SUBJUNCTIVE
    present: que j'ouvre
    past: que j'aie ouvert

IMPERATIVE   ouvre!   ouvrons!   ouvrez!

PRESENT
PARTICIPLE   ouvrant

20. ***partir** similarly: dormir, mentir, sentir, servir, *sortir
INDICATIVE
    present: je pars   nous partons
                    tu pars   vous partez
                    il part   ils partent
    imperfect: je partais
    future: je partirai
    compound past: je suis parti(e)

CONDITIONAL
    present: je partirais
    past: je serais parti(e)

SUBJUNCTIVE
    present: que je parte
    past: que je sois parti(e)

IMPERATIVE   pars!   partons!   partez!

PRESENT
PARTICIPLE   partant

21. **plaire** similarly: *se plaire
INDICATIVE
    present: je plais   nous plaisons
                    tu plais   vous plaisez
                    il plaît   ils plaisent
    imperfect: je plaisais
    future: je plairai
    compound past: j'ai plu

CONDITIONAL
present: je plairais
past: j'aurais plu

SUBJUNCTIVE
present: que je plaise
past: que j'aie plu

IMPERATIVE   plais!   plaisons!   plaisez!

PRESENT
PARTICIPLE   plaisant

22. **pleuvoir**
INDICATIVE
present: il pleut
imperfect: il pleuvait
future: il pleuvra
compound past: il a plu

CONDITIONAL
present: il pleuvrait
past: il aurait plu

SUBJUNCTIVE
present: qu'il pleuve
past: qu'il ait plu

PRESENT
PARTICIPLE   pleuvant

23. **pouvoir**
INDICATIVE

present:	je peux (puis)	nous pouvons
	tu peux	vous pouvez
	il peut	ils peuvent

imperfect: je pouvais
future: je pourrai
compound past: j'ai pu

CONDITIONAL
present: je pourrais
past: j'aurais pu

SUBJUNCTIVE
present: que je puisse
past: que j'aie pu

PRESENT
PARTICIPLE   pouvant

24. **prendre**   similarly: apprendre, comprendre
INDICATIVE

present:	je prends	nous prenons
	tu prends	vous prenez
	il prend	ils prennent

imperfect:	je prenais
future:	je prendrai
compound past:	j'ai pris

CONDITIONAL

present:	je prendrais
past:	j'aurais pris

SUBJUNCTIVE

present:	que je prenne	que nous prenions
	que tu prennes	que vous preniez
	qu'il prenne	qu'ils prennent
past:	que j'aie pris	

IMPERATIVE   prends!   prenons!   prenez!

PRESENT
PARTICIPLE   prenant

25. **recevoir**   similarly: apercevoir, décevoir
INDICATIVE

present:	je reçois	nous recevons
	tu reçois	vous recevez
	il reçoit	ils reçoivent
imperfect:	je recevais	
future:	je recevrai	
compound past:	j'ai reçu	

CONDITIONAL

present:	je recevrais
past:	j'aurais reçu

SUBJUNCTIVE

present:	que je reçoive	que nous recevions
	que tu reçoives	que vous receviez
	qu'il reçoive	qu'ils reçoivent
past:	que j'aie reçu	

IMPERATIVE   reçois!   recevons!   recevez!

PRESENT
PARTICIPLE   recevant

26. **rire**   similarly: sourire
INDICATIVE

present:	je ris (conjugated like a regular **-re** verb)
imperfect:	je riais
future:	je rirai
compound past:	j'ai ri

CONDITIONAL

present:	je rirais
past:	j'aurais ri

SUBJUNCTIVE

present:	que je rie
past:	que j'aie ri

IMPERATIVE   ris!   rions!   riez!

PRESENT
PARTICIPLE   riant

27. **savoir**
    INDICATIVE
    present: je sais   nous savons
                     tu sais   vous savez
                     il sait   ils savent
    imperfect: je savais
    future: je saurai
    compound past: j'ai su

    CONDITIONAL
    present: je saurais
    past: j'aurais su

    SUBJUNCTIVE
    present: que je sache
    past: que j'aie su

    IMPERATIVE   sache!   sachons!   sachez!

    PRESENT
    PARTICIPLE   sachant

28. **suivre**
    INDICATIVE
    present: je suis   nous suivons
                     tu suis   vous suivez
                     il suit   ils suivent
    imperfect: je suivais
    future: je suivrai
    compound past: j'ai suivi

    CONDITIONAL
    present: je suivrais
    past: j'aurais suivi

    SUBJUNCTIVE
    present: que je suive
    past: que j'aie suivi

    IMPERATIVE   suis!   suivons!   suivez!

    PRESENT
    PARTICIPLE   suivant

29. **tenir** similarly: appartenir, contenir, maintenir, obtenir, retenir
    INDICATIVE
    present: je tiens   nous tenons
                     tu tiens   vous tenez
                     il tient   ils tiennent
    imperfect: je tenais

| future: | je tiendrai |
| compound past: | j'ai tenu |

CONDITIONAL

| present: | je tiendrais |
| past: | j'aurais tenu |

SUBJUNCTIVE

present:	que je tienne	que nous tenions
	que tu tiennes	que vous teniez
	qu'il tienne	qu'ils tiennent
past:	que j'aie tenu

IMPERATIVE tiens! tenons! tenez!

PRESENT PARTICIPLE tenant

30. **valoir**
INDICATIVE

present:	je vaux	nous valons
	tu vaux	vous valez
	il vaut	ils valent
imperfect:	je valais
future:	je vaudrai
compound past:	j'ai valu

CONDITIONAL

| present: | je vaudrais |
| past: | j'aurais valu |

SUBJUNCTIVE

present:	que je vaille	que nous valions
	que tu vailles	que vous valiez
	qu'il vaille	qu'ils vaillent
past:	que j'aie valu

IMPERATIVE not used

PRESENT PARTICIPLE valant

31. ***venir** similarly: *devenir, *revenir, *se souvenir
INDICATIVE

present:	je viens	nous venons
	tu viens	vous venez
	il vient	ils viennent
imperfect:	je venais
future:	je viendrai
compound past:	je suis venu(e)

CONDITIONAL

| present: | je viendrais |
| past: | je serais venu(e) |

SUBJUNCTIVE
present: que je vienne   que nous venions
            que tu viennes   que vous veniez
            qu'il vienne   qu'ils viennent
past: que je sois venu(e)

IMPERATIVE   viens!   venons!   venez!

PRESENT
PARTICIPLE   venant

32. **vivre**
INDICATIVE
present: je vis   nous vivons
            tu vis   vous vivez
            il vit   ils vivent
imperfect: je vivais
future: je vivrai
compound past: j'ai vécu

CONDITIONAL
present: je vivrais
past: j'aurai vécu

SUBJUNCTIVE
present: que je vive
past: que j'aie vécu

IMPERATIVE   vis!   vivons!   vivez!

PRESENT
PARTICIPLE   vivant

33. **voir**   similarly: revoir
INDICATIVE
present: je vois   nous voyons
            tu vois   vous voyez
            il voit   ils voient
imperfect: je voyais
future: je verrai
compound past: j'ai vu

CONDITIONAL
present: je verrais
past: j'aurais vu

SUBJUNCTIVE
present: que je voie   que nous voyions
            que tu voies   que vous voyiez
            qu'il voie   qu'ils voient
past: que j'aie vu

IMPERATIVE   vois!   voyons!   voyez!

PRESENT
PARTICIPLE   voyant

34. **vouloir**

INDICATIVE

present:
    je veux   nous voulons
    tu veux   vous voulez
    il veut   ils veulent

imperfect: je voulais
future: je voudrai
compound past: j'ai voulu

CONDITIONAL

present: je voudrais
past: j'aurais voulu

SUBJUNCTIVE

present:
    que je veuille   que nous voulions
    que tu veuilles   que vous vouliez
    qu'il veuille   qu'ils veuillent

past: que j'aie voulu

IMPERATIVE   veuille!   veuillons!   veuillez!

PRESENT
PARTICIPLE   voulant

Verb + Infinitive

1. Common verbs followed by an infinitive without a preposition:

aimer	envoyer	préférer
aller	espérer	regarder
compter	faire	rentrer
croire	falloir	retourner
déclarer	laisser	revenir
descendre	monter	savoir
désirer	partir	venir
détester	penser	voir
devoir	pouvoir	vouloir
entendre		

2. Common verbs followed by **à** + infinitive:

aider	(se) décider	persister
(s') amuser	donner	(se) plaire
apprendre	encourager	(se) préparer
arriver	enseigner	renoncer
avoir	habituer	réussir
chercher	hésiter	servir
commencer	inviter	tenir
continuer	(se) mettre	travailler

3. Common verbs followed by **de** + infinitive:

accepter	(se) dépêcher	oublier
accuser	dire	parler
arrêter	douter	permettre
cesser	empêcher	promettre
choisir	essayer	proposer
commander	éviter	refuser
commencer	excuser	regretter
craindre	finir	risquer
décider	interdire	souhaiter
défendre	offrir	(se) souvenir
demander	ordonner	

Appendix E

Index to Special Expressions*

*The small superscript number indicates the lesson in which the expression first occurs.

Comment allez-vous? [18]
Comment ça? [27]
Comment est - { il? / elle? [37] }
Comment ferez-vous pour reconnaître votre sphère? [37]
Comment je vais? [29]
Connais pas! [13]

d'un certain âge [27]
de deux choses l'une [36]
de nouveau [28]
de toujours [17]
dix mille à l'heure [30]
donner à manger à qqn [17]
donner des coups de poing [31]
du bois [39]
du bon [20]
Du bruit, vous trouvez? [36]

eh bien [7]
Elle me va. [8]
Elle ne vaut rien. [24]
Elle rend jeune. [38]
Elle sera en quoi? [30]
Elle te plaît? [25]
En avant! [19, 24]
en bois[3]
en ce moment [21, 24]
en Gamma [20]
en paix [28]
en place [21]
En position! [36]
en tout cas [31]
est-ce que [2]
Et alors?! [39]
être d'accord [30]
être poli avec [26]

faire (très) attention [15]
faire comme un Gamma [20]
faire des calculs [28]
faire dormir qqn [18]
faire du ski [25]
faire la guerre [23]
faire la soupe [19]
Fouillez-les! [3]

Haut les mains! [1]

Il a au moins 400 ans! [32]
Il a l'air méchant! [31]
Il est tombé en panne. [34]
Il fait chaud. [7]
Il fait froid. [13]

Il fait très beau. [27]
Il fallait le dire. [38]
Il faut faire vite. [23]
Il faut tout. [25]
Il { me / vous } faut du bois. [32]
(Il n'y a) Plus rien. [10]
Il ne risque rien. [6]
Il suffit de + INF [39]
Il y a longtemps qu'il croit. . . [27]
Il y a Lucie. [18]
il y a quatre mois [22]
Il y a qqn qui arrive! [29]
Ils ne sont pas méchants. [27]
Ils ont la manie des sphères. [27]
Ils sont dans le coup. [32]
Ils sont trop nombreux. [34]

J'ai 80 ans. [35]
J'ai tres soif. [31]
J'arrive! [18]
J'invite. [4]
Je donne la parole à René. [22]
Je le veux. [24]
Je les ai vendues très cher. [28]
Je n'ai plus que la tête! [29]
Je n'arrive pas à + INF [29]
Je ne m'en souviens pas. [22]
Je ne peux plus rien. [6]
Je ne sais pas où dormir. [18]
Je prendrais bien une limonade! [31]
Je suis bien arrivé. [39]
Je suis folle d'amour pour Adrien. [32]
Je te l'offre. [25]
Je vais mal. [18]
Je veux bien. [21]
Je vous en prie. [21]
Je vous invite tous. [30]
Je vous la laisse à 10 francs. [14]
jouer aux boules [27]

La foudre peut tomber par là! [34]
La soirée est réussie. [21]
Laissez-moi tranquille! [27]
Le compte y est. [28]
le reste du conseil [39]

Mais non! [32]
Messieurs-Dames[4]
Mets-toi dans le lit! [6]
Mettez-vous bien ça dans la tête. [12]
Mettez-vous sur la pointe des pieds! [15]
Moi aussi. [16]
Moi, je sais skier. [25]
Moi non plus. [4]

N'aie pas peur! 19
n'est-ce pas?5
Ne quittez pas. 23
numéro de magie 28

On dirait une orange! 38
on dit 4
On étouffe là-dedans. 33
On fait comme ça. 37
On ne l'a pas retrouvé. 32
On se revoit. 7
On va faire vite! 31
On vous a volé la sphère. 25
On y est. 38
Où avais-je la tête? 27
Ouvrez-moi! 32

Pardon!3
par hasard30
par ici30
par là 7
pas du tout8
pas grand chose 23
passer une bonne nuit 27
plus bas 24
plus jamais 35
plus rien10
plus une chambre! 9
Pour quoi faire?8
prendre Odile comme secrétaire 19
Promis. 33

quand même 30
Qu'est-ce qu'il a? 3
Qu'est-ce qu'il a, ce pot/pichet? 35
Qu'est-ce qu'il y a? 3, 29
qu'est-ce que. . .?2
Qu'est-ce que c'est?3
Qu'est-ce que c'est que cette histoire
   de Gammas?37
Qu'est-ce que je peux faire pour votre
   service? 28
Qu'est-ce que tu as? 20
Qu'est-ce que vous avez?15

Qu'est-ce qui + V?15
Qu'est-ce qui se passe? 27
Qu'on se marie ou qu'on ne se marie pas 21
Que c'est bon! 6
Que faire? 9
Que je suis belle! 6
Quelle bonne idée! 36
Quelle histoire!26
quelque chose de mal26

Sciences pour Tous vous donne rendez-vous. 22
Silence! 1
s'il vous plaît 3
sur place 28

Tant mieux!6
Tant pis pour eux! 28
toujours plus vieux 38
tous (les) deux 8
tous les trois 29
tout à fait 12, 19, 30
tout à l'heure 30
Tout cela est en rapport avec l'eau! 34
tout confort 28
tout d'un coup34
tout de suite 6
tout le monde2
tout(e) seul(e) 31
toute la nuit 7
toute petite 3

un jour 37
un tout petit peu16

Veuillez prendre place. 29
Vive! 17
Vivent!2
Voilà! 14
Vous aviez soif.31
Vous êtes le bienvenu. 21
Vous (me) permettez?18
Vous n'avez pas l'habitude. 33
Vous n'avez rien à faire ici. 36
Vous savez comment il l'appelait? 32

French-English Vocabulary

This vocabulary lists all words that appear in the lessons, in the supplementary vocabulary lists, in the basic vocabulary for conversation, in the language notes and exercises of each lesson, and in Appendix B, with the exception of articles, numbers, verb forms, geographical names, onomatopoeic words, and special expressions. The latter appear in the vocabulary at the end of each lesson; the complete list, indexed with lesson numbers, appears as Appendix E.

The meanings given here are those appropriate to the context of a particular lesson or lessons, and are not necessarily the most common meanings of every word listed.

The unlettered numbers following the English equivalents indicate the lesson in which that word first appears. Letters used designate the following: *B* + a number (1–6), the list of stem-changing verbs (Appendix B); *BV*, the basic vocabulary for conversation; *LN*, the language notes and exercises of that numbered lesson; *S*, the supplementary vocabulary of that numbered lesson. See also list of Abbreviations and Symbols on p. xv.

A

à at[BV] in, to[3] with a[12]
abonnement *m.* subscription[S23]
s'abonner à to subscribe to[S23]
d'abord first (in a series)[7]
abricot *m.* apricot[LN7]
s'absenter (de) to stay away (from)[LN12]
absolument absolutely[LN11, 29]
accompagner to go with[LN36] to accompany[37]
accord *m.* agreement, accord[LN22]
  d'accord all right, agreed, O.K.[12]
  être d'accord avec to agree with[12]
accrocher to hook[LN36]
accueillir to welcome[S18, LN39]
achat *m.* purchase
  faire des achats to go shopping[S14]
acheter to buy[8]
acheteur *m.* buyer[28]
acteur *m.* actor[S32]
actrice *f.* actress[S32]
actualités *f. pl.* news[S22]
actuellement at the present time[LN30]
addition *f.* (restaurant) check[S14]
adieu good-bye[12] farewell[35]
adroit agile[33]
aérogare *f.* air terminal[S38]
aéroport *m.* airport

affaire *f.* business[20]
  faire des affaires to do business[LN21]
affreux, -euse frightful[11] awful[37] atrocious[38]
afin de in order to[LN27]
afin que in order that, so that[LN23]
africain African[S6]
âge *m.* age[LN6]
  d'âge moyen middle-aged[LN6]
agent *m.* policeman[9]
agir to act[LN7]
  il s'agit de it is a question of, it concerns[LN12]
agneau *m.* lamb[S15]
agréable pleasant[S13]
aide *f.* aid[LN7]
aider to aid[LN7] to help[11]
aïe ouch[3]
ailleurs elsewhere[28]
  d'ailleurs besides[34]
aimer to like, love[2]
  s'aimer to love each other[12]
  aimer bien to be fond of, care for, enjoy[S6]
aimer mieux to like better, prefer[S6]
air *m.* air[38]
  avoir l'air + *ADJ* to seem, look + *ADJ*[LN14]
ajouter to add[LN20]

657

alcool *m.* alcohol[31]

algérien, -ne Algerian[S6]

allemand *m.* German (language)[S2] *ADJ* German[26]

aller to go[2] to be going to[8] to come on[21] to go on[27]
  s'en aller to go away[LN12]
  aller bien/mal to feel fine/sick[S12]
  aller bien/mal a qqn to be (un) becoming to s.o., (not) to suit[S21]

aller-retour *m.* round trip ticket[S31]

allô hello[3]

allumé *PP* (turned) on, lighted[15]

allumer to turn on (a light)[15] to light[25]
  s'allumer to come/go on[15]

allumette *f.* match[23]

alors then[3] so, therefore[8]

alpinisme *m.* mountain climbing[S7]

aluminium *m.* aluminum[30]

ambassadeur *m.* ambassador[37]

amende *f.* fine[S30]

amener qqn to take (lead) s.o.[LN32] to bring s.o.[S34]

Américain *m.* American (person)[4]

ami *m.* friend[S1, 5]
  petit ami boy friend[S39]

amie *f.* friend[S1, 17]
  petite amie girlfriend[18]

amitié *f.* friendship[S6, 23]

amour *m.* love[S6, 22]

amoureux *m. pl.* sweethearts[34]
  amoureux de in love with[37]

amusant amusing[S6, 10] funny[S6]

s'amuser to have a good time[LN11, S27]

an *m.* year[37]
  avoir _____ ans to be _____ years old[LN14, 35]

ancien, -ne old, former[LN27]

anglais *m.* English (language)[S2]

animal (*pl.* animaux) *m.* animal[13]

année *f.* year[S13]

anniversaire *m.* birthday, anniversary[LN9]

annonce *f.* announcement[S29]
  petites annonces *f. pl.* classified ads[S29]

annoncer to announce[S13]

annuaire *m.* phone book[S26]

annuel, -le yearly[S29]

août *m.* August[S13]

apercevoir to see, notice[LN32]

apostrophe *f.* apostrophe[LN37]

appareil appliance[S19]

appartement *m.* apartment[S29, 30]

appartenir à to belong to[28, LN33]

appel *m.* (phone) call[S26] appeal[29]

appeler to call[5]
  appeler en PCV to call collect[S26]
  s'appeler to be named[2]

appétit *m.* appetite[5]
  bon appétit! enjoy your meal![5]

apporter to bring[S3, 11] to take (sth.)[32, LN32]

apprendre to learn[LN10, 39]

s'approcher (de) to approach[LN26]

s'appuyer (sur) to lean (on/against)[LN14]

après after(wards)[BV, S10, 12]
  après-demain the day after tomorrow[S10, 18]
  après-midi (*pl.* après-midi)[LN29] *m.* afternoon[S10]
  d'après according to[BV]

arabe *m.* Arabic (language)[S2]

arbitre *m.* referee[31]

arbre *m.* tree[27]

architecte *m.* architect[S16]

argent *m.* money[4] silver[S21]

argenterie *f.* silverware[S14]

armoire *f.* wardrobe[S35]

arracher to pull (a tooth)[S16]

arranger to arrange[B2]

arrêt *m.* stop[S37]

arrêter to stop[2] to arrest[9]
  arrêter de + *INF* to stop____ing[15]
  s'arrêter to stop[11, LN11, LN16]

arrière (grand-père) great (grandfather)[30]

arriver to arrive, come[2] to happen[23]
  arriver à + *INF* to succeed in doing sth.[LN24] to manage to do sth.[36]

arroser qqch. to drink to sth.[30]

article *m.* article[S23]

artiste *m./f.* artist[S4]

ascenseur *m.* elevator[S18]

aspirateur *m.* vacuum cleaner[S19]
  passer l'aspirateur to vacuum[S19]

aspirine *f.* aspirin[LN12]

asseoir to seat[LN11]
  s'asseoir to sit down[3]

assez + *ADJ* *ADJ* enough[15]
  assez (de + *N*) enough (+ *N*)[16]

assiette *f.* plate[S5, 21]

assis < asseoir *PP*
assistance *f.* audience [24]
assister à to go to, attend [S27, 31]
atelier *m.* workshop [30] studio [S32]
atmosphère *f.* atmosphere [7]
atomique atomic [26]
atteindre to attain, reach [LN16]
attendre to wait (for) [6] to be in store (for s.o.) [37]
attention *f.* attention [1]
  faire attention to pay attention [LN26]
atterrir to land [S38]
atterrissage *m.* landing [S38]
attraper to catch [3]
au < à + le at the [BV] to the [2]
au-dessous (de) below [S13]
au-dessus (de) above [S13] over [32]
auberge *f.* inn [S18, 35]
  auberge de jeunesse youth hostel [S18]
aubergiste *m.* innkeeper [35]
'aucun(e): ne. . .aucun(e) no, none, not any [LN16]
aujourd'hui today [S10]
au moins at least [32]
au revoir goodbye [2]
aussi too, also [2] therefore [LN34]
  aussi. . .que as. . .as [36]
aussitôt que as soon as [LN18]
auto/automobile *f.* car, automobile [S7]
autobus *m.* bus, city bus [S7]
  arrêt d'autobus bus stop [S37]
autocar *m.* bus (between towns) [S7]
automatique automatic [15]
auto-stop *m.* hitch-hiking [LN26]
  faire de l'auto-stop to hitch-hike [LN26]
automne *m.* autumn [S13]
autorité *f.* authority [12]
autoroute *f.* freeway [12] turnpike, tollway [S30]
autre other [2] different [LN31]
  autre *m./f.* other [2]
autrefois formerly [LN24]
en avance early (for an appointment) [S10, LN30]
avancer to advance [LN11] to come forward [27] to go forward/ahead/by [38]
avant before [BV, S10, 15]
  avant de + *INF* before___ing [13]
  avant-hier the day before yesterday [S10]
  avant que before [LN23]
avec with [BV, 1]
aventure *f.* adventure [7]

avion *m.* airplane [7]
  par avion (by) air mail [S26]
avocat *m.* lawyer [S16]
avoir to have [2]
  avoir l'air + *ADJ* to seem, look + *ADJ* [LN14]
  avoir ___ ans to be ___ years old [LN14, 35]
  avoir beau + *INF* to do sth. in vain [LN14]
  avoir besoin de to need [25]
  avoir de la chance to be lucky [LN14]
  avoir chaud to be warm (person) [LN14]
  avoir envie de to feel like (having/doing sth.) [LN14]
  avoir faim to be hungry [14]
  avoir froid to be cold (person) [8]
  avoir l'habitude de + *INF* to be in the habit of (doing sth.) [LN14]
  avoir lieu to take place [LN14, 39]
  avoir mal to (be) hurt, have a pain [2]
  avoir peur to be afraid [1]
  avoir qqch. à to have (something) to [LN24]
  avoir raison to be right [13]
  avoir soif to be thirsty [LN14, 31]
  avoir sommeil to be sleepy [LN14]
  avoir tort to be wrong [LN14]
avouer to confess [19]
avril *m.* April [S13]
azur azure blue [38]

B

bac *m.* can [15]
bagages *m. pl.* luggage [S18]
bague *f.* ring [S21]
baguette *f.* long, thin loaf of bread [S14]
bain *m.* bath [15]
bal *m.* dance [S34]
balayer to sweep [14]
balayeur *m.* street sweeper [23]
ballet *m.* ballet [S32]
banal ordinary [24]
bandit *m.* criminal [35]
banque *f.* bank [10]
banquette *f.* seat [S31]
barbe *f.* beard [LN15, 38]
barrage *m.* dam [34]
bas, basse low [S24]
bas *m.* bottom [33] *pl.* stockings [S35]
  ADV softly [21]
baseball *m.* baseball [S25]
  faire du baseball to play baseball [LN26]

basketball *m.* basketball [S25]
bateau *m.* ship [S7, 34]
  bateau à moteur motor boat [S25]
  bateau à voile sailboat [S25]
bâtir to build [S28]
bâton *m.* (ski) pole [25]
se battre to fight [31]
bavarder to chat [31]
Bavarois *m.* Bavarian (person) [33]
beau (bel), belle, beaux beautiful, handsome, good-looking [2] distinguished [16]
  avoir beau + *INF* to do sth. in vain [LN14]
  il fait beau it's nice (weather) [LN13]
beaucoup (de + *N*) a lot [3] much, many [LN6]
beauté *f.* beauty [S8, 17]
beaux-arts *m. pl.* fine arts [S32]
beige beige [S9]
belle *f.* pretty one [35]
besoin *m.* need [25]
  avoir besoin de to need [25]
bête stupid [10]
beurre *m.* butter [S14]
bicyclette *f.* bicycle [S7]
bien *m.* good [33]; *ADV* well [1]
  être très bien to be a very fine person [18]
  bien, merci fine, thanks [S2]
  bien + *ADJ* very + *ADJ* [6]
bientôt soon [6, LN7]
bienvenue *f.* welcome [LN10, 11]; *ADJ* welcome [21]
bière *f.* beer [S4, 31]
bijou (*pl.* bijoux) *m.* jewel, piece of jewelry [10]
bijouterie *f.* jewelry store [10]
billet *m.* bill (money) [10]
  billet aller-retour round trip ticket [S31]
  billet (d'entrée) ticket [32]
  billet simple one-way ticket [S31]
blanc, blanche white [S9]
blesser to hurt [28]
bleu blue [S9]
blond blond [S9, 26]
blouse *f.* blouse [S1] caftan [8]
blue-jean *m.* jeans [S1]
bock *m.* beer mug [34]
bœuf *m.* beef cattle, beef [5] *pl.* cattle [S31]
boire to drink [4]

bois *m.* wood [2]
  du bois wooden [2]
boisson *f.* beverage [S14, 31] drink [39]
boîte *f.* box
  boîte aux lettres mailbox [S26]
  boîte de nuit night club [S34]
bol *m.* bowl [S5, 21]
bon, bonne good [5]
  bon marché invar. *ADJ* low priced, cheap [S36]
bonheur *m.* happiness [LN6]
bonhomme (*pl.* bonshommes) de neige snowman [26, LN26]
bonjour hello, good morning, good day [1]
bonsoir good evening [S2, 4]
bord *m.* edge [S7]
  au bord de la mer at the seashore [S7]
bouche *f.* mouth [5]
boucher *m.*, bouchère *f.* butcher [S8]
boucherie *f.* butcher shop, meat market [S8]
boucle d'oreille *f.* earring [S21]
bouger to move [LN15, 23]
bouillotte *f.* hot water-bottle [6]
boulanger *m.*, boulangère *f.* baker [S8]
boulangerie *f.* bakery [S8]
boule f. ball [3]
bouquet *m.* bouquet [21]
bourse *f.* scholarship, stipend [S20]
bouteille *f.* bottle [4]
boutique *f.* shop [S38]
bouton *m.* button [1]
  bouton de (la) porte doorknob [17]
boxe *f.* boxing [31]
boxeur *m.* boxer [31]
bracelet *m.* bracelet [10]
branche *f.* branch [3]
bras *m.* arm [S9, 15]
brave: mon brave *m.* my good man [25] *ADJ* fine [LN6] brave [LN27]
bravo bravo, hurrah [1]
bref *ADV* in short [22]
bricolage *m.* do-it-yourself activites [S27]
bridge *m.* bridge (game) [S27]
brigadier *m.* sergeant [3]
brique *f.* brick [S28]
briquet *m.* cigarette lighter [23]
brocanteur *m.* second-hand dealer [24]
broche *f.* brooch [10]
bronzé suntanned [8]
brouillard *m.* mist

faire du brouillard   to be misty [S13]
bruit   *m.*   noise [7]
brûler   to burn [23]
brume   *f.*   fog
   faire de la brume   to be hazy [S13]
brun   brown, brown-haired [S9]
bruyamment   noisily [LN11]
bruyant   noisy [LN11]
bu < boire   *PP*
bureau   *m.*   office [S11, 18]   desk [S11, 25]
   bureau de change   currency exchange [S36]
   bureau de poste   post office [S26]
   bureau de tabac   tobacco shop [S8]
   bureau de vente   sales office [28]
bus < autobus   *m.*   (city) bus [S7]

C

c' < ce   it, he, she, they; this, that, these, those [1]
ça < cela   this, that [3]
cabane   *f.*   cabin [28]
cabaret   *m.*   night club [S34]
cabine   *f.*   dressing room [8]
   cabin (airplane) [S38]
   cabine téléphonique   phone booth [S26]
cacher   to hide [22]
   se cacher   to hide oneself [26]
cachet   (*m.*) d'aspirine (*f.*)
   aspirin tablet [S12]
cadeau   *m.*   gift, present [10]
café   *m.*   café [4]   coffee [S4, 13]
   café crème   coffee with cream [S4]
   café noir   black coffee [S4]
cahier   *m.*   notebook, workbook [S11]
caisse   *f.*   cashier, cash register [8]
   crate [14]
caissière   *f.*   cashier [8]
calcul   *m.*   computation [28]
calendrier   *m.*   calendar [S13]
calme   *m.*   calmness [22]
calvados   *m.*   applejack (brandy) [32]
camaraderie   *f.*   camaraderie, comradeship, good fellowship [S6]
caméra   *f.*   movie camera [S22]
camerounais   Camerounian [S6]
camion   *m.*   truck [S7, 32]
campagne   *f.*   country(side) [S7]
   à la campagne   in the country [S24]
camping   *m.*   camping [S7]

faire du camping   to go camping [LN26, S33]
   terrain   (*m.*) de camping   campground [S33]
canapé   *m.*   sofa [9]
canasta   *f.*   canasta [S27]
capsule   *f.*   space capsule [S38]
capter   to capture [31]
car < autocar   *m.*   (interurban) bus [S7]
carafe   *f.*   carafe [7]
caravane   *f.*   camper vehicle [S7]   trailer, caravan [S33]
carnet   *m.*   book of (subway) tickets [S37]
   carnet de première, de seconde
   book of first, second class tickets [S37]
carotte   *f.*   carrot [S15, 26]
carré   square, squarish [33]
carrefour   *m.*   crossroads, intersection [S30]
carte   *f.*   map [S11]   list (of foods or wines), menu [S14]   *pl.* (playing) cards [S27]
   carte d'identité   identification card [3]
   carte de crédit   credit card [S36]
   carte de presse   press card [4]
   carte postale   postcard [LN13, S26]
   carte routière   road map [S30]
casquette   *f.*   cap [8]
casser   to break [11]
casserole   *f.*   pot, pan [S14]; *pl.* pots and pans [S14]
catastrophe   *f.*   catastrophe [34]
à cause de   because of [31, LN35]
cave   *f.*   wine cellar [35]
   cave-musée   *f.*   wine museum (in a wine cellar) [35]
ce   *PN*   he, she, it, they; this, that, these, those [1]
ce (cet), cette, ces   *dem. ADJ*   this, that, these, those [6]
ce dont   that of which [LN25]
ce que   *rel. PN*   what, that which [5, LN25]
ce qui   *rel. PN*   that which, what [25, LN25]
ceci   *PN*   this [22]
ceinture   *f.*   belt [S35]
   ceinture (de sécurité)   seat belt [S38]
cela   *PN*   this, that [3]
célèbre   famous [LN12]
célibataire   *m.* and *f.*   bachelor, bachelor girl [S39]
celle   *f. dem. PN*   the one [LN28]
   celle-ci, celle-là   *f. dem. PN*   this one, that one, that girl [22, LN28]
celui   *m. dem. PN*   the one [16, LN28]
   celui-ci   this one [32]

centigramme *m.* centigram [LN32]

centilitre *m.* centiliter [LN32]

centimètre *m.* centimeter [LN30]

cérémonie *f.* ceremony [36]

cerise *f.* cherry [S15, 38]

certain certain, sure [LN23] some [LN27]

cesser to cease [LN24]

ceux, ceux-là *m. dem. PN* those [12, LN28]

chaîne *f.* (TV) channel [S22]

  chaîne (de montagnes) mountain chain [S24]

  chaîne stéréo stereo (set) [S23]

chaise *f.* chair [S11, 21]

chalet *m.* chalet [S33]

chambre *f.* room [9] bedroom [S18]

  chambre à un lit/pour une personne single room [S18]

champ *m.* field [S31]

champagne *m.* champagne [4]

champignon *m.* mushroom [3]

chance *f.* luck [12] chance [25]

  avoir de la chance to be lucky [LN14]

  bonne chance good luck [12]

chandelle *f.* candle [38]

change *m.* exchange [S36]

  le bureau de change currency exchange [S36]

  le cours du change exchange rate [S36]

changer to change [21]

  se changer to change clothes [23]

  changer d'avion to change planes [S38]

chanoine *m.* canon (church official) [35]

chanson *f.* song [39]

chansonnier *m.* singer (writes/improvises own material) [S23]

chant *m.* song [19]

chanter to sing [LN29, 39]

chanteur *m.*, **chanteuse** *f.* singer [20]

chapeau *m.* hat [S1]

chapitre *m.* chapter [22]

chaque each [LN20, 29] every [LN31]

charcuterie *f.* delicatessen [S8] fancy cold cuts [S15]

charcutier *m.*, **charcutière** *f.* delicatessen owner/clerk [S8]

charlatan *m.* charlatan [12] imposter [29]

charmant charming [S6, 18]

charme *m.* charm [LN20]

chasser to hunt [LN20] to chase (out), drive away [28]

chasseur *m.* hunter [1]

chat *m.*, **chatte** *f.* cat [5]

châtain light brown [S9]

chaud hot [6]

  avoir chaud to be warm (people) [LN14]

  il fait chaud the weather is hot [LN13]

chauffage (central) *m.* (central) heating [S18]

chauffeur *m.* chauffeur, driver [S30]

chaussettes *f. pl.* socks [S35]

chaussures *f. pl.* shoes [S1]

chef *m.* chief (of police), boss [3] leader [11]

chef d'œuvre *m.* masterpiece [S32]

chemin de fer *m.* railway [S31]

cheminée *f.* fireplace, chimney [S28]

chemise *f.* shirt [S1, 16]

chemisier *m.* blouse, shirt [S35]

chèque *m.* check [28]

  chèque de voyage traveler's check [S36]

cher, chère dear [6] expensive [8, LN27]

chercher to look for [1] to get (sth. for s.o.) [31]

  aller/venir chercher qqn to pick s.o. up [S34]

chercheur *m.* researcher [S16]

chéri *m. and ADJ* darling [10]

cheval (*pl.* chevaux) *m.* horse [S7]

  à cheval on horseback [S7]

  aller à cheval to ride horseback [S7]

cheveux *m. pl.* (head of) hair [1]

chèvre *f.* (she-) goat [S31]

chez *PREP* among [11]

  chez moi in my house, at home [9]

  chez soi at home [S34]

  chez vous in your store [10]

chic (*f.* identical to *m.*) chic, stylish [8]

chic *m.* chic, elegance [8]

chien *m.*, **chienne** *f.* dog [LN15, S31]

chimie *f.* chemistry [S20]

chinois *m.* Chinese (language) [S2]

chirurgien *m.* surgeon [S16]

chocolat *m.* chocolate [S15]

chœur *m.* choir [S32] chorus [37]

choisir to choose [LN7]

choix *m.s./pl.* choice [LN10, 28]

chose *f.* thing [23]

  autre chose something else [LN31]

  quelque chose something [7, LN31]

chou (*pl.* choux) *m.* cabbage [LN19]

  chou à la crème (*f.*) puff pastry [17]

chut shhh [4]

chute *f.* fall

chute d'eau waterfall[S33]

cidre *m.* cider[20]

ciel *m.* sky[4]

cinéaste *m.* film producer[S22]
filmmaker[37]

cinéma *m.* movie theater[S3]
the movies[S22]

cirque *m.* circus[12]

citron pressé *m.* fresh lemonade[S4]

civilisation *f.* civilization[39]

clair clear, legible[LN12]

clairière *f.* clearing[13]

clarinette *f.* clarinet[LN26]

classe *f.* class[S11]

classique classical[S23]

clé/clef *f.* key[S18, 32]

client *m.*, cliente *f.* customer[4]
guest[S18]

climat *m.* climate[S13]

climatisé air-conditioned[S18]

clinique *f.* hospital[26]

cloche *f.* bell[34]

clou *m.* nail[23]

clouer to nail[33]

cochon *m.* pig[S31]

cocorico cock-a-doodle-doo[6]

code postal *m.* zip code[S26]

cœur *m.* heart[3]
mon cœur sweetheart[20]

coffre *m.* chest[32]

cognac *m.* cognac[32]

coiffé coiffed (hairdo)[S21]

coiffeur *m.*, coiffeuse *f.* hair dresser[S8]

coiffure *f.* coiffure, hair style[S21]

collaboration *f.* help[26]

collant *m.* panty hose[S35]

collection *f.* collection[S32]

collègue *m.* colleague[11]

collier *m.* necklace[10]

colline *f.* hill[S24]

colossal colossal[34]

combien (de) how much, how many[BV, 14]
Ça fait combien? How much is
that?[14]
C'est combien? How much is it?[S37]

comédie *f.* comedy[S32]

commander to order[S4, 20]

comme like[8]
comme ci, comme ça so-so[S2]

commencement *m.* beginning[BV]

commencer to begin[LN5]

comment how[BV, 2]
Comment? What do you mean?[28]
Comment allez-vous? /Comment
vas-tu? How are you?[S2]

commerçant *m.* businessman[20]

commerce *m.* business[4]

commercialiser to commercialize[20]

commère *f.* gossipy woman[36]

commissaire *m.* chief of police[3]

commissariat *m.* police station[3]

en compagnie de accompanied by[32]

compartiment *m.* (train) compart-
ment[S31]

complet full (e.g., a hotel)[9] sold out[S34]

complètement completely[29]

compléter to complete[L13]

composer le numéro to dial (the
[phone] number)[S26]

comprendre to understand[3]

compris < comprendre *PP* understood[10]
got it[15]

compte *m.* charge account[S36]
compte (en banque) (bank) account[S36]

compter (sur) to count (on)[S5, 30]

compteur *m.* (taxi) meter[S37]

concentrer to concentrate[33]
se concentrer to concentrate[37]

concert *m.* concert[S27]

condition *f.* condition[S17, 28]

conduire to drive[S30] to lead, conduct[LN35]
le permis de conduire driver's
license[S30]

confectionneur *m.* wedding store
owner[21]

conférence *f.* lecture[24]

confiance *f.* confidence[26]

confortable comfortable[S29]

congé *m.* holiday, vacation[S7] leave,
time off[S16]

congélateur *m.* freezer[S19]

connaissance *f.* acquaintance
faire connaissance to get
acquainted[LN12]
faire la connaissance de qqn to meet
s.o. (for the first time)[S34]

connaissant familiar with[39]

connaître to know[8] to get to know[13]
s'y connaître (en) to be know-
ledgeable (about)[LN12]

connu < connaître *PP*

conseil *m.* council[39]

conservateur *m.* curator[32]

consigne *f.* checkroom[S31]

consommation *f.* beverage[S4] *pl.* beverage list[S4]

construction *f.* construction[24]

construire to build[24] to make[31] to construct[LN35]

  construit < **construire** *PP* made[31]

contact *m.* contact[30]

contenir to contain[LN33]

content happy, pleased, contented[LN22]

continuer to continue[19] to keep (it) up[37]

contrariant contrary[LN4]

contravention *f.* traffic ticket[S30]

contre against[18, LN30]

contremaître *m.* foreman[14]

contrôleur *m.* conductor[S37]

convaincre to convince[29]

  convaincu *PP*

coq *m.* rooster[6]

corbeille *f.* wastebasket[S11]

corde *f.* rope[34]

corps *m.* body[S9, 21]

correspondance *f.* connecting train[S31] change of (subway) line[S37]

correspondre to correspond[LN7]

corridor *m.* corridor[29]

costume *m.* suit, costume[8] man's suit[S35]

côte *f.* coast[S24, 38]

à côté de next to[29] beside[LN30]

côtelette *f.* chop[S15]

coton *m.* cotton[S21]

cou *m.* neck[S9]

se coucher to lie down, go to bed[LN11, 12]

coude *m.* elbow[LN17]

couler to run (said of a river)[S24]

couleur *f.* color[S9, 26]

couloir *m.* hall[S28]

coup de fil/téléphone *m.* phone call[S26]

coupable guilty[26]

couper to cut[5], to cut down[32]

  se couper to cut oneself[LN11]

courage *m.* courage[33]

courageux, -euse courageous[23]

courrier *m.* mail[S26, 34]

cours *m.* course[S11]

course *f.* race[S25] *pl.* errands[S8]

faire des courses to go shopping[S8]

court short[13]

cousin *m.*, **cousine** *f.* cousin[S5]

coussin *m.* cushion, pillow[6]

coûter to cost[LN14]

couteau *m.* knife[5]

couture *f.* needlework, sewing[S27]

couvert *m.* table setting[S5, 21] flatware[21]

couvert < **couvrir** *PP* covered, overcast[S13]

couverture *f.* blanket[34]

couvrir to cover[LN20]

craie *f.* chalk[S11]

craindre to fear, be afraid (of)[LN16]

cravate *f.* necktie[1]

crayon *m.* pencil[S11]

crédit *m.* credit[S36]

crème *f.* cream[S14, 17]

crémerie *f.* dairy store[S8]

crémier *m.*, **crémière** *f.* dairy store keeper[S8]

crier to shout[19]

crime *m.* crime[19]

croire to think[7] to believe[11]

  croire à to believe in[29]

croisière *f.* cruise[S7]

croissant *m.* crescent-shaped roll[LN14]

cru croire *PP*

crudités *f. pl.* relishes, raw vegetables[S15]

cube *m.* cube[38]

cueillir to harvest, pick[5]

cuillière *f.* spoon[5]

cuir *m.* leather[S21]

cuisine *f.* cooking[S14] kitchen[S28]

  faire la cuisine to cook, do the cooking[S14]

cuisiner to cook[LN11]

cuisinier *m.*, **cuisinière** *f.* cook[7]

cuisinière (à gaz, électrique) *f.* (gas, electric) stove[S19]

cultiver to grow (a crop)[39]

cure *f.* treatment (at a spa)[35]

  faire une cure to take a treatment[35]

curé *m.* parish priest[34]

curieux, -euse curious[LN8] inquisitive[LN30]

D

d'abord first (in a series)[7]

dame *f.* lady[4] *pl.* game of checkers [S27]

danger *m.* danger[1]

dangereux, -euse dangerous[7]

dans in, into [BV, 3, LN30]

   manger/boire dans to eat/drink from[21]

danse *f.* dance[21]

danser to dance[8]

danseur *m.,* danseuse *f.* dancer[S32, 35]

d'après according to[BV]

dater (de) to date (from)[32]

de of, about[3] from, in (after a
   superlative)[4]

débarrasser la table to clear the table[S14]

debout stand(ing) up[10]

décembre *m.* December[S13]

décevoir to disappoint[LN32]

décider to decide[LN24]

   se décider à to decide/resolve to[LN24]

décision *f.* decision[19]

déclamer to recite[17]

déclarer to say[12] to pronounce[19]
   to declare[S38]

décollage *m.* take-off[S38]

décoller to take off[36]

décourager to discourage[B2]

découvert < découvrir *PP* discovered[37]

découvrir to uncover[LN20] to discover[37]

décrire to describe[LN22]

dedans inside[26]

   là-dedans in here, in there[33]

défendre to forbid[LN20]

déformé misshapen[20]

degré *m.* degree[S13]

déguisé wearing a disguise, disguished[33]

e déguiser to disguise oneself[33]

dehors outside[11]

déjà already[5]

   déjà vu already seen[S3]

déjeuner *m.* lunch[S14]

   le petit déjeuner breakfast[S14]

   prendre le déjeuner to eat/have
      lunch[S14]

   prendre le petit déjeuner to eat/
      have breakfast[S14]

déjeuner to eat/have lunch[S14]

délicieux, -euse delicious[LN21, 35]

demain tomorrow[S10, 16]

   après-demain the day after
      tomorrow[S10, 18]

demander to ask (for)[18, LN28]

   demander son chemin to ask
      directions[S37]

déménager to move, move out[S29]

demi half[LN10]

démission *f.* resignation[12]

démissionner to resign[12]

démontrer to prove, demonstrate[12]

dent *f.* tooth[LN15, 23]

dentiste *m.* dentist[S4]

départ *m.* departure, take-off[36]

dépasser to go faster than, to exceed[30]

se dépêcher to hurry (up)[8]

dépenser to spend[S8]

se déplacer to travel[30]

déposer to deposit[S36]

depuis since[8] for[12] ago[16]

dernier, -ière *ADJ* last[S13, 26, LN27]

   dernier *m.,* dernière *f.* the last one[25]

derrière behind[BV, 29] in back of[LN30]

des < de + les some, any, ____, from
   the, of the[1]

dès que as soon as[LN18]

descendre to come down[1] to go
   down[S7, 31] to descend, get off,
   get out of[LN7] to take/bring down[LN28]

   descendre à l'hôtel to stay at the
      hotel[S18]

   faire descendre les valises to have
      the luggage brought down[S18]

descriptif, -ive descriptive[S6]

se déshabiller to get undressed[6, LN11]

désirer to desire[LN20] to want[S36]

   Vous désirez? May I help you?[S36]

désolé sorry[LN22]

dessert *m.* dessert[5]

dessin *m.* drawing[BV]

dessus on (them)[21]

   au-dessus de over[32]

destinataire *m.* addressee[S26]

détective *m.* detective[12]

détester to dislike[LN4] to hate, detest[S6]

détruire to tear down[28] to
   destroy[34, LN35]

devant in front of[BV, 7, LN30] before[34]

devenir to become, get[2]

   devenir fou to go mad[27]

déviation *f.* detour[S30]

deviner to guess[32]

devoir *m.* assignment[S11] *pl.*
   homework[LN9, S11]

devoir (+ *INF*) to have to, must[6, LN38]
   ought to, should[29, LN38] (+ *N*) to owe[24]

diable *m.* devil, naughty child[LN17]

diamant *m.* diamond [S21]
dictionnaire *m.* dictionary [S11]
Dieu *m.* God [1]
  mon Dieu! good heavens! [LN36]
difficile difficult [LN10, 32]
dimanche Sunday [S13]
dîner *m.* dinner [S14]
  prendre le dîner to eat/have dinner [S14]
dîner to eat/have dinner [S14]
diplôme *m.* diploma [20]
diplômé graduated [S20] with a degree [30]
  être diplômé to be a graduate [S20]
dire to say [BV] to tell [3]
  vouloir dire to mean [BV, 12]
directe direct [S37]
  (la route) la plus directe the shortest (route) [S37]
directeur *m.* director [15] manager [27]
direction *f.* management [21] first or last stop on subway line [S37]
discothèque *f.* discothèque [S34]
discours *m.* speech [LN10, 19]
disparaître to disappear [10]
disparu < disparaître *PP* disappeared [3]
se disputer to quarrel [S39]
disque *m.* record [21]
distribution *f.* (mail) delivery [S26]
dit < dire *PP* said [6]
diviser to divide [LN37]
divorce *m.* divorce [S39]
divorcer to divorce [S39]
docteur *m.* doctor, physician [3]
doigt *m.* finger [S9]
dollar *m.* dollar [S36]
domicile *m.* housing [S29]
dommage a shame/pity [LN22] too bad [37]
  C'est dommage. It's too bad. [37]
donc therefore [7]
donner to give [2] to pay [28]
dont of, by, with whom/which [LN17]
dormir to sleep [9]
dortoir *m.* sleeping porch, group sleeping quarters [S29]
dos *m.* back [8]
douane *f.* customs [S38]
douanier *m.* customs official [S38]
doubler to pass (another vehicle) [S30]
doucement quietly [27]
douche *f.* shower [S18, 28]
doute *m.* doubt [LN34]

sans doute doubtless [LN34]
douter (de) to doubt [LN12]
  se douter de to suspect [LN12]
doux, douce gentle, soft [26] sweet [28]
doyen *m.* dean [LN31]
drapeau *m.* flag [38]
dresser une tente to pitch a tent [S33]
droit *m.* right [16] law [S16]
  tout droit straight ahead [LN28]
droite *f.* right (direction) [LN28]
  à droite to/on the right [LN28]
drôle funny [17]
du < de + le from the, of the, some, any [4]
dû < devoir *PP* had to
dur hard [15]
dynamique dynamic [S6]

E

eau *f.* water [S4, 8]
  eau de vie *f.* brandy [32]
  eau minérale mineral water [S4]
  eau nature tap water [S4]
  eau potable drinking water [S33]
s'écarter to move aside [6]
échanger to exchange [S36]
échecs *m. pl.* checkers [S27]
échelle *f.* ladder [36]
échouer (à) to fail [S20]
éclair *m.* lightning [34]
école *f.* school [32]
écolier *m.* schoolboy [36]
économies *f. pl.* savings [S36]
  faire des économies to save (money) [S36]
économique economical [LN12]
écouter to listen (to) [LN11, 15]
  écouter bien to listen carefully [28]
s'écrier to cry (out), shout [LN12]
écrire to write [11]
  par écrit in writing, written out [LN21]
effectivement indeed [27]
également also [34]
égalité *f.* equality [28]
église *f.* church [S3]
électricien *m.* electrician [1]
électricité *f.* electricity [31]
électrique electric [33]
électrophone *m.* record player [S23]
élégamment elegantly [LN11]

élégance *f.* elegance[S21]

élégant elegant[LN11, S21]

élevé high[S24]

elle she, it[2]

embrasser qqn to kiss s.o.[S39]

émeraude *f.* emerald[S21]

émission *f.* program[22]

emménager to move in[S29]

emmener to take (a person) away[27] to lead[LN32]

empêcher de + *INF* to prevent[LN20] to keep from ——ing[27]

employé *m.*, **employée** *f.* employee[S4, 32]

employer to employ[LN14] to use[31]

emporter qqch. to take sth. with s.o.[32, LN32] to bring sth.[39]

ému moved (emotionally)[22]

en + *N/PN* in[5] + *V* of them[26] with them[26] from it[32] of it[36] with it[37]

enchanté delighted (to meet you)[33] glad to know you, how do you do?[S34]

encore more, still more, yet[1] still[6]

  pas encore not yet[7]

  encore un/une another[17]

encourager to encourage[B2]

encre *f.* ink[S11]

encyclopédie *f.* encyclopedia[S11]

endroit *m.* place[18]

énergie *f.* energy[26]

énergique filled with energy, strong[35]

enfant *m./f.* child, young person[S5, 6]

enfin at last, will you?[7] really[19]

s'enfuir to run away[39]

enlever to take off[S21, 23] to take down[28] to drain off, take out[36]

ennuyer to bore[LN14]

  s'ennuyer to be bored[LN14, S27]

ennuyeux, -euse boring[S6]

énorme enormous[7, LN11]

énormément enormously[LN11]

enquête *f.* investigation[LN17]

enregistrer (les valises) to check (luggage)[S31] to check in (luggage)[S38]

enseignement *m.* teaching[S16] instruction[S20]

ensemble together[4] *m.* outfit[8]

entendre to hear[7]

s'entendre bien/mal avec qqn to get along well/badly with s.o.[LN30, S39]

entièrement completely[33]

entre between[LN30]

entrée *f.* first course[S15] entrance, admission[32]

entrer (dans) to enter, come in, go in[2] to go inside[36]

envie *f.* want, desire[LN27]

  avoir envie (de) to feel like[LN14]

environ about[LN37]

envoi *m.* sending, mailing, shipping[LN26]

s'envoler to take off (as a plane)[33]

envoyer to send[LN14, S26]

épaule *f.* shoulder[36]

épeler to spell[B5]

épice *f.* spice[S14]

épicerie *f.* grocery store[S8]

épicier *m.*, **épicière** *f.* grocer[S8]

épinards *m. pl.* spinach[S15]

épisode *m.* episode[BV]

époque *f.* time(s)[LN30]

épouse *f.* wife[S39]

épouser qqn to marry s.o.[19]

épousseter to dust[S19]

époux *m.* husband[S39]

équation *f.* equation[LN6]

équipage *m.* crew[S38]

ermite *m.* hermit[22]

escalier *m.* stairway[27]

esclave *m./f.* slave[19]

espace *m.* space[S38]

espagnol *m.* Spanish (language)[S2]

espérer to hope[26]

espion *m.* spy[26]

essai *m.* trial (run), test[33] experiment[39]

  faire un essai to try sth.[33] to try an experiment[39]

essayer to try[LN14, 28] to try on[LN14, 28]

essence *f.* gasoline[S30]

essuie-glace (*pl.* **essuie-glaces**) *m.* windshield wiper[LN29]

essuie-mains *m.* hand towel[LN29]

essuyer to wipe, dry[LN14]

est *m.* east[26, LN28]

et and[2]

étable *f.* stable[S31]

étage *m.* floor[S18]

  au premier étage on the second floor[S18]

état *m.* state[S24, 34]

l'etat des pistes   skiing conditions[S33]

été   *m.*   summer[S13]

été < être   *PP*

éteindre   to put out, turn off[LN16]

s'éteindre   to go out[LN16]

éteint   (turned) off[15]

étonné   astonished[LN17]   surprised[LN22]

étouffer   to suffocate[10]   to choke[15]

être   to be[BV, 1]

être à   to belong to[LN15]

être d'accord avec   to agree with[12]

étroit   narrow[S24]

études   *f. pl.*   studies[S20, 37]

le programme d'études   curriculum[S20]

étudiant   *m.,*   étudiante   *f.*   student[S1, 20]

étudier   to study[S11]

eu < avoir   *PP*

euh   uh, er[3]

eux   *m./m. + f.*   they, them[8]

évanoui   fainted, passed out, unconscious[6]

s'évanouir   to faint[33]

evidemment   obviously[LN11]

évident   evident[LN11]

évier   *m.*   sink[S19]

éviter   to avoid[LN24]

exact   accurate, exact[12]   right[22]

exactement   exactly[7, LN11], that's it![18]

examiner   to examine[S3, 12]

excellent   excellent[16]

exception   *f.*   exception[19]

exceptionnel, -le   exceptional[23]

s'exclamer   to exclaim[LN12]

excuser   to excuse[10]

exemple   *m.*   example[19]

par exemple   for example[19]

exercice   *m.*   exercise[29]

exiger   to require[LN20]

existence   *f.*   existence[22]

exister   to exist[1]

expédier   to send[S26]

expéditeur   *m.*   sender, shipper[S26]

expérience   *f.*   experiment[36]

expérimenter   to test[36]

expliquer   to explain[LN11, 22]

exploser   to explode[36]

exposé   *m.*   oral report[S11]

exposition   *f.*   exhibit[S32]

expression   *f.*   expression[S10]

exprimer   to express[LN21]

extraordinaire   extraordinary[8]

F

fabrique   *f.*   factory[19]

fabriquer   to make[15]

en face de   opposite[LN30]

fâché   angry[LN22]

facile   easy[15]

façon   *f.*   fashion, manner, way[LN11]

facteur   *m.*   mailman[S26]

facture   *f.*   bill[S36]

facultatif, -ive   optional[S20]

faire   to do[2]   to make[6]

faire des achats   to go shopping[S14]

faire des affaires   to do business[LN21]

faire attention   to pay attention[LN26]

faire de l'auto-stop   to hitchhike[LN26]

faire du baseball   to play baseball[LN26]

faire du brouillard   to be misty[S13]

faire de la brume   to be hazy[S13]

faire du camping   to go camping[LN26]

faire connaissance   to get acquainted[LN12]

faire des courses   to go shopping[S8]

faire la cuisine   to do the cooking[S14]

faire une cure   to take a treatment[35]

faire des économies   to save (money)[S36]

faire du feu   to light a fire[S33]

faire du footing/du jogging   to jog[S25]

faire de la magie   to perform magic[28]

faire mal à qqn   to hurt s.o.[11]

se faire mal   to hurt each other[31]

faire un match/une partie   to play a game[LN26]

faire peur (à)   to frighten[28]

faire plaisir (à)   to please[LN30]

faire une promenade   to go for/ take a walk[LN26]

faire une promenade en voiture   to go for/take a ride[S7]

faire les provisions   to buy groceries[S14]

faire la queue   to stand in line[S37]

faire des recherches   to do research[S16]

faire du ski   to go skiing, to ski[LN26]

faire la soupe   to do the cooking[19]

faire du sport   to engage in sports[LN26]

faire tomber le toit   to make the roof fall down[28]

faire du vélo   to go bike riding/ ride a bike[LN26]

faire une visite à qqn   to visit s.o.[LN38]

faire un voyage   to take a trip[LN26]

faire + *INF* to make sth. happen, cause an action[6, LN29]

que faire? what can we do?[9]

fait *m.* fact[LN38]

falloir to be necessary (impers.)[LN8]

il faut + *INF* you, we must/have to + INF[5]

il faut + N we need + N[6]

il me faudrait I ought to have[35]

famille *f.* family[5]

fan *m.* (sports) fan[S25]

fantastique fantastic[8]

fantôme *m.* ghost[10]

farine *f.* flour[S14]

fatigant tiring[14]

fatigué tired[S6, 14]

fauteuil *m.* armchair[17]

faux, fausse false[24]

félicitations! congratulations![15]

féliciter to congratulate[15]

femme *f.* woman[S1, 3] wife[S5, 32]

femme de chambre maid[S18]

femme pilote pilot[S38]

fenêtre *f.* window[7]

fente *f.* slot[S26]

ferme *f.* farm[S31]

fermer to close[7] to lock[34]

festival *m.* festival[S32]

fête *f.* **party**[21]

fêter to celebrate[LN10]

feu *m.* fire[13]

faire du feu to light a fire[S33]

le feu vert/rouge traffic light[S30]

feuille *f.* leaf[3] sheet (of paper)[11]

feuilleton *m.* serial, "soap opera"[S22]

février *m.* February[S13]

fiancé *m.*, fiancée *f.* fiancé, fiancée[S39]

fiançailles *f. pl.* engagement, betrothal[S39]

rompre les fiançailles to break an engagement[S39]

se fiancer to get engaged[S39]

fier, fière proud[30]

fièvre *f.* fever[S12]

figure *f.* face[LN9]

fil *m.* wire[11]

fille *f.* girl[S1, 7] daughter[S5]

jeune fille girl[7]

film *m.* movie[S22] film[37]

filmer to film[4]

fils *m.* son[S5]

fin *f.* end[BV, 5]

final final[39]

fini < finir *PP* finished[15] over[21] ended[39]

finir to finish[LN7]

fixe stationary[27]

fixer to attach[27] to stare at[37]

fixer la date to set the date[S39]

flâneur *m.* stroller (person)[8]

fleur *f.* flower[3]

fleuriste *m./f.* florist[S8]

fleuve *m.* (very large) river (flowing into the sea)[S24]

flirter (avec) to flirt (with)[S39]

flûte *f.* long, very thin loaf of bread[S14] flute[LN26, 39]

fois *f.* time[28]

une fois once[LN30]

à la fois at the same time[LN30]

folklorique folk (music)[S23]

fonctionnaire *m.* government or state employee, civil servant[S16]

fonctionner to work (as a machine)[7]

football *m.* soccer[S25]

le football américain football[S25]

footing *m.* (slow) jogging[S25]

faire du footing to jog[S25]

force *f.* force[31] power[39]

forcer to force[B1]

forêt *f.* forest[13]

forme *f.* form[12]

formidable fantastic[29] stupendous[36] marvelous[39]

fort strong[14] loud[19]

pousser plus fort to push harder[33]

fou, folle crazy[3] mad[LN6]

fou *m.* crazy person[25]

foudre *f.* lightning[34]

foulard *m.* scarf[S21]

foule *f.* crowd[S1, 3]

four *m.* oven[S19]

fourchette *f.* fork[5]

fourmi *f.* ant[S33]

fourrure *f.* fur[18]

frais, fraîche cool[LN6] fresh[27]

Il fait frais it's cool (weather)[LN13]

frais *m. pl.* expenses[S20]

les frais scolaires tuition, fees[S20]

franc *m.* franc[8]

français *ADJ* French[1]

français *m.* French (language)[1]
Français *m.* Frenchman[S2, 13]
frapper to hit[22]
freins *m. pl.* brakes[S30]
frère *m.* brother[S5]
frites *f. pl.* (French) fries[14]
froid *ADJ* cold[38] *m.* cold[8]
   il fait froid the weather is cold[LN13]
fromage *m.* cheese[14]
frontière *f.* border[S24]
fruit *m.* fruit[S15, 17]
fumée *f.* smoke[16]
fumer to smoke[11]

G

gagner to earn[14] to win[S25]
galaxie *f.* galaxy[38]
gant *m.* glove[15]
garage *m.* garage[28]
garagiste *m.* garage-man, garage
   owner[30]
garantir to guarantee[20]
garçon *m.* boy, fellow[S1, 7] young
   man[29]
   garçon de bureau clerk[32]
   garçon de café waiter[4]
garder to keep[8]
gardien *m.* caretaker[32]
gare *f.* train or bus station[S3]
gâteau (*pl.* **gâteaux**) *m.* cake[6]
gauche *f.* left[LN28]
   à gauche to/on the left[LN28]
gaz *m.* gas[S19]
gendarme *m.* policeman[2]
général (*pl.* **généraux**) *m.* general[35]
   ADJ general[16]
génération *f.* generation[31]
génial brilliant, ingenious[20]
génie *m.* genius[LN13, 21]
   de génie ingenious[21]
genou (*pl.* **genoux**) *m.* knee[LN19]
gens *m. pl.* people[S1, 3, LN39]
gentil, -le nice[S6, 11] pleasant, likeable,
   amiable[S6] kind[22]
gentilhomme (*pl.* **gentilshommes**) *m.*
   gentleman[LN26]
gentiment nicely[LN11]
géographie *f.* geography[S24]
geste *m.* gesture[29]
gilet *m.* vest[S35]

gitan *m.* gypsy[33]
glace *f.* ice cream[S15] mirror[17] ice[S33]
glacé iced[S4]
golf *m.* golf[S25]
gomme *f.* (rubber) eraser[S11]
goûter to taste[LN20]
grâce à thanks to[28]
gramme *m.* gram[LN32]
grand big, large[S6, 7] tall[S6, 26, LN27]
   great[17, LN27]
grandement greatly[LN11]
grand-maman (*pl.* **grands-mamans**)[LN29]
   f. grandma[5]
grand-mère (*pl.* **grands-mères**) *f.*
   grandmother[5]
grand-père (*pl.* **grands-pères**) *m.*
   grandfather[S5]
grandir to get bigger, grow up, grow
   tall[6]
grange *f.* barn[S31]
gratuit free (of charge)[S20]
grave serious[6]
grenier *m.* attic[S28]
grève *f.* strike[S17]
   faire grève to go on strike[S17]
grillage *m.* fence[28]
grillé broiled[S15]
grippe *f.* flu[S12]
gris grey[S9]
groom *m.* bellboy[27]
gros, -se heavy, massive[LN6] large[36]
   huge[39]
guère: ne. . .guère scarcely, hardly
   barely[LN7]
guérir to get well[27] to cure[38]
guichet *m.* counter, window[S26]
   ticket window[S31]
guide *m.* guide book[S23] guide[35]
guillemets *m. pl.* quotation marks[LN37]
guitare *f.* guitar[LN26]
gymastique *f.* exercise[29]

H

habillé dressed[16]
s'habiller to dress, get dressed[LN11]
habitant *m.* resident[3] inhabitant[38]
habiter to live[17]
habitude *f.* habit[LN27]
   avoir l'habitude de to be in the
   habit of[LN14]

s'habituer (à) to get used to [33]
hallucination *f.* hallucination [3]
*__halte!__ halt! [11] stop! [25]
*__haricot vert__ *m.* green bean [S15]
*__haut__ high [15]
   __haut les mains!__ hands up! [1]
*__haut__ *m.* top [33]
hebdomadaire weekly [S23]
héberger to put up, give lodging to [S18]
*__hein__ O.K. [23] hey [31]
*__hélas__ alas [22]
hélicoptère *m.* helicopter [S7]
*__hé oui__ oh yes [25]
herbe *f.* grass [S33]
hésiter to hesitate [LN24]
heure *f.* hour [10] (clock) time [19]
   __à huit heures__ at eight o'clock [10]
   __à l'heure__ on time [S10, LN30]
   __de bonne heure__ early (for an appointment [S10]
   __l'heure d'affluence__ rush hour [S37]
   __tout à l'heure__ in a minute/short time, just a minute ago [S10]
heureusement fortunately [LN11]
heureux, -euse happy [3] fortunate [LN11]
hier yesterday [S10, 31]
   __avant hier__ the day before yesterday [S10]
*__hippie__ *m./f.* hippie [3]
hippopotame *m.* hippopotamus [34]
histoire *f.* history [S20, 30] story [27]
historique historic [30]
hiver *m.* winter [S13, 17]
homme *m.* man [S1, 4]
   __homme d'etat__ statesman [34]
honneur *m.* honor [24]
hôpital *m.* hospital [S12]
horaire *m.* timetable [S31]
horloge *f.* clock [LN10]
*__hors d'œuvre__ (*pl.* __hors-d'œuvre__) *m.* appetizers, hors d'œuvres [15]
*__hors-taxe__ duty-free [S38]
hôte *m.* host [21]
hôtel *m.* hotel [S3, 9]
hôtelier *m.*, **hôtelière** *f.* hotel keeper [18]
hôtesse *f.* hostess [8]
   __hôtesse de l'air__ flight attendant [S38]
huile *f.* oil [S14]
humide humid [S13]
hypermarché *m.* one-stop shopping center [S8]

hypnose *f.* hypnosis [29]
hypothèse *f.* hypothesis [7]

I

ici here [3]
idée *f.* idea [16]
   __idée fixe__ *f.* obsession [35]
idiot *m.* idiot [10]; *ADJ* idiotic, stupid [S6]
il he, it [2]
île *f.* island [S24]
ils they (*m./m.* + *f.*) [1]
il y a there is, there are [BV]
   __il y a. . .que__ for [LN29]
   __il y avait__ there was, there were [8]
   __il y avait. . .que__ for [LN29]
image *f.* picture [BV] frame (of a movie) [S22]
imitation *f.* imitation [25]
imiter to imitate [30]
immeuble *m.* building, apartment house [S29]
impatient impatient [S6, 32]
imperméable *m.* raincoat [S35]
important important [26]
n'importe quand any time [LN30]
n'importe quel any [LN31]
n'importe qui anyone [LN31]
n'importe quoi anything [LN31]
n'importe où anywhere [LN31]
imposant impressive [30]
impossible impossible [3]
imprimé *m.* printed matter [S26]
incroyable unbelievable [LN23]
indiqué indicated [33]
individu *m.* person [LN39]
infirmier *m.*, **infirmière** *f.* nurse [S12, 27]
ingénieur *m.* engineer [15]
   __ingénieur-chimiste__ *m.* chemical engineer [16]
s'installer to move in, get settled [S29]
institut *m.* institute [12]
instituteur *m.*, **institutrice** *f.* grade school teacher [S16]
instruire to instruct, teach [LN35]
   __s'instruire__ to learn [LN35]
intelligent intelligent [S6, 11]
intention *f.* intention [LN27]
intendire to forbid [28]
   __interdit__ forbidden [S30]
intérieur *m.* inside [26] interior [31]
interplanétaire space [S38]

intéresser to interest [24, LN30]
  s'intéresser à to be interested in [LN26]
inutile useless [33]
introduire to introduce [LN35]
inventer to invent [21]
inventeur *m.* inventor [15]
invention *f.* invention [15]
invisible invisible [10]
invité *m.,* invitée *f.* guest [9]
inviter to invite [9]
irrésistible irresistible [S6]
italien *m.* Italian (language) [S2]

J

jacquet *m.* backgammon [S27]
jaloux *m.* jealous suitor [31]
jamais ever [S10, 11]
  ne . . . jamais never [LN7, 11]
jambe *f.* leg [S9, 15]
jambon *m.* ham [S15, 38]
janvier *m.* January [S13]
japonais *m.* Japanese (language) [S2]
jardin *m.* garden [S28]
jardinage *m.* gardening [S27]
jaune yellow [S9]
jazz *m.* jazz [S23]
je, j' I [1]
jeter to throw [20]
  se jeter dans to empty into (said of a river) [S24]
jeton *m.* token [S26]
jeu *m.* game [25]
  les jeux game shows [S22]
jeudi *m.* Thursday [S13]
jeune young [6]
jeunesse *f.* youth [17]
  auberge (*f.*) de jeunesse youth hostel [S18]
jogging *m.* jogging [S25]
  faire du jogging to jog [S25]
joie *f.* joy [37]
joli pretty [S6, 25]
jouer to play [8]
  jouer à + name of sport/game to play + sport/game [S25]
  jouer de + musical instrument to play + instrument [S27]
jouet *m.* toy [26]
joueur *m.* player [27]
jour *m.* day [17]

de nos jours in our times [LN30]
journal (*pl.* journaux) *m.* newspaper [S23]
journaliste *m.* journalist [4]
journée *f.* day [27]
joyeux, -euse joyful [S6]
juge *m.* judge [S16, 19]
juger to judge [19]
juillet *m.* July [S13]
juin *m.* June [S13]
jupe *f.* skirt [S1]
jurer to swear [11]
jus (*m.*) de fruit fruit juice [S4]
jusqu'à as far as [LN30] (up) to [36]
  jusqu'à ce que until [LN23]
juste right, true [12]

K

képi *m.* kepi (uniform cap) [9]
kilo/kilogramme *m.* kilogram [32]
kilolitre *m.* kiloliter [LN32]
kilomètre *m.* kilometer [LN30]
kiosque à journaux *m.* newsstand [S23]

L

la + *V* it, her
là there [1] here [16]
  là-bas over there [1]
  là-dessus on that [21]
  là-haut up there [15]
lac *m.* lake [S24]
lâcher to let go of [28] to release [33]
laid ugly [28]
laine *f.* wool [S21]
laisser to let, leave [2, LN35] to let go (of) [8] to leave behind [15]
lait *m.* milk [39]
lamé spangled with gold or silver [S21]
lampe *f.* light [15] lamp [27]
lancer to toss [25]
  lancer une mode to introduce a new style [21]
langue *f.* language [S2, 24] tongue [LN4]
large wide [LN6]
lave-vaisselle *m.* dishwasher [S19]
laver to wash [15, LN19]
  se laver to wash oneself [LN11]
le + *V* it [5] him [14]
leçon *f.* lesson [BV]

lecture *f.* reading [S23]
légume *m.* vegetable [S14]
lendemain *m.* the next day [S10]
lentement slowly [LN11, 15]
lequel, laquelle, lesquels, lesquelles
interr. PN which one [24, LN34]
rel. PN which [35, LN35]
les + *V* them [2]
lettre *f.* letter [S26]
  lettre d'affaires *f.* business letter [LN11]
  lettre recommandée registered
    letter [S26]
  en toutes lettres in words, in full [LN21]
leur *PN* (to) them
leur, leurs *poss. ADJ* their [3]
le/la leur *poss. PN* theirs [LN26]
levée *f.* (mail) pickup [S26]
lever to raise [10]
  se lever to get up [23]
libéral liberal [S16]
  les professions libérales
    professions [S16]
librairie *f.* bookstore [S23]
libre free, unoccupied [31]
lieu *m.* place
  avoir lieu to take place [LN14, 39]
ligne aérienne *f.* airline [S38]
limonade *f.* lemon soda/pop [S4, 31]
lire to read [S11, 17]
lit *m.* bed [6]
  faire le lit to make the bed [S19]
  le wagon-lit sleeping car [S31]
litre *m.* liter [LN32]
living *m.* living room [S28]
livre *m.* book [S11, 22]
  livre de poche pocket book [S23]
  f. pound (weight) [LN32]
livrer to deliver [S36]
locataire *m.* renter, tenant [S29]
logement *m.* lodging [S18]
logique *f.* logic [LN12]
loin far (away) [11]
  loin de far from [28, LN30]
loisir *m.* leisure (activity) [S27]
long, longue long [1]
  le long de along(side) [LN30]
longtemps for a long time [S10, 30]
lorsque when [LN18]
louer to rent [21]
  à louer for rent [30]
lourd heavy [7]
loyer *m.* rent [S29]

lu < **lire** *PP*
lui he, him, to him [5]
lundi *m.* Monday [S13]
lune *f.* moon [6]
  lune de miel honeymoon [S39]
lunettes *f.* eyeglasses [LN12]

M

ma *f.* my [4]
machine *f.* machine [28]
  machine à écrire typewriter [S11]
  machine à laver washing machine [S19]
madame (*pl.* **mesdames**) [LN29] *f.*
  madam [4] milady [17]
mademoiselle (*pl.* **mesdemoiselles**) [LN29]
  f. miss [11] young lady [18]
magasin *m.* shop, store [S3, 20]
  grand magasin department store [S8]
magazine *m.* magazine [S23]
magie *f.* magic [33]
  faire de la magie to perform magic [28]
magique magic, magical [15]
magnétophone *m.* tape recorder [S23]
  magnétophone à cassettes *f.* cassette
    tape recorder [S23]
magnifique magnificent [33]
mai *m.* May [S13]
maillot (*m.*) **de bain** bathing suit,
  swimsuit [8]
main *f.* hand [6]
  haut les mains! hands up! [1]
maintenant now [BV, 3]
maintenir to maintain [LN33]
maire *m.* mayor [3]
mairie *f.* town hall [3]
mais but [1]
  mais non oh, no! [1]
maison *f.* house [S3, 5]
maîtresse *f.* mistress [32]
sa **majesté** *f.* her majesty [37]
majuscule *f.* capital letter [LN37]
mal *m.* pain [2] harm [11]
  avoir mal to hurt, have a pain [2]
  faire mal à qqn to hurt s.o. [11]
  se faire mal to hurt each other [31]
  ADV badly, poorly [10] not well [LN7]
  pas mal not bad [S2]
malade sick [7] ill [S12] crazy [27]; *m./f.*
  patient [6]
maladie *f.* illness [S12]

malheureux, -euse unhappy [S6, 29]
unfortunate, a pity [LN22]
maman *f.* mama [1]
manche *f.* sleeve [15]
mandat *m.* money order
  toucher un mandat to cash a money
  order [S26]
manger to eat [5]
  On mange bien/mal. The food is
  good/bad. [S14]
manière *f.* fashion, manner, way [LN11]
manifester to demonstrate [S17]
manquer to be lacking [14] be missing,
need [LN38]
manteau *m.* coat [18]
marbre *m.* marble (building material) [27]
marchande *f.* merchant, saleswoman [8]
vendor [23]
marché *m.* market place [S3]
  bon marché low-priced, cheap [S36]
  meilleur marché cheaper [S36]
marcher to walk [7] to work, run
(machine/instrument) [11] to march [35]
  ça ne marche pas this doesn't
  work [S30]
mardi *m.* Tuesday [S13]
mari *m.* husband [S5, 17]
mariage *m.* marriage [21]
  mariage civil civil (wedding)
  ceremony [S39]
  mariage religieux church wedding [S39]
marié *m.* groom [21]
  les mariés *m.* the bride and groom [39]
  les nouveaux mariés newlyweds [S39]
mariée *f.* bride [19]
se marier to get married [LN11, 21]
marin *m.* sailor [20]
marron (*invar. ADJ*) chestnut
brown [S9]
marqué written [36]
mars *m.* March [S13]
marteau *m.* hammer [3]
martiniquais from Martinique [S6]
massif *m.* mountain mass [S24]
match *m.* game, sports event [S25]
(sporting) match [31]
  faire un match to play a game [LN26]
matelas *m.* mattress [S33]
  matelas pneumatique air mattress [S33]
matériel scolaire *m.* learning tools [S11]
matières *f. pl.* subjects [S20]

matin *m.* morning [8]
mauvais bad [S6, 33] evil [31]
  il fait mauvais the weather is bad [LN13]
me me, to me [5]
mécanicien *m.* mechanic [30]
méchant mean [14]; wicked [23];
dangerous [27]; *m.* mean man [19]
médaille *f.* medal [37]
médecin *m.* doctor [S12, 27]
médecine *f.* medical profession [S16]
médicament *m.* medication, medicine [6]
se méfier (de) to distrust, mistrust [LN12]
meilleur *ADJ* better [15]
  le meilleur/la meilleure the best [20]
  meilleur marché cheaper [S36]
mélangé combined [36]
mélanger to mix, combine [B2]
membre *m.* member [37]
même *ADJ* same [4] very [LN27]; *ADV*
even [24]
  -même (after a disjunctive *PN*)
  -self/-selves [LN33]
mémoire *f.* memory [22]
menacer to threaten [B1]
ménage *m.* household [S29]
  faire le ménage to do the housework [S19]
  un jeune ménage young couple forming
  a household [S39]
ménager household [S19]
  les travaux ménagers housework [S19]
  les appareils ménagers household
  appliances [S19]
mener to take, lead (person/animal) [LN8]
menteur *m.,* **menteuse** *f.* liar [18]
mentir to (tell a) lie, be lying [LN9, 24]
menottes *f. pl.* handcuffs [9]
mensuel, -le monthly [S17]
menu *m.* menu, "special", fixed
price meal [14]
mer *f.* sea [7]
  au bord de la mer at the seashore [S7]
merci thank you, thanks [1]
mercredi *m.* Wednesday [S13]
merde! damn! [16] [vulgar]
  merde, alors! oh, damn! [39]
mère *f.* mother [5]
mériter to deserve [37]
merveilleux, -euse marvelous [8]
wonderful [23]
mes *m./f. pl.* my [2]
mesdames *f. pl.* ladies [4]

messieurs *m. pl.* gentlemen[1]
  messieurs-dame gentlemen and madam[8]
mesurer to measure; to be. . . tall[LN32]
métal *m.* metal[30]
météo *f.* weather report[S13]
métier *m.* trade[S4]
métrage *m.* measurement in meters[S22]
  long métrage feature-length film[S22]
  court métrage short subject[S22]
mètre *m.* meter[LN30]
métro *m.* subway[S7]
metteur en scène *m.* director[S22]
mettre to put[6] to put on (+ article of clothing)[15]
  mettre à compte to charge (purchases)[S36]
  mettre la table to set the table[S14]
  se mettre à + *INF* to begin to + *INF*[LN17]
  se mettre dans to put oneself/ get into[6]
  se mettre en colère (contre) to get angry (at)[LN17]
  se mettre en route to set out (for + place)[LN17]
meublé furnished[S29]
meubler to furnish[S28]
miauler to meow[LN36]
midi *m.* noon[S10, 12] South[LN28]
  après-midi *m.* afternoon[S10]
le mien, la mienne mine[26]
  mieux *ADV* better[6]
  le mieux the best[24]
mile *m.* mile[LN30]
milieu *m.* middle[S37]
militante *f.* militant[23]
militer to campaign (for a cause)[28]
mille bornes *f. pl.* (game of) mille bornes[S27]
milligramme *m.* milligram[LN32]
millilitre *m.* milliliter[LN32]
millimètre *m.* millimeter[LN30]
minéral *ADJ* mineral[LN6]
Ministère *m.* Department of the Interior[32]
ministre *m.* secretary (of the interior, etc.)[3]
minuit midnight[S10]
minute *f.* minute[11]
miracle *m.* miracle[34]

miroir *m.* mirror[2]
mis < **mettre** *PP*
mission *f.* mission[31]
mobiliser to mobilize[33]
mode *f.* style[8] fad, craze[20]
  à la mode in fashion[20]
modèle *m.* model[31]
modéré moderate[S13]
moderne modern[21]
modeste modest, unassuming[S6]
moi I, me, to me[1]
  moi-même myself[11]
moins (de + *N*) fewer[LN6] less (+ *N*)[LN10, 24] not so[36]
  à moins de unless[LN27]
  à moins que unless[LN23]
au moins at least[32]
mois *m.* month[S13, 37]
moitié *f.* half[LN37]
moment *m.* time, moment[28]
  c'est le moment this is the proper time[28]
  en ce moment right now, at this moment[S10, LN30]
  pour le moment for the time being[LN30]
mon *m.* my[1]
monde *m.* world[2]
  tout le monde everybody[2]
monnaie *f.* coins, change[S36]
monopoly *m.* Monopoly[S27]
monsieur (*pl.* **messieurs**)[LN29] *m.* gentleman, Sir[1] milord[17]
montagne *f.* mountain[7]
  à la montagne in the mountains[S24]
monter to get up[S7, LN10, 19] go/come up, take/bring up[LN28]
  monter dans to get on/into (a vehicle)[S7]
  faire monter les valises to have the luggage brought up[S18]
montre *f.* watch[LN10]
montrer to show[S3, 5]
se moquer de to make fun of[LN12, 38]
morceau *m.* piece[5]
mort < **mourir** *PP* dead[11]
mot *m.* word[LN21]
moteur *m.* motor[7]
moto(cyclette) *f.* motorcycle[S7]
mouche *f.* fly[S33]
moulin *m.* mill[35]
mourir to die[LN10, 11, LN34]

mousse *f.* foam[15]
moustache *f.* mustache[LN15]
moustique *f.* mosquito[S33]
mouton *m.* sheep[S31]
mouvement *m.* movement[18]
moyen *m.* means (of)[S7]
moyen, -ne middle
   d'âge moyen middle-aged[LN6]
mur *m.* wall[S28]
muse *f.* (artist's) muse[17]
musée *m.* museum[32]
musique *f.* music[21]
mystérieux, -euse mysterious[25]

N

nager to swim[S25]
naître to be born[LN10]
nappe *f.* tablecloth[S5, 38]
natation *f.* swimming[S25]
national national[S24, 32]
nationalité *f.* nationality, citizenship[37]
   prendre la nationalité to become
    a citizen[37]
nature *f.* nature[S24, 28]
   nature morte still life (painting)[17]
naturel, -elle natural[3]
naturellement naturally[8, LN11]
navire *m.* ship[S7]
ne (n' before a vowel) no, not;
   precedes verb in negative expressions, which are listed under
   meaningful word. See **guère, jamais,**
   pas, pas encore, personne, plus, rien.
ne. . .que only[14] nothing but[20]
né < **naître** *PP*
neige *f.* snow[14]
   le bonhomme de neige (*pl.* **bonshommes de neige**) snowman[26]
neiger to snow[LN13, 14]
nerveux, -euse nervous[12]
nettoyer to clean[LN14, S19]
   nettoyer à sec to dry clean[S35]
neuf, neuve (brand) new[24]
neveu *m.* nephew[S5]
nez *m.* nose[5]
ni. . .ni not . . . or, neither . . . nor[16]
nièce *f.* niece[S5]
noces *f. pl.* wedding ceremony[S39]
noir black[S9, 20]

nom *m.* name[2]
nombre *m.* number[S5]
non no[1]
nord *m.* north[26, LN28]
normal (*pl.* **normaux, normales**)
   normal[12]
normand Norman (from Normandy)[28]
nos *m./f. pl.* our[6]
note *f.* (hotel) bill[S18] (test) grade[LN22]
notre *m./f.s.* our[2]
le/la nôtre ours[25]
nourriture *f.* food[S14]
nous we[2] (after a preposition)
   us[4] (+ *V*) us, to us
nouveau (nouvel), -elle new[S6, 8]
novembre *m.* November[S13]
se noyer to drown, be drowning[7]
nu naked[17] *m.* nude (painting)[17]
nuage *m.* cloud[38]
nuageux, -euse cloudy[S13]
nuit *f.* night[4]
numéro *m.* number[LN7, 29]
   un numéro de magie a magic act[28]

O

obéir (à) to obey[LN7, 24]
objet *m.* object[34]
obligatoire required[S20]
obliger to oblige[LN5]
obtenir to obtain[LN33]
s'occuper de to take care of, be busy
   with[LN31]
océan *m.* ocean[S24]
octobre *m.* October[S13]
œil (*pl.* **yeux**) *m.* eye[S9]
œuf *m.* egg[13]
officiel *m.* official[36]
offrir to offer[LN20]
ohé hey![5] yoo hoo![11]
oh là là! oh dear![19]
oignon *m.* onion[S15]
oiseau (*pl.* **oiseaux**) *m.* bird[13]
on people[4, LN39] they[28]
oncle *m.* uncle[S5]
ongle *m.* fingernail[LN15]
opéra *m.* opera, opera house[S32]
or *m.* gold[S21]
orage *m.* storm[34]
orageux, -euse stormy[S13]
orange invar. *ADJ* orange[S9]

f. orange [27]

orange pressé (fresh) orangeade [S4]

orangeade *f.* orange soda/pop [S4]

orchestre *m.* orchestra [S32]

ordonnance *f.* prescription [S12]

ordonner to order [LN20]

oreille *f.* ear [7]

orgue *m.* organ [LN26]

ôter to take off (clothes) [S21]

où where [BV, 1] when [LN17]
wherever [28]
d'où from where [34]

ou bien. . .ou bien either . . . or [36]

oublier to forget [27]

ouest *m.* west [26, LN28]

ouf! oof! [10]

oui yes [1]

ours *m.* bear, teddy bear [LN22]

outil *m.* tool [LN34]

ouvert open(ed) [10]

ouvert < **ouvrir** *PP*

ouvreuse *f.* usher [S22]

ouvrier *m.,* **ouvrière** *f.* (factory)
worker, laborer [S4, 14]

ouvrir to open [10]

Ovni (= objet volant non-identifié)
m. U.F.O. [S38]

P

pain *m.* bread [S14, 38]
le petit pain roll [S14]

panne *f.* breakdown [34]
être en panne to be broken down
(car) [S30]
être en panne d'essence to be
out of gas [S30]

pantalon *m.* trousers, pants [S1]

papa *m.* papa [5]

papeterie *f.* stationery store [S8]

papetier *m.,* **papetière** *f.* stationer [S8]

papier *m.* paper; *pl.* (identification)
papers [3]

papillon *m.* butterfly [LN15]

paquet *m.* package [S26, 32]

par by [BV, 31] through [BV]

paraître to seem [LN13, 30]

parapluie *m.* umbrella [20]

parc *m.* park [S24]

parce que because [BV, 4, LN35]

pardessus *m.* overcoat [S35]

pardon *m.* forgiveness [19]

pardon! sorry! excuse me! [10]
forgive me! [18]

pardonner to pardon [33]

parents *m. pl.* parents, relatives [S5]

parfait perfect [31]

parfaitement exactly [20]

parfois sometimes, at times [LN24]

parfum *m.* perfume [S21]

parisien, -enne Parisian [4]

parler to speak [1]

parmi among [25]

partager to divide, share [LN37]

participer to participate [30]

partie *f.* part [S9, 30]
faire une partie to play a game [LN26]
partie de tennis tennis game [S25]

partir to leave, go away [2, LN37]

partout everywhere [17]

paru < **paraître** *PP*

pas: ne. . .pas not [2]
pas de (+ *N*) no, not any (+ *N*) [3]
pas du tout not at all [LN17]
ne. . .pas encore not yet [7]

passager *m.,* **passagère** *f.* passenger [S38]

passant passer-by [18]

passé last [S13]

passeport *m.* passport [S38]

passe-temps *m.* hobby [S27]

passer to give/get s.o. on (phone)
line [12] to spend (time) [LN12, S27]
to pass [38]
passer l'aspirateur to vacuum [S19]
passer un examen to take an
examination [S20]
passer par to go through/by way
of [S24, LN36]
se passer to happen [LN12, 15]

pasteur *m.* minister, clergyman [LN39]

pâté *m.* (pressed meat) pâté [14]

patiemment patiently [LN11]

patient patient [LN11]

patience *f.* patience [28]

patiner to ice skate [S25]

pâtisserie *f.* pastry, pastry shop [S15]

patron *m.,* **patronne** *f.* boss [S4, 18]
owner [20]

pause-café *f.* coffee break [S17]

pauvre poor [6] unfortunate [LN6]
penniless [LN20]

pavillon *m.* flag [38]

payer to pay (for) [8]

  payer comptant to pay cash[28]

pays *m.* country[S24]

paysage *m.* landscape[S32]

paysan *m.,* **paysanne** *f.* peasant, peasant woman[7]

pêcher to fish[20]

  pêcher du poisson to catch fish[20]

pêcheur *m.* fisherman[7]

se peigner to comb one's hair[LN11]

peindre to paint[LN16, 32]

à peine hardly, scarcely[LN34]

peintre *m.* painter[S32]

peinture *f.* painting[S32]

pellicule *f.* (camera) film[S22]

pendant during[S10] for[LN33]

pendule *f.* clock[17]

penser to think[4]

  penser à to think of/about[LN29]

  penser de to have an opinion of[LN31]

pension *f.* board (meals), rooming house[S18]

  à demi-pension with half board[S18]

perdre to lose[S25, 32]

  perdre son temps to waste one's time[S27]

perdu lost[6]

père *m.* father[5]

perle *f.* gem[LN18] pearl[S21]

permettre to permit, let[15, LN17] to help (to do sth.)[28]

permis de conduire *m.* driver's license[S30]

perroquet *m.* parrot[34]

perruque *f.* wig[1]

personne *f.* person[BV, S1, 12, LN39]; *pl.* people[12]

  ne...personne nobody, not anybody, no one, not anyone[7]

peser to weigh[32]

PCV (= payable chez vous): appeler en PCV to call collect[S26]

pétanque *f.* pétanque (bowling game)[LN26, 27]

petit little, small[1]

  mon petit, ma petite my dear[1]

  la petite the girl[18]

  petit pois (*pl.* **petits-pois**) *m.* green pea[S15]

  petite-fille (*pl.* **petites-filles**) granddaughter[LN29]

petit-fils (*pl.* **petit-fils**) grandson[LN29]

peu (de + N) few, little (+ N)[LN6] not much (+N)[LN7]

  un peu a little[6] a bit[25] for a little while[35]

  un peu de + N a little (bit of) + N

peuple *m.* nation, (race of) people[LN39]

peur *f.* fear[1]

  avoir peur to be afraid[1]

  de peur de for fear of[LN27]

  de peur que for fear that[LN23]

  faire peur (à) to frighten[28]

peut-être maybe[6] perhaps[LN34]

pharmacie *f.* pharmacy[S8]

pharmacien *m.,* **pharmacienne** *f.* pharmacist[S8]

photo *f.* photograph[BV, 3]

photographe *m.* photographer[3]

photographier to photograph[3]

phrase *f.* sentence[LN20]

piano *m.* piano[17]

pic *m.* peak[S33]

pichet *m.* pitcher[35]

pièce *f.* play[S27] room[28]

  pièce de théâtre play[S32]

pied *m.* foot (body part)[7] (measurement)[LN30]

  à pied on foot[S7]

  aller à pied to walk[S7]

pierre *f.* stone[27]

pile *f.* battery[S23]

pilote *m.* pilot[S38]

pique-nique *m.* picnic[S7, 38]

pire *ADJ* worse[LN19]

pis *ADV* worse[LN19]

piscine *f.* swimming pool[28]

piste *f.* ski slope[S33]

  l'état (*m.*) **des pistes** skiing conditions[S33]

placard *m.* closet[S35]

place *f.* place[3] public/town square[S3, 34] work station[15] seat[21] room (to work)[30] seat (in a club)[S34]

  à la place de instead of[38]

placer to put[LN11]

plafond *m.* ceiling[S28]

plage *f.* beach[S7]

plaindre to pity[LN16]

  se plaindre (de) to complain (about)[LN16]

plaine *f.* plain[S24]

plaire to please, be pleasing to[LN21]

plaisir *m.* pleasure[8, LN27]; *pl.* fun[S33]

    faire plaisir à to please[LN30]

plan *m.* plan[26] (floor) plan[28] city map[S37]

planche *f.* board[33]

    planche à laver scrubbing board[34]

    planche de surf surfboard[S25]

    planche à voile wind surfing[S25]

plancher *m.* floor[S28]

planète *f.* planet[38]

planter to plant[32]

plastique *m.* plastic[30]

plat *m.* platter, dish (of food)[S5]

    plat de viande meat course[S5]

plateau *m.* plateau[S24]

plâtre *m.* plaster[S33]

    dans le plâtre in a cast[S33]

plein full[23]

    (Faites) Le plein! Fill 'er up![S30]

pleurer to weep[12] to cry[35]

pleuvoir to rain[LN13]

    il pleut it's raining[LN13]

plusieurs several[17, LN31]

plongée sous-marine *f.* skin-diving[S25]

plu < **plaire** *PP*

    < **pleuvoir** *PP*

plus plus[8]

    ne. . .plus no longer, not any more[3]

    (ne). . .plus un(e) not a/an ___ left[9]

    plus de + *N* more + N[30]

pneu crevé *m.* flat tire[S30]

poche *f.* pocket[S1, 10]

poème *m.* poem[17]

poésie *f.* poetry[17]

poète *m.* poet[17]

poids *m.* weight[25]

point *m.* period[LN37]

    point d'exclamation exclamation point[LN37]

    point d'interrogation question mark[LN37]

    point-virgule semicolon[LN37]

    les deux points colon[LN37]

pointure *f.* size (for gloves and shoes)[S35]

poisson *m.* fish[7]

poissonnier *m.*, **poissonnière** *f.* fishmonger[7]

poivre *m.* pepper[S14]

poker *m.* poker[S27]

poli polite[17]

police *f.* police[9]

policier *m.* policeman[34]

poliment politely[LN11]

polluer to pollute[38]

pomme *f.* apple[20]

    pomme de terre potato[S15]

porc *m.* pork[S15]

porte *f.* door[10]

porte-clés (*pl.* porte-clés) *m.* key holder[LN29]

porter to carry[S3, 14] to wear[S3, 16]

    porter bonheur to bring (good) luck[29]

porte-parole *m.* spokesperson, spokesman, spokeswoman[26, LN29]

porteur *m.* porter[LN12]

portrait *m.* sketch[26] portrait[S32]

(se) poser une question to ask (oneself) a question[LN11, 24, LN28]

posséder to possess[LN13]

possible possible[3]

poste *f.* post office[S3, 32]

    la poste aérienne air mail service[S26]

    m. job, position[S17]

    le poste de télévision television set[29]

    le poste (récepteur) de radio radio[S22]

pot *m.* (flower) pot[35]

pouce *m.* inch[LN30]

poule *f.* hen[6]

poulet *m.* chicken[S15]

pour for[BV, 3] (in order) to[BV, 8]

pour que in order that, so that[LN23]

pourboire *m.* tip[S14]

pourquoi why[BV, 3]

pourvu que provided that[LN23]

pousser to push[32] to grow[39]

    pousser plus fort to push harder[33]

poutre *f.* beam[35]

pouvoir (+ *INF*) to be able, can[4, LN29]

    se pouvoir to be possible[LN23]

pratique practical[7]

précis precise[LN11, 12], specific[27]

précisément precisely[LN11]

préféré favorite, preferred[LN8]

préférer to prefer[S6, 17]

préfet *m.* prefect[12]

premier *m.*, **première** *f.* first one[4]

de première first class S37

prendre to drink[4] to take/have food/drink[8] to have/eat[S14] to pick up[15]

  prendre la correspondance to change lines (on the métro) S37

  prendre place to take/have a seat[21]

  prendre un verre to have a drink S34

préparer to prepare LN11, S14

près close[12]

  à peu près about LN37

  près de near [23], LN30

  de très près very closely[12]

présenter to introduce[19] to present[22], LN35

presse f. press[3]

pressé squeezed (fruit)[S4] in a hurry[21]

presser to rush[37]

prêt ready[3]

prétendre to claim[32]

prêtre m. priest[34]

preuve f. proof[22]

princesse f. princess[10]

principe m. principle[30]

printemps m. spring S13, 27

pris < prendre PP taken[25]

prison f. prison[34]

prisonnier m. prisoner[26]

problème m. problem[7]

prochain next[22]

proche close S23

  le/la plus proche the nearest S23

produire to produce [31], LN35

produit m. product S14, 15

  produits congelés frozen foods S14

  produits laitiers dairy products S14

professeur m. professor[S1] high school teacher S16

profession f. profession S4

programme m. program S20

  programme d'études curriculum S20

projet m. plan LN18, 30 project[31]

promenade f. walk S7

  faire une promenade (à pied) to take/go for a walk S7

  faire une promenade en voiture to take/go for a ride S7

se promener to take/go for a walk LN11

promettre to promise LN17, 35

promis < promettre PP

promoteur m. developer[28]

prononcer to pronounce, deliver

(a speech) LN10

propre clean LN9, 30 own LN27

propreté f. cleanliness LN9

propriétaire m./f. owner S18, 28 landlord, landlady S29

protéger to protect LN13

protester to protest[12]

prouver to prove[22]

province f. province S24

provisions f. pl. (food) supplies S14

  faire les provisions to buy groceries S14

prudent careful LN14

pu < pouvoir PP

public m. public[19]

publicité f. commercials[S22] advertising[28]

publique public S37

puis then[3] besides[27]

pullover m. pullover S35

punir to punish[19]

purée f. mashed potatoes S15

Q

quai m. (train) platform S31

quand when BV, 3

quart m. quarter (hour) LN10

quatrième fourth[11]

que that, ___, as[4] what BV, 9

  que faire? what can we do?[9]

quel, quelle ADJ what, which[5] what a[8]

quelconque just any LN31

quelque some, a little pl. a few LN31

  quelque chose something[7]

  avoir quelque chose à to have something to LN24

quelquefois sometimes LN24

quelqu'un(e) someone[11]

  quelqu'un(e) d'autre someone else LN31

qu'est-ce que. . .? what . . .? BV, LN15

question f. question BV, 24 .

queue f. tail

  en queue in the rear S37

  faire la queue to stand in line S37

qui who, whom BV, 1

quitter to leave, depart from LN37

quoi? what?[1] What do you mean?[14]

  quoi d'autre? What else? LN21

quoique although LN23

rabais *m.* discount[S36]
raccompagner qqn to take s.o. home[S34]
raconter to tell (a story)[LN24]
racquet *m.* raquetball[S25]
radar *m.* radar receiver[7]
radio *f.* radio[4]
radis *m.* radish[14]
raisin *m.* grapes[5]
raison *f.* reason[10, LN27]
  avoir raison to be right[13]
ramasser to gather up[29]
  faire ramasser to have
    collected[29, LN29]
rame *f.* oar[34]
ramer to row[34]
ranger to put in order[LN18] to tidy
  up, put things away[S19] to
  straighten up[30]
rapport *m.* report[S11, 12]
rarement rarely[LN24]
se raser to shave[LN11]
rattraper to catch[36]
ravissant gorgeous[8]
rayer to cross out[LN14]
rayon *m.* department (of a store)[S36]
réagir to react[LN7]
réalisateur *m.* film producer[S22]
réapparaître to reappear[13]
récemment recently[LN11]
récent recent[LN11]
récépissé *m.* receipt[S26]
réception *f.* front desk[S18]
recevoir (qqn.) to see s.o.[22] to receive[32]
  to entertain[S34]
recherche *f.* search[31]
  faire des recherches to do research[S16]
récital *m.* recital[S32]
réciter to recite[18]
récolte *f.* harvest[S31]
recommencer to start again[20]
se réconcilier to make up[S39]
  reconnaître to recognize[LN12, 26]
recouvrir to cover up again[34]
reçu < **recevoir** *PP*
redevenir to become again[29]
redire to say again, repeat[LN14]
réduire to reduce (in size)[31, LN35]
  réduit < **réduire** *PP*
  un modèle réduit a scale model[31]

réfléchir to think[21]
réfrigérateur *m.* refrigerator[S19]
refuser to refuse[LN24]
regarder to look (at)[15] to watch[S27]
règle *f.* rule, ruler[S11]
  en règle in order[S38]
regretter to be sorry[18] to regret[LN22]
reine *f.* queen[37]
remarquable remarkable[15]
remarquablement remarkably[30]
rembourser to refund[24]
remercier to thank[22]
remettre to hand in[LN17] to give
  back[LN17, 37] to put back on[23]
remonte-pentes *m. pl.* ski lifts/tows[S33]
remonter (un fleuve) to follow (a
  river) upstream[21]
remorque *f.* small trailer (for
  luggage)[S7]
remorquer to tow[S30]
remplacer to replace[LN5]
remplir to fill[35]
remuer to move[37]
(se) rencontrer to encounter[LN10] to meet
  (by chance)[30]
rendez-vous *m.* date, appointment[S39]
rendre to give back[LN7, 14] to return[S36]
  rendre qqn + *ADJ* to make s.o. +
    ADJ[LN22]
  se rendre à to go to (a place)[LN12]
  se rendre compte to realize[LN22]
renoncer to renounce, give up[LN24]
renouveler to renew[B5]
rentrer to go back home[LN10] return,
  take/bring (N) back/in[LN28]
renvoyer to send back[LN14]
réparer to repair[7]
repartir to leave[30]
repas *m.* meal[5]
repasser to iron, press[S35]
répéter to repeat[12]
répondre (à) to answer[LN7, 18]
reportage *m.* feature story[LN9]
  news story[LN10] article[S23]
reporter *m.* reporter[4]
repos *m.* repose[28]
se reposer to rest[LN11, S12]
  reprendre to take back[34]
réseau *m.* network[S22]
réservé reserved[S6]
réserver to reserve[S18]

résidence *f.* manor [28]
  résidence secondaire vacation house [S28]
  résidence (universitaire) dormitory, residence hall [S28]
respirer to breathe [38]
ressembler à to look like [22] to resemble [LN29, 33]
restaurant *m.* restaurant [S3]
  le wagon-restaurant dining car [S31]
rester to stay [6] to be left [LN38]
  rester au lit to stay in bed [S12]
retard: en retard late (for an appointment) [S10, LN30]
retenir to hang/hold on to [33] to retain [LN33]
retour *m.* return [26]
  (un billet) aller-retour a round-trip ticket [S31]
retourner to go back, return [LN10, 12]
retraite *f.* retirement [S17]
  prendre la retraite to retire [S17]
retrouver to find (again) [12]
  se retrouver to meet (by appointment) [S34]
réunir to unite, reunite [LN7]
réussi successful [21]
réussir (à) to succeed [LN7, S20]
  réussir à un examen to pass a test/an exam [S20]
réussite *f.* success [36]
se réveiller to wake up [9]
revenir to come back (again) [6]
revoir to see again [2]
  au revoir goodbye, see you again [2]
  se revoir to meet again [7]
révolutionnaire revolutionary [22]
revue *f.* floor show [S34]
rez-de-chaussée *m.* first (ground) floor [S18]
  au rez-de-chaussée on the ground floor [S18]
rhume *m.* cold [S12]
ri < rire *PP*
riche rich [28]
rideau *m.* curtain [17]
ridicule ridiculous [25]
rien
  ne. . .rien nothing [6]
rire to laugh [8]
risqué risky [30]
risquer to risk [6]

rivière *f.* tributary, river [S24]
riz *m.* rice [S15]
robe *f.* dress [8] cover [29]
  robe du soir evening gown [S21]
rocher *m.* rock [S33]
rocheux, -euse rocky [S24]
rock *m.* rock music [23]
rocker *m.* rock music fan [S23, 31]
roi *m.* king [32]
rôle *m.* role [7]
roman *m.* novel [S23]
  roman policier detective story [S23]
romantique romantic [34]
rond round [2]
ronfler to snore [9]
rose *f.* rose [18]; *ADJ* pink [S9]
rôti *m.* roast [S15]
rouge red [S9, 20]
route *f.* road [14] highway [39]
  route nationale first class main road [S30]
  route départementale second class main road [S30]
roux, rousse red (hair color) [S9]
rubis *m.* ruby [S21]
rue *f.* street [9] block [LN30]
rugby *m.* rugby [S25]
rumeur *f.* rumor, whispering voice [4]
russe Russian [38]; *m.* Russian [S2]

S

sable *m.* sand [S33]
sableux, -euse sandy [S33]
sac à dos *m.* backpack [S33]
  sac (à main) handbag [S21]
  sac de couchage sleeping bag [S33]
sacre *m.* crowning [34]
sacré that rascal [25] sacred [38]
saison *f.* season [S13]
  la haute/basse saison high/low season [S33]
salade *f.* salad greens, lettuce [LN7]
sale dirty [28]
salaire *m.* salary [S17]
salir to soil [38]
salle *f.* the public (theater audience) [23]
  salle à manger dining room [S28]
  salle de bains bathroom [S18]
  salle de classe classroom [S11]
  salle de séjour family room [S28]
salon *m.* living room, drawing room [9]

salon de beauté beauty shop[S8]
saluer to greet (people) [25]
salut! hi![S2, 14] so long![37]
salutations *f. pl.* greetings[S2]
samedi *m.* Saturday [S13]
sans without[BV, 10]
sans-cravate (*pl.* **sans-cravates**)[LN29]
  m. non-tie wearer [20]
sans que without[LN23]
santé *f.* health[4]
  être en bonne santé to be healthy [S12]
sapin *m.* fir (wood) [30]
satin *m.* satin[S21]
saumon *m.* salmon [S15]
sauter to jump[LN30]
savant *m.* scientist[7] scholar[30]
savoir to know (a fact) [4, LN29]
  savoir + *INF* to know how to [14, LN29]
saxophone *m.* saxophone [LN26]
scandale *m.* scandal[32]
scénariste *m.* scenario writer [S22]
scène *f.* scene[BV] stage[S32]
science *f.* science[S16, 22]
scientifique *m.* scientist[S16, 24] ;
  ADJ scientific[12]
Scrabble *m.* Scrabble[S27]
sculpteur *m.* sculptor, sculptress[S32]
sculpture *f.* sculpture[S32]
séance *f.* showing (of movie)[S22]
seau *m.* bucket[15]
sec, sèche dry[S13]
séchoir *m.* dryer[S19]
de seconde second class [S37]
secousse *f.* shock [33]
secret *m.* secret [24]
secret, -ète secret [36]
secrétaire *m./f.* secretary[S4, 18]
séjour *m.* stay, visit[S7]
selon according to [BV]
semaine *f.* week [S13]
sembler to seem[30]
sénégalais Senegalese [LN16]
sens *m.* meaning[LN27] sense[LN 28]
sensationnel, -elle sensational[29]
sensible sensitive[31]
sentiment *m.* feeling [S6]
sentir to smell[12] to feel [LN9, 31]
se séparer to separate[S39]
septembre *m.* September [S13]
serrer la main to shake hands[24]
  serrer qqn dans ses bras to hug s.o.[S39]

serrer à droite to keep right[S30]
serveuse *f.* waitress [S4]
service *m.* service charge[S18] service [29]
  service compris service charge
  included [S18]
service de dépannage towing service [S30]
serviette *f.* napkin[S5] towel[15]
servir to serve [LN34]
  servir à to be (used) for [34]
  servir de to serve as [LN34]
  se servir to help oneself [21]
  se servir de to use, make use of [LN34]
seul alone [9]
  un seul, une seule only one [14]
seulement only [8, LN11]
short *m.* shorts [S35]
si yes (in answer to negative question)[2]
  if, whether [LN33]
  si + *ADJ/ADV* so + *ADJ/ADV*
le sien, la sienne his, hers, its[LN26]
signer to sign[28]
silence! (be) quiet! silence![1]
silencieusement silently [LN11]
silencieux, -euse quiet [7]
simplement simply [11, LN11], just[33]
sinon or else, otherwise [28]
ski *m.* skiing[24] ski[25]
  faire du ski to ski, go skiing [LN26]
  le ski nautique water skiing [S25]
skieur *m.* skier [25]
smoking *m.* dinner-jacket, tuxedo[S21]
sœur *f.* sister [5]
soie *f.* silk[S21]
soif *f.* thirst [11]
  avoir soif to be thirsty [31]
soigner to treat[S16]
soin *m.* care[S12]
soir *m.* evening [9]
soirée *f.* evening party[21] evening
  entertainment[S34]
solde *m.* sale[S36]
  en solde on sale [S36]
soleil *m.* sun [6]
  il fait du soleil it is sunny [LN13]
sombre dark [37]
sommeil: avoir sommeil to be sleepy [LN14]
son *m.* *poss. ADJ* his, her, its[5]
songer à to think of/about [LN29]
sonner to ring [LN26, 32]
sorcier *m.*, **sorcière** *f.* sorcerer,
  sorceress, witch, wizard, warlock[28]

sorte f. kind, sort [7]
sortir to go out [9] to leave, take out [LN28]
souci m. worry, care [LN15]
se soucier de to concern oneself about [LN12]
soucoupe volante f. flying saucer [S38]
souffrir to suffer [LN20]
souhaiter to wish [LN20, 31]
soulever to lift [32]
souligné underlined [LN21]
souligner to underline [LN26]
soupe f. soup [5]
  faire la soupe to do the cooking [19]
soupirer to sigh [6]
source f. source [32] spring [35]
sourire to smile [18]
souris f. mouse [3]
sous under [BV, LN30]
  sous-marin m. submarine [26]
  sous-sol m. basement [S28]
  sous-vêtements m. pl. underwear [S35]
soustraction f. subtraction [LN37]
souvenir m. souvenir [32]
se souvenir (de) to remember [LN12, 29]
souvent often [LN7]
spacieux, -euse spacious [S29]
se spécialiser (en) to major (in) [S20]
spécialiste m. specialist [25]
spectacle m. show [S34]
spectateur m. spectator [23]
sphère f. sphere [2]
splendide splendid [27]
sport m. sport [S25]
  faire du sport to participate in
    sports [LN26]
sportif, -ive athletic, sports–loving [LN6]
standardiste f. (telephone) operator [S26]
star f. (movie) star (m. and f.) [S22]
station (de ski) (ski) resort [24]
  station de métro subway station [S37]
  station–service service station [S30]
stationner to park [S30]
statue f. statue [34]
steward m. flight attendant [S38]
stéthoscope m. stethoscope [LN12]
stupide stupid [S6]
stylo m. pen [S11]
su < savoir PP
succès m. success [20]
  avoir du succès to be successful [20]
sucer to suck (up), sip [12]
sucre m. sugar [S14]

sud m. south [26, LN28]
suffire to be enough [33]
se suicider to commit suicide [LN12]
suivant following [LN20]
suivre to follow [14]
  suivre un cours to take a course [S11]
superbe superb [8]
supermarché m. supermarket [S8]
sur on, upon [BV, 7, LN30] about [24] to [33]
  for [36] from [39]
sûr sure, certain [10]
sûrement surely [31]
surpris surprised [LN22]
surprise f. surprise [29]
  surprise-partie f. party [S27]
surtout especially [12] above all [21]
surveiller to keep an eye on [29]
survivre to survive [LN37]
sympathique likeable [13] nice [15]
symphonique orchestral [S23]
syndicat m. union [S17]
syndiqué unionized [S17]
système m. system [12]

T

ta f. poss. ADJ your (fam.) [5]
table f. table [5]
  à table! come to the table! [5]
tableau (pl. tableaux) m. painting [17]
  tableau noir m. blackboard [S11]
taille f. size (clothing) [S35]
tailler to cut [30]
taire to keep hidden [LN12]
  se taire to shut up [7] be quiet [26]
    to become quiet [LN12]
tant (de + N) so many (+ N) [LN6] so
  much (+ N) [24] really [37]
  tant que as long as [LN18]
tante f. aunt [S5]
tapisserie f. tapestry [S32]
tard late [S10, 38]
tarif m. fare [S37]
tarte f. pie [S15]
tasse f. cup [S5]
taureau m. bull [S31]
taxe f. duty [S38]
taxi m. taxi [S37]
te (to) you (fam.) [5]
tee-shirt m. T-shirt [S35]
téléférique f. cable car [S33]

télégramme *m.* telegram[S26]
télégraphe *m.* telegraph[S26]
téléphone *m.* telephone[3]
  le coup de téléphone phone call[S26]
téléphoner (à) to telephone[LN29]
télésiège *m.* chair lift[S33]
téléspectateur *m.* television viewer[22]
téléviseur *m.* TV set[S22]
télévision *f.* television[4]
  la télé couleur color TV[S22]
tellement (de + *N*) so much (+ *N*)[35]
température *f.* temperature[S13]
temps *m.* time[17, LN27] weather[S13, 27]
  tense[LN23]
  de temps en temps from time to time[LN30]
  en même temps at the same time[LN30]
  Quel temps fait-il? What's the weather
    like?[S13]
tenez! here![24]
tenir to have[24]
  tenir à to be eager to[LN24]
tennis *m.* tennis[S25]
  la partie de tennis tennis game[S25]
tente *f.* tent[S33]
  dresser une tente to pitch a tent[S33]
tenu < tenir *PP*
terminus *m.* end of the line[S37]
terrasse *f.* patio[S28]
terre *f.* earth[38]
terrible terrible[26] terrific[34]
terriblement terribly[10, LN11]
tes *pl.* your (fam.)[5]
tête *f.* head[S9, 12] brains[16]
  avec la tête intellectual[18]
  en tête (in the) front[S37]
thé *m.* tea[S4, 27]
  thé glacé iced tea[S4]
tragédie *f.* tragedy[S32]
théâtre *m.* theater[S32]
thème *m.* translation (into a foreign
  language)[S11]
tiens! well![20]
le tien, la tienne yours[LN24, 26]
tiers *m.* one-third[LN37]
timbre (poste) *m.* stamp[S26]
tire-bouchon (*pl.* tire-bouchons)
  m. cork screw[LN29]
tirer to shoot[7] to pull[28]
  tirer sur to fire a shot at[11]
tiroir *m.* drawer[10]
titre *m.* title[30]
toi you (fam.)[2]

toit *m.* roof[S28]
tomate *f.* tomato[LN7, S15]
tomber to fall[2]
  faire tomber le toit to make the
    roof fall down[28]
  tomber amoureux/-euse (de) to fall
    in love (with)[S39]
ton *m.* your (fam.)[5]
tonneau (*pl.* tonneaux) *m.* cask[35]
tort: avoir tort to be wrong[LN14]
tôt early[S10, 38]
  tôt ou tard sooner or later[S10]
toucher to touch[15]
  toucher un chèque/un mandat to
    cash a check[S36]/a money order[S26]
toujours always[5] still[LN7]
  de toujours eternal(ly)[17]
tour *m.* turn[20] loop[33]
touriste *m./f.* tourist[8]
tourner to turn[21]
tournoi *m.* tournament[S25]
tous *m. pl.* everybody[4] all[18]
tousser to cough[S12]
tout, toute, tous, toutes *ADJ* all[2]
  tous (les) deux both[LN17]
  tout confort de luxe[S29]
  tout le monde everybody[2]
tout *ADV* very[8]
  tout à fait completely, entirely[12]
  tout à l'heure in a little while,
    a little while ago[LN17]
  tout de suite right away[6]
  tout nouveau brand new[8]
  tout nu completely nude[17]
traduire to translate[LN35]
train *m.* train[S7]
trajet *m.* bus ride, trip, route[S37]
transformer *m.* to transform[35]
transmettre to transmit[LN17] to
  transfer[31]
transport *m.* transportation[S7]
  les transports publiques public
    transportation[S37]
travail (*pl.* travaux) *m.* work[14]
  job[16] *pl.* building, construction[28]
travailler to work[7]
  travailler à la chaine to work on the
    assembly line[S17]
  à mi-temps half time[S17]
  à plein temps full time[S17]
traverser to cross, go/run through[S24, LN36]

trembler   to tremble[35]
très   very[3]
tribunal   *m.*   court (legal)[19]
tricot   *m.*   knitted article[13]
   knitting[19]
tricoter   to knit[13]
triomphe   *m.*   great success[23]
triste   sad[7]
en trois   into three pieces[5]
trompe   *f.*   trunk[7]
se tromper   to be mistaken[22]
trompette   *f.*   trumpet[LN26]
tronc   *m.*   (tree) trunk[33]
trop   *ADV*   too[6]
   trop de + *N*   too much, too many[5]
trou   *m.*   hole[11]
trouver   to find[S3, 7]
   se trouver   to be (found/located)[LN12, 30]
   trouver une idée   to get an idea[21]
tu   you (fam.)[2]
tuer   to kill[11]   to murder[31]
tuile   *f.*   roof tile[S28]
tunique   *f.*   tunic, caftan[S1]
tutoyer   to address as **tu** and **toi**[B6]
type   *m.*   type[28]
tyran   *m.*   tyrant[19]
tyranniser   to tyrannize[19]

U

uniquement   only[37]
unir   to unite[LN7]
usine   *f.*   factory[S17]
utiliser   to use[28]

V

vacances   *f. pl.*   vacation[S7]
vache   *f.*   cow[LN15, S31]
vagabond   *m.*   tramp[35]
vaisselle   *f.*   dishes[S14, 21]
   faire la vaisselle   to do the dishes[S14]
valable   valid, good[S31]
valise   *f.*   suitcase[S18]; *pl.*   luggage[S31]
vallée   *f.*   valley[S24]
valoir   to cost, be worth[LN18, 22]
   valoir mieux   to be better[LN18]
valse   *f.*   waltz[LN20, 31]
variable   variable[S13]
varié   assorted[S15]
vaste   vast, huge[S24]

veau   *m.*   veal[S15]
vécu < vivre   *PP*
vedette   *f.*   movie star[S22]   personality[LN30]
véhicule   *m.*   vehicle[7]
vélo   *m.*   bike[S7]
   faire du vélo   to ride a bike/
      go bike riding[LN26]
vélomoteur   motorbike[S7]
vendeur   *m.*   sales person, clerk[S8]
vendeuse   *f.*   saleslady[8]
vendre   to sell[LN7, S8, 13]
vendredi   *m.*   Friday[S13]
venger   to avenge[19]
venir   to come[1]
   venir de + *INF*   to have just + PP[18, LN19]
vent   *m.*   wind[LN13]
   il fait du vent   it is windy[LN13]
vente   *f.*   sale, selling[28]
   le bureau de vente   sales office[28]
ventre   *m.*   stomach, belly[12]
   parler avec le ventre   to throw one's
      voice[12]
ventriloque   *m.*   ventriloquist[12]
   faire le ventriloque   to play the
      ventriloquist[12]
verbe   *m.*   verb[S3]
véritable   real, genuine[22]
vérité   *f.*   truth[LN14]
verre   *m.*   (drinking) glass[S5, 11]   glass
   (material)[27]
vers   toward[33]
verser   to pour (in or out), to empty[15]
version   *f.*   translation (from a foreign
   language)[S11]
vert   green[S9, 20]
veste (de sport)   *f.*   jacket[S35]
vestiaire   *m.*   checkroom[S34]
veston   *m.*   sport coat, jacket[S35]
vêtements   *m. pl.*   clothes[S1, 8]
viande   *f.*   meat[5]
   le plat de viande   meat course[S5]
vide   empty[10]
vieillir   to age, grow old[38]
vieux (vieil), vieille   old[6]
vigne   *f.*   grapevine[5]
villa   *f.*   villa[28]
ville   *f.*   town[3]
   en ville   in the city, downtown[S24]
vin   *m.*   wine[3]
   vin rosé   rosé wine[84]
violet, -ette   purple[S9]

violon *m.* violin[LN26]

virgule *f.* comma[LN37]

visage *m.* face[6]

visite *f.* visit[3]

   faire une visite à qqn to visit s.o.[LN38]

   rendre visite à qqn to visit s.o.[LN38]

visiter to visit (a place)[12]

vite quickly[3] easily[20]

   plus vite faster, more quickly[3]

vitesse *f.* speed[LN30]

vitrail (*pl.* **vitraux**) *m.* stained glass window[S32]

vivant alive[30]

   eau vivante running water[30]

vivre to live[13]

voici here is, here are[3]

voie *f.* track[S31]

voilà here's, there's, here are, there are[1] that's it![3] it's like this[22]

voilà. . .que for[LN29]

voir to see[BV, 2]

voisin neighboring[S24] *m.* neighbor[30]

voiture *f.* car[S7, 30]

   en voiture! all aboard![S31]

   voiture d'enfant baby carriage[33]

voix *f.* voice[2]

vol *m.* robbery[11] flight[S38]

   le vol direct non-stop flight [S38]

volaille *f.* poultry[S15]

voler to steal[8] to fly[9]

volet *m.* shutter[35]

voleur thief[10]

votre *m./f.s.,* **vos** *m./f. pl. poss. ADJ* your[2]

le/la vôtre yours[LN26]

   vouloir to want, wish[2]

   je voudrais I would like[18]

   Que voulez-vous comme dessert? What kind of dessert do you want?[S14]

   vouloir dire to mean [BV, 12]

vous you[1]

voyage *m.* voyage, trip [S7, 31]

   faire un voyage to take a trip[LN26]

voyager to travel[S7]

voyageur *m.* traveler[S18]

vrai true[3]; *m.* the real one [25, LN27]

vraiment truly, really [3, LN11]

vu < **voir** *PP*

W

W.C. *m.* (from British "water closet") small room with toilet[28]

wagon-lit *m.* sleeping car[S31]

wagon-restaurant dining car[S31]

Y

y it, to it[22] there[25]

youpie! yippie![25]

Z

zut! darn! shucks![LN9]

Index to Supplementary Vocabulary Topics

*The small superscript number indicates the lesson in which the topic occurs.

Index to Language Notes

*Language notes are numbered consecutively within each lesson. The first number refers to the lesson, the second to the note.

VOCABULARY DISTINCTIONS